Gerhards/Keller · Baufinanzierung von A bis Z

Harald Gerhards
Helmut Keller

Baufinanzierung von A bis Z

Alles über Bauen, Kaufen, Finanzieren, Mieten, Verpachten,
Versichern, Verwerten und Versteigern von Immobilien

2., erweiterte und überarbeitete Auflage

GABLER

CIP-Titelaufnahme der Deutschen Bibliothek

Gerhards, Harald:
Baufinanzierung von A bis Z : Alles über Bauen, Kaufen, Finanzieren, Mieten, Verpachten, Versichern, Verwerten und Versteigern von Immobilien / Harald Gerhards; Helmut Keller. – 2., erw. u. überarb. Aufl. – Wiesbaden : Gabler, 1990
ISBN 3-409-29918-1
NE: Keller, Helmut

Der Gabler Verlag ist ein Unternehmen der Verlagsgruppe Bertelsmann International

© Betriebswirtschaftlicher Verlag Dr. Th. Gabler GmbH, Wiesbaden 1990
Lektorat: Karlheinz Müssig

Satz: Lichtsatz Michael Glaese GmbH, 6944 Hemsbach
Druck und Buchbinderei: Lengericher Handelsdruckerei, Lengerich/Westf.
Printed in Germany

ISBN 3-409-29918-1

Abkürzungsverzeichnis

Abkürzungsverzeichnis

HOAI	Honorarordnung für Architekten und Ingenieure
HypBankG	Hypothekenbankgesetz
i. d. F.	in der Fassung
i. d. R.	in der Regel
i. e. S.	im engeren Sinn
i. H.	in Höhe
IHK	Industrie- und Handelskammer
i. S.	im Sinne
i. w. S.	im weiteren Sinn
KAGG	Kapitalanlagegesetz
KfW	Kreditanstalt für Wiederaufbau
KGG	Kindergeldgesetz
KO	Konkursordnung
KostO	Kostenordnung
KStG	Körperschaftsteuergesetz
KWG	Kreditwesengesetz
LAG	Lastenausgleichsgesetz
LBO BaWü	Landesbauordnung Baden-Württemberg
LG	Landgericht
LSt	Lohnsteuer
LstDV	Lohnsteuer-Durchführungsverordnung
LZB	Landeszentralbank
MaBV	Makler- und Bauträgerverordnung
MB	Musterbedingungen
MBöBk	Musterbedingungen für öffentlich-rechtliche Bauspar-kassen
MBpBk	Musterbedingungen für private Bausparkassen
MHG	Miethöhegesetz
MuBo	Musterbauordnung
MwSt	Mehrwertsteuer
Nr.	Nummer
NRW	Nordrhein-Westfalen
NVO	Neubaumietenverordnung
o. a.	oben angegeben
o. ä.	oder ähnliches

Abkürzungsverzeichnis

OFD .... Oberfinanzdirektion

p. a. .... pro anno
PangV .... Preisangabenverordnung
PlanzVO .... Planzeichenverordnung

RA .... Rechtsanwalt
RdErl .... Runderlaß
RDM .... Ring deutscher Makler
RPflG .... Rechtspflegergesetz
RSG .... Reichssiedlungsgesetz
RVO .... Reichsversicherungsordnung

s. a. .... siehe auch
SchRG .... Gesetz zur Reduzierung der landwirtschaftlichen Schuld-
verhältnisse
SchutzBG ...... Schutzbaugesetz. Gesetz über bauliche Maßnahmen zum
Schutz der Zivilbevölkerung
sog .... sogenannte
SparPG .... Sparprämiengesetz
StBauFG .... Städtebauförderungsgesetz
StGB .... Strafgesetzbuch

u. a. .... unter anderem
u. ä. .... und ähnliches
u. E. .... unseres Erachtens
USt .... Umsatzsteuer
UStG .... Umsatzsteuergesetz
usw. .... und so weiter
u. U. .... unter Umständen
UWG .... Gesetz gegen den unlauteren Wettbewerb

VDM .... Verband deutscher Makler
VerglO .... Vergleichsordnung
VermBG .... Vermögensbildungsgesetz
vgl. .... vergleiche
VO .... Verordnung
VOB .... Verdingungsordnung für Bauleistungen
VStG .... Vermögensteuergesetz
VWl .... vermögenswirksame Leistungen

VIII

WEG . . . . Gesetz über Wohnungseigentum
WertR . . . . Wertermittlungsrichtlinien
WertVO . . . . Wertermittlungsverordnung
WHG . . . . Wasserhaushaltsgesetz
WKSchG . . . . Wohnraumkündigungsschutzgesetz
WoBauFG . . . . Gesetz zur steuerlichen Förderung des Wohnungsbaus
WobauG . . . . Wohnungsbaugesetz
WoBindG . . . . Wohnungsbindungsgesetz
WoEigG . . . . Wohnungseigentumsgesetz
WohneigFG . . . . . . Wohnungseigentumsförderungsgesetz
WohnGebBefrg . . . Gesetz über Gebührenbefreiung bei Wohnungsbau v. 30. 5. 1953
WoPG . . . . Wohnungsbauprämiengesetz

z. B. . . . . zum Beispiel
ZFH . . . . Zweifamilienhaus
ZPO . . . . Zivilprozeßordnung
z. T. . . . . zum Teil
ZVG . . . . Zwangsversteigerungsgesetz
zzgl. . . . . zuzüglich
z. Zt. . . . . zur Zeit

A

Abbaugesetz vom 23. 6. 1960, Gesetz über den Abbau der Wohnungswirtschaft und über ein soziales Miet- und Wohnrecht. Früheres Mieterschutzgesetz, durch Zeitablauf mittlerweile gegenstandslos geworden.

Abbauland *(§ 43 BewG)*, Betriebsflächen, die durch Abbau der Bodensubstanz überwiegend für den Betrieb nutzbar gemacht werden. Die Bewertung erfolgt gesondert mit dem Einzelertragswert. Bei dem A. handelt es sich um Kies-, Sandgruben, Steinbrüche usw.

Abbruch *(§ 179 BauGB)*. Wer eine bauliche Anlage ohne erforderliche Genehmigung errichtet, handelt ordnungswidrig und kann mit Bußgeld belegt werden. Da dies jedoch nichts an dem rechtswidrig geschaffenen Zustand ändert, enthalten die meisten Landesbauordnungen gesonderte Bestimmungen, die sich mit der Herstellung ordnungsgemäßer Zustände und der Beseitigung bestimmter Bauteile befassen.

Abbruchgebot *(§ 179 BauGB)*. Die Gemeinde kann den Eigentümer durch Bescheid verpflichten zu dulden, daß die Beseitigung einer baulichen Anlage verlangt wird, wenn sie den Festsetzungen des Bebauungsplans nicht entspricht und auch nicht angepaßt werden kann. Das A. kann auch erlassen werden, wenn Gebäude im Geltungsbereich eines Bebauungsplanes Mißstände oder Mängel aufweisen, die auch durch Modernisierung nicht behoben werden können. Diejenigen, für die ein Recht an dem Grundstück oder an einem das Grundstück belastenden Recht im Grundbuch eingetragen oder durch Eintragung gesichert ist, das nicht zur Nutzung berechtigt, sollen von dem Bescheid benachrichtigt werden, wenn sie von der Beseitigung betroffen werden. Unberührt bleibt das Recht des Eigentümers, die Beseitigung selbst vorzunehmen.

Abbruchkosten. Bei der Bewertung eines Grundstücks mit entsprechenden Aufbauten müssen A. berücksichtigt werden, da diese u. U. den Verkehrswert gegenüber unbebauten Grundstücken erheblich mindern. A. können auch in einem Versicherungsfalle für den Abbruch und den Abtransport der Restbauteile entstehen. Erhält ein Steuerzahler ein Grundstück auf dem Wege der Schenkung und beabsichtigt er be-

1

reits zum Zeitpunkt der Schenkung den Abbruch, kann er weder A. noch eine Absetzung vom Restwert des abgerissenen Hauses als Werbungskosten geltend machen. Bei gleichzeitigem Neubau können die A. lediglich Herstellungskosten werden. Wenn das Gebäude technisch und wirtschaftlich noch nicht verbraucht ist und innerhalb von drei Jahren nach dem Erwerb abgerissen wird, gehören die A. und der Restwert des Gebäudes zu den Herstellungskosten des Neubaues. Wurde ein völlig wertloses Gebäude erworben, gehören die A. zu den Aufwendungen für Grund und Boden.

Abbruchrecht *(§ 1018 bis § 1029 BGB)*, Recht zum Abbrechen eines Gebäudes und zum Aneignen des Materials. Das Recht kann in Abteilung II des Grundbuches als Grunddienstbarkeit rechtlich verankert werden. Es ist sowohl bei der Beleihung als auch bei der Bewertung des Grundstückes zu beachten. → Abbruchgebot (§ 179 BauGB).

Abfindung. *1. Flurbereinigung.* Jeder Grundstückseigentümer ist nach Abzug von Flächen für öffentliche und gemeinschaftliche Anlagen für seine Grundstücke mit Land gleichen Wertes abzufinden.
2. Mieter/Pächter. Werden an Mieter/Pächter für vorzeitige Räumung A. gezahlt, so sind diese als Werbungskosten absetzbar. Gilt nicht, wenn Aufwendungen im Zusammenhang mit Erwerb oder Verkauf stehen.

Abflußprinzip *(§ 11 EStG)*. Abzugsfähige Werbungskosten müssen tatsächlich abgeflossen (bezahlt) und angefallen sein. Sie müssen in dem Jahr steuerlich berücksichtigt werden, in dem sie gezahlt worden sind. Zugeflossene Beträge sind analog zu versteuern. Das → Disagio wird vielfach bei der ersten Darlehensauszahlung einbehalten und ist dann zum Zeitpunkt der Leistung steuerlich absetzbar. In Ausnahmefällen kann z. B. zum Jahresende ein Disagio vor Darlehensauszahlung gewünscht werden, wenn diese Zahlung im wirtschaftlichen Zusammenhang mit dem späteren Darlehen steht. Dies kann z. B. sein, wenn die Bank aufgrund der Disagiozahlung auf die → Bereitstellungsprovision für das spätere Darlehen verzichtet. Diese Form wird jedoch dann steuerlich nicht anerkannt, wenn die Vorauszahlung eine willkürliche Zahlung darstellt. In diesem Fall gilt der Abfluß als → Gestaltungsmißbrauch.

Abgabefrist. Abgabetermin für die → Einkommensteuererklärung ist der 31. 5. des folgenden Jahres. Auf begründeten Antrag hin Fristverlängerung durch die Finanzbehörde. Erstmalige Veranlagung, um Steuererstattung zu erhalten, ist bis zum 31. 12. des Folgejahres möglich. Hier gibt es keine Verlängerungsmöglichkeit. Lohnsteuerjahresausgleich kann durchgeführt werden bis zum 30. 9. des Folgejahres, allerdings sind hier Nachholfristen bis zum 31. 12. des übernächsten Jahres möglich.

Abgabenordnung (AO), regelt die von den Finanzbehörden bei allen Steuerarten und Besteuerungsverfahren zu beachtenden Grundsätze.

abgehängte Decke, unter einer tragenden Decke aus optischen, wärmeschutz- oder schalltechnischen Gründen angebrachte zweite, nichttragende Decke. Diese Konstruktion kann aus Holz, Brettern, Latten- oder Eisengerüsten mit entsprechender Verkleidung erfolgen.

Abgeld, → Disagio.

Abgeltungssteuer, Steuerform, die mit einmaligen Pauschalsätzen bestimmte Erträge oder Geschäfte belastet und dabei unabhängig von der individuellen Situation einen Abgeltungscharakter hat. Die A. sollte für die Besteuerung von Lebensversicherungserträgen im Zusammenhang mit der Quellensteuer angewandt werden. Dies ist vom 1. 1. bis 30. 6. 1989 praktiziert worden. Erfaßt wurden dabei nur die → außerrechnungsmäßigen Zinsen, während die rechnungsmäßigen Zinsen von etwa 3,5 % ohnehin gänzlich steuerfrei sind.

Abkommenkredite, Zwischenfinanzierungskredite, die über befreundete oder konzernverbundene Institute aufgrund entsprechender Abkommen abgewickelt werden. Dabei werden vereinfachte Regelungen über die Kreditprüfung, die Abwicklung und die Sicherstellung festgelegt. → Vereinfachtes Verfahren.

Abgeschlossenheitsbescheinigung *(§ 3 Abs. 2 WEG)*, Erklärung der → Bauaufsichtsbehörde, daß Räumlichkeiten entsprechend dem → Wohnungseigentumsgesetz (WEG) abgeschlossen, d. h. baulich von fremden Wohnungen und Wohnräumen abgetrennt sind und einen eigenen abschließbaren Zugang vom Freien oder einem Treppenhaus besitzen. → Sondereigentum soll nur begründet werden, wenn die Wohnung oder sonstige Räume in sich abgeschlossen sind. Die Voraussetzungen ergeben sich aus § 59 WEG Allgemeine Verwaltungsvorschriften. Die Bescheinigung ist für die Umwandlung von Mehrfamilienhäusern zwecks Vermarktung als → Eigentumswohnungen zwingend erforderlich. Gehört daher auch zu den Beleihungsunterlagen. Bei Altbauten ist die Vorlage inzwischen vor Finanzierungszusage dringend notwendig, da die erforderlichen Auflagen insbesondere bei älteren Bauten kaum noch erfüllt werden können. Hier handelt es sich insbesondere um Feuerschutz und Schallschutz nach heutigen Gesetzen. Dies macht eine Aufteilung und Veräußerung von Altbauten fast unmöglich. Eine Lösung kann hier u. U. nur noch die → Bruchteilsgemeinschaft sein.

abgesonderte Versteigerung *(§ 65 ZVG).* Das Gericht kann auf Antrag anordnen, daß eine Forderung oder eine bewegliche Sache von der Versteigerung des Grundstückes ausgeschlossen und besonders versteigert werden soll. Die besondere Versteigerung oder die anderweitige Verwertung ist nur zulässig, wenn das geringste Gebot erreicht ist. Eine Zwangsversteigerung erstreckt sich auch auf das Zubehör des Grundstücks. Ist eine Herausnahme des Zubehörs erforderlich, so ist ein abgesondertes Verfahren anzustreben, insbesondere, wenn Anwartschaftsrechte in Frage stehen.

Ablaufleistung, Geldbetrag, welcher einer lebensversicherten Person bei Vertragsende ausbezahlt wird. Die Summe setzt sich zusammen aus der Versicherungssumme und der Überschußbeteiligung. Bei Darlehen mit Tilgungsaussetzung durch Lebensversicherung ist zu berücksichtigen, daß die Überschußbeteiligung keine auf den Endzeitpunkt festzulegende Größe ist. Die Versicherungssumme sollte zur Ablösung des Darlehens herangezogen werden und die Überschußbeteiligung zur Laufzeitverkürzung dienen.

Ablaufprotokoll, → Protokoll.

Ablöserecht *(§ 268 BGB, § 1150 BGB u. a.).* 1. *Zwangsvollstreckung.* Betreibt der Gläubiger die Zwangsvollstreckung in einen dem Schuldner gehörenden Gegenstand, so ist jeder, der Gefahr läuft, durch die Zwangsvollstreckung ein Recht an dem Gegenstand zu verlieren, berechtigt, den Gläubiger zu befriedigen (abzulösen). Das gleiche Recht steht dem Besitzer einer Sache zu, wenn er Gefahr läuft, durch die Zwangsvollstreckung den Besitz zu verlieren. *2. Hypothek.* Vielfach vereinbartes Recht eines Bürgen einer I b-Hypothek,

das Darlehen abzulösen, wenn der Kreditnehmer seinen Verpflichtungen nicht nachkommt.

Ablösevereinbarung, Regelung, nach der in Zukunft anfallende Erschließungsbeiträge schon vorzeitig abgelöst werden können. Dies wird entweder in der → Erschließungsbeitragssatzung oder in besonderen Verwaltungsvorschriften vertraglich fixiert. Eine A. ist sinnvoll, wenn z. B. ein Bauträger Gewißheit über die Erschließungsbeiträge für ein größeres Baugebiet haben will, welches erst sukzessive erschlossen wird. Auch der Baufinanzierer sollte sich dieses Instrumentes bei seiner Beratung bedienen, wenn eine Investition durchgerechnet wird.

Ablösezusage. Bei der Zwischenfinanzierung von Bausparverträgen verlangen Banken und Sparkassen i. d. R. eine A. durch die Bausparkasse für den Zeitpunkt nach der Zuteilung des Vertrages. Hierfür haben die Bausparkassen mit den ihnen befreundeten Banken und Sparkassen ein Rahmenabkommen. Die Abwicklung wird vielfach → Vereinfachtes Verfahren genannt. Die Beleihungsprüfung erfolgt sofort durch die Bausparkasse. Auszahlungen können auf Weisung der Bausparkasse erfolgen. Die als Sicherheit dienende Grundschuld wird gleich für die Bausparkasse eingetragen.

Ablösungen von Stell- und Parkplätzen *(§ 64 Abs. 5 BauNVO).* Können Stell- und Parkplätze aus technischen Gründen nicht erstellt werden, ist u. U. die

Verpflichtung durch Zahlung einer Ablösesumme zu erfüllen. Diese Aufwendungen zählen dann zu den Herstellungskosten. I. d. R. kein besonderes Nutzungsrecht des Ablösenden.

Ablösungsdarlehen, → Bankvorausdarlehen.

Ablösungssumme *(§ 92 ZVG)*. Fällt z. B. eine Reallast nicht in das → geringste Gebot, so erlischt sie durch den Zuschlag. An ihre Stelle tritt der Anspruch auf Ersatz des Wertes aus dem Versteigerungserlös. Die Höhe richtet sich nach diversen Faktoren – bestimmter oder unbestimmter, ablösbarer oder nicht ablösbarer Reallast. Bei bestimmten Reallasten wird die A. ermittelt. Ist die Reallast von unbestimmter Dauer ablösbar, so wird die A. als Kapital eingesetzt. Ist sie nicht ablösbar, so erfolgt die Berechnung des → Deckungskapitals als → Ersatzbetrag.

Abmahnung nach PAngV. Seit dem 1. 9. 1985 ist bei der Angabe von Sollzinsen in Angeboten und Anzeigen gemäß § 4 PAngV der effektive Jahreszins bzw. der anfängliche effektive Jahreszins anzugeben. Bei Zuwiderhandlung müssen Banken und Anbieter – auch Makler – mit einer A. rechnen. Die erste A. sieht i. d. R. die Zahlung der Rechtsanwaltskosten und die Vereinbarung einer Unterlassungserklärung vor. Bei weiteren Verstößen muß mit einer Geldbuße bis zu DM 50 000,– gerechnet werden. → Abmahnverein.

Abmahnverein. Verein der sich zur Aufgabe gemacht hat, die Einhaltung der →

Preisangabenverordnung zu überwachen. → Abmahnung.

Abmarkung *(§ 919 BGB)*, Kennzeichnung der neu festgelegten Grenzen eines Grundstücks durch dauerhafte, jederzeit nachprüfbare Grenzzeichen. → Grenzfestlegung.

Abnahme, Feststellung und Bestätigung der gesetzlichen Vorschriften bei der Erstellung von Gebäuden oder genehmigungspflichtigen Anlagen durch die zuständige Behörde. Auch Teilabnahmen sind möglich.
Wichtige Beleihungsunterlage, davon werden vielfach Auszahlungen abhängig gemacht. → Abnahmeschein.

Abnahmeschein, amtliches Prüfprotokoll, das nach Fertigstellung einzelner Bauabschnitte oder für bestimmte Gebäudeteile, z. B. Kamin, Schornstein, Elektroinstallation etc., erstellt wird. Gemäß Regelung der Bauordnung der Länder werden für genehmigungspflichtige Bauvorhaben A. (→ Rohbauabnahme, → Schlußabnahme, → Gebrauchsabnahme) erteilt.

Abnahmeverpflichtung, Verpflichtung eines Darlehensnehmers, sich innerhalb einer vereinbarten Frist das Darlehen auszahlen zu lassen.

Abrechnung, Inrechnungstellen von erbrachten Leistungen durch den Auftragnehmer (Bauhandwerker). Aus der Rechnung müssen die Art und der Umfang der Leistungen sowie das → Aufmaß ersichtlich sein. Der Baufinanzierer kann anhand der A. die ursprünglichen Kostenansätze und die Einhaltung des Finanzierungsrahmens prüfen. Es ist selbstverständlich, daß die Rechnungen erst reguliert werden, nachdem der Architekt die einwandfreie, fachmännische Ausführung und vor allem das Aufmaß bestätigt hat.

Abschlagsverfahren, Ermittlung des → reinen Bauwertes unter Zugrundelegung angemessener Herstellungskosten (Basis: aktueller Raummeterpreis) und Abzug eines Sicherheitsabschlages. Dieser liegt bei Objekten, die nicht älter als 20 Jahre sind, bei: 10% für Wohngebäude und gemischt genutzte Objekte; 15% für gewerblich, landwirtschaftlich und industriell genutzte Gebäude. Bei Altbauten sollten mindestens 20% Sicherheitsabschlag Berücksichtigung finden. Unabhängig davon ist hier noch die übliche Altersabschreibung vorzunehmen.

Abschlagszahlungen *(§ 16 Nr. 1 Abs. 1 bis 4 VOB/B).* A. sind auf Antrag des Auftragnehmers in Höhe des Wertes der jeweils nachgewiesenen, vertragsmäßigen Leistungen in möglichst kurzen Abständen zu gewähren. Sind sie vereinbart, so trifft den Auftragnehmer die Pflicht, bei Vorlage seiner Abschlagsrechnung die von ihm erbrachten Leistungen durch eine prüfbare Aufstellung nachzuweisen, die eine möglichst sichere Beurteilung seiner Leistung ermöglichen muß. Ohne prüfbare Aufstellung und mängelfreie Leistung steht dem Anspruch des Auftragnehmers auf die A. ein Zurückbehaltungsrecht des Auftraggebers gegenüber.

Abschlußgebühr (Bausparen). Bei Abschluß eines → Bausparvertrages wird von den Bausparkassen eine A., je nach Bausparkasse und Tarif zwischen 1% und 1,6% der Vertragssumme, erhoben. In Ausnahmefällen kann auf diese Gebühr ganz oder teilweise verzichtet werden. Die A. ist nicht einklagbar. Sie wird grundsätzlich von der ersten Zahlung einbehalten und ist prämienberechtigt.

Abschlußvollmacht (Bausparen). Bausparkassen haben in den vergangenen Jahren ihren Vertretern für einen begrenzten Zeitraum – z. B. Jahresende – A. erteilt, um die steuerlichen Voraussetzungen für den kurzfristigen Abschluß eines Vertrages im alten Jahr zu schaffen.

Abschnittsbesteuerung *(§ 25 EStG.* Die Einkommensteuer wird nach dem Einkommen veranlagt, das der Steuerpflichtige in einem Kalenderjahr bezogen hat. Mit dieser Vorschrift wird aufgrund der Progressionsbesteuerung oftmals unnötigerweise zuviel an Steuern gezahlt. Viel sinnvoller wäre es daher, aufgrund dieser A. Einkommensschwankungen zu vermeiden.

Abschnittsfinanzierungen, Finanzierungen von Wohnungen mit Darlehen, deren Zinssätze und sonstigen Konditionen nach einer bestimmten Laufzeit von drei, fünf, sieben und zehn Jahren neu festgelegt werden.

abschnittsweise Herstellung. Erschließungsanlagen werden häufig abschnittsweise hergestellt. Dies bietet sich an bei größeren Baugebieten, um in mehreren Teilschritten auch die Funktionsfähigkeit eines Bauabschnitts nicht unnötig in die Länge zu ziehen. Im BBauG § 130 Abs. 2 ist festgelegt, unter welchen Voraussetzungen eine Abschnittsbildung zulässig ist. Selbstverständlich kann bei einer a. H. auch die Abrechnung bereits nach Fertigstellung der Teilerschließung erfolgen.

Abschreibung. *1. Allgemein.* Wertminderung eines Wirtschaftsgutes (auch Gebäude), die jährlich zu einem bestimmten Prozentsatz als steuerlicher Verlust geltend gemacht und u. U. gegen Einkünfte verrechnet werden kann. Die Höhe ist abhängig von der Nutzungsdauer und der steuerlichen Gesetzgebung. Es handelt sich dabei um sogenannte → Buchverluste. Die tatsächliche Wertminderung kann höher oder auch niedriger sein. Die A. im Wohnungsbereich sind in den §§ 7 b, 7 Abs. 5 u. § 7 Abs. 4 § 7 c, 7 i und 7 k EStG sowie in § 10 e geregelt. Es besteht die Möglichkeit der → degressiven und → linearen A. Als steuerlicher Anreiz werden vielfach für besondere Investitionen oder Standorte teilweise höhere Abschreibungssätze zugelassen (Zonenrandförderung, Energieeinsparung, Althausmodernisierung, → Denkmalschutz).
2. Bei unentgeltlich erworbenen Gebäuden (§ 7 EStG, § 11 EStDV Nr. 44 EStR). Wird ein Gebäude/eine Eigentumswohnung unentgeltlich erworben (durch Schenkung/Erbschaft), bemes-

sen sich die A. nach den Anschaffungs- bzw. Herstellungskosten des Rechtsvorgängers. Der Rechtsnachfolger kann A. nur insofern vornehmen, als sie vom Rechtsvorgänger noch nicht in Anspruch genommen worden sind.
3. Höchstsätze (§ 10 e EStG). Ab 1. 1. 1987 können Einfamilienhäuser und Eigentumswohnungen bis zu DM 300 000,– Gesamtkosten abgeschrieben werden. Der im Gesamtaufwand enthaltene Grundstücksanteil wird hierbei jedoch nur mit 50% des Anteilwertes angesetzt. → Steuervorteile aus Immobilien.

Abschreibungsgesellschaften, Kapitalsammelgesellschaften zur Finanzierung größerer Objekte, z. B. Schiffe, Flugzeuge, Ölbohrinsel, Filmgesellschaften, Ranch in den USA usw. I. d. R. überdurchschnittlich hohes Anlagerisiko. Durch steuerliche Konzeptionen werden hohe Steuervorteile „verkauft". Diese setzen sich aus Verlusten und Abschreibungen zusammen. Die vielfach angekündigten Verlustzuweisungen werden oftmals von den prüfenden Finanzämtern nicht anerkannt. Beteiligungen sollten nur bei Vermittlung von seriösen Partnern und nach sorgfältiger Prüfung eingegangen werden.

Absetzung für außergewöhnliche Abnutzung. Neben regelmäßigen Absetzungen sind auch A. f. a. A. möglich. Diese können sowohl im technischen Bereich – Beschädigung eines Gebäudes – als auch im wirtschaftlichen Bereich – Nutzungsänderung – liegen. Unter bestimmten Voraussetzungen kann dies auch dem Erwerb zum Abbruch folgen.

Absonderungsrecht *(§ 49 KO).* Im Konkurs des Mieters hat der Vermieter ein A. Er kann abgesonderte Befriedigung aus den seinem Pfandrecht unterliegenden Gegenständen verlangen.

Abstände. In diversen Gesetzen und Bauordnungen sind Mindestabstände, z. B. seitliche Grenzabstände von Gebäuden, vorgeschrieben. Besonders bei geplanter Grenzbebauung zu beachten. Auch bei Garagen. → Bauwich, → Abstandsbaulast.

Abstandsbaulast *(§ 7 Abs. 1 MBO, § 8 LBOBaWü, § 9 BauONW).* Mit der Baulast übernimmt ein Grundstückseigentümer freiwillig die Pflicht oder Duldung zur Erfüllung von Voraussetzungen für die rechtmäßige Durchführung eines Bauvorhabens. Bei der A. übernimmt der Nachbar fehlende Abstandsflächen. Die Übernahme erfolgt durch schriftliche Erklärung gegenüber der Bauaufsichtsbehörde und hat auch für den Rechtsnachfolger Gültigkeit. Es erfolgt Eintragung im → Baulastverzeichnis. Löschung ist nur durch Verzicht der Bauaufsichtsbehörde möglich. → Abstände, → Bauwich.

Abstandsfläche. Die einzelnen Flächen sind in den Landesbauordnungen geregelt. → Bauwich, → Abstände.

Abstandszahlung, Aufwendung, um eine vorzeitige, meist andere Nutzung eines Immobils zu erreichen. Üblich, wenn nach Erwerb ein bestehendes Miet- oder Pachtverhältnis vor Ablauf der Vertragslaufzeit beendet werden soll. A. sind Werbungskosten bei den Einkünften aus Vermietung und Verpachtung.

Abteilung II des Grundbuches, verzeichnet die Lasten und Beschränkungen des Grundstücks wie → Baubeschränkungen, → Nutzungsbeschränkung, → Vorkaufsrecht, → Grunddienstbarkeit, Bestehen einer Nacherbschaft sowie Eintragung über → Zwangsversteigerung, → Zwangsverwaltung und → Konkursverfahren.

Bei der Prüfung der Belastung eines Grundstücks sind nicht nur die Belastungen in Abteilung III, sondern auch diejenigen in Abteilung II zu berücksichtigen. In dieser Abteilung werden auch → dingliche Wohnrechte in Gestalt von → beschränkt persönlichen Dienstbarkeiten eingetragen. Wird dem Notar die Feststellung des Rangs einer Hypothek übertragen, hat er auch einen eventuellen Vorrang in Abteilung II zu prüfen.

Abteilung III des Grundbuches, verzeichnet alle Hypotheken, Grundschulden und Rentenschulden, mit denen ein Grundstück belastet wird. Die Rangfolge ergibt sich aus der Reihenfolge der Eintragungen, falls nicht durch besondere Eintragung ein Vorrang eingeräumt worden ist. Dies wird bei den jeweiligen Rechten vermerkt. Gelöschte Rechte sind rot unterstrichen (gerötet). Gleichzeitig wird ein Löschungsvermerk eingetragen.

Abtretung *1. Grundschulden.* Grundschulden und Hypotheken können jederzeit mit Zustimmung des Grundstückseigentümers an jede Person/Firma oder Bank abgetreten werden. Die A. kann in notarieller Form oder privatschriftlich erfolgen. Soll die A. ins Grundbuch eingetragen werden, so ist die notarielle Beglaubigung erforderlich. Bei Briefgrundschuld/-Hypothek muß gleichzeitig die Übergabe des Briefes erfolgen.

2. Bausparen. A. von Bausparverträgen sind grundsätzlich möglich. Die A. oder Verpfändung erfolgt i.d.R. bei Vor- und Zwischenfinanzierungen von Bausparverträgen. Bei nicht wohnungswirtschaftlicher Verwendung sind diese A. steuerschädlich. Steuerunschädlich sind Übertragungen und A. zugunsten von Angehörigen nach § 15 AO. Hierzu zählen auch Verlobte, Verwandte, Verschwägerte usw.

Abtretung der Rechte aus Meistgebot *(§ 81 ZVG).* Der Meistbietende in der Zwangsversteigerung hat einen öffentlich-rechtlichen Anspruch auf Erteilung des Zuschlages, sofern nicht gesetzliche Gründe dagegenstehen. Er ist aber auch an sein Gebot gebunden. Nach § 81 Abs. 2 ist jedoch die A. d.R.a.M. möglich. Verbunden ist diese mit der Übernahme der Verpflichtung aus dem Meistgebot. Der Meistbietende wird aus der Abtretung von seinen Verpflichtungen nicht befreit. Achtung: Doppelte Grunderwerbsteuer wird fällig.

Abtretung der vorläufigen Eigentümergrundschuld. Ist ein Darlehen im Grundbuch durch die Eintragung einer Hypothek besichert und dieses Darlehen muß zwischenfinanziert werden, so kann die eingetragene Hypothek als A. d.v.E. auf den Zwischenfinanzierer übergehen. Die Abtretung wird i.d.R. notariell beglaubigt. Die Übergabe des Hypothekenbriefes wird üblicherweise dadurch ersetzt, daß die Ansprüche auf Herausgabe des Briefes an die Bank abgetreten werden.

Abtretung des Auszahlungsanspruchs gegen den Hypothekengläubiger, die Bausparkasse bzw. andere Baudarlehensgeber. Sicherungsmittel für eine Zwischenfinanzierung. Ist eine unmittelbare Auszahlung der Darlehensmittel nicht möglich und müssen diese von einer Bank zwischenfinanziert werden, so werden als Sicherheit u.a. die Auszahlungsansprüche abgetreten. → Abtretung der vorläufigen Eigentümergrundschuld.

Abtretungsbestätigung. Bei Zwischenfinanzierungen von Hypotheken, Darlehen von Lebensversicherungen und Bausparkassen sowie Ansparungen von Bausparverträgen aus Kreditmitteln ist es üblich, sich die Auszahlungsansprüche abtreten zu lassen. Hier sollte darauf geachtet werden, daß nach Möglichkeit die Aufrechnung gegen eigene Forderungen ausgeschlossen wird, da ansonsten die Erfüllung der Abtretung in voller Höhe nicht sichergestellt werden kann und u.U. bei der zwischen- oder vorfinanzierenden Bank ein Restsaldo verbleibt. Gleiches kann bei einer Inanspruchnahme von gestellten Zusatzsicherheiten wie Festgeld oder Sparguthaben usw. bei einer anderen Bank geschehen. → Aufrechnungsrecht § 28 AGB.

Abverfügung. Jede Eintragung im Grundbuchblatt wird durch einen Berechtigten (meist Rechtspfleger) kontrolliert und dann abverfügt. Erst wenn dies (durch Unterschriftsleistung im Grundbuch) dokumentiert ist, ist die Eintragung rechtskräftig.

Abwasserabgabe. Nach dem Abwasserabgabegesetz hat jeder, der Abwässer unmittelbar in Gewässer einleitet, eine A. zu entrichten. Die Höhe richtet sich nach der Schädlichkeit des Abwassers und der Abwassermenge. Für die Berechnung wird eine Schadeneinheit ermittelt. Der Abgabesatz beträgt ab 1. 1. 1986 DM 40,– je Einheit. Gezahlt werden muß sowohl von öffentlichen als auch privaten Betreibern.

Abwasserbeseitigung *(Novelle zum WHG § 18a Abs. 1 Satz 1)*, Verpflichtung, Abwässer so zu beseitigen, daß das Wohl der Allgemeinheit nicht beeinträchtigt wird. Öffentliche A. (§ 18a Abs. 2 Satz 1 WHG) ist geregelt in den kommunalen Entwässerungssatzungen, private A. in § 2 mit § 3 Abs. 1 Nr. 4 u. 5 WHG. Hiernach bedarf jeder, der Abwässer unmittelbar in ein oberirdisches Gewässer oder in das Grundwasser einleiten will, einer wasserrechtlichen Erlaubnis. → Landeswassergesetz, → Wasserbehörden, → Wasserhaushaltsgesetz.

Abwassergebühren. Bei der Berechnung wird i. d. R. vom Frischwasserverbrauch ausgegangen. Vielfach wird zusätzlich eine Grundgebühr berechnet. Andere Berechnungsmöglichkeiten sind bekannt, jedoch wenig gebräuchlich.

Abwasserrecht *(§§ 1018 bis 1029 BGB)*, Recht zur Ableitung der Abwässer über das dienende Grundstück. Eintragung erfolgt in → Abteilung II des Grundbuches als → Grunddienstbarkeit. Das Recht ist bei der Bewertung und Beleihung des Grundstückes zu beachten.

Abwehrrecht *(§ 1004 BGB)*. Wird eine → Grunddienstbarkeit beeinträchtigt, so stehen dem Berechtigten bestimmte Rechte zu. Im Gesetz heißt es: Wird das Eigentum in anderer Weise als durch Entziehung oder Vorenthaltung des Besitzes beeinträchtigt, so kann der Eigentümer vom Störer die Beseitigung der Beeinträchtigung verlangen. Sind weitere Beeinträchtigungen zu erwarten, so kann der Eigentümer auf Unterlassung klagen.

Abwicklungsgesetz, Gesetz zur Abwicklung der landwirtschaftlichen Entschuldung vom 25. 3. 1952 mit Änderungen. Hiermit sind u. a. §§ 91 bis 94 des Schuldenregelungsgesetzes vom 1. 7. 1933 außer kraft gesetzt worden. Nach § 5 des Gesetzes hat das Entschuldungsamt in begründeten Fällen auf Antrag der Eigentümer das Grundbuchamt um Löschung der → Entschuldungsvermerke zu ersuchen.

Abwicklungskonto. Werden für den Bau eines Objektes diverse Darlehen u. U. noch von verschiedenen Kreditgebern verwendet, empfiehlt es sich, ein A. einzurichten. Alle Teilauszahlungen können über dieses Konto erfolgen und alle Rechnungen hierüber bezahlt werden. Dies gibt eine klare Abgrenzung zu persönlichen Verfügungen und erleichtert auch die Erstellung der steuerlichen Unterlagen für das Finanzamt.

Abzahlungshypothek, → Hypothek mit gleichbleibenden Tilgungsbeiträgen. Hierdurch ermäßigt sich die jährliche Leistung progressiv nur durch ersparte Zinsen. Um eine Laufzeit von unter 30 Jahren zu erreichen, müßte der jährliche Tilgungssatz mindestens 3,5% p. a. betragen. Wegen der normalerweise langen Laufzeit wenig gebräuchlich.

Abzinsen, Berechnung eines Wertes zu einem bestimmten Stichtag unter Einbeziehung der Zinsen für spätere Fälligkeiten.

AGB, Abkürzung für → Allgemeine Geschäftsbedingungen.

Agio, Aufgeld für ein Wertpapier oder eine Beteiligung. Differenz zwischen Ausgabepreis und Nennwert. Gegenteil von → Disagio.

Akteneinsicht bei einer Zwangsversteigerung *(§ 42 ZVG).* Die Einsicht der Mitteilungen des Grundbuchamtes sowie der erfolgten Anmeldungen ist jedem gestattet. Dies gilt insbesondere für die Einsicht in die Verkehrswertschätzungen.

Akzessorietät, Verknüpfung zwischen Sicherheit und gesicherter Forderung. Die Hypothek ist an die Forderung gebunden, d. h., es muß eine zu sichernde Forderung gegenüberstehen. Ist diese Forderung aus irgendwelchen Gründen nichtig, so ist auch die Hypothek zu löschen.

Alarmanlage. Heute werden A. in vielen Häusern und Wohnungen entweder direkt installiert oder nachträglich eingebaut. Diese Aufwendungen sind ggf. abschreibungsfähig.

Alleinauftrag *(§ 653 BGB)* (Maklervertrag). Die Rechtswirksamkeit bei der Beauftragung eines Maklers ist nur dann gegeben, wenn der Vertrag befristet oder kündbar ist. In der Praxis wird meistens eine sechsmonatige Frist vereinbart. Unter A. kann verstanden werden, daß der Auftraggeber verpflichtet ist, einen Interessenten, der unmittelbar oder durch Vermittlung eines Dritten an ihn herantritt, an den Makler zu verweisen. A. kann aber auch bedeuten, daß dem Auftraggeber die Beauftragung eines anderen Maklers während der Laufzeit des Auftrages untersagt wird. Im ersten Fall kann der Makler, wenn der Auftraggeber das Geschäft ohne seine Hilfe abschließt, eine Gebühr verlangen. Im anderen Falle muß er dagegen zur Begründung einer Schadensersatzpflicht nachweisen, daß er innerhalb der Laufzeit des Alleinauftrages einen Interessenten gestellt hätte, der zum Abschluß unter den im Maklervertrag vorausgesetzten Bedingungen bereit gewesen wäre. Ein Makler wird heute üblicherweise auf einem A. bestehen. Pauschalierte Aufwandsentschädigungen in den Verträgen sind nicht rechtswirksam (AZ 2/16 S 60/86; 16. Zivilkammer LG Frankfurt). Daher ist die Wahl eines seriösen Maklers von besonderer Wichtigkeit.

Allfinanz, → Verbundorganisation.

allgemeine Darlehensbedingungen, von der Bank vorformulierte Darlehensvertragsbestimmungen, die grundsätzlich für alle Kunden bei der Darlehensabwicklung gelten. Diese a. D. werden durch die Unterschrift unter den Darlehensvertrag anerkannt.

Allgemeine Geschäftsbedingungen (AGB). Für eine Vielzahl von Vorgängen sind hierin die Vertragsbedingungen vorformuliert. Sie regeln den allgemeinen Geschäftsverkehr. Hohe Bedeutung für jeglichen Geschäftsverkehr mit den Banken haben die AGB-Banken. Die AGB der einzelnen Institutsgruppen unterscheiden sich teilweise. Koordination erfolgt über die Verbände.

allgemeine Vorschriften für Bauflächen und → Baugebiete *(§ 1 BauNVO).* Im Flächennutzungsplan sind, soweit es erforderlich ist, die für die Bebauung vorgesehenen Flächen nach der allgemeinen Art ihrer baulichen Nutzung darzustellen.

allgemeine Wertverhältnisse *(§ 3 WertV).* Die a. W. auf dem Grundstücksmarkt bestimmen sich nach der Gesamtheit der am Wertermittlungsstichtag für die Preisbildung von Grundstücken im gewöhnlichen Geschäftsverkehr für Angebot und Nachfrage maßgebenden Umstände, wie die allgemeine Wirtschaftssituation, der Kapitalmarkt und die Entwicklungen am Ort. Außer acht bleiben allerdings ungewöhnliche und persönliche Verhältnisse.

allgemeine Wohngebiete *(§ 4 BauNVO).* A. W. dienen vorwiegend dem Wohnen. Hierzu zählen z. B. die für die Versorgung erforderlichen Läden, Schank- und Speisegaststätten, Kirchen, kulturellen und sozialen Einrichtungen dienende Gebäude. Ausnahmen: Beherbergungsgewerbe, nicht störende Gewerbebetriebe, Tankstellen.

allgemeiner Betriebsvermögensvergleich *(§ 4 (1) EStG),* Gewinnermittlungsart für selbständig Tätige, wenn freiwillig Bücher geführt werden, Land- und Forstwirte, wenn Buchführungspflicht besteht, Gewerbetreibende nur im Falle der Schätzung.

Allzweckhypothek, → Hypothek, welche nicht nur für ein Bauvorhaben, sondern auch für sonstige Zwecke verwendet werden kann. Häufig Angebot von Sparkassen.

Altablagerungen, Aufhaldungen und Verfüllungen von Grundstücken mit Haus-, Gewerbe- und Industriemüll, aber auch mit Bauschutt und Bodenaushub.

Altbau, → Altbauwohnung.

Altbaumietverordnung, VO über den Mietpreis für bis zum 31. 12. 1949 bezugsfertig gewordene Wohnungen.

Altbauwohnungen, Bezeichnung für Wohnungen in älteren Bauwerken. Nach heutigem Sprachgebrauch sind damit Objekte angesprochen, die vor 1948 (Währungsstichtag) errichtet worden sind. Allgemeingültig ist dies der 20. 6. 1948 (in Berlin bis zum 24. 6. 1948 und im Saarland bis zum 1. 4. 1948 bezugsfertig gewordene Wohnungen).

Altenheim, Einrichtung für alte Menschen, die zur Führung eines eigenen Haushalts nicht mehr imstande sind und die voll versorgt und betreut werden müssen. Hierauf sind die Ausstattung der Immobilie sowie der Personaleinsatz auszurichten. Die Wohnplätze für eine Person in einem A. müssen mindestens einen Wohn-/Schlafraum mit einer Wohnfläche von 12 m^2, Wohnplätze für zwei Personen einen solchen mit einer Wohnfläche von 18 m^2 umfassen und über einen Waschtisch verfügen. Innerhalb des A. muß mindestens eine Kochgelegenheit für die Bewohner sowie ein Abstellraum für deren Sachen vorhanden sein. 20 m^2 Nutzfläche, mindestens jedoch 1 m^2 Nutzfläche je Heimbewohner müssen als Gemeinschaftsfläche zur Verfügung stehen, wobei hier Speiseräume und Flure angerechnet werden können. Darüber hinaus muß ein Raum für Bewegungstherapie und Gymnastik vorhanden sein, sofern nicht geeignete Räumlichkeiten in zumutbarer Entfernung außerhalb des Heimes benutzt werden können. An sanitären Anlagen muß mindestens für jeweils acht Bewohner im gleichen Geschoß ein Spül-Klosett mit Handwaschbecken sowie für jeweils 20 Bewohner im gleichen Gebäude mindestens eine Badewanne oder Dusche zur Verfügung stehen. Tagessätze bei geringerem Aufwand DM 50,–. Die Finanzierung ist besonders schwierig, da der Erfolg von einem fachkundigen Betreiber abhängt.
Quelle: Gewerbe Immobilie v. Prof. Dr. B. Falk

Altenpflegeheim. A. dienen der umfassenden Betreuung und Versorgung chronisch kranker und pflegebedürftiger alter Menschen. Insofern stellt ein Pflegeheim noch zusätzliche Anforderungen an die Bauausstattung und die Personalbesetzung. Die Betreuung der alten Menschen ist im Pflegeheim von besonderer Bedeutung. Die Pflegeplätze müssen mindestens einen Schlafraum mit einer Wohnfläche von 12 m^2 für einen Bewohner sowie zusätzliche 6 m^2 je weiteren Bewohner umfassen. Wohn-/Schlafräume für mehr als vier Personen sind in Pflegeheimen nicht zulässig. Zusätzlich zu den allgemein für Altenheime vorgeschriebenen Funktions- und Zubehörräumen muß bei Pflegeheimen in jedem Gebäude ein Schmutzraum mit Fäkalienspüle vorhanden sein. Die Dimensionierung der Gemeinschaftsflächen bemißt sich ebenfalls nach der Zahl der Bewohner (0,75 m^2), die Nutzflächen müssen jedoch so angelegt sein, daß auch Bettlägerige an Veranstaltungen und Zusammenkünften teilnehmen können. In unmittelbarer Nähe des Wohn-/Schlafraumes ist darüber hinaus für je vier Bewohner ein Waschtisch sowie für je acht Bewohner ein Spül-Klosett erforderlich. Die Pflegesätze bedürfen im Rahmen der Pflegesatzverordnung der Genehmigung durch die Landessozialämter bzw. Landesfürsorgebehörden.

Quelle: Gewerbe Immobilien Prof. Dr. B. Falk

Altenteil, eine → Reallast, die hauptsächlich in ländlichen Gegenden auch heute noch häufig bestellt wird. Der Bauer, der sein Anwesen seinem Sohn übergibt, läßt in dem notariellen Übergabevertrag für sich und seine Frau ein Recht ausbedingen, das den Übernehmer zur Gewährung von Unterhaltsverpflichtungen durch Leistungen in Geld oder Naturalien verpflichtet. Vielfach verbunden ist hiermit ein Wohnrecht, welches spätestens mit dem Tod des Berechtigten erlischt. Das A. ist der vertragsmäßig zugesicherte oder durch letztwillige Verfügung zugewandte Inbegriff von dinglich gesicherten Nutzungen und Leistungen zum Zwecke der persönlichen Versorgung des Berechtigten. Eine einheitliche Rechtsform hierfür gibt es nicht. Rechtlich ist es meist eine Verbindung von Reallasten und → beschränkt persönlichen Dienstbarkeiten. Auch ein → Nieß-

brauch kann dazugehören. Im Grundbuch finden wir in Abteilung II die Begriffe Auszug, Leibzucht, Leibgedinge. Hier handelt es sich nur um gebräuchliche Bezeichnungen für A. Diese A. bleiben von der Versteigerung unberührt. Wird hierdurch das Recht eines vorgehenden oder gleichrangigen Beteiligten beeinträchtigt, so kann das Erlöschen als Versteigerungsbedingung beantragt werden − bei Beleihung unbedingt beachten (Vorrang versuchen).

Altenteilerwohnung. Wurde eine A. aufgrund eines vor dem 1. 3. 1986 gestellten Bauantrags errichtet, kann der Steuerpflichtige die Besteuerung des Nutzungswertes der A. i. d. R. seiner betrieblichen Gewinnermittlung bis längstens 1998 fortführen. Zusätzlich erhält er das Recht, die A. gewinneutral in das Privatvermögen zu übernehmen. Die Übergangsregelung gilt nicht, wenn die A. am 31. 12. 1986 an eine andere Person, die weder Altenteiler noch am gesamten Betrieb nutzungsberechtigt ist, unentgeltlich überlassen wurde. Hier endet die Nutzungswertbesteuerung zwangsweise. Wird ein Wahlrecht nicht ausgeübt, findet die Entnahme in das Privatvermögen automatisch am 31. 12. 1998 statt. Gemäß → Konsumgutlösung wird die vom Altenteiler genutzte Wohnung grundsätzlich ab dem 1. 1. 1987 dem Privatvermögen zugerechnet.

Altenteilsleistungen → Dauernde Lasten.

Altenwohnheim, Zusammenfassung mehrerer oder vieler in sich abgeschlossener Altenwohnungen. Die Selbständigkeit des Bewohners steht bei diesem Typ im Vordergrund. Pflege und Betreuungsleistungen sind untypisch, sollen aber im Bedarfsfalle verfügbar sein. Die Mindestfläche für Wohnplätze in A. liegt wie bei den Altenheimen bei 12 m² bzw. 18 m² bei Doppelbelegung. In A. ist an Zusatzausstattung darüber hinaus eine Küche oder zumindest eine Kochnische oder ein Kochschrank sowie ein Sanitärraum mit Waschtisch und Spülklosett erforderlich. Für Gemeinschaftsflächen müssen in A. mindestens 0,75 m² Nutzfläche je Heimbewohner zur Verfügung stehen. Zusätzlich zu den Abstellräumen müssen besondere Wasch- und Trockenräume zur Benutzung für die Heimbewohner vorhanden sein. Quelle: Gewerbe Immobilie Prof. Dr. B. Falk

Altenwohnstift. Nach dem Verständnis verschiedener Wohlfahrtsverbände können A. etwa wie folgt definiert werden: mehrgliedriges oder mehrfunktionales Altenheim, das in abgeschlossenen Wohneinheiten heimbedürftigen oder heimwilligen, aber i. d. R. bei der Aufnahme nicht pflegebedürftigen alten Menschen die Möglichkeit einer teilweisen Eigenversorgung gibt. Im allgemeinen wird den Bewohnern oftmals die Haushaltsführung abgenommen. Bei Bedarf können die Service- und Pflegeleistungen erweitert werden. Das A. verfügt in besonderem Maße über Gemeinschaftseinrichtungen, in denen gesellschaftliche und kulturelle Veranstaltungen für Anregungen sorgen sollen. Neben medizinischen Hilfen bietet das A. ein umfassendes Angebot im sozialen und rehabilitativen Bereich. Quelle: Gewerbe Immobilie Prof. Dr. B. Falk

Altenwohnungen (Altenhäuser) *(§ 35 BauGB)*, dienen dem übergebenden Landwirt als Wohnstätte auf dem Bauernhof und gehören daher zum landwirtschaftlichen Betrieb. Die Errichtung ist unzulässig, wenn bereits genügend Wohnraum vorhanden ist. Bei landwirtschaftlichen Nebenerwerbsstellen sind Altenteilhäuser i. d. R. unzulässig. Das → Altenteil muß für ständigen Generationswechsel zur Verfügung stehen.

Alter. Obwohl keinerlei direkte Beschränkungen vorhanden sind, sollte bei einer Kreditgewährung eine gewisse Berücksichtigung des Eintrittsalters der Kreditnehmer erfolgen. So sollte die Tilgung weitgehend innerhalb der normalen Lebenserwartungsdauer noch möglich sein.

Altersabschreibung (AFA), Begriff in der Wertermittlung für Wohngebäude und sonstige Gegenstände. → Abschreibung, → Wertminderung.

Altersentlastungsbetrag *(§ 24 a EStG)*. Steuerzahler, die das 64. Lebensjahr vollendet haben, erhalten einen A. Dieser beläuft sich auf 40% des Arbeitslohnes und der Summe der positiven Einkünfte (→ Ermittlung des Gesamtbetrages der Einkünfte), die nicht solche aus nichtselbständiger Arbeit sind, maximal jedoch DM 3720,–. Nicht einbezogen werden Versorgungsbezüge, Pensionen von Abgeordneten sowie Einkünfte aus Leibrenten. Im Falle der Zusammenveranlagung ist der A. jedem Ehegatten, der die Voraussetzungen hierfür erfüllt, zu gewähren, allerdings nach seinen individuellen Grundvoraussetzungen zu ermitteln. Es ist daher sinnvoll, durch Besitzverteilung z. B. positive Einkünfte aus Vermietung und Verpachtung oder Kapitalanlagen bei Ehegatten jeweils zu gleichen Teilen anfallen zu lassen.

Altersversorgung. Bei entsprechendem Alter der Kreditnehmer ist natürlich auch die Kontrolle der vorhandenen A. Bestandteil der Kreditprüfung. Werden Immobilien als A. herangezogen, ist sowohl auf deren Rentabilität als auch auf den Zustand (evtl. Instandhaltung) zu achten.

Altlasten *(§§ 5, 9 BBauG).* A. sind umweltgefährdende Stoffe auf oder unter Grundstücken, z. B. Chemie-Ablagerungen, Mülldeponie usw. Bei der Aufstellung der Bauleitpläne sind bereits Flächen, deren Böden erheblich mit umweltgefährdenden Stoffen belastet sind, in die Berücksichtigungspflicht dadurch einbezogen, daß die allgemeinen Anforderungen an gesunde Wohn- und Arbeitsverhältnisse zu wahren sind. Es muß jedoch feststehen, daß A. vorhanden sind. Es besteht Kennzeichnungspflicht, wenn Gefährdung zu befürchten ist. (§ 5 Abs. 10; Abs. 3 Nr. 3 St. BauR). Wichtig bei der Beleihung von Grundstücken: Einsicht in Verzeichnis ist erforderlich.

Altlastenkataster. Seit etwa 1980 werden in Nordrhein-Westfalen aufgrund eines ministeriellen Runderlasses → Altablagerungen und → Altstandorte erfaßt. Die Erfassung erfolgt in Meßtischblättern. In vielen Städten und Gemeinden werden auch die Bürger aufgerufen, ihr Wissen um Ablagerungen und um alte Deponien mit einzubringen. Beispiel: Altlastenkartenabschnitt von Dortmund

Nutzungsarten	
A	Abgrabung
S	Schüttung
I	Industrie

Spezifische Arten der Schüttung und der industriellen Nutzung

HM	Hausmüll
IM	Industriemüll
BH	Bergehalde
Z	Zeche
K	Kokerei
B	Brikettfabrik
MB	Mineralboden
G	Gasanstalt

Altsparergesetz *(BGBl. I S. 495),* Kurzbezeichnung für das Gesetz zur Milderung von Härten der Währungsreform. Das Gesetz gewährt aus Mitteln des Lastenausgleichs eine Entschädigung für Verluste aus Altsparanlagen. Die Entschädigung für Bausparen betrug z. B. 10% der Altsparanlagen.

Altstandorte, Industrie- und Gewerbeflächen, deren Nutzung durch die Eigentümer aufgegeben wurde, sowie verfüllte ehemalige Auskiesungs- und Auslehmungsbereiche. Diese A. sind vor allem in den alten Revieren von Kohle und Stahl festzustellen.

Amnestiegesetz. Der Gesetzgeber hat mit der Einführung der Quellensteuer ein A. verabschiedet, um denjenigen Steuerzahlern, die bislang unvollständige Angaben über ihre Einkünfte aus Kapitalvermögen gemacht haben, den Weg zur Steuerehrlichkeit zu erleichtern.

Um in den Genuß der Straf- und Bußgeldfreiheit nach dem A. zu kommen, muß der Steuerzahler richtige und vollständige Angaben für die Steuerjahre 1986 und 1987 nacherklären. Die Nacherklärung ist möglich seit dem 13. 10. 1987 und muß bis spätestens 31. 12. 1990 erfolgt sein.

Ab dem Veranlagungszeitraum 1988 ist ohnehin die Abgabe einer Anlage KSO (Einkünfte aus Kapitalvermögen) obligatorisch. Der Baufinanzierer muß mit seinem Kunden diese Fragen ansprechen, wenn Eigenkapital in die Finanzierung eingebracht wird. Durch die zum 20. 6. 1989 erfolgte Außerkraftsetzung der Quellensteuer wird das A. nicht weiter tangiert.

Amortisations-Annuitätendarlehen. A. werden in regelmäßigen Raten getilgt. Die Verzinsung wird nach dem Staffelzinsverfahren vorgenommen. Die einzelnen Raten (Annuität) bleiben immer gleich, d. h. der Tilgungsanteil wird immer größer, und die Zinsen nehmen mit fortschreitender Tilgung ab. Vertraglich wird diese Form i. d. R. wie folgt dargestellt: Zu zahlen sind 7% p. a. des ursprünglich gegebenen Kapitals zuzüglich der durch die Rückzahlung ersparten Zinsen.

Amortisationshypothek, → Tilgungshypothek.

Amt für Wohnungswesen, in Gemeinden und Städten zuständige Behörde für die Annahme von Anträgen für öffentliche Baudarlehen und → Aufwendungsdarlehen und -Zuschüsse.

Amtsgericht. Dort wird u. a. das Grundbuch geführt. Die A. führen daher auch mögliche Zwangsversteigerungsverfahren für ihren Amtsgerichtsbezirk durch.

Amtslöschung *(§ 53 Abs. 1 S 2 GBO).* Ist die Eintragung ins Grundbuch als solche nach ihrem Inhalt unzulässig, so ist eine Löschung von Amts wegen vorzunehmen. Dies kommt i. d. R. nur vor, wenn das eingetragene Recht nicht mit einem gesetzlich gebotenen oder erlaubten Inhalt eingetragen ist. Die Löschung kann ebenfalls erfolgen, wenn die Eintragung gegenstandslos ist (§ 84 ff. GBO).

Amtswiderspruch *(§ 53 GBO).* Ergibt sich, daß das Grundbuchamt unter Verletzung gesetzlicher Vorschriften eine Eintragung vorgenommen hat, durch die das Grundbuch unrichtig geworden ist, so ist von Amts wegen ein Widerspruch einzutragen. Ein Widerspruch ist keine Verfügungsbeschränkung.

Anbau, nachträgliche Erweiterung eines Hauses oder einer ETW, mit der zusätzlicher Wohnraum geschaffen wird. Hierzu zählen Wintergärten, Erker, Balkone, Blumenfenster, Vordächer, Terrassen, gedeckte Freisitze und Garagen. Soll für den A. → Grundförderung in Anspruch genommen werden, können lt. Finanzverwaltung nur die → Herstellungskosten, nicht die anteiligen Anschaffungskosten für Grund und Boden berücksichtigt werden. Baukindergeld (→ Kinderkomponente) wird auch gewährt für einen A. oder eine Erweiterung, die § 7 b (10 e) AFA erhält. Der A. gilt auch als Objektverbrauch, sofern die Grundförderung beansprucht wird.

anbaufreie Straßen *(§ 127 BauGB),* Straßen, deren angrenzende Geländestreifen in bestimmter Tiefe nicht bebaut sind und deren angrenzende Grundstücke keine unmittelbaren Zufahrten zur Straße haben. → Anbauverbot.

Anbauverbot. Ein A. besteht an einer Straße, an der nicht oder nur beschränkt gebaut werden darf oder zu der Zufahrten auf bebaute Grundstücke nicht oder nur beschränkt geschaffen werden dürfen.

Anderkonten, Bankkonten, welche von Notaren benutzt werden für die Aufnahme von Fremdgeldern, die noch nicht weitergeleitet werden dürfen, da die Auszahlungsvoraussetzungen noch nicht erfüllt sind. Das Konto wird überwiegend bei der Abwicklung von Immobiliengeschäften eingesetzt. Das Geld verbleibt auf den Konten, bis der Kaufvertrag erfüllt ist. I. d. R. Löschung der Vorlasten, Eintragung der → Auflassungsvormerkung, Vorlage der behördlichen Genehmigungen. Für die Führung wird vom Notar eine Gebühr erhoben.

Anerkennungsbescheid, Bestätigung für die Anerkennung einer Wohnung als „steuerbegünstigte Wohnung". Bei einem Wohnheim, das nicht öffentlich gefördert wurde, ist durch die zuständige Behörde eine Bescheinigung zu erteilen, daß die in § 15 II WoBauG bestimmten Voraussetzungen vorliegen. Ab 1990 werden keine Bescheide mehr erteilt.

Anfangsbelastung, erste Belastung nach der Vollauszahlung aller Darlehen. Ist i. d. R. durch → Disagio niedrig gehalten. Bei Beratung auf Zinsanpassungsrisiken hinweisen. Losgelöst von der A. sollte rechnerisch eine Gesamtbelastung von 10% der Darlehenssumme(n) nachhaltig tragbar sein, um alle Zinsrisiken aufzufangen.

anfänglicher effektiver Jahreszins, → Preisangabenverordnung.

Anfangsdarlehen. Die Bausparkasse errechnet das A. aus dem Unterschied zwischen Guthaben und → Bausparsumme zuzüglich → Darlehensgebühr im Zeitpunkt der → Zuteilung. Ausnahmen sind Tarife mit festem Zuteilungsanspruch. Hier ist i. d. R. eine Besparung von 50% der Bausparsumme vorgesehen.

Anfangstilgung. Eine Leistungsrate besteht aus Zins, Tilgung und ggf. noch Versicherungsbeiträgen. Bei Annuitätendarlehen nimmt bei gleicher Leistungsratenhöhe der Zinsanteil im Darlehensverlauf ständig ab, während der Tilgungsanteil kontinuierlich steigt. Die A. ist also der Tilgungsanteil im ersten Jahr und entspricht nur da dem genannten (vereinbarten) Tilgungssatz. Es sind natürlich auch Darlehensvarianten im Markt, wo die Tilgung nach Ablauf einiger Jahre erhöht werden kann, andere Modelle lassen diese Wahlmöglichkeit nicht zu.

Angebot, mündliche oder schriftliche Abgabe der für die Ausführung von Bauleistungen oder Lieferungen geforderten Preise eines Anbieters. Mit der Abgabe des A. erklärt der Bieter seine Bereitschaft zur Ausführung der Leistung, sofern ihm innerhalb der vorgeschriebenen Zeit Auftrag erteilt wird.

angemessene Miete, → ortsübliche Miete.

Ankaufsrecht. Unter A. versteht man schuldrechtliche Erwerbsrechte von verschiedener Ausgestaltung. Das A. kommt in drei Formen vor. Es kann einmal einseitig eingeräumt werden durch Abgabe eines Verkaufsangebotes mit befristeter Bindung oder zum anderen vertraglich. Bei vertraglich eingeräumtem A. besteht die Möglichkeit zum Abschluß eines Vorvertrages oder gleich der Abschluß des Hauptvertrages. Eine Veräußerungsverpflichtung

muß in allen Fällen vorliegen, die notariell zu beurkunden ist.

Anlageberater, meist freiberuflich tätige Berater, die sowohl Kapitalanlagen als auch z. B. Immobilienanlagen im Auftrag und für Rechnung Dritter verkaufen. Der Seriosität des A., aber auch dessen Unabhängigkeit kommt daher eine große Bedeutung zu. Vertragsansprüche gegen eigene Berater des Anlegers verjähren nach 30 Jahren (§ 195 BGB). Eine Verkürzung für bestimmte Berufsgruppen wegen Sondervorschriften ist generell möglich. Im Gegensatz zur Anlagenvermittlung, wo nur Auskünfte erwartet werden, werden vom A. fachkundige Beratung, Bewertung und Beurteilung ggf. unter Berücksichtigung seiner persönlichen Verhältnisse erwartet. Es werden ausreichende Kenntnisse über die wirtschaftlichen Zusammenhänge vorausgesetzt. Haftungsgrundlage kann aus mangelhafter Beratung über §§ 611, 675 BGB entstehen. Den A. trifft erhöhte Sorgfaltspflicht, wenn er in besonderem Maße persönliches Vertrauen in Anspruch nimmt, das sich auf seine vielfältige Berufserfahrung und Sachkunde erstreckt oder auf seine persönliche Zuverlässigkeit gründet.

Anlage FW, amtlicher Vordruck der Finanzbehörden. Mit der A. FW, die eine Ergänzung zum Hauptvordruck der Einkommensteuererklärung ist, wird die Förderung des selbstgenutzten Wohneigentums beantragt. Zu unterscheiden ist dabei zwischen der Fortführung der bisherigen Steuerbegünstigungen (z. B. § 7 b EStG) nach Wegfall der Nutzungswertbesteuerung (Anschaffung/Herstellung vor dem 1. 1. 1987) und der Inanspruchnahme der Grundförderung nach § 10 e EStG (Anschaffung/Herstellung nach dem 1. 1. 1987), siehe Muster S. 21 f.

Anlage LSt 3 D, amtlicher Vordruck der Finanzbehörden. Mit der A. LSt 3 D, die eine Ergänzung zum Antrag auf Lohnsteuerermäßigung ist, werden Freibeträge zur Förderung des Wohneigentums beantragt. Diese Freibeträge können beansprucht werden bei fortlaufenden Abschreibungen nach § 10 e bzw. § 7 b EStG. Gleichzeitig besteht die Möglichkeit, die Vorteile der → Kinderkomponente mit Freibeträgen von DM 3000,– je Kind zu nutzen. Antragsfrist jeweils der 30. 11. des Kalenderjahres, siehe Muster S. 23 f.

Anlage V, amtlicher Vordruck der Finanzbehörden. Mit der A. V, die eine Ergänzung zum Hauptvordruck der Einkommensteuererklärung ist, werden die Einkünfte aus Vermietung und Verpachtung deklariert. Für jedes Objekt ist eine eigene A. V vorzulegen. Kreditgeber können aus den Kopien Rückschlüsse auf die einzelnen Objekte ziehen. Erklärt werden alle → steuerpflichtigen Einnahmen, denen die → Werbungskosten gegenüberzustellen sind. Wichtige Unterlage bei Kreditwürdigkeitsprüfung, da der Einkommensteuerbescheid nur die Gesamtsumme der Einkünfte erfaßt. A. V gibt Auskunft über AFA, Nebenkosten, Mieten, Zinsen usw., siehe Muster S. 25 f.

Anlagevermittler. Ist eine Vermittlungsprovision zwischen Anlageinteressent und A. vereinbart, ist der A. aufgrund des dann bestehenden Maklervertrages zu einer umfassenden Beratung und Aufklärung verpflichtet. Alle Angaben müssen richtig und vollständig sein. Auch Unterlassung gebotener Information kann zur Haftung führen. → Anlageberater.

Anlegerschutz, → Kapitalanlagebetrug.

Anlieger, Eigentümer von Grundstücken an einer Verkehrsfläche, die Zugang oder Zufahrt zu den Grundstücken ermöglicht. Im Straßenverkehrsrecht sind es Personen, die auf einem an einer Straße gelegenen Grundstück wohnen. Anliegerverkehr ist hier der Verkehr zu den innerhalb der gesperrten Strecke liegenden Grundstücken. Die einzelnen Bundesländer haben jeweils eigene Definitionen für A.

Anliegerbeitrag *(§§ 127 ff. BauGB),* Beitrag zur Erschließung des Grundstücks. Zum Zeitpunkt der Fälligkeit muß nicht gleichzeitig die Erschließung erfolgen. Ein Grundstück haftet grundsätzlich für die Erschließungsbeiträge. In einem Zwangsversteigerungsverfahren ist der A. ggf. als bevorrechtigte Forderung zu berücksichtigen.

Anliegerbescheinigung, vom zuständigen Bauverwaltungsamt erteilte Bescheinigung über den Stand der Erschließungsmaßnahmen und deren Kostenverrechnung. Enthält ggf. auch

Name und Vorname/Gemeinschaft		
	Anlage FW	**1989**
Steuernummer	☐ zur Einkommensteuererklärung	
	☐ zur Erklärung zur gesonderten und einheitlichen Feststellung	

Förderung des Wohneigentums

Steuerbegünstigungen (z. B. § 7 b EStG) nach Wegfall der Nutzungswertbesteuerung (Anschaffung/Herstellung v o r dem 1. 1. 1987)

Zeile	Lage der Wohnung (Ort, Straße, Hausnummer)							
1							**99**	**46**
2	**Bis 31. 12. 1986 pauschal nach § 21 a EStG besteuerte Wohnung/Gebäude**				DM		**89**	
3	Den Absetzungen entsprechende Beträge	wie Vorjahr nach	☐ § 7 b EStG	☐ § 15 BerlinFG		76	**76**	
4			☐ § 82 a EStDV	☐ § 82 g EStDV	☐ § 82 i EStDV	☐ Schutzbaugesetz	77	**77**
5	nach besonderer Berechnung für 1989	Anschaffungs-/Herstellungskosten bis 31. 12. 1988						
6		Nachträgliche Anschaffungs-/Herstellungskosten in 1989				+		
7		Bemessungsgrundlage (Höchstbetrag beachten)				=		
8		Erhöhte Absetzungen für 1989 nach	☐ § 7 b EStG	☐ § 15 BerlinFG	v. H. des Betrags lt. Zeile 7 ▶	78	**78**	
9	zuzüglich Nachholung bei Anschaffung/ Herstellung in 1986	Bis Ende 1988 höchstmögliche erhöhte Absetzungen			v. H. des Betrags lt. Zeile 7 ▶	75	Günstigerprüfig Ja = 1	
10		In den Vorjahren berücksichtigte Beträge				−		
11		1989 nachholbar						
12		1989 werden in Anspruch genommen (Nachholung endet 1989)				79	**79**	
13	Aufwendungen für 1989 fertiggestellte Baumaßnahmen im Sinne der §§ 82 a, 82 g, 82 i EStDV, Schutzbaugesetz			DM	davon 10 v. H. =	80	**80**	
14	Schuldzinsen	bei Bauantrag oder Baubeginn nach dem 30. 9. 1982 und Anschaffung/Fertigstellung in 1986, wenn erhöhter Schuldzinsenabzug nachgeholt wird				81	**81**	
15								
16	**Im anderen Gebäude selbstgenutzte Wohnung, deren Nutzungswert nicht mehr besteuert wird**							
17	Gesamtbetrag der erhöhten Absetzungen nach § 7 b EStG, §§ 14 a, 15 BerlinFG (z. B. Zeile 49 Spalte 1 Anlage V)			DM	davon entfallen ▶	82	**82**	
18	§§ 82 a, 82 g, 82 i EStDV, § 14 b BerlinFG, Schutzbaugesetz (z. B. Zeilen 50/51 Spalte 1 Anlage V)			DM	auf die selbstge- nutzte Wohnung ▶	83	**83**	
19								
20	**Steuerermäßigung für Kinder** bei Inanspruchnahme erhöhter Absetzungen nach § 7 b EStG, § 15 BerlinFG für eine eigengenutzte Wohnung							
21	**Antrag auf Steuerermäßigung nach § 34 f Abs. 1 EStG:**							
22	Im bisherigen Begünstigungszeitraum gehörten auf Dauer zum Haushalt die **Kinder** lt. Vordruck ESt/LSt 1 A Zeilen ☐ 30 ☐ 31 ☐ 32 ☐ 33					84	Kinder i.S.d. § 34 f EStG	
23								
24	**Anteile an den Steuerbegünstigungen**							
25	Gemeinschaft, Finanzamt, Steuernummer							
26	Gesondert und einheitlich festgestellter Betrag					85	**85**	

Anlage FW zur Förderung des Wohneigentums – Aug. 89 (3)

Anlage FW

Steuerbegünstigungen für die Anschaffung/Herstellung von Wohneigentum ab 1. 1. 1987

Zeile		
30	**Lage der Wohnung** (Ort, Straße, Hausnummer)	**Eigentümer** (Namen, Anteile)

Zeile								
31	Einfamilienhaus Eigentumswohng.	Anderes Haus	mit	Woh-nungen	davon eigen-genutzt:	Anzahl	Ausbau/Erweiterung einer eigenge-nutzten Wohnung	Ferien- oder Wochenendhaus	Freifinanzierter oder steuer-begünst. Wohnungs-bau in Berlin (West)
32	Angeschafft/Fertiggestellt am	Eigengenutzt ab	In 1989 noch nicht fertiggestellt	Nutzfläche des Hauses m²	Fläche d. eigengen. Wohnung/Anbaus/ Erweiterung m²	davon eigengewerb-lich/beruflich genutzt oder vermietet m²
33	Für folgende Objekte wurde(n) bereits der Abzugsbetrag/die erhöhten Absetzungen beansprucht:	Der Abzugsbetrag wird für ein Folgeob-jekt beansprucht	Anschaffung/Herstellung erfolgte anläßlich Verlegung des Wohnsitzes und der Berufstätigkeit nach Berlin (West)

Zeile						DM	
34	**Abzugsbetrag nach § 10 e EStG/§ 15 b BerlinFG**					20	20
35	Abzugsbetrag wie 1988						
36	Bei erstmaliger Geltendmachung oder Nachholung in 1989	Grund und Boden insgesamt DM / davon 50 v.H. DM	Gebäude DM	Eine Zusammenstel-lung der erstmals geltend gemachten Aufwendungen			
		1 / 2	3				
37	Anschaffungs-/Herstellungskosten			hat vorgelegen.			
38	Nachträgliche Anschaffungs-/ Herstellungskosten in 1989	+	+	ist beigefügt.			
39	Summe		+	▶			
40	Auf die eigengenutzte Wohnung entfallen		v.H. =				
41	Von Zeile 40 entfallen auf eigengewerblich/beruflich genutzte oder vermietete Räume	Art der Nutzung	v.H. =	–			
42	Bemessungsgrundlage (höchstens 300 000 DM)						
43	Abzugsbetrag nach § 10 e EStG: 5 v.H. / § 15 b Abs. 1 BerlinFG: 1. und 2. Jahr je 10 v.H., danach 3 v.H.	§ 15 b Abs. 2 BerlinFG: in den ersten 3 Jahren bis zu insgesamt 50 v.H.					
44	Nachholung von Abzugsbeträgen Beträge lt. Zeile 38 Sp. 2 und 3, ggf. gekürzt entsprechend den Zeilen 40 u. 41	DM davon v.H. = +					
45	die vor 1989 nicht in Anspruch genommen wurden	+	▶	Summe Zeilen 43 bis 45	18	Günstigerprüfung Ja = 1
46	davon werden 1989 in Anspruch genommen				10	10
47	**Absetzungen für begünstigte Baumaßnahmen** i. S. der §§ 82 a, 82 g, 82 i EStDV, § 14 b BerlinFG und des Schutzbaugesetzes an der eigengenutzten Wohnung					
48	Absetzungsbetrag wie Vorjahr					
49	Bei Fertigstellung in 1989: Aufwendungen	DM davon 10 v.H. = +	▶		11	11
50	**Aufwendungen vor Bezug**					
51	Vor Beginn der erstmaligen Nutzung zu eigenen Wohnzwecken entstandene und 1989 geleistete Aufwendungen, die weder Werbungskosten noch Betriebsausgaben sind (§ 10 e Abs. 6 EStG)					
52	Schuldzinsen, Damnum, Geldbeschaffungskosten	DM				
53	Erhaltungsaufwendungen	+				
54	Andere Aufwendungen (keine Anschaffungs-/Herstellungskosten)	+	▶	12	12	
55	**Steuerermäßigung für Kinder** bei Inanspruchnahme eines Abzugsbetrags nach § 10 e Abs. 1 bis 5 EStG / § 15 b BerlinFG					
56	Antrag auf Steuerermäßigung nach § 34 f Abs. 2 EStG: Im Begünstigungszeitraum gehörten auf Dauer zum Haushalt die **Kinder** lt. Vordruck ESt/LSt 1 A Zeilen ☐30 ☐31 ☐32 ☐33				**13** Kinder i.S.d. § 34 f EStG	
57	**Anteile an den Steuerbegünstigungen**					
58	Gemeinschaft, Finanzamt, Steuernummer					
59	Gesondert und einheitlich festgestellter Betrag			14	14	

22

Name und Vorname	
Anschrift	**Anlage LSt 3 D**
Steuernummer/Aktenzeichen	**zum Antrag auf** **Lohnsteuer-Ermäßigung für 199___**

Förderung des Wohneigentums

*) Bitte Aufstellung/Erläuterung auf besonderem Blatt beifügen.

Zeile								
1	**I. Angaben zum Gebäude / zur Eigentumswohnung**							
	Lage der Wohnung (Ort, Straße, Hausnummer)					Eigentumsanteil des		
2						Antragstellers und/ oder des Ehegatten:		v.H.
3	Einfamilienhaus Eigentumswohng.	Anderes Haus mit	Woh- nungen	davon eigen- genutzt:	Anzahl	Ausbau/Erweiterung einer eigenge- nutzten Wohnung	Ferien- oder Wochenendhaus	Freifinanzierter oder steuer- begünst. Wohnungs- bau in Berlin (West)
4	Angeschafft/Fertiggestellt am	Eigengenutzt ab		Nutzfläche des Hauses m²		Fläche d. eigengen. Wohnung/Anbaus/ Erweiterung m²	davon eigengewerb- lich/beruflich genutzt oder vermietet m²	
5	Für folgende Objekte wurde(n) bereits der Abzugsbetrag/die erhöhten Absetzungen beansprucht:					Der Abzugsbetrag wird für ein Folgeob- jekt beansprucht*)	Anschaffung/Herstellung erfolgte anläßlich Verlegung des Wohnsitzes und der Berufstätigkeit nach Berlin (West)	
6								

Zeile								
7	**II. Abzugsbetrag bei Anschaffung/Fertigstellung der eigengenutzten Wohnung ab 1. 1. 1987**							
			Grund und Boden		Gebäude			
			insgesamt DM	davon 50 v.H. DM	DM			
8			1	2	3			
9	Anschaffungs-/Herstellungskosten (einschl. nachträglicher Aufwendungen der Vorjahre)					Eine Zusammenstellung der Aufwendungen		
						ist beigefügt.	hat vorgelegen.	
10	Nachträgliche Anschaffungs-/ Herstellungskosten im Antragsjahr *)		+	+		DM	Nur vom Finanzamt auszufüllen	
11	Summe			+	▶			
12	Auf die eigengenutzte Wohnung entfallen			v.H.	=			
13	von Zeile 12 entfallen auf eigengewerblich/beruflich genutzte oder vermietete Räume		Art der Nutzung	v.H.	= –			
14	Bemessungsgrundlage (höchstens 300 000 DM)							
15	Abzugsbetrag nach § 10 e EStG: § 15 b Abs. 1 BerlinFG: 5 v.H. 1. u. 2. Jahr je 10 v.H., danach 3 v.H.			§ 15 b Abs. 2 BerlinFG: in den ersten 3 Jahren bis zu insges. 50 v.H.				
16	Nachholung von Abzugsbeträgen Beträge lt. Zeile 10 Sp. 2 und 3, ggf. gekürzt entsprechend den Zeilen 13 u. 14			DM	davon	v.H.= +		
17	die bis zum Vorjahr nicht in Anspruch genommen wurden				+			
18	Summe der Zeilen 15 bis 17							
19	Im Antragsjahr geleistete Schuldzinsen u. and. Aufwendungen, die bis zum Beginn der Eigennutzung ent- standen sind u. weder Anschaffungs-/Herstellungskosten noch Betriebsausgaben/Werbungskosten sind *)				+			
20	Abzugsbetrag (Summe der Zeilen 18 und 19, nach Zeile 43 übertragen)							
21								

Zeile					
22	**III. Berechnung der erhöhten Absetzungen für Gebäude, die vor dem 1.1.1987** **angeschafft oder fertiggestellt worden sind**				
23	Anschaffungs-/Herstellungskosten einschl. nachträglicher Aufwendungen der Vorjahre (ohne Aufwendungen für Grund und Boden)				
24	Nachträgliche Anschaffungs-/Herstellungskosten im Antragsjahr *)			+	
25	Bemessungsgrundlage für erhöhte Absetzungen Bauantrag oder Baubeginn oder Kaufvertrag:	bei Einfamilien- vor dem 30. 7. 1981: höchstens 150 000 DM nach dem 29. 7. 1981: höchstens 200 000 DM	bei Zweifamilienhaus 200 000 DM 250 000 DM	=	
26	Erhöhte Absetzungen nach (übertragen nach Zeile 30 oder 34) § 7 b EStG	§ 14 a Abs. 1 u.2, § 15 Abs. 1 BerlinFG	v.H.	=	

– 2. Ausfertigung für das Finanzamt –
(Lohnsteuerstelle)

Anlage LSt 3 D (90) zur Förderung des Wohneigentums
Nr. 724/12 – (09.89) OFD Dü - St 11

Recyclingpapier aus 100% Altpapier – erspart Energie, Rohstoffe und Abfall

Anlage LSt 3 D

Zeile				
29	**IV. Abzug wie Sonderausgaben nach Wegfall der Nutzungswertbesteuerung für Gebäude, die vor dem 1.1.1987 angeschafft oder hergestellt worden sind**			
30	Betrag lt. Zeile 26 für Wohnungen, deren Nutzungswert 1986 pauschal zu ermitteln war oder deren Nutzungswert nicht mehr besteuert wird	DM	DM	
31	Absetzungen nach §§ 82 a, 82 g, 82 i EStDV und Schutzbaugesetz, deren Voraussetzungen 1986 vorlagen, soweit sie auf Wohnungen lt. Zeile 30 entfallen	+	▶	

32	**V. Einkünfte aus Vermietung und Verpachtung**			
33	Mieteinnahmen u. Mietwert der eigengenutzten u. unentgeltlich ohne gesicherte Rechtsposition überlassenen Wohnungen	Mieteinnahmen DM +	Mietwert DM =	

34	Erhöhte Absetzungen lt. Zeile 26, soweit nicht in Zeile 30 berücksichtigt			
35	Voraussichtliche andere Werbungskosten einschl. Absetzung für Abnutzung im Antragsjahr	+	▶ –	

36	Überschuß – der Einnahmen – der Werbungskosten – (Zeile 33 abzüglich Zeile 35)	
37	Einkünfte aus weiteren Objekten (Verluste nur abziehbar, wenn das einzelne Objekt spätestens im vorangegangenen Kj. angeschafft/fertiggestellt/genutzt wurde oder wenn erhöhte Absetzungen nach § 14 a BerlinFG geltend gemacht werden)	
38	Einkünfte aus Vermietung und Verpachtung (nach Zeile 45 nur übertragen, wenn Betrag negativ)	

39	**VI. Antrag auf Steuerermäßigung für Kinder nach § 34 f EStG** bei erhöhten Absetzungen nach § 7 b EStG, § 15 BerlinFG, sowie bei Abzugsbetrag nach § 10 e EStG, § 15 b BerlinFG		
40	Bei Anschaffung/Fertigstellung der Wohnung nach dem 31.12.1989:	Im Abzugszeitraum gehörten auf Dauer zum Haushalt die Kinder lt. Antragsvordruck Abschn. B Nr.	Für jedes Kind 3000 DM ▶
41	Bei Anschaffung/Fertigstellung der Wohnung nach dem 31.12.1986 und vor dem 1.1.1990:	Im Abzugszeitraum gehörten auf Dauer zum Haushalt die Kinder lt. Antragsvordruck Abschn. B Nr.	Für jedes Kind 2400 DM ▶
42	Bei Anschaffung/Fertigstellung der Wohnung vor dem 1.1.1987 und Bauantrag/Kaufvertrag nach dem 29.7.1981:	Im Begünstigungszeitraum gehörten auf Dauer zum Haushalt die Kinder lt. Antragsvordruck Abschn. B Nr.	Für das 2. und jedes weitere Kind je 2400 DM ▶
43	**VII. Berechnung des zu berücksichtigenden Betrags** Abzugsbetrag aus Zeile 20		DM
44	Betrag aus Zeile 31		+
45	Negativer Betrag der Einkünfte aus Zeile 38		+
46	Steuerermäßigung für Kinder, Betrag aus Zeile 40, 41 oder 42		+ ▶

Hinweis: Geben Sie bitte innerhalb der allgemeinen Erklärungsfrist eine Einkommensteuererklärung ab, weil aufgrund der Eintragung des Freibetrags auf der Lohnsteuerkarte eine Einkommensteuerveranlagung durchzuführen ist.

Finanzamt – Lohnsteuerstelle –   Wird vom Finanzamt ausgefüllt   Datum

UR an die **Veranlagungsstelle**

mit

Anlagen. Für die in den Zeilen 40 – 42 aufgezählten Kinder werden Kinderfreibeträge gewährt. Ich bitte um Mitteilung des Freibetrags nach § 39 a Abs. 1 Nr. 5 EStG

Im Auftrag

Finanzamt – Veranlagungsstelle –   Datum

Steuernummer

zurück an die **Lohnsteuerstelle**   DM

Freibetrag nach § 39 a Abs. 1 Nr. 5 EStG 199

Ich bitte, dem Steuerpflichtigen bei Übersendung der Lohnsteuerkarte folgendes mitzuteilen:

Im Auftrag

Name und Vorname/Gemeinschaft/Körperschaft	**Anlage V** ☐ **zur Einkommensteuererklärung**	**1989**
	☐ **zur Körperschaftsteuererklärung**	
Steuernummer	☐ **zur Erklärung zur gesonderten und** **einheitlichen Feststellung**	

Einkünfte aus Vermietung und Verpachtung

Zeile							
1	**Einkünfte aus dem bebauten Grundstück** Lage des Grundstücks / der Eigentumswohnung (Ort, Straße, Hausnummer)				Angeschafft am	Fertiggestellt am	Bitte nur volle DM-Beträge eintragen DM
2	Vereinnahmte Mieten für das Kj. 1989	für Erdgeschoß	+ 1. Obergeschoß	+ 2. Obergeschoß	+ weitere Geschosse		
	ohne Zeile 3	DM	DM	DM	DM		
3	Vereinnahmte Mieten bei verbilligter Überlassung		-geschoß	Größe m²	Durchschnittliche Miete aus Zeile 2 DM/m²		
4	Vereinnahmte Mieten für frühere Jahre/auf das Kalenderjahr entfallende Mietvorauszahlungen aus Baukostenzuschüssen						
5	Einnahmen aus Umlagen, z. B. Wassergeld, Flur- und Kellerbeleuchtung, Müllabfuhr, Zentralheizung usw.		in den Zeilen 2 und 3 enthalten	oder	falls nicht in den Zeilen 2 und 3 enthalten ▶		
6	Einnahmen aus Vermietung von Garagen, Werbeflächen, Grund und Boden für Kioske usw.						
7	Eigengenutzte Wohnung		-geschoß	Größe m²	Wegfall der Nutzungswertbesteuerung ab 1.1.1989 wird unwiderruflich beantragt.	Mietwert bei Nut- zungswert- besteuerung ▶	
8	Unentgeltlich ohne gesicherte Rechts- position an Dritte überlassene Wohnung		-geschoß	m²	Wegfall der Nutzungswertbesteuerung ab 1.1.1989 wird unwiderruflich beantragt.		
9	Unentgeltlich mit gesicherter Rechts- position an Dritte überlassene Wohnung		-geschoß	m²			—
10	Eigengenutzte und unentgeltlich an Dritte überlassene Garagen	Anzahl zu Zeile 7	Anzahl zu Zeile 8	Anzahl zu Zeile 9	Mietwert bei Nutzungs- wertbesteuerung ▶		
11	Bei Nutzungswertbesteuerung: Umlagen, soweit sie auf die Wohnungen lt. Zeilen 7 und 8 entfallen						
12	Öffentliche Zuschüsse zu Erhaltungs- und Herstellungskosten (soweit nicht von diesen abgesetzt), Aufwendungszuschüsse, Guthabenzinsen aus Bausparverträgen und sonstige Einnahmen		Gesamtbetrag DM	davon entfallen auf Wohnungen, für die in Zeilen 7–9 kein Nut- zungswert angesetzt ist – DM =			
13	**Summe der Einnahmen**						
14	**Summe der Werbungskosten** (Übertrag aus Zeile 52)						–
15	**Überschuß** (zu übertragen nach Zeile 18 oder nach Zeile 19 der zusammenfassenden Anlage V)						=

Zeile		Steuerpfl. Person Ehemann Gesellschaft	Ehefrau		
16				**99**	**25**
		Bitte nur volle DM-Beträge eintragen			
17		DM	DM	**89**	|
18	Zurechnung des Betrags aus Zeile 15	20	21	**20**	
				21	
19	Summe der Beträge aus Zeile 15 aller weiteren Anlagen V	50	51	**50**	
20	**Anteile an Einkünften** aus (Gemeinschaft, Finanzamt, Steuer-Nr.)			**51**	
21	Bauherrengemeinschaften / Erwerbergemeinschaften	76	77	**76**	
				77	
22	geschlossenen Immobilienfonds	74	75	**74**	
23				**75**	
	Grundstücksgemeinschaften	56	57	**56**	
24				**57**	
		58	59	**58**	
25	**Andere Einkünfte** Einkünfte aus Untervermietung von gemieteten Räumen (Berechnung auf bes. Blatt)	66	67	**59**	
26	Einkünfte aus Vermietung und Verpachtung unbebauter Grundstücke, von anderem **unbeweglichen** **Vermögen**, von **Sachinbegriffen** sowie aus **Überlassung von Rechten** (Erläuterung auf besonderem Blatt)	52	53	**80**	
				81	
27	**Berlinvergünstigung** Nur ausfüllen bei Abgabe des Vordrucks **in** Berlin (West)	Oben enthaltene Einkünfte, die **nicht** aus Berlin (West) sind	80	81	**85**	Kinder i.S.d. § 34f EStG
28	Nur ausfüllen bei Wohnsitz in Berlin (West) und Abgabe des Vordrucks **außerhalb** von Berlin (West)	Oben enthaltene begünstigte Einkünfte aus Berlin (West)	60	61		

Anlage V Einkünfte aus Vermietung und Verpachtung – Aug. 89 (3)

Anlage V

Zeile						
30	**Werbungskosten** aus dem bebauten Grundstück in Zeile 1		Nur ausfüllen, wenn in Zeilen 7 bis 10 kein Mietwert anzusetzen ist, bei teilentgeltlicher Nutzungsüberlassung (Zeile 3) oder bei gewerblicher/beruflicher Eigennutzung			Werbungskosten DM

Zeile		Gesamtbetrag DM	Ausgaben, die nicht mit Vermietungseinkünften zusammenhängen (deshalb nicht abziehbar)			(ggf. Spalte 1 abzüglich Spalte 4)
31			ermittelt durch direkte Zuordnung	ermittelt verhältnis- mäßig	nicht abziehbarer Betrag DM	
32						
33		1	2	3	4	5
34	Schuldzinsen (ohne Tilgungsbeträge), Geldbeschaffungskosten					
35	Renten, dauernde Lasten (Einzelangaben auf besonderem Blatt)					
36	Erhaltungsaufwendungen in 1989 voll abzuziehen					
37	auf bis zu 5 Jahre zu verteilen davon 1989 abzuziehen Gesamtaufwand DM DM					
38	aus früheren Jahren aus 1985 aus 1986 DM + DM ▶					
39	aus 1987 aus 1988 DM + DM ▶					
40	Bei Wegfall der Nutzungswertbesteuerung ab 1990: Vollabzug der aus 1986–1988 verbliebenen Beträge					
41	Grundsteuer, Straßenreinigung, Müllabfuhr					
42	Wasserversorgung, Entwässerung, Hausbeleuchtung					
43	Heizung, Warmwasser					
44	Schornsteinreinigung, Hausversicherungen					
45	Hauswart, Treppenreinigung, Fahrstuhl					
46	Sonstiges					
47	Absetzung für Abnutzung nach § 7 Abs. 4 und 5 EStG linear degressiv v. H. wie 1988 lt. bes. Blatt					
48	Erhöhte Absetzungen nach § 14 a BerlinFG (§ 34 f EStG nicht anwendbar)					
49	nach § 7 b EStG / § 15 BerlinFG (siehe Antrag in Zeile 55) wie 1988 lt. bes. Blatt					
50	nach § 82 a EStDV, § 14 b BerlinFG wie 1988 lt. bes. Blatt					
51	nach §§ 82 g, 82 i EStDV, Schutzbaugesetz wie 1988 lt. bes. Blatt					
52	**Summe der Werbungskosten** (zu übertragen nach Zeile 14)					

53	**Steuerermäßigung für Kinder bei Inanspruchnahme erhöhter Absetzung nach § 7 b EStG, § 15 BerlinFG**
54	**Antrag auf Steuerermäßigung nach § 34 f Abs.1 EStG:**
55	Im bisherigen Begünstigungszeitraum gehörten auf Dauer zum Haushalt die **Kinder** lt. Vordruck ESt/LSt 1 A Zeilen ⌐ 30 ⌐ 31 ⌐ 32 ⌐ 33

56			
57	**Zusätzliche Angaben**	DM Steuerpfl. Person Ehemann	DM Ehefrau
58	In 1989 vereinnahmte Zuschüsse aus öffentlichen Mitteln, soweit von den Anschaffungs-/Herstellungskosten abgezogen		
59	Bei ausländischen Verlusten nach § 2 a EStG: In Zeilen 18 bis 26 wegen der Abzugsbeschränkung außer Ansatz gelassene Verluste 1989 Staat		
60	In Zeilen 18 bis 26 enthaltene ungekürzte positive Überschüsse 1989		
61	In Zeilen 18 bis 26 verrechnete Verluste aus Vorjahren		

26

Angaben darüber, ob bei Baubeginn Vorausleistungen entrichtet worden sind.

Anmeldung von Hypotheken- bzw. Grundschulden bei der Versicherungsgesellschaft *(§§ 1127 ff. BGB)*. Die Hypothek bzw. Grundschuld erstreckt sich auch auf die Versicherungsansprüche. Das Recht auf die Ansprüche hat nicht nur die Hypothek bzw. Grundschuld, sondern auch der Vormerkungsgläubiger. Wichtig ist die Anzeige an den Versicherer, dies insbesondere wegen einer eventuell aussstehenden Prämienzahlung. Bei Zahlung durch den Gläubiger kann eine Kündigung vermieden werden, und der Versicherungsschutz bleibt erhalten.

Anmietrecht. Der Verpflichtete muß dem Berechtigten die Sache zur Miete anbieten, bevor er sie einem anderen vermietet. – Gegensatz zum Mietvorvertrag.

Annahmeurkunde (Bausparen). Die A. ist eine Bausparurkunde: schriftliche Mitteilung der Bausparkasse über Annahme des Vertrages. Das Datum der Annahme ist Vertragsbeginn. Der Antrag ist Beweisurkunde i. S. von § 416 ZPO.

Annahme der Zuteilung. Bausparkassen haben unterschiedliche Zuteilungsverfahren. Ein Verfahren ist u. a. die A. d. Z. Nachdem die Bausparkasse dem Sparer die Zuteilung mitgeteilt hat, muß dieser die Zuteilung annehmen, wenn er sie zu dem Zeitpunkt auch ha-

ben möchte. Ein anderes Verfahren ist u. a. die automatische Zuteilung. Werden die Bausparverträge zwischenfinanziert, so wird die Zuteilung sofort angestrebt. Eine separate Zuteilungsannahme ist dann nicht erforderlich.

Annuität, vereinbarte jährliche, gleichbleibende Summe für Zins- und Tilgungsleistungen. Die Tilgung erhöht sich jeweils um die ersparten Zinsen. Bei Baudarlehen werden für die Zeit der Zinsfestschreibung i. d. R. feste gleichbleibende Raten vereinbart, welche auf das Anfangsdarlehen berechnet werden. Eingesparte Zinsen erhöhen den Anteil der Tilgung.

Annuitätenpfandbrief, Pfandbrief mit einer Annuitätentilgung, d. h. Kapitalanlage in ein Papier mit regelmäßiger Rückzahlung. Der A. ist als effektives Stück lieferbar. Die Urkunde besteht aus einem einzigen Bogen mit Kupons, von denen jeder ein Zins- und Tilgungsschein ist. Die Kursfeststellung erfolgt unter Einrechnung der Stückzinsen. Die genaue Festlegung der Kurse ist nicht ganz einfach, da aus dem Disagio nicht auf Anhieb der als Ausgleich zwischen Nominalzins und Kapitalzins dienende Anteil ersichtlich ist. Der Kurs läßt sich jedoch unter Zuhilfenahme des Zins- und Tilgungsplanes ermitteln. Der A. erfreut sich wachsender Beliebtheit.

Annuitätsdarlehen *(§ 42 Abs. 6, Satz 1 des II. WoBauG),* Darlehen zur Deckung der für Finanzierungsmittel zu entrichtenden Zinsen und Tilgungen. Im öffentlich geförderten Wohnungsbau werden die Mittel bezeichnet als: Öffentliche Mittel, die neben oder an Stelle von öffentlichen Baudarlehen als Darlehen zur Deckung der für Finanzierungsmittel zu entrichtenden Zinsen oder Tilgungen bewilligt werden.

Annuitätshilfe, in der Baufinanzierung Subventionierung der Zins- und Tilgungsleistungen der Baukosten eines Hauses oder einer Wohnung. A. wird von der öffentlichen Hand i. d. R. für die Dauer der Laufzeit eines Darlehens gewährt. Als verlorener Zuschuß gilt der auf die Zinsen gezahlte Teil. Der auf die Tilgung entfallende Teil summiert sich zu einem Darlehen und ist nach Rückführung des ursprünglichen Darlehens zu verzinsen und zu tilgen.

Annuitätshypothek, → Tilgungshypothek.

Annuitätszuschußdarlehen. Die Senkung der monatlichen Raten wird während der Tilgung durch Zuschüsse erreicht. Das Verfahren wird gerne bei Bauspardarlehen mit hohen Tilgungsanteilen praktiziert. Hierdurch kann gleichbleibende niedrige Belastung erreicht werden, allerdings bei erheblicher Verlängerung der Laufzeit.

Anordnungsbeschluß *(§ 15 ZVG, § 8 Zustellung an Schuldner).* Die Anordnung des Verfahrens einer Zwangsversteigerung erfolgt durch Beschluß des Amtsgerichts, der nur auf Antrag ergeht. Der Beschluß wird dem Schuldner zugestellt. Der Gläubiger erhält eine formlose Mitteilung. Für die Anordnung der → Zwangsverwaltung genügt ein formloser Antrag nebst erforderlichen Unterlagen. Ansonsten gelten die Bestimmungen der Zwangsversteigerung.

Anpassungsklausel *(§§ 9 Abs. 1, 2 u. 9a ErbbauRVO).* Der zwischen den Parteien vereinbarte und im Grundbuch einzutragende Erbbauzins muß kraft Gesetz nach Zeit und Höhe im voraus fest bestimmt sein. Neben diesen Bestimmungen sind Vereinbarungen zulässig, daß der Erbbauzins künftig sich veränderten wirtschaftlichen Verhältnissen anpassen soll. Erhöhung des → Erbbauzinses bei Verträgen mit A. Die Anpassung liegt in den Grenzen der Richtlinien der Deutschen Bundesbank.

anrechenbare Wohnfläche. Für die Grundsteuerberechnung über den → Einheitswert wird auf die Wohnflächenberechnung nach DIN meist ein Abschlag von 10% vorgenommen.

Anrechnungsverfahren. Aufgrund des A. wird die von Kapitalgesellschaften entrichtete Körperschaftsteuer zusammen mit dem erwirtschafteten Gewinn an die Anteilseigner weitergegeben. Sowohl Gewinn als auch der Körperschaftsteuerbetrag gehören zu den Einkünften aus Kapitalvermögen. Der Gesamtbetrag ist vom Steuerpflichtigen nach dessen Steuersatz zu versteuern. Bei der Feststellung der Steuer wird der bereits gezahlte Betrag angerechnet.

Anschaffungs- und Herstellungskosten
(§ 255 HGB). 1) Aufwendungen, die mit der Herstellung in einem engen wirtschaftlichen Zusammenhang stehen oder die zwangsläufig im Zusammenhang mit der Erstellung anfallen. 2) Aufwendungen, die durch den Verbrauch von Gütern und die Inanspruchnahme von Diensten für die Herstellung des Gutes entstehen. Kosten im Zusammenhang mit dem Kauf oder der Erstellung von Häusern oder einer ETW. → Herstellungskosten.

Anschaffungskosten für Grund und Boden. Grund und Boden ist grundsätzlich nicht abschreibbar, da hier keine Abnutzung erfolgt. Ausnahme: Nach § 10e EStG können A. f. G. u. B. zu 50% auf den Höchstbetrag von DM 300 000,– angerechnet werden. Zu den A. f. G. u. B. gehören: Grundstückskaufpreis, Grunderwerbsteuer, Vermessungskosten, Makler- und Notarkosten, Erschließungskosten, Kanal- und Abwasseranlagengebühren, Beiträge zum Ausbau einer Ortsstraße und Beiträge für die Versorgung von Elektrizität, Gas, Wasser und Wärme außerhalb des Grundstücks.

anschaffungsnaher Aufwand *(Abschn. 157 Abs. 5 EStR),* Aufwendungen für Instandsetzungsarbeiten an bestehenden Gebäuden im Anschluß an den Erwerb. Die steuerliche Zuordnung bringt oft Schwierigkeiten, da bei einer Zuordnung zu den a. A. eine sofortige Abschreibungsmöglichkeit besteht und bei einer Zuordnung zu den → Herstellungskosten dies nur über die allgemeine Gebäude-AFA als Werbungskosten erfolgen kann. Die a. A. sind dann als Herstellungskosten zu behandeln, wenn sie im Verhältnis zum Kaufpreis hoch sind und dadurch der Zustand des Gebäudes erheblich verbessert oder der Nutzungswert erheblich erhöht wird. Aus Vereinfachungsgründen überprüft das Finanzamt i. d. R. die Zuordnung nur dann, wenn innerhalb der ersten drei Jahre 20% des Kaufpreises überstiegen wird. Der a. A. kann im Jahr des Entstehens in voller Höhe abgesetzt werden oder aber über einen Zeitraum bis zu fünf Jahren gleichmäßig verteilt werden.

Anschaffungszeitpunkt. Als A. gilt nicht das Datum des Kaufvertrages, sondern der Zeitpunkt, zu dem das Gebäude übergeben wird und der Erwerber damit das wirtschaftliche Eigentum erlangt. Das ist regelmäßig der Zeitpunkt, zu dem Besitz, Nutzen, Lasten und Gefahren auf den Erwerber übergehen.

Anschlußgebühren, Gebühren für den Anschluß an die gemeindlichen Ver- und Entsorgungseinrichtungen wie Strom, Wasser, Gas und Kanal. Anschluß- und Benutzungszwang besteht.

Anschlußwert, Energiemenge, die zum Betrieb eines Gerätes oder einer Anlage aus dem öffentlichen Netz beansprucht wird. Die Summe aller A. einzelner Geräte, Installationen und Anlagen bestimmen den A. eines Gebäudes.

Ansparfonds, Fonds, bei denen die Beteiligung, i.d.R. Zeichnung kleiner KG-Anteile, durch monatliche kleine Raten innerhalb von 10 bis 15 Jahren erbracht wird. Es überwiegen zwei Formen, die auch gemischt anzutreffen sind:

1. Als Erwerbermodell: Fertiges Objekt, langfristig vermietet, 100% Finanzierung, die durch das einzuwerbende KG-Kapital finanziert werden soll, Zeichnung der einzelnen KG-Anteile (i.d.R. Anteile zwischen DM 10000,– und DM 100000,–). Rückführung des Zeichnungsbetrages in monatlichen Raten ab DM 100 über 10 bis 15 Jahre.

2. Bauherren-Fonds: wie (1) Objekt, jedoch noch zu erstellen. In beiden Fällen können die Mieteinnahmen u. U. mit zur Rückführung herangezogen werden, wenn die KG keinen eigenen Kredit aufgenommen hat. Solche Finanzierungen sind problematisch.

Ansparhöhe. Die Zuteilung eines Bausparvertrages setzt das Erreichen einer → Bewertungsziffer und eine gewisse A. voraus. Je nach Bausparkasse und Tarif liegt diese zwischen 40% und 50% der → Bausparsumme. Bei der Ermittlung der Ansparung werden Einzahlungen, Zinsen, Prämien und vermögenswirksame Leistungen zusammengezogen.

Antrag auf Lohnsteuerermäßigung, → Lohnsteuerermäßigungsverfahren.

Anwartschaftskredit. Der Bausparer hat mit Einzahlung auf seinen Vertrag einen Anspruch auf ein Darlehen, eine Anwartschaft. Mit zunehmender Einzahlung erhärtet sich dieser Anspruch.

Anwartschaftsrecht *(Formerfordernis § 313 BGB).* Ein A. ist nicht mehr als die rein tatsächliche Aussicht auf einen kurzfristigen Rechtserwerb. Der Inhaber hat Anspruch, nach Eintritt bestimmter Umstände, auf Anerkennung zum Vollrecht. Das A. ist ein selbständiges, voll verkehrsfähiges Recht.

Anzeigepflicht bei Versicherungsverträgen und Bausparverträgen *(§ 29 EStDV).*
1. Versicherungsunternehmen müssen dem für ihre Veranlagung zuständigen Finanzamt die Fälle anzeigen, in denen über die Versicherung vor Ablauf von 12 Jahren seit dem Vertragsabschluß verfügt wird. Dann wird auch eine Kontrollmitteilung an das Wohnsitzfinanzamt des Versicherungsnehmers erstellt. Von den Erträgen wird eine Kapitalertragsteuer von 25% abgehalten, die als Anrechnungsbescheinigung zu sehen ist.
2. Die Bausparkassen sind verpflichtet, dem für ihre Veranlagung zuständigen Finanzamt die Fälle anzuzeigen, in denen bei Bausparverträgen vor Ablauf der steuerlichen Bindungsfrist

– die Bausparsumme ganz oder zum Teil ausgezahlt wird

– geleistete Beiträge ganz oder zum Teil zurückgezahlt werden

– Ansprüche aus dem Vertrag abgetreten werden, ohne daß eine Nachversteuerung (§ 31 Abs. 2 EStDV) unterbleiben kann.

Auch in diesen Fällen wird eine Kontrollmitteilung erstellt. → Prämien- und steuerunschädliche Verwendung von Bausparmitteln.

Apothekenrecht, staatliches Privileg in früheren preußischen Gebieten oder Realrecht in Gebieten mit bayrischen Rechten für den Betrieb einer Apotheke auf einem speziellen Grundstück. Für das A. gab es früher ein eigenes Grundbuch, es war selbständig belastbar. Heute ist nur noch die persönliche Betriebserlaubnis des Apothekers zur Führung einer Apotheke erforderlich. Bei Altrechten ist im Zwangsversteigerungsverfahren § 1 ZVG zu beachten.

Arbeitgeberdarlehen, Kredite, die Arbeitgeber im Rahmen der betrieblichen Wohnungsfürsorge Betriebsangehörigen oder Wohnungsunternehmen zur Finanzierung eines Bauvorhabens oder zum Wohnungs- oder Hauserwerb gewähren. Sofern zur Finanzierung ein solches Darlehen zinslos oder zinsverbilligt gewährt wird, werden diese Zinsersparnisse nicht dem Arbeitslohn zugerechnet, soweit diese den Betrag von DM 2000,– im Jahr nicht übersteigen, und bereits im Jahre 1988 gewährt wurden. Übergangsregelung bis 1999 § 3 NR 68 EStG. → Zinsersparnis bei Arbeitgeberdarlehen.

Arbeitnehmer-Pauschbetrag. Ab 1. 1. 1990 gilt ein A. von DM 2000,–. Darin sind der vorher geltende Arbeitnehmerfreibetrag von DM 480,–, der Weihnachtsfreibetrag von DM 600,– und der Werbungskostenpauschbetrag von DM 564,– aufgegangen. Der A. kann nur bis zur Höhe der ggfs. um den Ver-

sorgungsfreibetrag geminderten Einkünfte aus nichtselbständiger Arbeit abgezogen werden. Er steht jedem Steuerpflichtigen zu.

Arbeitnehmersparzulage. Vermögenswirksame Leistungen werden durch die A. gefördert. Sie beträgt für Anlagen im Bereich Wohnungsbau (Bausparen) 10%. Einkommensgrenze: DM 27000,– bei Ledigen, DM 54000,– bei Verheirateten (zu versteuerndes Einkommen). Neben den Anlagen auf Konten besteht auch die Möglichkeit, die vermögenswirksamen Leistungen gleich als Tilgung bei langfristigen Baudarlehen einzusetzen.

Arbeitserlaubnis, befristete Genehmigung einer Stadt oder Gemeinde an ausländische Mitbürger, die nicht in den EG-Staaten beheimatet sind. Verträge sind im Kreditgeschäft einzusehen. Kreditvergabe nach Möglichkeit mit deutschem Mitantragsteller oder deutschem Bürgen. Bei grundbuchlicher Besicherung des Kredites in jedem Fall → Zustellungsvollmacht hereinnehmen.

Arbeitsgemeinschaften (Argen). Bei Vergabe größerer Aufträge schließen sich vielfach mehrere Firmen zu einer A. zusammen. Die Gesellschaftsform ist eine Gesellschaft bürgerlichen Rechts, bei der jeder Partner für die Gesamtleistung haftet.

Arbeitslohn *(§ 2 LStDV),* alle Einnahmen, die dem Arbeitnehmer aus dem gegenwärtigen oder einem früheren

Arbeitslosigkeit

Dienstverhältnis zufließen. Zum A. gehören: Gehälter, Provisionen, Löhne, Gratifikationen, Tantiemen und andere Bezüge und Vorteile aus dem Dienstverhältnis.

Arbeitslosigkeit (Bausparen) *(§ 31 Abs. 2 u. a. EStDV).* Die Rückzahlung des Bausparguthabens innerhalb der steuerlichen Bindungsfrist ist steuerprämienunschädlich unter folgenden Voraussetzungen: Der Bausparer ist nach Vertragsabschluß arbeitslos geworden; wenn Arbeitslosigkeit ein Jahr ununterbrochen bestanden hat und im Zeitpunkt der vorzeitigen Verfügung noch besteht.

Arbeitszimmer *(§ 9 EStG).* Wird ein abgeschlossener Raum in einer Wohnung ausschließlich für berufliche Zwecke benutzt, so sind folgende darauf anfallende anteilige Kosten als Werbungskosten steuerlich abzugsfähig: Miete, Heizungskosten, Reinigungskosten, Hausratversicherung, Stromkosten, Renovierungskosten. Liegt das Zimmer im eigenen Haus oder ETW zusätzlich: Schuldzinsen, Gebäude-AFA, Reparaturen, Feuerversicherung, Grundsteuer, Wassergeld, Müllabfuhr, Schornsteinfeger. Räumliche Voraussetzungen: Das Zimmer darf nicht als Durchgangszimmer zu einem anderen Raum benutzt werden. Die anteiligen Werbungskosten werden berücksichtigt nach dem Verhältnis der Fläche des A. zur gesamten Wohnfläche der Wohnung einschließlich der des A. (BFH-Urteil), §§ 42−44 der zweiten Berechnungsverordnung. Bei erstmaliger Be-

antragung empfiehlt sich folgende Mitteilung an das Finanzamt:
− wie der in der Wohnung befindliche Raum genutzt wird,
− wo sich der Raum befindet (Zeichnung beifügen),
− aus welchem Grund der Arbeitsraum erforderlich ist,
− Größe des Anteils des A.

Architektenberufshaftpflicht. Jedem Architekten ist durch die → Landesbauordnung auferlegt, eine A. auf der Grundlage der vom Bundesaufsichtsamt für das Versicherungswesen genehmigten Allgemeinen Versicherungsbedingungen und der Besonderen Bedingungen für die Berufshaftpflichtversicherung von Architekten, Bauingenieuren und Beratenden Ingenieuren abzuschließen. Die zuständige Kammer hat dies zu überwachen. Ein Bauherr ist gut beraten, sich das Vorhandensein dieses Versicherungsschutzes nachweisen zu lassen.

Architektenbindung, unzulässige vertragliche Bindung, durch die der Erwerber eines Grundstücks verpflichtet wird, bei der Planung und/oder Ausführung eines Bauvorhabens auf diesem Grundstück die Leistung eines bestimmten Architekten in Anspruch zu nehmen.

Architektenhaftung. Für Mängel, die der Architekt zu vertreten hat, muß er auch haften. Wenn ein Baumangel gleichzeitig einen Mangel des Architekten darstellt, tritt ein Gesamtschuldverhältnis des Architekten und des Bauunternehmers ein. Die Gewährleistungspflicht des Architekten und des Bauunternehmers sind aus der Sicht des Bauherren gleichrangig. Der Bauherr kann wählen, wer in Anspruch genommen werden soll. Wird der Architekt allein in Anspruch genommen, so erwächst ihm ein gesetzlicher Ausgleichsanspruch gegenüber dem Bauunternehmer (§ 426 BGB). Der Vertrag zwischen Architekt und Bauherr sollte klare Darstellungen enthalten. VOB gilt nicht für Architektenleistung.

Architektenhonorar, → Honorarordnung für Architekten und Ingenieure.

Architektenkammer, Körperschaft des öffentlichen Rechts. Die A. bescheinigt u. a. den registrierten Architekten, daß eine ausreichende Berufshaftpflichtversicherung besteht. Für freie Architekten ist Mitgliedschaft zwingend vorgeschrieben. → Architektenberufshaftpflicht.

Architektenleistungen. Hauptaufgaben eines Architekten sind die Planung, Beratung und Betreuung sowie die Vertretung des Bauherren bei der Überwachung des Bauvorhabens. Vorschriften für die Berufsbezeichnung sind nicht bundeseinheitlich geregelt. Hier gelten jedoch fast gleichlautende Bestimmungen.

Architektenleistungsbild. Das Honorar eines Architekten setzt sich im sog. A. zusammen aus:

1. Grundlagenermittlung
Ermittlung der Grundlagen und Vor-

aussetzungen, die zur Lösung der Bauaufgabe beitragen = 3% des Honorars.

2. Vorplanung
Anfertigung von Entwürfen und Skizzen = 7% des Honorars.

3. Entwurfsplanung
Erarbeiten der endgültigen Lösung der Planungsaufgabe mit der dazugehörenden Kostenberechnung = 11% des Honorars.

4. Genehmigungsplanung
Erarbeiten und Einreichen der Vorlage für die erforderlichen Baugenehmigungen oder Zustimmungen = 6% des Honorars.

5. Ausführungsplanung
Erarbeiten und Darstellung der ausführungsreifen Planung. Nach diesen Bauzeichnungen arbeiten die Handwerker = 25% des Honorars.

6. Vorbereitung der Vergabe
Ermitteln der Massen und Aufstellen von Leistungsverzeichnissen, nach denen die Handwerker ihre Kostenvoranschläge einreichen = 10% des Honorars.

7. Mitwirkung bei der Vergabe
Ermitteln der Kosten und Mitwirkung bei der Auftragsvergabe. Vergleich der sich ergebenden Kostenanschläge mit der Kostenschätzung. Aufstellung eines Bauzeitplanes in Abstimmung mit den bauausführenden Firmen = 4% des Honorars.

8. Bauüberwachung
Der Architekt überwacht die Bauausführung = 31% des Honorars.

9. Objektbetreuung
Überwachung der Mängelbeseitigung = 3% des Honorars.

Architektenvertrag, Dienstvertrag, Werkvertrag oder entgeltliche Geschäftsbesorgung mit dem Architekten. Vertragsform richtet sich nach Auftragsumfang. Die gesetzliche Zuordnung findet der Dienstvertrag in §§ 611 ff. BGB, der entgeltliche Geschäftsbesorgungsvertrag unter § 675 BGB und der Werkvertrag unter §§ 631 ff. BGB. Die jeweilige Zuordnung hat große rechtspraktische Bedeutung, weil allein schon die Gewährleistung in den genannten Vertragstypen nach zeitlichem und inhaltlichem Umfang ganz verschieden geregelt ist. Ein Architekt, der z. B. im Auftrag des Bauherrn öffentlich-rechtliche Planungsmöglichkeiten prüft, die Pläne ausarbeitet und schließlich bei der Bauausführung im Namen der Bauherren technisch und wirtschaftlich bauaufsichtlich tätig wird, also sämtliche Architektenleistungen erbringt, ist über einen Werkvertrag mit dem Bauherren verbunden. Ist lediglich eine Objektüberwachung Gegenstand des Auftrages, so dürfte dies einem Dienstvertrag zuzuordnen sein. Einer besonderen Schriftform bedarf es bei dem Abschluß des Vertrages nicht. Auch mündliche Vereinbarungen haben Gültigkeit. Es wird jedoch schriftlicher Vertrag empfohlen. Bei Bauherrenmodellen kann der Architekt sich bei Nichtzustandekommen an den Initiator halten. Bei Bauherrengemeinschaften haftet jeder für seinen Anteil.

Architektenvollmacht. Mit der Übernahme der Aufgaben nach HOAJ ist nicht gleichzeitig eine Vollmacht für Dritte (§ 164 Abs. 1 BGB) verbunden. Inwieweit der Architekt den Bauherren vertreten darf, ist entweder dem Vertrag zu entnehmen, oder es ist zu klären, ob das Vorgehen üblich ist.

Argen, → Arbeitsgemeinschaften.

Arkade, an Außenwand befestigter, vorne auf Stützen stehender Vorbau, offener Gang an Häusern.

Armenrecht *(§§ 1 ZVG; 114 ff. ZPO).* Personen, die nach ihren persönlichen und wirtschaftlichen Verhältnissen die Kosten für die Prozeßführung nicht aufbringen können, erhalten auf Antrag Prozeßkostenhilfe, wenn die beabsichtigte Rechtsverfolgung hinreichend Aussicht auf Erfolg bietet und nicht mutwillig erscheint.

Arresthypothek *(§§ 916 ff. ZPO und 932 ff. ZPO).* Besteht die Gefahr, daß eine spätere Zwangsvollstreckung vereitelt oder wesentlich erschwert wird, so kann dem Inhaber der Forderung mit dem Arrestverfahren die Möglichkeit gegeben werden, seine Ansprüche unmittelbar zu sichern. Die Sicherung der Zwangsvollstreckung in den Grundbesitz des Schuldners erfolgt dabei durch die Eintragung einer A. auf dem schuldnerischen Grundbesitz.

Artfortschreibung. Die Änderung des Zustandes eines Grundstücks durch Bebauung, Umwandlung von Ein- in Zweifamilienhaus, wohnwirtschaftlich in gewerblich usw. macht eine A. aus steuerlichen Gründen erforderlich. Die umbewertungstechnische Maßnahme erfolgt durch den Artfortschreibungsbescheid. Die Fortschreibung erfolgt stets von Amts wegen (§ 22 Abs. 2 S. 1 BeWG).

Artikelgesetz, Gesetz zur Änderung wirtschafts-, verbraucher-, arbeits- und sozialrechtlicher Vorschriften v. 25. 6. 1986, BGBl. I S. 1169 ff. → Kündigungsrecht, → Wucherparagraph.

Asbest, Kalk-Magnesia-Silikat. Serpentin oder Hornblende in faseriger Form. Vielfach Verwendung als Asbestzement in Form von Dachplatten, Wellplatten, Fassadenverkleidungen und Rohren. Inzwischen als gesundheitsschädlich erkannt. Wiederverkäuflichkeit bei Objekten mit A. stark eingeschränkt.

Atrium, Innenhof, welcher von allen Seiten umschlossen ist. Vielfach verwendete Form bei Flachdachsiedlungen durch Aneinanderfügen der Häuser auf allen Seiten.

Attika, baulich abgesetzter Rand über dem Hauptsims eines Hauses oder Rand des Flachdaches.

Aufbaudarlehen, aus Mitteln des Lastenausgleichs von der Lastenausgleichsbank gewährte Baudarlehen, die von den Kreditinstituten zur Auszahlung nur durchgeleitet werden. Voraussetzung z. B. Flüchtlingsausweis o. a. Die Bank muß mittels einer → Bereitwilligkeitserklärung gegenüber der Vergabestelle erklären, daß sie bereit ist, die technische Abwicklung durchzuführen und die Bestimmungen einzuhalten.

Aufbauort, im Sinne der Landesplanung für neue oder größere Aufgaben planmäßig zu entwickelnde Orte.

Aufenthaltsräume. Zu den A. zählen insbesondere Wohn- und Schlafräume, Küchen, Arbeitsräume, Werkstätten usw. Die §§ 44–47 der Muster-Bauordnung regeln die Anforderungen u. a. auch für A.; insbesondere Abwendung von Gefahren für das Leben der Menschen.

Auffüllkredit. Zur Auffüllung eines noch nicht voll aus eigenen Mitteln besparten Bausparvertrages wird von einer Bank ein A. (Barkredit) eingeräumt. Er dient insbesondere zur Verkürzung der Wartezeiten bis zur Zuteilung. Die Besicherung erfolgt durch Abtretung des vorhandenen und des aufgefüllten Bausparguthabens. Aus steuerlichen Gründen u. U. getrennte Abtretung erforderlich.

Aufgebotsverfahren *(§§ 927 BGB; 946 ff. ZPO).* 1. Verfahrensmöglichkeit zur Übertragung eines Grundstückes nach 30jährigem Eigenbesitz. 2. Verfahren zur Geltendmachung der Ansprüche aus einer Hypothek oder Grundschuld bei Verlust des Briefes. Gerichtliche bzw. öffentliche Aufforderung, Ansprüche oder Rechte aus einem Grundschuldbrief anzumelden. – Zeitaufwendiges Verfahren.

Aufgeld, → Agio.

Aufhebung der Gemeinschaft *(§ 180 ZVG)*. Zum Zwecke der A. d. G. erfolgt die Zwangsversteigerung, wenn die Teilung eines mehreren Miteigentümern gehörenden Grundstücks in Natur nicht möglich ist. Damit wird praktisch der Streit von dem unteilbaren Grundstück hin zu teilbarem Geldgegenwert verlagert. Diese Gemeinschaft muß grundsätzlich im ganzen aufgehoben werden. Allerdings ist es auch möglich, durch Erklärung aller Miteigentümer einen Verzicht auf A. d. G. zu vereinbaren und diesen Verzicht in Abt. II des Grundbuches einzutragen. Diese Vereinbarung könnte folgenden Wortlaut haben: Belastung jedes Anteils dahingehend, daß die A. d. G. nicht verlangt werden kann für die jeweiligen Miteigentümer.

Aufhebung der Zwangsversteigerung *(§ 161 ZVG)*, erfolgt durch Beschluß. Es ist aufzuheben, wenn der Gläubiger befriedigt ist. Weitere Gründe → Aufhebung und einstweilige Einstellung einer Zwangsversteigerung.

Aufhebung und einstweilige Einstellung einer Zwangsversteigerung *(§§ 28, 30a – d, 31, 32, 33, ZVG)*. Gründe können sein: entgegenstehende Rechte, Rücknahme durch Gläubiger, einstweilige Einstellung auf Bewilligung des Gläubigers, auf Antrag des Schuldners – begründet für sechs Monate –, auf Antrag des Konkursverwalters.

Aufhebung eines belasteten Rechtes *(§ 876 BGB)*. „Ist ein Recht an einem Grundstücke mit dem Rechte eines Dritten belastet, so ist zur Aufhebung des belastenden Rechtes die Zustimmung des Dritten erforderlich. Steht das aufzuhebende Recht dem jeweiligen Eigentümer eines anderen Grundstücks zu, so ist, wenn dieses Grundstück mit dem Rechte eines Dritten belastet ist, die Zustimmung des Dritten erforderlich, es sei denn, daß dessen Recht durch die Aufhebung nicht berührt wird. Die Zustimmung ist dem Grundbuchamt oder demjenigen gegenüber zu erklären, zu dessen Gunsten sie erfolgt; sie ist unwiderruflich."

Aufklärungspflicht bei Immobilienanlagen. Bei steuersparenden Immobilienanlagen hat die Rechtsprechung generell eine A. der Bank und ein Schutzbedürfnis des Anlegers verneint. Die Bank könne damit rechnen, daß die Anleger entweder selbst über die notwendigen Kenntnisse verfügen oder sich der Hilfe von Fachleuten bedienen. Bei der Finanzierung eines → Erwerber-Modells ist die Bank nicht verpflichtet, den Darlehensnehmer auf die Risiken hinzuweisen, die sich durch die Einschaltung eines Treuhänders und die ordnungsgemäße Verwendung der Kreditmittel ergeben.

Quelle: E. v. Heymann, Bankenhaftung bei Immobilienanlagen, Wertpapier-Mitteilungen.

Auflagen. Kreditzusagen und speziell → Treuhandaufträge enthalten oftmals A., die eine Abwicklung wesentlich verzögern, teilweise sogar verhindern. Daher sind A. genauestens auf die Erfüllbarkeit, insbesondere bei Treuhandaufträgen, zu prüfen. Ist sie nicht gewährleistet, sollte die Annahme verweigert werden. A. bilden bei Finanzierungen ein besonderes Kreditrisiko. Nur geringfügige Nichterfüllung ermöglicht die Rückforderung des Betrages.

Auflassung *(§ 925 BGB)*. Die zur Übertragung des Eigentums an einem Grundstück erforderliche Einigung des Veräußerers und des Erwerbers muß bei gleichzeitiger Anwesenheit beider Teile vor dem Notar erklärt werden. Nach Erfüllung bestimmter Voraussetzungen (i. d. R. Eintragung einer → Auflassungsvormerkung, Hinterlegung des Kaufpreises usw.) werden vielfach bereits im Kaufvertrag Angestellte des Notars bevollmächtigt, die A. zu erklären. Dies erspart den Beteiligten einen weiteren Notartermin.

Auflassungsvormerkung *(§ 883 BGB)*, Maßnahme zur Sicherung des schuldrechtlichen Anspruchs auf Übertragung des Eigentums an einem Grundstück. Kann z. B. angewendet werden bei Grundstücksverkäufen, wenn der Verkäufer bereits frühzeitig eine Zahlung verlangt, obwohl der Käufer erst nach Erlangung der verschiedenen Formalitäten als Eigentümer in das Grundbuch eingetragen wird. Für die Eintragung wird die Hälfte der vollen Gebühr verlangt. (§§ 66 Abs. 1 Satz 1, 60 Abs. 1 KO). Die A. ist die am häufigsten vorkommende Vormerkung in Abteilung II des → Grundbuches. In der Praxis kann ein mit einer A. belastetes Grundstück nicht beliehen werden, da der Vormerkungsberechtigte bei der Geltendmachung des Auflassungsanspruches das später eingetragene Grundpfandrecht nicht gegen sich gelten lassen braucht, sondern dessen Löschung verlangen kann (§ 888 BGB). Das Kreditinstitut muß also den Rangrücktritt der A. hinter sein Grundpfandrecht verlangen. → Pfändung des Eigentumsverschaffungsanspruchs.

Aufmaß, Ermittlung des Umfanges einer erbrachten Leistung vor Ort, z. B. Ausmessen der Quadratmeter verlegter Fliesen oder Teppichboden bzw. verlegter Leitungen usw.

Aufrechnungsrecht *(AGB Banken § 28; §§ 387ff. BGB)*. Die Bank kann Forderungen gegen den Kunden mit anderweitigen Forderungen nach Maßgabe der gesetzlichen Bestimmungen aufrechnen und ihr obliegende Leistungen an den Kunden wegen eigener − auch bedingter oder befristeteter − Ansprüche zurückhalten, auch wenn sie nicht auf demselben rechtlichen Verhältnis beruhen.

Aufteilung des Kaufpreises. Ab 1. 1. 1987 sind nach § 10e EStG auch die Grundstücksaufwendungen zu 50% ihrer Gesamtkosten auf die abschreibungsfähigen Kosten anzurechnen. Beim Kauf von bereits fertiggestellten Objekten empfiehlt es sich daher, schon im Notarvertrag eine angemessene A. d. K. in Grundstücks- und Objektkosten vorzunehmen.

Aufteilung in Wohneigentum. Wird ein Mehrfamilienhaus nach einem Verkauf vom neuen Eigentümer in Wohneigentum aufgeteilt, so haben die Mieter keine Kündigung wegen Eigenbedarf zu befürchten. Durch den → Umwandlungsschutz (§ 564 b BGB) wird durch die A. i. W. zunächst eine dreijährige Sperrfrist in Gang gesetzt. Danach gelten die weiteren gesetzlichen Kündigungsbedingungen.

Aufteilungsplan. Zur Erlangung einer Teilungserklärung bedarf es der Aufteilung eines Mehrfamilienhauses in Sonder- und Gemeinschaftseigentum. Die behördliche Genehmigung erfolgt auf dem entsprechenden A., d. h. der vorbereiteten Bauzeichnung.

Auftragsvergabe.
1. Vergabe nach Selbstkosten, d. h. alle Arbeiten werden auf Stundenlohnbasis vergeben.
2. Vergabe an einen Generalunternehmer, d. h. die Arbeiten werden zu einem Festpreis an einen Auftragnehmer vergeben, dieser beschäftigt ggf. andere als Subunternehmer.
3. Vergabe zu einem Pauschalpreis, d. h. es entfallen das nachträgliche Aufmaß und die Abrechnung der tatsächlichen Leistung.

Aufwandsteuer, Steuer auf den Gebrauch von Gütern. Hierunter kann z. B. der Aufwand für eine Zweitwohnung/Ferienwohnung fallen, wenn diese für die eigene Erholung oder die der Familienangehörigen dient. → Zweitwohnungsteuer.

aufwendige Ein- und Zweifamilienhäuser. Ein- und Zweifamilienhäuser mit besonderer Ausstattung (Luxushäuser, Villen) werden bei der Ermittlung des Einheitswertes nach dem Sachwertverfahren geschätzt. Dies ist im Bewertungsgesetz geregelt (§§ 83 – 90). Genau festgelegt ist die Grenze zwischen „normalem" Haus und Luxusobjekt nicht, jedoch ist ein Katalog mit einer Vielzahl von aufwendigen Ausstattungs- und Zubehörmerkmalen erstellt, wobei eine Schwimmhalle alleine meist noch nicht den Ausschlag gibt. In der allgemeinen Wertvorstellung geht man z. Zt. von einer Betragsobergrenze von etwa TDM 900 an Herstellungskosten aus. Erfolgt die Einheitsbewertung nach dem Sachwert, so ist damit auch der Ansatz für eine Eigenmiete in den Einkünften aus Vermietung und Verpachtung vorprogrammiert. Es muß dann nämlich entweder die deutlich höhere Kostenmiete (nach der zweiten Berechnungsverordnung II BV v. 5. 4. 1984) oder aber 6% der Anschaffungs- oder Herstellungskosten inkl. Grund und Boden berücksichtigt werden. Damit werden die steuerlichen Nutzungsmöglichkeiten stark eingeschränkt.

Diese unterschiedliche Behandlung führte zu diversen Verfassungsbeschwerden. Im Frühjahr 1987 ist diese Handhabung jedoch vom BGH bestätigt worden. Neben den geschilderten Auswirkungen führt diese Einheitsbewertung natürlich auch zu einer wesentlich höheren Grundsteuerbelastung.

Aufwendungsdarlehen, → Aufwendungshilfen.

Aufwendungshilfen, Zuschuß oder Darlehen mit dem Ziel, die gesamten laufenden Aufwendungen einer Wohnung teilweise zu decken, um auf diesem Wege Miete oder Belastung zu reduzieren. Insbesondere mit Hilfe dieser Subventionsform hat die Wohnungspolitik den Versuch unternommen, eine Anpassung der Tragbarkeitsgrenze an die allgemeine Einkommensentwicklung zu erreichen. Dies wird dadurch sichergestellt, daß die Subvention nicht konstant über einen bestimmten Zeitraum gewährt, sondern der ausgeschüttete Betrag im Zeitablauf verringert wird. So wurden z. B. in Berlin im Jahre 1975 durchschnittlich pro m^2 Wohnfläche 11,62 DM an Aufwendungsdarlehen gezahlt, die, auf 15 Jahre befristet, nach Ablauf des dritten, sechsten, neunten und zwölften Jahres jeweils um 0,50 DM vermindert werden. Nach Ablauf des Subventionszeitraumes hat der Mieter dann die volle Kostenmiete zu tragen. Im Rahmen des Regionalprogrammes werden in Nordrhein-Westfalen A. auf die Dauer von zwölf Jahren gewährt. Hier verringert sich die Subvention nach jeweils drei Jahren um ein Viertel. Die Betragsgrößen ändern sich häufig.
Quelle: Bundesministerium für Raumordnung, Bauwesen und Städtebau.

Aufwendungszuschuß, öffentlicher Zuschuß zum Wohnungsbau, der nicht zurückgezahlt werden muß. → Arbeitgeberdarlehen.

Aufzug. Gebäude mit mehr als fünf Geschossen müssen mit einem A. versehen werden. Innerhalb von Gebäuden müssen eigene Schächte vorhanden sein, wobei drei A. in einen Schacht gelegt werden können. Bei mehr als fünf Vollgeschossen müssen Spezial-A. eingebaut werden, für Lasten, Krankentragen und Rollstühle. A. erhöhen erheblich die Mietnebenkosten.

Ausbau, Schaffung von Wohnraum in einem bestehenden Gebäude. Häufigste Form: A. des Dachgeschosses. A. kann jedoch auch die Umwandlung und Änderung von bestimmten Räumen innerhalb eines Hauses bedeuten. Auch die Umwandlung von Wohnraum in nicht mehr für Wohnzwecke dienende Räume fällt unter A.

Ausbauarbeiten, Arbeiten an einem Bauvorhaben, die nach den Rohbauarbeiten für die Fertigstellung noch erforderlich sind, z. B. Putzer-, Fliesenleger-, Elektriker-, Schreiner-, Anstreicher-, Tapezier-, Installations- und Fußbodenarbeiten.

Ausbaubeiträge. Erschließungsbeiträge dürfen grundsätzlich nur für die erstmalige Herstellung einer → Erschließungsanlage erhoben werden. Werden also bestehende Straßen lediglich ausgebessert, mit einem neuen Belag versehen oder verbreitert, so können diese Ausbaukosten nicht als Erschließungsbeiträge auf die Anlieger umgelegt werden. In fast allen Bundesländern (Ausnahme Baden-Württemberg und Berlin) sind allerdings landesrechtliche Regelungen erlassen, die die Erhebung von A. bestimmen.

Ausbaugebiete, besondere, strukturell schwache Gebiete, die durch regionale Förderprogramme des Bundes entwickelt werden sollen.

Ausbaugewerbe, → Baunebengewerbe.

Ausbauhaus, Haus mit unterschiedlichem Fertigstellungsgrad. Anschließender Ausbau überwiegend in Eigenleistung. Festlegung der Restkosten und Beurteilung der Eigenleistung sehr schwierig. Problematisch bei der Bewertung, insbesondere jedoch bei der Beleihung. Bei niedrigen Abgabepreisen der Ausbauhäuser werden die Eigenleistungen vielfach überschätzt.

Ausbaumaß, Fertigmaß nach Beendigung der Ausbauarbeiten (z. B. Maß zwischen zwei verputzten Wänden). Bei genauer Nachkontrolle eines Angebotes und des Aufmaßes ist dies zu berücksichtigen.

Ausbauprogramm, Baumaßnahmen an bestehenden Gebäuden zur Errichtung abgeschlossener Mietwohnungen. Zur Schaffung dieser Mietwohnungen wurden von der Bundesregierung Zinsverbilligungen und Abschreibungsvergünstigungen geschaffen. Höchstbetrag: DM 60000,–; Abschreibung: fünf Jahre 20%; Bauantrag nach dem 2. 10. 1989; Vermietung erforderlich. Werden Zinsverbilligungen in Anspruch genommen (3% für die Jahre 1990 bis 1993) kann erhöhte AfA nicht in Anspruch genommen werden. → Sonderabschreibung mit Sozialbindung, → Wohnungsbauprogramm KFW, → Bausparzwischenfinanzierungsprogramm.

Ausbauverhältnis, Verhältnis zwischen umbautem Raum und der Wohn-Nutzfläche eines Gebäudes, sollte nicht mehr als 6:1 betragen. Besonderheiten sind allerdings zu berücksichtigen. Ungünstiges Verhältnis sollte daher in einer Wertermittlung Berücksichtigung finden.

Ausbeutungsrecht *(Grunddienstbarkeit §§ 1018–1029 BGB),* Recht auf Ausbeuten von Bodenbestandteilen (Entnahme von Kies, Lehm, Sand, Steinen, Ton usw.). Eintragung in Abt. II des → Grundbuches. Bei Beleihung und Bewertung des Grundstückes grundsätzlich zu beachten.

Ausbietungsabkommen, Vereinbarung zwischen Grundpfandrechtsgläubigern mit dem Ziel, daß der nachrangige Gläubiger innerhalb oder außerhalb eines Zwangsversteigerungsverfahrens mit einem bestimmten Betrag das vorrangige Recht ausbietet.

Ausbietungsgarantie, Verpflichtung des Garanten, den Gläubiger eines Grundpfandrechts im Fall der Zwangsversteigerung des belasteten Grundstücks auszubieten oder im Fall der Nichterfüllung dieser Verpflichtung den Gläubiger wegen des ihm entstehenden Schadens zu befriedigen. Notarielle Beglaubigung empfehlenswert (§ 313 BGB).

Ausblühen, Kristallbildung an Mauerwerk und Verputz. Wasserlösliche Salze werden beim Austrocknen gebrannter Steine sowie des Mörtels aufgenommen und an die Oberfläche transportiert und dort zurückgelassen. Bei der Sanierung von Bauernhöfen können Lösungen von innen durch das Mauerwerk nach außen dringen.

Ausfallursachen. Jeder ausgefallene Kredit sollte genau analysiert werden, um daraus eine Nutzanwendung für künftige Entscheidungen aller Kompetenzstufen ziehen zu können. Die häufigsten A. sind:

1. Fehler bei der Krediteinräumung:
   - zu großzügige, unkritische Kreditgewährung,
   - zu hohe Belastungen im Verhältnis zum Einkommen,
   - unrealistische Grundstückstaxen,
   - Überbewertung von Nebeneinkünften,
   - Einbeziehung von Einkünften anderer Familienmitglieder.
2. Fehler bei der weiteren Bearbeitung:
   - mangelnde Unterrichtung,
   - Überschreitung von Kompetenzen,
   - unbegründete Zulassung von Überziehungen,
   - fehlerhafte Sicherheitenbestellung,
   - ungenügende Reaktion auf negative Informationen.
3. äußere Umstände:
   - Wertverfall der Immobiliensicherheit,
   - Vandalismus, schlechte Bauausführung,
   - private Veränderungen/Umfeld

(Tod, Scheidung, Krankheit, Arbeitslosigkeit).

Ausfertigungsgebühren, Bearbeitungskosten bei der Policierung einer Lebensversicherung. Sie gehören zu den → Vorsorgeaufwendungen.

Ausgleichsforderungen, Forderungen von Geldinstituten und Bausparkassen gegen die öffentliche Hand, die durch die Währungsreform entstanden sind. Schließung der Lücke bei der Umstellungsrechnung von Aktiva und Passiva.

Auskehranspruch. Die Abwicklung eines Kaufvertrages kann über → Notaranderkonto erfolgen. Mit der Hinterlegung durch den Käufer tritt normalerweise noch keine Erfüllung der Kaufpreisschuld ein. Der Kaufpreisanspruch des Verkäufers besteht weiter. Der Verkäufer hat lediglich einen A. gegen den Notar, wenn alle Auflagen erfüllt sind und der Kaufpreis ausgezahlt werden kann. Sollte eine Pfändung in den Kaufpreis erfolgen, ist anzuraten, die → Kaufpreisforderung **und** den A. zu pfänden. Hierdurch wird gemäß § 829 ZPO sowohl dem Käufer als auch dem Notar untersagt, an den Verkäufer zu zahlen. Hat jedoch der Verkäufer seine Forderungen vorher abgetreten, so geht die Pfändung ins Leere.

Auskunftserteilung von Banken *(§ 10 AGB)*. Vor Bereitstellung von Krediten werden von den Banken z. T. Auskünfte eingeholt. Diese stellen i. d. R. nur Urteile über die Bonität des Kunden dar.

Das Verfahren dient der Beurteilung von Geschäftsrisiken und liegt damit im Interesse aller an diesem Verfahren Beteiligten. Bankauskünfte über Privatpersonen werden nur dann erteilt, wenn der Kunde ausdrücklich zugestimmt hat. Über Geschäfts-/Firmenkunden werden Auskünfte unter den Beteiligten, berechtigtes Interesse vorausgesetzt, erteilt, wenn der Kunde nicht ausdrücklich widersprochen hat. → Auskunftsverweigerung.

Auskunftsverfahren. Zur Beurteilung der Kreditwürdigkeit werden neben Einkommens- und Vermögensunterlagen auch Auskünfte durch die Bank eingeholt. Hier stehen drei verschiedene Möglichkeiten zur Verfügung: Bankauskunft, → Auskunftserteilung von Banken, → Büroauskünfte, → Schufa-Auskünfte.

Auskunftsverweigerung. Geschäfts-/ Firmenkunden haben die Möglichkeit, der Auskunftserteilung durch ihre Bank ausdrücklich zu widersprechen. → Bankauskunft, → Auskunftserteilung von Banken, → Auskunftsverfahren.

Auslagenvorschuß *(§ 40 ZVG; § 114 GKG).* Das Amtsgericht ist verpflichtet, die Terminbestimmung der Zwangsversteigerung im Amtsblatt bekanntzugeben (§ 39 ZVG). Das Gericht kann noch weitere Veröffentlichungen zulassen. Solche werden z. B. beantragt, wenn die Objekte nur spezielle Interessentenkreise ansprechen. Das Gericht wird dann allerdings dafür einen A. erheben.

Auslandswohnung. Für die Ermittlung des Nutzungswertes einer Wohnung im Ausland gilt Abschn. 161 a Abs. 1 EStR. Der Nutzungswert ist unabhängig von der tatsächlichen Nutzung für den gesamten Zeitraum anzusetzen, in dem das Grundstück dem Steuerpflichtigen zur Verfügung steht. Dabei sind § 2 a EStG, wonach negative Einkünfte von Vermietung und Verpachtung von unbeweglichem Vermögen nur mit ausländischen Einkünften der jeweils selben Art aus demselben Staat ausgeglichen werden, und Abschn. 185 Abs. 2 Satz 6 EStR, anzuwenden. Soweit der ausländische Grundbesitz zu eigenen Wohnzwecken genutzt wird, ist der Nutzungswert der Wohnung zu besteuern (§ 21 Abs. 2 EStG). Es ist von der Marktmiete auszugehen. Eine Besonderheit gibt es nur in der Schweiz. Soweit Markt- und Kostenmiete berücksichtigt wurde, sind die Werbungskosten nach den allgemeinen Grundsätzen abzuziehen. Die lineare AFA nach § 7 Abs. 4 EStG kann immer berücksichtigt werden. Bei teilweiser Vermietung und Eigennutzung sind die tatsächlichen Mieteinnahmen und die ortsüblichen Mieten anzusetzen.

ausländische Pfandobjekte (Bausparkasse) *(§ 7 Abs. 1 BSpKG).* Grundsätzlich können mit Bauspardarlehen nur inländische Pfandobjekte beliehen werden. Ausnahme: Auslandsobjekt mit Zusatzsicherheiten. (Banken). Gängige Auslands-Immobilien können unter bestimmten Voraussetzungen (Beleihungsauslauf bis 50%, Kreditlaufzeit maximal 15 Jahre) bei

Beachtung der spezifischen Rechtslagen als Kreditsicherheit herangezogen werden. Bei den Großbanken verfügen die grenznahen Filialen über die nötigen Kenntnisse.

Auslandskäufe. Im Ausland getätigte Grundstückskäufe unterliegen den Rechten des Landes, in dem gekauft wurde (Ortsrecht). Die Beleihung ist vielfach nicht unproblematisch, insbesondere eine Besicherung durch Grundschuld o. ä. Finanzierungsmöglichkeit: Bürgschaft einer Auslandsbank.

Ausnutzungsziffer. Im Bebauungsplan ist geregelt, wie ein Grundstück bebaut werden darf. Dazu sind evtl. Daten wie → Geschoßflächenzahl, → Grundflächenzahl, → Baumassenzahl, → Zahl der Vollgeschosse vorgegeben. Die A. gibt an, in welchem Ausmaß diese maximalen Möglichkeiten genutzt wurden. Gelingt es sogar, eine Ausnutzung über 100% der vorgegebenen Daten zu erreichen, bedeutet dies eine Aufwertung des Grundstücks.

Ausschluß der Steuerbegünstigung. Nach § 10e Abs. 1 EStG werden Anschaffungen von Wohnungen zwischen zusammenlebenden Ehegatten nicht in die Steuerbegünstigung einbezogen.

Ausschluß des Grundstückseigentümers, → Eigenbesitz (§ 927 BGB).

Ausschreibung, Aufforderung mit → Ausschreibungsunterlagen (Leistungsverzeichnis) zur Abgabe eines Angebotes. Für Wohnungsgebäude i. d. R. nach den „Allgemeinen Bestimmungen für die Vergabe von Bauleistungen" an diverse Anbieter.

Ausschreibungsunterlagen, Bauunterlagen, welche zur Einholung von Kostenvoranschlägen versandt werden (→ Ausschreibung), z. B. Zeichnungen, Berechnung umbauter Raum, Wohnflächenberechnung, genaue Baubeschreibung, Lageplan, Genehmigung mit Auflagen usw.

Außenanlagen *(§ 89 BewG).* Zu den A. gehören: Entwässerungs- und Versorgungsanlagen ab Hausanschluß, Hofbefestigung, Einfriedungen, Gartenanlagen. Sie betragen durchschnittlich etwa 5% der Baukosten. Ausnahmen bilden ggf. stark vom üblichen Standard abweichende A. Angemessene Relation: einfache A: 2−4%, aufwendige A: 8−12%.

Außenbereiche *(§ 35 BauGB).* Für das Bauen in A. bestehen strenge Vorschriften. Ein Vorhaben ist nur zulässig, wenn öffentliche Belange nicht entgegenstehen, die ausreichende Erschließung gesichert ist und wenn es sich um eine besondere Bauform handelt, insbesondere landwirtschaftliche Gebäude.

außergerichtliche Verteilung des Erlöses aus der Zwangsversteigerung *(§§ 143, 144 ZVG).* Die gerichtliche Verteilung ist die Regel bei einer Zwangsversteigerung. Aber auch eine außergerichtliche, damit auch kostengünstigere, ist

i. d. R. möglich bei Befriedigung nur eines Gläubigers. Zwei verschiedene Verfahren sind möglich.

außergewöhnliche Belastung *(§ 33 EStG).* Notwendige Aufwendungen zur Erhaltung von Denkmälern, die weder Betriebsausgaben noch Werbungskosten sind und die die aus den Denkmälern erzielten Einkommen übersteigen, können u. U. als a. B. anerkannt werden. Dies trifft insbesondere bei Objekten zu, aus denen keinerlei wirtschaftlicher Nutzen zu ziehen ist (Ruinen, Privatkapellen, Denkmäler).

außerkollektive Mittel (Bausparen), Mittel einer Bausparkasse, welche nicht durch das Kollektiv – die Bausparer – aus Spar- und Tilgungsleistungen in den Zuteilungsstock kommen, d. h. es kann sich um Fremdmittel oder eigene Mittel der Bausparkasse handeln.

außerordentliche Eigentümerversammlung. Die Einberufung ist durch schriftliches Verlangen von 25% der Wohnungseigentümer möglich (§ 24 Abs. 2 WEG). Jeder Wohnungseigentümer kann die a. E. auch gerichtlich erzwingen. Ist die Notwendigkeit gegeben, kann sie auch vom → Verwalter bestellt werden. → Eigentümerversammlung, → Fortsetzungsversammlung, → Wiederholungsversammlung.

außerrechnungsmäßige Zinsen. Bei ihrer Geldanlage müssen die Lebensversicherer über das Bundesaufsichtsamt diverse Auflagen erfüllen. So sind die genehmigten Tarife so ausgelegt, daß

eine Mindestkapitalverzinsung von 3,5% erreicht wird. Bei normalem Anlageverhalten wird jedoch eine meist doppelt so hohe tatsächliche Verzinsung erzielt. Alle über 3,5% hinausgehenden Zinsergebnisse bezeichnet man als a. Z. Diese bilden kein jeweils separat ausgeschüttetes Vermögen, sondern werden mit Ablauf der Versicherung fällig. Es war beabsichtigt, diese a. Z. der Quellenbesteuerung in Form einer → Abgeltungssteuer zu unterwerfen. Durch die Aufhebung der Quellensteuer zum 30. 6. 1989 hat sich diese Frage zunächst erledigt.

Aussetzung des Verteilungstermines bei Zwangsversteigerung *(§ 105 ZVG).* Zustellungsfrist wegen Verteilung besteht nur gegen Ersteher, Meistbietenden oder mithaftenden Dritten. Wird die gesetzliche Zweiwochenfrist nicht eingehalten, ist der Termin aufzuheben.

Aussetzung des Zuschlages bei Zwangsversteigerung *(§ 87 ZVG).* In aller Regel wird dem Meistbietenden der Zuschlag sofort erteilt. Der Zuschlag kann auch auf Antrag für eine begrenzte Zeit, i. d. R. zwei bis drei Wochen, ausgesetzt werden. Diese Zeit ist oft für die Banken sehr wichtig, wenn noch Entscheidungen herbeigeführt werden müssen. Auch ermöglicht die Zuschlagsaussetzung nachträgliche Verhandlungen mit dem Meistbietenden. Ziel ist meist die Nachbesserung des abgegebenen Gebots noch vor → Zuschlagsverkündung.

außerordentliches Kündigungsrecht bei Zwangsversteigerung *(§ 57 ZVG).* Der

Ersteher eines Immobils im Zwangsversteigerungsverfahren kann vertraglich unter Einhaltung der gesetzlichen Kündigungsfrist einmal außerordentlich kündigen. Der Grundsatz „Kauf bricht nicht Miete" wird hier unterbrochen. Vorsicht bei Mietvorausdarlehen und Baukostenzuschüssen.

Aussichtsrecht *(§§ 1018–1029 BGB)*. Das A. verpflichtet den Eigentümer des „dienenden" Grundstücks, dieses nicht oder nur in der Weise zu bebauen bzw. anderweitig zu nutzen, daß dem „herrschenden" Grundstück die freie und ungestörte Aussicht gewährleistet ist. Das Recht kann im Grundbuch in Abteilung II als Grunddienstbarkeit gesichert werden.

Aussiedlerprogramm. Die Bundesregierung hat am 31. 8. 1988 und 12.10. 1988 ein Sonderprogramm für Aussiedler beschlossen, mit der Zielsetzung einer möglichen Eingliederung. Schwerpunkt dieses Programmes ist die Bereitstellung von Mitteln zur Förderung des erforderlichen Wohnungsbaues. Hierfür werden den Ländern Mittel zur Verfügung gestellt. Eine Beteiligung der Länder in gleicher Höhe ist erforderlich. Die einzelnen Bundesländer haben dann in eigenen Gesetzen die Programme festgelegt, siehe Aufstellung S. 46.

Austauschverhältnis. Wenn ein Bebauungsplan besteht, so haben die Vorschriften über Art und Maß der baulichen Nutzung auch nachbarschützenden Charakter. Es kann daher jeder Bauherr verlangen, daß Beschränkungen, die für ihn gelten, aus dem Gleichheitsprinzip auch für die Nachbarn gelten. Diese damit verbundene gegenseitige Abhängigkeit bezeichnet man als A.

Austraghaus. Das A. soll durch seine räumliche Zuordnung und bauliche Erscheinungsform den Eindruck der Zugehörigkeit zum Bauernhof vermitteln. Es soll das Nebeneinanderwohnen der Generationen und die Bewirtschaftung auf Bauernhöfen sichern. I. d. R. werden A. nur auf der gleichen Flurnummer zugelassen, auf der auch die übrigen Gebäude des Hofes stehen. Hierdurch wird der Einzelverkauf unterbunden, und der Austragsbedarf des Hofes ist auf Dauer gesichert. Ein A. ist unzulässig, wenn die bestehenden Gebäude des Hofes bereits genügend Wohnraum für beide Generationen bieten. Bei landwirtschaftlichen Nebenerwerbsstellen wird nur in Ausnahmefällen ein A. bewilligt. → Altenteil.

Auszahlung, → Darlehensauszahlung.

Auszahlungsabschlag, → Disagio.

Auszahlungskontrolle, Überprüfung, ob abgeforderte Beträge nach ihrem Verwendungszweck eingesetzt werden, die Auflagen in der Zusage inzwischen erfüllt sind und die notwendige Bautenstandskontrolle durchgeführt wurde. Die als Sicherheit vereinbarten Grundschulden o. ä. müssen ranggerecht eingetragen sein. → Bautenstandsbericht, → Bautenstandsbesichtigung.

Aussiedlerprogramm

Aussiedlerprogramm – Stand 07/1989 –

Land	Sonderprogramm	Objektart	Darlehen-verbilligte	Kostenzuschuß	Belegungsbindung	Mietbindung	Besonderheiten
Baden-Württemberg	ja	Neubau von Wohnungen	ja		10 Jahre	10 Jahre	– Einliegerwohnungen – Werkswohnungen – Eigenheime
Bayern Richtlinien vom 11. 11. 1988	ja	Mietwohnungen, Eigentumsmaßnahmen	je qm 730,– Höchstbetrag DM 50 000,–		7 Jahre	7 Jahre n. 4. J. erste Erhöhung um DM –,40 möglich	Freimacher von Wohnungen Zuschuß DM 35 000,–
Berlin Richtlinien vom 11. 11. 1988	Einbindung in den sozialen Wohnungsbau						Besondere Förderung bei Ausbau von Dachgeschossen
Bremen Beschluß vom 25. 10. 1988	Einbindung in den sozialen Wohnungsbau						
Hamburg	ja	Neubau sonstige Wohnraumbeschaffung	DM 700,– je qm DM 500,– je qm	ja	10 Jahre	10 Jahre 1–4 J. DM 7,– 5–6 J. DM 7,60 7–8 J. DM 8,– 9–10 J. DM 8,40	
Hessen	ja	Mietwohnungen, Familienheime, ETW		DM 50 000,– bei 70 qm, Abweichung +/– DM 500,– je qm	7 Jahre	7 Jahre	Freimacher von Wohnungen
Niedersachsen	Einbindung in den sozialen Wohnungsbau					7 Jahre	
Nordrhein-Westfalen	Einbindung in den sozialen Wohnungsbau					10 Jahre	
Rheinland-Pfalz		Familienheime, ETW, Eigenheime, Mietwohnungen, Mietkaufwohnungen	DM 1000,– je qm bei Mietwohnungen bis DM 60 000 bei ETW Aufwendungsd. bis DM 2800 je qm bei ETW	DM 500,– je qm bei Mietwohnungen bis DM 350 000,– bei ETW	7 Jahre	7 Jahre	
Saarland	Nur für Kommunen oder gemeinnützige Baugesellschaften					7 Jahre	7 Jahre
Schleswig-Holstein							

46

Auszahlungskurs. Zur Ermäßigung eines Zinssatzes kann ein → Disagio vereinbart werden, d. h. der A. von 100% wird z. B. auf 90% ermäßigt.

Auszahlungsraten. Ein beantragtes Baudarlehen kann üblicherweise in mehreren Raten ausgezahlt werden. Bei den Hypothekenbanken ist vielfach die Unterteilung in Rate für Rohbau, Innenausbau und nach Fertigstellung üblich. Bei größeren Bauvorhaben können die Raten auf Antrag nochmals unterteilt werden. Ist eine Abwicklung in dieser Form nicht möglich, so ist eine → Zwischenfinanzierung erforderlich. Für die Teilauszahlungen wird i. d. R. ein Zinsaufschlag genommen.

Auszahlungsverlust, → Disagio.

Auszahlungsvoraussetzungen, mildere Form von → Auflagen in Darlehenszusagen, die normalerweise üblich sind: z. b. Nachweis Feuerversicherung, Eintragung Grundpfandrecht, Nachweis anderer Finanzierungsmittel usw.

Auszug, → Altenteil.

Auszug aus dem Liegenschaftsbuch, listenmäßige Aufstellung des Inhaltes eines → Lageplanes. Inhalt: Flur, Flurstück, Lagebezeichnung, Nutzungsart, Fläche, Bodenklasse, Flurkartennummer, Lageplannummer. Zu den Abkürzungen s. S. 48.

AVAL, → Bürgschaft.

Abkürzungen Liegenschaftsbuch

Abkürzungen (Auszug aus dem Liegenschaftskataster):

Erläuterungszeile (unterbrochene Linie)

FLURST.	= Flurstücknummer
INTERN	= Interne Information für das Katasteramt (Prüfzeichen, Rahmenkarte, Flurstückskoordinate)
EMZ	= Ertragsmeßzahl

Nutzungsarten:

GEBDE- U. FREIFL	= Gebäude und Freifläche
GF	= Gebäude und Freifläche
BF	= Betriebsfläche
LANDW. BETRIEBSFL	= landwirtschaftliche Betriebsfläche

Bodenschätzung:
Bodenart

S	= Sand
Sl	= anlehmiger Sand
lS	= lehmiger Sand
SL	= stark lehmiger Sand
8L	= sandiger Lehm
L	= Lehm
LT	= schwerer Lehm
T	= Ton
MO	= Moor

Entstehung

D	= Diluvialboden
L	= Lößboden
A	= Schwemmland-(Alluvial-)boden
V	= Verwitterungsboden
G	= gesteinshaltiger Boden

Bemerkungen zum Flurstück und sonstige Angaben:

BVNR	= laufende Nummer des Grundstücks im Grundbuch
QM	= Quadratmeter (m^2)
K	= katasterinterner Vermerk
FLURBEREINIGUNG	= Flurstück unterliegt einem Bodenordnungsverfahren nach dem Flurbereinigungsgesetz
UMLEGUNG	= Flurstück unterliegt einem Bodenordnungsverfahren nach dem Bundesbaugesetz oder dem Städtebauförderungsgesetz (z. B. Umlegung, Sanierung, Entwicklung)
BLA	= Baulast
LSG	= Landschaftsschutzgebiet
NSG	= Naturschutzgebiet
WSG	= Wasserschutzgebiet
ND	= Naturdenkmal
M/L	= Musterstück der Bodenschätzung
N	= Neukultur

B

Backoffice. Nicht nur im Baufinanzierungsgeschäft hat sich die Trennung zwischen Kundenberatung und sich daran anschließender Betreuung bewährt. Damit werden der Berater in die Lage versetzt, sich intensiver um das Neugeschäft zu kümmern, während eine gut eingespielte Mannschaft, das B., ihm die weitere Technik abnimmt. Seitens des B. wird dann die Kreditprotokollierung, die Bewertung, die Sicherheitenbestellung, die Zusage, die EDV-Meldung, die Statistik, die Kreditauszahlung und später die Überwachung des Darlehensverlaufs, evtl. Umschuldungen, Prolongationen etc. vorgenommen.

Bahngleisrecht *(§§ 1018 bis 1029 BGB),* Sperrvermerk wegen Zugehörigkeit des Grundstücks zu einer Bahneinheit. Grundstücke mit diesen Vermerken unterliegen gewissen Verfügungsbeschränkungen.

Balkon *(§§ 19, 20 BauNVO).* Auf die zulässige → Grundfläche werden die Grundflächen für B., Loggien, Terrassen sowie bauliche Anlagen nicht angerechnet, soweit sie nach Landesrecht im → Bauwich oder in den Abständen zulässig sind oder zugelassen werden kön-

nen. Hat ein häusliches → Arbeitszimmer einen B., so ist dies nur dann steuerlich schädlich, wenn der B. in erheblichem Umfang privat genutzt wird und dabei das Arbeitszimmer zwangsläufig durchquert werden muß.

Balustrade, Brüstungsgeländer aus kleinen Säulen.

Bandstadt, Stadtform, bei der die Wohn-, Gewerbe- und Grünflächen in Form schmaler Bänder überwiegend entlang parallel geführter Verkehrszüge (Straßen, Eisenbahnen, Flüsse) angeordnet sind.

Bankenerlaß *(§ 30a AO vom 31. 8. 1979).* Der Gesetzgeber hat im Zusammenhang mit der Quellensteuereinführung aus Gründen der Rechtssicherheit und im Interesse eines vertrauensvollen Verhältnisses der Bürger zum Staat den sog. B. in der Abgabenordnung verankert. Damit soll sichergestellt werden, daß u. a. anläßlich von Außenprüfungen bei Kreditinstituten die Ausschreibung von Kontrollmitteilungen über Konten und Depots zwecks Nachprüfung der ordnungsgemäßen Versteuerung unterbleibt. Außerdem dürfen keine einmaligen und periodischen

Mitteilungen zwecks Überwachung bestimmter Konten angefordert oder Einzelauskunftsersuchen an Kreditinstitute gerichtet werden, wenn der Sachverhalt bei dem Steuerzahler hätte geklärt werden können. Vereinfacht ausgedrückt bedeutet der B. das nunmehr gesetzlich verankerte „Bankgeheimnis". Durch Aufhebung der Quellensteuer wird sich hieran nichts ändern.

Bankette, meist unbefestigte Randstreifen beiderseits der Straßen und Wege. Als B. werden auch die untersten, meist verbreiterten Teile von Fundamenten bezeichnet.

Bankvorausdarlehen (BVD), von Banken bewilligte, langfristige, grundbuchlich abgesicherte Baudarlehen, bei denen die Tilgung ausgesetzt wurde und hierfür die Einzahlung auf einen → Bausparvertrag erfolgt. Nach → Zuteilung wird dann mit diesem Vertrag das BVD abgelöst. Dies kann mit einem Vertrag über die volle Darlehenshöhe oder durch zwei oder drei hintereinander geschaltete Verträge erfolgen. Das Hauptdarlehen ermäßigt sich dann jeweils um den zugeteilten Vertrag.

Bargebot *(§§ 49, 50, 51 ZVG),* Teil des → geringsten Gebotes. Geboten wird in der Zwangsversteigerung stets nur das B. Um die Gesamtkosten zu ermitteln, müssen daher gedanklich die bestehenbleibenden Rechte dem B. zugerechnet werden. Zum B. gehören u. a. Kosten des Verfahrens, → Zwangsverwaltungsvorschüsse, → öffentliche Lasten, → wiederkehrende Leistungen.

Bargebotshinterlegung *(§ 49 Abs. 3 ZVG).* Der Ersteher kann sich durch Hinterlegung des → Bargebotes unter Verzicht auf Rücknahme von seiner Zahlungspflicht und damit auch der Verpflichtung zur Verzinsung des Bargebotes (4%) befreien.

Bargebotsverzinsung *(§ 49 Abs. 2 ZVG).* Das → Bargebot ist vom Zuschlag an bis zum Tag vor dem → Verteilungstermin zu verzinsen. Über die Höhe der Zinsen sagt das Gesetz nichts aus. Der Zinssatz beträgt daher gemäß § 246 BGB 4%. Ein höherer oder niedrigerer Satz kann als besondere Versteigerungsbedingung beantragt werden. Dieser Antrag hat jedoch in der Praxis wenig Erfolgsaussichten.

Bargebotszahlungsfristen *(§ 107 ZVG).* Jeder Beteiligte kann beantragen, abweichend von der in § 49 Abs. 1 bestimmten Barzahlungspflicht, für den das → geringste Gebot übersteigenden Teil des → Meistgebotes genau bestimmte Zahlungsfristen zu gewähren.

Bauabschnitte, Aufteilung größerer Siedlungsvorhaben oder Wohnsiedlungen in einzelne Abschnitte, d. h. jeweils kleinere: zwei oder vier oder sechs zusammenhängende Einheiten (Wohnungen oder Häuser). Die Erschließung ist i. d. R. für den gesamten Bereich durchzuführen, wobei dann die Wohneinheiten je nach Verkauf erstellt werden können. Hierdurch kann die Vollfinanzierung der Gesamtanlage entfallen.

Bauantrag *(§ 63 MBO; Art. 69 BayBO).* Mit der Stellung des B. wird das Baugenehmigungsverfahren eingeleitet. Der Antrag ist bei der Gemeinde zu stellen, in deren Gebiet das zu bebauende Grundstück liegt. Gegenstand des Antrages ist der Auftrag an die Gemeinde, das beschriebene Objekt auf die Vereinbarkeit mit dem öffentlichen Recht zu überprüfen und die Erlaubnis zur Durchführung zu erteilen. Eine Genehmigung ist ohne einen entsprechenden B. nicht gedeckt. Der Antrag muß u. a. Angaben enthalten über: Bauart, Baubeschreibung, Flächen- und Grundstücksgrößen, Nachweis über Schall- und Wärmedämmung. Um eine schnelle Bearbeitung zu ermöglichen, sollte nach Möglichkeit ein vollständiger Antrag abgegeben werden. Hier ist auf folgende Punkte zu achten:

1. Der B. muß vom Bauherren und Architekten unterschrieben sein.
2. Der Architekt muß eine Haftpflichtversicherung nachweisen.
3. Ein Lageplan im Maßstab 1 : 500 mit Berechnung der Grund- und Geschoßfläche muß beigefügt sein.
4. Die Bauzeichnungen (Grundriß-), Ansichts- und Schnittzeichnungen müssen im Maßstab 1 : 1000 angelegt sein.
5. Die Berechnungen des umbauten Raumes nach DIN 277 sowie Angaben zur Hochbautechnik müssen beigelegt sein.
6. Der Standsicherheits-, Wärme- und Schallschutznachweis ist vorzulegen.

Bauanzeige, vereinfachte Form des Baugenehmigungsverfahrens, geregelt in der Bauanzeigenverordnung. Nur in bestimmten Fällen anwendbar. Mit dem Bau kann begonnen werden, wenn nicht innerhalb von vier Wochen von der Baubehörde Einwände gemacht werden.

Bauaufsicht. Die Bauüberwachung liegt in den Händen der Bauaufsichtsbehörden. Der Bauantrag wird der unteren Bauaufsichtsbehörde eingereicht. Aufgabe der Behörde ist die Überwachung der Einhaltung der Vorschriften und Anordnungen bei Errichtung, Änderung, dem Abbruch sowie der Unterhaltung baulicher Anlagen.

Baubeginnanzeige. Beginn und Wiederaufnahme der Bauarbeiten sind der Genehmigungsbehörde mindestens eine Woche vorher schriftlich anzuzeigen.

Baubehörde, Behörde bei den Gemeinden und Städten, der die Bauaufsicht und die Bauverwaltung obliegen. Hierzu gehören der staatliche Hochbau, Brückenbau, Wasserbau und Straßenbau.

Bauberatungsgespräch. Als B. bezeichnet man eine Unterredung mit der zuständigen Baurechtsbehörde mit dem Ziel, einerseits die eigenen Pläne vorzustellen und andererseits Vorschläge für eine evtl. erforderliche genehmigungsfähige Umgestaltung zu erhalten. Die Behörde hat sowohl Anhörungs- als auch Beratungspflicht. Es dürfte daher zur praktischen Gestaltung sinnvoll sein, daß das B. unter Hinzuziehung des Architekten geführt wird.

Baubeschränkung

Baubeschränkung *(§ 32 BauGB).* Sind überbaute Flächen in dem Bebauungsplan als Baugrundstücke für den Gemeinbedarf oder als Verkehrs-, Versorgungs- oder Grünflächen festgesetzt, dürfen auf ihnen Vorhaben, die eine wertsteigernde Änderung baulicher Anlagen zur Folge haben, nur zugelassen und für sie Befreiung von den Festsetzungen des Bebauungsplans erteilt werden, wenn a) der Bedarfs- oder Erschließungsträger zustimmt oder b) der Eigentümer für sich und seine Rechtsnachfolger auf Ersatz der Werterhöhung für den Fall schriftlich verzichtet, daß der Bebauungsplan durchgeführt wird.

Baubetreuung, Vorbereitung und Durchführung eines Bauvorhabens unmittelbar im Namen und für Rechnung des Bauherren. Der Baubetreuer ist der bevollmächtigte Vertreter des Grundstückseigentümers. Baut der Baubetreuer im eigenen Namen, aber schon für einen künftigen Käufer, so wird diese Form Bauträgerschaft genannt.

Baubiologie. Seit einiger Zeit werden alle Baustoffe auch unter baubiologischen Gesichtspunkten überprüft. Eine Vielzahl von Altproblemen hat dazu geführt, daß der Bauherr heute auf diese Dinge achtet. Auch der Finanzierer ist gut beraten, derartige Punkte zu berücksichtigen, führten doch gravierende Fehler bei der Materialwahl in der Vergangenheit dazu, daß teilweise Objekte kaum noch oder nur mit hohem Verlust verkauft werden können. Die umweltschonenden und baubiologisch einwandfreien Baustoffe sind meist nicht teurer als andere Produkte.

Baubuch *(GSB § 2)* (Raumbuch), Nachweis über die Herkunft und Verwendung der für Neubauten gewährten Baugelder. Nach dem Gesetz über die Sicherung der Bauförderungen vom 1. 6. 1909 ist jeder Baugewerbetreibende oder derjenige, welcher sich für den Neubau Baugeld gewähren läßt, zur Führung eines B. verpflichtet. Nachweise in dieser Form sind heute noch bei der Bereitstellung öffentlicher Mittel zu führen.

Aus dem B. müssen ersichtlich sein
– die Personen, mit denen ein Werk-, Dienst- oder Lieferungsvertrag abgeschlossen worden ist, die Art der diesen Personen übertragenen Arbeiten und die vereinbarte Vergütung;
– die auf jede Forderung geleisteten Zahlungen und die Zeitpunkte dieser Zahlungen;
– die Höhe der zur Bestreitung der Baukosten zugesicherten Mittel und die Person des Geldgebers sowie Zweckbestimmung und Höhe der Beträge, die gegen grundpfandrechtliche Sicherstellung an dem Baugrundstück, jedoch nicht zur Bestreitung der Baukosten – also z. B. für die Planungs- und Erschließungskosten – gewährt werden;
– die einzelnen in Anrechnung auf die vorbezeichneten Mittel an den Buchführungspflichtigen oder für seine Rechnung geleisteten Zahlungen und die Zeitpunkte dieser Zahlungen;

– Abtretungen, Pfändungen oder sonstige Verfügungen über diese Mittel;

– die Beträge, die der Buchführungspflichtige für eigene Leistungen in den Bau aus diesen Mitteln entnommen hat.

Quellennachweis: Sicherung der Bauforderung, v. B. Romanovszky, München

Baudenkmal, Gebäude oder Gebäudegruppen, die aufgrund von landesrechtlichen Vorschriften als B. deklariert sind. Es können jedoch auch nur einzelne Bauteile denkmalgeschützt sein. Renovierungen, Änderungen und Umbauten sind vorher mit dem Landeskonservator abzustimmen. In vielen Städten gibt es Verzeichnisse oder Bücher über alle denkmalgeschützten Gebäude (wichtiges Hilfsmittel für Beleihung von Objekten). Steuervorteile: erhöhte Absetzung von Herstellungskosten bei B., → Sonderbehandlung von Erhaltungsaufwand bei B., → Erbschaftsteuer, → Grundsteuer.

Baueinstellung. Die zuständige Baubehörde hat das Recht und die Pflicht, die Einhaltung der bauaufsichtlichen Auflagen zu überprüfen. Werden bei der Prüfung z. B. statische Fehler festgestellt, kann dies zu einer vorübergehenden Baustillegung, einer Rücknahme der Baugenehmigung oder aber zu einer B. führen. Dies hat natürlich weitergehende Konsequenzen als eine → Bauunterbrechung. Sie hat Auswirkungen für den Bauherrn, aber auch für den Finanzierer. Dieser muß daher sofort reagieren, um den Schaden (Mehr-

kosten, Zinsauflauf, Fristenüberschreitung u. a.) zu begrenzen.

Bauelemente, für die Erstellung eines Bauteiles erforderliche Einzelteile; im Handel gebräuchliche Bezeichnung für Bauteile zum Einbau auf der Baustelle wie Fenster, Türen, Fensterbänke usw.

Bauerwartungsland (→ Flächennutzungsplan), als Wohngebiet ausgewiesenes Gelände, dessen Nutzung aber nicht durch einen → Bebauungsplan verbindlich festgelegt ist. Ohne Rechtsanspruch. Finanzierungskosten für den Erwerb von B. werden nur in ganz besonderen Ausnahmefällen als Werbungskosten von der Finanzverwaltung anerkannt, da nur selten der wirtschaftliche Zusammenhang mit der Bauabsicht zum Zeitpunkt des Erwerbes dargestellt werden kann.

Baufinanzierung, meist langfristige Finanzierung von Immobilien aller Art durch einzelne Finanzierungsbausteine oder durch Verbundkredite. Zusammensetzung vielfach: Langfristige Hypothek bis 60% des Verkehrswertes, nachrangiges Darlehen (Bank- oder Bauspardarlehen) bis 80%, Rest Eigenkapital und Eigenleistungen. Die Kredite werden entweder für einen längeren Zeitraum festgeschrieben oder auch variabel gestaltet. Dies hängt von der jeweiligen Zinssituation oder auch den individuellen Kundenwünschen ab. Alle Banken und Sparkassen bieten eine Vielzahl von verschiedenen Programmen an.

Baufinanzierungsberatung

Baufinanzierungsberatung. Aufgrund erheblich erhöhter Fälle von Zahlungsschwierigkeiten und Zwangsversteigerungen sind u. a. durch Studien des Bundesbauministeriums die Ursachen hierfür erforscht worden. Neben den nicht weiter analysierten Fällen aus dem Bereich der Steuermodelle sind folgende Gründe herausgearbeitet worden:
- – zu niedriges Eigenkapital,
- – unerwartete Baukostensteigerung,
- – Zinserhöhungen,
- – Tilgungseinsatz,
- – Überschätzung von Eigenleistungen,
- – Wegfall von kalkulierten (Familien-) Einkommensteilen,
- – Arbeitslosigkeit,
- – Ehescheidung.

Hieraus ist eine Mindestanforderung an eine B. entwickelt worden, die die Beachtung dieser Punkte umfaßt. Eine Kurzanalyse sollte vor jeder ausführlichen B. stehen, da diese sehr zeitaufwendig und teuer ist. Geklärt werden sollte, ob sich eine intensive B. lohnt. Dies ist i. d. R. durch eine kurze Gegenüberstellung aller Einnahmen und Ausgaben möglich. Hierbei sollte die neue Belastung pauschal mit 10% Gesamtannuität angesetzt werden.

Baufinanzierungsgespräch. Eine Baufinanzierung bedeutet für die überwiegende Mehrheit der Interessenten sicherlich die größte private finanzielle Anschaffung in ihrem Leben. Entsprechend wichtig ist, daß ein Kundenberater der Bank oder Sparkasse sich dessen bewußt ist. Die Finanzierungslösung sollte verantwortungsbewußt gemeinsam mit dem Kunden erarbeitet werden.

Baufläche *(§ 5 BauGB),* im → Flächennutzungsplan für die Bebauung vorgesehene und nach der allgemeinen Art ihrer baulichen Nutzung dargestellte Fläche.

Baufluchtlinie, i. d. R. parallel zur Straße verlaufende Linie, über die hinaus ein Grundstück nicht bebaut werden darf.

Baufortschritt. Es ist in der Baufinanzierung üblich, bei Neubauten Darlehen dem Bautenstand entsprechend auszuzahlen. Im allgemeinen wird wie folgt ausgezahlt: 25% bei Fertigstellung der Kellerdecke, 25% nach Fertigstellung des Rohbaus, 25% nach Fertigstellung des Innenausbaus, 25% nach Fertigstellung des Objektes. Für Hypothekenbanken gelten Sonderregelungen (→ Makler- und Bauträgerverordnung).

Baufreiheit. Das Baurecht ist geprägt vom Grundsatz der B. Demnach hat ein Grundstückseigentümer auch das Recht, Gebäude auf seinem Grund und Boden zu errichten. Da jedoch neben den Eigentumsinteressen auch die Belange der Allgemeinheit berührt werden, ist die B. im öffentlichen Interesse größeren Einschränkungen unterworfen.

Baugebiete, laut Bauordnung:

Kleinsiedlungsgebiete	A
Reines Wohngebiet	B

Gemischte Wohngebiete	C
Geschäftsgebiet	D
Gemeindegebiet	E

Laut Baunutzungsverordnung:

Kleines Siedlungsgebiet	WS
Reines Wohngebiet	WR
Allgemeines Wohngebiet	WA
Dorfgebiet	MD
Mischgebiet	MI
Kerngebiet	MK
Gewerbegebiet	GE
Industriegebiet	GI
Wochenendhausgebiet	SW
Sondergebiete	SO

Baugebot *(§ 176 BauGB)*. Im Geltungsbereich eines Bebauungsplanes kann die Gemeinde den Eigentümer durch Bescheid verpflichten, innerhalb einer angemessenen Frist sein Grundstück entsprechend den Festsetzungen des Bebauungsplanes zu bebauen oder ein vorhandenes Gebäude den Festsetzungen des Bebauungsplanes anzupassen.

Baugeldanforderung, bei Neubauvorhaben eingesetzter Formvordruck, der vom Bauherren und dem bauleitenden Architekten zweckmäßigerweise unterschrieben wird, um damit aufgrund eines erreichten Bautenstandes (→ Bautenstandsbericht) weitere Finanzierungsmittel von der Sparkasse oder Bank abzurufen.

Baugenehmigung, schriftlicher Genehmigungsbescheid der zuständigen Behörde, daß dem Bauvorhaben nach öffentlichem Recht keine Hindernisse entgegenstehen. Die B. kann einengende Auflagen enthalten. Sie ist befristet und gebührenpflichtig. Die Gültigkeit beträgt zur Zeit vier Jahre. Die Genehmigung ergeht „unbeschadet der Rechte Dritter", d. h., daß unter Umständen Nachbarn Rechte gegen das Bauvorhaben geltend machen können.

Baugenehmigungsgebühr. Die Gebühr beträgt im allgemeinen 4‰ der Baukosten, bei öffentlich geförderten oder steuerbegünstigten Wohnbauten nur 2‰.

Baugenehmigungsverfahren. Sowohl für den Bauherren als auch seinen Finanzierer ist die Kenntnis des B. von großer praktischer Bedeutung. In das Finanzierungsgespräch gehören daher auch Fragen zum Stand des B. Erkennt der Berater dabei, daß diese Seite bislang vernachlässigt wurde, so sollte er darauf drängen, daß zunächst diese Frage so geklärt wird, daß der ordnungsgemäßen Durchführung des Bauvorhabens und damit der Finanzierung nichts entgegensteht. Mögliche Verzögerungen sind teuer, und unnötige Kosten (Bereitstellungsprovisionen) können zu einer Verstimmung zwischen Kreditinstitut und Baukreditkunde führen.

Baugenehmigungszahlen. Das Statistische Bundesamt liefert Zahlen über die erteilten Baugenehmigungen, aufgeteilt nach Ein- und Zweifamilienhäusern, Mehrfamilienhäusern, Miet- und Eigentumswohnungen. Wichtiger Nachweis für die Marktsituation. Regionale Zahlen sind jeweils bei den Behörden erhältlich.

Baugesetzbuch *(BauGB)*, rechtswirksam seit dem 1. 7. 1987. Das BauGB führt das BBauG und das StBauFG in einem Gesetz zusammen. Die Paragraphenfolge des BBauG bis einschließlich § 135 ist im wesentlichen beibehalten worden. Das StBauFG wurde übernommen. Das BauGB gliedert sich in vier Kapitel: Allgemeines Städtebaurecht; Besonderes Städtebaurecht; Sonstige Vorschriften und Überleitungs- und Schlußvorschriften. Die vier Kapitel enthalten folgende Teile: *Erstes Kapitel. Allgemeines Städtebaurecht* Erster Teil. Bauleitplanung (§§ 1 bis 13). Zweiter Teil. Sicherung der Bauleitplanung (§§ 14 bis 28). Dritter Teil. Regelung der baulichen und sonstigen Nutzung; Entschädigung (§§ 29 bis 44). Vierter Teil. Bodenordnung (§§ 45 bis 84). Fünfter Teil. Enteignung (§§ 85 bis 122). Sechster Teil. Erschließung (§§ 123 bis 135). *Zweites Kapitel. Besonderes Städtebaurecht* Erster Teil. Städtebauliche Sanierungsmaßnahmen (§§ 136 bis 164). Zweiter Teil. Städtebauliche Entwicklungsmaßnahmen (§§ 165 bis 171). Dritter Teil. Erhaltungssatzung und städtebauliche Gebote (§§ 172 bis 179). Vierter Teil. Sozialplan und Härteausgleich (§§ 180 und 181). Fünfter Teil. Miet- und Pachtverhältnisse (§§ 182 bis 186). Sechster Teil. Städtebauliche Maßnahmen im Zusammenhang mit Maßnahmen zur Verbesserung der Agrarstruktur (§§ 187 bis 191). *Drittes Kapitel. Sonstige Vorschriften* Erster Teil. Wertermittlung (§§ 192 bis 199). Zweiter Teil. Allgemeine Vorschriften; Zuständigkeiten; Verwaltungsverfahren; Wirksamkeitsvoraussetzungen (§§ 200 bis 216). Dritter Teil. Verfahren vor den Kammern (Senaten) für Baulandsachen (§§ 217 bis 232). *Viertes Kapitel. Überleitungs- und Schlußvorschriften* Erster Teil. Überleitungsvorschriften zum Baugesetzbuch (§§ 233 bis 245). Zweiter Teil. Schlußvorschriften (§§ 246 und 247).

Baugewerke, Einzelabschnitte eines Bauvorhabens. Die wichtigsten Einzelgewerke sind mit nachstehend ermittelten circa-Prozentsätzen an den reinen Baukosten beteiligt: *Rohbau:* Erdarbeiten 5%, Maurer- und Betonarbeiten 35%, Zimmerarbeiten 4%, Dachdecker- und Klempnerarbeiten 4% = ca. 48%. *Ausbau:* Putzarbeiten 6%, Estrich-Boden und Fliesen 7%, Schreiner/Glaser 7%, Sanitär 8%, Elektro 3%, Heizung 7%, Treppenbau 4%, Maler und Anstreicher 3%, Sonstige 5% = ca. 52%.

Baugrenzen *(§ 82 BauGB),* im Bebauungsplan festgelegte Grenzen, die mit Gebäuden und Gebäudeteilen nicht überschritten werden dürfen.

Baugrundkarte, flächenhafte Darstellung der Baugrundverhältnisse eines größeren Gebietes. Aufgezeichnet ist die unterschiedliche Eignung des natürlichen Untergrundes für die Errichtung von baulichen Anlagen.

Baugrundstückskosten. Hierzu zählen Kaufpreis, Erwerbskosten, Freimachung (Herrichtung), Erschließungskosten.

Baugrundstücksverkauf. Der Verkauf eines größeren Baugrundstücks erfolgt meist in der Form, daß der Käufer nicht sofort den Kaufpreis entrichtet, sondern sich mit dem Vertrag praktisch eine → Option für den Weiterverkauf von ausparzellierten Grundstücksteilen sichert und demzufolge der eigentliche Kaufpreis vom Enderwerber erbracht wird. In derartigen Verträgen ist genau darauf zu achten, daß der Verkäufer sich dabei nicht einerseits fest bindet, andererseits der Käufer alle Möglichkeiten in der Hand hat, die Kaufpreiszahlung unangemessen in die Länge zu ziehen. Dies ist z. B. dadurch möglich, daß erst nach Vorlage aller Baugenehmigungen und nach erfolgter Parzellierung Zahlungen fällig werden und dann diese Auflagen bewußt erst erfüllt werden, wenn alle Grundstücke weiterveräußert werden konnten.

Baugrunduntersuchung, Prüfung der Unbedenklichkeit der Bebauung des Grund und Bodens im Hinblick auf Feuchtigkeit, Tragfähigkeit usw. In Gebieten ohne Kanalisation insbesondere hinsichtlich einer evtl. erforderlichen Versickerung.

Bauhandwerkersicherungshypotheken (Bauhypothek) *(§ 648 BGB).* Hat ein Bauunternehmer oder u. U. auch ein Architekt Anspruch aus seinen Leistungen, so kann er diese durch Eintra-

gung einer → Sicherungshypothek im Grundbuch sichern lassen. Voraussetzung ist, daß der Bauherr Eigentümer des Grundstücks ist. → Zwangshypothek.

Bauhauptgewerbe. Zu den wichtigsten Fachzweigen des B., insbesondere in der Statistik, zählen der Hoch-, Tief- und Ingenieurbau (einschl. Straßenbau). Der Gesamtumsatz für das B. belief sich 1985 auf rund 101 Mrd. DM.

Bauherr *(§ 15 Abs. 1 EStD).* B. ist, wer auf eigene Rechnung und Gefahr ein Gebäude baut oder bauen läßt und außerdem das Baugeschehen beherrscht.

Bauherrenerlaß vom 13. 8. 1981. Einheitliche Regelung von → negativen Einkünften aus Vermietung und Verpachtung auf Grund der Errichtung von Wohngebäuden und ETW, der Sanierung und Modernisierung bestehender Gebäude im Rahmen von sog. → Bauherrenmodellen sowie der Anschaffung von Wohngebäuden und ETW im Rahmen sog. → Erwerbermodelle. Der B. stellt u. a. klar: Bauherren-Eigenschaft, Abgrenzung der Kosten, Treuhandgebühren, Baubetreuungskosten, Gebühren für Garantien und Bürgschaften, Steuervorauszahlungen.

Bauherrenhaftpflichtversicherung. Der Bauherr ist für seine Baustelle verantwortlich, auch wenn das Schild „Betreten der Baustelle verboten" angebracht ist. Die B. schützt vor finanziellen Folgen von Schadenersatzansprüchen u. a.

57

wegen: Verkehrssicherheit der Baustelle, ausreichender Beleuchtung, verkehrssicheren Fußgängerumleitungen, Abdecken von Gruben und Schächten, ordnungsgemäßem Lagern von Baumaterialien.

Bauherrenmodell, gemeinschaftliche, d. h. mit anderen → Bauherren gemeinsam errichtete größere Wohnanlage. Die Gemeinschaft wird durch einen Vertrieb zusammengeführt und vertraglich zu einer Gesellschaft Bürgerlichen Rechts vereinigt. Die einzelnen Gesellschafter der BGB-Gesellschaft sind die Bauherren. Die normalerweise von Bauherren auszuführenden Arbeiten wie Schließung von Verträgen, Beschaffung von Finanzierungsmitteln, Sicherheitenbestellung usw. werden einem Treuhänder oder besonderen Firmen übertragen. Die hierfür entstehenden Werbungskosten sind zum Teil steuerlich absetzbar. Diese Werbungskosten können (ohne Disagio) bis zu 20% betragen. Die Gesamtabwicklung wird dem Treuhänder mit → Treuhandvollmacht übertragen. Notarielle Form ist erforderlich. Diese Art des Bauens verteuert zwar die Gesamtherstellung, jedoch fließt ein Großteil als Steuerersparnis zurück. Positiver Nebeneffekt ist die Übertragung aller Bauherrenaufgaben auf fremde Personen bei gleichzeitiger Mitgestaltungsmöglichkeit. Da der Erwerber einer im BHM errichteten Wohnung ein bebautes Grundstück erhält, ist die Grunderwerbsteuer auf den Gesamtaufwand fällig. BVerfG Beschl. 11. 1. 1988 BvR 391/87.

Bauherrenparagraph, gängige Bezeichnung für § 10 e EStG. Damit werden die dort geregelten Sonderausgaben für das selbstgenutzte Wohneigentum angesprochen, meist in Kombination mit dem Baukindergeld (§ 34 f. EStG).→ Kinderkomponente.

Bauhypothek, → Bauhandwerkersicherungshypothek.

Baukammern, bei einigen Landgerichten eingerichtete Spezialabteilungen für Bauangelegenheiten, mit spezialisierten Richtern für diesen Bereich.

Baukindergeld, häufig gebrauchter Begriff aus der Familiengrundförderung. → Kinderkomponente.

Baukörper, Gesamtmasse oder Volumen eines Bauwerks.

Baukosten, Kosten für die Errichtung eines Gebäudes ohne die Aufwendungen für das Baugrundstück und dessen → Erschließung. Hierzu zählen die Kosten des Gebäudes, der Außenanlagen, → Baunebenkosten und die Kosten für besondere Betriebseinrichtungen. In der Praxis wird häufig der Begriff „reine B." verwendet. Hierunter werden nur die Kosten des Gebäudes ohne die Kosten der Außenanlagen und Baunebenkosten verstanden.

Baukostenberechnung. Jede Bauplanung bedarf vorher einer B. Diese B. ist für die Finanzierungsüberlegungen von großer Bedeutung und sollte über-

schlägig wie folgt vorgenommen werden:
1. Grundstück: Erwerbskosten = Grunderwerbsteuer 2% des Kaufpreises, Notar- und Grundbuchkosten rd. 0,8% – 1,5% der Gesamtkosten, Maklerprovision ca. 4% des Kaufpreises, Vermessungskosten ca. 3% des Grundstückswertes.
2. Baukosten: Reine Baukosten/Listenpreis/Festpreis oder Preis je m² umbauten Raumes. Zuzüglich besondere Bauteile oder Sonderausstattung.

3. Baunebenkosten: Bei Fertighäusern 10 – 12%, ansonsten 15% – 20% der Baukosten.
4. Außenanlagen: rd. 5% der Baukosten.

Baukostenindex, zur Beurteilung der Entwicklung der → Baukosten in % ausgedrückte Meßzahl (Basisjahr = 100). Vielfach verwendetes Basisjahr = 1913/1914 oder auch 1970 (→ Baupreisindex).

Baukostenindex des Statistischen Bundesamtes (1970 = 100)

Jahresdurchschnittszahlen

1913	14,7	1933	18,4	1953	43,9	1973	126,4
1914	15,7	1934	19,3	1954	44,1	1974	135,6
1915	17,6	1935	19,3	1955	46,5	1975	138,9
1916	19,4	1936	19,3	1956	47,7	1976	143,7
1917	24,1	1937	19,7	1957	49,4	1977	150,6
1918	33,4	1938	19,9	1958	51,0	1978	159,9
1919	54,9	1939	20,2	1959	53,7	1979	174,0
1920	157,0	1940	20,5	1960	57,7	1980	192,5
1921	265,0	1941	21,5	1961	62,1	1981	203,8
1922	–	1942	23,3	1962	67,2	1982	209,6
1923	–	1943	23,8	1963	70,7	1983	214,1
1924	20,3	1944	24,3	1964	74,0	1984	219,3
1925	25,0	1945	25,1	1965	77,1	1985	220,5
1926	24,3	1946	26,8	1966	79,6	1986	223,8
1927	24,6	1947	31,3	1967	77,9	1987	228,2
1928	25,7	1948	41,3	1968	81,2	1988	232,2
1929	26,1	1949	38,6	1969	85,9		
1930	25,1	1950	36,8	1970	100,0		
1931	22,9	1951	42,6	1971	110,3		
1932	19,4	1952	45,4	1972	117,8		

Vierteljahresdurchschnittszahlen

1968		**1969**		**1970**		**1971**	
Februar	80,6	Februar	82,4	Februar	95,6	Februar	105,8
Mai	80,7	Mai	84,4	Mai	100,0	Mai	110,9
August	81,6	August	86,6	August	101,5	August	112,0
November	81,9	November	90,0	November	102,9	November	112,6

Baukostenindex

1972		1973		1974		1975	
Februar	114,6	Februar	122,0	Februar	130,9	Februar	137,3
Mai	118,0	Mai	127,3	Mai	136,7	Mai	139,3
August	118,9	August	128,3	August	137,6	August	139,4
November	119,6	November	128,1	November	137,3	November	139,4
1976		**1977**		**1978**		**1979**	
Februar	140,2	Februar	146,8	Februar	155,6	Februar	165,3
Mai	143,8	Mai	150,8	Mai	158,9	Mai	173,0
August	144,9	August	152,1	August	162,0	August	177,7
November	145,7	November	152,7	November	163,2	November	179,8
1980		**1981**		**1982**		**1983**	
Februar	185,0	Februar	198,7	Februar	207,7	Februar	210,4
Mai	193,1	Mai	204,4	Mai	210,0	Mai	213,1
August	195,4	August	205,8	August	210,8	August	216,2
November	196,6	November	206,2	November	210,0	November	216,6
1984		**1985**		**1986**		**1987**	
Februar	217,5	Februar	219,8	Februar	221,8	Februar	226,0
Mai	219,8	Mai	219,8	Mai	223,4	Mai	228,1
August	220,2	August	221,0	August	224,7	August	229,3
November	219,8	November	221,0	November	225,0	November	229,5
1988		**1989**					
Februar	230,4	Februar	237,6				
Mai	232,7	Mai	241,6				
August	234,3	August					
November	235,4	November					

Preisindizes für Wohngebäude Basis 1914 = 100

Baujahr	Index	Baujahr	Index	Baujahr	Index	Baujahr	Index
1914	100	1935	122,9	1954	280,9	1973	805,3
1915	112,1	1936	122,9	1955	296,2	1974	863,9
1916	123,6	1937	125,5	1956	303,8	1975	884,4
1917	153,5	1938	126,8	1957	314,6	1976	915,0
1918	212,7	1939	128,7	1958	324,8	1977	959,7
1919	349,7	1940	130,6	1959	342,0	1978	1018,6
1920	1000	1941	136,9	1960	367,5	1979	1108,0
1921	1688	1942	148,4	1961	395,5	1980	1226,3
1924	129,3	1943	151,6	1962	428,0	1981	1298,1
1925	159,2	1944	154,8	1963	450,3	1982	1335,5
1926	154,8	1945	159,9	1964	471,3	1983	1363,7
1927	156,7	1946	170,7	1965	491,1	1984	1397,4
1928	163,7	1947	199,4	1966	507,0	1985	1404,5
1929	166,2	1948	263,1	1967	496,2	1986	1425,3
1930	159,2	1949	245,9	1968	517,2	1987	1453,8
1931	145,9	1950	234,4	1969	546,8	1988	1485,7
1932	123,6	1951	271,3	1970	636,9		
1933	117,2	1952	289,2	1971	702,7		
1934	122,9	1953	279,6	1972	750,2		

Baukostenrisiko. Jeder Bauherr muß normalerweise das Risiko seines Bauvorhabens tragen. Dazu zählt insbesondere das Risiko der höheren → Baukosten. Bei → Generalübernehmern sollte daher eine Festpreisvereinbarung getroffen werden. Weitere Absicherungsmöglichkeit kann durch Einbehalt oder Vorlage einer Bürgschaft (i. d. R. 10%) erreicht werden.

Baukostenzuschuß. Zur Finanzierung eines Bauvorhabens wird oftmals auch ein B. eines künftigen Mieters mit herangezogen. Hierfür erhält der Mieter vielfach ein → Dauerwohnrecht eingeräumt (Dauerwohnrecht auf Zeit). Verlorene B. werden überwiegend als Mietzins angesehen. Hierdurch ist auch das Kündigungsrecht des Erstehers in einer Zwangsversteigerung eingeschränkt. → Außerordentliches Kündigungsrecht. Bei öffentlich geförderten Wohnungen nicht zulässig.

Baukreditsystem, unterschiedliche Baufinanzierungskredite eines Kreditinstitutes. Umschließt i. d. R. die gesamte Baufinanzierung von → Hypothekenkredit über → Bankvorausdarlehen, → Zwischenfinanzierung und → Bauspardarlehen.

Baulandbereitstellung, erfolgt überwiegend durch kommunale Initiativen. Zur finanziellen Unterstützung der Gemeinde enthält das bestehende Gemeindeprogramm der KfW Mittel für den gesamten Maßnahmenbereich „Planung und Erschließung von Bauland". Die Kredite werden mit 4% subventioniert.

Bauland-Kaufwerte. Vom Statistischen Bundesamt werden vierteljährliche Daten über die Baulandkäufe im Bundesgebiet gemeldet. Dabei werden Preise veröffentlicht für baureifes Land, Rohbauland und sonstiges Bauland.

Baulast *(§ 79 Abs. 1 MBO),* im Baulastenverzeichnis eingetragene Bebaubarkeitsbeschränkung für ein Grundstück. Die B. bedeutet die freiwillige Pflicht zur Herstellung oder Duldung von Verhältnissen, die die Voraussetzung für die Rechtmäßigkeit bilden. Anwendung oft bei Nichteinhaltung von Grenzabständen. Öffentlich-rechtliche Verbindung: Verpflichtung einer Körperschaft des Öffentlichen Rechts, bestimmte bauliche Anlagen ganz oder teilweise herzustellen oder zu unterhalten. Eine B. entsteht durch eine einseitige Willenserklärung, die der amtlichen Beglaubigung bedarf; sie kann nur durch den schriftlichen Verzicht der Bauaufsichtsbehörde gelöscht werden. Durch die B. kann es zu einer Beeinträchtigung der Eigentumsrechte kommen. Liegen B. vor, so sind diese bei der Wertermittlung unbedingt zu beachten. Da die B. nur aus dem → Baulastenverzeichnis ersichtlich ist, ergeben sich in der Finanzierungspraxis Kontrollschwierigkeiten. Die B. hat eine dingliche Wirkung, da sie als öffentliche Last auf dem Grundstück ruht. Sie ist zu vergleichen mit einer Grunddienstbarkeit. Werden Grundstücksankaufskredite vergeben, sollte in jedem Falle das

Baulastenverzeichnis eingesehen oder ein Auszug (notfalls Negativtest) verlangt werden. Dies auch unter dem Gesichtspunkt, daß heutzutage etwa 10–20% aller erteilten Baugenehmigungen mit einer B. gekoppelt sind.

Baulastenverzeichnis *(§ 79 Abs. 4 MBO),* von der Bauaufsichtsbehörde zu führendes öffentliches Verzeichnis, in das → Baulasten und Bauvermerke einzutragen sind. Der Inhalt des Verzeichnisses kann mit einer zivilrechtlichen Dienstbarkeit identisch sein. Das Baulastverfahren gehört in den Bereich des Bauordnungsrechts und unterliegt der Regelungskompetenz der Länder. Mit Ausnahme der Bundesländer Bayern und Bremen besteht das Rechtsinstrument Baulast in allen Bundesländern. Einsichtnahme ist möglich bei Nachweis von berechtigtem Interesse. Der Auszug durch Kopie des Baulastenblattes ist gebührenpflichtig.

Bauleistung *(VOB),* Bauarbeiten jeder Art mit oder ohne Lieferung von Baustoffen oder Bauteilen.

Bauleistungsversicherung. Während der Bauzeit haben die Bauherren eine Vielzahl von Risiken zu tragen, die nicht auf die bauausführenden Firmen oder gar den Architekten abgewälzt werden können. Die B. ist praktisch eine Art Unfallversicherung für Neubauten. Versichert ist also das Bauobjekt bzw. die erbrachten Bauleistungen inkl. Baustoffe und Bauteile, so z. B. auch bei Diebstahl von Bestandteilen, die bereits mit dem Gebäude fest verbunden waren.

Bauleitung, i. d. R. vom Architekten zu übernehmende Leistung in Form eines Werkvertrages. Aus Kostengründen wird im Einfamilienhausbereich hierauf vielfach verzichtet.

Bauleitplanung *(§ 1 BauGB),* Übersicht und Führung der baulichen und sonstigen Nutzung der Grundstücke in der Gemeinde. Dazu gehört auch die Planung von Verkehrsflächen, Grünflächen usw. Eine Gemeinde stellt Bauleitpläne auf, sobald es für die städtebauliche Ordnung und Entwicklung erforderlich ist. Unter die B. fallen: 1) der Flächennutzungsplan. Er umfaßt das gesamte Gemeindegebiet, legt das allgemeine Maß der baulichen und sonstigen Nutzung fest und ist eine behördenverbindliche Richtlinie. Die Darstellungen sind nicht parzellenscharf; 2) der Bebauungsplan (Maßstab 1 : 500 bzw. 1000). Er umfaßt nur ein Teilgebiet, ist parzellenscharf und enthält Festsetzungen über die besondere Art der baulichen und sonstigen Nutzung. Ist als Satzung allgemein rechtsverbindlich.

bauliche Nutzung. Im → Bebauungsplan sind die für eine Bebauung vorgesehenen Flächen nach der besonderen Art ihrer b. N. dargestellt. → Baugebiete.

Baulinie *(§ 23 Abs. 2 BauNVO),* im Bebauungsplan festgesetzte Grenzlinie der überbaubaren Flächen, auf der gebaut werden muß. Ein Vor- oder Zurücktreten von Gebäudeteilen in geringfügigem Ausmaß kann zugestanden werden.

Baulücke. Viele Städte und Gemeinden fördern die Bebauung sog. B., um eine Zersiedlung zu unterbinden und die Infrastruktur besser zu nutzen (siehe auch § 9 BauGB). In einigen Kommunen sind Listen über derartige Bauflächen vorhanden. Die Schließung solcher Lücken wird z. T. staatlich gefördert. Nach einem Urteil des Bundesverwaltungsgerichtes können Gemeinden die Eigentümer von B. verpflichten, Bauanträge zu stellen. Damit haben die Kommunen ein wirksames Mittel in der Hand, eine Baulückenschließung zu erzwingen. In der Beleihungspraxis sollte dies Berücksichtigung finden.

Baumängel, durch fehlerhafte Entwürfe, Ausführungen oder nicht einwandfreies Material verursachte Schäden an einem Bauvorhaben. Bei der Bauabnahme sollten erkannte Schäden mit schriftlichem Vorbehalt niedergelegt werden. Sollten die Mängel wesentlich sein, ist die Verweigerung der Abnahme zu erwägen. Zusätzliche Aufwendungen, die wegen der Beseitigung von B. oder einer eventuellen anschließenden Prozeßführung entstehen könnten, sind keine Werbungskosten, sondern werden zu den Baukosten gerechnet und dann bei der normalen Abschreibung berücksichtigt. BFH vom 1. 12. 1987 (VI R 134/83).

Baumassenzahl (BMZ) *(§ 21 BauNVO).* Die BMZ gibt an, wieviel m^3 Baumasse je m^2 Grundstücksfläche zulässig sind. Die BMZ* wird für Industriegebiete angewandt, da hier nicht wie bei Wohngebäuden mit normalen Geschoßhöhen, sondern mit m^3 umbauten Raumes gerechnet werden muß. Grundstücksgröße × MBZ = zulässige Baumasse (umbauter Raum).

Beispiel: BMZ = 0,9
$$1000 \text{ m}^2 \times 0,9 = 900 \text{ m}^3$$

Wenn die Grundflächenzahl 0,2 ist, darf die Grundfläche 200 m^2 betragen. Die Höhe des Gebäudes ist dann

$$200 \text{ m}^2 \times \text{Höhe} = \frac{900 \text{ m}^3}{900 \text{ m}^3}$$
$$\text{Höhe} = \frac{900 \text{ m}^3}{200 \text{ m}^2}$$
$$= 4,50 \text{ m}^2$$

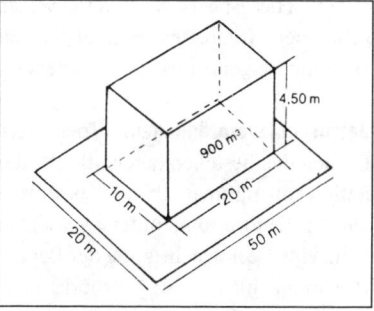

* Die BMZ müßte exakt in m angegeben werden, in der Praxis wird sie jedoch in Anlehnung an Grundraumzahl und Grundflächenzahl als unbenannte Zahl aufgeführt.

Baumaßnahmen des Bundes und der Länder *(§ 37 BauGB).* Macht es die besondere öffentliche Zweckbestimmung für bauliche Anlagen des Bundes oder eines Landes erforderlich, von den Vorschriften des BauGB oder aufgrund dieses Gesetzbuchs erlassenen Vorschriften abzuweichen oder ist das Einvernehmen mit der Gemeinde nach

§ 14 oder 16 BauGB nicht erreicht worden, entscheidet die höhere Verwaltungsbehörde oder die Oberste Landesbehörde im Einvernehmen mit den beteiligten Ministern. In der Praxis kommt dies vielfach bei baulichen Anlagen, die der Landesverteidigung oder dem Bundesgrenzschutz dienen, vor.

Baumbestand *(§§ 1004; 906 BGB)*. Wohnungseigentümer sind verpflichtet, der Entfernung eines Baumes zuzustimmen, wenn durch ihn der Lichteinfall in die Wohnung eines Miteigentümers merklich beeinträchtigt wird (Landgericht Freiburg 5. 8. 1986, 4 T 40/85). Hier ist § 14 Nr. 1 WEG wegen gebotener Interessenabwägung aller Wohnungseigentümer heranzuziehen.

Baumschutzverordnungen. In vielen Gemeinden bestehen bereits B., die das Fällen von Bäumen ab einer bestimmten Größenordnung untersagen. Dies kann eine Beeinträchtigung der Bebauungsmöglichkeit des Grundstückes bedeuten, selbst wenn die sonstigen Anforderungen erfüllt sind. Diverse Vorschriften des BauGB sind zu beachten.

Baunebengewerbe, in der Statistik verwendeter Begriff für Gewerbebetriebe wie Glaser, Installateure, Schreiner usw. Diese Betriebe werden vielfach unter dem Sammelbegriff „Ausbaugewerbe" geführt. → Bauhauptgewerbe.

Baunebenkosten *(§ 22 Abs. 2 WertV 1988)*, Architekten- und Ingenieurleistungen, Behördenleistungen, Kosten der Finanzierungsmittel, Verzinsung der Zwischenfinanzierungsmittel.

Baunutzungsverordnung v. 1. 10. 1977, geändert durch Veränderungsverordnung vom 19. 12. 1986. Die B. enthält Bestimmungen über Art und Maß der baulichen Nutzung und gibt den Gemeinden eine feste Zahl von Baugebietstypen vor (Bauweise und überbaubare und nicht überbaubare Flächen). → Baugesetzbuch.

Bauordnung, Regelung der einzelnen Bundesländer (Landesbauordnungen) zur Art und Weise der zulässigen Gebäudeerrichtung. Die B. regeln Fragen der bautechnischen Sicherheit, der Standsicherheit, des Feuerschutzes, der Schall- und Wärmeisolierung, der Anzahl der Stellplätze sowie das Baugenehmigungsverfahren.

Bauplan → Bauzeichnung.

Bauplanung, vorbereitende Tätigkeiten von Architekten und Statikern zur Erstellung eines Bauvorhabens.

Bauplanungsrecht, bundeseinheitlich im BauGB, früher BBauG und den dazu gehörenden Nebenbestimmungen (→ Baunutzungsverordnung) geregelt. Das B. regelt Fragen der Bebaubarkeit eines Grundstückes und welche Art und welches Maß der baulichen Nutzung auf dem Grundstück zulässig sind.

bauplanungsrechtliche Vorschriften *(§§ 29 bis 38 BauGB)*. Die Vorschriften regeln: Zulässigkeit von Vorhaben im Geltungsbereich eines Bebauungsplans (§ 30); die Ausnahmen und Befreiungen (§ 31); Nutzungsbeschränkungen auf künftigen Gemeindebedarfs-, Verkehrs-, Versorgungs- und Grünflächen (§ 32); Zulässigkeit von Vorhaben während der Planfeststellung (§ 33); Zulässigkeit von Vorhaben innerhalb der im Zusammenhang bebauten Ortsteile (§ 34; Bauen im Außenbereich (§ 35); Beteiligung der Gemeinde und der höheren Verwaltungsbehörde (§ 36); bauliche Maßnahmen des Bundes und der Länder (§ 37); bauliche Maßnahmen aufgrund von anderen Gesetzen (§ 38).

Baupolizei, bis 1945 in der Gesetzes-, Verwaltungs- und Fachsprache übliche Bezeichnung für die Bauaufsichtsbehörden und ihre Tätigkeit.

Baupreisindex. Vom Statistischen Bundesamt wird die Entwicklung der Baupreise aufgrund von Meldungen aus der Bauwirtschaft mit Hilfe von Meßzahlen sowie den Preisindizes vierteljährlich veröffentlicht. Berücksichtigt wird die konventionelle Erstellung von Wohngebäuden. Die Berechnungsgrundlage ist die Bauleistung am Bauwerk inkl. Mehrwertsteuer. Basis 1976 = 100. Bewertet werden nicht fertige Objekte. Die Wertangaben für Wohngebäude gibt es rückwirkend bis 1913. Stand 11/86 116,9 (1980 = 100), → Baukostenindex.

baurechtlicher Bestandsschutz. Der b. B. folgt aus dem Eigentumsschutz des Artikels 14 GG. Ein Gebäude und seine Nutzung haben allerdings nur dann Bestandsschutz, wenn sie zu irgendeinem früheren Zeitpunkt einmal nach materiellem Baurecht zulässig und darüber hinaus formell genehmigt waren.

Baurechtsbehörde, zuständige Behörde, die die Baugenehmigung erteilt. Jeder Bauantrag löst eine umfassende Prüfungspflicht aus, allerdings wird dies von der B. koordiniert, der Bauherr selbst hat es nur mit einer Stelle zu tun. Zweckmäßig wäre es daher, zur B. einen direkten Kontakt zu suchen. Dies kann selbstverständlich auch der Architekt übernehmen, der ohnehin durch seine Tätigkeit vor Ort über Detailkenntnisse in diesem Bereich verfügt.

baureifes Land *(§ 73 BewG)* (baureife Grundstücke), Grundstücke, die sofort bebaut werden können und im Wirkungsbereich eines bestandskräftigen → Bebauungsplanes liegen. Auch hier empfiehlt sich zur absoluten Sicherheit eine → Bauvoranfrage.

Baureifmachung, Kosten, um ein Grundstück in einen für die Bebauung notwendigen Zustand zu versetzen, z. B. Abbruchkosten, Räumungskosten, Planierung, Aufschüttung, Sprengung.

Bauschutt, → Bodenaushub.

Bausparbeiträge, regelmäßige Aufwendungen zur Besparung eines → Bausparvertrages. Neben normalen Sparleistungen können dies auch vermö-

Bauspardarlehen

genswirksame Leistungen sein. Unter bestimmten Einkommensvoraussetzungen sind diese Aufwendungen prämienberechtigt. Zur Erlangung der Prämie müssen mindestens DM 100,– p. a. an dieselbe Bausparkasse geleistet werden. Ab 1988 Wegfall der Beschränkung des Sonderausgabenabzuges auf das 1 1/2fache der Einzahlungen der ersten vier Jahre (§ 10 Abs. 1 Nr. 3 EStG), → Eineinhalbfaches. B. können ab 1990 nur noch in Höhe von 50% der Beitragsleistung als Sonderausgaben abgesetzt werden (§ 10 Abs. 1 Nr. 3 EStG).

Bauspardarlehen. Nach Erfüllung der → Mindestansparung und Erreichung der erforderlichen → Bewertungsziffer hat der Bausparer einen Anspruch auf ein wohnwirtschaftlich zu verwendendes – i. d. R. zweitstellig zu besicherndes – → Tilgungsdarlehen. Das Darlehen errechnet sich aus dem Unterschied zwischen dem Bausparguthaben und der → Bausparsumme abzüglich → Darlehensgebühr.

Bauspareinlagen *(§ 61 BspkG)*, vom Bausparer auf den → Bausparvertrag geleistete Einlagen. Sie können sich zusammensetzen aus Regelsparbeiträgen und Sonderzahlungen. Hierzu zählen jedoch auch Guthabenzinsen und → Wohnungsbauprämien.

Bausparförderung, staatlich geförderte B. Die Förderung erfolgt in mehrfacher Weise: a) Ausnutzung des Sonderausgabenabzugs bei der Einkommensteuer und somit Einkommensteuervergünsti-

gung; b) Gewährung einer Wohnungsbauprämie von 10%; c) Gewährung einer Sparzulage nach dem VermBG.

Bausparguthabenzinsen. Zinsen aus Bausparguthaben zählen grundsätzlich zu den Einkünften aus Kapitalvermögen. Sie sind daher auch in der Anlage KSO zur Einkommensteuererklärung zu erfassen. Wird der Bausparvertrag zwischenfinanziert und liegt gleichzeitig eine Nutzungswertbesteuerung vor, so sind in diesem Fall die Guthabenzinsen als Einkünfte in der Anlage V (Vermietung und Verpachtung) zu deklarieren. Die Höhe der B. richtet sich nach dem Tarif der einzelnen Bausparkasse und ist oft gekoppelt an den späteren Darlehenszins. Die B. zählen mit zu den prämienberechtigten Aufwendungen. Im Jahresverlauf 1989 unterlagen die B. zeitweise der Quellensteuer. Davon ausgenommen waren B. auf Konten, für die eine Bausparprämie gezahlt oder eine Arbeitnehmer-Sparzulage gewährt wurde.

Bausparkassen, Kreditinstitute i. S. des KWG, deren Geschäftsbetrieb darauf ausgerichtet ist, aufgrund von → Bausparverträgen Einlagen von Bausparern entgegenzunehmen und aus dem angesammelten Kapital den Bausparern für wohnungswirtschaftliche Maßnahmen Bauspardarlehen zu gewähren. Es gibt sowohl → private als auch → öffentliche B. 1989 bestanden in der Bundesrepublik 21 private und 13 öffentliche Bausparkassen. Die gesetzliche Grundlage bildet das Bausparkassengesetz.

Bausparkassengesetz, gebräuchliche, nicht amtliche Kurzbezeichnung für das → Gesetz über Bausparkassen.

Bausparkassenverbände. Die Verbände teilen sich in den Verband der privaten Bausparkassen und den der öffentlich-rechtlichen Bausparkassen. Der erste Zusammenschluß der Privatkassen mit Gründung des Reichsverbandes war am 13. 3. 1930. Am 23. 9. 1948 wurde der Verband der privaten Bausparkassen e. V. mit Sitz in Düsseldorf gegründet. Die öffentlich-rechtlichen Bausparkassen sind im Deutschen Sparkassen- und Giroverband e. V. organisiert. 1962 wurde die europäische Bausparkassenvereinigung (EoBV) in Brüssel gegründet. Ihr gehören auch einige Nicht-EG-Länder an.

Bausparkassenverordnung. Zur Sicherung der den Bausparkassen anvertrauten Vermögenswerte und einer ordnungsgemäßen Zuteilungsabwicklung (→ Zuteilung) und möglichst gleichmäßiger → Zuteilungsfolge wurde § 10 BSpkG geschaffen. Er regelt u. a. → Großverträge, → Schnellspartarife, gewerbliche Beleihungen und → Vor- und Zwischenfinanzierungen. Am 2. 2. 1973 in Kraft getreten.

Bausparprämie, → staatliche Bausparförderung.

Bausparsumme, Betrag, über den der Bausparvertrag abgeschlossen wird. Die → Mindestsumme liegt je nach Bausparkasse und Tarif zwischen DM 1000,– und DM 10000,–. Von der Hö-

he der B. abhängig sind die → Abschlußgebühr, der → Regelsparbeitrag, die → Ansparhöhe und später der → Tilgungsbeitrag. Die Höchstsumme liegt bei DM 300000,– ; darüber hinaus → Großbausparvertrag, → Teilbausparsumme.

Bausparvertrag *(§ 1 Abs. 2 BSpKG; § 320 BGB),* Vertrag mit einer Bausparkasse, durch den der Bausparer nach Leistung von Einlagen → Bausparleistungen, → Bauspareinlage, einen Rechtsanspruch auf Gewährung eines → Bauspardarlehens erwirkt. Der B. ist somit ein gegenseitiger Vertrag nach § 320 BGB. Die Anbindung des Vertrages erfolgt an die unterschiedlichen Tarife der Bausparkassen. Die Einzahlungen auf den B. sind prämien- und steuerbegünstigt. → Höchstbetragsgemeinschaft. Eine Kündigung während der Laufzeit ist sowohl prämien- als auch steuerschädlich. Lediglich die Übertragung eines Vertrages an Angehörige nach § 15 der AO (vgl. S. 68) ist unschädlich. → Bausparvertragsübertragung.

Bausparvertragsbeginn. Der Zeitpunkt der Antragsannahme ist gleichzeitig der Vertragsbeginn (Beginn der steuerlichen → Bindungsfrist). Geht bei der Bausparkasse drei Monate nach Beginn kein Geld ein, so kann der Vertragsbeginn auf den Geldeingang festgelegt werden.

Bausparvertragskündigung. Die Kündigung eines → Bausparvertrags ist grundsätzlich jederzeit möglich. Die

Angehörige nach § 15 Abgabenordnung (AO) 1977

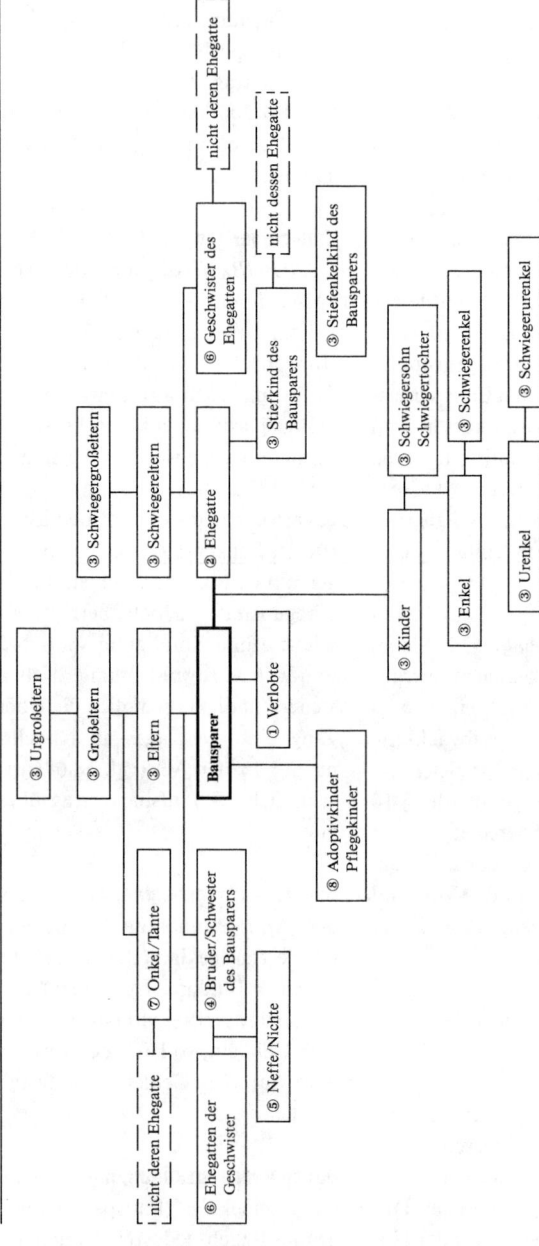

(1) Angehörige sind: ① der Verlobte; ② der Ehegatte; ③ Verwandte und Verschwägerte gerader Linie (Kinder, Enkelkinder, Eltern, Großeltern usw. Schwiegersohn, Schwiegertochter, Schwiegereltern, Stiefkinder usw.); ④ Geschwister; ⑤ Kinder der Geschwister; ⑥ Ehegatten der Geschwister und Geschwister der Ehegatten; ⑦ Geschwister der Ehegatten; ⑧ Personen, die durch ein auf längere Dauer angelegtes Pflegeverhältnis mit häuslicher Gemeinschaft wie Eltern und Kind miteinander verbunden sind (Pflegeeltern und Pflegekinder).

(2) Angehörige sind: die in Absatz 1 aufgeführten Personen auch dann, wenn ① in den Fällen der Nummern ②, ③ und ⑥ die die Beziehung begründete Ehe nicht mehr besteht; ② In den Fällen der Nummern ③ bis ⑦ die Verwandtschaft oder Schwägerschaft durch Annahme als Kind erloschen ist; ③ Im Falle der Nummer ⑧ die häusliche Gemeinschaft nicht mehr besteht, sofern die Personen weiterhin wie Eltern und Kind miteinander verbunden sind.

Rückzahlungsfristen sind jedoch bei den Kassen unterschiedlich. Erfolgt eine Kündigung innerhalb der steuerlichen Bindungsfrist, so ist eine Meldung an das Finanzamt zu machen. Prämien sind zurückzuzahlen oder Beträge nachzuversteuern („prämienschädlich").

Bausparvertragsübertragung *(§ 32 Einkst-DV)*. Die Übertragung des Guthabens von einer Bausparkasse zu einer anderen gilt dann als Verfügung über das Guthaben und ist somit prämienschädlich, wenn die andere Bausparkasse nicht in die bisherigen Rechte und Pflichten in allen Punkten eintritt. Da dies aufgrund der verschiedenen Bedingungen selten der Fall ist, ist hiervon grundsätzlich abzusehen oder vorher eine schriftliche Bestätigung einzuholen. Eine Übertragung an Angehörige nach § 15 AO ist jedoch prämienunschädlich. → Bausparvertrag.

Bausparzwischenfinanzierungsprogramm, am 7. 11. 1989 von der Bundesregierung beschlossenes Programm zur Zinsverbilligung von Bauspar-Zwischenfinanzierungskrediten.
Förderungsumfang: Bau und Ersterwerb von selbstgenutztem Wohneigentum (Einfamilienhaus, Zweifamilienhaus, Eigentumswohnung), Ausbau und Erweiterung von selbstgenutztem Wohnraum und Schaffung neuer eigengenutzter ETW durch Ausbau bestehender Gebäude, für die der Bauantrag nach dem 6. 11. 1989 gestellt und die bis zum 31. 12. 1992 fertiggestellt sind.
Konditionen: Darlehenshöchstbetrag DM 80000,– (zuzüglich DM 20000,–

je Kind); Zinsverbilligung 2,5% bis zur Zuteilung, maximal vier Jahre. Mindestguthaben: 1/3 der Bausparsumme. Beantragung bis spätestens 31. 12. 1990.

Baustufenplan, frühere Bezeichnung für einen Plan, der für das gesamte Gemeindegebiet die bauliche Nutzung regelte. Weitere Bezeichnungen waren Baunutzungsplan, Baugebietsplan, Baustaffelplan. Art und Maß der baulichen Nutzung wird nach dem Inkrafttreten des BauGB nur noch verbindlich durch den → Bebauungsplan geregelt.

Bautafel. Sinn der B. ist, Verantwortliche für die Baustelle schnell zu ermitteln. Daher sind auf der B. folgende Angaben erforderlich: Bezeichnung des Bauvorhabens, Name und Anschrift des Bauleiters/Unternehmers/Architekten usw. Die B. ist dauerhaft und gut sichtbar anzubringen.

Bautagebuch, Tagebuch zum Festhalten der täglichen Leistungen, Tätigkeiten, Lieferungen, Fehlzeiten, Witterungsverhältnisse usw. Wird i. d. R. von bauleitenden Architekten geführt und dient später bei eventuell auftretenden Schwierigkeiten oder Nichteinhaltung von Zeitplänen als Beweis.

bautechnische Unterlagen, dazu zählen Zeichnungen, Baubeschreibung, Berechnungen über m^2 und m^3, Berechnungen der bebauten Fläche.

Bautenstandsbericht, Kontrollbericht eines Sachverständigen über ausgeführte → Baugewerke bei gleichzeitiger Überprüfung, ob die veranschlagten Baukosten eingehalten werden können. Die Berichte sollten mit einem aktuellen Lichtbild des Bauobjekts versehen sein. Der B. ist eine grundsätzliche Voraussetzung vor Auszahlung einer größeren Rate durch die Bank.

Bautenstandsbesichtigung, unangemeldete Besichtigung des Bauvorhabens durch den Baufinanzierer. Sollte neben → Bautenstandsberichten bei größeren Bauvorhaben vom Baufinanzierer regelmäßig vorgenommen werden.

Bautenstandskontrolle. Vor Auszahlung von Teilbeträgen bei Darlehen und Hypotheken ist eine Kontrolle des Bauvorhabens erforderlich. Es erfolgt ein Vergleich der Rechnung mit dem Ist-Stand. Nur hierdurch ist eine Überprüfung der Zweckgebundenheit der Mittel möglich. Die einzelnen Kontrollen sollten durch Berichte mit Lichtbildern festgehalten werden.

Bautenzustandsbesichtigung. Die B. der fertiggestellten Anlage entspricht dem früheren Gebrauchsabnahmeschein. Die Benutzung der durch die Behörden zu besichtigenden Anlagen darf erfolgen, wenn sie ordnungsgemäß fertiggestellt sind und sicher benutzbar sind. Die Benutzung geschieht also auf Risiko des Bauherrn. Der Bauherr muß die abschließende Fertigstellung eine Woche vor der Fertigstellung der Behörde mitteilen. Mit der Benutzung darf erst eine Woche nach dem genannten Fertigstellungszeitpunkt begonnen wer-den. Zwischen Anzeige und Benutzung müssen also zwei Wochen liegen. Bei positivem Ergebnis stellt die Behörde eine Fertigstellungsbescheinigung aus.

Bauträger, Unternehmer, der Bauten in eigener Rechnung schlüsselfertig errichtet und dann veräußert (Vorratsbau). Bei dieser Art Bauweise sind nur begrenzte Sonderwünsche und Eigenleistungen möglich. Für den Käufer i. d. R. begrenztes Risiko, da bei schlüsselfertiger Übergabe i. d. R. gezahlt wird (→ Bauträgermodell).

Bauträgerhaus, von einem Generalunternehmer (→ Bauträger) schlüsselfertig zum Verkauf angebotenes Haus. Bei solchen Häusern sind normalerweise nur begrenzt Sonderwünsche möglich.

Bauträgermodell, im Steuermodell zu erwerbende Wohnung oder Haus. Die steuerliche Grundkonzeption (Schaffung von sofort abzugsfähigen Werbungskosten) ist bei allen → Steuermodellen gleich. Von dem → Erwerbermodell unterscheidet sich das B. dahingehend, daß der Kaufanwärter seinen Kaufvertrag abschließt, bevor mit der Herstellung der Wohnungen oder Häuser begonnen wird, die oder das er kaufen möchte. Der Kaufanwärter kann somit auch die Kosten der Finanzierung in eigener Person veranlassen und als Werbungskosten absetzen, obwohl er damit den Herstellungsvorgang des Verkäufers ermöglicht. Eigen- und Fremdkapital werden hierbei nach Maßgabe der → Bauträgerverordnung ausgezahlt. Der Erwerber hat nicht die typischen Risiken eines Bauherren, dafür aber auch keine Mitgestaltungsmöglichkeit. Ein Kauf im B. ist in jeder Phase des Bauvorhabens möglich, ohne hierdurch steuerliche Nachteile zu erfahren, im Gegensatz zum → Bauherrenmodell.

Bauträgerschaft, → Baubetreuung.

Bauträgerverordnung *(§ 34 c III GewO)*. Die B. hat den Zweck, die Auftraggeber (Erwerber) ausreichend vor Verlusten zu sichern. Dazu sind entsprechende Sicherungsinstrumente geschaffen worden, wie § 3 „Besondere Sicherungspflichten für Bauträger". Diese besagen, daß besondere Voraussetzungen getroffen sein müssen, bevor der Gewerbetreibende Vermögenswerte des Auftraggebers übernimmt. Sind vorgenannte Auflagen erfüllt, so darf über die Teilwerte erst verfügt werden nach Erfüllung nachfolgender Punkte:
1. 30 vom Hundert der Vertragssumme in den Fällen, in denen Eigentum an einem Grundstück übertragen werden soll, oder 20 vom Hundert der Vertragssumme in den Fällen, in denen ein Erbbaurecht bestellt oder übertragen werden soll, nach Beginn der Erdarbeiten.
2. vom restlichen Teil der Vertragssumme 40 vom Hundert nach Rohbaufertigstellung, 25 vom Hundert nach Fertigstellung der Rohinstallation einschließlich Innenputz, ausgenommen Beiputzarbeiten, 15 vom Hundert nach Fertigstellung der Schreiner- und Glaserarbeiten, ausgenommen Türblätter, 15 vom Hundert nach Bezugs-

fertigkeit und Besitzübergabe, 5 vom Hundert nach vollständiger Fertigstellung.

Bauträgervertrag, i. d. R. gemischter Vertrag aus Kauf- und Werkliefervertrag. Die → notarielle Beurkundung ist daher erforderlich. Da neben dem reinen Kaufvertrag weitere Leistungen vereinbart werden, müssen diese im B. enthalten sein. Dies sind i. d. R. Baubeschreibung, Baupläne, Teilungserklärung, Gemeinschaftsordnung usw. Hier kann aus Vereinfachungsgründen in der Urkunde lt. Abs. 1 Satz 2 BeurkG auf ein privates Schriftstück verwiesen werden, welches jedoch vorgelesen und beigefügt werden muß.

Bauunterbrechung. Die Unterbrechung eines Herstellungsvorgangs hat i. d. R. zwei Hauptgründe:
1. Technische Probleme: − Baumängel, − Bodenbeschaffenheit, − nachträgliche behördliche Eingriffe, − Schwierigkeiten mit einzelnen Handwerkern u. ä. Behördliche Eingriffe, die nach der B. sogar zur Baueinstellung führen, gehen für den Bauherren sicherlich mit zusätzlichen Kosten einher. In Abstimmung mit dem Finanzierungsinstitut ist zu prüfen, wie die Mängel behoben bzw. die Auflagen erfüllt werden können. Wichtig für den Finanzierer ist die Bautenkontrolle bei hoher Eigenleistung sowohl auf Qualitätsmerkmale als auch auf Einhaltung der genehmigten Baupläne. Ggf. sind Fachleute hinzuzuziehen.
2. Finanzierungsprobleme: nicht ausreichende Finanzierung, fehlende Zwi-

schenfinanzierung, geringerer Eigenkapitaleinsatz, geringere Eigenleistung, Nichterfüllung von Auszahlungsvoraussetzungen, Verschlechterung der finanziellen Verhältnisse während der Bauzeit u. ä. Hier kann nur eine Zusammenarbeit mit allen Finanzierungsinstituten größeren Schaden verhindern. Allerdings ist darauf zu achten, daß in diesem Stadium nicht erneut Fehler gemacht werden.

Bauüberwachung. Zweck der B. ist es nicht, den Bauherren vor finanziellen Schäden zu bewahren, sondern im allgemeinen Interesse Leben und Gesundheit des Benutzers eines Gebäudes vor Gefährdungen zu schützen.

Bauunternehmer, Handwerkerfirma, die Baukörper individuell erstellt. In vielen Fällen wird die Vergabe der schlüsselfertigen Erstellung bevorzugt. Dann liegt es bei der Firma, welche Arbeiten selbst oder durch → Subunternehmer ausgeführt werden.

Bauvertrag *(§§ 631 ff. BGB – Werkvertrag).* Durch den Werkvertrag wird der Unternehmer zur Herstellung des versprochenen Werkes und der Besteller zur Entrichtung der vereinbarten Vergütung verpflichtet. Eine Ergänzung des Vertrages kann unter Einbindung der VOB erfolgen, wenn dies vereinbart ist. Der Vertrag enthält alle für die Abwicklung erforderlichen Fakten, z. B. Materialien, Preise, Ausführungen, Zahlungspläne usw. Die Gewährleistungsfrist nach § 638 BGB ist fünf Jahre.

Bauvoranfrage, Anfrage bei der zuständigen Baugenehmigungsbehörde, ob einem bestimmten Bauvorhaben grundsätzlich Bedenken öffentlichrechtlicher Art entgegenstehen. Der Bauwillige kann damit klären, ob sein Vorhaben überhaupt genehmigungsfähig ist und welche rechtlichen Auflagen zu beachten sind.

Bauvorbereitung. In diese Phase fallen zunächst alle grundsätzlichen Überlegungen, die zu einer gründlichen Planung unter Einschaltung eines Architekten führen. Danach sollte die Finanzierbarkeit der erarbeiteten Planvorstellungen mit einem Fachmann überprüft werden. Erst dann ist die Erarbeitung von Verträgen sinnvoll zu realisieren.

Bauvorbescheid, weitgehend verbindlicher Bescheid einer Behörde darüber, ob ein beabsichtigtes Bauvorhaben vorbehaltlich der Einhaltung der öffentlich-rechtlichen Bauordnungsvorschriften grundsätzlich zulässig ist. Kann bei einem beabsichtigten Baulanderwerb die Frage der Bebaubarkeit nicht schlüssig beantwortet werden, sollte auch das Finanzierungsinstitut auf Vorlage eines B. drängen.

Bauvorlagen, Unterlagen, die einem Bauantrag beigefügt werden müssen. Dies ist in der Bauvorlagenverordnung festgelegt. Diese Unterlagen ersetzen nicht den Bauantrag, sondern ergänzen und präzisieren ihn. Es ist auch genau vorgeschrieben, in welcher Stückzahl die einzelnen B. angeliefert werden müssen. Zu den B. zählen: Lageplan, Grundrisse, Querschnitte, Ansichtszeichnung, Baubeschreibung, statische Berechnungen, Angaben zum Schall- und Wärmeschutz, Darstellung zur Grundstücksentwässerung.

Bauvorlagenverordnung. Die Verordnung regelt in den einzelnen Bundesländern, welche Unterlagen für Baugesuche bei den Baubehörden einzureichen sind und in welcher Form sie abgeliefert werden müssen.

Bauweise *(§ 22 BauNVO).* Im Bebauungsplan ist die B., soweit erforderlich, als → offene oder → geschlossene B. festzusetzen.

Bauwerk auf Erbbaurecht, wesentlicher Bestandteil des → Erbbaurechts: der Erbbauberechtigte wird bzw. ist Eigentümer des Bauwerks. Dies gilt insbesondere für Bauwerke, die bereits bei Bestellung des Erbbaurechts vorhanden sind.

Bauwerksrecht *(§§ 1018 bis 1029 BGB),* Recht zur Haltung eines Bauwerks oder einer sonstigen Anlage. Eintragung erfolgt in Abteilung II des Grundbuches als Grunddienstbarkeit. Das Recht ist sowohl bei der Beleihung als auch bei der Bewertung zu beachten.

Bauwerkssicherungshypothek *(§ 648 BGB),* → Bauhandwerkersicherungshypothek. Sicherungsmöglichkeit von Handwerkerforderungen im Wege der einstweiligen Verfügung in das Grundbuch.

Bauwert *(§ 16 WertVO),* ermittelter Verkehrswert eines Objektes. Es ist der Betrag anzusetzen, mit dem ein gleichartiges Gebäude unter Berücksichtigung der örtlichen Verhältnisse errichtet werden kann. Je nach Alter ist ein entsprechender Abschlag zu machen. Ausschlaggebend ist der Zeitwert. Für die Berechnung bedient man sich zweier verschiedener Methoden, dem → Sachwertverfahren und dem → Ertragswertverfahren. In Ausnahmefällen kann hier auch ein Mittelwert herangezogen werden.

Bauwesenversicherung, sichert den Bauherren vor Schäden, die während der Bauzeit an dem Bauwerk auftreten können, z. B. Witterungseinflüsse wie Sturm, Hagel, Frost, Überflutung; fehlerhafte statische Berechnungen, Konstruktions- und Materialfehler, Fehler bei der Bauausführung, Fahrlässigkeit, Böswilligkeit oder höhere Gewalt. Die Versicherung beginnt mit dem ersten Spatenstich. Durch die B. sind alle am Bauvertrag beteiligten Partner versichert. Daher können die Kosten auch vielfach auf die einzelnen Handwerker umgelegt werden. Bei der → Ausschreibung sollte auf das Bestehen der B. hingewiesen werden.

Bauwich *(§§ 19, 22, 23 BauNVO),* Grenzabstände, insbesondere seitlicher Grenzabstand, d. h. Abstand zwischen baulicher Anlage und der seitlichen Grundstücksgrenze. Es wird unterschieden in Grenzabstände, Gebäudeabstände und Abstandsflächen. Die Grenzabstände dienen u. a. dem Brandschutz, der Zufahrt der Feuerwehr und der Erhaltung der vorgeschriebenen Abstände zu den Nachbarn. Gebäudeabstände sind die Abstände von Gebäude zu Gebäude. Abstandsflächen beziehen sich nur auf das Gebäude. Sie schaffen freie Zonen vor den Außenwänden und sind vielfach abhängig von der Geschoßzahl, der Höhe des Gebäudes oder der Anzahl der notwendigen Fenster. Sie sorgen u. a. für ausreichende Belichtung und, wenn vorgesehen, für eine aufgelockerte Bebauung.

Bauzeichnung, maßgerechte Zeichnung eines Bauwerkes, d. h. aller Geschosse und Außenansichten sowie eines Schnitts durchs Treppenhaus. Alle Schnittstellen sind mit Maßen versehen. Zum Bauantrag wird ein Satz Zeichnungen im Maßstab 1 : 100 eingereicht. Dem Finanzierer ermöglicht die Einsicht einen ersten Überblick über Zuschnitt der Wohnungen, Aufteilung der Zimmer, Grundrißgestaltung usw.

Bauzeitplan, sinnvolle Aufstellung des Architekten, damit die einzelnen Gewerke übergreifend und ohne Zeitverlust tätig werden können. Dient auch der Planung des Einsatzes der Finanzierungsmittel.

Bauzeitpunkt. Normalerweise sollte es selbstverständlich sein, den B. so festzulegen, daß den Arbeitsbedingungen Rechnung getragen wird. Dies trägt auch zur Beeinflussung von Baukosten bei. Der Baufinanzierer könnte hier ggf. beratend mitwirken. So sollten die Außenarbeiten im Frühjahr, Sommer und Herbst abgeschlossen sein, so daß im Winter die Innenarbeiten ohne äußere Beeinträchtigung durchgeführt werden können.

Bauzeitzinsen, Zinsen oder zinsähnliche Aufwendungen (Provisionen, erhöhter Zins bei Teilauszahlung), die während der Zeit der Errichtung eines Bauvorhabens anfallen und genauestens kalkuliert werden müssen. Zuordnung zu den Nebenkosten.

Vereinfachte Formel:

$$\frac{\text{Fremdmittel} \times \text{halbe Bauzeit} \times \text{Nominalzins}}{100 \times 12} \text{ (in Monaten)}$$

Bauzwischenkredit, Überbrückungskredit, meistens als Kontokorrent, zum reibungslosen Ablauf eines Bauvorhabens. Überwiegend zur Überbrückung der in den Darlehenszusagen enthaltenen und noch nicht zu erfüllenden Auflagen. Hierzu zählt auch die vorgeschriebene Auszahlung bei den Hypothekenbanken. Die Freigabe der Mittel ist zweckgebunden. Erledigung finden diese Kredite mit Auszahlung des zwischenfinanzierten Darlehens. Als Sicherheit werden der Bank die Auszahlungsansprüche und die als Sicherheit eingetragenen Grundschulden oder Hypotheken abgetreten.

Bearbeitungsgebühr, festgesetzter Betrag für eine Handlung bzw. eine Dienstleistung. Dient der Betrag für die Tätigkeit der Abdeckung der anfallenden Kosten, so entstehen → Bearbeitskosten.

Bearbeitungskosten. Als Entgelt für die bei der Bearbeitung eines Baudarlehens entstehenden Kosten werden häufig B. vereinbart. Sie sind u. a. Bestandteil bei der → Effektivzinsangabe. Je nach Berechnungsmethode können sich danach stark abweichende Angaben über den → anfänglichen effektiven Jahreszins ergeben.

bebaute Grundstücke *(§ 74 BewG),* Grundstücke, auf denen sich benutzbare Gebäude befinden. Ist ein Gebäude aufgrund Zerstörung oder Verfalls auf Dauer nicht mehr benutzbar, so gilt das Grundstück als → unbebautes Grundstück.

Bebauungsplan *(§§ 8 bis 13 BauGB).* Die Weiterentwicklung des → Flächennutzungsplans ergibt den B. Unter Heranziehung des Flächennutzungsplanes werden über Teilbereiche der Gemeinde genaue B. erstellt, die dann Auskunft über Dichte und Bebauung, Höhe usw. geben. Festgelegt werden auch Baulinien, Baugrenzen, Bebauungstiefen, Mindestgrößen, Tiefen, Breiten. Der Plan wird von der Gemeinde als Satzung beschlossen und ist dann verbindlich. Er gibt insbesondere Auskunft über: 1. Art und Maß der baulichen Nutzung, 2. Bauweise, insbesondere die überbaubaren und nicht überbaubaren Grundstücksflächen sowie die Stellung der baulichen Anlagen, 3. Mindestgröße/Breite/Tiefe des Grundstücks, 4. Verkehrs- und Grünflächen. → Bauleitplan.

Bebauungsplanaufstellung. An der Aufstellung eines Bebauungsplanes arbeiten mit: die Verwaltung, der Rat und die Ausschüsse, die Öffentlichkeit. Diese Ebenen werden jeweils zu unterschiedlichen Planentwicklungsstufen beteiligt. Nach der öffentlichen Bekanntmachung erhält der Plan Rechtskraft.

Bebauungsplandaten. Ein Bebauungsplan enthält Festsetzungen und Hinweise.
Beispiele:
Festsetzungen:

I	Zahl der Vollgeschosse
⑪	Zahl der Vollgeschosse (zwingend)
⓪,⑨	→ Geschoßflächenzahl
O	offene Bauweise
−	Baugrenze
↔	Firstrichtung

Hinweise:

O—O	Grundstücksgrenzen
⌐⌐	vorgeschlagene Stellung der Gebäude.

Bebauungstiefe *(§ 23 Abs. 4 BauNVO),* im → Bebauungsplan festgesetzte Tiefe der überbaubaren Fläche. Die B. ist von der tatsächlichen Straßengrenze ab zu ermitteln, sofern im Bebauungsplan nichts anderes festgesetzt ist.

Bebauungsverbot *(§§ 1018 bis 1029 BGB),* Grunddienstbarkeit, bei der es sich um ein generelles B. oder auch um eine Baubeschränkung handeln kann. Hier ist in jedem Falle in die Verträge einzusehen. Das Recht ist sowohl bei der Beleihung als auch bei der Bewertung zu beachten.

Bedingungsanpassung, → Konditionenanpassung.

bedingte Ansprüche *(§ 111 ZVG).* Ansprüche mit ungewisser Fälligkeit (z. B. fällig bei Tod; bei Ehescheidung) gelten als b. A. in der Zwangsversteigerung.

Beendigung des Erbbaurechtes *(§ 1016 BGB und §§ 27 ff. ErbbRV).* Die Beendigung kann eintreten bei Aufhebung des Rechts mit Zustimmung des Grundstückseigentümers und des dinglich Berechtigten, z. b. des Grundpfandgläubigers, und nach Ablauf der Zeit, für die das Recht bestellt ist. Mit dem Erlöschen des Rechts werden seine Bestandteile, insbesondere Bauwerk, Bestandteil des Grundstücks und gehen somit auf den Grundstückseigentümer über. Zu diesem Zeitpunkt erlischt auch die Haftung des Bauwerkes für die Grundpfandrechte. Normalerweise sind zu diesem Zeitpunkt die Darlehen auch bereits getilgt. Daher stets auf Laufzeiten des Rechtes und der Darlehen achten. → Heimfall.

Befragungsverfahren, Art des Zuteilungsverfahrens beim Bausparen. Die Bausparkassen unterscheiden → automatische Zuteilung und Befragung. Bei der Befragung wird der Bausparer nach Erfüllung der Zuteilungsvoraussetzungen befragt, ob er diese Zuteilung annehmen möchte. Geschieht dies nicht innerhalb einer gesetzten Frist, so wird der Vertrag gleichlautend verlängert.

Befriedigungsvorrecht *(§§ 64; 57 bis 60 BauGB).* Die Gemeinden sind Gläubiger und Schuldner der im Umlegungsplan festgesetzten Geldleistungen. Die Verpflichtung des Eigentümers zur Geldleistung gilt als öffentliche Last auf dem Grundstück. Wird zur Sicherung eines dringend erforderlichen Kredites (Wiederaufbau eines zerstörten Gebäudes oder außerordentliche Instandsetzung) die Eintragung einer Grundschuld erforderlich, kann für diese Grundschuld auf Antrag ein B. vor der öffentlichen Last für den Fall der Zwangsvollstreckung bewilligt werden. Voraussetzungspflicht ist, daß die öffentliche Last nicht gefährdet wird.

Befriedigungswirkung (erweiterte) *(§§ 114; 118; 91 ZVG).* Wenn ein Gläubiger in einem Zwangsversteigerungsverfahren Gebote abgibt, so ist seinem Gebot die angemeldete Forderung zuzurechnen. Andere Gläubiger sind dabei ggf. nicht durch die 5/10- oder 7/10-Grenze ausreichend geschützt. Bleibt der Gläubiger Meistbietender, so ist er verpflichtet, ggf. seine Forderung auszubieten, höchstens jedoch mit 7/10 des Verkehrswertes den Schuldner zu entlasten.

Begrenzungserklärung, Erklärung mit dem Inhalt, freie Grundschuldteile nicht neu zu valutieren und/oder in einer Zwangsversteigerung Zinsen und Nebenleistungen nur in bestimmter Höhe geltend zu machen. Solche Erklärungen schwächen die Sicherheitenposition einer Bank und sollten deshalb nach Möglichkeit nicht abgegeben werden. B. wird vielfach von Banken mit nachrangigen Besicherungen verlangt, um Risiko einzugrenzen. B. geht bei Abtretung einer Grundschuld nicht unter, sondern die Verpflichtungen gehen auf den neuen Gläubiger über. B. kann Zustimmungserklärung der nachrangigen Gläubiger zur Abtretung enthalten.

Begünstigung (Bausparen) für den Fall des Todes zugunsten eines Dritten. Mit dieser B. (zum Teil in den Verträgen vorgesehen) gehen alle Rechte, insbesondere auf Kündigung, Zuteilung, Rückerstattung usw., auf den Begünstigten über. Diese Willenserklärung bedarf der Zustimmung durch die Bausparkasse.

Begünstigungszeitraum, bei der Abschreibung zu beachtende Zeitgrenzen, nach § 10e EStG z. B. acht Jahre.

Beirat (Wohnungseigentümergemeinschaft) *§ 29 WEG,* meist drei Personen aus Eigentümergemeinschaft (Vorsitzender, zwei Beisitzer). Die Wahl von Außenstehenden ist umstritten. Der Verwalter kann nicht im Beirat sein. Die Wahl erfolgt durch die → Eigentümergemeinschaft. Die Amtsdauer ist nicht bestimmt. Pflichten und Aufgaben des Beirates sind: Unterstützung des Verwalters, Prüfung des Wirtschaftsplans und der Abrechnung, Einberufung einer → Eigentümerversammlung, Mitunterzeichnung des Versammlungsprotokolls. Der B. hat keine eigene Entscheidungsfreiheit und keine Sonderrechte gegenüber den anderen Eigentümern. Die Tätigkeit ist i. d. R. ehrenamtlich. Haftung entsteht nur bei schuldhafter Pflichtverletzung (§ 276 BGB u. §§ 723 ff.).

Beispielrechnung. Mit einer B. wird der mögliche Verlauf der künftigen Überschußbeteiligung aus einer Kapitallebensversicherung dargestellt. Weil die tatsächliche Überschußentwicklung vor allem von den Kapitalmarktzinsen, dem Sterblichkeitsverlauf und den Verwaltungskosten abhängt, kann die vorausberechnete Überschußbeteiligung nicht garantiert werden. Die von den einzelnen Unternehmen vorgenommenen Beispielrechnungen müssen vom Bundesaufsichtsamt für das Versicherungswesen für unbedenklich erklärt werden. Auch die B. ist also keine sichere Vergleichsbasis für das Angebot von Lebensversicherern. Vielmehr kann schon der unterschiedliche Zeitpunkt (und die dadurch unterschiedliche Zinsbasis) zu Verzerrungen führen.

Beitragsbemessungsgrenzen. Die Beiträge zur Krankenversicherung, Renten- und Arbeitslosenversicherung und zur gesetzlichen Rentenversicherung staffeln sich bis zu den jeweiligen B. Für darüber hinausgehende Einkommen werden keine Beiträge erhoben. Maßgebend ist das Jahreseinkommen. Die monatlichen Beträge sind nur Anhaltswerte. Dadurch werden ggf. auch Sonderzahlungen (Weihnachtsgeld, Urlaubsgeld, Tantiemen) davon erfaßt. Ein Kreditsachbearbeiter prüft bei Einkommen über der B., ob die auf dem Konto eingehenden Beträge diese Aufwendungen enthalten oder direkt vom Arbeitgeber inkl. des Arbeitgeberanteils an den Versicherungsträger abgeführt worden sind. Die B. werden ständig angepaßt. Ab 1. 1. 1990 gelten folgende Grenzen:

	Jahres-verdienst DM	Monats-verdienst DM
Krankenversicherung	56 700,–	4725,–
Renten- und Arbeits-losenversicherung	75 600,–	6300,–

beitragsfreie Versicherungssumme. Wenn der Versicherungsnehmer die laufenden Beiträge nicht mehr bezahlen kann oder will, gibt es die Möglichkeit, den Vertrag ohne Beitragsleistung weiterzuführen. Diese Vertragsumstellung setzt voraus, daß die herabgesetzte Versicherungssumme nicht kleiner als 1000,– DM ist. Künftig ist dann nur diese neue, geringere Versicherungssumme überschußberechtigt. Bei Vertragsende (Tod oder im Erlebensfall) wird die Versicherungssumme zuzüglich der Überschußbeteiligung ausbezahlt.

Beitreibungsauftrag. Kann nach Kündigung eines Kredites keine Ablösung oder Wiederaufnahme der Ratenzahlung erfolgen und sind auch sonstige Hilfsmaßnahmen erfolglos, so wird die kontoführende Stelle einen B. an die zuständige Rechtsabteilung richten. Darin werden die vorzunehmenden Schritte zweckmäßigerweise genau aufgezeigt. Dazu gehören die Verwertung der gestellten Sicherheiten, aber auch die Einleitung von persönlichen und dinglichen Zwangsmaßnahmen.

Beitreibungsverzicht. Wenn alle Möglichkeiten zur Beitreibung einer Forderung nach Verwertung aller Sicherheiten und Vorlage einer eidesstattlichen Versicherung des Schuldners ausgeschöpft sind, werden nur noch in größeren Zeitabständen Versuche unternommen, die Situation erneut zu überprüfen. In diesem Stadium sind heute viele Gläubiger bereit, gegen Zahlung einer Abstandssumme und ggf. Ausstellung eines → Besserungsscheines einen B. auszusprechen. Damit wird der Schuldner in die Lage versetzt, zumindest einen Teil seiner Schuld zu begleichen und andererseits seine Bereitschaft erhöht, letztmalig an einer konstruktiven Lösung mitzuwirken.

Beitritt *(§ 27 ZVG).* Der B. zum laufenden Zwangsversteigerungsverfahren ist grundsätzlich möglich. Das Verfahren muß über denselben Vollstreckungsgegenstand schon und noch anhängig sein, und es darf noch keine Antragsrücknahme erfolgt sein. Die Kosten sind die gleichen einer Anordnung einer Zwangsversteigerung. Der B. wird erst wirksam mit Zustellung an den Schuldner. Bekanntmachungs- und Zustellungsfristen sind in § 43 ZVG geregelt.

Beitrittsbeschluß (Zwangsversteigerung) *(§ 27 ZVG).* Wird nach der Anordnung der Zwangsversteigerung ein weiterer Antrag auf Zwangsversteigerung des Grundstückes gestellt, so erfolgt statt des Versteigerungsbeschlusses die Anordnung, daß der Beitritt zugelassen wird. Eine Eintragung dieser

Anordnung in das Grundbuch erfolgt nicht. Der Gläubiger, dessen Recht zugelassen wird, hat die gleichen Rechte wie wenn auf seinen Antrag die Versteigerung angeordnet wäre.

Bekanntmachungs- und Zustellfrist bei einer Zwangsversteigerung *(§ 43 ZVG).* Die B.-u. Z. beträgt sechs Wochen. Die Terminbestimmung muß einmalig im Amtsblatt des Amtsgerichts bekanntgegeben werden. Wird die Frist nicht eingehalten, ist der Termin aufzuheben und neu zu bestimmen. Bei vorangegangener einstweiliger Einstellung reicht eine Zweiwochen-Frist. Dem Schuldner muß der Beschluß mindestens vier Wochen vor dem Versteigerungstermin zugegangen sein, ebenfalls allen bekannten Beteiligten. Empfehlenswert sind Veröffentlichungen in den Tageszeitungen, um weitere Interessenten anzusprechen.

Belastung des Erbbaurechtes *(§ 1012 BGB u. a.).* Da das → Erbbaurecht ein grundstücksähnliches Recht ist, kann es auch mit gleichen Rechten wie ein Grundstück belastet werden. I. d. R. bedarf die Belastung der Genehmigung des Grundstückseigentümers. Belastet wird nicht das Grundstück, sondern das Erbbaurecht. Der → Erbbauberechtigte hat i. d. r. einen Anspruch auf Zustimmung, wenn die Belastung im Zusammenhang mit einer zweckentsprechenden Verwendung der Mittel steht. § 5 Abs. 2 ErbbRVO.

Belastungsgenehmigung. Vielfach bedarf die Bestellung einer als Sicherheit für einen Kredit dienenden Grundschuld auf einem Grundstück oder eine sonstige Belastung oder Veräußerung einer B. nach dem Landwirtschaftsrecht oder nach dem BauGB. Dies ist vor Genehmigung eines Kredites grundsätzlich zu klären. Insbesondere siehe → Erbbaurecht, → Reichsheimstätte, → Sanierungsvermerk (§ 144 BauGB), → Umlegungsverfahren (§ 51 BauGB).

Belastungsobergrenze. Während der gesamten Kreditlaufzeit sollte eine B. im Verhältnis zum → nachhaltigen Einkommen nicht überschritten werden. Erfahrungsgemäß sollte hier mit einer Gesamtbelastung von 10% für Zins- und Tilgungsleistungen gerechnet werden.

Belastungsvollmacht. In Kaufverträgen wird vielfach vereinbart, daß der Käufer das Grundstück zur Sicherung für seine Finanzierung mit einer Grundschuld bis zu einer bestimmten Höhe belasten darf. Zum Schutz des Verkäufers ist die Vollmacht in der Form einzuschränken, daß hiervon nur vor dem beurkundenden Notar Gebrauch gemacht werden darf und dieser darauf zu achten hat, daß die Auszahlungsansprüche an den Verkäufer abgetreten werden und diese Abtretung dem Gläubiger mit der entsprechenden Zweckbestimmung angezeigt wird.

Belegenheit, veralteter Begriff für genaue Lage eines Grundstückes, Hauses usw.

Belegungsbindung, Regelung, daß mit öffentlich geförderten Mitteln gebaute Wohnungen tatsächlich nur von Angehörigen des begünstigten Personenkreises genutzt werden. Für Mietwohnungen im I. Förderungsweg ist dies im WoBindG geregelt. Ein Nachweis erfolgt durch Vorlage des Wohnungsberechtigungsscheines. Im II. Förderungsweg gelten die §§ 88 ff. WoBauG. Abgesichert wird die B. vielfach in Abt. II des Grundbuches.

Belegungsdichte, Verhältnis der Bewohnerzahl einer Wohnung zu der Zahl der bewohnbaren Räume dieser Wohnung.

Belegungsrechte, → Wohnungsbelegungsrecht.

Belehrungspflicht des Notars *(§ 17 BeurkG).* Der Notar ist nicht verpflichtet, seine Kunden zu beraten, jedoch muß er für beide Parteien die sicherste Gestaltungsmöglichkeit wählen und unparteiischer Betreuer sein. Das Gesetz beinhaltet die Pflicht des Notars, die Beteiligten über die rechtliche Tragweite des Geschäftes zu belehren. Insbesondere bei der Beurkundung von schwierigen, risikoreichen Verträgen (z. B. bei Bauherrenmodellen) muß der Notar seine Belehrungspflicht besonders ernst nehmen.

Beleihungsgrenze, Bezeichnung für die Begrenzung des Teils des → Beleihungswertes eines Grundstücks, den Kreditinstitute nach den für sie maßgebenden gesetzlichen und satzungsmäßigen Vorschriften beleihen dürfen. → Realkreditgrenze.

Beleihungsobjekt, Grundstücke, Wohngebäude und Eigentumswohnungen sowie gewerblich genutzte Bauten, die als Sicherheit für eine Baufinanzierung dienen.

Beleihungsunterlagen. Für die Beleihungsentscheidung der Bank sind B. vorzulegen, z. B. bautechnische Unterlagen, Gesamtkostenaufstellung, Grundbuchauszug, Auszug aus dem Liegenschaftsbuch, Einkommensnachweis, Einheitswertbescheid, Kaufvertrag, Flurkarte, Feuerversicherungsnachweis, Lichtbilder des Objektes, Grenzbescheinigung, Anliegerbescheinigung, Erschließungsbescheinigung usw.

Beleihungswert, vom jeweiligen Finanzierungsinstitut festgelegte Größe zur Beleihung eines Immobils. Dieser Wert ist maßgeblich für die Bestimmung des → Sicherheitenwertes und der → Beleihungsgrenze. I. d. R. liegt dieser B. niedriger als der geschätzte Marktwert. Liegt der notarielle Kaufpreis unter dem ermittelten B., so ist der Kaufpreis gleich B. (→ Niedrigstwertprinzip). Der B. bei Bausparkassen ist in § 7 Abs. 6 BSpkG definiert.

Beleihungswert des Erbbaurechtes. Erbbaurechte können nach Maßgabe der §§ 11 und 12 des HypBankG von Hypothekenbanken und nach Maßgabe des § 54a des Versicherungsaufsichtsgesetzes beliehen werden, wenn eine nach § 20 Abs. 1 Nr. 3 und 4 entsprechende Tilgung vereinbart wird (§§ 18 bis 22 ErbbRV). Das Erbbaurecht ist grundsätzlich beleihbar. Im Grundsatz wird also der Beleihungswert von Erbbaurechten wie der Beleihungswert von Grundstücken ermittelt. Der → Bodenwert bleibt außer Betracht. Erbbaurechte dürfen jedoch nur beliehen werden, wenn für das Darlehen eine entsprechende Tilgung, in besonderen Fällen sind auch Festdarlehen zulässig, vereinbart wird, und wenn die Dauer des Erbbaurechts den Voraussetzungen des § 20 Abs. 2 ErbbRV entspricht. Nach § 20 ist zu beachten, daß Tilgungen und Zuwachs der ersparten Zinsen erfolgen müssen. Tilgungen müssen spätestens mit Anfang des vierten Jahres des auf die Gewährung des Hypothekendarlehens folgenden Kalenderjahres beginnen. Tilgungsende muß spätestens zehn Jahre vor Ablauf des Rechtes liegen und darf nicht länger dauern, als zur buchmäßigen Abschreibung des Bauwerkes nach wirtschaftlichen Grundsätzen erforderlich ist. Die Beleihungsgrundsätze schreiben vor, daß sich die Beleihung unter Berücksichtigung des Wertes im Rang vorgehender Rechte innerhalb der ersten 3/5 des Beleihungswertes halten muß. Als ein „im Rang vorgehendes Recht" ist auch der → Erbbauzins anzusehen, wenn er nicht, was regelmäßig anzustreben ist, der Hypothek den Vorrang einräumt. Kommt es nicht zu einer Vorrangseinräumung, so ist der Erbbauzins zu kapitalisieren und als vorgehende Belastung zu betrachten.

Bemessungsgrundlage. Für den steuerlichen Abzugsbetrag sind die auf die selbstgenutzte Wohnung entfallenden Herstellungs-/Anschaffungskosten sowie die hälftigen Grundstückskosten inklusive der dafür angefallenen Grundstücksnebenkosten B. Der Höchstbetrag ist zu beachten.

Bemusterung, speziell im Fertighausbereich übliche Zusammenkunft zwischen Lieferant und Hauskäufer (häufig in Fertighauszentren oder Ausstellungen), mit dem Ziel, die exakte Ausstattung des Hauses oder der Wohnung festzulegen.

Benutzungsrecht *(§ 1018 BGB wegen „in einzelnen Beziehungen benutzen"),* Grunddienstbarkeit. Dem Nutzungsrecht entspricht auf seiten des Eigentümers des belasteten Grundstücks die Pflicht zur Duldung dieser Nutzung. Unter „Benutzen" versteht man ein vorteilhaftes, wiederholtes und regelmäßig wiederkehrendes Gebrauchmachen von dem Grundstück zu bestimmten Zwecken. Benutzung wie Zugang, → Wegerecht, Rohrleitungen können durch Grunddienstbarkeiten gesichert werden.

Berechnungsverordnung *(II BV v. 18. 7. 1979),* Verordnung über wohnwirtschaftliche Berechnungen, enthält Vorschriften u. a. über → Wirtschaftlichkeitsberechnung, → Lastenberechnung, → Wohnflächenberechnung.

berechtigtes Interesse. Das Grundbuch genießt öffentlichen Glauben. Nicht jedermann kann ohne Begründung Einsicht in das Grundbuch verlangen. Zur Einsichtnahme muß ein berechtigter Grund vorgetragen werden, vielfach in schriftlicher Form. Da eine Grundbucheinsicht auch für einen Mietinteressenten sinnvoll sein kann, empfiehlt dies der Mieterbund. Dabei reicht nach dessen Angaben die Mietabsicht als b. I. völlig aus.

Bereithaltungszins, → Bereitstellungszins.

Bereitstellungszins (Bereitstellungsprovision). Ein Baudarlehen wird üblicherweise mit Zusage refinanziert. Da die Mittel jedoch meist sukzessive nach Baufortschritt in Anspruch genommen werden, müssen die Gelder bereitgehalten werden. Der B. ist ein Entgelt für die bereitgehaltene, vom Darlehensnehmer noch nicht in Anspruch genommenen Mittel. Bei Bauspardarlehen u. U. von Zuteilung bis Abnahme. Es können Freimonate vereinbart werden. Die Provision beträgt i. d. R. 3 % p. a. oder 0,25 % p. M.

Bereitwilligkeitserklärung *(§ 254 Abs. 3 LAG).* Bei Lastenausgleichsdarlehen für den Wohnungsbau, die von den Kreditinstituten nur durchgeleitet werden, ist eine B. abzugeben. Darin erklärt das Institut seine Bereitschaft, dieses Darlehen gemäß den Bestimmungen der LAG durchzuleiten, zu verwalten und die Sicherheiten treuhänderisch zu halten.

Bergschaden. Der Grundstückseigentümer ist nicht befugt, bergbauliche

Einwirkungen auf seinem Grundstück zu verbieten. Er hat jedoch einen Anspruch auf Entschädigung für bergbauliche Einwirkungen. Der Bauherr hat bei Bauvorhaben oder Veränderungen eine Anpassungspflicht – für Abwendungen von Schäden Sorge zu tragen. Die Nichteinhaltung kann zu Verlust des Bergschadenersatzanspruches führen. Die Haftung ist in §§ 114 bis 121 BBergG geregelt, jedoch nur für Schäden nach dem 1. 1. 1982. Davor siehe § 170 BBergG. Ersatzpflichtiger ist grundsätzlich das Bergbauunternehmen. Der Anspruch verjährt in drei Jahren vom Zeitpunkt der Kenntnis des Schadens.

Bergschadenverzicht, rechtskräftiger Ausschluß eines Ersatzpflichtigen durch einen Bergschaden. Beleihungen in Gegenden, in denen Bergbau betrieben wird oder wurde, müssen auf diesen Punkt hin überprüft werden. Bergbauunternehmen haben vielfach an frühere Grundstückseigentümer Geldbeträge als Entschädigung gezahlt oder vor Bebauung einen Verzicht auf Entschädigung herbeigeführt. Der Verzicht wurde grundsätzlich im Grundbuch vermerkt. Bei Beleihungen beachten.

Berichtigungsanspruch *(§ 894 BGB).* Steht das Grundbuch nicht im wirklichen Einklang mit der Rechtslage, so besteht ein B. Die Unrichtigkeit muß nachgewiesen sein, und der Betroffene muß die Bewilligung dazu erteilen. Der Berechtigte hat kraft Gesetz einen dinglichen Anspruch, von dem Betroffenen die Berichtigungsbewilligung zu erhalten.

Berichtigungszwang *(§ 82 GBO)*. Das Grundbuchamt kann einen B. ausüben. Beispiel: Durch Erbfolge hat der Eigentümer gewechselt. Nach einer angemessenen Zeit kann das Gericht dem Eigentümer die Verpflichtung auferlegen, den Antrag auf Berichtigung des Grundbuches zu stellen.

Berlin-Darlehen *(§ 16, 17 Berlinförderungsgesetz)*.
1. § 16: Der Steuerpflichtige kann durch die Gewährung eines B.-D. für die Dauer von mindestens acht Jahren zwecks Finanzierung von betrieblichen Investitionen in Berlin seine Einkommensteuer um 12% der von ihm gegebenen Darlehenssumme im Jahr der Darlehenshingabe senken. Die Steuerermäßigung wirkt sich auch auf Steuern oder Abgaben aus, die von der Einkommensteuer und Kirchensteuer bemessen werden.
2. § 17 Abs. 1: Durch die Gewährung von unverzinslichen, in gleichen Jahresbeiträgen zu tilgenden Darlehen mit einer Laufzeit von mindestens zehn Jahren zur Förderung des Berliner Wohnungsbaus kann die Einkommensteuer um 20% der Darlehenssumme im Jahr der Darlehenshingabe ermäßigt werden. Es muß sich um öffentlich geförderten und steuerbegünstigten Wohnungsbau handeln. Das Darlehen darf je geförderte Wohnung DM 10 000,– nicht übersteigen (§ 17 Abs. 4 Berlin-FG). Alternativ gibt es die B.-D. nach § 17 Abs. 2 Berlin-FG mit einer

Laufzeit von mindestens 25 Jahren. Hierbei kann im Jahr der Darlehenshingabe eine Senkung der Einkommensteuer in Höhe von 20% der Darlehenssumme, maximal bis zu 50% der Steuerschuld erzielt werden.

Berlin-Förderung *Allgemein.* Trotz großer Bauleistungen in den letzten Jahren in Berlin besteht aufgrund der Zerstörung durch den zweiten Weltkrieg noch immer ein erheblicher Bedarf an neuen, zeitgerechten, dem heutigen Lebensstandard entsprechenden Wohnungen. Verstärkt wurde die Nachfrage noch nach der Öffnung der Berliner Mauer und der dadurch steigenden Attraktivität der Stadt Berlin. Vor diesem Hintergrund wurde eine Fülle von öffentlichen Förderungen geschaffen. Prüfstelle ist die Wohnungsbau-Kreditanstalt (WBK). Die WBK ist eine rechtsfähige Anstalt des öffentlichen Rechts mit Sitz in Berlin. Sie hat die gemeinnützige Aufgabe, das Schaffen von Wohnungen sowie die Erhaltung und Modernisierung von Wohngebäuden zu fördern. Diese Förderung erfolgt u. a. durch Aufwendungszuschüsse und Aufwendungsdarlehen im sozialen und steuerbegünstigten Wohnungsbau, durch erhöhte Absetzung nach den §§ 14 – 15 Berlin-FG und die Verminderung der Einkommen- bzw. Körperschaftsteuer bei → Berlin-Darlehen nach §§ 16 – 17 Berlin-FG. Im einzelnen stehen u. a. folgende Programme zur Verfügung:
1. Förderung von Neubauten (Sozialer Wohnungsbau – Erster Förderungsweg). Gefördert werden Objekte, die

den städtebaulichen und technischen Förderungsvoraussetzungen nach den WBK-Förderungsrichtlinien entsprechen. Voraussetzung ist die Wirtschaftlichkeit des Bauvorhabens. Die Wirtschaftlichkeitsberechnung ist Grundlage für die Bewilligung. Erst nach Bewilligung darf mit dem Bauvorhaben begonnen werden. Die Förderung besteht aus 1/3 Aufwendungsdarlehen und 2/3 verlorenen Aufwendungszuschüssen. Vom Zeitpunkt der Bezugsfertigkeit der Wohnung an werden die öffentlichen Mittel für die Dauer von 15 Jahren gezahlt. Die Höhe der Förderung errechnet sich aus der Differenz zwischen Kostenmiete und zu zahlender Miete. Die Aufwendungsdarlehen sind bis zur vollständigen Rückführung der Fremdhypotheken zins- und tilgungsfrei. Danach werden die Aufwendungsdarlehen mit 6% p. a. verzinst und sind mit mindestens 2% p. a. zu tilgen. Eine Senkung des Zinssatzes ist möglich. Ein Verwaltungskostenbeitrag von 0,5% der jeweiligen Restschuld wird berechnet. Für eine eventuelle I b-Hypothek übernimmt das Land Berlin eine Ausfallbürgschaft.

2. Steuerbegünstigter Wohnungsbau (Zweiter Förderungsweg). Förderung von Wohnungen für Bevölkerungskreise, die die Einkommensgrenzen nach § 25 II WoBauG überschreiten. Die Förderung erfolgt durch degressive Aufwendungen für die Dauer von 15 Jahren.

3. Erhöhte Absetzungen für Mehrfamilienhäuser – Gebäuden mit mehreren Wohnungen (§ 14a Berlin-FG). Bei in Berlin-West gelegenen Gebäuden, die

mehr als zwei Wohnungen enthalten, zu mehr als 66 2/3% Wohnzwecken dienen und vom Steuerpflichtigen hergestellt oder bis zum Ende des Jahres der Fertigstellung angeschafft worden sind, können im Jahr der Fertigstellung oder Anschaffung und dem darauffolgenden Jahr jeweils bis zu 10%, ferner in den darauffolgenden zehn Jahren jeweils bis zu 3% der Herstellungs- oder Anschaffungskosten abgesetzt werden. Nach Ablauf dieser zwölf Jahre sind als Abschreibung für Abnutzung bis zur vollen Abschreibung jährlich 2,5 % des Restwertes abschreibbar.

4. Erhöhte Absetzungen für Modernisierungen bei Mehrfamilienhäusern (§ 14b Berlin-Förderungsgesetz). Anschaffungs- und Herstellungskosten im Zusammenhang mit Modernisierungsmaßnahmen können im Jahr der Beendigung der Modernisierungsarbeiten und in den folgenden Jahren bis zu insgesamt 50% abgesetzt werden. Von dem Jahr an, in dem erhöhte Absetzungen nicht mehr vorgenommen werden können, spätestens vom dritten auf das Jahr der Beendigung der Modernisierungsarbeiten folgenden Jahr an, ist der Restwert in fünf gleichen Jahresbeiträgen abzusetzen. Der § gleicht überwiegend dem früheren § 82a EStDV. Ausnahme: Der § 14b Berlin-Förderungsgesetz ist unbefristet.

5. Erhöhte Absetzungen für Baumaßnahmen an Gebäuden zur Schaffung neuer Wohnungen (§ 14c Berlin-Förderungsgesetz). Bei in Berlin-West belegenen Wohnungen ist § 7c des EStG mit der Maßgabe anzuwenden, daß der Steuerpflichtige für die DM 60 000,–

übersteigenden Herstellungskosten erhöhte Absetzungen nach § 14a in Anspruch nehmen kann und bei vorgenannten Wohnungen, die im steuerbegünstigten und frei finanzierten Wohnungsbau errichtet worden sind und die übrigen Voraussetzungen des § 14a Abs. 4 erfüllen, die erhöhten Absetzungen nach § 14a Abs. 4 bis zur Höhe von insgesamt 60% der Aufwendungen in Anspruch genommen werden können. Die erhöhten Absetzungen dürfen nicht in Anspruch genommen werden für Baumaßnahmen, die der Umwandlung von bisher gewerblich oder landwirtschaftlich genutzten Räumen zu Mietwohnungen dienen.

6. Absetzungen für Wohnungen mit Sozialbindungen (§ 14d Berlin-Förderungsgesetz). Bei in Berlin-West belegenen Wohnungen ist der § 7k EStG mit der Maßgabe anzuwenden, daß der Steuerpflichtige bei Wohnungen, die zu mehr als 66 2/3% Wohnzwecken dienen und vom Steuerpflichtigen hergestellt oder bis zum Ende des Jahres der Fertigstellung angeschafft worden sind, im Jahr der Fertigstellung oder Anschaffung und dem darauffolgenden Jahr jeweils bis zu 20%, ferner in den darauffolgenden zehn Jahren jeweils bis zu 5,5% der Herstellungskosten oder Anschaffungskosten absetzen kann; § 14a Abs. 3 gilt entsprechend.

7. Berlin-Förderungsgesetz § 15. Entspricht dem früheren § 7b EStG Abs. 4; Abweichungen: Nach § 15 können in den ersten beiden Jahren bis zu 10% und in den folgenden Jahren jeweils bis zu 3% der Herstellungskosten

bzw. Anschaffungskosten abgesetzt werden. Die Objektbeschränkung erfaßt erst solche Objekte, auf die die ab dem 1.1.1977 in Kraft getretenen Vorschriften nach § 7b EStG anzuwenden sind. Keine Anwendung findet die Beschränkung bei Bauherren von in Berlin gelegenen Trägerkleinsiedlungen und Kaufeigenheimen. Die Förderung fällt fort in den Fällen, in denen die Wohnung nach dem 31.12.1986 fertiggestellt oder erworben wurde.

8. Steuerbegünstigung der zu eigenen Wohnzwecken genutzten Wohnung im eigenen Haus (§ 15b Berlin-Förderungsgesetz). Bei zu eigenen Wohnzwecken genutzten Wohnungen im eigenen Haus und bei zu eigenen Wohnzwecken genutzten ETW gilt § 10e EStG mit der Maßgabe, daß

1. der Steuerpflichtige anstelle der Abzugsbeträge nach § 10e im Jahr der Fertigstellung oder der Anschaffung der Wohnung und in dem darauffolgenden Jahr jeweils bis zu 10% der Bemessungsgrundlage, höchstens jeweils DM 30000,–, ferner in den darauffolgenden zehn Jahren jeweils bis zu 3% der Bemessungsgrundlage, höchstens jeweils DM 9000,–, wie Sonderausgaben abziehen kann. Diese Grundförderung schließt ggf. die → Kinderkomponente mit ein.

2. bei Aufwendungen des § 10e erhöhte Absetzungen außer Betracht bleiben, die der Steuerpflichtige aufgrund von Vorschriften in Anspruch genommen hat oder in Anspruch nimmt, die vor dem 1.1.1977 in Kraft getreten sind. Der mit § 10e eingeführte Wegfall der Nutzungswertbesteuerung erstreckt

sich auch auf Berlin. → Berlin-Darlehen.

Neben den vorgenannten Programmen gibt es noch Förderungen von Dachgeschoßausbauten, Altbaumodernisierungen, Modernisierung und Instandsetzung mit staatlicher Förderung, Modernisierungsförderung, Instandsetzungsförderung, Modernisierung preisgebundener Wohnungen und Neubauwohnungen sowie Programme der Modernisierung und Instandsetzung durch Eigentümer und Mietmodernisierung sowie ein Programm für Energieeinsparung. Über den aktuellen Stand der Maßnahmen und die vorhandenen Mittel sollte jeweils vor Planung eines Vorhabens eine neue Auskunft eingeholt werden.

berufliche Nutzung einer Wohnung.
Werden einzelne Zimmer einer Wohnung gelegentlich oder auf Dauer vermietet oder nutzt der Eigentümer Teile der Wohnung zu gewerblichen oder beruflichen Zwecken, muß die → Bemessungsgrundlage entsprechend der Nutzung ermittelt werden. Hiernach richtet sich dann auch die steuerliche Absetzbarkeit. → Arbeitszimmer.

Beschlag, Vorrichtungen und Teile an Fenstern, Türen und Möbeln, um sie öffnen und schließen zu können.

Beschlagnahme *(§§ 15, 20, 23, 26 bis 146 ZVG)* (Zwangsverwaltung, Zwangsversteigerung). Der Beschluß, durch den die Versteigerung angeordnet wird, gilt zugunsten des Gläubigers als B. des Grundstückes und hat die

Wirkung eines relativen Veräußerungsverbotes. Die B. umfaßt nicht nur das Grundstück mit den wesentlichen Bestandteilen, sondern auch die Gegenstände, auf welche sich bei einem Grundstück die Hypothek erstreckt, also auch auf → Zubehör und auf die mit dem Eigentum verbundenen Rechte und Versicherungsansprüche.

Beschlagnahmebeschluß *(§§ 20 bis 23 ZVG).* Der Beschluß, durch welchen die Zwangsversteigerung angeordnet wird, gilt zugunsten des Gläubigers als Beschlagnahme des Grundstückes. Die Beschlagnahme umfaßt auch diejenigen Gegenstände, auf welche sich bei einem Grundstück die Hypothek erstreckt. Die Beschlagnahme umfaßt nicht die Miet- und Pachtzinsforderungen sowie die Ansprüche aus einem mit dem Eigentum an dem Grundstück verbundenen Recht auf wiederkehrende Leistungen. Die Beschlagnahme wird wirksam mit der Zustellung an den Schuldner. Sie hat die Wirkung eines Veräußerungsverbotes.

beschleunigtes Baugenehmigungsverfahren, gilt für Bauvorhaben im Geltungsbereich eines Bebauungsplanes nach § 30 BauGB. In den Bundesländern sind hier Regelungen in der jeweiligen Landesbauordnung getroffen. Für Ein- und Zweifamilienhäuser kann die beschleunigte Genehmigung, die letztlich einer Duldung entspricht, erfolgen, wenn die Erschließung gesichert ist. → Bauanzeige.

beschränkt persönliche Dienstbarkeiten *(§§ 1090ff. BGB),* Grundstücksbelastungen, die dem Begünstigten das Recht geben, das Grundstück in einzelnen Beziehungen zu nutzen. Zum Unterschied vom → Nießbrauch werden dem Berechtigten also nicht sämtliche, sondern nur bestimmte, im Einzelfall näher bezeichnete Nutzungen des Grundstücks übertragen. Von den → Grunddienstbarkeiten unterscheiden sich die b. p. D. dadurch, daß sie nicht dem jeweiligen Eigentümer eines anderen Grundstücks, sondern nur einer bestimmten Person zustehen können. Belastet werden können nur Grundstücke bzw. reale Teile von Grundstücken, nicht jedoch Miteigentumsanteile. Über eine Vorrangseinräumung bei Beleihungen muß im Einzelfall entschieden werden.

Beschwerdegründe bei Zuschlagsanfechtung *(§ 100 ZVG).* Die Beschwerde kann nur darauf gestützt werden, daß eine der Vorschriften der §§ 81 bis 85 a verletzt oder daß der Zuschlag unter anderen als den der Versteigerung zugrunde gelegten Bedingungen erteilt ist.

Besetzungsrecht. Um die ordnungsgemäße Belegung der mit öffentlichen Mitteln geförderten Wohnungen sicherzustellen, erfolgt in einigen Bundesländern die Einräumung eines B. für die Gemeinde des Inhalts, daß von der begünstigten Stelle ein Mieter benannt werden kann. In Nordrhein-Westfalen wird z. Zt. ein B. für die Dauer von 15 Jahren der zuständigen Stelle nach § 3 WoBindG eingeräumt. Der Verfü-

gungsberechtigte ist verpflichtet, mit diesem Mieter einen Vertrag abzuschließen. Die Besicherung dieses B. erfolgt i. d. R. durch eine Eintragung in Abt. II des Grundbuches und ist bei einer Beleihung stets zu beachten.

Besichtigung eines Beleihungs- oder Kaufobjektes. Ein Kauf oder eine Finanzierung sollte niemals ohne Besichtigung erfolgen. Da oft der erste Eindruck eines Hauses oder einer Wohnung entscheidend ist, sollte in jedem Fall ein Fachmann herangezogen werden, welcher nur die sachlichen Fakten prüft. Eine Möblierung ermöglicht vielfach schon einen positiven Eindruck. Neben dem Objekt ist das unmittelbare Umfeld mindestens von gleicher Bedeutung, insbesondere bei einer Wiederveräußerung. So können z. B. Bahngleise in 100 m Entfernung noch wertmindernd sein.

Besitzschutz *(§ 1029 BGB).* Wird der Besitzer eines Grundstückes in der Ausübung einer für den Eigentümer im Grundbuch eingetragenen Grunddienstbarkeit gestört, so finden die für den Besitzschutz geltenden Vorschriften entsprechend Anwendung, soweit die Dienstbarkeit innerhalb der letzten zwölf Monate vor Störung einmal ausgeübt worden ist.

besondere Wohngebiete *(§ 4a BauNVO),* → Gebiete zur Erhaltung und Entwicklung der Wohnnutzung.

Besserungsklausel *(Stundungsabrede i. S. des § 271 BGB),* Vereinbarung zwischen Gläubiger und Schuldner, daß der Schuldner bei Besserung seiner finanziellen Verhältnisse ohne Aufforderung unter Berücksichtigung standesgemäßen Unterhalts zahlt. Er hat auch Ratenzahlung anzubieten, wenn er hierzu in der Lage ist (BGH WM 75, 975). Vereinbarung selbst wird als → Besserungsschein bezeichnet.

Besserungsschein, schriftliche Vereinbarung zwischen einem Gläubiger und einem Schuldner bei einem Forderungsverzicht. → Besserungsklausel.

Bestandskarte *(§ 53 BauGB),* weist die bisherige Lage, Größe und Nutzung des Grundstückes eines Umlegungsgebietes aus und bezeichnet den Eigentümer.

Bestandspflege, regelmäßige Betreuung der Kunden der Banken mit ausgezahlten Baudarlehen. Mittlerweile haben sich die Finanzierungen im Immobilienbereich von Neubauten zugunsten des Kaufs oder der Modernisierung und Renovierung von Gebrauchtimmobilien verlagert. Zuwachsraten sind bei den Neubauten nur in geringerem Umfang zu erwarten. Daher kommt bei den Banken der B. jetzt eine stärkere Bedeutung zu. Dies könnte sich künftig auch auf staatliche Förderungsmaßnahmen auswirken.

Bestandsveräußerung. Nach neueren Analysen entfallen mindestens drei B. auf ein neu gebautes Eigentumsobjekt. Daher wird auch erkennbar, welche Bedeutung die Bestandstransaktionen für das Baufinanzierungsgeschäft haben

und wo die Marketingschwerpunkte gesetzt werden.

Bestandsverzeichnis *(§ 53 BauGB).* Im B. sind die Grundstücke nach Wirtschaftsart und Lage (Name der Gemarkung, Nummer des Flurblattes und des Flurstückes), Größe des Grundstückes – in ha, a und m^2 – unter Vermerk von Teilungen, Zu- und Abschreibungen und die mit dem Eigentum verbundenen Rechte (z. B. Grunddienstbarkeiten) beschrieben. Die Eintragung der mit dem Eigentum verbundenen Rechte ist nicht zwingend erforderlich. → Aufhebung eines belasteten Rechtes. Öffentlichen Glauben genießt das B. nur hinsichtlich der Angaben über die Gemarkung, Flur und Flurstück. Sämtliche unter einer Nr. eingetragenen Flurstücke sind rechtlich ein selbständiges Grundstück. Nur rechtlich selbständige Grundstücke können belastet werden.

Bestandteile bei Grundstücken *(§ 94 Abs. 1 BGB).* Zu den wesentlichen B. b. G. gehören die mit dem Grund und Boden fest verbundenen Sachen, insbesondere Gebäude, sowie die Erzeugnisse des Grundstücks, solange sie mit dem Boden zusammenhängen. Samen wird mit dem Aussäen, eine Pflanze mit Einpflanzen wesentlicher Bestandteil des Grundstückes. Die Bestandseigenschaft der Fertighäuser ist gegeben, wenn diese fest mit dem Grund und Boden verbunden sind. → Fertighäuser. Aus der Bestandteileigenschaft ergibt sich, daß Bodenfläche und errichtete Gebäude nur zusammen veräußert werden können. Ein Gebäude ist dann kein wesentlicher Bestandteil, wenn es nur zu einem vorübergehenden Zweck mit dem Grund und Boden verbunden ist (Behelfsheim, Baubude). → Zubehörhaftung.

bestehenbleibende Rechte *(§§ 44, 52 ZVG)*. In den Versteigerungsbedingungen wird festgelegt, welche Rechte bestehenbleiben. Es handelt sich um Rechte, die bei der Feststellung des → geringsten Gebots berücksichtigt, aber nicht durch Barzahlung zu decken sind. Ein Bietungsinteressent muß dies entsprechend berücksichtigen. → Bestehenbleibenserklärung.

Bestehenbleibenserklärung *(§ 91 Abs. 1 ZVG)*, → bestehenbleibende Rechte. Bleibt eine Hypothek bestehen, so könnte sie z. B. mit nachfolgender Erklärung bestehenbleiben:
Bestehenbleibenserklärung
Auf dem unterzeichneten ....
im Zwangsversteigerungsverfahren (Aktenzeichen ....) vor dem Amtsgericht .... als Erwerber zugeschlagenen Grundstück Fl. St. .... eingetragen im Grundbuch des Amtsgerichts .... von .... Band ..... Blatt ..... ist in Abt. III Nr. .... eine verzinsliche Briefhypothek über .... DM für den mitunterzeichneten Gläubiger
.... eingetragen.
Die Unterzeichneten vereinbaren das Fortbestehen dieser Hypothek nebst Zinsen vom Zuschlag an, und zwar mit der Maßgabe, daß der Grundstückser-

werber auch die durch sie gesicherte Darlehensschuld als persönlicher Schuldner übernimmt.
Sie vereinbaren ferner folgende Änderung der Zins- und Zahlungsbedingungen, der Darlehensforderung und ihrer Hypothek. (Hier ist die Änderung zu bezeichnen. Wenn keine Änderung in Frage kommt, so entfällt dieser und der nachfolgende Absatz.)
Die Unterzeichneten bewilligen und beantragen, diese Änderung der Zins- und Zahlungsbedingungen in das Grundbuch einzutragen.

Besteuerungsgrundlage für Grunderwerbsteuer. B. ist der Gesamtwert der Gegenleistung, in der enthalten sind: Kaufpreis, Wert eines Tauschgrundstücks, Meistgebot in einer Zwangsversteigerung, Zuzahlung auf das Meistgebot, übernommene Hypotheken usw., Kapitalwert sonstiger Leistungen (Rente/Nießbrauch/Wohnrecht/Erbbauzins), → Vervielfältiger lt. Bew.G., Vermessungskosten (falls vom Käufer übernommen), Maklerkosten (falls vom Käufer für den Verkäufer übernommen),
./. anteilige Steuerbefreiungen (§§ 3 – 7 GrEStG)
= Wert der steuerpflichtigen Gesamtleistung.

Besteuerungsgrundlage für Grundstücke. Die Steuer wird vom Wert des Grundstückes berechnet, wenn eine Gegenleistung nicht vorhanden oder nicht zu ermitteln ist. Als Wert gelten z. B. 140% des → Einheitswertes.

Bestich, besondere Art eines Putzes. Vielfach Verwendung in Kellerräumen.

betagte Ansprüche *(§ 111 ZVG, § 48 ZVG im Geringsten Gebot).* B. A. gelten in der Zwangsversteigerung als fällig. Es ist zu unterscheiden in Ansprüche, bei denen der Eintritt als auch die Fälligkeit feststehen, und in Ansprüche, bei denen zwar der Eintritt, aber nicht der Tag der Fälligkeit feststeht (§916 ZPO).

Beteiligte in der Zwangsversteigerung *(§ 9 ZVG).* Im Verfahren gelten neben Gläubiger und Schuldner als Beteiligte a) diejenigen, für welche zur Zeit der Eintragung des Vollstreckungsvermerkes ein Recht im Grundbuch eingetragen oder durch Eintragung gesichert ist, b) diejenigen, welche ein der Zwangsvollstreckung entgegenstehendes Recht, ein Recht an dem Grundstück oder einem das Grundstück belastenden Recht, einen Anspruch mit Rechten auf Befriedigung aus dem Grundstück oder Miet- oder Pachtrecht, aufgrund dessen das Grundstück überlassen ist, bei Vollstreckung dem Gericht anmelden und auf Verlangen des Gerichts oder eines Beteiligten glaubhaft machen.

Betretungsrecht, Recht zum Betreten von Grundstücken in Feld und Flur zu Erholungszwecken (§ 27 BNatschG. i. V.). Regelt das Recht des Betretens von Straßen und Wegen sowie auf ungenutzten Flächen. Das Betreten des Waldes ist geregelt in § 14 B. Wald G.

Betriebsaufspaltung, Aufteilung von Funktionen und von Vermögensteilen eines bisher rechtlich und wirtschaftlich einheitlichen Betriebes in eine Besitzgesellschaft und eine Betriebsgesellschaft. Zwischen den Unternehmen muß eine enge sachliche und persönliche Bindung bestehen. In der Praxis wird die Besitzgesellschaft die zu den wesentlichen Grundlagen des Betriebes gehörenden Wirtschaftsgüter (Grundstücke, Gebäude, Maschinen) an die von ihr beherrschte Betriebsgesellschaft vermieten.

Betriebsfinanzamt, für einen Baubetreuer zuständiges Finanzamt. Erforderlich z. B. für die generelle Prüfung der Verlustzuweisungen einer Bauherrengemeinschaft. Durch eine Betriebsprüfung wird das Objekt der BHG überprüft und das Ergebnis dem für den Bauherren zuständigen → Wohnsitzfinanzamt weitergeleitet.

Betriebsgrundstück, zu einem gewerblichen Betrieb des Grundstückseigentümers gehörender Grundbesitz. Bewertung (§ 99 Abs. 1 BewG). Eine Entnahme des Grundstückes aus der Bilanz führt regelmäßig zu einer Realisierung stiller Reserven, weil sie nach dem Teilwert erfolgen muß (§ 6 Abs. 1 Nr. 4 EStG). Da dieser Wert i. d. R. durch frühere Abschreibungen gemindert wurde, liegt der wirkliche Wert über dem Buchwert. Es entsteht hierdurch ein einkommen- und gewerbesteuerlicher Gewinn. Ausnahme: → steuerfreie Entnahme von Grund und Boden, → Betriebsvermögen.

Betriebskosten *(§ 18 Abs. 3 WertV 88)*, Kosten, die dem Eigentümer durch den Gebrauch eines Gebäudes entstehen.

Hierzu zählen: die laufenden öffentlichen Lasten des Grundstückes, die Kosten für Wasserversorgung, für Heizungsanlagen, für Warmwasserversorgungsanlagen, für Aufzüge, Straßenreinigung, Müllabfuhr, Entwässerung, Hausreinigung, Gartenpflege, Beleuchtung, Schornsteinreinigung, Sach- und Haftpflichtversicherung, Gemeinschaftsantenne. Bei den Kosten muß unterschieden werden in umlagefähige und nicht umlagefähige Betriebskosten. Umlagefähige Kosten können mit den Mietern abgerechnet werden.

Betriebsvermögen. *(§ 95 BewG)* Ein Grundstück gehört zum B., wenn es dem gewerblichen Betrieb des Grundstückseigentümers zu mehr als 50% dient.
Entnahme: Gebäude, die zu einem B. gehören, können einschließlich des dazugehörigen Grund und Bodens mit dem Buchwert, d. h. steuerneutral, in das Privatvermögen übernommen werden, wenn sie bisher nicht zu Wohnzwecken dienten und im Anschluß an die Entnahme zu Wohnungen umgestaltet werden und unter den Voraussetzungen des § 7 k EStG zu Wohnzwecken vermietet werden. Die Entnahme ist möglich in einem nach dem 31. 12. 1988 endenden Wirtschaftsjahr. (§ 8 Abs. 1 Nr. 4 Satz 4 EStG).

Betriebsvermögensvergleich bei Vollkaufleuten *(§ 5 EStG)*, Gewinnermitt-

lungsart für Gewerbetreibende, die aufgrund gesetzlicher Vorschriften zur Führung von Büchern verpflichtet sind, oder die freiwillig Bücher führen und regelmäßig Abschlüsse machen.

Betriebswirtschaftliche Auswertung (BWA), monatliche Auswertung der betriebswirtschaftlichen Zahlen. Größter Anbieter z. Z. die Firma Datev. Mittlerweile hat sich diese Form der aktuellen Unterrichtung auch im Kreditbereich durchgesetzt, obwohl wichtige Daten zum Gesamtüberblick fehlen, z. B. Abschreibung oder Warenlager. Die Daten können lediglich zu periodischen Vergleichen herangezogen werden oder Aussage über Trends/Tendenzen geben. Gestärkt wird die Aussagekraft durch Vorlage periodengleicher Zeiträume in Verbindung mit der Bilanz. Kann in keiner Weise Bilanz und G + V ersetzen. Insbesondere nicht bei Erfüllung von § 18 KWG.

Beurkundung *(§ 13 BeurkG)*. Die Urkunde muß den Beteiligten vollständig vorgelesen werden. Die Beteiligten sollen Gelegenheit haben, Zwischenfragen stellen zu können. Das Abspielen eines Tonbandes ist nicht erlaubt. Anlagen wie Baubeschreibungen usw. müssen ebenfalls mit vorgelesen werden. Grundsätzlich bedürfen alle Anträge zur Eintragung in das Grundbuch der B.

Bevölkerungsentwicklung. Das Bundesinnenministerium hat im Jahre 1986 dem Bundeskabinett neue Modellrechnungen über die Bevölkerungsentwicklung bis zum Jahre 2030 vorgelegt. Danach wird sich bei der Gesamtbevölkerung von 61,04 Mio. 1985 bis zum Jahre 2000 nur eine geringfügige Änderung ergeben, im Jahr 2030 sollen nur noch 48,32 Mio. Menschen in der Bundesrepublik leben. Sollten diese Zahlen zutreffen, hat dies sicherlich enorme Auswirkungen auch auf den Immobilienmarkt, da abnehmende Bevölkerungszahlen und Haushalte – Spaltung vorhandener Haushalte wird bald versiegen, da heutiger Durchschnitt bei 2.4 Personen liegt – verbunden mit relativer Sättigung des Marktes mit Bauprodukten einen Anstieg von leerstehenden Wohnungen/Häusern bedeuten würde. Diese Leerstände würden das Preisgefüge beeinflussen. Die Bauindustrie müßte überwiegend von Ersatzbedarf und Modernisierung leben und der Immobilienmarkt vom An- und Verkauf der Gebrauchtimmobilie. Diese Hochrechnungen werden sich durch Über- und Aussiedler/Asylanten evtl. wesentlich verändern.

Beweissicherungsverfahren *(§§ 485 ff. ZPO)*. Bei vor Gericht auszutragenden Baumängeln und vielfach vor Ablauf von Gewährleistungsfristen wird ein B. erforderlich zur vorsorglichen Beweisaufnahme zum Zwecke der Sicherung der Beweise. Der Antrag kann formlos von der beantragenden Partei gestellt werden. Bei zulässiger Antragstellung zum Amtsgericht ist die Beauftragung eines Rechtsanwaltes nicht notwendig. Die Zulässigkeit ist gegeben, wenn der Gegner zustimmt, Verdacht besteht, daß Beweismittel verlorengehen oder

der gegenwärtige Zustand festgestellt werden soll und der Antragsteller ein berechtigtes Interesse an dieser Feststellung hat. Der Inhalt muß den Erfordernissen nach § 487 ZPO entsprechen, u. a. genaue Bezeichnung des Gegners, des Tatbestandes und der Beweismittel. Der Beweissicherungsantrag unterbricht die Verjährung der Gewährleistungsfrist, und die Beweisaufnahme kann in einem nachfolgenden Hauptprozeß herangezogen werden.

Bewertungsbeirat *(§§ 63 – 66 BewG)*. Der B. hat die Aufgabe, Vorschläge zu unterbreiten für festzusetzende Ertragswerte, für festzusetzende Vergleichszahlen und Vergleichswerte der Hauptbewertungsstützpunkte und die Normalwerte und Ertragswerte der forstwirtschaftlichen Nutzung für Bewertungsgebiete. Der B. gliedert sich in eine landwirtschaftliche, eine forstwirtschaftliche, eine Weinbau- und eine Gartenbauabteilung.

Bewertung eines Grundstückes, → Grundstücksbewertung.

Bewertungserklärung (Wertbeschränkungserklärung, DM 50,–-Erklärung). Ist die Vorrangeinräumung in Abt. II des Grundbuches bei einem bestimmten Recht nicht zu erreichen, so kann man sich u. U. mit einer B. helfen. Diese Erklärung sieht vor, daß der Gläubiger dieses Recht der Bank bestätigt, daß er im Zwangsversteigerungsfalle, bei dem das Recht nicht in das geringste Gebot fällt, diese Eintragung nur mit DM 50,– anmelden wird. Diese Erklärung setzt jedoch i. d. R. voraus, daß die Bank im Zwangsversteigerungsfalle mit dem Bestehenbleiben der Eintragung grundsätzlich einverstanden ist. Vorsicht bei Zwangsversteigerungen aus vorgehenden Rechten.

Bewertungsgesetz *(BewG), Neufassung v. 30. 5. 1985 BGBl S. 845)*, schafft für verschiedene Steuern einheitliche Besteuerungsgrundlagen. Das Gesetz ist wie folgt aufgeteilt: Erster Teil: §§ 1–16 Allgemeine Bewertungsvorschriften. Zweiter Teil: §§ 17–121 Besondere Bewertungsvorschriften; davon: §§ 19–109 → Einheitsbewertung, §§ 19–32 Allgemeines, §§ 33–67 Land- und Forstwirtschaftliches Vermögen, §§ 68–94 Grundvermögen, §§ 95–109 Betriebsvermögen, §§ 110 bis 121 Sonstiges Vermögen, Gesamtvermögen und Inlandsvermögen. Dritter Teil: §§ 121a–124 Übergangs- und Schlußbestimmungen. Das Gesetz gilt für öffentlich-rechtliche Abgaben, insbesondere → Vermögensteuer, → Grundsteuer, → Erbschaftsteuer, → Grunderwerbsteuer.

Bewertungsstelle, bei den Finanzämtern eingerichtete Stelle zur Feststellung des Einheitswertes.

Bewertungsstichtage beim Bausparen *(§ 11 Abs. 2 MBpBK)*. Zur Ermittlung der Zuteilungsreihenfolge werden Kennziffern aus der Sparzeit und dem Sparguthaben sowie aus der Vertragshöhe ermittelt. Diese Ermittlung erfolgt zu bestimmten Stichtagen, i. d. R.

der 30. 6. und 31. 12. oder 31. 3. und 30. 9. Es können jedoch auch je nach Bausparkasse andere Variante vorkommen. → Bewertungszahl.

Bewertungszahl (Bewertungsziffer). An den → Bewertungsstichtagen wird die B. ermittelt. Die Methode ist bei den einzelnen Bausparkassen unterschiedlich. Für die Zuteilung gibt jedoch jede Bausparkasse eine Mindestbewertungszahl /-ziffer bekannt, nach deren Erreichung der Vertrag zugeteilt wird. Die grundsätzliche Methode richtet sich nach Guthaben im Verhältnis zur → Bausparsumme.

Bewirtschaftungskosten *(§ 11, § 18 Wert V 88)* sind die Abschreibungen, → Verwaltungskosten, → Betriebskosten, → Instandhaltungskosten und das → Mietausfallwagnis. Die Abschreibung wird durch Einrechnung in den bei der → Kapitalisierung anzuwendenden Vervielfältiger berücksichtigt. Durch Umlagen gedeckte Betriebskosten sind den B. nicht zuzurechnen. Sind im Rohertrag jedoch Beträge, durch die umlagefähige Kosten abgegolten werden, enthalten, so sind die entsprechenden Aufwendungen den B. zuzurechnen. Bei pauschalem Abzug werden 25 bis 35% abgesetzt. Erfolgt eine individuelle Ermittlung, sind die nachfolgenden Sätze als angemessen zu betrachten: Betriebskosten: 2–3%, Instandhaltungskosten: 10–15%, Mietausfallwagnis: 1–4%, Verwaltungskosten: 5–10%, Abschreibung: 2–5%.

Bezirksnotar, → Notarwesen.

Bezirksplanungsrat. Die Gebietsentwicklungsplanung (in vielen Bundesländern = Regionalpläne) obliegt in Nordrhein-Westfalen einem B. Er besteht aus gewählten Vertretern der kreisfreien Städte und Kreise und aus beratenden Mitgliedern der Industrieund Handelskammer, Handwerksverbänden, Landwirtschaftskammer sowie Gewerkschaften.

Bezugsfertigkeit, Zustand eines Gebäudes nach Baumaßnahmen, in dem Personen nach allgemeiner Verkehrsauffassung die Ingebrauchnahme der Räumlichkeiten zugemutet werden kann (unabhängig von der bauaufsichtsbehördlichen Schlußabnahme). Wohngebäude sind als fertiggestellt anzusehen, sobald sie bewohnbar sind (Abschn. 42 Abs. 5, S. 4 u. 5 EStR).

BGB-Gesellschaft *(§ 705 BGB),* Zusammenschluß von mehreren natürlichen und/oder juristischen Personen zur Erreichung eines gemeinsamen Zwecks auf vertraglicher Grundlage. Mangels einer Rechtspersönlichkeit ist die Gesamtheit der Gesellschaft Träger von Rechten und Pflichten als Gesamthandgemeinschaft. Gleichwohl kann die BGB-G. als solche in Geschäftsverbindung mit der Bank treten, also ein Konto führen und Kredit in Anspruch nehmen. Diese Rechtsgeschäfte erfolgen jedoch im Namen aller ihrer einzeln aufzuführenden Gesellschafter, die für die Verbindlichkeiten im Verhältnis ihrer Geschäftsanteile unbeschränkt haften *(§ 735 BGB).* Diese

Gesellschaftsform wird vielfach für die Erstellung größerer Bauvorhaben – SB-Märkte, Warenhäuser, Hotels usw. – benutzt.

Biberschwanz, besondere Form eines Dachziegels.

Bierlieferungsrecht. Die Vergabe eines Brauereidarlehens zur Finanzierung eines Immobils, in dem sich ein gastronomischer Betrieb befindet, ist meist gekoppelt mit der Eintragung eines B. in Abt. II des Grundbuches. Üblich ist natürlich zusätzlich auch die (meist nachrangige) Bestellung eines Grundpfandrechtes. Hierdurch verpflichtet sich der Eigentümer – ggf. auch für einen möglichen Pächter – zur Abnahme von Getränken, die sein Kreditgeber liefern kann. Auch die Darlehensrückzahlung wird vielfach über den Getränkepreis reguliert.

Bieter (Zwangsversteigerung). B. können im Zwangsversteigerungsverfahren sowohl natürliche als auch juristische Personen sein. Gebote können auch von einer Mehrheit von Personen abgegeben werden.

Bietinteressent, natürliche oder juristische Person, welche auf dem Wege der Zwangsversteigerung günstig ein Objekt erwerben möchte. Die Zwangsversteigerung bietet vielfach eine günstige Möglichkeit zum Erwerb von Grundeigentum. Allerdings sind Kenntnisse des Verfahrensablaufes notwendig, um keine unliebsamen Überraschungen zu erfahren. Der B. sollte sich daher vorabinformieren, mit Rechtspflegern und betreibenden Gläubigern sprechen, ohne allerdings seine Interessenlage voll zu offenbaren.

Bietungsstunde *(§ 73 ZVG).* Nach Ablauf des Ersten Teils der Zwangsversteigerung (→ Ablauf des Zwangsversteigerungstermins) wird zur Abgabe von Geboten aufgefordert. Dieser Zeitpunkt ist nach Stunde und Minute zu verkünden und im Protokoll festzuhalten. Ab diesem Zeitpunkt läuft die B.

Bietungsvollmacht *(§ 71 ZVG).* Wer in einem Zwangsversteigerungsverfahren für einen Dritten bieten will, muß sich durch eine notarielle Vollmacht legitimieren. Vertretern der Banken bzw. Gläubiger kann B. erteilt werden. Hierfür besteht kein Formzwang. Durch die Vollmacht wird Handlungsfreiheit im Verfahren erreicht.

Bilanz, jährliche Erfassung aller Vermögens- und Kapitalbestände eines Unternehmens. Der Zeitpunkt der Erfassung muß nicht mit dem Kalenderjahr identisch sein. Die B. dient u. a. zur Erfolgsrechnung der Firma, zur Ermittlung von Steuerzahlungen, jedoch auch zur Kreditwürdigkeitsprüfung. Der Gesetzgeber verlangt im § 18 KWG bei der Hingabe von Krediten über DM 100 000,– die Offenlegung der wirtschaftlichen Verhältnisse durch den Kreditnehmer, insbesondere die Vorlage der Jahresabschlüsse, und zwar soweit sie testiert werden (oder werden müssen) mit Testat. Der Kreditgeber erstellt eine Bilanzanalyse, welche als Grundlage für eine eventuelle Kreditbereitstellung herangezogen wird.

biologische Bauweise. Aufgrund der vielen bekanntgewordenen Belastungen aus diversen Baustoffen werden zunehmend biologische Baustoffe angeboten, als auch die Bauweise einer gesünderen, natürlicheren Lebensform angepaßt. Die Wiederverkäuflichkeit der Fertighäuser aus den ersten Jahren hat hier z. T. darunter zu leiden. → Ökologische Architektur.

Biotop- und Artenschutz (Artenschutznovelle vom 1. 1. 1987, §§ 20−24 *BNatSchG).* Wichtig ist das in § 20c Abs. 1 BNatSchG. eingeführte Flächenveränderungsverbot. Als besonders erhaltungs- und schutzbedürftig gelten: Feuchtgebiete, Trockengebiete, Waldgebiete und Küsten- und Gebirgszonen. Bauliche Maßnahmen, die zu einer nachhaltigen Beeinträchtigung dieser Gebiete führen, werden nicht genehmigt. Die Umsetzung in Landesrecht steht noch aus.

Blankette, vom Architekten erstellte Unterlage bei einer → Ausschreibung. Darin sind die auszuführenden Arbeiten genau beschrieben und die Maße und Massen vorgegeben. Der Anbieter setzt dann nur noch seine Angebotspreise (geteilt in Material und Kosten) ein.

Blankoabtretung (Hypotheken). Die Übertragung eines hypothekarischen Rechts ist auch mit Hilfe einer B. möglich. Es wird sich meistens um eine Sicherungsabtretung handeln. Dabei wird in einer entsprechenden Abtretungserklärung der Name des neuen Gläubigers offengelassen und diese Erklärung zusammen mit dem Brief dem Gläubiger (Sicherungsgläubiger) übergeben. Muß dieser dann später das übertragene Recht verwerten, so braucht nur sein Name eingesetzt werden. Voraussetzung ist die Vorlage einer Ermächtigung durch den abtretenden Gläubiger. Nur bei Briefrechten möglich.

Blaufäule, Holzverfärbung bei Kiefern- und Tannenholz durch Pilzbefall. Kaum Beeinträchtigung der Festigkeit.

Blendmauerwerk, nichttragendes, vorgesetztes Mauerwerk vor die Hauptmauer (Klinker).

Blockhaus, Holzhaus aus Rundhölzern und Holzbalken. Von Banken bedingt beleihbar.

BMZ, → Baumassenzahl.

Boardinghaus, Hotel mit Pensionscharakter: Einzelzimmer und Doppelzimmer, Frühstücksraum mit Selbstbedienung. Kein Restaurantbetrieb.

Bodenarten. In den Liegenschaftskatastern werden auch die B. festgehalten. Sie dienen u. a. der Bewertung der Grundstücke. Ermittelt wird nach der Art, der Nutzung, der Zusammensetzung und dem Zustand des Bodens. Die B. bezeichnen die Bodenbestandteile und werden wie folgt abgekürzt: S –

Sand, Si – anlehmiger Sand, lS – lehmiger Sand, SL – stark lehmiger Sand, sL – sandiger Lehm, L – Lehm, LT – schwerer Lehm, T – Ton, Mo – Moor.

Bodenaushub. Auf Antrag kann gemäß § 4 Abs. 1 und 2, AbfG B. sowie Bauschutt außerhalb der ansonsten für Abfälle vorgeschriebenen Abfallbeseitigungsanlagen gelagert werden. Die Befreiung liegt im Ermessen der Behörde. Abfallbeseitigung auf dem eigenen Grundstück verstößt, sofern es sich nicht um eine zugelassene Anlage handelt, gegen das Gesetz und stellt eine Ordnungswidrigkeit dar.

Bodenaustausch, notwendige Maßnahme, um einen durch → Altlasten verunreinigten oder verseuchten Boden wieder nutzbar zu machen. Dabei wird der Boden meist mehrere Meter tief ausgekoffert und dann völlig neu verfüllt.

Bodenbeschaffenheit. Die B. kann im Falle der Bebauung zu erhöhten Baukosten führen und damit den Bodenwert beeinflussen. Hierbei sind insbesondere zu berücksichtigen: Oberflächenbeschaffenheit (z. B. Geländeneigung, Wasserlauf), Baugrund (z. B. aufgefülltes Gelände, Grundwasserstand). Bodenvorkommen (z. B. Kies, Ton, Sand) sind gesondert anzugeben.

Bodendenkmal, meist durch Ausgrabung entdeckte Baulichkeit, die wie die oberirdisch liegenden Gebäude den Bestimmungen des Denkmalschutzes unterworfen werden kann. Dies wird in einer Bodendenkmalliste vermerkt.

Künftig wird es einer Zustimmung bedürfen, wenn Bodeneingriffe vorgenommen werden.

Bodenfunktionszahl (BFZ). Mit der BFZ soll der Versiegelung des Bodens entgegengesteuert werden, damit nicht durch zunehmende Versiegelung der Oberfläche der Grundwasserhaushalt gestört wird. Beitrag zur Ökologie beim Bauen.

Bodenordnung *(§§ 45 bis 79 BauGB Umlegung, §§ 80 bis 84 BauGB Grenzregelung)*. In den genannten Gesetzen ist die B. hinsichtlich der → Umlegung und der → Grenzregelung geregelt. Im Bereich eines Bebauungsplanes können z. B. zur Erschließung oder Neugestaltung bestimmter Gebiete bebaute und unbebaute Grundstücke durch Umlegung so geordnet werden, daß zweckmäßig gestaltete Grundstücke entstehen. Bis zur Rechtskraft des hierfür erforderlichen Umlegungsplanes dürfen Verfügungen über das Grundstück und über Rechte am Grundstück nur mit Genehmigung der Umlegungsstelle (Gemeinde) getroffen werden.

Bodenplatte, Beton- oder Stahlbetonboden, der mit einer entsprechenden Gründung auf das vorbereitete Erdreich aufgelegt wird. Die Fertigstellung der B. ist vielfach im Finanzierungsbereich als echter Baubeginn akzeptiert, hiernach wird meist auch die erste Auszahlung vorgenommen.

Bodenprobe. Zur Feststellung der Bodenbeschaffenheit sollte an der Stelle eines geplanten Bauwerkes eine B. entnommen werden. Untersucht wird die Belastbarkeit, Rutschgefährlichkeit sowie die chemischen Eigenschaften und evtl. das Vorhandensein von → Altlasten, Wassergehalt, Fließgrenze, Wasseraufnahmevermögen usw. Ausführliche B. ersparen vielfach unvorhergesehene Kosten bei der Gründung. → Fundamente.

Bodenrichtwertkarte *(§ 196 BauGB)*. Aufgrund der → Kaufpreissammlungen werden jährlich vom Gutachterausschuß für das Gemeindegebiet durchschnittliche Lagewerte für Boden unter Berücksichtigung des unterschiedlichen Entwicklungsstandes ermittelt. Interessenten können Einblick verlangen. Die Karte sollte Grundlage einer jeden Beleihungsprüfung sein. Wichtig ist allerdings, daß nicht die nackten Zahlen verglichen werden, sondern auf eine möglichst weitgehende Übereinstimmung (GFZ, GRZ, Straßenfront, Grundstücksgröße) der Grundstücke geachtet wird. → Richtwerte.

Bodenuntersuchung. Ist die Tragfähigkeit des Baugrundes nicht hinreichend bekannt, sind Probebohrungen durchzuführen.

Bodenverkehrsgenehmigung *(§§ 19ff. BauGB)*. Die Teilung eines Grundstückes bedarf zu ihrer Wirksamkeit der Genehmigung.

Bodenwert *(§ 8 Abs. 1 WertV; § 15 Abs. 3 WertV 1988; § 84 BewG)*. Der Verkehrswert eines jeden Grundstücks wird durch den Preis bestimmt, der in dem Zeitpunkt, auf den sich die Ermittlung bezieht, zu erzielen wäre. Bei der Ermittlung sind alle wertbeeinflussenden Faktoren wie z. B. Abstandszahlungen, Ersatzleistungen, Steuern, Gebühren usw. mit zu berücksichtigen. Ebenfalls grundstücksbezogene Rechte wie z. B. → Aussichtsrecht, → Fensterrecht, → Lichtrecht, → Notweg, → Durchfahrtsrecht usw. Bei der Grundstücksqualität wird unterschieden in → baureifes Land, → Rohbauland, → Bauerwartungsland, sonstige Flächen. Desweiteren sind zu berücksichtigen die Ortslage, die Verkehrslage, Himmelsrichtung, Emissionen. Wichtiger Faktor ist das Maß der baulichen Nutzung, → Wohnfläche, → gemischte Baufläche, → gewerbliche Fläche, → Sonderbaufläche, → Geschoßflächenzahl, → Baumassenzahl, → Grundflächenzahl, Zahl der Vollgeschosse. Die Bodenbeschaffenheit kann die Bebauung erheblich verteuern, somit den B. beeinflussen. Wichtig sind auch Oberflächenbeschaffenheit (z. B. Geländeneigung, Wasserlauf), Baugrund (aufgefülltes Gelände, Grundwasserstand), Bodenvorkommen (Kies, Ton, Sand). Desweiteren sind der Grundstückszuschnitt zu berücksichtigen sowie → Erschließungsaufwand und der Zustand. → Richtwerte können herangezogen werden. Einfriedungen, Trümmer und Aufwuchs sind zu berücksichtigen.

Bodenwertbescheinigung der Gemeinde, Bestätigung der Gemeinde über die Werte aus der → Bodenrichtwertkarte.

Böschungsrecht. Das Recht kann sowohl bei der Beleihungs- als auch bei der Wertermittlung unberücksichtigt bleiben.

Bohrrecht, Recht, Bohrungen auf einem Grundstück durchzuführen. Bei einer Beleihung oder bei einer Wertermittlung sollte in jedem Fall Einsicht in die zugrundeliegenden Verträge genommen werden. Kann u. U. eine Beleihung unmöglich machen.

Bommerband, Beschlag an Pendeltüren für die automatische Schließung.

Bonität, Qualität eines Schuldners. Der Ruf, der Charakter und die Zuverlässigkeit der Person, kombiniert mit einem sicheren Arbeitsplatz, ausreichendem Einkommen, Vermögen und der notwendigen Liquidität kennzeichnen die B.

Bonitätsprüfung, → Kreditwürdigkeit.

Brandkassenwert, Wert, den die Versicherungsgesellschaft oder Brandkasse für das versicherte Gebäude ermittelt hat und der Grundlage für eventuelle Schadensregulierungen ist. Hiervon abhängig ist die Prämienzahlung. Ausgangsbasis der Wertermittlung ist der Stand von 1914. In vielen Bundesländern Pflichtversicherung. In diesen Ländern entfällt auch die übliche Anmeldung der Grundstücksbelastung von Kreditinstituten. → Sicherungsschein.

Brandklasse, Einteilung der Brandgefahren für die Versicherung und den

Einsatz von Feuerlöschern nach Art der brennbaren Stoffe: Brandklasse A feste Stoffe, B Flüssigkeiten, C Gase, D Metalle, E Elektro-Anlagen. Entsprechend der verwendeten Baustoffe sind somit auch die Gebäude nach B. eingruppiert. Einzelne Fertighaustypen sind dadurch mit höheren Feuerversicherungsprämien belegt.

Brandmauer (Brandwand), → Grunddienstbarkeit *(§§ 1018 bis 1029 BGB)*, Recht zur Mitbenutzung einer gemeinschaftlichen → Brandwand. Eintragung in Abt. II des Grundbuches. Dieses Recht kann bei der Beleihung und Bewertung des Grundstückes unberücksichtigt bleiben.

Brandwand (Brandmauer), Wand in feuerbeständiger Bauart und in einer Dicke, daß sie bei den im Brandfall vorkommenden Beanspruchungen die Standsicherheit nicht verliert und die Verbreitung von Feuer auf andere Gebäude in ausreichender Form verhindert.

Briefbildung (Grundschuld, Hypothek) *(§§ 56 bis 70 GBO, § 1116 BGB)*. Bei der Bestellung einer Grundschuld oder einer Hypothek kann die Bildung eines Briefes ausgeschlossen werden. Die Ausschließung wird im Grundbuch eingetragen. Dann wird von → Buchhypotheken oder → Buchgrundschulden gesprochen. Es ist auch die Umwandlung möglich, dazu ist die Eintragung erforderlich. Der Brief wird dem Grundstückseigentümer ausgehändigt, wenn nicht mit dem Gläubiger vereinbart ist,

daß dieser den Brief unmittelbar erhält. Der Brief ist die Verkörperung des Rechts und dient der Verkehrsfähigkeit des Rechts. → Briefhypothek, → Briefgrundschuld.

Briefgrundschuld *(→ Briefbildung §§ 56 bis 70 GBO, → Grundschuld §§ 1191 bis 1198 BGB)*. Die Grundschuld kann sowohl als B. als auch als Buchgrundschuld eingetragen werden. Durch den Brief wird die Verkehrsfähigkeit des Rechtes erreicht. Bei jeder Eintragung oder Änderung ist die Vorlage des Briefes erforderlich. Die Verkehrsfähigkeit ist von Bedeutung insbesondere bei Zwischenkrediten. Die Bestellung einer B. ist im Gegensatz zur Eintragung einer Buchgrundschuld teurer.

Briefhypothek *(§§ 1113 bis 1190 BGB)*. → Buchhypothek. Hypothek, über die ein Hypothekenbrief ausgestellt wird. Diese Hypothek kann ohne Eintragung in das Grundbuch abgetreten oder verpfändet werden. Hierzu ist lediglich die Erteilung einer beglaubigten Abtretungserklärung und die Übergabe des Briefes erforderlich. Es empfiehlt sich jedoch, die Eintragung im Grundbuch zu vollziehen, da der nicht eingetragene Gläubiger keine Nachricht über Veränderungen (z. B. Zwangsversteigerung) erhält.

Briefrechte *(§§ 56 bis 70 GBO, § 1116 BGB)*. Die Hypotheken und Grundschulden können B. oder Buchrechte sein, d. h. über sie werden Hypotheken oder Grundschuldbriefe ausgestellt, falls auf deren Verteilung nicht ausdrücklich verzichtet wird. Ein Verzicht kann auch nachträglich erfolgen. Der Briefausschluß muß aus dem Grundbuch ersichtlich sein. Die Sicherungs- und Höchstbetragshypotheken sind stets Buchrechte.

Briefvorlage. Wer als Gläubiger Einwirkungen auf die Eintragung nehmen will, muß sich als Berechtigter ausweisen, bei Briefrechten insbesondere durch B.

Bruchteileigentum *(§§ 1008 bis 1011 BGB),* Anteil an einem Grundstück eines Miteigentümers. Es kann als einzelnes belastet werden. Die Belastung ist jedoch wegen der im Ernstfall zu erwartenden Auseinandersetzungsschwierigkeiten mit besonderer Vorsicht vorzunehmen. Es sollte festgestellt werden, ob zwischen mehreren Eigentümern eines Grundstückes Abmachungen wegen der Verwaltung oder etwaigen Verwertung des Grundstückes bestehen. Eine Teilung auf dem Gerichtswege ist nur durch eine Zwangsversteigerung zur Aufhebung der Bruchteilgemeinschaft möglich. Als Sicherheit für Banken kaum zu bewerten, höchstens als Zusatzsicherheit.

Bruchteilgemeinschaft *(§§ 741, 1008, 1106, 1010 Abs. 1, 1095, 1114 GBG).* Vereinbarungen von Teilhabern einer Gemeinschaft (Verwaltung, Nutzung, Veräußerung, Beleihung usw.) haben dingliche Wirkung, d. h. sie wirken auch auf den Nachfolger. Bei Mieteigentum an Bruchteilen ist jedoch die dingliche Wirkung von der Eintragung

in → Abteilung II des Grundbuches abhängig. Oft dient der Vermerk zum Ausschluß der Aufhebung der Gemeinschaft. Die Eintragung nach § 1010 BGB ist eine Belastung eines Grundstücksanteils, die einen grundbuchlichen Rang besitzt. Bei der Beleihung sollte der Vorrang versucht werden. In jedem Fall ist die Einsicht in die Verträge erforderlich.

Bruttonießbrauch, → Nettonießbrauch.

Brüstung, mauerartige Umrandung von Balkonen, Terrassen und z. T. auch Flachdächern.

Buchgrundschuld *(§§ 1191 bis 1198).* Die B. wird ins Grundbuch eingetragen als → Grundschuld ohne Brief. Sie ist im Gegensatz zur → Briefgrundschuld nicht flexibel und daher für eine Bank bestandsfreundlich und mit weniger Verwaltungsaufwand versehen.

Buchhypothek *(§ 1116 BGB),* Hypothek, über die kein Brief ausgestellt wird. Dies muß ausdrücklich vereinbart werden und wird im Grundbuch eingetragen. Eine nachträgliche Bildung ist möglich (→ Briefbildung). Dieses Recht ist nicht flexibel und kann bei einer Zwischenfinanzierung nicht als Sicherheit herangezogen werden. → Sicherungshypotheken und → Höchstbetragshypotheken sind kraft Gesetz Buchrechte.

Buchrechte, → Briefrechte *(§ 1116 BGB).* Bei B. ist die Erteilung eines Briefes ausgeschlossen. Dies muß im

Grundbuch ersichtlich sein. → Briefbildung.

Buchungszwang (Grundbuch). Jedes Grundstück muß in einem Grundbuchblatt eingetragen sein. Gehören einem Eigentümer mehrere Grundstücke in einem Grundbuchamtsbezirk, so können sie in einem Grundbuchblatt erfaßt werden. Ausnahmen vom Eintragungszwang bestehen bei Kommunalverbänden, Schulen, Klöstern, Kirchen, Wasserläufen und dem öffentlichen Verkehr dienenden Bahngleisen. Für diese wird ein Grundbuchblatt nur auf Antrag angelegt. § 3 GBO.

Bürge, → Bürgschaft, → Bürgschaft als Mittel der Sicherheitsleistung.

Bürgeranhörung. Bestandteil der Bürgerbeteiligung an Planungsmaßnahmen ist die B. Dabei besteht die Möglichkeit, in öffentlichen Veranstaltungen die Vorschläge der Planungsbehörden kennenzulernen, zu kritisieren, Änderungswünsche einzubringen.

Bürgerbeteiligung bei Planungsmaßnahmen *(§ 3 (1) BauGB).* Durch öffentliche Bekanntmachung werden Flächennutzungspläne und/oder Bebauungspläne vorgestellt. Es besteht Gelegenheit, innerhalb eines angemessenen Zeitraumes diese Planungen mit sachkundigen Kommunalvertretern zu erörtern und Stellungnahmen zu den Planentwürfen abzugeben.

Bürgschaft *(§ 765 BGB),* Vertrag zwischen dem Bürgen und dem Gläubiger

eines Dritten. Der Bürge verpflichtet sich gegenüber dem Gläubiger, für die Erfüllung der Verbindlichkeiten des Hauptschuldners einzustehen und haftet mit seinem gesamten Vermögen. Die B. ist akzessorisch, was bedeutet, daß sie ohne die zu besichernde Forderung nicht begründet werden kann. Je nach Geschäft gibt es besondere B., z. B. unbegrenzte, Höchstbetrags-, Ausfall-, Rückbürgschaften usw.

Bürgschaft als Mittel der Sicherheitsleistung *(§§ 232, 239 BGB).* Ist Sicherheit zu leisten, kann dies auch durch Stellung eines tauglichen Bürgen erfolgen. Ein Bürge ist tauglich, wenn er ein der Höhe der zu leistenden Sicherheit angemessenes Vermögen besitzt und seinen allgemeinen Gerichtsstand im Inland hat. Die Bürgschaftserklärung muß den Verzicht auf die Einrede der Vorausklage enthalten. Vielfach werden solche Bürgschaften von Banken übernommen.

Bürgschaften bei öffentlicher Förderung *(§ 24 II WoBauG).* Bei Bürgschaften der öffentlichen Hand für Baudarlehen trägt diese zunächst weder zur Finanzierung der Gesamtkosten des Bauvorhabens noch zur Verminderung der Belastung finanziell bei. Die Bürgschaft besteht vielmehr in einer Zusage der öffentlichen Hand: Falls der Darlehensnehmer eines verbürgten Darlehens seine Verpflichtungen aus Zins- und Tilgungsleistungen nicht mehr erfüllen kann, tritt diese in den Schuldendienst ein. Zahlungsverpflichtungen entstehen der öffentlichen Hand so nur unter besonderen Bedingungen. Das Instrument stellt eine Erleichterung der Finanzierung dar, wenn einem Darlehensgeber die Risiken zu hoch sind.

Bürgschaftsgebühr. Werden im Rahmen von Wohnungsbaufinanzierungen Bürgschaften von Kreditinstituten zugunsten der Hypothekenbanken ausgelegt, so erhebt die kreditgebende Bank eine zusätzliche B., die intern dem Bürgen für die Übernahme des Risikos zusteht. Diese B. wird meist in Form eines Zinszuschlages von 0,5 – 1% erhoben. Auf diese Weise kann eine Gesamtfinanzierung durch eine Hypothekenbank erfolgen. → Wohnungsbaukontingent.

Bürgschaftskontingente, von Geschäftsbanken und/oder Landesbanken und sonstigen öffentlichen Banken praktizierte Form der Rückbürgschaft für Darlehen von Hypothekenbanken im nachrangigen (I b) Bereich. Hierdurch wurde z. T. die Gesamtfinanzierung aus einer Hand durch eine Hypothekenbank erreicht.

Büroauskunft. Zur Beurteilung der Kreditwürdigkeit werden vielfach von den Banken B. herangezogen. Diese werden von privaten Auskunfteien erstellt. Der Auftraggeber kann die Selbstbefragung des Kreditnehmers ausschließen. Die Auskunfteien sind auf Informationen der Nachbarn, Geschäfte, Behörden und Gerichte angewiesen. Die B. sind daher mit Vorbehalt zu bewerten. Datenschutz ist zudem zu beachten.

Building Societies, ursprünglich als Selbsthilfeeinrichtungen gegründete Firmen, die die Immobilienfinanzierung in Großbritannien dominieren. Aufgrund der erreichten Marktanteile ist damit zu rechnen, daß auch der europäische Markt künftig ein Betätigungsfeld werden wird. Die Bilanzsummen der Marktführer (Halifax, Abbey National, Nationwide Anglia) liegen deutlich über denen vergleichbarer deutscher Bausparkassen. Mittlerweile werden neben den klassischen Finanzierungen auch sonstige Bankgeschäfte abgewickelt. Hierbei handelt es sich um ein Allfinanzangebot. Die B. S. sind durch Gesetze weniger eingeengt als die Geschäftsbanken. Die Finanzierung erfolgt ausschließlich zu variablen Konditionen, eine Beleihungsgrenze oder etwa einschränkende Vorschriften wie das deutsche Hypothekenbankgesetz sind nicht zu beachten. So sind z. B. auch 100%- Finanzierungen möglich.

Bundesaufsichtsamt für das Kreditwesen (BAK), Sitz in Berlin. Zentrale Aufsichtsbehörde aller Kreditinstitute. Aufgabe: Mißständen im Kreditwesen entgegenzuwirken und die Sicherheit der den Kreditinstituten anvertrauten Vermögenswerte zu überprüfen sowie die ordnungsgemäße Durchführung der Bankgeschäfte zu überwachen. Grundlage: Kreditwesengesetz.

Bundesbank. Durch Gesetz vom 26. 7. 1957 wurde die Bank Deutscher Länder mit den Landeszentralbanken und der Berliner Zentralbank zur Deutschen B.

zusammengeschlossen. Sitz der Bank ist Frankfurt. Die B. hat das alleinige Recht zur Ausgabe von Banknoten. Sie reguliert den Geldumlauf und regelt die Kreditversorgung der Wirtschaft.

Bundesbaugesetz vom 29. 6. 1960. Teil I des Gesetzes regelt die Bauleitplanung, den Bebauungsplan und den Flächennutzungsplan. Im II. Teil wird die Sicherung der Planung, d. h. die Durchführung und Verwirklichung, geregelt. Im III. Teil geht es um die planungsrechtliche Zulässigkeit der Einzelbauvorhaben. Desweiteren sind die Umlegung, Enteignung, Bewertung und Erschließung geregelt. Dieses Gesetz ist am 1. 7. 1987 in das BauGB eingegangen.

Bundesfernstraßengesetz (FStrG), regelt alle Zusammenhänge mit dem Bau und der Unterhaltung der Fernstraßen. So sind z. B. in § 19 Abs. 1 die Enteignungsmöglichkeiten geregelt. Diese können erforderlich werden, wenn die Durchführung eines Bauvorhabens durch die Landesstraßenbaubehörde gefährdet ist.

Bundes-Gütegemeinschaft Montagebau und Fertighäuser e. V., Schlüterstr. 6, 2000 Hamburg 13, Verband der Fertighaushersteller, der das sogenannte → Fertighausverzeichnis herausgibt.

Bundesgeschäftsstelle der Landesbausparkassen, Simrockstraße 4−18, 5300 Bonn 1, Telefon 02 28/2 04-1.

Bundesminister für Raumordnung, Bauwesen und Städtebau 1949−1989.

Eberhard Wildermuth (FDP) vom 20. 9. 1949 bis 9. 3. 1952;
Fritz Neumayer (FDP) vom 19. 7. 1952 bis 7. 9. 1953;
Viktor-Emanuel Preusker (FDP) → DA → FVP → DP) vom 20. 10. 1954 bis 6. 10. 1957;
Paul Lücke (CDU) vom 29. 10. 1957 bis 17. 10. 1965;
Ewald Bucher (FDP) vom 26. 10. 1965 bis 28. 10. 1966;
Bruno Heck (CDU) vom 28. 10. 1966 bis 1. 12. 1966;
Lauritz Lauritzen (SPD) vom 1. 12. 1966 bis 22. 9. 1972;
Hans-Jochen Vogel (SPD) vom 15. 12. 1972 bis 16. 5. 1974;
Karl Ravens (SPD) vom 16. 5. 1974 bis 16. 2. 1978;
Dieter Haack (SPD) vom 16. 2. 1978 bis 4. 10. 1982;
Oskar Schneider (CSU) vom 4. 10. 1982 bis 21. 4. 1989;
Gerda Hasselfeldt (CSU) seit 21. 4. 1989.

Bundesministerium für Raumordnung, Bauwesen und Städtebau, Deichmanns-Allee, 5300 Bonn 2. Zuständiges Ministerium für alle Fragen rund um die Immobilie. Auch Einflußnahme auf die steuerliche Förderung nach dem Wohnungseigentumsförderungsgesetz.

Bundesnaturschutzgesetz *(BNatSchG v. 12. 3. 1987),* Rahmenregelung ohne unmittelbare Vorschrift für den einzelnen, da diese Rechte und Pflichten für den Grundbesitzer sich nur aus dem Landesrecht ergeben. Gleiches gilt für Bundeswaldgesetz (BWaldG).

Bundesraumordnungsprogramm. Ziel des B. ist die räumliche Entwicklung des Bundesgebietes, die der freien Entfaltung der Persönlichkeit in der Gemeinschaft dient. Dabei sind die natürlichen Gegebenheiten sowie die wirtschaftlichen, sozialen und kulturellen Erfordernisse zu beachten.

Bundesversicherungsanstalt (BFA), Berlin. Die BFA stellt ihren Mitgliedern unter bestimmten Voraussetzungen Baudarlehen für Eigenheime zur Verfügung. Die Wohnungen müssen dem öffentlich geförderten sozialen oder dem steuerbegünstigten Wohnungsbau entsprechen. Antragsberechtigt sind Rentner der BFA oder versicherte Angestellte, wenn sie im Zeitraum der Antragstellung für die letzten 24 Monate wirksame Pflichtbeiträge gezahlt haben oder eine Beitragszeit von 60 Monaten in den letzten zehn Jahren hatten oder eine Versicherungszeit in der gesetzlichen Rentenversicherung von 180 Kalendermonaten zurückgelegt haben. Bei Eheleuten muß ein Ehegatte den Nachweis erbringen. Die Darlehen werden zu Sonderkonditionen herausgelegt. Es bestehen Höchstbeträge.

Bundeswaldgesetz, → Bundesnaturschutzgesetz.

Bungalow, umgangssprachlicher Begriff für ein meist mit geringer bzw. ohne Dachneigung versehenes, eingeschossiges Gebäude. Durch das Flachdach überdurchschnittlich aufwendig im Unterhalt.

C

Cap-Darlehen, Darlehen mit variabler Verzinsung. Bei diesen Darlehen ist für eine bestimmte Laufzeit eine Ober- und eine Untergrenze des Zinssatzes im voraus festgelegt. Diese Grenzen dürfen nicht über- oder unterschritten werden. Mit dieser Konstruktion können die Risiken einer variablen Verzinsung teilweise eingegrenzt werden. Gebräuchliche Form bei Kommunaldarlehen. Als Entgelt wird eine Cap-Prämie gezahlt, welche als eine Art Versicherung zu verstehen ist. Seine Höhe richtet sich nach der Laufzeit des Kredites und der anfänglichen Differenz zwischen dem variablen Satz und dem Cap-Satz.

Carport, nicht rundum geschlossene Abstellfläche für einen PKW. Ausführung meist in Holz. Vielfach einseitig an ein Wohnhaus angebaut. Kostengünstiger als eine Garage. Gleiche Abstandsflächen zur Nachbarbebauung sind jedoch zu beachten.

chemisches Gutachten. Vielfach ist es üblich, Altbauten dahingehend zu prüfen, ob aufgrund der verwendeten Baustoffe und bei unbekannter Nutzung des Gebäudes Probleme vorhanden sind, die eine neuerliche Nutzung als Wohngebäude und natürlich auch die Finanzierung gravierend beeinflussen könnten. In den ch. G. sollten auch Sanierungsvorschläge enthalten sein. → Altlasten.

computerunterstützte Baufinanzierung. Die Vielfalt der Baufinanzierungsmodelle und ihr Zuschnitt auf die individuelle Situation des Bauherrn/Käufers einschließlich der Ausschöpfung der steuerlichen Möglichkeiten kann mit einer c. B. rascher und ggf. gründlicher und genauer erfolgen. Sie läßt dadurch mehr Zeit für Beratung und Betreuung.

CpD-Conto pro Diverse, internes Bankkonto für Zwischenverfügungen, wenn kein Kundenkonto besteht. Durch eine Gutschrift auf CpD. liegt noch kein Darlehensempfang im Sinne von § 607 BGB vor.

-culpa in contrahendo-, Bankenhaftung. Nach dem Grundsatz des Verschuldens bei Vertragsabschluß können sich für alle an einer Immobilienanlage Beteiligten aufgrund entgegengebrachten Vertrauens vorvertragliche Aufklärungs-, Beratungs- und Prüfungspflichten über Risiken und sonstige wesentliche Umstände ergeben, wenn der

Vertrauenstatbestand in zurechenbarer Weise geschaffen wurde und sich der Vertragspartner berechtigterweise darauf verlassen durfte. Die Haftung wegen Verschulden bei Vertragsverhandlungen besteht auch dann, wenn mit dem Vertragspartner kein Vertrag zustande gekommen ist. Die Haftung aus c. i. c. trifft bei Kapitalanlagen in erster Linie die Vertriebsgesellschaften. Anlageberater und Anlagevermittler müssen aufgrund des ihnen entgegengebrachten Vertrauens auch ungefragt über alle für die Anlageentscheidung wichtigen Umstände aufklären.

Quelle: E. v. Heymann, Bankenhaftung bei Immobilienanlagen, Wertpapier-Mitteilungen.

D

Dachformen, → Satteldach, → Walmdach, → Zeltdach, → Pultdach, → Sheddach.

Dachgeschoßausbau. Der nachträgliche Ausbau des Dachgeschosses bei Ein- und Zweifamilienhäusern ist genehmigungsfrei, wenn die Dachkonstruktion und die äußere Gestalt des Gebäudes nicht verändert werden. Bis Ende 1992 wird der D. durch ein Sonderprogramm (Zinserleichterung und Sonderabschreibungen) besonders gefördert. Voraussetzungen: a) Schaffung einer neuen Wohnung. b) Bauantrag darf nicht vor dem 3. 10. 1989 gestellt worden sein. c) Die Wohnung ist während des Begünstigungszeitraumes zu vermieten.

1. Zinsverbilligte Kredite.
Die Begrenzung der Mittel liegt bei 75% der Baukosten bzw. höchstens bei DM 750,– je m^2 geschaffener Wohnfläche. Der Zinssatz beträgt z. Zt. 5,25% bei 100% Auszahlung und ist fest für zehn Jahre. Die Laufzeit der Darlehen beträgt 25 Jahre. Die Tilgung kann fünf Jahre ausgesetzt werden; danach erfolgt die Tilgung in 40 gleichen Halbjahresraten. Nach zehn Jahren erfolgt eine Zinsanpassung an den Kapitalmarkt. Es empfiehlt sich, für diesen Zeitpunkt durch Abschluß eines Bausparvertrages Vorsorge zu treffen und den Vertrag in den zehn Jahren anzusparen. Die Beantragung der Mittel erfolgt über die Hausbank und die Bereitstellung der Gelder über die KfW.

2. Sonderabschreibung.
Alternativ können bis zu DM 60000,– je neu geschaffener Wohnung fünf Jahre mit 20% abgeschrieben werden. Der Restbetrag kann mit den üblichen AFA-Sätzen z. B. in den ersten vier Jahren mit 7% abgeschrieben werden.

Zu 1 + 2: Im Verlauf von zwölf Monaten nach Auszahlung der Mittel ist der Mietvertrag vorzulegen. Bei einer Beendigung des Mietvertrages vor Ablauf der Begünstigung erfolgt bei Nichtvorlage eines Anschlußvertrages eine marktübliche Verzinsung bzw. eine normale Abschreibung. → KfW-Wohnungsbaukreditprogramm.

Damnum, → Disagio.

Darlehensauszahlung. Die D. erfolgt üblicherweise erst, wenn dafür die Voraussetzungen erfüllt sind. Bei fertigen Gebäuden wird die D. meist in einem Betrag gegen Kaufpreislegung vorgenommen, bei Neubauten wird dem Bautenstand entsprechend in mehreren

Darlehensbedingungen

Teilbeträgen (ggf. angelehnt an die MaBVO) ausgezahlt. Hypothekenbanken erheben für Teilvalutierungen einen Zuschlag.

Darlehensbedingungen. Nach positiver Prüfung der → Beleihungsunterlagen wird von der Bank eine → Darlehenszusage erteilt. Voraussetzung ist der Abschluß des Vertrages. Dies kann durch Anerkennung der D. schriftlich durch besonderen Vertrag oder durch Anerkennung der Bedingungen in der → Eintragungsbewilligung für die grundbuchmäßige Eintragung erfolgen.

Darlehen für junge Familien, Kapitalersatzmittel für den Wohnungsbau. Kaum genutzte Darlehensform für die Erstellung oder den Kauf einer Wohnung oder eines Hauses. Öffentliche Stellen erteilen Auskünfte.

Darlehensgebühr (Bausparen). Mit Bereitstellung des Darlehens fällt bei den Bausparkassen eine D. an, je nach Bausparkasse 2 oder 3% der Darlehenssumme. Die Gebühr wird nicht gesondert erhoben, sondern das Darlehen erhöht sich um diesen Betrag. Gleiches geschieht durch Entnahme aus dem Guthaben.

Darlehenskosten. Es wird unterschieden in a) Zinsen als laufend zu entrichtende D. und b) einmalige Kosten. Beide Kosten sind bei den einzelnen Kreditgebern unterschiedlich hoch. Bei → Kleindarlehen werden zum Teil Zinsaufschläge oder ein → Verwaltungskostenbeitrag berechnet. Für den Fall, daß der

Schuldner mit seinen Leistungen rückständig bleibt, werden von allen Instituten → Verzugszinsen berechnet. Zu den einmaligen Kosten zählen → Auszahlungsabschlag, → Disagio, → Schätzgebühren, → Bearbeitungsgebühr. Für die Bereitstellung der Mittel wird eine → Bereitstellungsprovision berechnet.

Darlehensvertrag (§§ 607 bis 610 BGB). Wer Geld als Darlehen empfangen hat, ist verpflichtet, dem Darleiher das empfangene Geld in gleicher Menge zurückzuzahlen. Die Vereinbarung wird in einem Vertrag festgehalten. Formvorschriften gibt es hierfür nicht. Sind Zinsen vereinbart, so sind sie, sofern nicht etwas anderes bestimmt ist, nach dem Ablauf je eines Jahres zu entrichten, sofern das Darlehen nicht kürzer läuft.

Darlehensverzicht (Bausparen). Der Bausparer kann auf das Bauspardarlehen oder Teile davon verzichten. Die Verzichterklärung bedarf keiner besonderen Form.

Darlehenszusage, erfolgt nach positiver Entscheidung durch die Bank. Erst diese bestätigt das Zustandekommen des Kredites. Vielfach ist diese Zusage vom Kunden noch anzunehmen. Die am Tage der Zusage gültigen Konditionen sind i. d. R. maßgebend und nicht die bei der Beantragung. Vielfach sind die Zusagen befristet hinsichtlich der Erfüllung der Auflagen. Je weniger Auflagen in der Zusage enthalten sind, desto konkreter ist die Zusage.

Dauerfinanzierung, langfristige Finanzierungsmittel, im Gegensatz zu → Vorfinanzierungen, → Zwischenfinanzierungen. Hierzu zählen Hypothekendarlehen, Bauspardarlehen, Bank- und Sparkassendarlehen.

dauernde Lasten liegen vor, wenn über längere Zeit wiederkehrende Beträge gezahlt werden (§ 10 Abs. 1 Nr. 1 a EStG). Sie gehören zu den unbeschränkt abzugsfähigen Sonderausgaben, wenn sie auf besonderen Verpflichtungen beruhen. Zuwendungen an gesetzlich unterhaltsberechtigte Personen und freiwillige Zuwendungen sind jedoch nicht als d. L. abziehbar. Zu d. L. zählen: Leistungen aufgrund einer Erbauseinandersetzung, Altenteilsleistungen, Schadensersatzrenten, jährliche Erbschaftsteuer, Zahlungen aufgrund eines schuldrechtlichen Versorgungsausgleichs.

Dauernutzungsrecht *(§ 1093 BGB, §§ 31 ff. WEG).* Ein Grundstück kann in der Weise belastet werden, daß derjenige, zu dessen Gunsten die Belastung erfolgt, berechtigt ist, nicht zu Wohnzwecken dienende Räume auf dem Grundstück zu nutzen. Die Vorschriften für das → Dauerwohnrecht gelten entsprechend. Das Recht ist sowohl veräußerlich als auch vererblich und kann durch Vermietung und Verpachtung ertragsbringend genutzt werden. Die Rechte stellen eine erhebliche Grundstücksbelastung dar. Sie müssen i. d. R. dem Grundpfandrecht eines Kreditinstitutes den Vorrang einräumen.

Dauerschulden *(§ 8 Ziff. 1, 12 Abs. 2 Ziff. 1 Gewerbesteuergesetz),* Verbindlichkeiten, die nicht nur zu einer vorübergehenden Verstärkung des Betriebsmittelkapitals eingegangen werden.

Dauerschuldzinsen *(§ 8 GewSTG).* D. werden bei der Errechnung des Gewerbeertrages zu 50% dem Gewinn aus dem Gewerbebetrieb zugerechnet. Daher gehört die → Vermeidung von D. zu einer Beratungsnotwendigkeit des Kredit- und Kundenberaters. Ab 1. 1. 1990 werden auch Zinsen auf ein partiarisches Darlehen, auf Genußscheine, Gewinnobligationen, Entgelte aus Damnen zu 50% beim Gewerbeertrag hinzugerechnet.

Dauerwohnrecht. Das D. besteht darin, daß demjenigen, zu dessen Gunsten die Belastung erfolgt ist, das Recht zusteht, unter Ausschluß des Eigentümers eine bestimmte Wohnung in einem auf dem Grundstück bereits errichteten oder noch zu errichtenden Gebäude − oder aber auch das ganze Grundstück − zu bewohnen oder in anderer Weise zu benutzen. Das D. sollte nur bestellt werden, wenn die Wohnung in sich abgeschlossen ist. Das Recht ist veräußerlich und vererbbar, es kann aber vereinbart werden, daß der Berechtigte zur Veräußerung des D. der Zustimmung des Eigentümers oder eines Dritten bedarf (§§ 31 WEG) → Wohnungseigentum. Achtung bei D., die zeitlich unbegrenzt oder für mehr als zehn Jahre eingeräumt werden (§ 41 Abs. 2, 3 WEG) → Heimfall. Die Verwendung von Bausparmitteln für den Erwerb eines eigentumsähnlichen D. ist steuer- und prämienunschädlich möglich. Eigentumsähnlich ist dann gegeben, wenn das D. für eine Zeit von 50–99 Jahre begründet wird. Erlaß des Finanzministeriums Baden-Württemberg vom 25. 2. 1988, S. 1960 A-3/67, in Übereinstimmung mit den obersten Finanzbehörden des Bundes und der anderen Länder.

Deckung. Realkreditinstitute sind gesetzlich verpflichtet, den gesamten Betrag der umlaufenden → Pfandbriefe und → Kommunalobligationen in Höhe des Nennwertes jederzeit durch Hypotheken und Kommunaldarlehen von mindestens gleicher Höhe und mindestens gleichem Zinssatz zu decken. Eine Überwachung erfolgt durch den Treuhänder.

Deckungsgrundsatz *(§ 44 ZVG, § 182 ZVG Teilungsversteigerung).* Bei → Zwangsversteigerung wird nur ein solches Gebot zugelassen, durch welches die dem Anspruch des Gläubigers vorgehenden Rechte sowie die aus dem Versteigerungserlös zu entnehmenden Kosten des Verfahrens gedeckt werden. Das Verfahren wird somit vom D. beherrscht, der im → geringsten Gebot zum Ausdruck kommt.

Deckungshypothek, Hypothek, die als Sicherheit für die von den Hypothekenbanken ausgegebenen Pfandbriefe dient.

Deckungskapital *(§§ 121, 92 ZVG).* Fallen Rechte aus → Abteilung II des Grundbuches in das → geringste Gebot, so bestimmt das Gericht erforderlichenfalls den Ersatzbetrag, das D. Fallen die Rechte nicht in das geringste Gebot, so erlöschen sie. Dann ist eine Wertfestsetzung im Zwangsversteigerungstermin nicht erforderlich. Es genügt eine Anmeldung zum Verteilungstermin.

Deckungsrücklage. Aus den Prämien, die ein Versicherungsnehmer regelmäßig in seine Kapitallebensversicherung einzahlt, bilden die Versicherer D. (auch Prämienreserven genannt). Diese sind bei Versicherungsbeginn sehr niedrig, steigen später aber überproportional an. Bei einem normalen Versicherungsverlauf bilden sich nach 25–30 Laufzeitjahren Überschüsse, die leicht die ursprüngliche Versicherungssumme verdoppeln. Während der Vertragslaufzeit können diese D. als → Policendarlehen beliehen werden. Dies ist bei vorübergehendem Geldbedarf regelmäßig sinnvoller als die völlige Vertragsauflösung.

Deckungsstock. In den D. dürfen Schuldscheinforderungen für die → Hypotheken oder → Grundschulden verpfändet oder zur Sicherung übertragen sind, die den Erfordernissen aus § 11.12 HypBankG für Erbbaurechte § 21 der ErbbRVO entsprechen, sowie Darlehen an die Öffentliche Hand und in besonderen Fällen an inländische Unternehmen. Besicherung: → erststellige Grundpfandrechte.

degressive Abschreibung *(§ 7 Abs. 5 EStG).* Jeder Bauherr bzw. Erwerber kann im Jahr der Fertigstellung die Objektkosten (also nicht den Grundstücksanteil) unbeschränkt degressiv abschreiben. Die Höhe dieser Abschreibung ist allerdings abhängig vom Zeitpunkt der Fertigstellung bzw. Erwerb innerhalb des betreffenden Fertigstellungsjahres. In der Baufinanzierung empfiehlt es sich, für die einzelnen Objekte entsprechende Objektblätter anzulegen, damit daraus auch die angewandte Abschreibung ersichtlich ist.

1. Wohnimmobilien

Fertigstellung vor dem	Abschreibung
30. 7. 81	12 Jahre 3,5%
	20 Jahre 2%
	18 Jahre 1%
	Gesamtabschreibungsdauer
	50 Jahre
nach dem	8 Jahre 5%
29. 7. 81	6 Jahre 2,5%
	36 Jahre 1,25%
	Gesamtabschreibungsdauer
	50 Jahre
nach dem	4 Jahre 7%
28. 2. 89	6 Jahre 5%
	6 Jahre 2%
	24 Jahre 1,25%
	Gesamtabschreibungsdauer
	40 Jahre

2. Gewerbeimmobilien

Antrag auf Baugenehmigung nach dem 31. 3. 85	4 Jahre lang 10%
	3 Jahre lang 5%
	18 Jahre lang 2,5%
	Gesamtabschreibungsdauer
	25 Jahre

Denkmalbuch, → Denkmalliste.

Denkmalförderprogramme. Zur Erhaltung der Kulturgüter haben die Länder Programme zur finanziellen Unterstützung der Eigentümer für die Erneuerung und Unterhaltung der Objekte aufgelegt. Hier handelt es sich um D. der Länder, der Landschaftsverbände, Denkmalpflegehilfen der Kreise und Gemeinden, Modernisierungsprogramme, städtebauliche Ergänzungsprogramme, Dorferneuerungsprogramme, Steuervergünstigungen der Grundsteuer, Vermögensteuer, Erbschaftsteuer, Einkommensteuer auf Herstellungs- und Erhaltungskosten und außergewöhnliche Belastungen sowie Einsparungen bei der Umsatzsteuer.

1. Steuervergünstigungen

1 a) Erhöhte Absetzung von → *Herstellungskosten*

Begünstigung beschränkt sich nur auf die Herstellungskosten. Nicht begünstigt ist die Anschaffung eines Baudenkmals. Für Gebäude oder Gebäudeteile, die als Baudenkmal anerkannt sind, können anstelle der normalen Gebäudeabschreibung nach § 82i EStDV → (erhöhte Abschreibung) 10% der Herstellungskosten jährlich steuermindernd geltend gemacht werden. Voraussetzung ist die Eintragung in der Denkmalliste und eine entsprechende Bescheinigung der Behörde.

1 b) Sofort abzugsfähiger Erhaltungsaufwand

Der Erhaltungsaufwand muß dazu dienen, das Gebäude als Baudenkmal zu erhalten und es sinnvoll zu nutzen. Erhaltungsaufwand ist grundsätzlich im Jahr der tatsächlichen Zahlung steuerlich absetzbar. Bei größerem Erhaltungsaufwand von Baudenkmälern können diese über zwei bis fünf Jahre gleichmäßig verteilt werden.

1 c) Außergewöhnliche Belastungen
Aufwendungen für schutzwürdige Kulturgüter, die keine Werbungskosten oder Betriebsausgaben darstellen, können unter bestimmten Voraussetzungen als außergewöhnliche Belastungen einkommensteuermindernd geltend gemacht werden. Dies ist z. B. der Fall, wenn die Erhaltung des Kulturgutes wegen seiner Bedeutung für Kunst, Geschichte oder Wissenschaft im öffentlichen Interesse liegt. Hier kann es sich um eine Privatkapelle, eine Burgruine oder einen unbewohnten Turm handeln.

1 d) Einsparung bei der Einheitsbewertung
Bei der Einheitsbewertung kann die Denkmaleigenschaft eines Gebäudes zu einem niedrigeren Einheitswert führen. Dies ist dann der Fall, wenn das Grundstück wegen eingeschränkter wirtschaftlicher Verwertbarkeit für den Eigentümer einen Minderwert gegenüber vergleichbaren anderen, nicht denkmalgeschützten Grundstücken bedeutet.

1 e) Einsparungen bei der Vermögensteuer und Grundsteuer
Auch hier werden bei Baudenkmälern Abschläge gewährt. Hier ist mit den zuständigen Behörden Rücksprache zu nehmen. Kulturdenkmäler, die zum sonstigen Vermögen gehören, werden nur mit 40% ihres Wertes angesetzt,

wenn ihre Erhaltung wegen ihrer Bedeutung für Kunst und Geschichte im öffentlichen Interesse liegt und die jährlichen Kosten i. d. R. die erzielten Einnahmen übersteigen. Dies hat sowohl Auswirkungen auf die Vermögen als auch auf die Grundsteuer.

1 f) Einsparungen bei der Erbschaftsteuer
Für Kulturdenkmäler wird sowohl eine Teilbefreiung als auch eine völlige Befreiung von der Erbschaftsteuer gewährt. 60%ige Befreiung z. B. für: Grundbesitz, Kunstgegenstände und Archive.

1 g) Einsparung bei der Umsatzsteuer
Die Vermietung oder Verpachtung von Grundstücken oder Grundstücksteilen, die Kulturdenkmäler darstellen, sind gemäß § 4 Nr. 12a UStG von der Umsatzsteuer befreit.

2. Förderungsprogramme in Nordrhein-Westfalen
Literaturnachweis: Finanzierungs- und Steuertips für Denkmaleigentümer in Nordrhein-Westfalen, Rheinlandverlag GmbH, Köln

2 a) Denkmalförderungsprogramm des Landes Nordrhein-Westfalen (§§ 35, 36 DSchG v. 11. 3. 1980)
Unterstützung notwendiger Erhaltungsmaßnahmen, die die Eigentümer finanziell überfordern. Gefördert werden Objekte, die in die Denkmalliste eingetragen worden sind und Denkmäler, die vorläufig unter Schutz gestellt sind: Maßnahmen zur Sicherung, Erhaltung, Instandsetzung, Konservierung oder Restaurierung eines Denkmales, und zwar nur die denkmalpflegerischen Kosten. Empfänger kann je-

der Eigentümer sein. Die Förderung erfolgt als nicht rückzahlbarer Zuschuß, der i. d. R. ein Drittel des denkmalpflegerischen Gesamtaufwandes nicht übersteigt. Die Beantragung erfolgt bei der Unteren Denkmalbehörde; das ist die Gemeindeverwaltung, in der das Objekt liegt.

2 b) Denkmalförderungsprogramm der Landschaftsverbände

Förderungsgegenstand und Förderungsart sowie Voraussetzungen sind gleich dem Programm des Landes Nordrhein-Westfalen. Wegen der Höhe des Etats können hier jedoch nur Maßnahmen bis zu DM 45000,– berücksichtigt werden. Die Mittel können bei folgenden Anschriften beantragt werden: Rheinisches Amt für Denkmalpflege, Abtei Brauweiler, Ehrenfriedstraße 19, 5024 Pulheim/Brauweiler, für Westfalen: Westfälisches Amt für Denkmalpflege, Erbbrostenhof, Salzstraße 38, 4400 Münster.

2 c) Denkmalpflegehilfen der Gemeinden

Förderungsgegenstand und Förderungsart sowie Voraussetzungen sind gleich dem Förderungsprogramm des Landes. Der Gesamtbeihilfenbetrag ist hier jedoch auf höchstens DM 10000,– beschränkt. I. d. R. gilt hier eine Begrenzung der Zuschußhöhe auf ein Drittel der denkmalpflegerischen Aufwendungen.

2 d) denkmalpflegerischer Mehraufwand

Steht ein Objekt unter Denkmalschutz und soll renoviert und modernisiert werden, so kann es durch die Denkmalpflege zu Mehrkosten gegenüber nor-

maler Renovierung kommen. Beispiel: Das Dach muß erneuert werden. Unterschied zu neuen Ziegeln gegenüber den von der Denkmalpflege geforderten Hohlziegeln. Diese Mehrkosten können durch das Denkmalpflegehilfegesetz des Landes Nordrhein-Westfalen, der Landschaftsverbände, der Kreise und Gemeinden mitfinanziert werden.

2 e) Städtebauförderungsprogramm des Landes Nordrhein-Westfalen

Besondere Förderung für Objekte in vom Land geförderten Sanierungsgebieten. Das Gebäude muß einen besonderen städtebaulichen Wert haben. Der geförderte Wohnraum darf weitere 25 Jahre nur als Wohnraum genutzt werden. Mit der baulichen Maßnahme darf vor Bewilligung der Mittel nicht begonnen werden. Gefördert werden hauptsächlich Mehrkosten, die von der Denkmalpflege gefordert werden, z. B. Nachbau historischer Holzfenster nach Originalprofilen usw. Da Teile der Mittel von den Gemeinden getragen werden müssen, stehen hierfür jeweils nur begrenzt Mittel zur Verfügung.

2 f) Dorferneuerung

Zuwendungen für Maßnahmen der Denkmalförderung sollen dazu beitragen, die Eigenart der ländlichen Orte zu erhalten und sie zeitgemäßen Bedürfnissen anzupassen. Gefördert werden: Denkmalwerte, Hofanlagen, Scheunen, Ställe und zugehörige Wohnbauten und kleinere bauliche Objekte, die für das Ortsbild von Bedeutung sind, wie Wegekreuze, Bildstöcke, Kapellen und historische Brunnen. Die Erhaltung und Instandsetzung werden geför-

Denkmalförderprogramme

dert. Die Zuwendungshöhe liegt bei 40% der förderungsfähigen Kosten, höchstens jedoch DM 30 000,– je Maßnahme als nicht rückzahlbarer Zu-

schuß. Die Anträge können bei den nachfolgenden Ämtern für Agrarordnung beantragt werden:

Ämter für Agrarordnung
Zuständigkeiten der Ämter für Agrarordnung für

Stadt Aachen Kreis Aachen Kreis Düren Kreis Heinsberg	Amt für Agrarordnung Aachen Franzstraße 49 5100 Aachen
Kreis Euskirchen Erftkreis	Amt für Agrarordnung Euskirchen Münstereifeler Str. 123 5350 Euskirchen
Stadt Krefeld Stadt Mönchengladbach Kreis Kleve Kreis Viersen	Amt für Agrarordnung Mönchengladbach Croonsallee 4050 Mönchengladbach

Förderung der Dorferneuerung

Stadt Duisburg Stadt Düsseldorf Stadt Essen Stadt Mülheim a. d. Ruhr Stadt Oberhausen Stadt Remscheid Stadt Solingen Stadt Wuppertal Kreis Mettmann Kreis Neuss Kreis Wesel	Amt für Agrarordnung Mönchengladbach – Außenstelle Düsseldorf – Carl-Rudolf-Straße 184 4000 Düsseldorf
Stadt Bonn Stadt Köln Stadt Leverkusen Rheinisch-Bergischer Kreis Rhein-Sieg-Kreis	Amt für Agrarordnung Siegburg Frankfurter Straße 86–88 5200 Siegburg
Oberbergischer Kreis	Amt für Agrarordnung Waldbröl Oststraße 4 5220 Waldbröl

114

Kreis Olpe	Amt für Agrarordnung Siegen
Kreis Siegen	Hermelsbacher Weg 15
	5900 Siegen

Hochsauerlandkreis	Amt für Agrarordnung Arnsberg
Märkischer Kreis	Königstraße 22
	5760 Arnsberg 2

Stadt Bochum	Amt für Agrarordnung Soest
Stadt Dortmund	Stiftstraße 53
Stadt Hagen	4770 Soest
Stadt Hamm	
Stadt Herne	
Ennepe-Ruhr-Kreis	
Kreis Soest	
Kreis Unna	

Stadt Münster	Amt für Agrarordnung Münster
Kreis Steinfurt	Wiener Straße 52–54
Kreis Warendorf	4400 Münster

Kreis Höxter	Amt für Agrarordnung Warburg
Kreis Paderborn	Prozessionsweg 1
	3530 Warburg

Stadt Bottrop	Amt für Agrarordnung Coesfeld
Stadt Gelsenkirchen	Leisweg 12
Kreis Borken	4420 Coesfeld
Kreis Coesfeld	
Kreis Recklinghausen	

Stadt Bielefeld	Amt für Agrarordnung Bielefeld
Kreis Gütersloh	August-Bebel-Straße 73–77
Kreis Herford	4800 Bielefeld
Kreis Lippe	
Kreis Minden-Lübbecke	

3) Denkmalschutz in Bayern
Voraussetzung für ein Baudenkmal ist die Eintragung in die amtliche Liste der Baudenkmäler. Die Bayerische Liste umfaßt mehr als 100 000 Objekte. Neben Einzelobjekten – auch Privathäusern – sind ganze Dörfer und Städte wie Regensburg und Bamberg eingetragen. Die Denkmalliste liegt bei allen Gemeindeverwaltungen und Land-

kreisverwaltungen zur Einsichtnahme aus. Jeder Bürger, der durch die Eintragung in die Liste betroffen ist, hat Anspruch auf Auskunft. Der Listeneintrag ist grundsätzliche Voraussetzung für die staatliche Förderung, für Zuschüsse und für steuerliche Erleichterungen. Das jeweilige Bauamt ist Ansprechpartner und unterrichtet den Denkmalpfleger. Die Leistungen der

115

Denkmalpflege sind kostenlos. Beratung erhält man auch von den Heimatpflegern, die ehrenamtlich für die Kreis- und Stadtverwaltungen arbeiten. Wichtig: Wird an einem Baudenkmal eine nicht baugenehmigungspflichtige Maßnahme durchgeführt, so ist dies durch ein Erlaubnisverfahren zu genehmigen.

Denkmalliste. Gebäude, welche unter Denkmalschutz stehen, werden in eine D. eingetragen. Die Eintragung hat in keinem Fall eine enteignende Wirkung. Lediglich bedürfen alle Maßnahmen, die sich auf den Bestand, die Substanz und das Erscheinungsbild in irgendeiner Weise auswirken, der Erlaubnis der Denkmalschutzbehörde. Einzelheiten sind in den Denkmalschutzgesetzen der Länder geregelt.

Denkmalschutz *(§§ 1, 5, 9, 35, 172 BauGB),* dient grundsätzlich zwei grundlegenden Gefahrenbereichen des historischen Kulturgutes, insbesondere der Baudenkmäler: 1. Der unmittelbaren Gefährdung ihrer materiellen Existenzen. 2. Sie entsprechen nicht mehr den Nutzungsansprüchen und verlieren dadurch ihre Funktion. Für beide Problembereiche, die materielle Existenzsicherung wie die funktionale Erhaltung durch Anpassung an veränderte Nutzungsansprüche, gibt es bestimmte Förderungsmöglichkeiten (→ Denkmalförderungsprogramme.) Gefördert werden die Programme durch Steuervergünstigungen, Zuschüsse und Beihilfen.

Denkmalschutzbehörde, zuständige Behörde für die Einhaltung des Denkmalschutzgesetzes. Die unteren Denkmalschutzbehörden sind in: Baden-Württemberg: Bauaufsichtsbehörden der Landkreise und kreisfreien Städte; Bayern: Kreisverwaltungsbehörden; Berlin: Senator für Stadtentwicklung und Umweltschutz, Archäologisches Landesamt Berlin; Bremen: Landesamt für Denkmalpflege für den Stadtbereich Bremen sowie für die Stadtgemeinde Bremerhaven; Hamburg: Kulturbehörde; Hessen: Kreise und Gemeinden mit Bauaufsichtsbehörden; Niedersachsen: Bauaufsichtsbehörden der Landkreise und Gemeinden; Nordrhein-Westfalen: Gemeinden; Rheinland-Pfalz: Kreisverwaltungsbehörden; Saarland: Bürgermeister der Städte und Gemeinden mit Bauaufsichtsbehörden; Schleswig-Holstein: Landräte und Bürgermeister der kreisfreien Städte.

Depotbank *(§ 11 KAGG),* Kreditinstitut, welches von einer Kapitalanlagegesellschaft mit der Verwahrung von Sondervermögen sowie mit der Ausgabe und Rücknahme von Anteilsscheinen beauftragt ist. Die jeweils zu einem Sondervermögen gehörenden Wertpapiere sind in ein gesperrtes Depot zu legen.

Dienstbarkeiten, Nutzungsrechte, die den Grundstückseigentümer zu einem Dulden oder Unterlassen verpflichten und ein anderes Grundstück oder einen Dritten begünstigen. Es wird unterschieden in → Grunddienstbarkeiten, →

beschränkte persönliche D. und → Nießbrauch.

Dienstwohnung *(§ 565 b – e BGB)*, Wohnraum, der mit Rücksicht auf bestehende Dienstverhältnisse vermietet ist. Es sind u. a. besondere Kündigungsbedingungen vereinbart.

dingliche Forderung, durch Grundschulden oder Hypotheken gesicherte Forderung. Ihr Wesen liegt in der Befugnis des Berechtigten, unmittelbar auf die Sache einzuwirken. Das bedeutet für den Gläubiger eines solchen Rechts, daß er befugt ist, wegen seines Anspruchs Befriedigung aus dem belasteten Grundstück zu suchen.

dingliche Rechte. Grundschulden und Hypotheken sind Pfandrechte an Grundstücken. Sie gehören zum Kreis der sogenannten d. R. Ihr Wesen liegt in der Befugnis des Berechtigten, unmittelbar auf die Sache einzuwirken, d. h. der Gläubiger kann wegen seines Anspruchs Befriedigung aus dem belasteten Grundbesitz suchen. → Wohnungseigentum, → Teileigentum, → Erbbaurecht, → Wohnungserbbaurecht sowie → Teilerbbaurecht sind dem Grundstück gleichgestellt.

dinglicher Schuldtitel *(§ 800 ZPO)*. Sollen z. B. aus einem → dinglichen Recht Zinsrückstände beigetrieben werden, bedarf es zur Vollstreckung eines dinglichen Titels. I. d. R. haben die Banken eine Unterwerfungsklausel nach § 800 ZPO in der Schuldurkunde, die hierfür ausreichend ist. Sie enthält den Vermerk, daß der Eigentümer der sofortigen Zwangsvollstreckung unterworfen ist und wird im Grundbuch eingetragen.

dingliches Wohnrecht *(§ 1093 BGB)*. Bei jeder Beleihung ist das d. W. zu beachten, Vorrang sollte angestrebt werden. Als beschränkte persönliche Dienstbarkeit kann das Recht bestellt werden, ein Gebäude oder einen Teil eines Gebäudes unter Ausschluß des Eigentümers als Wohnung zu benutzen. Häufig ist das d. W. Teil eines Altenteils. Für die Beleihungsinstitute ist die Verwertung eines mit d. W. belasteten Grundstücks erheblich erschwert, falls kein Vorrang besteht.

DIN-Normen, vom *D*eutschen *I*ndustrie-*N*ormenausschuß aufgestellte Bedingungen und Regeln z. B. für Baustoffe und die Ausführung von Leistungen.

DIN-Vorschriften für Bauleistungen.

DIN 18 300 Erdarbeiten . . . .
DIN 18 301 Bohrarbeiten . . . .
DIN 18 302 Brunnenarbeiten . . . .
DIN 18 303 Vertauarbeiten . . . .
DIN 18 304 Rammarbeiten . . . .
DIN 18 305 Wasserhaltungsarbeiten . . . . .
DIN 18 306 Entwässerungskanalarbeiten .
DIN 18 307 Gas- und Wasserleitungsarbeiten im Erdreich . . . .
DIN 18 320 Landschaftsbauarbeiten . . . . .
DIN 18 330 Maurerarbeiten . . . .
DIN 18 331 Beton- und Stahlbetonarbeiten . . . .
DIN 18 332 Naturwerksteinarbeiten . . . . .
DIN 18 333 Betonwerksteinarbeiten . . . . .
DIN 18 334 Zimmer- und Holzbauarbeiten . . . .
DIN 18 335 Stahlbauarbeiten . . . .
DIN 18 336 Abdichtung gegen drückendes Wasser . . . .

Direktförderung (im sozialen Wohnungsbau)

Direktförderung (im sozialen Wohnungs-bau), durch öffentliche oder nichtöf-fentliche Mittel als sofort verfügbare Darlehen direkte Beteiligung der öf-fentlichen Hände am sozialen Woh-nungsbau. Unterstützt wird dies durch Annuitätsdarlehen oder -zuschüsse. Die D. schließt zusätzliche Förderungs-maßnahmen (z.B. Sonderabschrei-bung mit Sozialbindung) aufgrund des Kumulationsverbotes aus.

Direktzusagen, zwischen Hypotheken-bank und Bausparkassen bzw. Banken sowie Sparkassen abgesprochenes Ver-fahren zur vereinfachten Darlehenszu-sage durch vorgenannte Institute.

Disagio (Damnum), Differenz zwischen Nominalbetrag und tatsächlicher Aus-zahlung z.B. eines aufgenommenen Darlehens. Entgelt für die Ermäßigung des Zinssatzes für die Zeit der Zinsfest-schreibung. In Ausnahmefällen auch bei variabel gestalteten Konditionen möglich. Das D. wird bei der Darlehens-auszahlung – i.d.R. bei der ersten Rate – in voller Höhe einbehalten. Es zählt zu den → Geldbeschaffungskosten und ist daher steuerlich absetzbar, im Jahr der Belastung oder durch Abgrenzung über mehrere Jahre. Bei Eigennutzern nur vor Bezugsfertigkeit oder bei Kauf gemieteter Räume/Häuser vor Über-gang der Lasten und Nutzung. Durch Berechnung eines D. kann der nominale Zinssatz ermäßigt werden, wodurch ei-ne monatliche geringere Belastung ent-steht, z.B. 7% Zinsen bei 100% Aus-zahlung für zehn Jahre fest entspricht etwa 6% Zinsen bei 90% Auszahlung (→ Abflußprinzip). Auch Bauspardar-lehen können mittlerweile mit D. bean-tragt werden. Dies rechnet sich beson-ders dann, wenn das D. zu → Werbungs-kosten führt. Wegen der mit der Zutei-lung verbundenen Wartezeit und dem oftmals nicht genau zu bestimmenden Auszahlungszeitpunkt muß darauf ge-achtet werden, daß das D. in jedem Fall vor dem Einzug anfallen wird. Auch wichtig für Zweifamilienhäuser mit Übergangsregelung bis 1998.

Disagiosplitting, Rechnungsabgrenzung, wonach das Disagio auf unterschiedliche Zeiträume verteilt wird mit dem Ziel, dadurch eine optimal günstige Darstellung des anfänglichen effektiven Jahreszinses zu erzielen. Der Begriff ist erst mit der Preisangabenverordnung zum 1. 9. 1985 aufgekommen.

Diskontsatz, Zinssatz, den die Deutsche Bundesbank beim Ankauf von Wechseln berechnet. Er ist die Grundlage für den Zinssatz, den die Banken ihren Kunden beim Ankauf von Wechseln in Rechnung stellen und wird vielfach als Bezugsgröße bei Verzinsungen herangezogen. Der D. wird jeweils vom Zentralbankrat festgesetzt. Die Sätze seit 1947:

	Diskontsatz
1. 1. 1947 – 20. 6. 1948	3 1/2%
21. 6. 1948 – 26. 5. 1949	5%
27. 5. 1949 – 13. 7. 1949	4 1/2%
14. 7. 1949 – 26. 10. 1950	4%
27. 10. 1950 – 28. 5. 1952	6%
29. 5. 1952 – 20. 8. 1952	5%
21. 8. 1952 – 7. 1. 1953	4 1/2%
8. 1. 1953 – 10. 6. 1953	4%
11. 6. 1953 – 19. 5. 1954	3 1/2%
20. 5. 1954 – 3. 8. 1955	3%
4. 8. 1955 – 7. 3. 1956	3 1/2%
8. 3. 1956 – 18. 5. 1956	4 1/2%
19. 5. 1956 – 5. 9. 1956	5 1/2%
6. 9. 1956 – 10. 1. 1957	5%
11. 1. 1957 – 18. 9. 1957	4 1/2%
19. 9. 1957 – 16. 1. 1958	4%
17. 1. 1958 – 26. 6. 1958	3 1/2%
27. 6. 1958 – 9. 1. 1959	3%
10. 1. 1959 – 3. 9. 1959	2 3/4%
4. 9. 1959 – 22. 10. 1959	3%
23. 10. 1959 – 2. 6. 1960	4%
3. 6. 1960 – 10. 11. 1960	5%
11. 11. 1960 – 19. 1. 1961	4%
20. 1. 1961 – 4. 5. 1961	3 1/2%
5. 5. 1961 – 21. 1. 1965	3%
22. 1. 1965 – 12. 8. 1965	3 1/2%
13. 8. 1965 – 26. 5. 1966	4%
27. 5. 1966 – 5. 1. 1967	5%
6. 1. 1967 – 16. 2. 1967	4 1/2%
17. 2. 1967 – 13. 4. 1967	4%
14. 4. 1967 – 11. 5. 1967	3 1/2%
12. 5. 1967 – 10. 8. 1967	3%
11. 8. 1967 – 20. 3. 1969	3%
21. 3. 1969 – 17. 4. 1969	3%
18. 4. 1969 – 19. 6. 1969	4%
20. 6. 1969 – 10. 9. 1969	5%
11. 9. 1969 – 4. 12. 1969	6%
5. 12. 1969 – 8. 3. 1970	6%
9. 3. 1970 – 15. 7. 1970	7 1/2%
16. 7. 1970 – 17. 11. 1970	7%
18. 11. 1970 – 2. 12. 1970	6 1/2%
3. 12. 1970 – 31. 3. 1971	6%
1. 4. 1971 – 13. 10. 1971	5%
14. 10. 1971 – 22. 12. 1971	4 1/2%
23. 12. 1971 – 24. 2. 1972	4%
25. 2. 1972 – 8. 10. 1972	3%
9. 10. 1972 – 2. 11. 1972	3 1/2%
3. 11. 1972 – 30. 11. 1972	4%
1. 12. 1972 – 11. 1. 1973	4 1/2%
12. 1. 1973 – 3. 5. 1973	5%
4. 5. 1973 – 31. 5. 1973	6%
1. 6. 1973 – 24. 10. 1974	7%
25. 10. 1974 – 19. 12. 1974	6 1/2%
20. 12. 1974 – 6. 2. 1975	6%
7. 2. 1975 – 6. 3. 1975	5 1/2%
7. 3. 1975 – 24. 4. 1975	5%
25. 4. 1975 – 22. 5. 1975	5%
23. 5. 1975 – 14. 8. 1975	4 1/2%
15. 8. 1975 – 11. 9. 1975	4%
12. 9. 1975 – 14. 7. 1977	3 1/2%
15. 7. 1977 – 15. 12. 1977	3 1/2%
16. 12. 1977 – 18. 1. 1979	3%
19. 1. 1979 – 29. 3. 1979	3%
30. 3. 1979 – 31. 5. 1979	4%
1. 6. 1979 – 12. 7. 1979	4%
13. 7. 1979 – 31. 10. 1979	5%
1. 11. 1979 – 28. 2. 1980	6%
29. 2. 1980 – 1. 5. 1980	7%
2. 5. 1980 – 18. 9. 1980	7 1/2%
19. 9. 1980 – 26. 8. 1982	7 1/2%
27. 8. 1982 – 21. 10. 1982	7%
22. 10. 1982 – 2. 12. 1982	6%
3. 12. 1982 – 17. 3. 1983	5%
18. 3. 1983 – 8. 9. 1983	4%
9. 9. 1983 – 28. 6. 1984	4%

29. 6. 1984 – 31. 1. 1985	4 1/2%
1. 2. 1985 – 15. 8. 1985	4 1/2%
16. 8. 1985 – 6. 3. 1986	4%
7. 3. 1986 – 22. 1. 1987	3 1/2%
23. 1. 1987 – 3. 12. 1987	3%
4. 12. 1987 – 30. 6. 1988	2 1/2%
1. 7. 1988 – 25. 8. 1988	3%
26. 8. 1988 – 19. 1. 1989	3 1/2%
20. 1. 1989 – 20. 4. 1989	4%
21. 4. 1989 – 29. 6. 1989	4 1/2%
30. 6. 1989 – 5. 10. 1989	5%
6. 10. 1989 –	6%

Doppelausgebot *(§ 59 ZVG).* Wird durch eine beantragte Abweichung in einer Zwangsversteigerung das Recht eines anderen Beteiligten beeinträchtigt, so ist dessen Zustimmung erforderlich. Ob jedoch ein Recht wirklich beeinträchtigt wird, ist nach allen Gesichtspunkten zu überdenken, jedoch nicht immer unmittelbar feststellbar. Besteht Zweifel über eine Beeinträchtigung, muß das Grundstück mit und ohne Abweichung ausgeboten werden. Es entsteht hierdurch ein D. Bei D. muß für jedes Ausgebot die → Bietstunde eingehalten werden.

Doppelbesteuerungsabkommen (DBA), Vereinbarung zwischen einzelnen Staaten, um eine Mehrfachbesteuerung von Einkünften und Vermögen zu verhindern. Dabei wird die Steuer dann meist im Ursprungsland erhoben, und es erfolgt eine mehr oder weniger aufwendige interne Verrechnung. DBA bestehen mit allen wichtigen Handelspartnern. Auch Grundbesitz und Grundbesitzerträge sind in den BDA geregelt.

Dorfgebiet *(§ 5 BauNVO; Nutzung § 17 BauNVO).* D. dienen vorwiegend der Unterbringung der Wirtschaftsstellen land- und forstwirtschaftlicher Betriebe und dem dazugehörigen Wohnen.

Dorfgebietsvorschrift. Mit der D. wird einerseits das Dorfgebiet stärker als bisher für Wohnungen, Gewerbe- und Handwerksbetriebe geöffnet, zum anderen wird die Position der landwirtschaftlichen Betriebe gestärkt. Wer in einem → Dorfgebiet wohnt, muß auf die Belange der Land- und Forstwirtschaft besonders Rücksicht nehmen.

Drahtseilbahnrecht *(§§ 1018 bis 1029 BGB),* Recht zur Führung einer Drahtseilbahn. Eintragung in Abteilung II des Grundbuches. Das Recht ist sowohl bei der Beleihung als auch bei der Bewertung des Grundstückes als Grunddienstbarkeit zu beachten.

Drainage, Gräben oder Rohrleitungen zur Entwässerung des Bodens um und unter Gebäuden. Zuleitung des Wassers zu Abwasserkanälen. Bei Bauten an Hanglagen fast immer erforderlich.

Dreikammersteine, Hohlblockmauersteine mit drei Hohlkammern parallel zur Längsseite.

Dreispänner, Mehrfamilienhaus mit drei Wohnungen je Geschoß an einem Treppenhaus.

Drempel, Außenwand bzw. Höhe (Kniestock) eines Dachraumes zwischen oberster Geschoßdecke und dem zur Vergrößerung des Dachraumes angehobenen Dach.

Drittschuldner *(§ 840 u. a. ZPO)*, Übergang von Forderungen eines Schuldners an seine Gläubiger. Neuer Schuldner ist D. Auf Verlangen des Gläubigers hat der D. binnen zwei Wochen, von der Zustellung des Beschlusses an gerechnet, dem Gläubiger zu erklären: 1) ob und inwieweit die Forderung als begründet anzuerkennen ist und ob er zur Zahlung bereit sei; 2) ob und welche Ansprüche andere Personen an die Forderung stellen; 3) ob und wegen welcher Ansprüche die Forderung bereits für andere Gläubiger gepfändet sei.

Drittverwendungsmöglichkeit. Bei der Finanzierung von Gewerbe- und Industrieimmobilien muß überprüft werden, ob die Baulichkeiten ohne großen zusätzlichen Aufwand auch zu anderen Zwecken genutzt werden können. Die D. ist ausschlaggebender Faktor für eine Beleihung.

Duldungsbescheid. Hat der Veräußerer eines Grundstückes Grundsteuerrückstände verschwiegen und die Gemeinde vergeblich versucht, die Rückstände beizutreiben, kann sie den Erwerber durch einen D. verpflichten, die Zwangsvollstreckung in das Grundstück zu dulden. Die Zwangsvollstreckung kann nur durch Zahlung abgewendet werden.

Duldungspflicht. I. *(§ 541 a + b BGB)*. Mieter, Pächter und sonstige Nutzungsberechtigte haben die Pflicht, Einwirkungen auf die Mietsache zu dulden, die der Instandhaltung des Gebäudes dienen und auch Verbesserungen herbeiführen.
II. *(§§ 737, 739, 743, 748, 794 ZPO, 77 AO)*. Wer kraft Gesetz verpflichtet ist, eine Steuer aus Mitteln, die seiner Verwaltung unterliegen, zu entrichten, ist auch verpflichtet, die Vollstreckung in sein Vermögen zu dulden. Wegen einer Steuer, die als öffentliche Last auf dem Grundstück ruht, hat der Eigentümer die Vollstreckung in den Grundbesitz zu dulden.

Duldungstitel *(§ 1 ZVG)*. Zur Vollstreckung aus einer im Wege der Zwangsvollstreckung eingetragenen Sicherungshypothek ist im Range des Rechts ein D. gegen den Schuldner erforderlich. Der Schuldner muß verurteilt werden, wegen der der → Zwangssicherungshypothek zugrunde liegenden Forderung die → Zwangsvollstreckung in dem im Grundbuch eingetragenen Grundbesitz aus der für die Gläubiger im Wege der Zwangsvollstreckung eingetragenen → Sicherungshypothek zu dulden. Der D. kann auch durch einen Zahlungsbefehl erwirkt werden. Fehlt ein solcher D., kann die Vollstreckung nicht aus dem dinglichen Recht, sondern nur wegen der diesem zugrunde liegenden persönlichen Forderung erfolgen.

Durchfahrtsrecht *(§§ 1018 ff. BGB)*, berechtigt den Eigentümer des „herrschenden" Grundstückes, von dem „dienenden" Grundstück dauernd und fortgesetzt in der Weise Gebrauch zu machen, die Durchfahrt in verkehrsüblicher Weise auszuführen.

121

Durchgangshöhe

Durchgangshöhe, lichtes senkrechtes Maß zwischen einem unteren und einem oberen Bauteil (Beispiel: Treppenaufgänge), beträgt i. d. R. mindestens zwei Meter.

Durchgangszimmer, → Arbeitszimmer.

durchschnittliche Lebenserwartung, nicht zu verwechseln mit → Lebenserwartung nach der allgemeinen → Sterbetafel 70/72

vollendetes Alter	Männer	Frauen	vollendetes Alter	Männer	Frauen
0	71,81	78,37	46	28,63	34,22
1	71,52	77,97	47	27,75	33,29
2	70,57	77,02	48	26,87	32,37
3	69,60	76,05	49	26,01	31,45
4	68,62	75,07	50	25,15	30,53
5	67,65	74,08	51	24,31	29,43
6	66,66	73,10	52	23,48	28,72
7	65,68	72,11	53	22,65	27,82
8	64,70	71,12	54	21,84	26,93
9	63,71	70,14	55	21,05	26,04
10	62,73	69,15	56	20,27	25,17
11	61,74	68,16	57	19,50	24,30
12	60,75	67,17	58	18,74	23,43
13	59,75	66,18	59	18,00	22,57
14	58,78	65,19	60	17,26	21,72
15	57,80	64,20	61	16,53	20,88
16	56,82	63,21	62	15,82	20,05
17	55,85	62,23	63	15,12	19,22
18	54,90	61,25	64	14,45	18,41
19	53,95	60,28	65	13,78	17,61
20	53,01	59,30	66	13,14	16,63
21	52,07	58,32	67	12,51	16,05
22	51,12	57,34	68	11,89	15,29
23	50,17	56,36	69	11,27	14,53
24	49,22	55,38	70	10,67	13,78
25	48,27	54,41	71	10,11	13,06
26	47,32	53,43	72	9,56	12,35
27	46,37	52,45	73	9,04	11,67
28	45,41	51,47	74	8,54	10,99
29	44,46	50,49	75	8,05	10,34
30	43,51	49,52	76	7,59	9,71
31	42,55	48,54	77	7,16	9,11
32	41,60	47,57	78	6,75	8,53
33	40,65	46,60	79	6,35	7,94
34	39,70	45,63	80	5,99	7,46
35	38,76	44,66	81	5,65	6,97
36	37,81	43,70	82	5,33	6,50
37	36,87	42,74	83	5,03	6,07
38	35,93	41,78	84	4,75	5,66
39	35,00	40,82	85	4,49	5,28
40	34,07	39,87	86	4,25	4,92
41	33,15	38,92	87	4,04	4,59
42	32,23	37,97	88	3,87	4,30
43	31,32	37,03	89	3,74	4,04
44	30,42	36,09	90	3,61	3,80
45	29,52	35,15			

Durchschnittssteuersatz, gibt das Verhältnis von Einkommensteuer zum gesamten zu versteuernden Einkommen an. In der Baufinanzierungsberatung vielfach wichtiger Bestandteil der Beratung. Hierdurch wird vermieden, daß überhöhte Steuervorteile ermittelt werden.

Dynamisierung, Baufinanzierung, bei der die Tilgung von der Normaltilgung (fester Tilgungssatz zzgl. ersparter Zinsen) abweicht. Findet vielfach Verwendung, wenn feste Laufzeiten vorgegeben sind und anfangs tilgungsfreie Jahre durch steigende Tilgung in den Folgejahren wieder aufgeholt werden müssen.

E

Effektivzinsberechnung *(Preisangabenverordnung vom 3. 12. 1980, Artikel 1 § 4 der Verordnung zur Regelung der Preisangaben).* Der effektive Jahreszins ist für Vergleichszwecke zu errechnen und als Kreditpreis von den Instituten anzugeben, mit der im Kreditgeschäft üblichen Genauigkeit: Monat = 30 Tage, das Jahr 360 Tage, mindestens eine, maximal zwei Stellen hinter dem Komma. Für die Ermittlung wird in § 4 Abs. 2 ein einheitliches Berechnungsverfahren nach folgenden Punkten berücksichtigt: Nominalzins, Zinssollstellentermine, jährliche Tilgungshöhe, tilgungsfreie Zeiträume, Disagio, Bearbeitungsgebühr, Verwaltungskostenbeiträge, Kreditvermittlungskosten, Zahlungstermine, anfänglicher effektiver Jahreszins.

EG-Binnenmarkt 1992. Alle Banken stellen sich z. Zt. auch im Bereich der Baufinanzierung auf den EG-B. 1992 ein. Z. T. werden bereits Hypothekenbanken im Ausland gegründet oder Tochtergesellschaften oder Beteiligungen erworben. Ende 1988 hat der EG-Ministerrat die Bauproduktenrichtlinie beschlossen. Die Richtlinie wird bis 1992 in den Mitgliedstaaten verbindliches Recht. Geregelt wird der ungehinderte Austausch von Bauprodukten und technischen Planungsleistungen. Desweiteren werden die Grundlagen geschaffen für Ausschreibungen und Ausgestaltung von Bauverträgen.

Ehegatte als Erbe (Afa). Ist der achtjährige Abschreibungszeitraum des nach § 10e EStG begünstigten Objektes noch nicht abgelaufen und verstirbt der Ehegatte, der Alleineigentümer des Objektes ist, kann der andere Ehegatte den Steuerabzug nach § 10e fortführen, wenn er Erbe des Verstorbenen wird.

Ehegattenklausel→Mißbrauchsklausel.

Ehegattenmietverträge. Mietverträge unter Ehegatten sind steuerlich nur dann anzuerkennen, wenn sie ernstlich vereinbart und entsprechend der Vereinbarung tatsächlich durchgeführt werden. Es empfiehlt sich, zur Unterstreichung der tatsächlichen Vereinbarung die Miete nicht auf ein Gemeinschaftskonto zu überweisen.

Ehegattenobjekte, → Folgeobjekte.

eidesstattliche Versicherung *(§ 259 BGB),* Erklärung eines Schuldners an

Eides Statt vor Gericht, daß Zahlungsunfähigkeit gegeben ist. Darüber wird ein Inventarverzeichnis angelegt. Die Abgabe einer falschen e. V. ist strafbar, (frühere Bezeichnung: Offenbarungseid).

Eigenbedarf. Innerhalb einer Frist von drei Jahren nach Umwandlung einer Mietwohnung in eine ETW darf der neue Eigentümer nicht wegen E. kündigen. Hier werden vom Gesetzgeber im Streitfalle strenge Maßstäbe angelegt. → Sozialklausel. Die Kündigung eines normalen Mietverhältnisses ist nur bei berechtigtem Interesse möglich. Es liegt insbesondere dann vor, wenn der Vermieter die Wohnung für sich, die zu seinem Hausstand gehörenden Personen oder für seine Familienangehörigen benötigt (§ 564b Abs. 2 Nr. 2 BGB). Glaubhafte, vernünftige und nachvollziehbare Begründung ist zu liefern. Der bloße Wunsch reicht nicht aus. Bei Sozialwohnungen ist die Geltendmachung von E. ausgeschlossen. Bei Vortäuschung von E. oder unterlassener Mitteilung an den Mieter bei nachträglichem Wegfall des E. droht dem Vermieter Bestrafung wegen Betrugs (§ 263 StGB).

Eigenbesitz *(§ 927 BGB).* Mit einem → Aufgebotsverfahren kann der Eigentümer eines Grundstücks mit seinem Recht ausgeschlossen werden. Voraussetzung ist u.a., daß im Grundbuch nicht der wahre Eigentümer eingetragen ist und daß der den Ausschluß Betreibende 30jährigen E. geltend machen kann. Ein entsprechendes Urteil

bewirkt, daß der Eigenbesitzer das Aneignungsrecht erlangt und seine grundbuchliche Eintragung beantragen kann. Die grundbuchlichen Belastungen bleiben bestehen.

Eigengeschäfte *(§ 653b BGB).* Eine Maklerprovision kann nicht erhoben werden, wenn der Vertrag mit einem Dritten einen dem Makler gehörenden Gegenstand betrifft. Wichtig ist hierbei, daß damit jedes Geschäft eingeschlossen ist, bei dem eine wirtschaftliche oder rechtliche Verflechtung zwischen Eigentümer und verkauftem Gegenstand gegeben ist.

Eigenheim *(§ 9, II. WoBauG),* im Eigentum einer natürlichen Person stehendes Grundstück mit einem Wohngebäude, das nicht mehr als zwei Wohnungen enthält, von denen eine Wohnung zum Bewohnen durch den Eigentümer oder seine Angehörigen bestimmt ist. Die Definition ist von Wichtigkeit, wenn es um Familienheimförderung nach dem II. WoBauG geht. Hierbei ist dann auch noch auf Größe und Grundriß der Wohnung zu achten. → Kaufeigenheim.

Eigenkapitalersatzmittel, → Arbeitgeberdarlehen, → Öffentliche Mittel, → Kapitalisierung von Rentenansprüchen, → Eigenleistung. Zu E. zählen auch Verwandtendarlehen sowie Beleihung sonstiger Immobilien-Ersatzsicherheiten.

Eigenkapitalfonds (→Immobilienfonds). E. werden ohne Fremdfinanzierung

Eigenkapitalnachweis

dargestellt, d. h. ganz aus Eigenmitteln der Zeichner. Der Fonds selbst nimmt keinen Kredit in Anspruch, kann somit auch nicht in Liquiditätsschwierigkeiten kommen.

Eigenkapitalnachweis. Das in den Finanzierungsplänen ausgewiesene Eigenkapital ist den Banken nachzuweisen (Vorlage von Sparbüchern, Kontoauszügen usw.). Die Bank hat dann die Verfügbarkeit für das Bauvorhaben zu prüfen.

Eigenkapitalvermittlung. Geschlossene Immobilienfonds werden vielfach in Form einer Personengesellschaft geführt. Zur Einwerbung der Gesellschafter bedient man sich meistens einer Vertriebsgesellschaft, welche für die Vermittlung des Eigenkapitals eine Provision erhält. Diese E. kann als Werbungskosten abgesetzt werden, wenn sie angemessen ist und im wirtschaftlichen Zusammenhang mit der beabsichtigten Einkunftserzielung steht.

Eigenleistung, persönliche Arbeitsleistung, die zu Unternehmerpreisen bewertet wird. In bestimmtem und vertretbarem Maße gängige Form der Finanzierung. Die Höhe der E. wird vielfach von den Bauherren überschätzt; sie setzt auch die fachliche Qualifikation voraus. Nachbarschaftshilfe sollte bestätigt werden. Zeitfaktor (längere Bauzeit) ist nicht zu unterschätzen. Die Aufstellung sollte vom Architekten überprüft sein. E. werden etwa wie folgt bewertet:

Gewerke*	Anteile an den Gebäude- kosten	davon Lohnkosten	möglicher Selbst- hilfeanteil an den Gebäudekosten
Erdarbeiten	5%	über 70%	2%
Keller			
Mauerwerk, Decken, Abdichtung	15%	30–70%	3%
Erdgeschoß			
Mauerwerk und Decken	15%	30–70%	3%
Dach			
Zimmer-/Dachdeckungs-/			
Abdichtungsarbeiten	10%	unter 30%	0,5%
Sonstiges	5%	30–70%	1,5%
Rohbau	**50%**		**10%**
Elektriker	2%	30–70%	–
Klempner-Installateur	6%	30–70%	0,5%
Maurer (Putzer)	7%	über 70%	2%
Fußboden- und Fliesenleger	7%	30–70%	2%
Heizungsmonteur	10%	unter 30%	0,5%
Tischler	9%	unter 35%	1%
Maler	4%	über 70%	3%
Sonstige (z. B. Schlosser)	5%	über 70%	1%
Ausbau	**50%**		**10%**
Gesamt (Rohbau + Ausbau)	**100%**		**20%**

* Bei den verschiedenen Gewerken sind unterschiedliche handwerkliche Qualifikationen erforderlich.

126

Eigenmittel. Bargeld, Sparguthaben, Festgeld, Wertpapiere, Bausparguthaben, vorhandenes Grundstück und → Eigenleistung gelten in der Baufinanzierung als E.

Eigennutzung, Nutzung eines Hauses, einer Eigentumswohnung oder einer Wohnung in einem Mehrfamilienhaus zu eigenen Wohnzwecken. Seit Wegfall der Nutzungswertbesteuerung für die eigengenutzten Objekte von besonderer Bedeutung. Für derartige Objekte werden Steuervorteile jetzt durch den § 10e EStG gewährt. Diese Vorteile sind unter dem Begriff → Grundförderung zusammengefaßt.

Eigentümer *(§§ 903 ff. BGB).* Der E. einer Sache kann, soweit nicht das Gesetz oder Rechte Dritter entgegenstehen, mit der Sache nach Belieben verfahren und andere von jeder Einwirkung ausschließen. Bei Grundbesitz wird der E. in der I. Abteilung des Grundbuches mit dem Vermerk über die Grundlage der Eintragung vorgemerkt. → Auflassung.

Eigentümerbeschlüsse *(§ 23 Abs. 3 WEG),* wichtige Grundlage für die ordnungsgemäße, gemeinschaftliche Betreibung einer Wohnanlage. Die Beschlüsse können erwirkt werden durch Rundlaufverfahren und in einer → Eigentümerversammlung. Bei Rundlaufverfahren sind alle Unterschriften der Eigentümer auf dem Beschluß erforderlich. Dies ist bei großen Objekten ein kaum durchführbares Verfahren. Daher werden die meisten E. in der Eigentümerversammlung erfaßt. Unterschieden wird in Angelegenheiten mit a) einfacher Mehrheit, b) einstimmigen und c) nichtigen Beschlüssen.

Zu a) Die üblichen Angelegenheiten der laufenden Verwaltung wie: ordnungsgemäße Instandhaltung und Instandsetzung der Anlage, Verabschiedung der Hausordnung, Entscheidung über Jahresabrechnung und → Instandhaltungsrücklage usw.

Zu b) Bei besonders wichtigen Angelegenheiten wie: bauliche Veränderungen, Verfügungen über Gemeinschaftseigentum und alle Maßnahmen, die nach dem Gesetz oder der → Teilungserklärung die Zustimmung aller Eigentümer erforderlich machen. Dies bedeutet dann Zustimmung aller Eigentümer, nicht nur aller in der Versammlung Anwesenden.

Zu c) Entscheidungen, die gegen zwingende gesetzliche Verbote oder gegen die guten Sitten verstoßen. Stimmengleichheit führt bei Mehrheitsbeschluß zu Ablehnung, Enthaltungen zählen nach dem OLG Köln v. 20. 1. 1986 als Nein-Stimmen; lt BGH v. 8. 12. 1988 – VZB 3/88 zählen Nein-Stimmen überhaupt nicht. Ein Mehrheitsbeschluß ist jedoch nach Ablauf eines Monats, gerechnet ab dem Tag der Beschlußfassung, für alle Eigentümer verbindlich, wenn er nicht beim zuständigen Amtsgericht angefochten wird.

Eigentümerdienstbarkeit. Stehen herrschendes und dienendes Grundstück im Eigentum derselben Person, so wird dadurch die Bestellung von Grunddienstbarkeiten nicht verhindert. Es entsteht dann eine E.

Eigentümererbbaurecht *(§ 3 ErbbauVO, §§ 873, 889 BGB)*. Kommt der Erbbauberechtigte seinen Verpflichtungen nicht nach, so kann es zum → Heimfall kommen. Häufigste Gründe sind: Konkurs des Erbbauberechtigten, Anordnung der Zwangsversteigerung, Verstoß gegen Versicherungspflicht, rückständige → Erbbauzinsen usw. Der Heimfall bewirkt kein Erlöschen des Erbbaurechtes, sondern es besteht nach dem Heimfall für den Eigentümer Erbbaurecht fort. Grundpfandrechte in Abteilung III des Grundbuches bleiben bestehen. § 33 ErbbRVO.

Eigentümergemeinschaft *(§§ 10 bis 17 WEG)*, Gemeinschaft der Eigentümer einer Wohnanlage. Das Verhältnis untereinander ist im Gesetz geregelt. Die Gemeinschaft kann nicht auf Wunsch aufgelöst werden (§ 11 WEG). Sie hat zu bestimmen u. a. über Veräußerungen, Renovierungen, Mittelverwendung und u. U. über → Entziehung des Eigentums. → Eigentümerversammlung, → Eigentümerbeschluß.

Eigentümergesamtschuldhaftung. Die einzelnen Eigentümer einer Eigentümergemeinschaft haften grundsätzlich gegenüber Gemeinschaftsgläubigern wie Versicherungen, Stadtwerken, Behörden usw. gemäß § 427 BGB als Gesamtschuldner. Jeder Eigentümer haftet somit persönlich mit seinem gesamten Vermögen, sofern die Kosten nicht aus dem Gemeinschaftsvermögen bezahlt werden können. Dem Zahlenden steht dann intern ein Ausgleichsanspruch zu (§ 426 BGB). Die E. kann sich sehr zum Nachteil auswirken, wenn in einer Anlage diverse Wohnungen nicht vermietet und die Eigentümer zahlungsunfähig sind.

Eigentümergrundpfandrechte *(§ 1177 BGB und § 1196 BGB → Eigentümergrundschuld, § 1163 BGB und § 1167 BGB → Eigentümerhypothek)*. Grundschulden und Hypotheken können auch für den jeweiligen Eigentümer bestellt werden. Mit der jeweiligen Übertragung (Abtretung) werden die E. Fremd(gläubiger-)rechte, und zwar als Grundschuld oder als Hypothek.

Eigentümergrundschuld *(§ 1177 BGB und § 1196 BGB)*, Grundschuld, die zugunsten eines Eigentümers bestellt wird. Gebräuchlich teilweise als „diskrete" Form der Kreditbesicherung oder zur Freihaltung einer Rangstelle. Ist der Eigentümer persönlicher Schuldner – und zahlt er seine Schulden zurück, so erlischt die Forderung, und die Hypothek geht als E. auf ihn über. Ist der Eigentümer mit dem Schuldner nicht identisch und zahlt zurück, so geht die Hypothek kraft Gesetz auf ihn als → Eigentümerhypothek über. Bei der E. wird die Briefgrundschuld wegen der Übertragungsmöglichkeit ohne Eintragungskosten bevorzugt. → vorläufige Eigentümergrundschuld.

Eigentümerhypothek *(§ 1163 und § 1167 BGB)*. Ist eine Forderung, für welche die Hypothek bestellt ist, nicht entstanden, so steht die Hypothek dem Eigentümer zu. Erlischt die Forderung, so erwirbt der Eigentümer die Hypothek. Die E. kann nicht als solche ursprünglich eingetragen werden; sie entsteht aufgrund vorgenannter Handlungen. Entscheidend ist hierbei, daß nicht nur das dingliche Recht, sondern auch die Forderung auf den Grundstückseigentümer übergeht. → Eigentümergrundschuld.

Eigentümerreallast *(§ 1105 BGB)*. Der Eigentümer des mit der Reallast belasteten Grundstücks kann Berechtigter sein. Die Vorschriften der → Eigentümergrundschuld gelten entsprechend.

Eigentümerregister (Eigentümerkartei). Das Grundbuchamt führt für alle Eigentümer eine Eigentümerkartei. Hierdurch wird das schnelle Auffinden eines Grundstücks ermöglicht. → Grundstücksregister. Das E. ist eine Datei und unterliegt dem Datenschutz des BDSG. Die Erteilung einer Auskunft aus dem Register ist grundsätzlich nur zulässig, wenn der Betroffene seine Einwilligung hierzu schriftlich erteilt hat (§ 3 BDSG). Soll der Grundbesitz durch die Bank über die Kartei ermittelt werden, so ist vorab die Zustimmung des Kunden einzuholen. Ist bei einer Kreditentscheidung umfangreicher Grundbesitz vorhanden, der Berücksichtigung finden soll, sollte eine generelle Zustimmung angestrebt werden.

Eigentümerversammlung *(§§ 23, 24 Abs. 1 WEG)*. Mindestens einmal jährlich treten die Eigentümer einer Wohnungsgemeinschaft zusammen. Die Versammlung wird meist durch den Verwalter vorbereitet und entscheidet u. a. über den alten und neuen Wirtschaftsplan. In der E. kann nur über Punkte wirksam Beschluß gefaßt werden, die im Einladungsschreiben genannt sind. Lediglich formelle Anträge und Geschäftsordnungsfragen der Versammlung können durch Mehrheit entschieden werden. → Außerordentliche E, → Fortsetzungsversammlung, → Wiederholungsversammlung. Beschlußfähigkeit ist gegeben, wenn mehr als 50% der Miteigentumsanteile vertreten sind. Ausschlaggebend sind die im Grundbuch eingetragenen Miteigentumsanteile. Anteile abwesender Eigentümer, welche durch Vollmacht vertreten sind, zählen mit. Ist eine Versammlung nicht beschlußfähig, wird unverzüglich eine neue einberufen. Diese ist ohne Rücksicht auf die Teilnahme beschlußfähig. Hinweis bei Einberufung der Versammlung erforderlich. → Wiederholungsversammlung. Über die Versammlung ist ein Protokoll zu führen. Die termingerechte Einladung hat mindestens acht Tage vor der Versammlung zu erfolgen. Grundlegende Fakten (Entscheidungsmöglichkeit) sind in der → Teilungserklärung verankert. Kaufinteressenten von Eigentumswohnungen ist anzuraten, in die letzten Versammlungsprotokolle Einsicht zu nehmen, da sie wertvolle Hinweise über Art und Funktion der E. enthalten können. → Stimmrecht.

Eigentum. E. hat nach Art. 14 GG Verfassungsrang. Eine → Enteignung ist nur zum Wohle der Allgemeinheit zulässig. Sie darf nur durch Gesetz oder aufgrund eines Gesetzes erfolgen, das Art und Ausmaß der Entschädigung regelt. In diesem Sinne ist auch das Zwangsversteigerungsrecht zu sehen. Die → Befriedigungsregelung nach § 114a ZVG unterstützt diesen Gedanken.

Eigentumserwerb a) durch notariellen Kaufvertrag; alle Grundstücksgeschäfte bedürfen eines Notarvertrages. b) durch Zuschlag in der Zwangsversteigerung *(§§ 89, 104 ZVG)*. Durch den Zuschlag erfolgt der E. und es erlöschen alle Rechte nach § 91 ZVG. Gleichzeitig gehen Nutzen, Lasten und Gefahren über *(§ 56 ZVG)*. → Protokoll.

Eigentumserwerb durch Zuschlag *(§ 90 ZVG)*. Durch den Zuschlag wird der Ersteher Eigentümer des Grundstückes, sofern nicht im Beschwerdewege der Beschluß rechtskräftig aufgehoben wird. Mit dem Grundstück erwirbt er zugleich die Gegenstände, auf welche sich die Versteigerung erstreckt hat.

Eigentumsvorbehalt *(§ 455 BGB)*. Hat sich ein Verkäufer einer beweglichen Sache das Eigentum bis zur Zahlung des Kaufpreises vorbehalten, so ist anzunehmen, daß die Übertragung des Eigentums unter der aufschiebenden Bedingung vollständiger Zahlung des Kaufpreises erfolgt und daß der Verkäufer zum Rücktritt von dem Vertrag berechtigt ist, wenn der Käufer mit der Zahlung in Verzug kommt.

Eigentumswohnung (ETW) *(§ 12, II. WoBauG)*, Wohnung, an der Woh-

nungseigentum nach den Vorschriften des ersten Teiles des WoEigG begründet ist. Eine E., die zum Bewohnen durch den Wohnungseigentümer oder seine Angehörigen bestimmt ist, ist eine eigengenutzte E. Die E. erhält ein eigenes Grundbuch. Häufig werden heute vorhandene Mehrfamilienhäuser in E. aufgeteilt. Dies setzt die Erteilung der Abgeschlossenheitsbescheinigung, einer → Teilungserklärung und die Bildung eigener Grundbücher voraus. → Sondereigentum, → Miteigentumsanteil.

Einbauküche, eine meist auf die individuellen Raumgegebenheiten einer Wohnung abgestimmte, fest eingebaute Küche. Aufwendungen für eine E. zählen nach § 10e EStG ab dem 1. 1. 1987 nicht zu den begünstigten Anschaffungs- oder Herstellungskosten (Ausnahme kann eine vermietete Wohnung sein, wo der Einbau üblich ist – Appartement). Wer ein Hausgrundstück erwirbt oder ersteigert, wird nicht automatisch auch Eigentümer der darin installierten E. Die Rechtsprechung neigt dazu, den Miterwerb der E. nur anzuerkennen, wenn diese zum Zeitpunkt des Erwerbs Bestandteil oder Zubehör des Hausgrundstücks gewesen ist.

Einbaumöbel. Aufwendungen für E. zählen nach § 10e ab 1. 1. 1987 nicht zu den begünstigten Anschaffungs- und Herstellungskosten.

Eineinhalbfaches (Bausparen). Bis 31. 12. 1987 geltende Bedingung, wonach Bausparbeiträge einschließlich Vermögenswirksamer Leistungen nach Ablauf von vier Jahren seit Vertragsschluß nur insoweit steuer- und prämienbegünstigt sind, als sie das E. des durchschnittlichen Jahresbeitrages der ersten vier Jahre nicht übersteigen. Im Zuge der Steuerreform 1990 mit Wirkung vom 1. 1. 1988 gestrichen.

Einfriedung, Umzäunung eines Grundstücks (Mauern, Hecken, Zäune usw.).

Einheitsarchitektenvertrag, von der Bundesarchitektenkammer im Bundesanzeiger Nr. 67 v. 10. 4. 1985 empfohlene Vertragsfassung.

Einheitswert *(§ 19 BewG),* vom zuständigen Finanzamt festgesetzter Richtwert für Grundstücke und Gebäude, nach dem die Grundsteuer, der Grundsteuermeßbetrag und entsprechende Vermögensteuer ermittelt werden und ein besonderer Bescheid erteilt wird (§ 180 Abs. 1 Nr. 1 AO). Der Wert liegt deutlich unter dem tatsächlichen Wert eines Grundstücks. Die Festsetzung erfolgt a) bei bebauten Grundstücken nach dem → Ertragswertverfahren oder b) bei aufwendigen Gebäuden – Einfamilien- und Zweifamilienhäusern – nach dem → Sachwertverfahren. Stichtag der Ermittlung ist der 1. 1. 1964. → Einheitswertbescheid. Für jedes Grundstück in der Bundesrepublik wird der E. festgestellt (§ 19 Abs. 1 Nr. 1 BewG). Die Einheitswertfeststellung hat zu unterbleiben, wenn eindeutig feststeht, daß der E. für keine Steuer benötigt wird, d. h. Steuerfreiheit besteht. Eine Nachfeststellung des E. ist

vorzunehmen, wenn eine wirtschaftliche Einheit neu entsteht (§ 23 BewG). Zur Ermittlung des E. wird u. a. die → Jahresrohmiete herangezogen. Die Berechnung erfolgt auf einem sog. Vorbogen zur Feststellung der Jahresrohmiete auf den Stand vom 1. 1. 1964. Zum Vervielfältiger bei der Einheitsbewertung vgl. S. 132.

Einheitswertbescheid *(§ 21 BewG),* amtlicher Bescheid des zuständigen Finanzamtes mit Ausweis des → Einheitswertes und des Nachweises der Berechnung. Gleichfalls ist der Ausfertigungsgrund vermerkt. → Artfortschreibung, → Wertfortschreibung. Muster vgl. S. 134

Einheitswert des Betriebsvermögens *(§ 19 Abs. 1 Nr. 2 und § 95 BewG).* Eine Einheitsbewertung findet für alle inländischen gewerblichen Betriebe statt. Darüber wird ein Feststellungsbescheid erlassen. Dieser E. d. B. fließt bei der Ermittlung des Gewerbekapitals für die Gewerbesteuer ein. Zum Betriebsvermögen gehören alle Teile einer wirtschaftlichen Einheit, die dem Betrieb eines Gewerbes als Hauptzweck dient, soweit die Wirtschaftsgüter dem Betriebsinhaber gehören (gewerblicher Betrieb).

Einkommen, setzt sich aus sieben → Einkunftsarten zusammen. Im steuerlichen Sinne die sachliche Voraussetzung für die Besteuerung. Dabei können Werbungskosten, Verluste und Sonderausgaben verrechnet werden.

Einheitsbewertung

Vervielfältiger bei der Einheitsbewertung lt. BewG. Anlagen 3, 7, 8

Einfamilienhäuser (Anlage 7 A BewG)

	Gemeindegrößenklassen							
	bis 2000	über 2000 bis 5000	über 5000 bis 10000	über 10000 bis 50000	über 50000 bis 100000	über 100000 bis 200000	über 200000 bis 500000	über 500000 Einwohner
Altbauten								
vor 1895	9,5	9,0	7,7	7,4	7,8	7,8	7,8	7,8
1895 bis 1899	9,8	9,3	7,9	7,6	8,0	8,0	8,0	8,0
1900 bis 1904	10,3	9,8	8,3	7,9	8,2	8,2	8,2	8,2
1905 bis 1915	11,0	10,4	8,7	8,4	8,6	8,6	8,6	8,6
1916 bis 31. 3. 1924 . .	11,6	11,0	9,1	8,8	8,9	8,9	8,9	8,9
Neubauten								
1.4.1924 bis 31.12.1934	13,1	12,4	10,6	10,2	10,2	10,2	10,2	10,2
1.1.1935 bis 20. 6.1948	13,5	12,9	10,9	10,5	10,4	10,4	10,4	10,4
Nachkriegsbauten								
nach dem 20. 6. 1948	13,0	12,4	12,0	11,8	11,8	11,8	11,8	11,9

Zweifamilienhäuser (Anlage 8 A BewG)

	Gemeindegrößenklassen							
	bis 2000	über 2000 bis 5000	über 5000 bis 10000	über 10000 bis 50000	über 50000 bis 100000	über 100000 bis 200000	über 200000 bis 500000	über 500000 Einwohner
Altbauten								
vor 1895	8,6	8,1	6,9	6,7	7,0	6,8	6,8	6,8
1895 bis 1899	8,8	8,4	7,1	6,9	7,1	7,0	7,0	7,0
1900 bis 1904	9,3	8,8	7,4	7,1	7,4	7,2	7,2	7,2
1905 bis 1915	9,8	9,3	7,8	7,5	7,7	7,5	7,5	7,5
1916 bis 31. 3. 1924 . .	10,3	9,7	8,2	7,8	8,0	7,8	7,8	7,8
Neubauten								
1.4.1924 bis 31.12.1934	11,0	9,5	9,1	9,0	9,0	9,0	9,0	9,0
1.1.1935 bis 20. 6.1948	11,9	11,3	9,7	9,3	9,2	9,2	9,2	9,2
Nachkriegsbauten								
nach dem 20. 6. 1948	11,4	11,0	10,6	10,5	10,5	10,5	10,5	10,5

Mietwohngrundstücke (Anlage 3 A BewG)

	Gemeindegrößenklassen						
bis 2000	über 2000 bis 5000	über 5000 bis 10000	über 10000 bis 50000	über 50000 bis 100000	über 100000 bis 200000	über 200000 bis 500000	über 500000 Einwohner
Altbauten							
vor 1895	7,2	6,9	5,8	5,8	5,7	5,5	5,4	5,3
1895 bis 1899	7,4	7,1	6,0	5,9	5,8	5,7	5,5	5,4
1900 bis 1904	7,8	7,5	6,2	6,2	6,0	5,9	5,7	5,6
1905 bis 1915	8,3	7,9	6,6	6,5	6,3	6,2	6,0	5,8
1916 bis 31. 3. 1924 ..	8,7	8,4	6,9	6,7	6,5	6,4	6,2	6,1
Neubauten							
1.4.1924 bis 31.12.1934	9,8	9,5	8,3	8,2	8,0	7,8	7.7	7,7
1.1.1935 bis 20. 6.1948	10,2	9,8	8,6	8,4	8,2	8,0	7,9	7,7
Nachkriegsbauten							
nach dem 20. 6. 1948	9,8	9,7	9,5	9,2	9,0	9,0	9,0	9,1

Einkommensermittlung. Für die Berechnung der Einnahmen und der zu entrichtenden Steuer ist es erforderlich, das Einkommen richtig zu ermitteln. Der sich ergebende Steuersatz ist bei einer Beratung über eine Baufinanzierung von großer Wichtigkeit. Das Muster S. 135 ff. erleichtert die Feststellung.

Einkommensgrenzen (Bausparen). Die →Wohnungsbauprämien beim Bausparen werden nur gewährt, wenn das zu versteuernde Einkommen bei Ledigen DM 27000,– und bei Verheirateten DM 54000,– nicht übersteigt. Maßgebend ist das zu versteuernde Einkommen des Sparjahres. Bei Ehegatten ist das zu versteuernde Einkommen maßgebend, das sich bei einer Zusammenveranlagung nach § 26 EStG ergeben hat oder ergeben würde.

Einkommensgrenzen nach § 25 II. WoBauG (Stand 1986), Jahreseinkommen DM 21600,– zuzüglich DM 10200,– für das 2. und jeweils weitere DM 8000,– für jedes weitere Familienmitglied. Ausgangsbasis ist das bereinigte Familieneinkommen, d. h. brutto; Werbungskosten, Weihnachtsfreibeträge, Arbeitnehmerfreibeträge Kindergeld usw. bleiben unberücksichtigt. Die Grundbeträge erhöhen sich bei jungen Ehepaaren und bei Schwerbehinderten.

Einheitswertbescheid

FINANZAMT K-AUSSENSTADT
GEMEINDE BRUEHL
EW-Nummer: 21/51

Josef Schmitz
Uschi Schmitz
Dorfstr. 47

5040 Bruehl

5000 KÖLN
SALIERRING 47–53
FERNSPRECHER 20941

– Musterbescheid –

Einheitswertbescheid
Wertfortschreibung auf den 1. Januar 1981
Für das Grundstück
Lage: Brühl
werden auf den 1. Januar 1981 festgestellt:
Der Einheitswert auf   34 300,– DM
Grundstücksart wie bisher: Einfamilienhaus
Zurechnung:

Name des Eigentümers	Wohnort/Straße	Anteil	Betrag in DM
	5040 Brühl	1/2	17 150,–
	5040 Brühl	1/2	17 150,–

Der Bescheid ergeht an Sie mit Wirkung für u. gegen alle Miteigentümer.
Der Wegfall der Grundsteuervergünstigung nach dem Zweiten Wohnungsbaugesetz wurde berücksichtigt.
Rechtsbehelfsbelehrung, Allgemeine Erläuterungen und Abkürzungsverzeichnis siehe Rückseite.
Einheitswertfeststellung
– Beispielrechnung –

1. Für das Grundstück
Lage: 5040 Brühl, Dorfstr. 47
werden auf den 1. Januar 1987 festgestellt:
der Einheitswert auf   DM 34 300,–
Grundstücksart (wie bisher) Einfamilienhaus

Name des Eigentümers	Anteil	Betrag in DM
Schmitz, Josef	1/2	17 150,–
Schmitz, Uschi	1/2	17 150,–

2. Berechnung des Einheitswertes:
Jahresrohmiete für Wohnung und Nebenräume abzüglich 5% wegen des Wegfalls der Grundsteuervergünstigung
(berechnet auf ortsübliche Miete Stand 1. 1. 1964) DM 2913,–
Vervielfältiger lt. Bewertungsgesetz Anlage 7 Abschnitt A
bei Bauausführung A und Gemeindegrößenklasse 4   11,8

2913,– × 11,8   =   34 373,–

davon Bodenwertanteil   6 466,–
Gebäudeanteil   27 907,–

Einheitswert: 34 300,–
bisheriger Einheitswert   39 700,–
Unterschiedsbetrag   5 400,–

3. Erläuterungen
Die Wertfortschreibung erfolgte aufgrund des Wegfalls der Grundsteuervergünstigung nach dem II. Wohnungsbaugesetz.

134

Einkommens- und Vermögensübersicht

I. Angaben zur Person*)

1. Antragsteller Vor- und Zunahme	**2. Mitantragsteller** Vor- und Zunahme

Straße, Haus-Nr.	Straße, Haus-Nr.

Postleitzahl, Ort	Postleitzahl, Ort

Geburtsdatum ggf. Geburtsname Telefon	Geburtsdatum ggf. Geburtsnahme Telefon

Familienstand Anzahl und Alter der Kinder	Famileinstand/Güterstand

Beruf beschäftigt/selbständig seit	Beruf beschäftigt/selbständig seit

Arbeitgeber (falls nicht selbständig)	Arbeitgeber (falls nicht selbständig

II. Überschlägige Ermittlung des zu versteuernden Einkommens und der zu zahlenden Einkommensteuer.

1	Einkünfte aus Land/Forstwirtschaft	
2.	Einkünfte aus Gewerbebetrieb	
3.	Einkünfte aus selbständiger Arbeit	
4.	Einkünfte aus nichtselbst. Arbeit	
./.	Versorgungsfreibetrag	
./.	Werbungskosten (Pauschale 2000,– je Arbeitnehmer	
5.	Einkünfte aus Kapitalvermögen	
./.	Werbungskosten	
./.	Sparerfreibetrag	
6.	Einkünfte aus Vermietung und Verpachtung	
7.	Sonstige Einkünfte	
./.	Werbungskosten	
	Summe der Einkünfte aus den Einkunftsarten	
./.	Altersentlastungsbetrag	
./.	Freibetrag für Land/Forstwirte	
	Gesamtbetrag der Einkünfte	
./.	Sonderausgaben, die nicht Vorsorgeaufwendungen sind (Kirchensteuer, Spenden, Aufwendungen für Ausbildung etc.) (mind. Pauschale 108,–/216,–)	
./.	Sonderausgaben	
max.	3 510,– Ledige 7 020,– Verheiratete	
ggfs.	Vorwegabzug von 4 000,– Ledige 8 000,– Verheiratete gekürzt um 12% des Arbeitslohns, der Einnahmen/Einkünfte (max. der Beitragsbemessungsgrenze)	
./.	außergewöhnliche Belastungen Krankheits, Unfall, Scheidungskosten, Unterhaltsaufwendungen, Ausbildungsfreibeträge)	
./.	Steuerbegünstigung für das eigengenutzte Wohneigentum nach § 10 e (max. 15 000,–)	

135

Einkommensermittlung

./.   Verlustabzug § 10 d EStG   —————
     Einkommen   —————
./.   Haushaltsfreibetrag (5 616,–)   —————
./.   Kinderfreibetrag (Zusammenveranlagung 3 024,–   —————
     je Kind)
     zu versteuerndes Einkommen   —————
     daraus ergibt sich Steuerbetrag lt. Split-
     ting/Grundtabelle   —————
./.   Steuerermäßigung nach §§ 16, 17 Berlin FG   —————
./.   Kinderkomponente nach § 34 f EStG   —————
./.   Spenden/Beiträge an pol. Parteien § 34 g EStG   —————
     voraussichtlich zu zahlende Einkommensteuer   —————

III. Daraus resultierende Liquiditätsbelastung
     Einnahmen p. a.
1. Einkünfte aus Land/Forstwirtschaft   —————
2. Einkünfte aus Gewerbebetrieb   —————
3   Einkünfte aus selbständiger Arbeit   —————
4. Bruttoeinnahmen aus nichtselbständiger Arbeit   —————
5. Einkünfte aus Kapitalvermögen   —————
6. Nur Einnahmen aus Vermietung und Verpachtung   —————
     (keine fiktive Eigenmiete)
7. Sonstige Einkünfte   —————
     Gesamteinnahmen   —————
     tatsächliche Aufwendungen p. a.
8. Einkommensteuer   —————
9. Beiträge zu Lebensversicherungen/Bausparverträge   —————
10. Zusatzversorgungsaufwendungen   —————
11. Rentenversicherung/Krankenvers./Arbeitsl.Vers.   —————
12. Unterhaltsverpflichtungen   —————
13. tatsächl. außergewöhnl. Belastungen   —————
14. Zinsaufwendungen   —————
15. Tilgungsleistungen   —————
16. Miete   —————
17. Nebenkosten   —————
18. Eigenanteil Nebenkosten (bei Eigenvermietung)   —————
     Gesamtaufwendungen   —————

Saldo: DM
= verfügbares Jahreseinkommen für den Lebensunterhalt
pro Monat DM   oder DM   je im Haushalt lebende Person.

IV. Vermögensübersicht
1. Bank- und Sparguthaben   DM —————
2. Wertpapiere (Kurswert)   DM —————
3. Lebensversicherungen nominal   DM —————   Rückkaufswert DM —————
4. Bausparverträge nominal   DM —————   Ansparguthaben DM —————
5. Betriebsvermögen   DM —————
6. —————————   DM —————

Inländischer Haus- und Grundbesitz
Art des Objektes und Anschrift

Verkehrswert ca.

1.		DM
2.		DM
3.		DM
4.		DM
5.		DM

V. Verbindlichkeiten
1. Verbindlichkeiten bei Kreditinstituten   DM _____
2. Verbindlichkeiten für Haus- und Grundbesitz (valutierender Betrag)   DM _____
3. Steuerschulden (auch noch nicht veranlagte)   DM _____
4. Bürgschaften   DM _____
5. _____   DM _____
6. _____   DM _____
Verbindlichkeiten ingesamt   DM _____

VI. Auswertung:
Vermögenssaldo:
Verfügbares monatl. Einkommen:

Einkommensnachweise. Zu den E. gehören Verdienstbescheinigungen (mit kumulierten Jahresbeträgen), Rentenbescheide, Verträge über private Renteneinkünfte, Steuerbescheide, Bilanzen nebst Gewinn- und Verlustrechnungen, Einnahme/Überschußrechnungen und Datev-Auswertungen (aktuell). Anhand der E. erfolgt die Budgetrechnung für die Baufinanzierung zur Ermittlung der tragbaren monatlichen Belastung.

Einkommensteuerbescheid. Aufgrund der Einkommensteuererklärung führt das zuständige Finanzamt eine Veranlagung durch und ermittelt anschließend die Steuerschuld durch Erstellung

eines E. Dieser dient heute vielfach auch als aussagefähiger Einkommensnachweis. Volle Aussagekraft erhält der Bescheid jedoch nur in Verbindung mit der Erklärung, denn nur hieraus ist ersichtlich, ob geschätzte Einkommenszahlen oder echte Werte angesetzt worden sind.

Einkommensteuererklärung *(§ 56 EStDV)*. Es besteht die Pflicht, unter bestimmten Einkommensvoraussetzungen, insbesondere wenn → Anlage V vorgelegt werden muß/kann, die Einkünfte formularmäßig selbst zu deklarieren. Abgabetermin bei Privatpersonen ist der 31. 5. des folgenden Jahres (§ 149 Abs.2 AO). Danach Verlänge-

Einkommensteuertarif

rung mit Begründung durch Finanzamt möglich. Für Angehörige der steuerberatenden Berufe wird die Frist auf den 30. 9. des Jahres verlängert. Auf Antrag bis zum 28. 2. des Folgejahres möglich. → Abgabefristen.

Einkommensteuertarif. Für Ledige und Alleinstehende sind die Tarife in der ‚Grundtabelle' angegeben, für Verheiratete (Zusammenveranlagung) in der Splittingtabelle. Grobe Aufteilung nach Durchschnittssteuersatz. → Grenzsteuersatz.

Einkommensteuer-Vorauszahlung (§ 37 EStG), Vorauszahlung auf die Einkommensteuer, die für den laufenden Veranlagungszeitraum voraussichtlich geleistet wird. Stichtage: 10. 3., 10. 6., 10. 9 und 10. 12. → Vorauszahlungsbescheid.

Auszug aus der Einkommensteuertabelle 1990 – Grund- und Splittingtabelle –

Zu verst. Einkommen DM	Grundtabelle DM	Splittingtabelle DM	Zu verst. Einkommen DM	Grundtabelle DM	Splittingtabelle DM	Zu verst. Einkommen DM	Grundtabelle DM	Splittingtabelle DM	Zu verst. Einkommen DM	Grundtabelle DM	Splittingtabelle DM	Zu verst. Einkommen DM	Grundtabelle DM	Splittingtabelle DM	Zu verst. Einkommen DM	Grundtabelle DM	Splittingtabelle DM
5940	61	—	38340	7607	5522	70740	18335	13566	103140	32253	23204	135540	48994	34438	167940	66166	47266
6480	164	—	38880	7759	5642	71280	18541	13712	103680	32512	23378	136080	49280	34638	168480	66452	47494
7020	266	—	39420	7913	5764	71820	18747	13860	104220	32772	23552	136620	49566	34840	169020	66738	47720
7560	369	—	39960	8067	5886	72360	18955	14010	104760	33033	23728	137160	49852	35040	169560	67024	47948
8100	472	—	40500	8223	6008	72900	19164	14158	105300	33295	23904	137700	50139	35242	170100	67311	48178
8640	575	—	41040	8379	6132	73440	19373	14308	105840	33557	24080	138240	50425	35446	170640	67597	48406
9180	678	—	41580	8536	6254	73980	19583	14458	106380	33821	24256	138780	50711	35648	171180	67883	48636
9720	783	—	42120	8694	6378	74520	19794	14608	106920	34085	24432	139320	50997	35852	171720	68169	48866
10260	889	—	42660	8853	6502	75060	20006	14758	107460	34350	24610	139860	51283	36056	172260	68455	49096
10800	996	—	43200	9012	6626	75600	20219	14910	108000	34616	24788	140400	51570	36260	172800	68742	49328
11340	1103	20	43740	9173	6752	76140	20433	15062	108540	34883	24966	140940	51856	36464	173340	69028	49558
11880	1211	122	44280	9335	6878	76680	20648	15214	109080	35151	25144	141480	52142	36670	173880	69314	49790
12420	1321	224	44820	9497	7004	77220	20863	15366	109620	35420	25322	142020	52428	36876	174420	69600	50022
12960	1431	328	45360	9660	7130	77760	21080	15518	110160	35689	25502	142560	52714	37082	174960	69886	50256
13500	1542	430	45900	9824	7256	78300	21297	15672	110700	35960	25682	143100	53001	37288	175500	70173	50488
14040	1654	532	46440	9990	7384	78840	21515	15826	111240	36231	25862	143640	53287	37494	176040	70459	50722
14580	1767	636	46980	10156	7510	79380	21735	15980	111780	36504	26044	144180	53573	37702	176580	70745	50956
15120	1880	738	47520	10322	7640	79920	21955	16134	112320	36777	26224	144720	53859	37910	177120	71031	51190
15660	1995	840	48060	10490	7768	80460	22175	16290	112860	37051	26406	145260	54145	38118	177660	71317	51426
16200	2110	944	48600	10659	7896	81000	22397	16446	113400	37326	26588	145800	54432	38328	178200	71604	51660
16740	2227	1046	49140	10828	8028	81540	22620	16602	113940	37602	26772	146340	54718	38536	178740	71890	51896
17280	2344	1150	49680	10999	8156	82080	22843	16758	114480	37878	26954	146880	55004	38746	179280	72176	52132
17820	2462	1252	50220	11170	8286	82620	23068	16914	115020	38156	27138	147420	55290	38956	179820	72462	52370
18360	2581	1356	50760	11342	8416	83160	23293	17072	115560	38434	27322	147960	55576	39166	180360	72748	52606
18900	2701	1462	51300	11515	8548	83700	23519	17230	116100	38714	27506	148500	55863	39378	180900	73035	52844
19440	2821	1566	51840	11689	8680	84240	23747	17388	116640	38994	27690	149040	56149	39588	181440	73321	53082
19980	2943	1672	52380	11864	8812	84780	23974	17546	117180	39275	27876	149580	56435	39800	181980	73607	53320
20520	3066	1778	52920	12040	8944	85320	24203	17706	117720	39557	28062	150120	56721	40012	182520	73893	53558
21060	3189	1884	53460	12216	9078	85860	24433	17864	118260	39840	28248	150660	57007	40226	183060	74179	53798
21600	3313	1992	54000	12394	9210	86400	24664	18024	118800	40124	28434	151200	57294	40438	183600	74466	54038
22140	3439	2098	54540	12572	9344	86940	24895	18186	119340	40409	28622	151740	57580	40652	184140	74752	54278
22680	3565	2206	55080	12751	9478	87480	25128	18346	119880	40694	28808	152280	57866	40866	184680	75038	54518
23220	3692	2314	55620	12931	9614	88020	25361	18508	120420	40980	28996	152820	58152	41080	185220	75324	54760
23760	3820	2422	56160	13112	9748	88560	25595	18670	120960	41266	29184	153360	58438	41294	185760	75610	55002
24300	3948	2532	56700	13294	9884	89100	25830	18832	121500	41553	29374	153900	58725	41510	186300	75897	55244
24840	4078	2642	57240	13477	10020	89640	26066	18994	122040	41841	29562	154440	59011	41726	186840	76183	55486
25380	4208	2752	57780	13661	10156	90180	26303	19158	122580	42130	29752	154980	59297	41942	187380	76469	55728
25920	4340	2862	58320	13845	10294	90720	26541	19320	123120	42411	29942	155520	59583	42160	187920	76755	55972
26460	4472	2972	58860	14031	10430	91260	26779	19484	123660	42697	30134	156060	59869	42376	188460	77041	56216
27000	4605	3084	59400	14217	10568	91800	27019	19648	124200	42984	30324	156600	60156	42592	189000	77328	56460
27540	4739	3196	59940	14404	10708	92340	27259	19814	124740	43270	30516	157140	60442	42812	189540	77614	56704
28080	4874	3308	60480	14592	10846	92880	27501	19980	125280	43557	30708	157680	60728	43030	190080	77900	56950
28620	5010	3420	61020	14781	10984	93420	27743	20146	125820	43844	30900	158220	61014	43250	190620	78186	57196
29160	5147	3534	61560	14971	11124	93960	27986	20312	126360	44128	31092	158760	61300	43470	191160	78472	57440
29700	5284	3646	62100	15162	11264	94500	28230	20480	126900	44418	31284	159300	61587	43690	191700	78759	57688
30240	5423	3760	62640	15354	11406	95040	28475	20644	127440	44701	31480	159840	61873	43910	192240	79045	57934
30780	5562	3874	63180	15546	11546	95580	28720	20810	127980	44984	31674	160380	62159	44132	192780	79331	58182
31320	5703	3990	63720	15740	11688	96120	28967	20980	128520	45273	31868	160920	62445	44350	193320	79617	58428
31860	5844	4104	64260	15934	11830	96660	29214	21148	129060	45557	32064	161460	62731	44572	193860	79903	58676
32400	5986	4220	64800	16129	11972	97200	29463	21318	129600	45846	32258	162000	63018	44794	194400	80190	58926
32940	6129	4336	65340	16325	12114	97740	29712	21486	130140	46135	32454	162540	63304	45016	194940	80476	59174
33480	6272	4454	65880	16522	12258	98280	29962	21656	130680	46418	32650	163080	63590	45240	195480	80762	59424
34020	6417	4570	66420	16720	12402	98820	30213	21824	131220	46707	32846	163620	63876	45462	196020	81048	59674
34560	6563	4688	66960	16919	12544	99360	30465	21998	131760	46990	33044	164160	64162	45686	196560	81334	59924
35100	6709	4806	67500	17118	12690	99900	30718	22168	132300	47279	33240	164700	64449	45910	197100	81621	60176
35640	6856	4924	68040	17319	12834	100440	30972	22340	132840	47563	33436	165240	64735	46136	197640	81907	60428
36180	7005	5042	68580	17520	12978	100980	31226	22510	133380	47852	33634	165780	65021	46360	198180	82193	60678
36720	7154	5162	69120	17723	13126	101520	31481	22684	133920	48135	33830	166320	65307	46584	198720	82479	60930
37260	7304	5282	69660	17926	13272	102060	31738	22856	134460	48421	34028	166860	65593	46812	199260	82765	61182
37800	7455	5402	70200	18130	13418	102600	31995	23030	135000	48704	34226	167400	65880	47038	199800	83052	61436

Einkünfte, im Sinne des EStG Gewinne bzw. Überschüsse aus bestimmten → Einkunftsarten (§ 2 Abs. 1 EStG)

oder in der Absicht erzielt, auf längere Zeit wirtschaftliche Vorteile zu erzielen.

Ausgewählte Einkommen ohne Kirchensteuer
→ Durchschnittssteuerbelastung, → Grenzsteuerbelastung, gültig ab 1. 1. 1990

	Einkommensteuer		→ Durchschnitts-steuersatz		→ Grenzsteuersatz	
Zu versteuerndes Einkommen DM	Grundtabelle DM	Splittingtabelle DM	→Grundtabelle %	→Splittingtabelle %	Grundtabelle %	Splittingtabelle %
10 000	836	–	8,4	–	19,6	–
11 000	1 028	–	9,3	–	19,9	–
12 000	1 233	142	10,3	1,2	20,2	–
13 000	1 431	328	11,0	2,5	20,5	18,4
14 000	1 642	512	11,7	3,7	20,8	18,4
15 000	1 846	696	12,3	4,6	21,1	18,4
16 000	2 064	902	12,9	5,6	21,4	18,6
17 000	2 273	1 088	13,4	6,4	21,7	19,1
18 000	2 497	1 274	13,9	7,1	22,0	19,3
19 000	2 713	1 462	14,3	7,7	22,3	19,4
20 000	2 943	1 672	14,7	8,4	22,6	19,6
22 000	3 401	2 056	15,5	9,3	23,2	19,9
24 000	3 871	2 466	16,1	10,3	23,8	20,2
26 000	4 353	2 862	16,7	11,0	24,4	20,5
28 000	4 847	3 284	17,3	11,7	25,0	20,8
30 000	5 354	3 692	17,8	12,3	25,6	21,1
34 000	6 403	4 546	18,8	13,4	26,9	21,7
38 000	7 500	5 426	19,7	14,3	28,1	22,3
40 000	8 067	5 886	20,2	14,7	28,7	22,6
44 000	9 238	6 802	21,0	15,5	29,9	23,2
48 000	10 456	7 742	21,8	16,1	31,1	23,8
50 000	11 084	8 208	22,2	16,4	31,7	24,1
55 000	12 715	9 452	23,1	17,2	33,2	24,9
60 000	14 423	10 708	24,0	17,8	34,8	25,6
65 000	16 188	12 000	24,9	18,5	36,3	26,4
70 000	18 048	13 360	25,8	19,1	37,8	27,2
75 000	19 964	14 728	26,6	19,6	39,3	27,9
80 000	21 977	16 134	27,5	20,2	40,8	28,7
90 000	26 208	19 092	29,1	21,2	43,9	30,2
100 000	30 743	22 168	30,7	22,2	46,9	31,7
110 000	35 608	25 430	32,4	23,1	50,0	33,2
120 000	40 751	28 846	34,0	24,0	53,0	34,8
130 000	46 046	32 376	35,4	24,9	53,0	36,3
140 000	51 341	36 096	36,7	25,8	53,0	37,8
150 000	56 635	39 928	37,8	26,6	53,0	39,3
160 000	61 930	43 954	38,7	27,5	53,0	40,8
180 000	72 548	52 416	40,3	29,1	53,0	43,9
200 000	83 137	61 486	41,6	30,7	53,0	46,9
220 000	93 755	71 216	42,6	32,4	53,0	50,0
240 000	104 345	81 502	43,5	34,0	53,0	53,0
260 000	114 934	92 092	44,2	35,4	53,0	53,0
280 000	125 552	102 682	44,8	36,7	53,0	53,0
300 000	136 142	113 270	45,4	37,8	53,0	53,0
400 000	189 146	166 274	47,3	41,6	53,0	53,0
500 000	242 150	219 278	48,4	43,9	53,0	53,0
600 000	295 154	272 284	49,2	45,4	53,0	53,0
750 000	374 632	351 790	50,0	46,9	53,0	53,0

Einkünfte aus Vermietung und Verpachtung *(§ 21 EStG),* Gegenüberstellung von Einnahmen und Ausgaben aus bebauten und unbebauten Grundstücken. Werden deklariert in der → Anlage V zur → Einkommensteuererklärung.

Einkunftsarten *(§ 2 EStG).* 1. Einkünfte aus Land- und Forstwirtschaft, 2. Einkünfte aus Gewerbebetrieb, 3. Einkünfte aus selbständiger Arbeit, 4. Einkünfte aus nicht selbständiger Arbeit, 5. Einkünfte aus Kapitalvermögen, 6. Einkünfte aus Vermietung und Verpachtung, 7. sonstige Einkünfte im Sinne des § 22 EStG.

Einliegerwohnung *(§ 11 II. WoBauG),* zusätzliche Wohnung in einem Einfamilienhaus/ETW. Voraussetzung: eigene Küche oder Kochgelegenheit mit angeschlossenem Herd; Wasserzapfstelle sowie Ausguß, Belichtung und Belüftung; Toilette und Waschgelegenheit; Mindestgröße 25 m². Räume müssen zusammenhängend sein mit eigenem Eingang. Bei früherem § 7 b (bis 31. 12. 1986) Steuervorteile bei Häusern mit E. durch volle Absetzung der Zinsen. Bei Altobjekten Übergangsregelung von zwölf Jahren; bei Objekten nach dem 31. 12. 1986 klare Trennung zwischen eigengenutzten Wohnungen und vermieteter E.

Einmalvalutierung. Nachrangige Gläubiger – auch öffentliche Stellen – verlangen oftmals Erklärungen der vorrangigen Gläubiger, wonach bestätigt werden soll, daß die Darlehen nur zweckgebunden ausgereicht werden und keine erneute Valutierung (nach Tilgung oder Teiltilgung) zugelassen wird. Hierzu zählt auch eine Umschuldung mit neuem → Disagio. Sollte diese Erkärung abgegeben werden, muß dies in den Kredit- und Sicherheitenakten festgehalten werden.

Einmessung. Neue Gebäude werden nach der Fertigstellung durch einen staatlich bestellten Vermesser kostenpflichtig eingemessen. Die Bestätigung hiervon wird → Grenzbescheinigung genannt.

Einmietbetrug *(§ 263 StGB).* Falls ein Mieter von Anfang an keine Miete zahlt, liegt der Verdacht des E. vor. Der Vermieter kann dann Anzeige bei der Polizei oder der Staatsanwaltschaft erstatten.

Einnahmen *(§ 8 EStG),* Güter, die in Geld oder Geldwert bestehen und dem Steuerpflichtigen im Rahmen einer der → Einkunftsarten zufließen.

Einnahmen- und Überschußrechnung, vereinfachte Gewinnermittlung durch Gegenüberstellung von Einnahmen und Ausgaben in einer Periode. Lediglich die Abschreibung erfolgt hier nicht nach dem Kassenprinzip.

Ia-Hypothek *(§§ 1113 bis 1190 BGB).* Die Sicherung einer erststelligen → Hypothek erfolgt durch die Eintragung einer → Brief- oder Buchhypothek in das Grundbuch in Abteilung III. Mit der Eintragung erhält der Gläubiger einen dinglichen Anspruch an dem Grundstück. Die Hypothek ist an die Forderung gebunden, d. h., es muß eine zu sichernde Forderung gegenüberstehen (→ Akzessorietät). Zur Sicherung von Darlehen werden heute vielfach → Grundschulden statt Hypotheken eingetragen, da diese fungibler sind. Abtretung einer Buchhypothek *muß* ins Grundbuch eingetragen werden. Bei Briefhypotheken genügt eine Abtretungserklärung mit Briefübergabe. Teilabtretungen sind nur bei Briefhypotheken möglich.

I b-Hypothek, Darlehen mit Besicherung durch Grundpfandrechte (Grundschulden/Hypotheken) im Rang nach einer erststelligen Hypothek oder Grundschuld. I. d. R. werden diese Darlehen zusätzlich durch eine Bürgschaft gesichert. Meist durch öffentlich-rechtliche Körperschaften oder Banken.

Einstellplatz, Fläche, die zum Einstellen von Kraftfahrzeugen bestimmt ist. Kann auch mit Schutzdach versehen sein. Die Fläche dient nicht dem öffentlichen Verkehr (Parkplatz).

einstweilige Einstellung einer Zwangsversteigerung *(§ 30 ZVG).* Möglichkeiten: a) auf Bewilligung des Gläubigers. Das Verfahren ist einstweilen einzustellen, wenn der Gläubiger die Einstellung bewilligt. Die Einstellung kann wiederholt bewilligt werden. Ist das Verfahren auf Grund einer Bewilligung des Gläubigers bereits zweimal eingestellt, so gilt die erneute Bewilligung als Rücknahme des Versteigerungsantrages. Der Bewilligung der Einstellung steht die Aufhebung gleich. b) auf Antrag des Schuldners (§ 30a–d ZVG). Einstellungsmöglichkeit für die Dauer von sechs Monaten, wenn Aussicht besteht, daß durch die Einstellung die Zwangsversteigerung vermieden werden kann und die Einstellung nach den persönlichen und wirtschaftlichen Verhältnissen des Schuldners sowie nach Art der Schuld der Billigkeit entspricht. Ist der Antrag zum Schaden des Gläubigers, so ist er abzulehnen. c) auf Antrag des Schuldners (§ 765a ZPO), → Härteklausel. d) wegen Zahlung im Termin (§ 75 ZVG). Zahlt nach Beginn der Versteigerung der Schuldner oder ein Dritter, der berechtigt ist, den Gläubiger zu befriedigen, den zur Befriedigung und zur Deckung der Kosten erforderlichen Betrag an das Gericht, so wird das Verfahren einstweilen eingestellt. e) nach Deckung eines Einzelgebotes (§ 76 ZVG). Wird bei der Versteigerung mehrerer Grundstücke auf ein Grundstück soviel geboten, daß die Forderung des Gläubigers erfüllt ist, so wird das Verfahren einstweilig eingestellt, es sei denn, es widerspricht dem Interesse des Gläubigers. f) wegen Nichtabgabe von Geboten (§ 77 ZVG). Wird kein Gebot abgegeben, oder die abgegebenen sind erloschen, so wird das Verfahren einstweilen eingestellt. Bleibt die Versteigerung in einem zweiten Termin ebenfalls ergebnislos, so wird es eingestellt. Die einstweilige Einstellung ist bis zu sechs Monaten möglich. Wenn sich nicht kraft Gesetz etwas anderes ergibt, wird das Verfahren dann aufgehoben.

einstweilige Verfügung (Vormerkungen) *(§§ 885, 899, 1990 BGB u. a., 935 ff. ZPO; 16, 3 EGZPO).* Die Eintragung einer → Vormerkung kann auf Grund der Bewilligung desjenigen, dessen Grundstück oder dessen Recht von der Vormerkung betroffen ist, oder auf Grund einer e. V. erfolgen. Zur Erlassung einer e. v. ist nicht erforderlich, daß eine Gefährdung des zu sichernden Anspruchs glaubhaft gemacht wird.

Eintragungsantrag *(§ 13 Abs. 2 GBO).* Eine Eintragung in das Grundbuch wird nur vorgenommen, wenn die → Eintragungsbewilligung oder die erforderliche Erklärung durch öffentliche oder öffentlich beglaubigte Urkunden nachgewiesen werden. Der Antrag selbst bedarf keiner besonderen Form. Er muß jedoch enthalten: das Begehren einer Eintragung, die Person des Antragstellers, den Inhalt der begehrenden Eintragung.

Eintragungsbewilligung *(§ 19 GBO, § 874 BGB).* Zur Eintragung in das Grundbuch bedarf es neben dem → Eintragungsantrag der Bewilligung desjenigen, dessen Recht von der Eintragung betroffen wird. Die Bewilligung muß in notarieller Form erfolgen. Bei Briefgrundschulden oder Briefhypotheken ist die Vorlage des Briefes erforderlich.

Eintragung ins Grundbuch. Der Eintragungsantrag wird durch Anordnung (Verfügung) zur Eintragung angeordnet. Bei umfangreichen Eintragungen kann auf die → Eintragungsbewilligung

Bezug genommen werden. Bei mängelfreien Anträgen erfolgt die Eintragung in das Grundbuch, und die Beteiligten erhalten eine → Eintragungsnachricht über die Eintragung. → Eintragungsverfügung, → Abverfügung.

Eintragung des Zwangsversteigerungsvermerkes *(§ 19 ZVG),* → Zwangsversteigerungsvermerk.

Eintragungsnachricht *(§ 55 GBO).* Nach der Eintragung in das Grundbuch erfolgt jeweils eine Nachricht an den Antragsteller und an den Eigentümer. Der Inhalt sollte in jedem Falle überprüft werden. Auf die E. kann verzichtet werden. Hier ist jedoch Vorsicht geboten. Vorrangige Gläubiger erhalten keine Nachricht.

Eintragungsverfügung. Geht ein → Eintragungsantrag nebst Unterlagen beim Grundbuchamt ein, so kann vom Rechtspfleger oder Richter, wenn keine Mängel bestehen (→ Zwischenverfügung), die E. getroffen werden. Sie ist zwingend erforderlich und enthält die Anordnung zur Eintragung in das Grundbuch. Der Vorgang wird nur im Grundbuchamt festgehalten. Die Beteiligten erhalten hierüber keine Nachricht.

Eintragungszwang. Jedes Grundstück muß in einem Grundbuchblatt eingetragen sein. Es besteht E. Gehören einem Eigentümer mehrere Grundstücke in einem Grundbuchamtsbezirk, so können sie auf einem gemeinschaftlichen Grundbuchblatt eingetragen werden. Ausnahmen vom E. bestehen bei Grundbesitz von Bund, Ländern, Kirchen, Klöstern, Schulen, öffentlichen Straßen, Wasserläufen usw.

Einwendungsdurchgriff. Beim E. kann der Käufer unter besonderen Umständen nach Treu und Glauben dem Darlehensrückzahlungsanspruch der Bank begründete Einwendungen aus dem Kaufvertrag entgegensetzen, wenn sonst die Risiken eines – jedenfalls wirtschaftlich-einheitlichen – Geschäfts nicht angemessen verteilt wären. Kauf und Finanzierung sind nach heute fast einhelliger Ansicht trotz ihrer engen wirtschaftlichen Verbindung zwei rechtlich selbständige Verträge. Die Aufspaltung eines wirtschaftlichen Geschäftes in zwei rechtlich selbständige Verträge darf grundsätzlich nicht zu Lasten des Käufers/Kreditnehmers gehen.

Bei der Finanzierung von Immobilien wird der E. von der Rechtsprechung generell nicht zugelassen. Der Darlehensnehmer wird in solchen Fällen nicht als schutzbedürftig angesehen. Ausnahmen: Die Bank schaltet sich werbend oder sonst aktiv auf der Seite des Initiators in Konzeption usw. ein. Die Bank schafft speziellen Gefährdungstatbestand oder erweckt den Eindruck, der Anleger sei durch ihr Mitwirken an dem Objekt hinreichend gesichert.

Quelle: E. v. Heymann: Bankenhaftung bei Immobilienanlagen, Wertpapier-Mitteilungen, Frankfurt.

Einzelausgebot *(§ 63 ZVG).* Mehrere Grundstücke – also auch ein im Eigentum von Eheleuten je zur Hälfte stehendes Grundstück – sind einzeln auszubieten. Ein solches E. darf nur unterbleiben, wenn die Beteiligten, deren Rechte bei der Feststellung des → geringsten Gebotes nicht zu berücksichtigen sind, zustimmen, also auf das E. verzichten.

Einzelverfügungsverbot *(§ 58 VerglO, § 63 VerglO).* Im → Vergleichsverfahren kann das Gericht von Amts wegen oder auf Antrag des Vergleichsverwalters dem Schuldner Verfügungsbeschränkungen auferlegen. Diese können ein allgemeines Veräußerungsverbot sein oder ein Verbot, über einzelne Vermögensgegenstände zu verfügen. Der Erlaß eines E. hindert nicht den späteren Erlaß eines Verbots für weitere Gegenstände oder den Erlaß eines allgemeinen Veräußerungsverbotes.

Einzugsbestätigung. Der Wohnungseigentümer hat gegenüber der Meldebehörde den Einzug des Mieters in seine Wohnung zu bestätigen. In Nordrhein-Westfalen § 14 Meldegesetz.

Einzugsermächtigungsverfahren. Der Zahlungspflichtige erteilt dem Zahlungsempfänger schriftlich die Ermächtigung, Forderungen gegen ihn bei Fälligkeit zu Lasten seines Kontos einzuziehen. Auch im Baufinanzierungsbereich übliche Zahlungsform.

Elektronachtstromspeicherheizung, vielfach verwendete Heizungsform bei Modernisierung von Altbauten. Der nachträgliche Einbau ist unter bestimmten Voraussetzungen nach § 82a EStG abschreibbar. → erhöhte Abschreibungen.

Elternschlafzimmer, Schlafraum für zwei Personen. Die Möglichkeit zur Körperpflege sollte in unmittelbarer Nähe des Schlafzimmers gegeben sein. Nach DIN 18011 sollte das Zimmer eine Mindestgröße von 13 m^2 haben, 14 bis 16 m^2 werden jedoch empfohlen.

Emissionen, die von einer Anlage ausgehenden Luftverunreinigungen, Geräusche, Licht, Wärme, Strahlen, Erschütterungen und ähnliche Erscheinungen. Diese können negative Auswirkungen auf die Nachbarbebauung haben, daher ist das unmittelbare Umfeld jedes Kauf-/Beleihungsobjektes zu begutachten.

Endabrechnung. Nach Beendigung jeder Baumaßnahme sollte die Kalkulation anhand einer E. überprüft werden. Bei mit öffentlichen Mitteln finanzierten Objekten zwingend erforderlich.

endfälliges Darlehen. Tilgung in einem Betrag bei Fälligkeit des Darlehens, z.B. aus einer fällig gewordenen Lebensversicherung oder einem zugeteilten Bausparvertrag. Damit bleiben die Zinszahlungen − Zinsfestschreibung unterstellt − während der gesamten Laufzeit unverändert.

energiesparendes Bauen, architektonische Gestaltung oder Verwendung von entsprechenden Baumaterialien zur

Einsparung von Energie. Aufgrund der Verknappung der Energievorräte findet dies zunehmend Beachtung. I.d.R. sind hier positive Auswirkungen bei den Betriebskosten zu vermerken. → Wärmeschutzverordnung.

Energiesparmaßnahmen *(§ 82a EStG).* → erhöhte Absetzungen.

Ensembleschutz, innerhalb des Denkmalschutzes Schutz für die Gesamtanlage oder den Denkmalbereich. Zweck ist die Erhaltung von Orts- oder Platzgestaltungen sowie die Erhaltung von historischen Gebäudegruppen. Heute wichtiger Bestandteil bei der Vermarktung von umgebauten und als Wohnungen gestalteten Bauernhöfen. Hier ist durch den E. darauf zu achten, daß die Gesamtanlage in ihrer Gestaltung, Form und dem Aussehen erhalten bleibt. Dies geht vielfach zu Lasten der zu verkaufenden Wohnfläche.

Enteignung *(§§ 85ff. BauGB, § 240 Überleitungsvorschriften).* Eine E. ist nur zulässig, wenn das Wohl der Allgemeinheit sie erfordert und dieser Zweck auf andere Weise nicht erreicht werden kann. Die E. von Grundstücken ist nicht auf den Wohnungsbau beschränkt. In den §§ 85 bis 92 des BauGB sind die Möglichkeiten der Enteignung geregelt, in §§ 93ff. die entsprechenden Entschädigungsregeln festgelegt.

Enteignungsvermerk *(§ 85 BauGB).* Die wichtigsten bundesrechtlichen Regelungen des Enteignungsrechtes sind im

144

BauGB und im StBauFG geregelt; konkurrierendes Recht (Landesrechte) sind zu beachten. Die Eintragung der Einleitung in das Grundbuch ist nicht vorgesehen. Mitteilungen an alle Beteiligten sowie öffentliche Bekanntmachung erfolgen; Mitteilung beim Grundbuchamt in den → Grundakten.

entgegenstehende Rechte *(§ 28 ZVG).* Wechselt des Eigentum am Grundstück nach Anordnung der Zwangsversteigerung, aber vor Zulassung eines Beitritts, so kann der → Beitritt nicht mehr wirksam zugelassen werden, da eine Beschlagnahmung zugunsten des betreibenden Gläubigers wegen eines entgegenstehenden und aus dem Grundbuch ersichtlichen Rechts nicht mehr erfolgen kann.

Entgeltgrenze für geringfügige Beschäftigung. Ab 1. 1. 1988 DM 440,–; ab 1. 1. 1989 DM 450,– und ab 1. 1. 1990 DM 470,– pro Monat oder 1/6 des Gesamteinkommens. Lohn- und Kirchensteuer werden pauschal abgeführt. Eine Versicherungspflicht ist nicht gegeben.

entgeltlicher Erwerber, Person, die ein bereits vorhandenes Gebäude bzw. eine Wohnung von einer anderen Person erhält und dafür eine Gegenleistung zu erbringen hat. Bei → Grundförderung gleiche Behandlung wie Bauherr.

Entschädigungen bei Änderungen oder Aufhebung einer zulässigen Nutzung *(§§ 42, 43, 44 BauGB).* Tritt durch die Aufhebung oder Änderung der Nutzung eines Grundstückes eine wesentliche Wertminderung eines Grundstückes ein, kann der Eigentümer eine angemessene Entschädigung in Geld verlangen. Entscheidend ist hierbei, ob die Aufhebung innerhalb einer Frist von sieben Jahren oder außerhalb der Frist seit Zulässigkeit erfolgt. Zur Entschädigung ist der Begünstigte verpflichtet, wenn er mit der Festsetzung zu seinen Gunsten einverstanden ist.

Entschuldungsvermerk *(§ 80 Satz 2 SchRG).* Mit dem Vermerk wurde 1933 eine Schuldenregelung bei landwirtschaftlichen Betrieben geschaffen. Die Eintragung erfolgt in Abteilung II des Grundbuches auf Ersuchen des Amtsgerichts. Bei einer Beleihung ist die Löschung des Vermerkes anzustreben. Bei einer Veräußerung benötigt der Eigentümer eine Genehmigung. Die Löschung kann meist nur durch Zahlung eines Opferausgleichsbetrages erreicht werden. Die Höhe legt das Entschuldungsamt (Amtsgericht) nach seinem Ermessen fest. Bei Zwangsversteigerungen sind Besonderheiten zu beachten. Bei Beleihung generell beachten!

Entsiegelung, Aufbrechen versiegelter Flächen wie Asphaltdecken oder fugenloser Plattenwege und Plätze. Parkplätze und Straßen werden entsiegelt und mit Pflastersteinen neu gestaltet, um das Eindringen von Wasser zu ermöglichen; trägt mit dazu bei, Hochwasser zu verhindern, oder abzuschwächen. → Versiegelung von Baugrundstücken.

Entwicklungsträger

Entwicklungsträger *(§ 167 BauGB)*. Die Gemeinde kann einen E. beauftragen, die städtebaulichen Entwicklungsmaßnahmen vorzubereiten und durchzuführen, und Mittel, die die Gemeinde hierfür zur Verfügung stellt, zu bewirtschaften.

Entwicklungsvermerk *(§§ 53 ff. StBauFG, §§ 165 ff. BauGB)*, Maßnahmen, die eine Strukturverbesserung bringen: Schaffung neuer Orte, neuer Siedlungen, Erweiterung bestehender Orte usw. Die Entwicklungsmaßnahmen müssen dem Wohl der Allgemeinheit dienen. Die ausgewiesenen Gebiete werden als Entwicklungsbereich festgelegt. Die Gemeinde ersucht das Grundbuchamt, die betroffenen Grundstücke mit dem E. zu belegen. Hierdurch wird eine Verfügungsbeschränkung herbeigeführt. Ohne Zustimmung der Gemeinde sind diese Grundstücke nicht beleihbar. Bei Beleihung beachten!

Entziehung von Eigentum *(§ 18 WEG)*. Hat ein Eigentümer seine Verpflichtungen nicht erfüllt, insbesondere durch Nichtzahlung seiner Kostenanteile mindestens in Höhe von 3% des Einheitswertes und ist er länger als drei Monate rückständig, so kann ihm das Eigentum entzogen werden. Die Eigentümergemeinschaft kann durch Stimmenmehrheit hierüber beschließen. Aus dem Urteil findet zugunsten des Erstehers die Zwangsvollstreckung auf Räumung und Herausgabe statt.

Erbauseinandersetzung *(§ 2032 ff. BGB)*. Mehrere Erben können bis zur E. nur gemeinschaftlich über die einzelnen Gegenstände des Nachlasses verfügen, also nicht etwa jeder einzelne über den seinem Erbteil entsprechenden Anteil am Guthaben oder Depot des Erblassers.

Erbbauberechtigter, nur natürliche oder juristische Person. Dies kann auch der Grundstückseigentümer sein. → Eigentümererbbaurecht.

Erbbaugrundbuch *(§§ 1012 bis 1017 BGB, § 14 ErbbRVO)*. Das → Erbbaurecht entsteht durch Einigung, d.h. durch einen Vertrag. Der Grundstückseigentümer verpflichtet sich, für einen Dritten ein Erbbaurecht zu bestellen und beurkundet die Bestellung und Eintragung in das Grundbuch. Nach der Bewilligung und Eintragung wird das E. gebildet.

Erbbaugrundstück/steuern. Das auf einem E. errichtete Gebäude wird steuerlich genau wie jedes andere Objekt behandelt. Also sind entsprechend der Nutzungsart auch unterschiedliche Abschreibungsmethoden möglich. Die Anschaffungskosten für ein Erbbaurecht können allerdings im Rahmen des § 10e EStG nicht berücksichtigt werden, da sie nicht den Anschaffungskosten für Grund und Boden gleichgestellt sind. Dies gilt auch für den kapitalisierten Wert der Erbbauzinsen. Werden von einem Erbbauberechtigten Erschließungskosten vor Bezug des Objektes übernommen und/oder gezahlt, so können diese nach § 10e Abs. 6 EStG in voller Höhe wie Sonderausgaben abgezogen werden.

Erbbauheimstätte. Ein im → Erbbaurecht bebautes Grundstück kann auch → Reichsheimstätte werden. Derartige Erbbaugrundstücke werden dann als E. bezeichnet. Die Gründung der Reichsheimstättengemeinschaft bei einem Erbbaurecht ist aber nur möglich, wenn der Eigentümer des Grundstücks, das mit einem Erbbaurecht belastet ist oder belastet werden soll, gleichzeitig Ausgeber ist und als solcher tätig wird. Die ErbbRVO gestattet Vereinbarungen zwischen dem Grundstückseigentümer und dem Erbbauberechtigten, die dem Eigentümer einen → Heimfallanspruch und ein Zustimmungsrecht zur Veräußerung oder Belastung des Erbbaurechts einräumen. Deshalb bestimmt das Reichsheimstättengesetz, daß Grundeigentümer und Ausgeber identisch sein müssen. Es setzt gleichzeitig die Vorschriften der ErbbRVO hinsichtlich der Vereinbarung über die Zustimmung zur Veräußerung und Belastung und die Bestimmung des Reichsheimstättengesetzes über den Heimfallanspruch für E. außer Kraft. Die E. haben dadurch eine gewisse Bedeutung gewonnen, daß vielfach Kirchengemeinden Baugelände im Erbbaurecht meist 99 Jahre zur Verfügung stellen.

Erbbaurecht *(ErbbRVO; §§ 1012 bis 1017 BGB)*, selbständiges, dingliches, grundstücksgleiches Recht an einem fremden Grundstück, welches sowohl vererblich als auch veräußerbar ist (§ 1 Abs. 1 ErbbRVO). Das E. kann lt. § 10 Abs. 1 S. 1 ErbbRVO nur an ausschließlich erster Rangstelle bestellt

und ins Grundbuch eingetragen werden. Dingliches Recht, kraft dessen der Begünstigte berechtigt ist, auf oder unter fremdem Grund und Boden ein Bauwerk zu errichten oder zu haben. Das Recht gilt für eine vorher bestimmte Zeit. Es kann nicht auf einen Teil, wie z. B. eine Etage, beschränkt werden. Als Entgelt für die Überlassung wird ein → Erbbauzins vereinbart. Dieser ist während der gesamten Nutzungszeit zu entrichten. Für das E. wird ein besonderes Grundbuch gebildet (§ 14 ErbbRVO). Im Bestandsverzeichnis ist das E. verzeichnet und das mit dem E. belastete Grundstück und der Grundstückseigentümer. Der Erbbauberechtigte wird in Abt. I des Grundbuches eingetragen. Das E. kann selbst belastet werden. Bewertet wird ausschließlich das Bauwerk. Inhalt des Rechts ist vielfach die Zustimmung des Grundstückseigentümers zur Belastung des Grundstückes. Ist bei Beleihung zu beachten. Die Mindestdauer des E.-Vertrages bei der Beleihung sollte wenigstens zehn Jahre mehr als die längste Darlehenslaufzeit betragen. Bei der Beleihung ist weiterhin die Möglichkeit des → Heimfalls zu beachten (§ 2 Ziff. 4 ErbbRVO). Besonderheiten bei → Wohnungserbbaurechten. → Beendigung des Erbbaurechts; → Belastung des Erbbaurechts; → Erbbaurechtsverordnung.

Erbbaurechtsbeendigung *(§§ 26, 27 ErbbRVO)*.
1. Durch gemeinschaftliche Erklärung des → Erbbauberechtigten und des Grundstückseigentümers. Das Erb-

baugrundbuch wird danach von Amts wegen geschlossen. Sind noch Belastungen Dritter, z. B. Banken, vorhanden, bedarf es zur Aufhebung der Zustimmung der Gläubiger.

2. Nach Ablauf der in aller Regel festgelegten Befristung erlischt das Erbbaurecht von selbst, ohne daß es einer Erklärung der Beteiligten bedarf. Bei Beleihung ist dies zu berücksichtigen. Die Rückzahlung des Darlehens sollte zeitlich weit vor dem Ablauf des Erbbaurechtsvertrages erfolgen.

Erbbaurechtsverordnung (ErbbRVO, auch: ErbbauVO), Verordnung über das Erbbaurecht vom 15. 1. 1919, trat am 22. 1. 1919 in Kraft. Es trat an die Stelle der §§ 1012 bis 1017 BGB und § 7 GBO. Ausweitung erfolgte durch das Gesetz über das Wohnungseigentum und das Dauerwohnrecht (WEG) vom 15. 3. 1951.

Erbbaurechtsvertrag *(§§ 1–5 Erbb-RVO),* regelt die gegenseitigen Rechte und Pflichten zwischen Grundstückseigentümer und → Erbbauberechtigten. In § 1 ErbbRVO sind die notwendigen gesetzlichen Erfordernisse geregelt. Daneben können jedoch weitere Vereinbarungen getroffen werden. Dies sind u. a. Vereinbarungen über: Errichtung, Instandhaltung, Versicherung und Verwendung des Bauwerkes, Bezahlung von öffentlichen Lasten, Besonderheiten bei → Heimfall, insbesondere über evtl. Entschädigungen usw.

Erbbauzins *(§ 9 ErbbRVO).* Wird für die Bestellung des Erbbaurechts ein Entgelt in wiederkehrenden Leistungen (E.) ausbedungen, so finden die Vorschriften des BGB über → Reallasten (§§ 1105 ff.) entsprechend Anwendung. Die unentgeltliche Bestellung eines Erbbaurechts ist zulässig, in der Praxis jedoch selten. Der E. ist bei Anwendung der Reallast eine dingliche Belastung im Erbbaurecht, die im Erbbaugrundbuch eingetragen werden muß. Neben der dinglichen Vereinbarung besteht auch die Möglichkeit der schuldrechtlichen Vereinbarung.

a) Dingliche Vereinbarung. Die Einigung gemäß § 873 BGB über die Zahlung eines E. ist an keine Form gebunden, muß jedoch im Grundbuch eingetragen werden. Dies bedarf der öffentlichen oder öffentlich beglaubigten Form. Sind die Parteien über die Zahlung eines E. einig und ist die Vereinbarung der Zinsen als solche in Abt. II des Erbbaugrundbuches eingetragen, dann ist der Anspruch aus dem dinglichen E. entstanden. Die Art der Leistung besteht als wiederkehrende Leistung, heute fast ausschließlich noch in Geld. Früher jedoch auch als Sachwert (Getreide, Obst usw.) vorgekommen. Der E. muß nach Zeitraum und Höhe für die ganze Erbbauzeit im voraus bestimmt sein. Hierdurch wird eine sichere Beleihung des Rechtes geschaffen.

b) Schuldrechtlicher bzw. obligatorischer E. Neben der dinglichen Vereinbarung kann nach dem Grundsatz der Vertragsfreiheit auch eine schuldrechtliche Vereinbarung zustande kommen. Es handelt sich hierbei um zwei rechtlich selbständige Verpflichtungen, die nebeneinander bestehen können, jedoch muß die Abrede durch Vormerkung gesichert werden. Durch die schuldrechtliche Vereinbarung will sich der Erbbaurechtsausgeber vor Wertverlusten schützen. Die Vereinbarung enthält i. d. R. den Zeitpunkt oder das Ereignis für die Begründung der Veränderung, den Umfang der Veränderung und/oder die Ober-Untergrenzen als Anpassungsgrund. Vielfach ist der Preisindex für Lebenshaltungskosten Grundlage für die Berechnung. Die Gestaltungsmöglichkeiten sind jedoch frei verhandelbar. Die meisten Verträge, die einen DM-Betrag mit künftiger Entwicklung der Preise oder Werte bestimmter Güter und Leistungen enthalten, bedürfen der Genehmigung der LZB. Die Fälligkeit des E. und der Erhöhung kann frei vereinbart werden. Bei der Beleihung ist der Rangrücktritt des E. anzustreben. Die Eintragung des E. an erster Rangstelle ist nicht zwingend erforderlich. Er erlischt ggf. nach einer Zwangsversteigerung, wenn er dem bestrangig betreibenden Gläubiger im Range nachgeht. Aus diesem Grunde ist ein Vorrang selten zu erreichen. Kann er nicht erreicht werden, ist der Kapitalisierungswert als Vorlast zu berücksichtigen. Hier empfiehlt es sich, vom Erbbauausgeber eine → Stillhalteerklärung hereinzunehmen. Diese verpflichtet den Grundstückseigentümer, im Falle einer Zwangsversteigerung den E. nicht zu kapitalisieren. Ein Ersatz für den Vorrang ist dies jedoch nicht.

Bei Einkünften aus Vermietung und Verpachtung sind E. regelmäßig als Werbungskosten absetzbar. Es sind dauernde Lasten nach § 9 Abs. 1 Nr. 1,

§ 10, Abs. 1 Nr. 1 a EStG. Können bis zum Beginn der erstmaligen Nutzung des Objektes nach § 10 e Abs. 5 EStG als Sonderausgaben abgezogen werden wie Schuldzinsen bei Eigennutzung vor Bezug.

Erbe, → Ehegatte als Erbe.

Erbengemeinschaft *(§§ 1952, 2032 ff. BGB)*. Eine E. entsteht, wenn mehrere Personen nebeneinander *kraft Gesetz* oder Testament oder Erbvertrag Erben werden. Es können sowohl juristische Personen als auch Einzelpersonen sein. Durch Vertrag kann eine E. nicht gegründet werden. Nach Entstehung der Gemeinschaft tritt diese nur als Gesamtheit auf. → Nacherbe.

Erbschaft- und Schenkungsteuer *(§ 20 BewG)*. Bei der E.- u. S. gibt es persönliche und sachliche Freibeträge. Die Steuer wird nach vier unterschiedlichen Steuerklassen erhoben. Auch ist die Steuer nach der Höhe des steuerpflichtigen Erwerbs gestaffelt.

Grundvermögen wird bewertet mit 140% des → Einheitswertes. Belastungen dagegen werden in voller Höhe abgezogen. Dadurch entsteht ggf. ein Minusvermögen. Grundvermögen hat daher für die E.- u. S. positive Auswirkungen. Dies sollte in der Kundenberatung herausgestellt werden. Auf keinen Fall sollte daher vor einer Schenkung z. B. Immobilienbesitz verkauft und dann der Barerlös verteilt werden (§§ 15, 19 ErbStG).

Zur Vermeidung bzw. Minderung von Erbschaftsteuer können Eltern Teile

149

ihres Vermögens im Wege der vorweggenommenen Erbfolge auf ihre Kinder übertragen. Es wurden nämlich nur Schenkungen und Erwerbe von Todes wegen, die innerhalb von zehn Jahren erfolgen, zusammengerechnet. Erwerbe, die in größeren Zeitabständen erfolgen, werden nicht zusammengerechnet.

Das hat zur Folge, daß die persönlichen und sachlichen Freibeträge dann erneut gewährt werden und auch bei Anwendung des Steuersatzes die früheren Erwerbe nicht mit einbezogen werden.

Persönliche Freibeträge
Von dem Erwerb können je nach Verwandtschaftsgrad des Erwerbers zum Erblasser bzw. Schenker Freibeträge in unterschiedlicher Höhe abgezogen werden.
Sie betragen:

a) bei Ehegatten im Falle des Erwerbs von Todes wegen oder bei Schenkungen 250000 DM zuzüglich Versorgungsfreibetrag nur bei Erwerb von Todes wegen;

b) bei Kindern im Falle des Erwerbs von Todes wegen und bei Schenkungen 90000 DM zuzüglich eines bis zum Höchstalter von 27 Jahren gestaffelten Versorgungsfreibetrags zwischen 50000 und 10000 nur bei Erwerb von Todes wegen;

c) bei Enkeln, Urenkeln in jedem Falle 50000 DM; bei Eltern nur im Falle des Erwerbs von Todes wegen 50000 DM;

d) bei Geschwistern, Geschwisterkindern, Schwiegerkindern, Schwiegereltern, geschiedenen Ehegatten in jedem Falle 10000 DM; bei Eltern

nur im Falle von Schenkungen unter Lebenden 10000 DM;

e) bei allen übrigen Erwerbern 3000 DM.

Sachliche Freibeträge
Neben den Nachlaßverbindlichkeiten, die vom Wert des Vermögensanfalls abgezogen werden, gibt es noch sachliche Freibeträge. Von Bedeutung sind:

a) 40000 DM für Hausrat einschließlich Wäsche und Kleidungsstücke, Möbel und Teppiche sowie Kunstgegenstände. Dieser Betrag gilt für die Steuerklassen I (Ehegatten, Kinder) und II (Enkel, Urenkel). Für die übrigen Steuerklassen beträgt der Freibetrag 10000 DM.

b) 5000 DM für andere bewegliche Gegenstände wie private Kraftfahrzeuge, Schmuck usw. für die Steuerklassen I und II. Für die übrigen Steuerklassen beträgt der Freibetrag 2000 DM.

c) Ein steuerfreier Erwerb bis zu 40000 DM zwischen Erblasser und Eltern, Adoptiveltern, Stiefeltern, Großeltern, wenn der Erwerber infolge körperlicher oder geistiger Gebrechen erwerbsunfähig ist oder durch die Führung eines gemeinsamen Hausstandes mit erwerbsunfähigen oder in der Ausbildung befindlichen Abkömmlingen an der Ausübung einer Erwerbstätigkeit gehindert ist.

Steuerklassen und Steuersätze
Nach dem persönlichen Verhältnis des Erwerbers zum Erblasser oder Schenker werden die folgenden vier Steuerklassen unterschieden:

a) Steuerklasse I:
Darunter fallen Ehegatten und Kinder. Die Steuer beginnt bei 3 v. H., der Höchstsatz beträgt 35 v. H.

b) Steuerklasse II:
Darunter fallen Enkel, Urenkel in jedem Falle, Eltern und Voreltern nur bei Erwerben von Todes wegen. Die Steuer beginnt bei 6 v. H., der Höchstsatz beträgt 50 v. H.

c) Steuerklasse III:
Darunter fallen u. a. Großeltern, Geschwister, Geschwisterkinder, Schwiegereltern, Schwiegerkinder, geschiedene Ehegatten in jedem Falle; Eltern im Falle der Schenkung unter Lebenden. Die Steuer beginnt bei 11 v. H., der Höchstsatz beträgt 65 v. H.

d) Steuerklasse IV:
Darunter fallen alle übrigen Personen. Die Steuer beginnt bei 20 v. H., der Höchstsatz beträgt 70 v. H.

Die E.- u. S. wird nach Vomhundertsätzen erhoben.

Wert des steuerpflichtigen Erwerbs bis einschl. DM	Vomhundertsatz in der Steuerklasse			
	I	II	III	IV
50 000	3	6	11	20
75 000	3,5	7	12,5	22
100 000	4	8	14	24
125 000	4,5	9	15,5	26
150 000	5	10	17	28
200 000	5,5	11	18,5	30
250 000	6	12	20	32
300 000	6,5	13	21,5	34
400 000	7	14	23	36
500 000	7,5	15	24,5	38
600 000	8	16	26	40
700 000	8,5	17	27,5	42
800 000	9	18	29	44
900 000	9,5	19	30,5	46
1 000 000	10	20	32	48
2 000 000	11	22	34	50
3 000 000	12	24	36	52
4 000 000	13	26	38	54
6 000 000	14	28	40	56
8 000 000	16	30	43	58
10 000 000	18	33	46	60
25 000 000	21	36	50	62
50 000 000	25	40	55	64
100 000 000	30	45	60	67
über 100 000 000	35	50	65	70

Grundbesitz oder Teile vom Grundbesitz bleiben unter gewissen Voraussetzungen ganz oder teilweise nach § 13 ErbstG steuerfrei. Z. B. Baudenkmäler werden nur mit 40% ihres Wertes angesetzt, wenn ihre Erhaltung im öffentlichen Interesse liegt, die darauf aufzuwendenden jährlichen Kosten i. d. R. die erzielten Einnahmen übersteigen und die Denkmäler der Forschung und Volksbildung zugänglich sind. Die Steuerbefreiungen entfallen für die Vergangenheit, wenn die Denkmäler innerhalb von zehn Jahren nach der Schenkung oder nach dem Erwerb veräußert werden.

Erbschein *(§ 792 ZPO, §§ 2353 bis 2370 BGB).* Auch ein Gläubiger kann die Erteilung eines E. oder die Erteilung einer Ausfertigung eines bereits erteilten E. beantragen. Wichtig, da Zwangsversteigerung nur angeordnet werden kann, wenn der Schuldner als Eigentümer des Grundstücks eingetragen oder Erbe des eingetragenen Eigentümers ist. – § 19 Abs. 1 ZVG.

Erdarbeiten, Teil der Rohbauarbeiten, in der Reihenfolge: Abtrag, Aushub, Auffüllung, Aufschüttung von Erdreich.

Erfolgshonorar, übliche Provisionsregelung bei Nachweis eines Geschäftes durch den Makler (§ 652 BGB). → Maklerprovision.

Erhaltungsaufwand *(Abschn. 157 Abs. 1 EStR).* Die Erneuerung von bereits in einem Gebäude enthaltenen Teilen, Einrichtungen oder Anlagen führt regelmäßig zu E. Hierzu zählen nur Aufwendungen, die die Wesensart des Grundstücks nicht verändern. Insbesondere gehören hierzu die Aufwendungen für die laufende Instandhaltung und für die Instandsetzung, die im allgemeinen durch die gewöhnliche Nutzung des Grundstücks entstehen. Abgrenzungen zu → Herstellungsaufwand sind z. T. schwierig.

E. bei Wohngebäuden im Privatvermögen, die zu mehr als 50% Wohnzwecken dienen, ist grundsätzlich in voller Höhe in dem Kalenderjahr abzusetzen, in dem er geleistet worden ist (§ 11 Abs. 2 EStG). Größere Aufwendungen können jedoch auf zwei bis fünf Jahre gleichmäßig verteilt werden (§ 82b EStDV). Für Energiesparmaßnahmen besteht die Absetzungsmöglichkeit über § 82a Abs. 3 EStDV. Bei Gebäuden, die im Betriebsvermögen stehen, oder aber zu mehr als 50% anderen als Wohnzwecken dienen, kann der E. nach § 82 K EStG auf zwei bis fünf Jahre verteilt werden.

Erhaltungssatzung *(§ 172 BauGB).* Die Gemeinde kann in einem Bebauungsplan oder durch sonstige Satzung Gebiete bezeichnen, in denen zur Erhaltung der städtebaulichen Eigenart der Gebiete, der Zusammensetzung der Wohnbevölkerung und bei städtebaulichen Umstrukturierungen der Abbruch, die Änderung oder die Nutzungsänderung der Genehmigung bedürfen. Dies gilt z. T. auch für die Errichtung von Gebäuden. Die E. wird durch Beschluß herbeigeführt.

erhöhte Absetzungen (Abschreibungen). a) Für Einfamilienhäuser, Zweifamilienhäuser und ETW nach § 7b EStG. Voraussetzung: im Inland gelegen; 66 2/3% Wohnzwecken dienend; Absetzungshöhe: acht Jahre 5% des Kaufpreises/Erstellungskosten ohne Grundstück. Maximal DM 200000,– für Einfamilienhäuser und ETW und DM 250000,– für Zweifamilienhäuser. Gültig bis 31. 12. 1986 mit → Übergangsregelung für laufende Absetzungen. b) Für eigengenutzte Einfamilienhäuser, ETW und eigengenutzte Wohnungen in Zweifamilienhäusern oder Mehrfamilienhäusern nach § 10e EStG. → Grundförderung. Nachfolgeparagraph zu § 7b; Änderungen: Absetzung acht Jahre 5% auf DM 300000,–, wobei die Hälfte der Aufwendungen für das Grundstück mit einbezogen wird. c) Von Herstellungskosten und Sonderbehandlung von Erhaltungsaufwand für bestimmte Anlagen und Einrichtungen eines Gebäudes nach § 82a EStDV. Für diverse Anlagen und Einbauten können e. A. vorgenommen werden. Hierunter zählen z. B. Heizungsanlagen, die nach dem 30. 6. 1985 und vor dem 1. 1. 1992 fertiggestellt werden. Voraussetzung: Eigennutzung, Gebäude älter als zehn

Jahre. AFA 10% auf zehn Jahre. Bestimmte Fernwärmesysteme fallen ebenfalls unter diese AFA, sofern das Gebäude vor dem 1. 7. 1983 fertiggestellt wurde. Die Steuerförderung für energiesparende Maßnahmen läuft zum 31. 12. 1991 ab. Dies bedeutet, daß alle Arbeiten bis zu diesem Termin fertiggestellt sein müssen. d) Modernisierungs- oder Instandhaltungsmaßnahmen in städtischen Sanierungs- oder Entwicklungsgebieten nach § 82 g EStDV. Die Abschreibungsmöglichkeiten betragen hier 10% auf zehn Jahre über Sonderausgaben. e) Erhaltungsaufwendungen nach § 82 k EStDV. Absetzbar sind Kosten, soweit sie nach Art und Umfang zur Erhaltung und sinnvollen Nutzung von Denkmälern erforderlich sind. Kosten für Maßnahmen im Denkmalbereich, die zur Erhaltung des schützenswerten Erscheinungsbildes des Denkmalbereichs erforderlich sind, auch wenn es sich bei dem Gebäude selbst nicht um ein Denkmal handelt. → Denkmalförderprogramme. Bei eigengenutzten Einfamilienhäusern und ETW ist die Absetzung nach § 82 k nicht möglich. Erhaltungsaufwendungen an Denkmälern können im Jahr der Zahlung in voller Höhe vom steuerpflichtigen Einkommen abgezogen oder auf zwei bis fünf Jahre gleichmäßig verteilt abgesetzt werden. Diese Flexibilität bringt dem Eigentümer steuerlich große Vorteile. f) Von Herstellungskosten bei Baudenkmälern nach § 82 i EStDV. Sofern es sich um Herstellungsaufwand handelt, können die Kosten für die Baumaßnahme an einem denkmalgeschützten Gebäude steuerlich be-

günstigt sein. Nach dieser Vorschrift kann der Eigentümer von der Höhe nach unbeschränkten Kosten zehn Jahre lang jährlich 10% vom zu versteuernden Einkommen entweder in Form erhöhter Absetzung oder als Sonderausgaben absetzen. Voraussetzung hierfür ist, daß die Baumaßnahme nach Art und Umfang zur Erhaltung des Gebäudes als Baudenkmal und zu einer sinnvollen Nutzung erforderlich ist und nach Abstimmung mit der nach Landesrecht zuständigen Stelle durchgeführt wurde. Ein entsprechender Nachweis muß dem Finanzamt durch eine Bescheinigung erbracht werden. Voraussetzung vor Durchführung der Maßnahme ist, daß das betreffende Gebäude nach den jeweiligen landesrechtlichen Vorschriften als Baudenkmal eingestuft ist und eine Abstimmung mit der zuständigen Stelle über das beabsichtigte Vorhaben erfolgt ist. g) Herstellungskosten für Schutzräume nach § 7, 9 SchutzbG. Absetzung 10% auf zehn Jahre.

erhöhter Wohnungsbedarf *(§ 16 Abs. 4, Satz 2 in Verbindung mit Satz 1 WoBindG.)* E. W. ist gegeben, wenn die Nachfrage nicht oder nicht angemessen mit Wohnraum versorgter Wohnberechtigter innerhalb angemessener Frist weder aus dem Bestand an öffentlich geförderten Mietwohnungen, noch mit erschwinglichen Mietwohnungen aus dem Altbestand oder den freifinanzierten Wohnungen gedeckt werden kann.

Erlöschen des Darlehensanspruches (Bausparen). Der Anspruch des Bau-

Erlöschen eines Gebotes

sparers erlischt, wenn die Darlehensgewährung wegen Kreditunwürdigkeit des Bausparers nicht möglich ist und wenn keine ausreichenden Sicherheiten gestellt werden können.

Erlöschen eines Gebotes *(§ 72 ZVG).* Ein Gebot in der Zwangsversteigerung erlischt, wenn ein Übergebot zugelassen wird und ein Beteiligter der Zulassung nicht sofort widerspricht. Ein Gebot erlischt auch dann, wenn es zurückgewiesen wird und der Bieter oder ein Beteiligter der Zurückweisung nicht sofort widerspricht. Das gleiche gilt, wenn das Verfahren einstweilen eingestellt oder der Termin aufgehoben wird.

Ermittlung des Gesamtbetrages der Einkünfte (Stand 1990), des zu versteuernden Einkommens und der zu zahlenden Einkommensteuer.

Gewinn-Einkunftsarten		Einkünfte aus Land- und Forstwirtschaft	Gewinn (= Betriebsergebnis lt. Vermögensvergleich ggf. Überschuß der Betriebseinnahmen über die Betriebsausgaben (§ 4 Abs. 1 bzw. Abs. 3 EStG)
	+	Einkünfte aus Gewerbebetrieb	
	+	Einkünfte aus selbständiger Arbeit	

Überschuß Einkunftsarten		Einkünfte	
	+	Einkünfte aus nichtselbständiger Arbeit	Stpfl. Einnahmen (Arbeitslohn) ohne die pauschal verst. Bezüge ./. Versorgungsfreibetrag (40% max. DM 4800,–) ./. Werbungskosten (Pauschalbetrag von DM 2000,–)
	+	Einkünfte aus Kapitalvermögen	Einnahmen ./. Werbungskosten (mindestens Werbungskosten-Pauschalbetrag DM 100,–/200,–) ./. Sparerfreibetrag (DM 600,–, Verheiratete 1200,–)
	+	Einkünfte aus Vermietung und Verpachtung	Einnahmen ./. Werbungskosten (bzw. Nutzungswert)
	+	Sonstige Einkünfte	Einnahmen ./. Werbungskosten (mindestens Werbungskosten-Pauschalbetrag)

Summe der Einkünfte aus den Einkunftsarten
+ nachzuversteuernder Betrag
./. Altersentlastungsbetrag (40% max. DM 3720,–)
./. Freibetrag für Land- und Forstwirte
./. ausl. Steuern vom Einkommen

Gesamtbetrag der Einkünfte
./. Sonderausgaben ohne Vorsorgeaufwendungen
   (mindestens Sonderausgabenpauschalbetrag DM 108,–/216,–)
./. Vorsorgeaufwendungen (→ Sonderausgabenberechnung)
./. außergewöhnliche Belastungen (inkl. Ausbildungsfreibeträge)
./. Abzugsbeträge nach § 10e EStG
./. Verlustrück- und/oder Verlustvortrag

Einkommen
./. Haushaltsfreibetrag für Alleinstehende mit Kindern (DM 5616,–)
./. Kinderfreibetrag (DM 3024,– je Kind) § 32 Abs. 6 EStG
./. Härteausgleich für Einkünfte aus nichtselbständiger Arbeit

Zu versteuerndes Einkommen
daraus Steuerbetrag
lt. Grund/Splittingtabelle
./. Steuerermäßigung nach §§ 16, 17 Berlin FG
./. Steuerermäßigung wegen Kinder nach § 34f EStG (Kinderkomponente)
./. Steuerermäßigung bei Ausgaben zur Förderung staatspolitischer Zwecke
   § 34g EStG
zu zahlende Einkommensteuer

Ersatzbetrag (Zwangsversteigerung). Geht eine → Grunddienstbarkeit dem betreibenden Gläubiger vor, so fällt sie in das → geringste Gebot und bleibt bestehen. In diesem Fall muß zur Feststellung des geringsten Gebotes ein E. festgelegt werden. Dieser Betrag ist fiktiv, d.h. er hat nur Bedeutung, wenn sich nachträglich herausstellt, daß das Recht bei Abgabe des Gebots doch nicht oder nicht mehr bestanden hat. Der E. ist daher gedanklich immer dem Gebot hinzuzurechnen.

Ersatzerbe *(§ 2096 BGB)*. Will oder kann der Nacherbe die Erbschaft nicht annehmen, so kann ein E. berufen werden.

Ersatzsicherheiten (Bausparen). Bausparkredite sind grundsätzlich durch eine Grundschuld auf inländischem Grundbesitz zu besichern. Hiervon kann abgewichen werden, wenn hinreichende E. gestellt werden können. Dies können sein: Bankbürgschaft eines geeigneten Kreditinstitutes, Guthaben, Wertpapiere ./. Kursabschlag. Die Bausparkasse ist zur Annahme der E. nicht verpflichtet.

Ersatzwert (→ Ersatzbetrag). Feststellung eines E. erfolgt in der Zwangsversteigerung, wenn vorrangige Dienstbarkeiten in Abt. II bestehen bleiben und zur Feststellung des geringsten Gebotes eine Bezugsgröße ermittelt werden muß. Der Wert z.B. eines Rentenrechtes wird dabei üblicherweise anhand der abgekürzten Sterbetafel 1985/87 des Stat. Bundesamtes in Wiesbaden ermittelt (S. 122) (nicht zu verwechseln mit der allgemeinen → Sterbetafel 70/72). Bei Ehegatten wird

155

das vollendete Alter des jüngeren Ehepartners in Ansatz gebracht, → Lebenserwartung.

Erschließung *(§§ 123 ff. BauGB § 242 Überleitungsvorschr.).* Zur E. zählen Maßnahmen zur Baureifmachung eines Grundstücks. Dazu gehören Arbeiten und Leistungen der Städte und Gemeinden für Straßen- und Kanalbau sowie der Versorgungsträger für Wasser- und Energieversorgung.

Erschließungsanlagen, Straßen, Wege, Parkflächen, Grünanlagen, Kinderspielplätze. E. dürfen nur aufgrund und entsprechend den Vorschriften eines Bebauungsplanes hergestellt werden. Existiert kein Bebauungsplan, so ist für die Herstellung von E. die Zustimmung einer höheren Verwaltungsbehörde erforderlich. Welche E. beitragsfähig sind, ist in § 127 BBauG geregelt. → Ausbaubeiträge, → abschnittweise Herstellung, → Ablösevereinbarung.

Erschließungsbeitrag, exakte Bezeichnung der meist als → Erschließungskosten geführten Aufwendungen. Diese sind auf Basis des → Erschließungsbeitragsrechts und der → Erschließungsbeitragssatzung zu entrichten.

Erschließungsbeitragsrecht, rechtliche Vorschriften zur Erfassung und Verteilung der bei einer Erschließung entstandenen Kosten. Ihre genaue Kenntnis kann Kosten ersparen. Bundesrechtlich ist nur die verkehrsmäßige Erschließung, also der Straßenbau, geregelt, die Herstellung und die Abrechnung der Kosten für die Ver- und Entsorgung der Grundstücke richtet sich nach den Abgabegesetzen der Bundesländer.

Erschließungsbeitragssatzung. Im BauGB ist nur der verbindliche Rahmen festgelegt, innerhalb dessen sich die Gemeinden bei der Herstellung und Abrechnung ihrer → Erschließungsanlagen zu bewegen haben. Die Detailregelung erfolgt durch ein örtliches Erhebungssystem, die E. In dieser gemeindlichen Satzung wird genau festgelegt, wann und wie und für welche Erschließungsanlagen → Erschließungsbeiträge erhoben werden. Die E. ist dem Bürger zugänglich. Jeder Grundstückskäufer sowie jeder Bauherr sollte die E. einsehen. Änderungen der E. sind öffentlich bekanntzumachen. Auch hierin liegen Gefahren für Grundstücksinhaber und somit ggf. auch für den Finanzierer.

Erschließungskosten *(§§ 127 ff. BauGB),* Kosten, die durch die Erschließung im öffentlichen und privaten Bereich entstehen, z. B. Entsorgung und Versorgung, Wasser, Strom, Gas usw. Die Erschließungslast bedeutet keinen Anspruch auf → Erschließung. Die Kosten-Berechnung der Gemeinden kann nach diversen Faktoren erfolgen: Größe, Nutzung, Grundstücksfläche, Straßenfront usw. → Anliegerbeiträge.

Nach § 133 Abs. 3 BauGB ist eine Vorleistung auch dann auf den endgültigen Erschließungskostenbeitrag anzurechnen, wenn der Vorausleistende nicht beitragspflichtig ist. BGH v. 12. 2. 1988 AZ VZR 8/87. → Kaufvertrag.

Ersterwerb. Eine → degressive Afa für nicht selbst genutzte Objekte ist nur möglich für Bauherren bzw. Käufer, die im Jahr der Fertigstellung erwerben. Dabei ist zu beachten, daß der bisherige Eigentümer keine degressive Afa in Anspruch genommen haben darf. Ggf. sollte man sich dies im Kaufvertrag bestätigen lassen.

Ersterwerbermodell, → Erwerbermodell.

Erstobjekt, steuerliche Bezeichnung einer Wohnung, für die der oder die Eigentümer erstmals die Vergünstigung/ Förderung nach § 7 b oder § 10 e EStG in Anspruch nehmen. → Folgeobjekt.

erststellige Darlehen. Von Pfandbriefinstituten, Lebensversicherungsunternehmen und Trägern der Sozialversicherung sowie z. T. auch von anderen Darlehensgebern können entsprechend ihren gesetzlichen oder satzungsmäßig begründeten Anlagevorschriften nur e. D. gewährt werden. Die Besicherung im Grundbuch muß innerhalb von 60% (→ Beleihungsgrenze) des Grundstückswertes (→ Beleihungswert) liegen. → Realkreditgrenze. Hierbei kann es sich um mehrere Darlehen handeln. Die ausschließlich erste Rangstelle ist hierfür nicht erforderlich.

Erstverwalter *(§ 10 Abs. 2 WEG).* Bei Erstellung einer Wohnanlage durch den Bauträger/Verkäufer bestimmt dieser

vielfach bereits in der Bau-/Verkaufsphase den E. Dies ist oft notwendig, um bereits zu diesem Zeitpunkt die Interessen der späteren Eigentümer zu vertreten. Der Vertrag darf längstens auf fünf Jahre abgeschlossen werden.

Ertragsanteil. Leibrenten, die zu den sonstigen Einkünften nach § 22 EStG zählen, sind nur mit dem E. zu versteuern. Dieser E. richtet sich nach dem Alter des Rentenberechtigten bei Beginn der Rentenzahlung. → Leibrententabelle.

Ertragsfaktor, im Wertermittlungsverfahren angewendeter Faktor, um anhand von nachhaltig erzielbaren jährlichen Erträgen einen Gebäudewert (Ertragswert) zu ermitteln.

Ertragswert *(§ 8 Wert V),* durch Kapitalisierung des reinen Ertrages gefundener Wert des Gebäudes. Er errechnet sich − vereinfacht − aus der Jahresnettomiete abzüglich → Bewirtschaftungskosten. Der so ermittelte Wert wird kapitalisiert. Neubauten mit 5%, Altbauten mit 5,5 − 6%.

$$\text{Formel:} \frac{\text{Jahresnettomiete} \times 100}{\text{Kapitalisierungszinssatz}}$$

Ertragswertverfahren *(§ 15 − 20 Wert V 1988, § 78 − 82 BewG),* Verfahren zur Ermittlung des → Verkehrswertes. Nach dem E. wird überwiegend der Gebäudewert ermittelt. Dabei ist von den nachhaltig erzielbaren Nettomieten auszugehen. In der Bankpraxis wird dieses Verfahren grundsätzlich bei vermieteten Objekten angewendet. In Ausnahmefällen wird der → Mittelwert oder der → Sachwert herangezogen. → Erbbaugrundstücke sind grundsätzlich nach dem E. zu berechnen.

erweiterter Schuldzinsenabzug *(§ 21a EStG).* Bei Objekten mit Baugenehmigungen nach dem 30. 9. 1982 und Fertigstellung vor dem 1. 1. 1987 können drei Jahre DM 10000,– Schuldzinsen steuerlich abgesetzt werden. Im 1. Jahr nicht voll ausgenutzte Beträge können im 4. Jahr nachgeholt werden. Ab dem Steuerjahr 1990 ohne Bedeutung.

Erwerbermodell, im Rahmen eines → Steuermodells zu erwerbende Wohnung/Haus, die/das bereits fertiggestellt ist (Käufer nicht Bauherr). I. d. R. bereits vermietete Wohnung. Die Abwicklung und die steuerlichen Vorteile entsprechen denen bei → Bauherrenmodellen, mit Ausnahme der speziellen auf den Bauherren bezogenen. Dies können sein: Abschreibung, Fertigstellungsgarantie, früher → Mehrwertsteueroption bei Wohnungen. Beim E. finanziert der Kaufanwärter den Kaufpreis der bereits erstellten Einheit, nicht den Herstellungsvorgang des Veräußerers. → Bauträgermodell. Finanzierungskosten sind somit nicht Werbungskosten, sondern → Anschaffungskosten. Eine weitere Form des E. besteht darin, daß sich die Anleger zu einer BGB-Gesellschaft zusammenschließen, um eine bereits fertige, noch ungeteilte Immobilie zu erwerben. Das Miteigentum wird dann zu einem späteren Zeitpunkt aufgegeben und →

Sondereigentum nach WEG wird begründet. Hier erfolgt dann die Zuordnung zu jener Einheit, welche bereits bei Beteiligung beabsichtigt war zu kaufen.

Erwerbskosten, beim Kauf einer Immobilie anfallende Aufwendungen: Schätzungsgebühr, Kosten für Bodenprobe (Altlastenuntersuchung), Grunderwerbsteuer, Maklercourtage, Kosten des Grundbuchamtes, Notarkosten. Diese Kosten sind bei einer Wertermittlung normalerweise nicht zu berücksichtigen. Selbstverständlich können diese Kosten entweder sofort abgesetzt werden (Kosten vor Bezug) oder sie werden den Anschaffungskosten zugeschlagen und dann (ggf. anteilig) abgeschrieben.

Erwerbsvertrag. Ein Abschluß eines Vertrages bewirkt noch nicht den Übergang des Eigentums. Zusätzlich ist die Einigung über den Eigentumsübergang (→ Auflassung) und die Grundbucheintragung (§ 873 Abs. 1 BGB) erforderlich. Um einen zweiten Verkauf zu verhindern, wird die → Auflassungsvormerkung eingetragen.

Erwerbsvorgänge *(§ 1 GrEStG).* Ein Erwerb kann durch verschiedene Vorgänge erfolgen. Das Gesetz enthält alle möglichen Erwerbsarten von Grundbesitz, die zur Grunderwerbsteuer führen.

Erweiterung, Schaffung neuer Wohnräume bei bestehenden Gebäuden durch Anbau oder Aufstockung.

Erziehungsgeld *(Bundeserziehungs-geldgesetz § 6 Abs. 6 Satz 1).* Nach Beendigung des Mutterschutzes wird für sechs Monate ein E. von DM 600,– monatlich gezahlt, die Fortsetzung für weitere sechs Monate ist einkommensabhängig.

Eßplatz, abgeteilte oder freie Fläche zur Essenseinnahme. Mögliche Lagen: in der Küche, im Wohnzimmer, Eßzimmer oder auch Nische in Fluren. Zuordnung zum Wirtschaftsbereich des Hauses.

Estrich, Fußbodenschicht als Unterboden für Bodenbelag. Verlegung vielfach in Verbindung mit Wärmedämmung und Fußbodenheizung.

Eventualeinberufung. Ist eine → Eigentümerversammlung nicht beschlußfähig, kann eine → Wiederholungsversammlung einberufen werden. Grundlage bildet die E. Hier entfällt die erforderliche Beschlußfähigkeit. Bedenklich ist, dieses Verfahren bereits in der Einberufung zur Eigentümerversammlung anzukündigen, es sei denn, daß dies ist in der → Gemeinschaftsordnung geregelt ist. → Fortsetzungsversammlung.

Evidenzstelle. Die bekannteste E. ist die Deutsche Bundesbank wegen der Millionenkredite (§ 14 KWG). Viele Kreditinstitute haben jedoch auch eigene E. geschaffen, um z. B. im Baufinanzierungsgeschäft alle Anfragen zu speichern, um eine Mehrfachbearbeitung zu vermeiden. Dies ist sicherlich sinnvoll bei der Finanzierungsbeteiligung an Steuermodellen. Allgemein bekannt ist in diesem Zusammenhang, daß in der Branche genaue Kenntnisse darüber vorhanden sind, welche Grundeinstellungen einzelne Institute, ja sogar Filialen oder Zweigstellen haben. Durch eine zentrale E. wird hier das mögliche Risiko eingegrenzt.

Exposé, Kurzbeschreibung eines Hauses oder einer ETW als Vorinformation für Interessenten. Die richtige, verkaufsfördernde Abfassung eines E. hat Bedeutung für den Verkaufserfolg.

159

F

Fachbehörden. Bei einem Bauantrag werden u. a. folgende Baubehörden eingeschaltet: Wasserwirtschaftsamt, Straßenbauamt, Forstamt, Natur-Emmissionsschutzbehörde, Landesamt für Denkmalpflege, Versicherungskammer, Brandversicherung.

Fachwerkhaus, früher in vielen Gegenden übliche Bauweise, die heute z. T. im Fertighausbereich wieder angewendet wird. Außen- und Innenwände werden durch Balkenverbindungen erstellt und die entstehenden Fachwerke mit Baumaterialien ausgefüllt: früher Holzgeflecht und Lehmbewurf. Die Lebensdauer solcher Häuser kann als überdurchschnittlich lang bezeichnet werden.

Fälligkeitsgrundschuld *(§ 1193 BGB),* an einem festen Termin fällige, vorher nicht kündbare Grundschuld.

Fälligkeitshypothek *(§§ 1113 ff. BGB).* Die Fälligkeit richtet sich nach der persönlichen Forderung, wobei es in erster Linie auf die Vereinbarungen zwischen Grundstückseigentümer und Gläubiger ankommt. Es kann vereinbart werden, daß der Schuldbetrag in einer Summe an einem bestimmten Termin zahlbar ist. Dann ist damit auch die Hypothek fällig. Häufiger ist jedoch die Form der ratenweisen Tilgung. → Tilgungshypothek.

Fahrstuhl, → Aufzug.

Fahr- und Wegerecht *(§§ 1018 ff. BGB),* Recht, auf dem Grundstück zu gehen und zu fahren. sowie zum Reiten und Viehtreiben. Das Recht ist bei einer Bewertung oder Beleihung eines Grundstückes zu beachten.

Fahrtkosten (Baubesichtigungen). Fahrten zur Grundstück-/Objektsuche können bei Fahrten im eigenen PKW mit DM 0,42 je gefahrenem Kilometer als Werbungskosten geltend gemacht werden. Empfehlung: Nachweise, Anzeige, Terminabsprachen, Fahrtenbuch. Spätere Fahrten zur Bauüberwachung des erworbenen Objektes zählen zu den Anschaffungskosten und sind daher über die Gebäude-AFA absetzbar.

faktische Gemeinschaft, Vorstadium der → Wohnungseigentümergemeinschaft. Oftmals sind Entscheidungen für spätere Eigentümer zu fällen, obwohl die Voraussetzungen für eine Wohnungseigentümergemeinschaft noch nicht durchführbar sind. Zu diesem Zeitpunkt handelt es sich noch um eine → Bruchteilsgemeinschaft an einem noch ungeteilten Grundstück, wenn die Wohnungs- und Teileigentumsgrundbücher noch nicht angelegt sind. Mit Eintragung des ersten Miteigentümers in sein eigenes Grundbuch wandelt sich die f. G. in eine rechtliche Wohnungseigentümergemeinschaft um.

faktische Insolvenz, Unvermögen eines Kreditnehmers, auf Dauer seinen Zins- und Tilgungsverpflichtungen nachzukommen. Unterschiedlich ist die Auffassung darüber, wieviel Monats-/Vierteljahresraten ausgeblieben sein müssen, um von einer f. I. auszugehen.

Familienheim *(§ 7 Abs. 1 des II. WobauG),* Sammelbegriff für Eigenheime und Kaufeigenheime, die nach Größe und Grundriß ganz oder teilweise dazu bestimmt sind, dem Eigentümer und seiner Familie oder seinen Angehörigen als Heim zu dienen. Der Begriff ist auch gültig bei den Bestimmungen zum steuerbegünstigten Wohnungsbau.

Familienverbund. Auch Kinder können für Einzahlungen auf eigene Bausparverträge Wohnungsbauprämie oder Steuervergünstigung erhalten. Diese Begünstigung ist sogar möglich, wenn die Eltern den Kindern die Beiträge schenken. Die Familie bildet wegen der Prämienhöhe eine Höchstbetragsgemeinschaft. Selbstverständlich ist die Nutzung dieser Privilegien auch Rentern und Pensionären möglich. Grund-

satz sollte sein, daß in einem F. die Sparleistungen dort erbracht werden, wo sie den größtmöglichen Vorteil (Prämie oder Steuervergünstigung) erzielen und die Bausaprdarlehen dort genutzt werden, wo sie sinnvollerweise in die Finanzierung passen. Eine Vertragsübertragung im F. ist ohne Schaden möglich.

Familienzusatzdarlehen. Bei der Gewährung öffentlicher Mittel (1. Förderungsweg) erhalten Bauherren mit Kindern, die zum Familienhaushalt gehören und für die Kinderfreibeträge nach dem Einkommensteuergesetz vorgesehen sind, auf Antrag ein F. Dieses Darlehen beträgt für 1 Kind = DM 2000,–, 2 Kinder = DM 4000,–, 3 Kinder = DM 7000,– jedes weitere Kind DM 5000,–. Gehört zum Familienhaushalt ein Schwerbehinderter oder eine Kriegerwitwe, erhöht sich das Darlehen um 2000,– DM. Gehört der Vater oder die Mutter des Bauherrn oder dessen Ehegatten zum Haushalt, so sind sie zusätzlich zu den Kindern zu berücksichtigen. Beim F. werden alle zum Haushalt gehörenden Kinder im Sinne des § 32 Abs. 1 bis 5 EStG berücksichtigt. Ein Kind, dessen Geburt nach ärztlicher Bescheinigung innerhalb von sechs Monaten erwartet wird, darf ebenfalls angerechnet werden. Die Darlehensbedingungen entsprechen denen des öffentlichen Baudarlehens, jedoch 100 % Auszahlung, kein laufender Verwaltungskostenbeitrag. (Nordrhein-Westfalen: Stand 2/88).

Feder, Wulst oder Leiste an Brettern oder Platten zum fugenlosen Zusammenfügen. Die Gegenseite (Einschieb-seite) heißt Nut.

Fehlbelegungsabgabe, Begriff aus dem sozialen Wohnungsbau, heute aller-dings stark umstritten. Ursprünglich sollte verhindert werden, daß nicht Be-rechtigte oder nicht mehr Berechtigte in öffentlich geförderten Wohnungen wohnen können. Aufgrund der einge-tretenen Marktveränderungen haben Wohnungswirtschaftler sogar schon darüber nachgedacht, ob nicht eher ein Anreiz sinnvoller ist, um auch das Wohnumfeld in derartigen Objekten zu verbessern oder zumindest zu erhalten. Durch die veränderte Marktsituation ist allerdings jetzt sogar eine Änderung des Fehlbelegungsgesetzes (wirksam zum 1. 1. 1990) erfolgt. Die Länder können die F. grundsätzlich in allen Kommunen erheben, in denen die Ko-stenmieten die ortsüblichen Mieten ver-gleichbarer, nicht preisgebundener Mietwohnungen erheblich unterschrei-ten. Die Einnahmen aus der F. werden zur Förderung des Sozialwohnungs-baus eingesetzt.

Feldgeschworener, Hilfskraft der Ver-messungsbeamten für die → Grenzfest-legung und → Abmarkung in Bayern.

Fensterbrüstung, Bauelemente vom Fußboden bis Unterkante Fenster.

Fensterrecht *(§§ 1018ff. BGB),* Recht zur Unterhaltung eines Fensters an ei-ner bestimmten Seite eines Hauses. Dieses Recht kann grundbuchlich in Abteilung II des Grundbuches abgesi-chert werden. Bei einer Beleihung und Bewertung eines Grundstückes kann dieses Recht i. d. R. unberücksichtigt bleiben.

Ferienhaus, → Wochenendhaus.

Ferngasleitung *(§§ 1018 bis 1029 BGB),* Dienstbarkeit, meist → beschränkte persönliche Dienstbarkeit. Inwieweit das Recht zum Legen und Halten einer Leitung bei der Beleihung eines Grund-stückes vorgehen darf oder bei der Be-wertung berücksichtigt werden muß, ist im Einzelfall zu entscheiden. Leitungen unter landwirtschaftlichen Grund-stücken sind sicher kaum zu berück-sichtigen, sicherlich jedoch Leitungen auf Baugrundstücken oder zu bebau-enden Grundstücken. → Leitungsdul-dungsrechte.

Fernwärmeleitung *(§§ 1018ff. BGB),* Dienstbarkeiten, → Ferngasleitung, → Leitungsduldungsrechte.

Fertighaus *(§ 94 BGB).* Die Bestandteil-eigenschaft eines F. ist gegeben, wenn dieses fest mit Grund und Boden ver-bunden ist. Ob das bei einem F. vor-liegt, kann anhand des → Fertighaus-verzeichnisses oder durch Überprü-fung der in den Herstellerunterlagen enthaltenen technischen Angaben beurteilt werden. Der Marktanteil liegt heute bei etwa 10%. Die Finanzierung erfolgt meist wie bei Normalobjekten. Vorteile: kurze Bauzeit, feste Preise, gute Marktübersicht, energiesparend. Bei gleichzeitigem Kauf eines Grund-stücks und eines F. von einem Verkäufer/Anbieter ist u. U. auf die Grunderwerbsteuer für das Gesamtobjekt zu achten.

Fertighausverzeichnis, jährlich erscheinendes Verzeichnis der Mitglieder des BMF – Bundesverband Montagebau und Fertighäuser e. V. Das Mitgliederverzeichnis enthält alle Teilnehmer, deren Objekte mit dem → RAL-Zeichen RG 422, dem → Überwachungszeichen und dem → Vereinszeichen für Bundes-Gütergemeinschaft Montagebau und Fertighäuser e. V. versehen sind. Die Objekte werden zweimal jährlich von unabhängigen Prüfern unangemeldet überprüft.

Fertigstellung, → Bezugsfertigkeit.

Fertigstellungsanordnung. Wird von der Baubehörde festgestellt, daß ein Bauvorhaben von den genehmigten Plänen abweicht, muß die Baubehörde prüfen, ob sie dem Bauherren aufgeben kann, das Objekt nach Maßstäben der genehmigten Pläne auszuführen oder ob die Anlage im festgestellten Zustand genehmigungsfähig ist.

Fertigstellungsbescheinigung, → Bautenstandsbesichtigung.

Festbetragskredit, tilgungsfreier Kredit, der am Ende der vereinbarten Laufzeit durch eine Lebensversicherung oder einen zugeteilten Bausparvertrag oder aus sonstigen Mitteln in einer Summe zurückgezahlt wird. Zunächst sind an den Kreditgeber nur die meist festgeschriebenen Zinsen zu zahlen.

Damit sind die Aufwendungen für einen längeren Zeitraum steuerlich genau zu kalkulieren.

Festgeld, Einlage bei einer Bank mit einer im voraus vereinbarten Laufzeit und einem festen Zinssatz. Nach Ablauf der Befristung wird aus dem F. eine Sichteinlage, sofern nicht vorher eine Verlängerung der Festgeldeinlage vereinbart wurde.

Festmeter, Raummaß für einen Kubikmeter Holz. Ausschreibungen für Dächer oder Holzbalkendecken werden vielfach in F.-Preisen angegeben. Gute Vergleichsgröße zu anderen Angeboten.

Festsatzhypothek *(§§ 1113 ff. BGB),* → Tilgungshypothek.

Festschreibung, Bindung des Kreditnehmers für einen bestimmten, meist langfristigen Zeitraum hinsichtlich der Konditionen für sein Darlehen. Vorteil: feste Kalkulationsbasis über viele Jahre. → Vorfälligkeitsentschädigung.

Feststellungsbescheid. Mit einem F. werden in bestimmten Fällen die Besteuerungsgrundlagen gesondert festgestellt, so z. B. dann, wenn an Einkünften mehrere Steuerpflichtige beteiligt sind. Der F. beschränkt sich also ausschließlich auf die Festlegung bestimmter Besteuerungsgrundlagen. Bekanntestes Beispiel ist der → Einheitswertbescheid.

Festzins. Der Zinssatz wird für einen bestimmten Zeitraum festgeschrieben, teilweise für die gesamte Laufzeit des Darlehens. → Festschreibung. Kündigungsmöglichkeit nach § 248 BGB beachten. Ab 1. 1. 1987 § 609 a BGB → Kündigungsrecht.

Festzinshypothek, grundschuldgesichertes, langfristiges und zinsstabiles Darlehen. Die Laufzeit sollte normalerweise dem Abschreibungszeitraum der Investition entsprechen. Als Tilgungsvarianten stehen zur Auswahl: ○ Annuität, → Ratentilgung, → Endfälliges Darlehen.

Feuchtigkeitsschäden – in ETW –
Grundsätzliche Schäden: Die Kosten für die Reparatur oder erstmalige Herstellung einwandfreier Balkone oder Mauerisolierungen trägt grundsätzlich die Gemeinschaft, da es sich hierbei um gemeinschaftliches Eigentum handelt. Die Kosten sind im Verhältnis der Miteigentumsanteile auf alle Wohnungseigentümer zu verteilen.
Reparaturen innerhalb der Wohnung: Schönheitsreparaturen, also Neutapezieren bzw. Instandsetzung von Decken und Wänden hat jeder Wohnungseigentümer selbst zu tragen. Etwas anderes gilt nur dann, wenn die Wohnungseigentümergemeinschaft ein Verschulden an dem Auftreten der Schäden trifft. Dies ist jedoch selten der Fall.

Feuerkassenwert. Die Versicherungsgesellschaften ermitteln den Brandversicherungswert des Gebäudes nach Preisen von 1914. Zur Ermittlung des tatsächlichen Versicherungswertes wird dieser Wert jährlich mit einer bestimmten Richtzahl multipliziert. Diese Richtzahl wird den jeweiligen Marktpreisen angeglichen.

Prämienrichtzahl zur Verbundenen Wohngebäude-Versicherung im Bundesgebiet

(1914 = 100)

1924	=	138,9
1925	=	170,9
1926	=	165,9
1927	=	167,9
1928	=	175,3
1929	=	178,1
1930	=	170,9
1931	=	155,9
1932	=	132,1
1933	=	125,9
1934	=	131,6
1935	=	131,8
1937	=	134,7
1938	=	136,1
1939	=	138,1
1940	=	140,3
1941	=	146,8
1942	=	158,9
1943	=	163,4
1944	=	170
1945	=	200
1946	=	250
1947	=	300
1948	=	350
1949	=	300
1951	=	350
ab 1. 9. 1956	=	380
ab 1. 3. 1958	=	400
ab 1. 9. 1960	=	440

ab 1. 3. 1962	=	500
ab 1. 9. 1963	=	550
ab 1. 8. 1965	=	600
ab 1. 9. 1969	=	660
ab 1. 8. 1970	=	750
ab 1. 8. 1971	=	900
ab 1. 9. 1973	=	1000
ab 1. 9. 1975	=	1080
ab 1. 9. 1976	=	1130
ab 1. 9. 1977	=	1180
ab 1. 9. 1978	=	1240
ab 1. 9. 1979	=	1350
ab 1. 9. 1980	=	1500
ab 1. 9. 1981	=	1600
ab 1. 9. 1982	=	1600
ab 1. 1. 1984	=	1680
ab 1. 1. 1985	=	1730
ab 1. 1. 1986	=	1730
ab 1. 1. 1987	=	1730
ab 1. 1. 1988	=	1810
ab 1. 1. 1989	=	1810

Feuerversicherung *(§ 1128 BGB).* Vor Finanzierung eines bereits bestehenden Objektes ist die ausreichende Versicherung gegen Feuer erforderlich. Die Banken fordern i. d. R. vor erster Auszahlung den Nachweis der bestehenden Versicherung nach dem → gleitenden Neuwert. Bei zu erstellenden Bauten Vorlage bei Rohbaufertigstellung. Die Bank zeigt der Versicherung die Belastung des Grundstückes an. Bei Ländern mit einer gesetzlichen F. genügt eine Anmeldung. Die F. ist Bestandteil der → Beleihungsunterlagen. → Pflichtgebiete.

Fideikommiß, Grundstücksbelastung aus der Zeit vor dem 1. 1. 1939, nach der Grundvermögen durch Verfügun-

gen von Todes wegen oder durch Rechtsgeschäft unter Lebenden unveräußerlich blieb und sich nach bestimmten Regeln – i. d. R. innerhalb der Familien – vererben sollte. Die Unveräußerlichkeit wirkte auch gegenüber den Gläubigern des jeweiligen Inhabers der belasteten Grundstücke, so daß in die Substanz des Fideikommißgutes überhaupt nicht vollstreckt werden konnte. F. wurden mit Wirkung vom 1. 1. 1939 an gesetzlich für erloschen erklärt. Schon vorher bestand allerdings die Möglichkeit, die F. in sog. Familienstiftungen umzuwandeln, allerdings mit der Maßgabe, daß dies zu besonderen Zwecken erfolgte: z. B. Erhaltung von Gegenständen von besonderem künstlerischen Wert oder zur Versorgung von Angestellten oder sonstigen Versorgungsberechtigten. Außerdem wurden für land- und forstwirtschaftliche Grundstücke Fristen bestimmt, innerhalb derer sie zu veräußern waren. Diese Fristen wurden aber größtenteils bis heute verlängert oder ganz aufgehoben. Solche Belastungen, d. h. in Familienstiftungen umgewandelte ehemalige F., sind daher z. T. noch als Vermerk in den Grundbüchern zu finden.

Finanzanalyse, Berechnung eines Finanzierungsangebotes inklusive Vor- und Zwischenfinanzierungsphase bis zur Gesamttilgung. Diese sehr umfangreichen Finanzierungs- und Tilgungspläne sind allerdings sehr aufwendig und müssen vielfach mit Annahmewerten auskommen, da kaum eine Festschreibung aller Finanzierungsbausteine über die gesamte Darlehenslaufzeit möglich ist. Also ist auch deren Aussagekraft umstritten.

Finanzdatenbanken, Datenbanksysteme, die die im Markt vorhandenen Finanzierungsangebote im Baufinanzierungsbereich gespeichert haben und dem interessierten Nachfrager weitgehende Vergleichsmöglichkeiten bieten. Wegen der Vielfalt ist dennoch die Übersichtlichkeit nur sehr schwer zu erreichen, zumal regionale Anbieter nur bedingt einzubeziehen, diese jedoch oftmals in Einzelbereichen lukrativ sind. Nicht berücksichtigt werden kann auch die Erkenntnis, daß bei einer Baufinanzierung die „Funktion" oft genauso wichtig wie die „Kondition" ist.

Finanzierung aus einer Hand, → Verbunddarlehen.

Finanzierungsbausteine, Sammelbegriff vieler Banken für die Auswahl und/oder Kombinationen von vorhandenen oder neuen Finanzierungsmöglichkeiten.

Finanzierungsbestätigung, Bürgschaft einer Bank/Sparkasse, daß nach Erfüllung bestimmter Bauleistungen durch einen Fertighausunternehmer die vereinbarten Kaufpreisraten gezahlt werden. Bestätigung ist vielfach grundsätzliche Voraussetzung vor Annahme des Auftrages für ein Fertighaus. Inhalt der Bestätigung sollte sein, daß nur nach Freigabe durch den Bauherren oder einen externen Gutachter gezahlt werden sollte.

Finanzierungshilfen des Bundes und der Länder. Kenntnisse über die Finanzierungshilfen sind für den Baufinanzierungsberater zwingend erforderlich. Über die Vielfalt und die Aktualität informieren diverse Hilfsmittel und Nachschlagwerke. Diese sollten Grundhandwerkszeug eines jeden Beraters sein, z. B.: Die Finanzierungshilfen des Bundes und der Länder, Heft 2, Frankfurt, jährlich neu.

Finanzierungsnachweis bei Grundbesitzerwerb. Die Finanzverwaltung erhält von jedem notariellen Kauf-/Verkaufsvertrag an einem Grundstück eine Ausfertigung. Mit einem Fragebogen werden die neuen Eigentümer befragt über die gesamten Anschaffungskosten, die Finanzierung, den Eigenkapitalnachweis bis zum sonstigen, bislang steuerlich nicht erfaßten Grundbesitz. Zur Beantwortung der Fragen ist der Steuerpflichtige nach §§ 90, 93 AO verpflichtet. Die Antwort über die Herkunft des Eigenkapitals kann u. U. zur Nachversteuerung von Zinsen/Erträgen aus Kapitaleinkünften führen.

Finanzierungsplan, stellt die Gesamtfinanzierung nebst der Belastung dar. Er ist Bestandteil eines jeden Darlehensantrages. Der Plan ist an keine Formvorschrift gebunden. Er enthält das Eigenkapital, die Eigenleistung und die einzelnen Darlehen.

Fischereirecht *(§§ 1018 bis 1029 BGB)* (Grunddienstbarkeit). Das Recht kann bei der Beleihung und Bewertung unberücksichtigt bleiben.

Flächenbaulast, Bebauung zweier, nebeneinander liegender Grundstücke. Der Baulastverpflichtete sichert zu, die Bebaubarkeit seines Grundstückes soweit einzuschränken, daß im Ergebnis die Summe der bebauten Flächen seines Grundstücks und der des Nachbarn, bezogen auf deren Grund- oder Geschoßfläche, die → Grund- oder Geschoßflächenzahl nicht überschreiten kann.

flächenmäßige Beschränkung. Nach § 21a Abs. 6 EStG ist eine f. B. auf das 20fache der bebauten Fläche des Wohngebäudes gegeben. Für die Grundförderung, d. h. die hälftige Anrechnung der Anschaffungskosten für Grund und Boden, gilt diese Beschränkung nicht.

Flächennutzungsplan *(§ 5 BauGB).* Der von der Gemeinde festgelegte erste Schritt ist die → Bauleitplanung, auf der i. d. R. der → Bebauungsplan folgt. Der F. ist die Plandarstellung der gemeindlichen → Bauleitplanung. In ihr wird für das gesamte Gemeindegebiet die Art und Bodennutzung dargestellt. Hier geht es i. d. R. um die Planung der nächsten Jahre. Es sollten bereits künftige Baugebiete oder Erholungsgebiete festgelegt werden. Gesetzlich wird dieser Plan als vorbereitender → Bauleitplan bezeichnet.

Fluglärm. Nach § 1 Satz 1 des Fluglärmgesetzes werden für Verkehrsflughäfen, die dem Linienverkehr angeschlossen sind, und für militärische Flugplätze Lärmschutzbereiche festgesetzt. Der Lärmschutzbereich wird nach dem Maß der Lärmbelästigung in zwei Schutzzonen gegliedert. Die Schutzzonen werden in Karten dargestellt, aus denen zu entnehmen ist, welche Grundstücke betroffen sind. Diese Karten liegen bei einer flugplatznahen Amtsstelle für jedermann zur Einsicht aus. In der Schutzzone 1 dürfen grundsätzlich keine Wohnungen erstellt werden und in der Schutzzone 2 nur nach besonderer Genehmigung mit höherem baulichen Schallschutz. Nur begrenzte Ausnahmeregelungen sind möglich. Wird durch Neufestsetzung der Schutzzonen die bisher zulässige Nutzung aufgehoben und tritt dadurch eine nicht unwesentliche Wertminderung des Grundstückes ein, so entsteht Erstattungsanspruch (§ 8 Abs. 1 Satz 1 des Fluglärmgesetzes). Entschädigungspflichtig ist der Flugplatzhalter. Die §§ 19–25 des Schutzbereichsgesetzes regeln das Verfahren zur Festsetzung der Entschädigung. Festsetzungsbehörden sind:

Baden-Württemberg:	Regierungspräsidium
Bayern:	Kreisverwaltungsbehörden
Berlin:	Die zuständige Behörde ist beim Senator für das Bau- und Wohnungswesen zu erfragen.
Bremen:	Senator für das Bauwesen
Hamburg:	Finanzbehörde
Hessen:	Regierungspräsident
Niedersachsen:	Regierungspräsidenten und Präsidenten der Verwaltungsbezirke

Flurbereinigung

Nordrhein-West-falen:	Regierungspräsident
Rheinland-Pfalz:	Bezirksregierung
Saarland:	Die zuständige Behörde ist beim Minister für Wirtschaft, Verkehr und Landwirtschaft in Saarbrücken zu erfragen.
Schleswig-Holstein:	Innenminister

Flurbereinigung *(§§ 187ff. BauGB).* Die F. wird von den Ländern durch ein behördlich eingeleitetes Verfahren durchgeführt. Es dient der Zusammenlegung und Neuordnung ländlichen Grundbesitzes. Durch die Neuordnung erfolgt kein Wechsel des Eigentümers, sondern ein Wechsel des Bestandes. Die Einleitung wird im Grundbuch vermerkt. Die Beleihung innerhalb des Verfahrens ist problematisch, da sich erhebliche Veränderungen ergeben können.

Flurbuch, Bestandteil des Liegenschaftskatasters. Es enthält alle Flurstücke der Gemeinde in aufsteigender Nummernfolge. Dient auch zur statistischen Ermittlung von Nutzungsarten innerhalb einer Gemeinde.

Flure, dienen dem Verkehr und Transport innerhalb einer Wohnung und finden sich in Eingangsbereichen von Wohnungen und Häusern und in Verbindung zu den einzelnen Räumen. Der Eingangsflur sollte mindestens 130 cm und Verbindungsflure zu Zimmern mindestens 90 cm breit sein.

Flurkarte. Die Gemarkungskarten der Katasterämter sind nach den natürlichen Zusammenhängen der Liegenschaften angelegt. Sie brauchen sich nicht mit den Grenzen der Gemeinde decken. Da sich das Kartenbild einer ganzen Gemarkung nicht immer auf einem Blatt darstellen läßt, ist oft eine Aufteilung auf mehrere Blätter erforderlich, die als F. bezeichnet werden.

Flurstück, im Kataster mit besonderer Nummer aufgeführtes Grundstück oder ein Teil davon. → Parzelle.

Folgeobjekt, selbstgenutzte Wohnung, auf die die noch nicht ausgenutzten Jahre des Abzugszeitraumes (§ 7b bzw. 10e EStG) übertragen werden können. → Erstobjekt. Voraussetzung: Anschaffung oder Herstellung der neuen Wohnung innerhalb eines Zeitraumes von zwei Jahren vor und drei Jahren nach Ende des Kalenderjahres, in dem das Erstobjekt letztmals zu eigenen Wohnzwecken genutzt wurde.

Fonds, → Immobilienfonds.

Förderung des Mietwohnungsbaus. Mit dem Gesetz zur Änderung des StRefG 1990 sowie zur F.d.M. und von Arbeitsplätzen in Privathaushalten soll der stark gestiegenen Nachfrage nach Mietwohnungen durch Verbesserungen bei der → degressiven Abschreibung (§ 7 Abs. 5 EStG) Rechnung getragen werden.

Durch die Neuregelung wird die Abschreibungsdauer von bisher 50 auf nunmehr 40 Jahre verkürzt. Die Verkürzung der Abschreibungsdauer bedingt eine Anhebung der AfA-Sätze und eine Veränderung der AfA-Staffel. Nach § 7 Abs. 5 Satz 2 EStG i. d. F. des Änderungsgesetzes betragen die Absetzungen

- im Jahr der Fertigstellung und in den folgenden drei Jahren jeweils   7 v. H.
- in den darauffolgenden sechs Jahren jeweils   5 v. H.
- in den darauffolgenden sechs Jahren jeweils   2 v. H.
- in den darauffolgenden 24 Jahren jeweils   1,25 v. H.

Voraussetzung: Bauantrag nach dem 28. 2. 1989 bei Herstellung oder Anschaffung nach dem 28. 2. 1989. Voraussetzung für die Begünstigung der Anschaffung ist jedoch stets, daß der Steuerpflichtige das Gebäude spätestens bis zum Ende des Jahres der Fertigstellung angeschafft hat.

Letztlich kann der entgeltliche Erwerber – wie schon nach § 7 Abs. 5 EStG 1987 – die (neue) degressive AfA nur dann beanspruchen, wenn der Hersteller für das Gebäude lediglich AfA nach § 7 Abs. 4 EStG abgezogen, also – wenn überhaupt – eine lineare AfA vorgenommen hat.

Förderung des Wohnungseigentums, neuer Grundbegriff bei der steuerlichen Betrachtung des Wohnungseigentums; siehe → Anlage LSt 3 D zum Antrag auf → Lohnsteuerermäßigung.

Forderungsanmeldung im Zwangsversteigerungsverfahren *(§§ 9, 10, 37 u. a. ZVGF)*

1) Man unterscheidet Ansprüche, die ohne Anmeldung, und Ansprüche, die nur auf Anmeldung hin berück-

sichtigt werden: a) *ohne Anmeldung* u. a.: – Gerichtskosten, – Vormerkungen und Widersprüche aus der Zeit vor Eintragung des Zwangsversteigerungsvermerks; b) *auf Antrag* u. a.: – Ansprüche der Rangklasse 1 bis 3 nach § 10 ZVG, – Rechte, die außerhalb des Grundbuchs bestehen, – Kosten der Rechtsverfolgung, – Entschädigungsforderungen der Erbbauberechtigten.

2) Zinsen aus Grundpfandrechten. Neben den laufenden Zinsen können auch rückständige Zinsen angemeldet werden. Aus Vereinfachungsgründen werden die Gläubiger meist die kompletten Zinsen ab Eintragung des Grundpfandrechtes anmelden. Auf diese Weise wird kein Fehler bei der Berechnung gemacht. Der Rechtspfleger wird aber schon vor dem Termin die richtige Rechnung vorbereiten, um ggf. bei Entscheidungen die Berechtigung von Anträgen (7/10 Antrag z. B.) sofort prüfen zu können.

Beispiel: 1. Beschlagnahme 15. 11. 1981, Versteigerungstermin 10. 8. 1983, Fälligkeit der Zinsen jährlich nachträglich.

Ergebnis: letzte Zinsfälligkeit 1. 1. 1981 für den Zeitraum 1. 1. 1980 – 31. 12. 1980 + 2 Jahre Rückstand (= 1. 1. 1978 – 31. 12. 1979). Zinsanmeldung korrekt vom 1. 1. 1978 bis 3. 9. 1983 (= 14 Tage nach dem Zwangsversteigerungstermin). Hinzu kommen die Nebenleistungen.

Der Grundschuldbetrag zuzüglich angemeldete Zinsen und Nebenleistungen muß vom nachrangigen Gläubiger im Verwertungsfall berücksichtigt werden, selbst wenn Rückstände/Schulden in dieser Höhe nicht oder nicht mehr bestehen. Überschüsse können meist mit anderen Darlehen/Rückständen bei dem gleichen Kreditgeber verrechnet werden.

Förderungsprogramm des Landes NRW zur Erhaltung des Wohnungsbestandes. Innerhalb der Wohnungsbauförderung und der städtebaulichen Sanierung hat die erhaltende Erneuerung in den vergangenen Jahren zunehmend an Bedeutung gewonnen. Vor diesem Hintergrund werden in diesem Bereich diverse Maßnahmen gefördert. 1. Bauliche Maßnahmen, die den Gebrauchswert der Wohnung nachhaltig erhöhen, 2. Energiesparende Maßnahmen, 3. Instandsetzungsmaßnahmen, 4. Modernisierungen. Die förderbaren Kosten der Modernisierung liegen zwischen DM 250,– und DM 900,– je m^2 Wohnfläche. Bei Um- und Ausbauten können förderbare Kosten über DM 900,– je m^2 angesetzt werden. Eine weitere Förderungsmöglichkeit bietet das städtebauliche Ergänzungsförderungsprogramm.

Förderung zur Dorferneuerung. Zuwendungen für Maßnahmen der Dorferneuerung sollen dazu beitragen, die Eigenart der ländlichen Orte zu erhalten und sie zeitgemäßen Bedürfnissen anzupassen. Gefördert werden denkmalwerte Hofanlagen, Scheunen, Ställe mit den dazugehörigen Wohnbauten und kleinere bauliche Objekte, die für das Ortsbild von Bedeutung sind, wie Wegekreuze, Bildstöcke, Kapellen und historische Brunnen. Antragsformulare sind erhältlich beim Amt für Agrarordnung.

formelles Grundbuchrecht, Verfahrensrecht in Grundbuchsachen. Es regelt die Voraussetzungen, unter denen eine Eintragung im Grundbuch zu erfolgen hat. Das f. G. ist in der → Grundbuchordnung enthalten.

formelles Konsensprinzip (Grundbuch), Grundsatz der einseitigen Bewilligung. Grundsätzlich erfolgt eine Eintragung in das Grundbuch nur, wenn derjenige sie bewilligt, dessen Recht von ihr betroffen wird (§ 19 GBO) und ein Antrag (§ 13 GBO) gestellt ist. Die Regelung bezweckt die Erleichterung des Grundbuchverkehrs.

Forstnutzungsrecht *(§§ 1018ff. BGB)* (Grunddienstbarkeit). Die eingetragene Dienstbarkeit kann bei einer Beleihung unberücksichtigt bleiben.

Fortschreibung, → Artfortschreibung.

Fortsetzungsversammlung. Muß eine → Eigentümerversammlung unterbrochen oder vertagt werden, erfolgt die F. Sie ist streng zu unterscheiden von der → Wiederholungsversammlung. Bei der F. können im Gegensatz zur Wiederholungsversammlung neue Tagungspunkte aufgenommen werden. Bei Beschlußunfähigkeit muß eine Wiederholungsversammlung abgehalten werden.

Franchise-System-Maklergeschäft, im Maklergeschäft verbreitetes Vertriebssystem. Ein Makler ist Franchise-Geber und arbeitet mit anderen Maklern (Franchise-Nehmer) zusammen. Die Franchise-Nehmer nehmen die Objekte im Namen des Franchise-Gebers auf und leiten diese weiter. Der Franchise-Geber informiert die Franchise-Nehmer über das Angebot. So wird durch das Zusammenwirken vieler Makler ein leichterer Verkauf ermöglicht. Die rechtliche Stellung und Provisionsrechnung erfolgt über den Franchise-Geber, welcher dann einen Teil der Provision an den Franchise-Nehmer weiterleitet. Der Franchise-Geber ist bei diesem System der rechtliche Vertragspartner zum Käufer und Verkäufer, auch hinsichtlich der Haftung.

Frankfurter Pfanne, Dachziegel aus Beton.

Freibetrag. Es ist sinnvoll, Steuervorteile aus selbstgenutztem Wohneigentum schon durch die Eintragung von F. zu nutzen. Dies hat eindeutige Liquiditätsvorteile, sollte daher auch von den Finanzierungsinstituten angeregt werden. → Lohnsteuerermäßigungsverfahren, → Anlage LSt 3 D. Hat ein Eigentümer negative Einkünfte aus Vermietung und Verpachtung aus § 7 b oder 10 e, so kann er sich diese als F. auf der Lohnsteuerkarte eintragen lassen. Ist auf diese Weise die Eintragungsmöglichkeit geschaffen, so können auch alle nicht selbstgenutzten Objekte mit auf der Lohnsteuerkarte eingetragen werden (bei § 10 e nicht mehr möglich).

Verfahren: Antrag auf Lohnsteuerermäßigung. Seit dem Steuerjahr 1986 ist dies auch für die Inanspruchnahme der → Kinderkomponente möglich. Zur Übersicht vgl. S. 172 ff.

freie Berufe *(§ 13 BauNVO)*. Für die Berufsausübung freiberuflich Tätiger und solcher Gewerbetreibender, die ihren Beruf in ähnlicher Art ausüben, sind in den Baugebieten nach den §§ 2 bis 4 Räume, in den Baugebieten nach den §§ 4 a bis 9 auch Gebäude zulässig.

freie Spitze, im Hypothekengeschäft üblicher Begriff für einen kleineren Kreditteil, der nicht deckungsstockfähig ist, d. h. nicht innerhalb der Realkreditgrenze liegt. Die Höhe wird vielfach von den Einkommens- und Vermögensverhältnissen abhängig gemacht, da dieser Teil ein höheres Risiko für die Bank bedeutet. Dem Risiko wird vielfach durch Zinsaufschlag Rechnung getragen.

freifinanzierter Wohnungsbau. Hierunter fallen alle Wohnungen, die weder öffentlich gefördert noch steuerbegünstigt sind.

Freigrenze, Betrag, der steuerfrei bleibt, wenn ein bestimmter Grenzbetrag nicht überschritten wird (z. B. Spekulationssteuerfreigrenze DM 999,99). Bei Überschreitung muß der ganze Betrag versteuert werden, im Gegensatz zum → Freibetrag.

Freistellungserklärung. Bei Globalbelastungen größerer Objekte und anschlie-

Freibeträge/Freigrenzen, Pausch- und Höchstbeträge in der Kurzübersicht

Quelle im EStG	Inhalt	Absoluter/Zeitdauer Betrag/Prozentsatz
§ 3 Nr. 9	**Abfindungen bei Auflösung des Dienstverhältnisses**	
	Grundfreibetrag	24 000,–
	Betriebszugehörigkeit mindestens 15 Jahre und Lebensalter mindestens 50 Jahre	30 000,–
	Betriebszugehörigkeit mindestens 20 Jahre und Lebensalter mindestens 55 Jahre	36 000,–
§ 3 Nr. 26	Steuerbefreiung für nebenberufliche Tätigkeit (Übungsleiter usw.) bei einer öffentlichrechtlichen oder gemeinnützigen Körperschaft	2 400,–
§ 3 Nr. 51	Trinkgelder steuerfrei bis	2 400,–
§ 9a Nr. 1	Werbungskostenpauschbetrag nichtselbständiger Arbeit	2 000,–
Nr. 2	Kapitalvermögen	100,–/200,–
Nr. 3	sonstige Einkünfte gem. § 22 Nr. 1 und 1a EStG	200,–
§ 10 Abs. 3 Nr. 2	Höchstbeträge für Sonderausgaben für Versicherungsbeiträge (Vorweghöchstbetrag) Alleinstehende Ehegatten	4 000,– 8 000,–
Nr. 1	allgem. Höchstbetrag für Vorsorgeaufwendungen Alleinstehende Ehegatten	2 340,– 4 680,–
Nr. 3	verbleibende Vorsorgeaufwendungen zur Hälfte höchstens halber allgem. Höchstbetr.	2 340,–/4 680,– zu 50%
§ 10b	Höchstbetrag für Ausgaben für staatspolitische Zwecke politische Parteien (§ 34g)	5%
§ 10c (1/5)	Sonderausgabenpauschbetrag bei Anwendung der Grund- oder Splittingtabelle	108,–/216,–
§ 10c (2–4)	Vorsorgepauschale für Arbeitnehmer bei Grundtab. allgemeiner Höchstbetrag besonderer Höchstbetrag	2 340,–/4 680,–
	bei Splittingtabelle allgemeiner Höchstbetrag besonderer Höchstbetrag	2 340,–/4 680,– zu 50%

Quelle im EStG	Inhalt	Absoluter/Zeitdauer Betrag/Prozentsatz
§ 10e (1–5)	Steuerbegünstigung der zu eigenen Wohnzwecken genutzten Wohnung im eigenen Haus als Sonderausgabenabzug bis zu Höchstbetrag Zeitraum	5% 300 000,– 8 Jahre
§ 10e (6)	Sonderausgabenabzug für vor der erstmaligen Nutzung einer Wohnung im eigenen Haus entstandene Aufwendungen	in voller Höhe
§ 19 (2)	Versorgungsfreibetrag	4 800,–
§ 20 (4)	Sparerfreibetrag	600,–/1 200,–
§ 23 (4) § 24a	Freigrenze für Spekulationsgewinne Altersentlastungsbetrg Höchstbetrag	1 000,– 3 720,–
§ 32 (2)	Berücksichtigung nur noch von Kindern, die unbeschränkt einkommensteuerpflichtig sind	ja
§ 32 (6)	Kinderfreibetrag	1 512,–/3 024,–
§ 32 (7)	Haushaltsfreibetrag für Alleinerziehende	5 616,–
§ 33a (1)	Höchstbetrag für Unterhalts- oder Berufsausbildungskosten über 18/unter 18	5 400,–
§ 33a (2)	Ausbildungsfreibeträge auswärts untergebrachtes Kinder unter 18 Kinder über 18 im Haushalt über 18	1 800,– 4 200,– 2 400,–
§ 33a (3)	Aufwendungen für Hausgehilfin oder Haushaltshilfe Höchstbetrag Freibetrag für Heimunterbringung	1 200,– 1 200,–/1 800,–
§ 33b (1–3)	Pauschbeträge für Körperbehinderte bei Erwerbsminderung von 25–34 v.H. 35–44 v.H. 45–54 v.H. 55–64 v.H. 65–74 v.H. 75–84 v.H. 85–90 v.H. über 90 v.H. bei Pflegebedürftigkeit	600,– 840,– 1 110,– 1 410,– 1 740,– 2 070,– 2 400,– 2 760,– 7 200,–
(4)	Hinterbliebenen-Pauschbetrag	720,–
(6)	Pflegepauschbetrag	1 800,–

Quelle im EStG	Inhalt	Absoluter/Zeitdauer Betrag/Prozentsatz
§ 33 c	Kinderbetreuungskosten nach Abzug der zumutbaren Eigenbelastung. Höchstbetrag für	
	das erste Kind	4 000,–
	für jedes weitere Kind	2 000,–
	Pauschbetrag pro Kind	480,–
§ 34 f (1)	Baukindergeld für das 2. u. jedes weitere Kind bei selbstgenutzten Objekten gem. § 7 b	600,–
§ 34 f (2)	Baukindergeld bereits für das erste Kind, wenn der Steuerpflichtige die Steuervergünstigung des § 10 e Abs. 1–5 oder des § 15 b BerlinFG in Anspruch nimmt	
	Kauf/Bezug bis 31. 12. 1989	600,–*)
	Kauf/Bezug ab 1. 1. 1990	750,–**)
§ 34 g	Steuerermäßigung für Beiträge und Spenden an politische Parteien in Höhe von 50 v. H. der Aufwendungen, höchstens	600,–/1 200,–
§ 39 a (1) Nr. 6	Freibetrag für jeden Steuerabzugsbetrag nach § 34 f EStG (Baukindergeld), beim Lohnsteuerermäßigungsverfahren	2 400,–*)/3 000,–**)
§ 46 (1)	allgem. Veranlagungsgrenze für Arbeitnehmer	27 000,–/54 000,–
§ 82 a EStDV	Erhöhte Abschreibung für Modernisierung Wärmerückgewinnung, Wärmepumpen, Solaranlagen, Fernwärme, Windkraft- und Biogasanlagen, Heizungs- und Warmwasseranlagen	10% (befristet bis 31. 12. 1991)

ßendem Einzelverkauf erklärt die Gläubigerbank dem Notar und dem Käufer gegenüber, daß sie die spezielle Einheit nach Zahlung des Kaufpreises von der Globalbelastung freistellt. Die Überwachung erfolgt durch den Notar. Geregelt in der → Makler- und Bauträgerverordnung.

Fremdenheime. Die Finanzierung von F. ist vielfach problematisch, weil die Nachhaltigkeit und Gleichmäßigkeit der Gewinne aus der Betreibung der Heime selten gegeben sind. Eine Bewertung nach dem → Ertragswertverfahren ist daher problematisch. Der Ertrag des Unternehmens hängt vielfach von der Tüchtigkeit des Betreibers ab. Langjährige Erfahrungen sind Voraussetzung. Bei der Verkehrswertermittlung müssen ortsübliche Vergleichszahlen und die durchschnittliche Auslastung der letzten Jahre herangezogen werden.

Fremdenverkehrsgebiete *(§ 22 BauGB)*. Die Landesregierungen können Gemeinden oder Teile von Gemeinden, die überwiegend durch den Fremdenverkehr geprägt sind, als F. bezeichnen. Die Gemeinden können dann bestimmen, daß z. B. die Begründung und Teilung von Wohnungseigentum oder Teileigentum der Genehmigung unterliegt. Desweiteren kann dies den Bebauungsplan beeinflussen.

Fremdfinanzierungsbedarf, nach Berücksichtigung von Eigenmitteln, Eigenmittelersatzbeträgen, Eigenleistungen und Verwandtenhilfe verbleibender Finanzierungsbetrag.

Fremdkapital, alle Finanzierungsmittel, die als Kredite oder langfristige Darlehen von Kreditinstituten, Bausparkassen, Versicherungen, öffentlichen Stellen, Arbeitgebern, privaten Dritten zur Verfügung gestellt werden. In einem Finanzierungsplan wird das F. ermittelt, indem das Eigenkapital von den Gesamtkosten subtrahiert wird.

Fristen im Zwangsversteigerungsverfahren. Anwendung: ZPO; BGB; GVG; ZPO §§ 222, 223, 224, 225, 233, 234, 236, 237, BGB §§ 187 Abs. 1; 188, 189, 190 GVG § 199.

Fristenkombination, Aufteilung eines Gesamtkredites in mehrere Darlehen mit unterschiedlicher Festschreibungszeit. Dient der Einschränkung des Zinsänderungsrisikos. Empfehlenswert bei größeren Kreditbeträgen. Eine F. sollte nicht dazu führen, daß zu kleine Einzelkreditbeträge entstehen, die dann wegen des höheren Verwaltungs-

aufwandes zu Kosten- und damit zu Konditionssteigerungen führen würden.

Fristenkongruenz. Nach der „Goldenen Bankregel" sollen die Fristen von Verbindlichkeiten und Forderungen deckungsgleich sein. Dies ist jedoch nur bedingt möglich. → Fristentransformation.

Fristentransformation. Das Prinzip der → Fristenkongruenz ist in der Weise gemindert worden, daß der sich aus den kurzfristigen Verbindlichkeiten ergebende Bodensatz längerfristiger im Aktivgeschäft angelegt werden kann, als es der Fristenvereinbarung der Passiva entspricht. Die Berücksichtigung des Bodensatzes aus den Guthaben auf den Einlagenkonten einer Bank führt zur F.

Früherkennung von Insolvenzen. Bei vielen Banken gibt es eine neu eingerichtete Abteilung, welche sich mit der F. v. I. befaßt. Nur bei rechtzeitiger Erkennung sind sinnvolle Sanierungsmaßnahmen möglich. Hierdurch kann viel Schaden sowohl vom Kunden als auch von der Bank abgewendet werden.

Fünfzig-DM-Erklärung, → Bewertungserklärung, → Wertbeschränkungserklärung.

Fundament, im Erdreich liegender Unterbau eines Baukörpers. Bekannt als: Platten-F., Streifen-F., Einzel-F. oder Fundamentpfeiler. Jeweils mindestens bis zur Frosttiefe (80 – 100 cm) zu erstellen. Je nach vorhandenem Baugrund kann hier bereits die erste unbekannte Verteuerung auftreten. Bei regelmäßiger Bauüberwachung können hier entstehende Mehrkosten gleich kalkuliert, und durch Einsparungen bei anderen → Gewerken u. U. ausgeglichen werden, was nicht automatisch zu einer späteren oft unliebsamen Nachfinanzierung führt.

G

Garagen und Stellplätze *(§§ 12, 21a BauNVO)*. G. u. S. sind in allen Baugebieten zulässig, soweit nicht Abs. 2–6 der BauNVO § 12 dagegenspricht. In reinen Wohngebieten sind G. u. S. für Lastwagen und Kraftomnibusse unzulässig. Die Pflicht zur Erstellung von G. u. S. und u. U. die Möglichkeit der Ablösung sind landesrechtlich unterschiedlich. Auf die zulässige Grundfläche sind überdachte G. u. S. nicht anzurechnen, soweit sie 0,1 der Fläche des Baugrundstückes nicht überschreiten. Darüber hinaus erfolgt ebenfalls keine Anrechnung in speziellen Gebieten wie z. B. → Kerngebiete, → Gewerbegebiete usw. → Stellplätze.

Garantiezeit, Verjährungsfrist für Gewährleistungsansprüche gegen den Bauunternehmer/Bauträger wegen Baumängeln. Sie beginnt mit der Abnahme der Leistungen und beträgt bei Bauwerken nach BGB fünf Jahre, bei vereinbarter Geltung der VOB zwei Jahre. In diesem Zeitraum muß der Unternehmer für seine Leistung einstehen und für Mängel haften.

GE *(§ 8 BauNVO)*, → Gewerbegebiet.

Gebäude, wesentlicher Bestandteil des Grundstückes (§§ 93, 94 BGB). Ausnahme: G. ist nur zu einem vorübergehenden Zweck auf dem Grundstück errichtet (§ 95 BGB).

Gebäudefaktor, im Wertermittlungsverfahren angewendeter Faktor. Anhand von Raum- und Flächeneinheiten (Normalpraxis ist der m^3-umbaute Raum) kann mit dem G. der → Gebäudewert ermittelt werden.

Gebäudehebung. Mit Hydraulikpressen wird ein Gebäude unter der Kellerdecke oder unter dem Dachstuhl angehoben, der Hubspalt wird ausgemauert und somit neuer Wohnraum geschaffen. Dieses Verfahren wurde bislang nur in Bergsenkungsgebieten beim Heben, Senken und Ausrichten von Gebäuden angewendet.

Gebäudeklassen, unterschiedliche Bewertung der Gebäude nach Ausstattung. Bei der Sachwertermittlung von Gebäuden werden die m^3 umbauten Raumes mit einem angemessenen Preis multipliziert. Hier wird unterschieden in verschiedene G: a) einfache/normale Ausstattung, b) gute, c) besonders komfortable Ausstattung. Eine weitere Unterteilung erfolgt bei der Zuordnung zur → Ortsklasse.

Gebäudesteuerrolle, alte Bezeichnung und Vorgänger des → Liegenschaftsbuches bzw. des Liegenschaftskatasters.

Gebäudefeuerversicherung, → Feuerversicherung.

Gebäudeversicherung *(§ 1128 BGB).* Bei der G. kann der Versicherer die Versicherungssumme mit Wirkung gegen die Grundpfandrechtsgläubiger an den Versicherten erst zahlen, wenn er oder der Versicherte den Eintritt des Schadens den Gläubigern angezeigt hat und seit dem Empfang der Anzeige ein Monat verstrichen ist. Der Gläubiger kann bis zum Ablauf dieser Frist der Zahlung widersprechen. Hat er dem Versicherer seine Hypothek oder Grundschuld angemeldet, so kann der Versicherer mit Wirkung gegen den Gläubiger an den Versicherten nur zahlen, wenn der Grundpfandrechtsgläubiger der Zahlung schriftlich zustimmt. → Wiederherstellungsklausel.

Gebäudewert *(§ 85 BewG),* Wert des Gebäudes ohne Grundstück. Bei der Ermittlung des Wertes ist zunächst ein Wert auf der Grundlage von durchschnittlichen Herstellungskosten nach den Baupreisverhältnissen von 1958 zu errechnen. Dieser Wert ist dann nach den Baupreisverhältnissen des Ermittlungsjahres umzurechnen. Dieser ermittelte Wert ist um Altersabschreibung oder etwaige Baumängel zu ermäßigen oder zu erhöhen.

Gebietsentwicklungspläne. Auch diese Regionalplanung beruht auf dem Landesplanungsgesetz. Träger sind die Bezirksplanungsbehörden, die z. B. in NRW bei den fünf Regierungspräsidenten angesiedelt sind. Die dort aufgestellten G. sind Bindeglieder zwischen der großräumigen Raumordnung und Landesplanung einerseits und der lokalen Bauleitplanung andererseits. Gleichzeitig koordiniert er die Entwicklungsvorstellungen zusammenhängender Lebens- und Wirtschaftsgebiete.

Gebiete zur Erhaltung und Entwicklung der Wohnnutzung *(§ 4a BauNVO),* bebaute Gebiete, in denen die Eigenart der Wohnnutzung erhalten und fortentwickelt werden soll. Die Gebiete dienen vorwiegend dem Wohnen und der Unterbringung von Gewerbebetrieben und sonstigen Anlagen, soweit diese Betriebe und Anlagen nach der besonderen Eigenart mit der Wohnnutzung vereinbar sind, z. B. Läden, Beherbergungsbetriebe, Schank- und Speisegaststätten, Geschäfts- und Bürohäuser.

Gebot (Zwangsversteigerung) *(§§ 71 und 72 ZVG).* Geboten wird stets nur das → Bargebot. Die → bestehenbleibenden Rechte bleiben kraft Gesetz daneben bestehen. Der Bieter muß die Summe dieser Rechte seinem Bargebot zuschlagen, um die Gesamtkosten zu ermitteln. G. müssen mündlich abgegeben werden. G., die das → geringste Gebot nicht erreichen, sind zurückzuweisen. Mehrere Personen können ein G. gemeinsam abgeben.

Gebrauchtimmobilien, i. d. R. Objekte, welche älter als fünf Jahre sind. Wegen der relativen Marktsättigung ist dies der Zukunftsmarkt. Hier werden sich die Geschäftsentwicklungen der Baufinanzierungsanbieter entscheiden.

Gebrauchsabnahme, → Bautenstandsbesichtigung.

Gebrauchspflicht. Grundsätzlich besteht ohne vertragliche Vereinbarung keine G. für eine Mietsache. Selbst bei umsatzabhängiger Miete wäre es möglich, das Geschäft zu schließen und die Miete auf der bisherigen Umsatzbasis weiterzuzahlen. Allerdings kann der Vermieter seinen Anspruch auf Betreiben des Geschäftes gerichtlich durchsetzen.

Gebrauchswerterhöhung. Die G. einer Wohnung muß nachhaltig sein, um daraus ein Mieterhöhungsverlangen durchsetzen zu können. Die baulichen Änderungen dürfen sich dabei beispielsweise nicht auf reine Schönheitsreparaturen beschränken. Die Maßnahmen sollten vielmehr zu einer Verbesserung der allgemeinen Wohnverhältnisse auf Dauer und/oder zu einer nachhaltigen Einsparung von Energie führen.

Gebührenbefreiung (Grundbuchamt). Die G. entbindet grundsätzlich nicht von der Zahlung der Auslagen (§ 12 Abs. 2 KostO). Bestimmte, dem öffentlichen Interesse dienende Eintragungen sind gebührenfrei (§ 69 KostO). Weitere G. ist in zahlreichen bundes- und landesrechtlichen Vorschriften geregelt,

z. B. → Reichsheimstättengesetz § 34; Sozialgesetzbuch § 64; Baugesetzbuch § 79; Flurbereinigungsgesetz § 108 sowie das Gesetz über Gebührenbefreiung beim Wohnungsbau (WohnGeb BefrG § 1, 2). Hier ist die Befreiung bei der Schaffung von öffentlich geförderten oder steuerbegünstigten Wohnungen oder Wohnräumen geregelt. Nach § 2 WohnGebBefrG. sind auch gemeinnützige Wohnungsunternehmen von Gerichtsgebühren befreit. Durch das Steuerreformgesetz 1990 wurde das Gesetz über Gebührenbefreiung beim Wohnungsbau vom 30. 5. 1953 ab 1. 1. 1990 aufgehoben. Gleichzeitig entfällt die Gemeinnützigkeit im Wohnungswesen. G. im steuerbegünstigten Wohnungsbau wird nur dann noch anerkannt, wenn die Wohnung vor dem 1. 1. 1990 bezugsfertig war. G. besteht u. a. für Bund, Länder und öffentliche Anstalten (§ 11 KostO).

Gehaltsabrechnung, Einkommensnachweis für Nichtselbständige. Der Kreditsachbearbeiter hat zu prüfen: Grundgehalt, Überstunden/Sonderzahlungen, Sozialabgaben, Pfändungen, Einbehalte, eingetragene Freibeträge, VL-Leistungen. Die G. sollte grundsätzlich zusammen mit einer Einkommensteuererklärung / Einkommensteuerbescheid des Vorjahres überprüft werden.

Geh- und Fahrrecht *(§ 1018 BGB),* → Fahr- und Wegerecht.

Gefahrenübergang (Nutzen und Lasten in der Zwangsversteigerung) *(§ 56*

ZVG). Mit dem Zuschlag bzw. dem Schluß der Versteigerung gehen Gefahren, Lasten und Nutzen auf den Ersteher über. Bei dem Übergang von Rechten und Pflichten aus Miet- und Pachtverträgen gelten die Vorschriften §§ 571, 572, 573 Abs. 1 und 574, 575 BGB.

Geldbeschaffungskosten, Kosten, welche im Zusammenhang mit der Aufnahme von Kreditmitteln stehen. Hierzu gehören: Provision an Finanzierungsvermittler, Gutachterkosten, Notar-/Grundbuchkosten, → Abschlußgebühr für Bausparverträge, wenn der Abschluß in engem zeitlichen Zusammenhang mit dem Erwerb einer Immobilie steht. → Damnum, → Disagio, Darlehensgebühren, Schätzgebühren, Fahrtkosten für die Kreditbeschaffung. Bei den Kosten handelt es sich um sofort abzugsfähige Werbungskosten, sofern sie vor Bezug anfallen.

Geldmarkt, Markt kurzfristig verfügbarer Gelder, die von Kreditinstituten gesucht oder angeboten werden, z. B. Tages-, Ein-Monats-Geld oder Drei-Monats-Geld. Der Zinssatz wird von Angebot und Nachfrage bestimmt.

Geldwertsicherung (in Verträgen). Wenn langfristige Verträge begründet werden, ist es zweckmäßig, die in Zukunft fälligen Zahlungsansprüche gegen Währungsverfall und Kaufkraftschwund zu schützen. Diese als → Wertsicherungsklausel bezeichnete vertragliche Regelung ändert ggf. automatisch die Geldschuld. Diese G. i. V. ist oftmals durch die Bundesbank genehmigungspflichtig. Wertsicherungsklauseln bei Wohnungsmietverträgen sind unzulässig und unwirksam, üblich sind derartige Vertragsbedingungen jedoch bei Miet- und Pachtverträgen für gewerblich genutzte Gebäude und Räume. Der am häufigsten gebräuchliche Wertmesser ist dabei der Lebenshaltungsindex. Auch in Erbbauverträgen sind Wertsicherungsklauseln häufig anzutreffen.

Geltungsdauer der Bebauungspläne. Grundsätzlich sind Bebauungspläne solange gültig, bis sie neu aufgestellt werden. Planungsänderungen dürfen nicht die wesentlichen Aussagen des Planes betreffen, sonst muß ein Plan von Grund auf neu erstellt werden. Nach den Entschädigungsregeln im BauGB wird die Änderung der zulässigen Nutzung nur bis zu sieben Jahren geschützt. Daher kann davon ausgegangen werden, daß ein Bebauungsplan in seinen Grundzügen mindestens sieben Jahre mit Entschädigungsanspruch des Betroffenen gültig ist.

Gemarkung, Gruppe von Flurstücken, welche vielfach natürlich begrenzt und geschlossen sind. G. und Gemeindegebiet decken sich möglichst. I. d. R. besteht eine Gemeinde aus mehreren geschlossenen G.

Gemeindliches Vorkaufsrecht, → Vorkaufsrecht.

gemeiner Wert, frühere Grundlage für Grund- und Gebäudesteuer. Etwa vergleichbar mit dem → Verkehrswert.

gemeinnützige Wohnungsunternehmen gliedern sich größtenteils in drei große Gruppen:
1. Genossenschaften und Vereine,
2. gemeinnützige Wohnungsbaugesellschaften in der Rechtsform einer AG oder GmbH einschließlich der Stiftungen und Körperschaften des öffentlichen Rechts,
3. Betreuungsunternehmen als Landesentwicklungsgesellschaft.

Alle Unternehmen sind nach dem Wohnungsgemeinnützigkeitsgesetz und dem Genossenschaftsgesetz prüfungspflichtig. Die Unternehmen haben sehr viel dazu beigetragen, die Wohnungsversorgung auf den heutigen Stand zu bringen. Die Unternehmen sind heute im Gesamtverband gemeinnütziger Wohnungsunternehmen zusammengeschlossen. Die Steuerfreiheit wird für g. W. ab dem 1. 1. 1990 auf Genossenschaften, deren Tätigkeit auf Vermietung begrenzt ist, beschränkt. Um den g. W. den Übergang in die Steuerpflicht zu erleichtern, wird ihnen die Möglichkeit eingeräumt, auf Antrag die Steuerfreiheit noch für ein weiteres Jahr bis zum 31. 12. 1990 in Anspruch zu nehmen. Für gemeinnützige Siedlungsunternehmen i. S. des Reichssiedlungsgesetzes wird die bisherige Steuerfreiheit abweichend vom Regierungsentwurf beibehalten, soweit sie Siedlungs-, Agrar-, Strukturverbesserungen oder Landesentwicklungsmaßnahmen mit Ausnahme von Wohnungsbau durchführen.

gemeinschaftliches Eigentum *(§ 1 Abs. 4 WoEigG)*, gebräuchliche Formulierung für Teile, die nicht im Sondereigentum oder im Eigentum eines Dritten stehen, z. B. Grundstück, Aufzüge, Flure usw.

Gemeinschaftseinrichtungen, Einrichtungen, welche der gemeinsamen Benutzung aller Hausbewohner offenstehen, z. B. Trockenräume, Müllräume, Fahrradkeller, Waschräume, Hobbyräume, Sauna.

Gemeinschaftsordnung (Wohnungseigentümergemeinschaft). Aufgabe der Gemeinschaft ist die gemeinschaftliche Verwaltung des gemeinsamen Eigentums unter Einschaltung eines Verwalters. Grundlage für die Gemeinschaft ist die G., welche nur einstimmig geändert werden kann. Die Grundlagen für die G. sind in aller Regel in der → Teilungserklärung verankert.

Gemeinschaftsvertrag (Bausparen). Haben mehrere Bausparer einen gemeinsamen Bausparvertrag abgeschlossen, so handelt es sich um einen G. Begünstigungen − Prämien − für Einzahlungen stehen nicht der Gemeinschaft zu, sondern lediglich dem Bausparer, der die Zahlung geleistet hat. Ein G. ist auch möglich für Wohnungseigentümer zur Anlage der Instandsetzungsrücklage.

Gemengelage. Durch Zusammenwachsen von verschiedenen Gebieten wie z. B. Gewerbegebiet zu Wohngebiet kann es zu G. kommen. Hierdurch kann die Pflicht zur gegenseitigen Rücksichtnahme entstehen. Bei Geräuscheinwirkungen z. B. sollten nach Möglichkeit die Immissionswerte der Gebietsart mit dem nächstniedrigsten Schutzanspruch gelten.

gemischte Baufläche *(§ 6 BauNVO),* zu bebauende Fläche, die sowohl für Gewerbe als auch für wohnwirtschaftliche Bebauung genutzt werden darf.

gemischt genutzte Grundstücke, Grundstücke, die teils Wohnzwecken, teils gewerblichen oder öffentlichen Zwecken dienen und nicht Mietwohngrundstücke, Geschäftsgrundstücke, Einfamilien- oder Zweifamilienhäuser sind. Bei der Zuordnung darf eine der Nutzungsarten 80% des Jahresrohertrages nicht übersteigen. Der Beleihungswert wird nach dem → Ertragswertverfahren ermittelt. Liegt die überwiegende Nutzung über dem Durchschnittsertrag, so ist die → Drittverwendbarkeit zu überprüfen.

Generalgarantieklausel, Haftung der einem landwirtschaftlichen Kreditverband angehörenden Güter zugunsten von Landschaften und Ritterschaften in den Gebieten des früheren Preußens.

Generalübernehmer, erbringt keine Bauleistungen selbst. Er vergibt die Aufträge an einzelne Subunternehmer. Er schließt die einzelnen Verträge im eigenen Namen und in eigener Rechnung ab und nicht etwa im Namen des Auftraggebers. Der G. kann auch Bauherr sein, der in eigenem Namen auf fremdem Grundstück baut, wenn er Herr

des gesamten Baugeschehens ist. Die Tätigkeit unterliegt § 34c der GewO.

Generalunternehmer, erbringt die Leistungen im Auftrag eines Bauherrn. Im Gegensatz zum → Generalübernehmer erbringt er Teile der Bauleistungen selbst und vergibt den Rest an Subunternehmer. Beide schließen die Verträge mit den Subunternehmern im eigenen Namen und für eigene Rechnung ab und nicht im Namen des Auftraggebers. Der G. kann auch Bauherr sein, wenn er Herr des gesamten Baugeschehens ist. Die Tätigkeit unterliegt dem § 34c der GewO.

Genossenschaftswohnung *(§ 13 II WobauG),* eine im Eigentum oder von einer Genossenschaft erworbene Wohnung, welche einem Mitglied der Genossenschaft zur Nutzung überlassen wird.

gerichtliche Verwaltung für Rechnung des Erstehers *(§ 94 ZVG).* Auf Antrag eines Beteiligten, der Befriedigung aus dem Bargebot zu erwarten hat, ist das Grundstück für Rechnung des Erstehers in gerichtliche Verwaltung zu nehmen, solange nicht die Zahlung der Hinterlegung erfolgt ist. Der Antrag kann schon im Verteilungstermin gestellt werden. Es gelten für den Verwalter die Rechte und Pflichten der → Zwangsverwaltung.

Gerichtsferien *(§ 1 (18.1) ZVG),* beginnen am 15. 7. und enden am 15. 9. Während der Ferien werden nur Feriensachen bearbeitet. In den G. dürfen keine Entscheidungen erfolgen und keine Termine abgehalten werden. Feriensache muß als solche beschieden werden. GVG 200 Abs. 4 Satz 1.

Gerichtskosten. Die in Grundbuchsachen entstehenden G. werden von Kostenbeamten festgesetzt. Die Kosten sind grundsätzlich vor Eintragung fällig. Um eine Eintragung kurzfristig sicherzustellen, kann sich der Notar für die Kosten gutsagen. Kreditinstitute müssen diesen Punkt sorgfältig beachten, damit nicht z. B. Grundpfandrechte deshalb nicht zur Eintragung kommen, weil die G. nicht vorab bezahlt wurden.

Gerichtsstand *(§ 23 ZPO für Vermögensgegenstände, § 20a Mietsachen).* Für Mietsachen ist das Amtsgericht zuständig, in dessen Bezirk der Wohnraum sich befindet.

Gerichtsvollzieher, selbständiges Organ der Rechtspflege. Der G. ist Beamter im Justizdienst, der einem Amtsgericht zugeordnet, aber nicht in dessen Geschäftsbereich eingegliedert ist. Er unterhält ein eigenes Büro. Zu erreichen ist er über die Gerichtsvollzieher-Verteilungsstelle des Amtsgerichtes. Zu seinem Aufgabengebiet gehört u. a. die Zwangsvollstreckung.

geringfügige Beschäftigung, → Entgeltgrenze für geringfügige Beschäftigung.

geringstes Gebot *(§ 44 ZVG, § 817a ZPO).* Bei der Versteigerung wird nur das Gebot zugelassen, durch welches

die dem Anspruch des betreibenden Gläubigers vorgehenden Rechte sowie die aus dem Versteigerungserlös zu entnehmenden Kosten des Verfahrens gedeckt werden. Das g. G. setzt sich zusammen aus dem bar zu bezahlenden Teil und den bestehenbleibenden Rechten. Zu dem bar zu zahlenden Teil gehören die Gerichtskosten, Ansprüche der Rangklasse I und Rangklasse II, soweit nicht aus diesem Recht betrieben wird, desweiteren Rangklasse III § 10 (öffentliche Grundstückskosten) und IV § 10 – Kosten und wiederkehrende Leistungen auf alle nach dem g. G. bestehenbleibenden Rechte; Zinsen nur, soweit sie laufend und nicht über zwei Jahre rückständig sind. Zu den bestehenbleibenden Rechten zählen alle in Abteilung II und III dem rangbesten betreibenden Gläubiger vorgehende Rechte. Der Zuschlag darf nur auf ein Gebot erteilt werden, das mindestens die Hälfte des gewöhnlichen Verkaufswertes der Sache erreicht. → Mindestgebot.

Geringstland *(§ 44 BewG),* Betriebsflächen geringster Ertragsfähigkeit, für die nach dem Bodenschätzungsgesetz im Bundesgesetzblatt Teil III keine Wertzahlen festzustellen sind. G. wird z. Zt. mit einem Hektarwert von DM 50,– bewertet.

Gesamtausgebot (Gruppenausgebot) *(§ 63 ZVG).* Jedes unter einer besonderen Nummer im → Bestandsverzeichnis eingetragene Grundstück ist ein Grundstück des BGB, GBO und ZVG. Mehrere Grundstücke sind einzeln auszubieten. Beteiligte, deren Rechte bei der Feststellung des → geringsten Gebotes nicht berücksichtigt werden, können ihre Zustimmung erteilen, auf das → Einzelausgebot zu verzichten. Ein G. muß vorgenommen werden, wenn die einzelnen Grundstücke mit ein und demselben Grundpfandrecht belastet sind.

Gesamterbbaurecht, Belastung mehrerer Grundstücke mit ein und demselben Erbbaurecht.

Gesamtfinanzierung, Vollfinanzierung aller Kosten, d. h. Kaufpreis/Erstellungskosten und Nebenkosten. Sind überdurchschnittliche Einkommensverhältnisse und Vermögensverhältnisse vorhanden, besteht bei einigen Banken u. U. die Möglichkeit einer G.

Gesamtgrundschuld *(§§ 1191 ff. BGB, § 2168 BGB),* Belastung von mehreren Grundstücken durch eine → Grundschuld. Auch bei → Bruchteilseigentum möglich. Der Gläubiger kann sich bei einer Verwertung aus allen oder einzelnen Grundstücken befriedigen. Jedes Grundstück haftet für die ganze Forderung. Rechtskräftig entsteht die G. erst mit der Eintragung auf allen zu belastenden Grundstücken. Bei voller Befriedigung aus einem Grundstück erlischt die G. auf den anderen Grundstücken. Die G. wird bei → Nichtvalutierung nicht von Gesetz wegen zur Eigentümergrundschuld.

Gesamtheitsgemeinschaft. Gesamtheitseigentum liegt vor, wenn ein Grundstück zu einer mehreren Personen gemeinsam zustehenden Vermögensmasse gehört, z. B. Vermögen einer Gesellschaft (§ 705 BGB), zum gemeinschaftlichen Vermögen von Eheleuten aufgrund Ehevertrages über Gütergemeinschaft (§ 1416 BGB) oder zur Erbmasse einer Erbengemeinschaft (§§ 2032 ff. BGB). Weitere G. können sein: BGB-Gesellschaften, OHG oder KG als Personengesellschaft oder ein nicht rechtskräftiger Verein. Sachen, die zum Vermögen einer „Gemeinschaft zur gesamten Hand" gehören, sind Gesamtheitsvermögen.

Gesamthypothek *(§§ 1132, 1143, 1172 bis 1176, 1181, 1182, 2167 BGB),* Belastung von mehreren Grundstücken durch *eine* Hypothek, auch bei → Bruchteilseigentum möglich. Der Gläubiger kann sich bei einer Verwertung aus allen oder einzelnen Grundstücken befriedigen. Jedes Grundstück haftet für die ganze Forderung. Rechtskräftig entsteht die G. erst mit der Eintragung auf allen zu belastenden Grundstücken. Bei Befriedigung aus einem Grundstück erlischt die G. auch auf allen anderen Grundstücken. Erfolgt Befriedigung durch den alleinigen Eigentümer, entsteht eine → Eigentümergrundschuld. Bei der → Zwangsversteigerung kann aus allen Grundstücken, aus einem Grundstück oder aus einzelnen Grundstücken betrieben werden.

Gesamtkostenschätzung. Es ist selbstverständlich, daß die Gesamtkosten einer Investition möglichst sorgfältig geschätzt werden. Es gibt Überlegungen, diese Kosten künftig per EDV zu ermitteln, jedoch erfordert dies genaue Angaben und präzise Zeitvorstellungen.

Gesamtreallast *(§ 1105 Abs. 1 BGB)*, Belastung mehrerer Grundstücke mit einer → Reallast.

Gesamtschuldnerschaft. Antragsteller und Mitantragsteller eines Baudarlehens haften in aller Regel gesamtschuldnerisch.

Geschäftsfähigkeit *(§§ 104 bis 115 BGB)*, Fähigkeit, Träger von Rechten und Pflichten sein zu können. Grundsätzliche Voraussetzung zur Kreditfähigkeit.

Geschäftsraummiete. Als Geschäftsraum gelten alle Räume, die von ihrer Ausstattung und baulichen Anlage her nicht für Wohnzwecke genutzt werden, also Ladengeschäfte, Lagerhallen, Büros und Lagerräume etc. Der Unterschied zur Wohnraummiete liegt im Mieterschutz. Aufgrund einer praktisch freien Regelung nach Angebot und Nachfrage wird gefordert und bezahlt, was der Markt zuläßt.

Geschäftswert *(§§ 18–31 KostO)*, Wert, den der Gegenstand des Geschäftes zur Zeit der Fälligkeit hat. Maßgebend ist hierbei der Hauptgegenstand. Der Wert einer Sache ist der gemeine Wert. Bei der Bewertung von Grundbesitz ist der letzte Einheitswert maßgebend, der zur Zeit der Fälligkeit der Gebühr bereits vorlag. Bei Kauf von Sachen ist grundsätzlich der Kaufpreis der G.

Schulden werden nicht abgezogen. Für Vorkaufs- und Wiederkaufsrechte, Grunddienstbarkeiten, wiederkehrende Nutzungen oder Leistungen, Miet- und Pachtverträge werden besondere Bewertungen vorgenommen. Nach dem ermittelten G. werden dann die Notar- bzw. Gerichtsgebühren berechnet.

Geschenkbausparvertrag. Steuerlich sind sog. G. zulässig. Dabei schließt der Beschenkte auf Anregung des Schenkers einen Bausparvertrag ab. Auf diesen Vertrag leistet der Schenker Einzahlungen oder er stellt die Mittel dazu dem Bausparer zur Verfügung. In beiden Fällen erhält der Bausparer die Vergünstigungen.

geschlossene Bauweise *(§ 22 Bau-NVO)*. Bei der g. B. werden die Gebäude ohne seitlichen Grenzabstand errichtet, es sei denn, daß die vorhandene Bebauung eine andere Abweichung erfordert. → offene Bauweise, → Bauweise.

geschlossener Immobilienfonds, Finanzierungsform einer Immobilie. Möglich in Form einer BGB-Gesellschaft oder einer KG. Bei der BGB-Gesellschaft tragen die Anteilsinhaber alle haftungsrechtlichen Nachteile, sofern dies nicht laut Vertrag ausgeschlossen ist (→ quotale Haftung), haben aber dagegen individuelle steuerliche Vorteile. Bei der KG-Form ist die Haftung zunächst auf die Kommanditanteile beschränkt. Nachbesteuerung bei Aufgabe des Geschäftsanteiles.

Geschoßfläche

Geschoßfläche *(§ 20 BauNVO)*, Summe der Flächen aller Vollgeschosse eines Gebäudes. Gleichbedeutend Bruttogeschoßfläche.

Geschoßflächenzahl (GFZ) *(§ 20 BauNVO)*. Die GFZ gibt an, wieviel m^2 Geschoßfläche je m^2 Grundstücksfläche zulässig ist. Die „Geschoßfläche" ist die Summe der Flächen aller Vollgeschosse (einschließlich Umfassungswände). Beispiel: Für zweigeschossige Bebauung im reinen Wohngebiet ist eine G. von 0,7 festgesetzt. Wenn das Grundstück 1000 m^2 groß ist, darf die Summe der Flächen der beiden Geschosse 700 m^2 betragen.
Berechnung der GFZ: Grundstücksgröße × G. = zulässige Gesamtgeschoßfläche des Gebäudes.
Beispiel: GFZ = 0,7
1000 m^2 × 0,7 = 700 m^2.
Das sind bei zweigeschossiger Bauweise 350 m^2 je Geschoß.

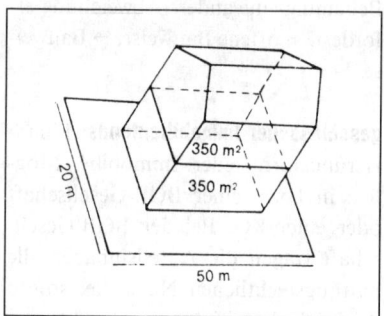

Gesellschaft bürgerlichen Rechts *(§§ 705 ff. BGB)*, vertraglicher Zusammenschluß von mindestens zwei Personen zur Erreichung eines gemeinsamen Geschäftszwecks. Die GbR ist personengebunden und wird durch Kündigung und Tod eines Gesellschafters aufgelöst. Abweichende Bedingungen im Gesellschaftsvertrag sind zulässig. Eine Eintragung der Gesellschaft in das Handelsregister erfolgt nicht. Die Gesellschafter haften unbeschränkt, wenn keine Haftungsbeschränkungen im Gesellschaftsvertrag vorgesehen sind. Im Baufinanzierungsbereich wird die Form vielfach verwendet bei der Finanzierung von Supermärkten oder sonstigen gewerblichen Objekten. Hier sehen die Verträge i. d. R. eine → quotale Haftung vor.

gesetzliche Vorkaufsrechte *(§§ 24 ff. BauGB)*. Den Gemeinden steht ein → Vorkaufsrecht zu hinsichtlich aller Grundstücke, die in einem Bebauungsplan als Baugrundstück für den Gemeindebedarf oder als Verkehrs-, Versorgungs- oder Grünflächen festgesetzt oder in ein Verfahren zur Bodenordnung einbezogen sind. Das Vorkaufsrecht bedarf keiner Eintragung im Grundbuch. Die Gemeinde hat für die Entscheidung zwei Monate. Hiernach ist ein Negativattest auszustellen. Die vorkaufsberechtigte Gemeinde, die ihr Vorkaufsrecht ausübt, kann die ersatzlose Löschung aller nach dem Abschluß des Kaufvertrages eingetragenen Eigentumsänderungen und Belastungen des Grundstücks verlangen.

gesetzlicher Güterstand, → Zugewinngemeinschaft.

Gesetz über Bausparkassen, Bausparkassengesetz (BspkG) vom 16. 11.

1972, in Kraft getreten am 1. 1. 1973 – gemeinsames Gesetz für die privaten und öffentlich-rechtlichen Bausparkassen. Es dient überwiegend dem Schutz des Bausparers.

Gesetz über Kapitalanlagegesellschaften, → KAGG.

gesicherte Rechtsposition. Eine g. R. ist vorhanden, wenn der Eigentümer dem Nutzenden den Gebrauch der Wohnung oder des Hauses aufgrund einer vertraglichen Vereinbarung für einen begrenzten Zeitraum nicht entziehen kann. Dabei wird vor der Finanzverwaltung eine Mindestnutzungsdauer von einem Jahr verlangt. Bei nahen Verwandten wird zudem die Schriftform des Vertrages vorgeschrieben. Die unentgeltliche Überlassung einer Wohnung aufgrund einer g. R. hat für den Eigentümer die Folge, daß er für diese Wohnung keine Werbungskosten abziehen kann. Der Nutzende muß den Mietwert in Höhe der ortsüblichen Miete versteuern.

Bei einer Wohnungsüberlassung ohne g. R. muß sich der Eigentümer sowohl den Mietwert seiner eigengenutzten als auch den der überlassenen Wohnung als Einnahme anrechnen lassen, kann aber auch die gesamten Werbungskosten dagegen rechnen.

gesonderte und einheitliche Feststellung *(§ 180 Abs. 1 Ziffer 2a AO).* Gesondert und ggf. einheitlich werden z. B. einkommensteuer- oder körperschaftsteuerpflichtige Einkünfte festgestellt, wenn an den Einkünften mehrere Personen beteiligt sind und die Einkünfte diesen Personen unmittelbar zuzurechnen sind. Die Feststellung unterbleibt unter gewissen Voraussetzungen bei Arbeitsgemeinschaften. G. u. e. F. kommt im Bereich der Fondsfinanzierungen vor. Eine g. u. e. F. erfolgt ebenfalls, wenn das für die gesonderte Feststellung zuständige Finanzamt nicht auch für die Einkommensbesteuerung zuständig ist. Einkünfte einer Grundstücksgemeinschaft werden ebenfalls in einem eigenen Verfahren ermittelt. Ausnahme: Eheleute, welche gemeinsam Eigentümer eines Grundstückes sind. Für die g. u. e. F. erfolgt in jedem Fall eine eigene Steuererklärung. Das Ergebnis wird durch einen Feststellungsbescheid bestätigt.

Gestaltungsmißbrauch *(§ 42 AO).* Durch Mißbrauch von Gestaltungsmöglichkeiten des Rechts kann das Steuergesetz nicht umgangen werden. Liegt ein Mißbrauch vor, so entsteht der Steueranspruch so, wie er bei einer den wirtschaftlichen Vorgängen angemessenen rechtlichen Gestaltung entstanden wäre.

Gewährleistung *(§§ 459 bis 493 BGB wegen Sachmängel, § 533 ff. wegen Miet- und §§ 633 ff. wegen Werkvertrag, § 13 VOB/B).* Grundsätzlich haftet der Verkäufer dem Käufer gegenüber dafür, daß die verkaufte Sache zum Zeitpunkt des Übergangs nicht mit Fehlern behaftet ist, die den Wert oder die Tauglichkeit mindern. Vertraglicher Ausschluß ist nichtig, wenn der Verkäufer den Mangel arglistig verschweigt.

Der Verkäufer einer neu errichteten oder noch zu errichtenden ETW oder eines Hauses darf die G. für Sachmängel nur dann ausschließen, wenn der Käufer hierüber und über die entscheidenen Rechtsfolgen vorher ausführlich belehrt wurde. Ohne diese nachweisbare Belehrung ist die formelhafte Freizeichnung nach den Grundsätzen von Treu und Glauben unwirksam (BGH v. 17. 9. 1987 VII ZR 153/86). G. kann nur geltend gemacht werden, wenn die übergebene Sache mit Fehlern behaftet ist, die den Wert oder die Tauglichkeit zu dem gewöhnlichen oder nach dem Vertrag vorausgesetzten Gebrauch aufheben oder erheblich mindern oder wenn zugesicherte Eigenschaften fehlen (§ 459 Abs. 1 u. 2 BGB). → Baumangel. Der G.-Anspruch beginnt mit Gefahrenübergang, d. h. mit Wohnungsübergabe bzw. bei Grundstücken mit Eintragung im Grundbuch (§ 446 Abs. 1 u. 2 BGB). → Gewährleistungsfristen, → Nachbesserungsanspruch.

Gewährleistungsfristen *(§ 638 BGB, § 13 VOB/B)*, Ansprüche eines Bestellers auf Mängelbeseitigung, Wandelung, Minderung oder Schadensersatz verjähren in sechs Monaten, bei Arbeiten an einem Grundstück in einem Jahr und bei Bauwerken in fünf Jahren. Bei arglistigem Verschweigen durch den Unternehmer verjähren die Ansprüche nach 30 Jahren. Ansprüche gegenüber Architekten und Bauingenieuren verjähren grundsätzlich ebenfalls nach fünf Jahren. Die Frist beginnt bei Abnahme. Die Fristen nach VOB betragen für Bauwerke und Holzkrankungen zwei Jahre und für Arbeiten an einem Grundstück ein Jahr. Eine Verlängerung auf fünf Jahre ist vertraglich möglich.

Gewässerschaden-Haftpflicht. Durch das Wasserhaushaltsgesetz werden Betreiber von Ölheizungen für Umweltschäden verantwortlich gemacht, die durch ausgelaufenes Heizöl entstehen. Dies ist insbesondere dann ein Gefahrenpunkt, wenn sich die Tanks außerhalb der Gebäude im Erdreich befinden. Die G. H. versichert üblicherweise eine pauschale Schadensumme und richtet sich in der Prämienhöhe nach Tankgrößen und Plazierung des Tanks.

Gewerbedarlehen, langfristige Darlehen für gewerblich genutzte Immobilien, also Lagergebäude, Werkstätten, Fabrikgebäude, Büro- und Geschäftsgebäude, aber auch für Hotels, Fremdenpensionen, Altenheime etc. Derartige Darlehen werden auch von den Hypothekenbanken ausgereicht, üblicherweise ist der Tilgungssatz etwa doppelt so hoch wie bei einer Wohnungsbaufinanzierung. Bei der Finanzierung ist darauf zu achten, daß auch die notwendigen, zusätzlichen Genehmigungen zur späteren Ausübung der Nutzung vorliegen.

Gewerbegebiet *(§ 8 BauNVO)*, Zentralisierung von nicht erheblich belästigenden Gewerbebetrieben. Siehe § 4 Immissionsgesetz. G. dienen vorwiegend der Unterbringung von Lagerhäusern, Geschäfts- und Bürohäusern,

Verwaltungsgebäuden, Tankstellen, öffentlichen Betrieben.

Gewerbeordnung, → Reisegewerbe.

Gewerbesteuer, → Umwandlung. Nach § 1 Abs. 1 GewSTDV ist eine selbständige nachhaltige Betätigung, die mit Gewinnabsicht unternommen wird und sich als Beteiligung am allgemeinen wirtschaftlichen Verkehr darstellt, ein Gewerbebetrieb. Entscheidend sind speziell im Immobilienbereich gewinnträchtige Maßnahmen wie z. B. Modernisierung/Renovierung, Aufteilung, werterhöhende Aufwendungen.

gewerbliche Hypothek. Die Finanzierung langfristiger gewerblicher Investitionsvorhaben jeder Art kann durch g. H. erfolgen. Diese Darlehen werden von Hypothekenbanken zu Festkonditionen angeboten. Die Finanzierung wird maßgeschneidert dem Investitionsvorhaben angepaßt. Durch den festen Zinssatz und die lange Laufzeit ist eine exakte Investitionsplanung möglich. Der Zinssatz liegt i. d. R. 0,5% über den Zinsen für den Wohnungsbau.

gewerbliche Tätigkeit. Nach § 15 Abs. 2 EStG setzt das Vorliegen eines Gewerbebetriebes eine selbständige nachhaltige Tätigkeit voraus, die mit Gewinnabsicht übernommen wird und sich als Beteiligung am allgemeinen wirtschaftlichen Verkehr darstellt. Sie muß über den Rahmen einer Vermögensverwaltung (§ 14 AO) hinausgehen. Durch Veräußerung von Grund-besitz entsteht grundsätzlich keine g. T. Trotzdem wird diese vielfach von den Finanzämtern angenommen. Die Stückzahl der veräußerten Objekte und der Zeitraum zwischen An- und Verkauf wird z. T. als Grundlage genommen. Werden z. B. acht Objekte in sechs Jahren verkauft, soll Gewerblichkeit vorliegen. Feste Daten gibt es jedoch nicht. Gewerblichkeit tritt jedoch in jedem Falle ein, wenn eine Wohnung zur Modernisierung erworben wird, um sie dann danach wieder zu veräußern. Die Gewerblichkeit wird in jedem Fall angenommen, wenn neben dem Kauf zusätzliche Aktivitäten erkennbar sind, die auf eine Gewinnerzielungsabsicht hindeuten. Bei einer Zuordnung zur Gewerbesteuer kann eventuell auch noch Umsatzsteuer anfallen. Weiterhin wird dies Einkommensteuer nach sich ziehen.

Das BFH-Urteil vom 23. 10. 1987 (III R 275/83) macht auf folgendes aufmerksam: Besteht ein enger zeitlicher Zusammenhang zwischen der Errichtung und der Veräußerung einer bestimmten Anzahl von Wohnungen, zwingt dies regelmäßig zu der Schlußfolgerung, daß die Wohnungen mindestens auch in der bedingten Absicht einer eventuellen gewinnbringenden Veräußerung errichtet worden sind und deshalb ein gewerblicher Grundstückshandel vorliegt, der spätestens mit der Errichtung der Wohnungen begonnen hat. Ein solcher enger zeitlicher Zusammenhang ist jedenfalls dann gegeben, wenn die Zeitspanne zwischen der Errichtung und dem Verkauf der Wohnungen nicht mehr als fünf Jahre beträgt.

gewerberechtlicher Bestandsschutz *(§ 17 Bundesimmissionsschutzgesetz).* Im Bundesimmissionsschutzgesetz wird geregelt, daß eine gewerberechtliche Vollgenehmigung auch einen g. B. gewährleistet. Dies beinhaltet Schutz vor nachträglichen Anordnungen zugunsten des Immissionsschutzes, wenn diese nicht dem Stand der Technik entsprechen oder nicht zumutbar sind.

gewerbliche Fläche *(§ 8 BauNVO),* bebaubare Fläche, die ausschließlich für gewerbliche Bauvorhaben genutzt werden darf. → Gewerbegebiet.

Gewerk, Arbeiten einzelner Bauhandwerksbranchen, z. B. Dachdecker, Zimmermann, Maurer usw.

gewichtiger Durchschnittszins. Wird eine Darlehenskündigung ausgesprochen, so wird damit auch der vertraglich vereinbarte Zins ab dem Kündigungstag unwirksam. Anstelle der früher üblichen, jedoch aufgrund der Rechtssprechung nicht länger haltbaren Berechnung von Verzugszinsen wird jetzt der (monatlich) festgelegte gewichtete Durchschnittszins in Rechnung gestellt. Es sind Fälle beobachtet worden, wo Schuldner eine Darlehenskündigung bewußt herbeigeführt haben, um eine für sie günstigere Zinsberechnung zu erzwingen.

Gewinn *(§ 4 EStG),* Unterschiedsbetrag zwischen dem Betriebsvermögen am Schluß des Wirtschaftsjahres und dem Betriebsvermögen am Schluß des vorangegangenen Wirtschaftsjahres, vermindert/vermehrt um den Wert Einlagen/Entnahmen.

Gewinneinkunftsarten, Einkünfte, die durch Vermögensvergleich bzw. Überschuß der Betriebseinnahmen über die Betriebsausgaben ermittelt werden. 1. Einkünfte aus Land- und Forstwirtschaft, 2. Einkünfte aus Gewerbebetrieb, 3. Einkünfte aus selbständiger Arbeit.

Gewinnermittlungsarten, → allgemeiner Betriebsvermögensvergleich, → Betriebsvermögensvergleich bei Vollkaufleuten, → Gewinnermittlung nach Durchschnittssätzen, → Überschuß der Betriebseinnahmen über die Betriebsausgaben.

Gewinnermittlung nach Durchschnittssätzen *(§ 13 a EStG),* Ermittlungsart bei Landwirten. Der Gewinn aus Landwirtschaft ist nach Durchschnittssätzen zu ermitteln, wenn der Unternehmer nicht zur Führung von Büchern verpflichtet ist und er auch keinen Antrag nach § 13 a EStG gestellt hat.

Gewinnerzielungsabsicht. Der Begriff findet in der Einkommensteuer Verwendung. G. ist Voraussetzung dafür, daß für eine Einkunftsart Werbungskosten oder Verluste geltend gemacht werden können. Sonst ggf. → Liebhaberei mit steuerlichen Nachteilen.

gewöhnlicher Maklerauftrag. Der Kunde beauftragt den Makler, ihm einen Vertragsabschluß über eine Immobilie zu vermitteln. Der Vertrag muß schriftlich geschlossen werden. Der Kunde kann mehrere Makler gleichzeitig beauftragen. Provisionsanspruch nur bei Erfolg.

GFZ, → Geschoßflächenzahl.

GI *(§ 9 BauNVO),* → Industriegebiete.

Gläubiger, in der Baufinanzierung im weitesten Sinne das Kreditinstitut oder der Geldgeber. Gläubiger i. S. des ZVG ist der die Zwangsversteigerung betreibende Gläubiger.

Gläubigeranfechtung *(§ 3 Abs. 1–4 AnfG).* Durch die G. soll dem Gläubiger ermöglicht werden, sachlich ungerechtfertigte Vermögensverschiebungen, durch die das Vermögen des Schuldners vermindert wurde, dem Vollstreckungszugriff des Gläubigers wieder zuzuführen. Das Anfechtungsrecht gegen den Erwerber entsteht, sobald die nach vorgenannten §§ aufgestellten Voraussetzungen erfüllt sind. Der Gläubiger muß u. a. für die Forderung einen auf Zahlung lautenden Vollstreckungstitel haben (§ 2 AnfG). Die Vollstreckung gegen den Schuldner muß ergebnislos betrieben sein. Der Schuldner muß die Handlung in der unlauteren Absicht vorgenommen haben, seine Gläubiger zu benachteiligen. Von besonderer Bedeutung sind in diesem Zusammenhang Bargeschäfte mit nahen Verwandten und Schenkungen sowie Überträge an die Kinder oder die Ehefrau bei Gütertrennung.

Gläubigerbefriedigung, vollständige Schuldenrückführung durch Verkauf oder Versteigerung. Bei Befriedigung aus einem Grundstück erlischt eine Gesamthypothek (Grundschuld) auch auf allen anderen Grundstücken. Auf diesen rücken die nachrangigen Gläubiger vor. Bei Befriedigung des Gläubigers einer Gesamthypothek durch den alleinigen Eigentümer entsteht eine Eigentümergrundschuld.

Glasversicherung. Der überwiegende Teil der Glasfläche ist durch die normale Gebäudeversicherung versichert. Lediglich große Flächen und Spezialgläser müssen separat versichert werden.

gleitende Neuwert-Feuerversicherungen, Feuerversicherungen, welche jeweils dem Bauindex angepaßt werden. Ausgangsbasis 1913/1914. Hierdurch wird Unterversicherung durch steigende Baupreise vermieden.

Gleitzinsdarlehen. Bei einem G. kann der Darlehensgeber die Zinsen jederzeit einseitig ändern. Dieses Zinsänderungsrisiko geht allerdings einher mit einer zunächst meist niedrigeren Einstiegskondition. In der Darlehenszusage wird auf diese Änderungsmöglichkeit hingewiesen, es sind auch Darlehensformen bekannt, die zunächst eine Zinsänderung für einige Monate ausschließen oder eine dreimonatige Ankündigungsfrist voraussetzen.

Globalgrundschuld, Gesamtbelastung eines Grundstücks durch eine Grundschuld. Gebräuchliche Sicherungsform, wenn das belastete Grundstück später aufgeteilt werden soll, jedoch die

Grundvoraussetzungen noch nicht gegeben sind, z. B. Vermessung, Parzellierung, Teilungsgenehmigung, Abgeschlossenheitsbescheinigung, Bildung von Einzelgrundbüchern. Anschließend ist üblicherweise die Aufteilung der G. vorgesehen oder Löschung bei gleichzeitiger Eintragung von Einzelgrundschulden.

Grenzabstand *(§§ 80 bis 84 BauGB)*, Entfernung eines Gebäudes zur Grundstücksgrenze. Die Festlegung von Mindestabständen ist Voraussetzung für eine ordnungsgemäße Erschließung und Bebauung.

Grenzattest, → Grenzbescheinigung.

Grenzbescheinigung, Bestätigung des Katasteramtes oder eines öffentlich bestellten Vermessungsingenieurs, daß ein Gebäude innerhalb der rechtsmäßigen Grenzen eines Grundstücks errichtet worden ist. Die G. ist eine wichtige Unterlage für die Beleihung von Grundstücken. Das Grenzattest hat den gleichen Inhalt.

Grenzfestlegung, notwendige Vermessung zur Festlegung des Grenzverlaufs. Meist erforderlich bei Neuparzellierung von großen Grundstücken zur Einzelbebauung. Grundsätzliche Voraussetzung für die → Abmarkung.

Grenzniederschrift, öffentliches Protokoll über eine Verhandlung zur Vermessung eines Grundstücks, z. B. zur Teilung. Darin werden zunächst der Termingrund, dann die alten und die neuen Grenzen genannt. → Grenzzeichen.

Grenzregelung *(§§ 80 bis 84 BauGB)*. Die Gemeinde kann zur Herbeiführung einer ordnungsgemäßen Bebauung oder zur Beseitigung baurechtswidriger Zustände benachbarte Grundstücke gegeneinander austauschen, wenn dies im öffentlichen Interesse geboten ist. Die Grundstücke dürfen nicht selbständig bebaubar sein. Wertänderungen sind in Geld auszugleichen. Der Übergang eines Grundstückes im Grenzregelungsverfahren ist grunderwerbsteuerpflichtig im Gegensatz zu Übergang bei → Umlegungsverfahren. BFH v. 24. 2. 1988 − II B 160/87.

Grenzscheidungsklage *(§ 920 BGB)*. Ist eine Grenze im Verlauf nicht eindeutig nachweisbar, muß durch eine G. die neue Grenze festgelegt werden. Ausschlaggebend ist der Besitzstand. Zweckmäßig ist es in solchen Fällen, ein Gutachten des Vermessungsamtes hinzuzuziehen.

Grenzsteuersatz, Prozentsatz, mit dem Einkommenszuwächse bzw. -minderungen be- bzw. entlastet werden, z. B. Steuersatz der letzten DM 1000,–. Für realistische Einkommensveränderungen ist der G. ein Annäherungswert. Sollte in der Finanzierungspraxis nicht angewendet werden. → Durchschnittssteuersatz.

Grenzuntersuchung. Es besteht die Möglichkeit, Grundstücksgrenzen in der jeweiligen Örtlichkeit zu untersuchen. Dafür ist Grundvoraussetzung, daß eine Abmarkung in Form von Grenzsteinen feststellbar ist.

Grenzzaunrecht *(§§ 1018 bis 1029 BGB)*, Recht zum Halten eines Grenzzaunes. Eintragung in Abt. II des Grundbuches als Dienstbarkeit. Kann bei Beleihung und Bewertung unberücksichtigt bleiben.

Grenzzeichen werden in amtlichen Katasterzeichnungen verwendet: Zeichenerklärung:

_____ Eigentumsgrenze, _____ Flurstücksgrenze, Umrißlinie von Gebäuden u. dgl., □ Grenzstein, grenzsteinähnliches Grenzzeichen (Zusatz: K – Kunststoffmarke, Mt – Metallmarke, □ wie vor, tiefstehend, ○ R – Eisenrohr, M – Meißelzeichen (Kreuz, Kerbe o. a, B – Bolzen, N – Nagel, Pf – Pfahl, ■ Grenzwand, -mauer, ■ Nachbarwand, gemeinschaftliche Grenzmauer, ■ zwei aneinander errichtete Grenzwände, -mauern, ■ einseitiger, ■ gemeinschaftlicher Zaun, ■ einseitige, ■ gemeinschaftliche Hecke, **schwarz:** vorgefundene Grenzzeichen, alte Grenzen; **schwarz mit roter Umrandung:** auf vorgefundenes Grenzzeichen neues aufgesetzt, **rot:** neugesetzte Grenzzeichen, neue Grenzen; **rot gekreuzt:** wegfallende Grenzzeichen und Grenzen.

größerer Erhaltungsaufwand. Erhaltungsaufwendungen sind grundsätzlich im Jahr der Zahlung als Werbungskosten absetzbar. Bei größeren Aufwendungen kann es vorteilhaft sein, die Beträge auf mehrere Jahre zu verteilen. Auf Antrag kann in bestimmten Fällen der Erhaltungsaufwand auf zwei bis fünf Jahre verteilt werden. §§ 82 b, 82 h, 82 k EStDV.

Großbausparverträge. Ab DM 300 000,– beginnen G. Innerhalb eines Jahres vom Bausparer oder dessen Ehefrau abgeschlossene Verträge gelten als ein Vertrag. Der Anteil nicht zugeteilter G. am gesamten, nicht zugeteilten Vertragsbestand sowie am Neugeschäft ist in der → Bausparkassenverordnung kontingentiert. In dieses Kontingent sind auch Verträge mit Sofortbesparung einzubeziehen.

Großkredite *(§ 13 Abs. KWG)*. Kredite, welche insgesamt 15% des haftenden Eigenkapitals des Kreditinstitutes übersteigen, sind der Deutschen Bundesbank anzuzeigen; dies gilt nicht für G., bei denen der zugesagte oder in Anspruch genommene Betrag nicht höher ist als DM 50 000,–, es sei denn, daß der G. 50% des haftenden Eigenkapitals des Kreditinstitutes übersteigt.

Grünflächen, in Städten und Wohngebieten zunehmende Bedeutung. Neben Erholungs- und Freizeitfunktion dienen sie zur Säuberung der Luft. Sie speichern Feuchtigkeit und wirken sich günstig auf das Klima aus. Aktive Grünflächenplanung in den Städten macht das Leben in Stadtkernen wieder attraktiver.

Grünvolumenzahl (GVZ). Die G. regelt das Maß des durchschnittlichen Grünvolumens auf der zu bebauenden Fläche. Vorgesehen als Ergänzung in der Bauleit-Landschaftsplanung. Beitrag zur Ökologie beim Bauen.

Grundabtretung *(§§ 77 bis 106 BBergG)*. Im Bergbau ist es erforderlich, Grundstücke zur Ausbeutung zu erwerben. Hierzu ist jeweils eine Einigung mit dem Grundstückseigentümer erforderlich. Ist eine gütige Einigung nicht möglich, muß das Benutzungsrecht trotzdem sichergestellt sein. Das ist in vorgenanntem Gesetz geregelt. Grundsätzlich sind hierfür diverse Voraussetzungen erforderlich, insbesondere muß der Antrag dem Wohl der Allgemeinheit dienen.

Grundakte *(§ 12 GBO).* Die für jede Eintragung in das Grundbuch erforderliche, öffentliche oder öffentlich beglaubigte Urkunde sowie sonstige Unterlagen zu den Grundbuchblättern werden in der G. geführt, wobei jedes Grundbuchblatt ein besonderes Aktenstück erhält. Außerdem befindet sich in der G. ein → Handblatt, das eine genaue, laufend vervollständigte Abschrift des Grundbuchblattes darstellt. Es sollte eingesehen werden, wenn aus der Grundbuchblattkopie offene Fragen entstehen (Vertragskopien, Eintragungsgrundlagen).

Grundbesitz, im BewG Oberbegriff für alle bewertbaren inländischen Grundstücke.

Grundbesitzbrief, Beteiligungsurkunde als Bestätigung einer Beteiligung an einem geschlossenen → Immobilienfonds. Hierdurch kann die Eintragung in das Handelsregister gespart werden. G. sind i. d. R. veräußerbar. Der Preis richtet sich nach Angebot und Nachfrage. Rückgabemöglichkeit ist i. d. R. ausgeschlossen.

Grundbesitzerhaftpflicht. Bei eigengenutzten Objekten erstreckt sich die persönliche Haftpflichtversicherung auch auf Schäden aus diesem Bereich. Ein Vermieter hat hingegen zur Abwendung von Schäden eine Vermieterhaftpflichtversicherung abzuschließen.

Grundbesitzversicherungen. Nicht nur beim Hauseigentümer, sondern auch beim zukünftigen Bauherrn, Eigentümer einer Wohnung oder eines Grundstückes oder dem Mieter einer Wohnung sollte ausreichender Versicherungsschutz gegen tägliche Gefahren und außergewöhnliche Ereignisse vorhanden sein. → Haftpflichtversicherung, → Hausbesitzerhaftpflichtversicherung, → Bauherrenhaftpflichtversicherung, → verbundene Wohngebäudeversicherung, → Hausratsversicherung, → Feuerversicherung, → Glasversicherung, → Bauleistungsversicherung, → Gewässerschadenhaftpflichtversicherung, → Bauwesenversicherung.

Grundbuch *(§§ 894 bis 899, 1144, 1155, 1157, 1167 BGB),* öffentliches Register, welches beim zuständigen Amtsgericht über alle Grundstücke des betreffenden Bezirks geführt wird. Es genießt öffentlichen Glauben. Einsicht ist möglich (→ Grundbucheinsicht) . Das G. gibt Auskunft über a) → Bestandsverzeichnis, b) → Abteilung I des Grundbuches über Eigentümer, c) → Abteilung II des Grundbuches über die Lasten und Beschränkungen des Eigentums, d) → Abteilung III des Grundbuches über eingetragene Hypotheken, Grundschulden und Rentenschulden.

Grundbuchamt *(§ 3 BeurkG – Einreichung von Urkunden, §§ 873, 875, 876, 878 BGB Erklärungen und Anträge),* in den meisten Bundesländern das Amtsgericht, in Baden-Württemberg bei den Gemeinden. Es ist verantwortlich für die Führung der → Grundbücher. Der Vollzug erfolgt durch die → Rechtspfleger.

Grundbuchauszug, Abschrift des gesamten → Grundbuches, heute überwiegend als Fotokopie. Daraus sind auch ältere, bereits gelöschte Eintragungen und Vermerke ersichtlich; er kann so wertvolle Hinweise für den Finanzierer enthalten. Der Eigentümer hat immer ein berechtigtes Interesse und somit stets einen Anspruch auf einen G.

Grundbuchband, → Grundbuchheftnummer.

Grundbuchberichtigung *(§ 894 BGB).* Steht der Inhalt des Grundbuches in Ansehung eines Rechts an dem Grundstück mit der wirklichen Rechtslage nicht im Einklang, so kann derjenige, dessen Recht nicht oder nicht richtig eingetragen oder durch die Eintragung einer nicht bestehenden Belastung oder Beschränkung beeinträchtigt ist, die Zustimmung zur Berichtigung des Grundbuchs von demjenigen verlangen, dessen Recht durch die Berichtigung betroffen wird. Bei Zwangsversteigerung: § 130 ZVG. Durch Zuschlag – also ohne → Auflassung – wird der Ersteher Eigentümer. Das Grundbuch muß berichtigt werden.

Das Grundbuchamt kann nur auf Ersuchen des Vollstreckungsgerichtes tätig werden. Das Ersuchen ist zu richten auf:
1. Eintragung als Eigentümer,
2. Löschung des Versteigerungsvermerkes,
3. Löschung der erlöschenden Rechte,
4. eventuell Eintragung einer → Sicherungs-Hypothek bei Nichtzahlung des Erlöses.

Grundbuchblatt. Das Grundbuch besteht aus einzelnen Blättern: Blätter für die Anschrift, das → Bestandsverzeichnis und die drei Abteilungen.

Grundbucheinsicht *(§ 12 GBO, § 21 BeurkG).* Jeder, der ein „berechtigtes Interesse" hat, kann Einsicht in das → Grundbuch nehmen. Das berechtigte Interesse ist zu begründen, z. B. Kaufabsichten usw. Bei Geschäften, die im Grundbuch eingetragene oder einzutragende Rechte zum Gegenstand haben, muß (§ 21 BeurkG) sich der Notar über den Grundbuchinhalt unterrichten. Sonst soll nur beurkundet werden, wenn der Notar auf die Gefahren hingewiesen hat. Dies ist in der Niederschrift zu vermerken. Banken dürfen nur einsehen, wenn sie Gläubiger eines eingetragenen Rechtes sind oder dem Grundbuchamt versichern, vom Eigentümer zur Einsichtnahme ermächtigt zu sein oder ein berechtigtes Interesse an der Einsicht darlegen. Der mit der Grundbucheinsicht betraute Mitarbeiter hat einen Antrag zu stellen, der zu den → Grundakten genommen wird und von jedem Eigentümer eingesehen werden kann. Die Einsicht setzt voraus, daß der Grundbesitz nach Grundbuch (Band/Blatt) bekannt ist. Soll der Grundbesitz erst festgestellt werden, → Eigentümerregister/Eigentümerkartei.

Grundbuchheftnummer, in einigen Bundesländern gebräuchliche Bezeichnung für die unterschiedliche Führung und Unterteilung der einzelnen → Grundbücher.

Grundbuchnummer, → Grundbuchheftnummer.

Grundbuchordnung, enthält u. a. Verfahrensvorschriften bei Grundbuchangelegenheiten, die Einrichtung des Grundbuches und die Organisation des Grundbuchamtes. Desweiteren gibt sie Hinweise und Vorschriften über Rechtsmittel.

Grundbuchrang. Grundstücksbelastungen stehen sowohl in → Abteilung II als auch in → Abteilung III des Grundbuches. In Abteilung III gehören nur die Hypotheken, Grund- und Rentenschulden. Alle anderen Eintragungen gehören in Abteilung II. Alle innerhalb der gleichen Abteilung eingetragenen Rechte rangieren – wenn keine Rangänderung aus dem → Grundbuch ersichtlich – in der Reihenfolge der Eintragung. Zwischen den Abteilungen entscheidet der Tag der Eintragung über das → Rangverhältnis. Sind Eintragungen gleichtägig, so besteht Ranggleichheit.

Grundbuchratsschreiber, → Notarwesen.

Grundbuchrecht *(§§ 873 bis 902 BGB),* → Materielles Grundbuchrecht, → Formelles Grundbuchrecht.

Grundbuchsperre *(§ 15 KO).* Die Eintragung eines Konkursvermerkes in das Grundbuch bewirkt eine G. Verfügungen des Schuldners, die erst nach Eröffnung des Konkursverfahrens getroffen oder beim Grundbuchamt eingereicht werden, können nicht mehr eingetragen werden. Unzulässig sind auch Eintragungen zugunsten eines einzelnen Konkursgläubigers aufgrund von vollstreckbaren Titeln.

Grunddienstbarkeit *(§§ 1018 ff. BGB, § 7 ZPO),* Grundstücksbelastungen zugunsten des jeweiligen Eigentümers eines anderen Grundstücks, wonach dieser das Grundstück in einzelnen Beziehungen benutzen darf oder wonach auf dem Grundstück gewisse Handlungen nicht vorgenommen werden dürfen. Der jeweilige Eigentümer des herrschenden Grundstücks erhält also das Recht oder Befugnisse am dienenden Grundstück. Die G. entsteht wie jedes andere dingliche Recht an Grundstücken durch Einigung und Eintragung. Die rechtsbegründende Eintragung ist die Eintragung in Abteilung II des belasteten Grundstücks. Zu den G. zählen u. a. Abbruchrecht, → Aussichtsrecht, → Belegungsrechte (→ Wohnungsbelegungsrecht), → Fensterrecht, → Hammerschlagsrecht usw. Die einzelnen Dienstbarkeiten sind je nach Gewichtigkeit bei der Beleihung zu berücksichtigen. Andere G. wie → Leitungsrechte können i. d. R. unberücksichtigt gelassen werden.

Grunderwerbsteuer *(§ 11 GrEStG),* steuerliche Belastung beim Kauf/Erwerb von bebauten und unbebauten Grundstücken. Sie beträgt i. d. R. 2% des Preises. Fällt an z. B. bei Erwerb durch Kauf, Tausch, Erbschaft, Schenkung und Zwangsversteigerung. Befreiung ist nur noch in wenigen Fällen möglich. Der steuerfreie Erwerb eines Grundstückes als Ersatz für ein abgegebenes Grundstück im Rahmen einer Sanierungsmaßnahme wurde 1983 mit der Grunderwerbsteuerreform aufgegeben. Die Besteuerungsgrundlage setzt sich zusammen aus: Kaufpreis, Wert des Tauschgrundstückes zzgl. Barzahlung, →Meistgebot, übernommene, bestehenbleibende Rechte, nach § 114a ZVG ausgefallene Rechte, Kapitalwert sonstiger Leistungen (Rente, Nießbrauch, Wohnrecht, Erbbauzins). Alle diese Positionen ergeben ggf. den Wert der steuerpflichtigen Gegenleistung. Befreiung bestand bis 31. 12. 1982 u. a. dann, wenn der Käufer oder einer seiner Verwandten in gerader Linie die Wohnung innerhalb von fünf Jahren mindestens ein Jahr ununterbrochen bewohnt hat. War dies nicht der Fall, ist die Steuer nachzuzahlen und mit 6% p. a. zu verzinsen (§§ 233, 238 ff. AO). Die Zinsen sind im Jahr der Zahlung sofort absetzbare Betriebs- oder Werbungskosten bei den Einnahmen aus Vermietung und Verpachtung. Die Nachforderung der G. selbst gehört zu den → Anschaffungskosten ab dem Jahr des Erwerbs.

Grunderwerbsteuerbescheid. Von jedem Grundstücksgeschäft wird das zuständige Finanzamt durch den eingeschalteten Notar unterrichtet. Dies löst entweder direkt einen G. aus, oder das Finanzamt prüft zunächst anhand eines Befragungsbogens, ob der Erwerbsvorgang steuerfrei ist.

Grunderwerbsteuergesetz vom 17. 12. 1982. Regelt seit dem 1. 1. 1983 als Bundesrecht in allen Bundesländern die Grunderwerbsteuer als Nachfolge des Gesetzes über die Grunderwerbsteuerbefreiung beim Erwerb von EFH, ZFH und ETW vom 11. 7. 1977. Das G. regelt die Grunderwerbsteuer für nachfolgende Rechtsvorgänge, soweit sie sich auf inländischen Grundbesitz beziehen: Kaufvertrag oder ein anderes Rechtsgeschäft, das den Anspruch auf Übereignung begründet; die → Auflassung, wenn kein Rechtsgeschäft vorausgegangen ist, das den Anspruch auf Übertragung begründet; der Übergang des Eigentums, wenn kein begründetes Rechtsgeschäft mit dem Anspruch auf Übereignung vorangegangen ist und es auch keiner Auflassung bedarf (mit einigen Ausnahmen); das → Meistgebot in der Zwangsversteigerung; ein Rechtsgeschäft, das den Anspruch auf Abtretung eines Anspruchs oder des Rechtes aus einem Meistgebot oder Kaufangebot begründet.

Grundfläche *(§ 19 BauNVO),* Anteil des Baugrundstücks, der von baulichen Anlagen überdeckt werden darf. → Grundflächenzahl. Auf die zulässige G. werden überdachte → Garagen und Stellplätze nicht angerechnet, wenn sie 0,1 der Fläche des Baugrundstückes nicht überschreiten. Daneben gibt es noch besondere Gebiete, bei denen auch keine Anrechnung erfolgt, z. B. → Kerngebiete, → Gewerbegebiete.

Grundflächenzahl (GRZ) *(§ 19 Bau-NVO)*. Die GRZ gibt an, wieviel m² Grundfläche eines Gebäudes je m² Grundstücksfläche zulässig sind. Beispiel: Für eingeschossige Bebauung im reinen Wohngebiet ist eine G. von 0,4 festgesetzt. Wenn das Grundstück 1000 m² groß ist, darf die bebaute Grundfläche, d. h. die Grundfläche des Wohngebäudes, 400 m² betragen. Berechnung der GRZ: Grundstück × Grundflächenzahl = zulässige Grundfläche des Gebäudes.
Beispiel: GRZ = 0,4
1000 m² × 0,4 = 400 m².

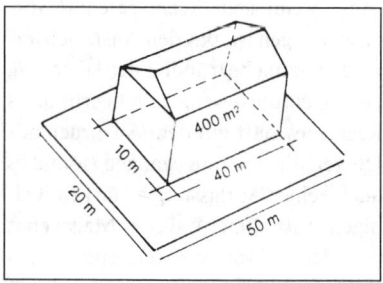

Grundförderung *(§ 10e EStG),* neuer Oberbegriff für die Förderung des selbstgenutzten Wohneigentums. Jetzt neben EFH und ETW auch auf die selbstgenutzte Wohnung im Mehrfamilienhaus anwendbar. Die G. umfaßt einen Zeitraum von acht, in Berlin zwölf Jahren.

Grundlagenbescheid, Bescheid, der laut Gesetz ausdrücklich auch für andere Bescheide bindend ist, z. B. auch der → Einheitswertbescheid.

Grundpfandrecht, Pfandrecht an einem Grundstück. → Hypothek, → Grundschuld, → Rentenschuld. Für die Bestellung oder auch Löschung ist stets die Einschaltung eines Notars erforderlich. Dort wird das Eintragungsbegehren/Löschungsbegehren beurkundet. Das Notariat leitet die Urkunde/löschungsfähige Quittung des Grundpfandrechtsgläubigers an das zuständige Amtsgericht. Auch die Löschung ist mit Kosten verbunden. Daher sollte stets überprüft werden, ob es nicht ohnehin zweckmäßiger ist, sich nur eine löschungsfähige Quittung geben zu lassen, die Löschung jedoch letztlich nicht zu vollziehen. So können spätere Finanzierungen mit geringem Kostenaufwand besichert werden. Außerdem bleiben Rangstellen gewahrt.

Grundpfandrechthaftung *(§§ 1120 bis 1122 BGB; §§ 864 ff. ZPO).* Für die Hypothek oder Grundschuld haftet das dem Grundstückseigentümer gehörende Zubehör, gleichgültig, ob es diese Eigenschaft vor oder nach der Grundschuldbestellung erlangt hat. Das Zubehör für sich allein kann nicht im Wege der Mobiliar-Zwangsversteigerung gepfändet werden. Das dem Grundstückseigentümer nicht gehörende Zubehör haftet für die Hypothek oder Grundschuld nicht. → Zubehörhaftung.

Grundpfandrechtsbriefe und vollstreckbare Titel (nach Zwangsversteigerung)

(§ 127 ZVG). Vorgelegte Briefe werden bei Gericht unbrauchbar gemacht. Bei Teillöschung wird dies auf dem Brief vermerkt. Bei Vorlage eines vollstreckbaren Titels wird auf dem Titel vermerkt, welcher Betrag zugeteilt worden ist.

Grundriß. Die Grundrißlösung ist wichtiger Bestandteil bei der Beurteilung eines Objektes. Dabei sollte eine klare Trennung zwischen Wohn- und Schlafbereich sowie eine optimale Ausnutzung der vorgegebenen Fläche erkennbar sein.

Grundrißänderungen. Wer Wohnungen teilen oder zusammenlegen will, muß eine Baugenehmigung beantragen. Sie wird nur erteilt, wenn dem Bauantrag eine statische Berechnung über die neu zu gestaltende Wohnung beigefügt ist.

Grundschuld *(§§ 1191 bis 1198 BGB)*. Die G. kann als → Briefgrundschuld oder als → Buchgrundschuld bestellt werden. Sie kennt im Gegensatz zur Hypothek keine Bindung an eine persönliche Forderung und stellt eine unbedingte Zahlungsverpflichtung aus dem Grundstück dar. Sie setzt nach dem Gesetz eine Forderung nicht voraus, dient aber i. d. R. durch Vereinbarung von Gläubiger und Schuldner zur Sicherung einer persönlichen Forderung. Die Verbindung von Forderung zur G. wird über den → Sicherungszweck hergestellt. Die Sicherungsabrede darf nicht in das Grundbuch eingetragen werden. Eine Umwandlung in eine Hypothek ist möglich.

Grundschuldbrief, → Briefbildung *(§§ 56 bis 70 GBO, § 1116 BGB)*. Sofern im Grundbuch der Briefausschluß nicht vermerkt ist, handelt es sich immer um eine Grundschuld mit Brief. Diese Grundschuld erwirbt der Gläubiger erst mit Übergabe des G. Bis zu diesem Zeitpunkt steht die Grundschuld dem Eigentümer zu. In der Praxis ist die Briefgrundschuld vielseitiger verwendbar, da nur Briefgrundschulden außerhalb des Grundbuches abgetreten werden können.

Grundschuldbestellungsurkunde, Urkunde über die Bestellung einer Grundschuld oder Hypothek mit folgenden Angaben: Urkundenrolle, Datum, Notarbezeichnung, vollständige Bezeichnung und Anschrift des Kreditnehmers, Eigentümers, Grundbuch- und Flurbezeichnungen, Gläubigerbezeichnung, Kapital, Nebenleistungen, Zinshöhe, Hinweise auf Formulare der Bank und Hinweis auf Unterschriften der Erschienenen und des Notars.

Grundschuldübernahme. Aus Kostengründen wird im Kaufvertrag vielfach die Übernahme einer noch eingetragenen Grundschuld in dinglicher Haftung zur Neuvalutierung vereinbart. Diese G. ist nicht immer risikolos, da → Rückübertragungsansprüche und Nebenrechte verpfändet sein können. Im Kaufvertrag sollte dies ausgeschlossen werden. Valutiert die zu übernehmende Grundschuld noch, so sind zuerst die Belastungen zu bezahlen und durch Vorlage einer → Nichtvalutierungserklärung sicherzustellen, daß keine weiteren Forderungen der Gläubiger mehr bestehen. Danach kann die Grundschuld verwendet werden. Zur Sicherstellung des Verkäufers ist dann zu vereinbaren, daß die Grundschuld bis zur vollständigen Bezahlung des Kaufpreises ausschließlich als Sicherheit für die Kaufpreisfinanzierung verwendet werden darf.

Grundschuldzinsen *(§ 1192 Abs. 2 BGB)*. Die im Grundbuch eingetragenen Zinsen bei der Grundschuld sind unabhängig von der Forderung. Daher können diese auch von den Darlehensverträgen abweichen. Um Zinsschwankungen auszugleichen und im Insolvenzfall alle Kosten hereinzuholen, werden die Zinsen im Grundbuch i. d. R. höher eingetragen. Hinzu kommt die Absicherung wegen Verzugszinsen (§ 288 Abs. 1 BGB).

Grundsteuer (GRStG). Unbebaute und bebaute Grundstücke, Wohnungseigentum und Erbbaurechte sind steuerpflichtig. Die G. wird nach einheitlichen Grundsätzen berechnet, aber in unterschiedlicher Höhe von Gemeinden erhoben. Die Bemessungsgrundlage ist der → Einheitswert des Grundstücks; davon wird die G. mit Hilfe von → Meßzahlen, die je nach Art der Grundstücke mit unterschiedlichen Prozentsätzen berechnet werden (BewG), unter Anwendung des → Hebesatzes der Gemeinde errechnet. G. A = land- und forstwirtschaftliche Grundstücke, G. B = bebaute und unbebaute Grundstücke. → Grundsteuerberechnung, → Grundsteuererlaß. Der

Erwerber eines Grundstückes muß stets damit rechnen, daß darauf noch eine öffentliche Last, die G., ruht. Rückstände des Voreigentümers sind aus dem Grundbuch nicht erkennbar. Eine Freistellung im Kaufvertrag reicht für die Befreiung nicht aus. Um sicherzugehen, empfiehlt sich die Anfrage bei der Gemeinde über eventuelle Rückstände. → Duldungstitel.

Grundsteuerberechnung *(§§ 13 ff. GRStG)*. Die Berechnung erfolgt durch → Meßbetrag × → Hebesatz. Meßbeträge: – Normal 3,5‰ des → Einheitswertes, – Einfamilienhaus: 2,6‰ bis Einheitswert von DM 75 000,–, Rest mit 3,5‰. Hebesätze für Grundsteuer B in den Gemeinden unterschiedlich.

Grundsteuererlaß *(§ 32–34 GRStG)*. Befreiung von → Grundsteuer ist möglich, wenn Grundbesitz seiner Erhaltung wegen, seiner Bedeutung für die Kunst oder Geschichte, Wissenschaft oder Naturschutz im öffentlichen Interesse liegt, oder in dessen Gebäuden Gegenstände von wissenschaftlicher oder historischer Bedeutung dem Zweck der Forschung oder Volksbildung nutzbar gemacht werden, und die erzielten Einnahmen und die sonstigen Vorteile i. d. R. unter den jährlichen Kosten liegen, der Grundbesitz also auf Dauer unwirtschaftlich ist. G. besteht auch bei öffentlichen Grünanlagen, Spiel- und Sportplätzen, wenn die jährlichen Kosten i. d. R. den Rohertrag übersteigen. Ein Erlaß wegen wesentlicher Ertragsminderung kommt nur für land- und forstwirtschaftliche Betriebe sowie Wohn- und Betriebsgrundstücke, nicht aber für unbebaute Grundstücke in Betracht. In diesen Fällen muß jedoch der Rohertrag um mehr als 20% gemindert, sein und der Steuerpflichtige darf die Minderung nicht zu vertreten haben. Dies kann bei Mietausfällen eintreten, die der Vermieter nicht zu vertreten hat. Der G. nach § 78 Städtebauförderungsgesetz ist ab 1. 7. 1987 fortgefallen. Beantragt werden muß der G. jeweils bei der Gemeinde bis zum 31. 3. des Jahres, das auf den Erlaßzeitraum fällt. → Öffentliche Wohnförderung, → steuerbegünstiger Wohnungsbau, → Grundsteuervergünstigung.

Grundsteuergesetz (GrStG), Art. 1 des Gesetzes zur Reform des Grundsteuerrechts vom 7. 8. 1973. Das Gesetz regelt die Besteuerung von Grund und Boden, beim Kauf gilt das → Grunderwerbsteuergesetz. Es gliedert sich wie folgt: §§ 1 – 12 Steuerpflicht; §§ 13 – 24 Bemessung der Grundsteuer; §§ 25 – 31 Festsetzung und Entrichtung der Grundsteuer; §§ 32 – 34 Erlaß der Grundsteuer; §§ 35 – 39 Übergangs- und Schlußvorschriften.

Grundsteuermeßbescheid, Folgebescheid zum → Einheitswertbescheid mit der Ermittlung der zu zahlenden Steuer. → Grundlagenbescheid.

Grundsteuermutterrolle, alte Bezeichnung und Vorgänger des → Liegenschaftsbuches bzw. des Liegenschaftskatasters.

Grundsteuerrückstand. Die Grundsteuer wird normalerweise jährlich durch die Kommunen erhoben. Die Zahlung wird jedoch vielfach mit sonstigen kommunalen Abgaben zu den Stichtagen 15. 2., 15. 5., 15. 8., 15. 11. fällig. Der Erwerber eines Objektes sollte dies ggf. klären, da ansonsten das Objekt und damit der Erwerber für evtl. Rückstände haftet. Im Zwangsversteigerungsverfahren werden fällige Grundsteuern in das geringste Gebot eingestellt und sind dadurch vorab gesichert.

Grundsteuervergünstigung *(§§ 82, 92 bis 94 II WoBauG).* Im steuerbegünstigten und im öffentlich geförderten sozialen Wohnungsbau wird eine Befreiung von Grundsteuer für die Dauer von zehn Jahren für folgende Maximalgrößen gewährt: Wohnflächen: Familienheime 156 m^2, Familienheime mit zwei Wohnungen: 204 m^2, Hauptwohnung: 156 m^2, eigengenutzte ETW: 140 m^2, nicht eigengenutzte Wohnung: 108 m^2. Gemäß § 32 GrStG Erlaß der Grundsteuer bei Bau- und Bodendenkmälern. Gilt nur noch als Übergangsregelung für Objekte, die bis zum 31. 12. 1989 fertiggestellt wurden. Für Wohnungen, die nach dem 31. 12. 1989 fertiggestellt worden sind, entfällt die Vergünstigung ganz.

Grundstück *(§ 70 BewG, §§ 873 bis 902 und andere BGB).* Ein G. ist ein abgegrenzter Teil der Erdoberfläche mit seinen Bestandteilen. Es kann sowohl bebaut als auch unbebaut sein. Jedes G. ist im → Flurbuch, auch → Kataster genannt, verzeichnet. Im Grundbuch ist jedes G. als selbständiges G. eingetragen. Laut Grundbuchordnung kann es sich um mehrere G. handeln, die jedoch als ein G. eingetragen sind. → Grundstücksgröße, → Grundstücksbezeichnung. → Grundstücksarten.

Grundstücksankaufkredit, Kredit zum Ankauf eines Grundstückes. Neben der Kreditwürdigkeit ist von den Kreditinstituten die Bebaubarkeit des Grundstückes zu prüfen. Dies setzt i. d. R. gute Kenntnisse des Baurechtes voraus. Besonderes Augenmerk ist auf die Ausnutzungsmöglichkeit des Grundstückes und auf eventuelle Baubeschränkungen zu richten. → Baulastenverzeichnis.

Grundstücksarten *(§ 75 BewG).* Das BewG unterscheidet bei bebauten Grundstücken folgende G: Mietwohngrundstücke, Geschäftsgrundstücke, gemischt genutzte Grundstücke, Einfamilienhäuser, Zweifamilienhäuser.

Grundstücksbeschaffenheit. Die tatsächlichen Eigenschaften des Grundstücks und die G. werden bestimmt durch die Größe und Gestalt des Grundstückes, die Bodenbeschaffenheit (Bodengüte, Eignung als Baugrund, Belastung mit Ablagerungen usw.), die Umwelteinflüsse, die tatsächliche Nutzung und die Nutzbarkeit. Bei bebauten Grundstücken wird die Beschaffenheit vor allem durch den Zustand der baulichen Anlagen hinsichtlich der Gebäudeart, des Baujahrs, der Bauweise und Baugestaltung, der Größe und der Ausstattung, des baulichen Zustandes und der Erträge bestimmt.

Grundstücksbeschlagnahme, → Beschlagnahme (Zwangsversteigerung).

Grundstücksbewertung *(§ 76 BewG, §§ 192 bis 199 BauGB und Richtlinien und Satzungen der einzelnen Institute).* Zur Ermittlung des Beleihungswertes erfolgt eine G. In dieser Schätzung werden alle wertbestimmenden Umstände und Eigenschaften des Grundstücks untersucht. Bei der Wertfindung werden die Markt- und Ortskenntnisse des Schätzers herangezogen sowie Einblick in die → Kaufpreissammlungen der Behörden genommen. Wichtig ist die Art der Auslastung (Wohnbau, Gewerbe) und die Höhe der Auslastung. → Geschoßflächenzahl.

Grundstücksbezeichnungen. Grundstücke werden in den Katasterunterlagen mit bestimmten Abkürzungen geführt, z. B. A = Ackerland, G = Gartenland, GBF = Gebäudefläche, HF = Hof- und Gebäudefläche.

Grundstückseigentümer. Der G. ist aus Abteilung I des Grundbuches ersichtlich. Die Eigentumsverhältnisse und Eigentumsanteile sind dort gleichfalls erläutert. Auch dieser Teil des Grundbuches genießt → öffentlichen Glauben.

Grundstücksgemeinschaft. Wenn mehrere Personen Eigentümer eines Grundstücks sind, so spricht man von einer G. Dabei unterscheidet man zwei Arten: 1. Die → Bruchteilgemeinschaft. Hier hat jeder Teilhaber einen bestimmten rechnerischen Anteil, über den er auch frei verfügen kann. 2. Bei einer → Gesamthandgemeinschaft ist das Grundstück im gemeinsamen Eigentum aller Beteiligten. Damit ist es der Verfügung durch den einzelnen entzogen (Beispiele Erbengemeinschaft, eheliche Gütergemeinschaft). Die Einkünfte der G. werden mit der → einheitlichen und gesonderten Feststellung nach § 180 Abs. 1 Ziffer 2 a der AO ermittelt (Ausnahme: eheliche Gütergemeinschaft).

Grundstücksgestalt. Der Grundstückszuschnitt ist auf die wirtschaftlichen Nutzungsmöglichkeiten zu prüfen. Die Kosten der inneren Erschließung (Außenanlagen) werden ggf. von der G. wesentlich beeinflußt. Auf eventuell erforderlich werdende Grenzbereinigungen ist hinzuweisen.

grundstücksgleiche Rechte, Rechte, die im Gesetz wie Grundstücke behandelt werden und wie Grundstücke belastet werden können (Erbbaurecht).

Grundstücksgrenze, vordere, seitliche oder hintere Angrenzung zu Nachbargrundstücken oder Verkehrsflächen.

Grundstücksgröße. Die Größe der einzelnen Flurstücke wird in den Katasterunterlagen angegeben in Hektar (ha), Ar (a) und Quadratmeter (m²). 1 Hektar = 100 Ar, 1 Ar = 100 m².

Grundstückskaufvertrag (§ 313 BGB), Vertrag, durch den sich ein Teil verpflichtet, das Eigentum an einem Grundstück zu übertragen oder zu erwerben, bedarf der notariellen Beurkundung. Der Vertrag ist Grundlage für die spätere Eigentumsübertragung.

Grundstücksmakler (§§ 652 ff. BGB; § 1 MaBV; § 34 c MaBV), Makler, die sich ausschließlich mit dem Handel von Grundstücken befassen. → Wohnungsmakler. Wer gewerbsmäßig den Abschluß von Verträgen über Grundstücke vermitteln oder die Gelegenheit zum Abschluß solcher Verträge nachweisen will, bedarf der Erlaubnis der zuständigen Behörde. Diese Erlaubnis gilt für den Geltungsbereich der Gesetze. Sie kann inhaltlich beschränkt und zum Schutze der Allgemeinheit und der Auftraggeber unter Auflagen erteilt werden.

Grundstücksregister. Das Grundbuchamt führt für alle Grundstücke ein G. Dieses Register vereinfacht das Auffinden eines Grundstückes. → Eigentümerregister.

Grundstücksteil, i. d. R. ein noch zu vermessender → Teil eines Grundstückes. Die Grenzen werden dann in den Verträgen mit Buchstaben bezeichnet. Eine Belastung ist zu diesem Zeitpunkt grundsätzlich noch nicht möglich. Die Grundschuld kann lediglich bestellt werden. Als Lösung bietet sich die Belastung des gesamten Grundstückes an mit einer entsprechenden → Freistellungserklärung der Bank. Hier ist die Zustimmung des Verkäufers/Grundstückseigentümers erforderlich.

Grundstücksteilung (§ 19 BauGB, § 20 Versagung, § 21 Genehmigung). Die

203

Teilung eines Grundstückes ist grundsätzlich genehmigungspflichtig bis auf wenige Ausnahmefälle, wie z. B. unbebaute landwirtschaftliche Grundstücke zur Arrondierung. Die Zulässigkeit erfolgt aus § 903 BGB.

Grundstücksübergabe (Schenkung) *(§ 516 BGB).* Eine Zuwendung, durch die jemand aus seinem Vermögen einen anderen bereichert, ist Schenkung, wenn beide Teile darüber einig sind, daß die Zuwendung unentgeltlich erfolgt. Auf diesem Wege können auch Grundstücke übergeben werden. Der Beschenkte kann grundsätzlich die AFA geltend machen, in Höhe der für den Rechtsvorgänger ermittelten Gebäudekosten (§ 11 d EStG) → mittelbare Grundstücksschenkung, → Abbruchkosten. Lt. BFH ist ein unentgeltlicher Grundstückserwerb durch Schenkung keine Anschaffung und deshalb nicht mit dem Erwerb eines Grundstücks im Wege der Erbfolge gleichzusetzen. Der Verkauf innerhalb einer Frist von zwei Jahren ist daher steuerfrei. Es ist jedoch Vorsicht geboten, wenn ein Mißbrauch von Gestaltungsmöglichkeiten des Rechts (§ 42 AO) unterstellt werden kann. Dies ist i. d. R. der Fall, wenn eine Schenkung unter Eheleuten erfolgt, um die Spekulationsfrist zu umgehen.

Grundstücksüberlassung, Überlassung eines Grundstückes oder die Erträge daraus an Dritte gegen Entgelt aufgrund eines langfristigen Vertrages. Beispiel: → Erbpacht; → Nießbrauch.

Grundstücksvereinigung. Werden zusammenliegende Grundstücksparzellen zu einer neuen Einheit zusammengefaßt, so spricht man von einer G. Für die neue Einheit entsteht dann eine separate Flurstück- und Grundbuchblattnummer.

Grundstücksverkauf. Ein G. kann grundsätzlich ohne Zustimmung der Gläubiger erfolgen. Diese haben jedoch dann das Recht, ihre Forderungen fristlos zu kündigen. Es ist daher ratsam, vorher zu klären, ob der gesamte Kaufpreis bar bezahlt wird oder die auf dem Grundstück lastenden Hypotheken voll oder teilweise in Anrechnung auf den Kaufpreis übernommen werden. Dies setzt jedoch eine positive Bonitätsprüfung des neuen Erwerbers voraus. Häufig wird die → Auflassung des Grundstücks von dem Nachweis der Befriedigung der Gläubiger abhängig gemacht, oder der Notar wird mit der Durchführung beauftragt. → Schuldübernahme, → Baugrundstücksverkauf.

Grundstücksvorhaltung, Kauf von Grundstücken zu einer späteren Nutzung, die oft abhängig ist vom → Zustand und Entwicklung von Grund und Boden. Diese G. erfordert ggf. längere Kapitalbindung. Die Finanzierung sollte mit dem notwendigen Erfahrungspotential auf beiden Seiten erfolgen.

Grundstücksverkehrsgenehmigung *(§ 2 GrdstVG).* Der Verkauf von land- und forstwirtschaftlichen Grundstücken sowie von Moor und Ödland bedarf der Genehmigung durch die Behörde (je nach Landesrecht).

Grundstückswert, angemessener aktueller Wert eines Grundstücks, der Größe, Lage und Zuschnitt entsprechend würdigt. Anhaltspunkt in der → Bodenrichtwertkarte und → Grundstücksbewertung.

Grundstückszubehör *(§ 97 BGB).* Zubehör sind bewegliche Sachen, die, ohne Bestandteile der Hauptsache zu sein, dem wirtschaftlichen Zwecke der Hauptsache zu dienen bestimmt sind und zu ihr in einem dieser Bestimmung entsprechenden räumlichen Verhältnis stehen. → Zubehörhaftung.

Grundstückszustand und -entwicklung. In § 4 der WertV sind der Zustand und die Entwicklung von Grund und Boden und die daraus resultierende Nutzungsmöglichkeit angesprochen. Unterschieden wird nach: 1. Land- und forstwirtschaftlich genutzte oder nutzbare Flächen. 2. Bauerwartungsland. 3. Rohbauland. 4. Baureifes Land. Die G. bestimmt sich nach der Gesamtheit der verkehrswertbeeinflussenden restlichen Gegebenheiten und tatsächlichen Eigenschaften, der sonstigen Beschaffenheit und der Lage des Grundstücks. Dazu zählen der Entwicklungszustand, die Art und das Maß der baulichen Nutzung, die wertbeeinflussenden Rechte und Belastungen, der beitrags- und abgabenrechtliche Zustand, die Wartezeit bis zu einer baulichen oder sonstigen Nutzung, die Beschaffenheit und Eigenschaft des Grundstücks und die Lagemerkmale.

Grundtabelle *(§ 56 EStG).* Ledige oder getrennt veranlagte Steuerpflichtige werden nach der G. besteuert (→ Steuertabelle).

Grundvermögen. Das G. unterliegt einer vielfältigen Besteuerung. Grundlage dabei sind entweder die Erträge aus dem G. oder aber die Einheitsbewertungen. Steuerarten: Grundsteuer, Grunderwerbsteuer, Einkünfte aus Vermietung und Verpachtung, Vermögensteuer, Erbschaftsteuer. → Landwirtschaftliches Grundvermögen wird bei der Besteuerung günstiger gestellt.

Grundwasserwanne, Anordnung einer äußeren Wanne aus Stahlbeton und einer Abdichtungsschicht zwischen ihr und dem zu schützenden Bauwerk bzw. Bauteil. In diese Wanne wird dann das Gebäude gesetzt. Ein derartiges zusätzliches Bauteil, das zudem technisch aufwendig ist, erhöht die Gesamtbaukosten ggf. erheblich, ohne daß sich dies bei einer Bewertung bemerkbar macht. Sind solche Notwendigkeiten vorab bekannt, müssen sie bei der Aufstellung der Kosten und der Finanzierung ausreichend gewürdigt werden.

GRZ, → Grundflächenzahl.

Gütegemeinschaft Montagebau und Fertighäuser e. V., Landesverband Bayern, Prannerstr. 9/I, 8000 München 2, Fachverband der bayerischen Fertighaushersteller. Mitherausgeber des → Fertighausverzeichnisses.

Güterstände, → Gütergemeinschaft, → Zugewinngemeinschaft, → Gütertrennung. Die verschiedenen G. sind bei der Kreditentscheidung zu beachten. Unabhängig jedoch vom G. (wichtig bei Vermögenshintergrund) sollten Eheleute stets gemeinsam den Kreditantrag unterzeichnen, gleich wer Eigentümer, Verdiener oder Hauptverdiener ist.

Gütergemeinschaft *(§§ 1415 bis 1518 BGB, §§ 740 bis 745 ZPO – Zwangsvollstreckung).* Bei der Vereinbarung des Güterstandes der G. ist der von den Eheleuten mit in die Ehe gebrachte Grundbesitz und der in der Ehe einzeln erworbene Grundbesitz gemeinschaftliches Vermögen. Die Verwaltung des Vermögens erfolgt gemeinsam. Die Ehepartner unterliegen nur gewissen Verfügungsbeschränkungen.

Gütertrennung *(§ 1414 BGB).* Der Güterstand der G. kann per Ehevertrag vereinbart werden. Das Vermögen, welches je Partner in die Ehe gebracht wurde und in der Ehe vom einzelnen erworben wurde, bleibt Eigentum des einzelnen. Bei der vermögensrechtlichen Seite ist jeder Partner zu behandeln wie eine selbständige, unverheiratete Person. Bei Kreditaufnahmen haftet nur das Vermögen des Kreditnehmers, nicht das dessen Ehegatten.

Gütezeichen, durch Fachverbände oder Handwerkskammern vergebene Auszeichnungen für bestimmte Objekte, Werkstoffe, Baustoffe, Fertigungsverfahren, Montageverfahren u. ä. Im Baufinanzierungsbereich z. B. bei → Fertighäusern geläufig. → RAL -Zeichen, → Überwachungszeichen, → Bundes-Gütegemeinschaft Montagebau, → Gütegemeinschaft Montagebau und Fertighäuser e. V.

Gutachterausschuß *(§ 67 BewG, §§ 192/199 BauGB).* Die von der Landesregierung bestimmten G. und obere G. bestehen aus jeweils einem Vorsitzenden und einem ehrenamtlichen Gutachter. Die Gutachter werden auf vier Jahre bestellt. Die Bestellung kann wiederholt werden. Die Gutachten sind nach bestem Wissen und Gewissen abzugeben und zu begründen. Gutachter können von jedermann beauftragt werden. Grundstückseigentümer haben zu dulden, daß Grundstücke zur Auswertung von Kaufpreisen betreten werden. Alle Gerichte und Behörden haben dem G. Rechts- und Amtshilfe zu leisten.

guter Glaube *(§§ 892, 893 BGB).* Um eine einwandfreie Grundlage für alle mit dem Grundstück zusammenhängenden Rechtsgeschäfte zu schaffen, ist das Grundbuch mit dem „öffentlichen Glauben" ausgestattet worden. Dadurch wird jeder gutgläubige Erwerb eines Rechts an einem Grundstück geschützt. Der Inhalt des Grundbuches gilt zugunsten desjenigen, der ein Recht an einem Grundstück erwirbt, als richtig, es sei denn, daß bei einem Recht ein → Widerspruch gegen die Richtigkeit eingetragen ist.

H

Härteausgleich *(§ 181 BauGB; Überleitungsvorschrift § 241).* Treten bei der Durchführung des BauGB wirtschaftlich Nachteile auf, die den Betroffenen wirtschaftlich und auch im sozialen Bereich überfordern, kann auf Antrag von der Gemeinde ein H. gewährt werden. Beispiel: Wenn das Miet- oder Pachtverhältnis wegen der Durchführung der städtebaulichen Maßnahmen aufgehoben werden muß und hierdurch untragbare wirtschaftliche Schwierigkeiten entstehen würden, kann der Mieter oder Pächter H. beantragen.

Härtefonds, 1990 für soziale Notfälle bewilligt. Aus dem Fonds soll in außergewöhnlichen Notlagen − z. B. bei kinderreichen Familien, die gebaut haben und bei denen der Hauptverdiener durch Krankheit ausgefallen ist −, eine Hilfe von DM 20000,− bis DM 50000,− gewährt werden. Die Beantragung erfolgt über die Gemeinden bzw. Wohnungsbauämter.

Härteklausel *(§ 765 a ZPO).* Auf Antrag des Schuldners kann das Vollstreckungsgericht eine Maßnahme der Zwangsvollstreckung ganz oder teilweise aufheben, untersagen oder einstweilen einstellen. Dies setzt voraus, daß

unter voller Würdigung des Schutzbedürfnisses des Gläubigers die Maßnahme gegenüber dem Schuldner eine besondere Härte bedeutet, die mit den guten Sitten nicht vereinbar ist. Oft geübte Praxis bei Zwangsversteigerungen.

Haftpflichtversicherung. Die Privat-H. schützt den Versicherungsnehmer gegen alle gesetzlich begründeten Schadensansprüche, die auf ihn zukommen können. Außerdem wehrt sie gesetzlich unbegründete Ansprüche ab. Für den Eigentümer eines selbst bewohnten Hauses bzw. einer ETW reicht im allgemeinen eine H. aus. Hier sind u. a. Ansprüche aus nicht ausreichender Erfüllung von Streupflicht im Winter usw. abgedeckt. Eigenschäden sind nicht abgedeckt. → Grundbesitzversicherungen.

Haftung bei Wohngeldrückstand, → Wohngeldrückstand bei Zwangsversteigerungen, → Wohngeldrückstand (1. und 2.).

Haftungsbescheid *(§ 191 AO).* Ein H. wird ausgestellt, wenn das Finanzamt Steuern nicht vom Steuerschuldner, sondern von demjenigen, der für eine Steuer haftet, beansprucht.

Hamburger Modell (→ Bauherrenmodell). Die Unterschiede zum → Kölner Modell liegen insbesondere darin, daß der Kapitalanleger selbst weder Bauherr noch Wohnungseigentümer wird. Zur Errichtung eines geplanten Wohnobjektes wird vielmehr jeweils eine Kommanditgesellschaft gegründet, die das Grundstück erwirbt, die Eigentumswohnanlage errichten läßt und die Eigentumswohnung nach Fertigstellung vermietet. Bauherr ist also in diesem Falle die Kommanditgesellschaft, das geschaffene Wohnungseigentum gehört zu ihrem Gesamtheitsvermögen. Der Kapitalanleger beteiligt sich lediglich als Kommanditist. Die vereinbarte Hafteinlage entspricht etwa den Kosten der vom Kommanditisten „gezeichneten" Eigentumswohnung; hierauf ist vom Anleger aber nur ein Anteil als Eigenkapital einzuzahlen, im übrigen wird das Wohnobjekt von der Kommanditgesellschaft mit Fremdmitteln finanziert.

Hammerschlagrecht *(§ 1018 BGB),* → Grunddienstbarkeit, → Leiterrecht. Kann bei Beleihung und Bewertung unberücksichtigt bleiben.

Handblatt. Neben den → Grundakten, die für jedes Grundbuch geführt werden, gibt es jeweils noch ein H. mit gleichem Inhalt wie das Grundbuch. Alle Eintragungen, die im Grundbuch eingetragen werden, müssen auch in das H. Es erleichtert dem Grundbuchamt die Arbeit, da nicht für jeden Vorgang das Grundbuch gezogen werden muß.

Handelsmakler *(§§ 93–104 HGB),* Vermittler von Verträgen und die Anschaffung und Veräußerung von Wertpapieren, Versicherungen, Waren und Güterbeförderungen. Grundstücke und Hypotheken zählen nicht zum Handelsverkehr im Sinne der Paragraphen.

Handwerkersicherungshypothek *(§ 648 BGB).* Der Unternehmer eines Bauwerkes kann für seine Forderungen aus dem Vertrag die Einräumung einer H. an dem Baugrundstück des Bestellers verlangen. Die Höhe der Forderung ist nachzuweisen. Die Eintragung erfolgt als Buchhypothek (§ 1185 BGB). Zur Vermeidung einer solchen Maßnahme sollte von der Bank eine Nachfinanzierung vorgezogen werden.

Hauptfeststellungszeitpunkt, Stichtag für die Einheitsbewertung; stets zu Beginn des Kalenderjahres.

Hauptfeststellungszeitraum *(§ 21 BewG),* Zeitraum zwischen den Hauptfeststellungszeitpunkten. Nach BewG mindestens alle sechs Jahre neu zu erstellen.

Hausanschluß, Anschluß der Installationen von Elektrizität, Wasser, Abwasser, Gas, Fernheizung, Telefon und Kabel eines Gebäudes an die Ver- und Entsorgungsleitungen des öffentlichen Netzes. Die Kosten für den H. gehören zu den Baukosten.

Hausarbeitsraum. Der H. soll für die hauswirtschaftlichen Arbeiten geeignet sein (Nähen, Waschen, Bügeln,

Trocknen), kann jedoch auch Hobbyzwecke dienen. Bei guten Wohnanlagen inzwischen Standardausstattung.

Hausbesitzerhaftpflicht, schützt gegen Ansprüche Dritter aus Personen-, Sach- und Vermögensschäden. Besonders wichtig bei vermieteten Objekten, aber auch unbebaute Grundstücke bergen Gefahren, wenn z. B. keine genügende Absicherung vorhanden ist und hierdurch Schäden entstehen. Vorgenannte Schäden sind nicht über die Privathaftpflicht abgedeckt.

Hausbetreuung. Die H. kann man Agenturen übertragen. Die Inanspruchnahme erfolgt i. d. R. bei kurzer Abwesenheit (Urlaub). Die Agentur stellt für die Zeit einen „Hausbehüter". Es ist zu empfehlen, sich die Person anzusehen. Vertragspartner ist die Agentur, welche auch haftet. Die Vergütung erfolgt je nach Umfang des Auftrages. Die Zahlung erfolgt an die Agentur. Rechtlich ist das Vertragsverhältnis als Dienstbeschaffungsvertrag anzusehen. Für den Hausbetreuungsvertrag bestehen keine gesetzlichen Vorschriften.

Hausbock, Käfer, dessen Larve überwiegend in trockenem Nadelholz lebt. Kommt besonders in Räumen mit hoher Durchschnittstemperatur und Luftfeuchtigkeit vor. Über einen H. hat der Verkäufer oder Makler zu informieren.

Hausgeld, → Wohngeld.

Hausgemeinschaft, Zusammenschluß mehrerer Personen zu einer Personengesellschaft. Ziel der Gesellschaft ist die Erzielung von Einkünften aus Vermietung und Verpachtung. Einkünfte fallen zunächst der Gesellschaft zu und werden nach den Vereinbarungen der Gesellschafter verteilt, vorausgesetzt, daß die Vereinbarungen ihren Grund im Gesellschaftsverhältnis haben. Gleiches gilt für BGB-Gesellschaften. Die Verteilung des Ergebnisses kann nach verschiedenen Methoden erfolgen. Die AfA kann jedoch nur demjenigen zugeordnet werden, der Anschaffungs- oder Herstellungskosten aufgewandt hat. Aufteilungsmaßstab sind Miteigentumsanteile.

Haus- und Grundbesitzer-Verein, Zusammenschluß von Hausbesitzern mit Niederlassungen in vielen Großstädten. Wichtiger Marktfaktor. Wirkt auch an der Erstellung der örtlichen Mietspiegel mit.

Haushaltsfreibetrag. Der bisherige H. von DM 4742,– (§ 32 Abs. 7 EStG) wird ab 1990 auf DM 5616,– angehoben. Dieser H. gilt für Alleinstehende, zu deren Haushalt mindestens ein Kind gehört.

Haushaltsnettoeinkommen. Die Belastbarkeit eines Baufinanzierungskunden kann letztlich nur am nachhaltig erzielbaren H. orientiert werden. Hierbei ist jedoch zu berücksichtigen, daß mitverdienende Kinder den Haushalt verlassen oder unterstützende Elternteile durch Tod ausscheiden können.

Hauskläranlage, in ländlichen Gemeinden und dünn besiedelten Gegenden vorkommende Abwässerbeseitigung. Die Erlaubnis wird von der → Wasserbehörde erteilt. Die Baugenehmigung der Anlage reicht nicht aus. H. sind vielfach mit strengen Auflagen verbunden und sollen jeweils den anerkannten Regeln der Abwassertechnik entsprechen. Die Mindestanforderungen sind in den „Ersten Allgemeinen Verwaltungsvorschriften über Mindestforderungen an das Einleiten von Schmutzwasser aus Gemeinden in Gewässer" enthalten. Bei entstehendem Schaden haftet der Betreiber gemäß § 22 WHG.

Hausmeister. Zu den Hausverwaltungskosten gehören auch die Aufwendungen für den H. Sie sind als Werbungskosten abzugsfähig. Wird dem H. für seine Tätigkeit eine Wohnung in der Wohnanlage unentgeltlich zur Verfügung gestellt, so bleibt der Mietwert sowohl bei den Einnahmen als auch bei den Werbungskosten außer Ansatz.

Hausordnung, regelt ein störungsfreies Zusammenleben einer Hausgemeinschaft. Sie ist für den Mieter verbindlich, wenn sie Bestandteil des Mietvertrages ist. Die Erstellung einer H. ist i. d. R. Bestandteil einer Teilungserklärung.

Hausratversicherung, meist dynamisch gestaltete Versicherung zum Schutz gegen Einbruch, Leitungswasserschäden, Sturmschäden, Brandschäden und teilweise Glasbruchschäden.

Hausschwamm, gefährlicher, pilzartiger Schädling bei verbautem Holz, wegen seines geringen Wasserbedarfs besonders widerstandsfähig und schwer zu bekämpfen. Holz verliert hierdurch seine Tragkraft. Bekämpfung nur durch völlige Entfernung des Holzes möglich. Auch angrenzendes Mauerwerk wird in Mitleidenschaft gezogen. Bei Objektbesichtigung/-bewertung unbedingt zu beachten. Modernisierungsmaßnahmen bei befallenen Objekten kaum überschaubar. Es gehört zur Treuepflicht des Maklers, diesen Umstand zu benennen. H. ist auch bekannt als Holzpilz, Holzschwamm, Tränenschwamm, Merulius.

haustechnische Räume. Als h. R. werden Räume bezeichnet, die dem Wirtschaften und/oder der Hygiene dienen, z. B. Küche, Bad, WC, Abstellraum.

Haustürgeschäft, → Reisegewerbe.

Haustürwiderrufsgesetz, → Reisegewerbe.

Haus- und Grundbesitzhaftpflicht, versichert die gesamte Haftpflicht der Versicherungsnehmer als Eigentümer, Nießbraucher, Pächter, Mieter des im Antrag angegebenen Objektes. Deckt Schäden ab, die nicht von der Privathaftpflicht erfaßt werden. Notwendig vor allem bei Mehrfamilienhäusern. Besonders wichtig bei Verletzung der den Anliegern übertragenen Aufgaben (§ 823 Abs. 1 u. 2; 31, 89, 831 BGB). Hierbei handelt es sich um Verletzungen der Reinigungs-, Räum- und Streupflicht. Bei Heizöltanks wird eine besondere Gewässerschadenhaftpflicht empfohlen.

Haus-/Wohnungsverkauf. Ein erfolgreicher Verkauf setzt eine vernünftige Aufbereitung der Unterlagen und eine intensive Vorbereitung voraus. Das Objekt sollte zuerst in einen optisch guten Zustand gebracht werden. Desweiteren sollte folgendes beachtet werden: richtige, objektive Festsetzung des Preises durch Erstellung einer neuen Taxe, richtige Präsentation des Objektes, nach Möglichkeit in bewohntem Zustand, zu einer günstigen Jahreszeit, Lichtbilder sollten von einem Fotografen erstellt werden. Einschaltung von Fachkräften für a) Formulierung von Anzeigentexten, b) Vorstellung des Objektes, c) Verkaufsverhandlung, d) Formulierung der Verkaufsargumente. Nach Möglichkeit Hilfestellung bei der Beschaffung der Finanzierung oder bereits vorher abklären. Grundbuchliche Schwierigkeiten vorher beseitigen.

Hausverwalterkosten. Die Kosten werden i. d. R. je Wohneinheit und je Monat berechnet und liegen z. Zt. zwischen DM 18,– und DM 30,–. Umlegbar auf den Mieter sind die Kosten nur bei entsprechender Vereinbarung im Mietvertrag mit gleichzeitiger Angabe eines festen Betrages. Prozentuale Vereinbarungen zur Jahresbruttomiete sind unzulässig. LG Bonn, Urteil v. 1. 9. 1988 – G S 266/88.

Hausverwaltung, Verwaltung einer Wohnanlage durch einen Verwalter.

Dieser wird nach den Bestimmungen des WEG gewählt und führt seine Geschäfte auf dieser Grundlage aus. Die Hausverwaltungstätigkeit kann auch von einem der Beteiligten der → Hausgemeinschaft gegen Bezahlung übernommen werden. Dies gilt auch unter nahen Angehörigen, Voraussetzung ist jedoch eine gleichlautende Gestaltung wie bei fremden Personen. Aufwendungen können bei einem Mietgrundstück als Kosten abgesetzt werden.

Hauszinssteuer, Gebäudeentschuldungssteuer, die nach 1926 dem Grundbesitz auferlegt wurde. Bis Ende 1942 mußte derjenige, der zur Zahlung des Abgeltungsbetrages nicht in der Lage war, ein Abgeltungsdarlehen aufnehmen.

Hebesatz, für die Erhebung der → Grundsteuer und der → Gewerbesteuer von den Gemeinden für jedes Rechnungsjahr einheitlich festzusetzender vom-Hundert-Satz, mit dem der → Steuermeßbetrag zu vervielfältigen ist, um die Höhe der Steuer zu errechnen.

Heimfall *(§ 2 Ziff. 4 ErbbRVO),* → Erbbaurecht, → Eigentümererbbaurecht § 2 Ziff. 4 ErbbRVO, → Beendigung des Erbbaurechtes. Zweck des H. ist der Schutz des Grundstückseigentümers. Er ist vertragsmäßig Inhalt des Erbbaurechtsvertrages. Der H. kann eintreten, wenn der Erbbauberechtigte seinen Verpflichtungen nicht nachkommt oder in finanzielle Schwierigkeiten gerät ist. → Reichsheimstättengesetz, → Dauerwohnrecht § 36 WEG.

Heim Mind BauV v. 27. 1. 1978.

1) Die Verordnung über bauliche Mindestanforderungen für Altenheime, Altenwohnheime und Pflegeheime für Volljährige regelt die baulichen Mindestanforderungen für Immobilien, sofern diese mindestens sechs Personen aufnehmen.

2) Für Investitionsentscheidungen sind vor allem folgende Vorschriften von besonderer Bedeutung: Wohn- und Pflegeplätze sind über einen allgemein zugänglichen Flur erreichbar. Von Heimbewohnern benutzte Flure innerhalb eines Geschosses dürfen nur dann Stufen haben, wenn diese mit geeigneten Rampen versehen sind. In Pflegeabteilungen müssen die Flure zu den Pflegeplätzen eine für das Befahren mit Betten ausreichende Breite aufweisen. Flure und Treppen müssen an beiden Seiten mit festen Handläufen versehen sein. In Einrichtungen mit mehr als zwei Vollgeschossen muß mindestens ein Aufzug vorhanden sein. Bei Unterbringung von Rollstuhlbenutzern in nicht stufenlos zugänglichen Geschossen muß ebenfalls mindestens ein geeigneter Aufzug angebracht werden. Darüber hinaus schreibt diese Verordnung die Verwendung bestimmter Fußbodenmaterialien, die Existenz einer Nachtbeleuchtung, die Art der Lichtschalter, die Notwendigkeit von Rufanlagen, Fernsprechern, Türen, Heizung und Wirtschaftsräumen sowie die Mindestanforderungen an die sanitären Anlagen vor.

Quelle: Gewerbe Immobilie v. Prof. Dr. Falk.

Heimstätte, Reichsheimstättengesetz vom 10. 5. 1920 i. d. F. vom 25. 11. 1937 und Ausführungsverordnung vom 19. 7. 1940. Name dient auch als Kurzbezeichnung für Heimstättengesellschaften. → Reichsheimstätte.

Heizanlagenverordnung *(HeizAnlV v. 24. 2. 1982),* behandelt die Begrenzung der Abgasverluste und von Betriebsbereitschaftsverlusten, Wärmebedarfsermittlung und die Ausstattung mit Steuer- und Regeleinrichtungen. Nach § 7 Abs. 3 müssen Zentralheizungen, die vor dem 30. 9. 1978 gebaut worden sind, in Häusern mit mehr als zwei zentralbeheizten Wohnungen bis zum 30. 9. 1987 ordnungsgemäß umgerüstet sein. Nichtbeachtung der Vorschriften bei Neueinrichtungen oder Änderungen nach dem 30. 9. 1978 gelten als Ordnungswidrigkeiten und können zu einem Bußgeld führen. Ausnahmen sind nur in begründeten Fällen auf Antrag möglich.

Heizkostenverordnung, Verordnung über die verbrauchsabhängige Abrechnung der Heiz- und Warmwasserkosten. (Verordnung über Heizkostenabrechnung, Fassung v. 5. 4. 1984). Die H. regelt die ordnungsgemäße Abrechnung. § 12: Sind Ausstattungen entgegen den Vorschriften nicht angebracht (z. B. Verdunster o. ä.), hat der Nutzer das Recht, bei der nicht verbrauchsabhängigen Abrechnung der Kosten den auf ihn entfallenden Teil um 15% zu kürzen.

Herausgabeansprüche bei Grundstücken *(§ 848 ZPO).* Ist der Anspruch auf

Übertragung des Eigentums gerichtet, so hat die Auflassung an den Sequester als Vertreter des Schuldners zu erfolgen. Mit dem Übergang des Eigentums auf den Schuldner erlangt der Gläubiger eine → Sicherungshypothek für seine Forderung. Der Sequester hat die Eintragung der Sicherungshypothek zu bewilligen.

Herausgabe von Grundstücken *(§ 885 ZPO)*. Hat der Schuldner eine unbewegliche Sache herauszugeben, zu überlassen oder zu räumen, so hat der Gerichtsvollzieher den Schuldner aus dem Besitz zu setzen und den Gläubiger in den Besitz einzuweisen. Dies gilt auch für Grundstücke. Verzögert der Schuldner die Abforderung, so kann das Vollstreckungsgericht den Verkauf der Sachen und die Hinterlegung des Erlöses anordnen.

Herstellungsaufwand, bauliche Maßnahmen nach Fertigstellung des Gebäudes, wenn etwas Neues, bisher nicht Vorhandenes geschaffen wurde (Ausbau Dachgeschoß, Einbau Fahrstuhl usw.). H. wird i.d.R. dann angenommen, wenn sich das Gebäude in seiner Substanz vermehrt, im Wesen erheblich verändert oder über seinen bisherigen Zustand deutlich verbessert (§ 157 Abs. 3 EStR). Im Zweifelsfall neigt die Rechtsprechung zu → Erhaltungsaufwand.

Herstellungs- oder Anschaffungskosten, Aufwendungen, die im Zusammenhang mit der Erstellung oder dem Erwerb einer Immobilie stehen, z.B.: Materialien, Handwerkerrechnungen, Kosten für Außenanlagen, Baunebenkosten, Kaufpreis, Maklergebühr, Grunderwerbsteuer, Grundbucheintragungen, Notarkosten. Fahrtkosten zur Baustelle in der Bauphase (0,42 DM je Entfernungskilometer) zählen ebenfalls dazu. Gesamtkosten sind maßgebliche Größe für die Berechnung der AfA. Bei H.-o. A. nach § 7b kann nicht ausgenutzte AfA der ersten drei Jahre im vierten Jahr nachgeholt werden. Bei §§ 82a und 82i besteht keine Nachholmöglichkeit. Für § 10e gilt die Nachholung nicht ausgenutzter AfA für den vollen Berücksichtigungszeitraum von acht Jahren.

Herstellungswert *(§ 21 Abs. 3 WertV 1988),* Verkehrswertermittlung eines zu erstellenden Gebäudes. Die Ermittlung kann nach Erfahrungswerten oder nach den gewöhnlichen Herstellungskosten erfolgen. Die Bewertung kann erfolgen nach umbautem Raum, Rauminhalt oder Flächeninhalt nach Nutz-, Wohn-, Geschoß- oder Grundfläche. Der Wert wird gemäß § 22 WertV 1988 ermittelt.

Heuerlingswohnungen, gleichbedeutend mit → Werkswohnungen. Die Heuerlingsverordnung ist außer Kraft gesetzt. Die zweite Durchführungsverordnung über die beschleunigte Förderung des Baues von Heuerlings- und Werkswohnungen sowie von Eigenheimen für ländliche Arbeiter und Handwerker v. 27. 1. 1938 ist mit dem Wohnungsbauänderungsgesetz 1980 außer Kraft getreten.

Hilfsverteilung und Hinterlegung bei unbekannten Berechtigten *(§ 126 ZVG).*
Ist der Berechtigte unbekannt (insbesondere bei einer Hypothek oder Grundschuld ohne Vorlage des Briefes), ist der Betrag zu hinterlegen. Wird der Betrag nicht gezahlt, ist die Forderung gegen den Ersteher auf den Berechtigten zu übertragen.

Hinterland, hintere Grundstücksfläche bei großen, überdurchschnittlich tiefen Grundstücken. Der Bodenwert soll in ausgewogenem Verhältnis zum Bauwert stehen. Bei Wohngebäuden liegt dieser unter Berücksichtigung der örtlichen Verhältnisse im allgemeinen bei 15 bis 20% des Bauwertes. Im Bereich der freistehenden Einfamilienhäuser sollte das Grundstück maximal 1000 m² betragen. Das bei der Bewertung zu berücksichtigende H. ist mit Wertabschlägen zu belegen.

Hinterlegungsklausel *(§§ 372ff. BGB).*
Geldbeträge kann der Schuldner bei einer dazu bestimmten öffentlichen Stelle für Gläubiger hinterlegen, wenn der Gläubiger im Verzuge der Annahme ist. Das gleiche gilt, wenn der Schuldner aus einem anderen, in der Person des Gläubigers liegenden Grunde oder in Folge einer nicht auf Fahrlässigkeit ruhenden Ungewißheit über die Person des Gläubigers seine Verbindlichkeiten nicht oder nicht mit Sicherheit erfüllen kann.

HOAI, → Honorarordnung für Architekten und Ingenieure.

Hochhaus, Gebäude, bei dem der Fußboden mindestens eines Aufenthaltsraumes mehr als 22 m über der festgelegten Geländeoberfläche liegt.

Hochpaterre, Erdgeschoß, dessen Fußboden erheblich über dem Gelände liegt. Auch veralteter Begriff für erste Etage.

Hochwasserschäden/Unwetterschäden.
Beide Schäden können erhebliche finanzielle Schäden für den Betroffenen hervorrufen. Die einzelnen Bundesländer haben Sofortmaßnahmen in unterschiedlicher Form eingeführt. In Bayern wurde z. B. eine erhöhte AfA für den Wiederaufbau genehmigt. Bei Ersatzherstellung von Betriebsgebäuden können in besonderen Ausnahmefällen bis Ende 1990 steuerfreie Rücklagen gebildet werden. Nach § 33 des Grundsteuergesetzes ist die → Grundsteuer zu erlassen, wenn eine wesentliche Ertragsminderung vorliegt, die der Eigentümer nicht zu vertreten hat.

Höchstbetragserklärung. Neben der → Einmalvalutierungserklärung besteht die Möglichkeit, eine H. abzugeben. Hiermit kann sich der Vorgläubiger verpflichten, die Grundschuld nicht zum Nachteil des Nachgläubigers über einen festzulegenden Höchstbetrag hinaus zuzüglich Grundschuldzinsen für einen bestimmten Zeitraum geltend zu machen.

Höchstbetragsgemeinschaft *(§ 3 Abs. 3 WoPG).* Nach dem WoPG bilden Ehegatten ggf. mit ihren Kindern unter 18

Jahren sowie Alleinstehende mit ihren Kindern unter 18 Jahren eine H. Die Mitglieder sind einzeln prämienberechtigt, jedoch steht ihnen der Höchstbetrag nur gemeinsam zu.

Höchstbetragshypothek *(§ 1190 BGB),* Hypothek, bei der nur der Höchstbetrag, bis zu dem das Grundstück haften soll, zunächst bestimmt wird. Die Feststellung der eigentlichen Forderung erfolgt zu einem späteren Zeitpunkt. Eventuelle Zinsen werden in den Höchstbetrag eingerechnet. Rechtlich gilt diese Hypothek als → Sicherungshypothek.

Höferecht, Höfeordnung vom 26. 7. 1976 – Inkrafttreten 1. 7. 1976. Ein spezielles H. besteht nur in den Ländern Niedersachsen, Nordrhein-Westfalen, Schleswig-Holstein und Hamburg. Der Übergang oder die → Nießbrauchbestellung bei land- und forstwirtschaftlichen Betrieben sind in § 8 Nr. 2 GrdstVG geregelt. Ausgenommen hiervon sind die „Höfe" im Sinne des H. Nach § 17 der Höfeordnung muß die Betriebsübergabe nur dann genehmigt werden, wenn an den Hoferbenberechtigten (Kind) übergeben wird. Auch wenn eine Erbengemeinschaft besteht, wird Alleineigentümer des Hofes der Hoferbe. Miterben haben nur einen Abfindungsanspruch in Geld.

Hofzuweisung *(§§ 13 ff. GrdstVG),* Übergang eines landwirtschaftlichen Betriebes auf einen Abkömmling oder den überlebenden Ehegatten des Erblassers. Nach § 15 Abs. 1 Ziff. 1 GrdstVG ist der Betrieb dem Miterben zuzuweisen, dem er nach dem wirklichen oder mutmaßlichen Willen des Erblassers zugedacht war. Die Zuweisung ist ausgeschlossen, wenn der Miterbe zur Übernahme nicht bereit oder zu einer ordnungsgemäßen Bewirtschaftung nicht geeignet ist. Nach § 14 Abs. 1 GrdstVG müssen die Erträgnisse im wesentlichen zum Unterhalt einer bäuerlichen Familie ausreichen. Können sich die Miterben über die H. nicht einigen, erfolgt die Auseinandersetzung über ein Hofzuweisungsverfahren gemäß § 14 Abs. 2 GrdstVG.

Höhenfestpunktfeld, Anhaltspunkt für Landvermessungen. H. überdecken systematisch das ganze Land.

Honorarordnung für Architekten und Ingenieure (HOAI). Die HOAI regelt die Gebühren für Leistungen der Architekten, Statiker und Bauingenieure. Das Gesetz ist seit dem 1. 1. 1977 in Kraft. Ihr Vorgänger, die Gebührenordnung für Architekten (GOA) von 1950, trat hiermit außer Kraft. Die HOAI setzt die Höchstpreise fest. Verstöße hiergegen siehe §§ 4 HOAI, 134 BGB. Neben Höchstpreisen sind jedoch auch die Niedrigstpreise festgelegt, die nur in Ausnahmefällen durch schriftliche Vereinbarungen unterschritten werden dürfen.

Honorarzonen *(HOAI §§ 11, 12),* Honorarzone II: Einfamilienhäuser; III: Wohnhäuser mit durchschnittlicher Ausstattung; IV: Wohnhäuser mit überdurchschnittlicher Ausstattung. Die übrigen H. I und V haben für den Wohnungsbau keine Bedeutung.

Hypothek *(§§ 1113 bis 1190 BGB),* dingliche Sicherung einer persönlichen Forderung an einem Grundstück. → Akzessorietät. Anders als bei der Grundschuld ist die H. abhängig von der ihr zugrundeliegenden Forderung. Ist diese aus speziellen Gründen nichtig, so ist auch die H. zu löschen. Umgangssprachlich wird als H. praktisch jede mögliche Form der Baufinanzierungskredite bezeichnet. Daher ist dieser Name auch in vielen Baufinanzierungsprodukten enthalten. → I a Hypothek, → I b Hypothek, → Höchstbetragshypothek, → Inhaberhypothek, → Sicherungshypothek, → Verkehrshypothek, → Buchhypothek, → Briefhypothek.

Hypothekenbanken (Realkreditinstitute). Hauptaufgabe ist die Gewährung von mittel- und langfristigen Krediten in Form von Hypotheken und Kommunaldarlehen; wichtige Quelle, aus der der Wohnungsbau finanziert wird. Die → Refinanzierung erfolgt durch die Ausgabe von Hypothekenpfandbriefen und Kommunalobligationen.
Anschriften deutscher Hypothekenbanken:
Allgemeine Hypothekenbank
Aktiengesellschaft
Bockenheimer Landstraße 25
6000 Frankfurt/M. 1
Postfach 170162
Tel.: (069) 9233

Bayerische Handelsbank
Aktiengesellschaft
Von-der-Tann-Straße 2
8000 München 22
Postfach 220170
Tel.: (089) 2304318

Bayerische Hypotheken- und Wechselbank Aktiengesellschaft
Kardinal-Faulhaber-Straße 10
8000 München
Postfach 200527
Tel.: (089) 2366 2141

Bayerische Vereinsbank
Aktiengesellschaft
Am Tucherpark 16
8000 München 22
Postfach 1
Tel.: (089) 3884 2517

BFG Hypothekenbank AG
Theaterplatz 2
6000 Frankfurt/Main 1
Postfach 110222
Tel.: (069) 258-5602

Braunschweig-Hannoversche-Hypothekenbank Aktiengesellschaft
Landschaftstraße 8
3000 Hannover 1
Postfach 929
Tel.: (0511) 1211295

Deutsche Centralbodenkredit-Aktiengesellschaft
Kaiser-Wilhelm-Ring 27/29
5000 Köln 1
Postfach 190 34
Tel.: (0221) 57211

Deutsche Genossenschafts-Hypothekenbank
Rosenstraße 2

2000 Hamburg 1
Postfach 10 14 46
Tel.: (040) 30 31 98

Deutsche Hypothekenbank Frankfurt
Aktiengesellschaft
Taunusanlage 9
6000 Frankfurt/M.
Postfach 16 02 65
Tel.: (069) 25 48 18 2

Deutsche Hypothekenbank
(Actien-Gesellschaft)
Georgsplatz 8
3000 Hannover 1
Postfach
Tel.: (05 11) 124 52 59

Frankfurter Hypothekenbank
Aktiengesellschaft
Junghofstraße 5 – 7
6000 Frankfurt/M. 1
Postfach 10 08 48
Tel.: (069) 29 89 83 46

Hypothekenbank in Essen AG
Huyssenalle 58 – 64
(23. 1. 1987 Neugründung),
Postfach 10 18 61
Tel.: (0201/8 10 73 52)

Hypothekenbank in Hamburg
Aktiengesellschaft
Hohe Bleichen 17
2000 Hamburg 36
Postfach 30 24 60
Tel.: (040) 35 91 00

Lübecker Hypothekenbank
Aktiengesellschaft
Schwartauer Allee 107 – 109
2400 Lübeck 1
Postfach 20 54
Tel.: (0451) 4 50 62 42

Münchener Hypothekenbank eG
Nußbaumstraße 12
8000 München 15
Postfach 15 14 40
Tel.: (089) 5 38 75 02

Norddeutsche Hypotheken- und
Wechselbank Aktiengesellschaft
Domstraße 9
2000 Hamburg 1
Postfach 10 48 28
Tel.: (040) 308 62 62

Pfälzische Hypothekenbank
Aktiengesellschaft
An der Rheinschanze 1
6700 Ludwigshafen
Postfach 21 10 47
Tel.: (0621) 599 72 40

Rheinische Hypothekenbank
Taunustor 3
6000 Frankfurt/M. 1
Postfach 16 06 55
Tel.: (069) 2 38 23 00

Rheinisch-Westfälische Boden-Credit-
Bank Aktiengesellschaft
Oppenheimstraße 11
5000 Köln 1
Postfach 10 15 45
Tel.: (0221) 774 72 13

Süddeutsche Bodencreditbank
Aktiengesellschaft
Ottostraße 21
8000 München 2
Postfach 249
Tel.: (089) 5 11 22 76

Vereinsbank in Nürnberg AG
Hypothekenbank
Marienstraße 3
8500 Nürnberg 1
Postfach 42 49
Tel.: (0911) 20 27 3 26

217

Westfälische Hypothekenbank AG
Florianstraße 1
4600 Dortmund 1
Postfach 717
Tel.: (0231) 1082274

Westfälische Landschaft
Bodenkreditbank AG
Schorlemerstr. 16
4400 Münster
Postfach 8629
Tel.: (0251) 490520

Württembergische Hypothekenbank
Aktiengesellschaft
Büchsenstraße 26
7000 Stuttgart 1
Postfach 770
Tel.: (0711) 2096294

HypBankG, → Hypothekenbankgesetz.

Hypothekenbankgesetz (HypBankG), Gesetz vom 13. 7. 1899, in Kraft getreten am 1. 1. 1900. Der Pfandbrief und die Kommunalobligationen, welche in diesem Gesetz ihre Grundlagen finden, sind die größten Schuldverschreibungen am deutschen Rentenmarkt. Ihr Anteil liegt bei rd. 655 Mrd. des Gesamtanteils von rd. 1200 Mrd. Das Gesetz regelt den Schutz des Anlegers und dient der Funktionsfähigkeit des Rentenmarktes zur Bereitstellung von Investitionskapital und zur Stabilisierung der Kreditwirtschaft und Währung. Mit der Novellierung von 1984 wird versucht, sich auf aktuelle Gegebenheiten einzustellen und für den europäischen Binnenmarkt 1992 gerüstet zu sein. Hier geht es u. a. um die Erweiterung der Beleihungsmöglichkeit über

60% (Außerdeckungsgeschäft). 1974 legte der Gesetzgeber eine Quote von 10% des gesamten Hypothekenbestandes fest. Desweiteren wird angeregt, die passivische Umlaufgrenze von dem 50- auf das 60fache des Eigenkapitals anzuheben. Das Auslandsgeschäft wird durch die unterschiedlichen Gesetze sehr erschwert. Ab 1974 wurde erlaubt, ein Auslandsgeschäft bis zum 1fachen des Eigenkapitals zu tätigen. In Zukunft soll eine Beteiligung von bis zu einem Drittel an einem ausländischen Realkreditinstitut ermöglicht werden. Bevor jedoch der europäische Kapitalmarkt sich eines einheitlichen Pfandbriefes oder einer Kommunalobligation zur Finanzierung bedienen kann, sind noch diverse Entscheidungen der EG und Regierungen erforderlich.

Hypothekenbankurteil v. 24. 11. 1988 *(BGB AZ III 156/87).* Gegenstand des Rechtsstreites war die Tilgungsverrechnung auf den Saldo per Jahresanfang. Der BGH hat klargestellt, daß diese Zinsberechnungsmethode grundsätzlich für zulässig erachtet wird, jedoch im speziellen Fall die Art der konkreten Klauselgestaltung wegen fehlender Transparenz beanstandet. Ausschlaggebend ist somit die klare Darstellung der Verrechnung. Bei einigen Hypothekenbanken werden die Prolongationen inzwischen mit beiden Varianten angeboten, wobei die unmittelbare Verrechnung der Tilgung zwangsläufig zu einer Konditionsverschlechterung von 0,1 bis 0,2% führt.
Anwendung findet das BGH-Urteil für alle Verträge nach dem 1. 4. 1977 (In-

krafttreten des Gesetzes über die Allgemeinen Geschäftsbedingungen) bis zum Zeitpunkt der Einführung der → Preisangabeverordnung v. 1. 9. 1985, wonach bei allen Krediten der → effektive Jahreszins angegeben werden muß und somit eine Klarstellung der Konditionen erfolgt.

Hypothekengewinnabgabe *(§§ 111 a bis 111 d LAG);* Erlaß erfolgte 1963. Entstanden aus der Abwertung der Reichsmark-Hypotheken in Höhe von 9/10 zugunsten der Öffentlichen Hand. Vor diesem Zeitpunkt war aus dem Grundbuch ein Bestehen der Belastungen nicht zu erkennen und nur bei dem Finanzamt zu erfragen. Die Eintragung besagt lediglich etwas über das Bestehen, jedoch nicht über die Höhe, Rang, Tilgung, Verzinsung aus. Die Eintragungen erfolgten auf Ersuchen der Finanzämter und mußten bis zum 31. 12. 1965 vollzogen sein. Bei Nichteintragung erlosch das Recht. Lastet auf dem Grundstück noch eine H., so ist sie bei der Beleihung nach den allgemeinen Grundsätzen, für die Belastungen in Abteilung II des Grundbuches gelten, zu berücksichtigen. Eine → Vorrangseinräumung ist nicht erforderlich.

Hypothekensicherungsschein. Die Feuerversicherung bestätigt dem anzeigenden Institut die Anmeldung von Grundpfandrechten mittels eines H.

Hypothekenvermittlung. Die → Hypothekenbanken verfügen meist nur über wenige Geschäftsstellen vor Ort. Daher sind sie auf die Vermittlung Dritter (andere Kreditinstitute, Bausparkassen, Versicherungen, Makler) angewiesen.

Hypothekenversicherung, bislang nur im Ausland praktizierte Form der Absicherung der Schuldner und Gläubiger vor − vorübergehender − Zahlungsunfähigkeit eines Schuldners. Die Art der Versicherung wird sowohl von staatlicher Seite als auch in privatrechtlicher Form angeboten. Auch in der Bundesrepublik gibt es Überlegungen in diese Richtung.

Hypothekenzwischenfinanzierung. Langfristige Hypotheken der Hypothekenbanken und Versicherungen werden meist nur in wenigen Teilraten dem Bautenstand entsprechend ausgezahlt. Für den zügigen Fortgang des Vorhabens ist daher meist eine Zwischenfinanzierung der Mittel erforderlich. Diese erfolgt entweder revolvierend, d. h. in Abschnitten bis zur nächsten Teilauszahlung, oder insgesamt abzüglich der bei der Auszahlung abzuziehenden Kosten. Der zwischenfinanzierenden Bank werden die Auszahlungsansprüche und die grundbuchlichen Sicherheiten abgetreten.

I

Identitätserklärung (wg. Teilungserklärung). Wenn eine Teilung vorgenommen wird, bevor das Grundstück parzelliert wurde, muß nach erfolgter Parzellierung eine Erklärung abgegeben werden des Inhalts, daß die neu gebildeten Parzellen identisch sind mit den Flächen, auf die sich die Teilungserklärung bezogen hat.

Immissionen im Sinne des Bundesgesetzes sind auf Menschen und Tiere, Pflanzen oder andere Sachen (z. B. Gebäude) einwirkende Luftverunreinigungen, Geräusche, Erschütterungen, Licht, Wärme, Strahlen u. ä. Umwelteinwirkungen. In den einzelnen Gebieten sind nach der Baunutzungsverordnung unterschiedliche Immissionsrichtwerte festgelegt.

Immobiliarkredit, gebräuchlicher Begriff für alle Immobilienfinanzierungen. In der Schweiz auch für → Realkredit.

Immobilien, allgemeine Bezeichnung für Grundstücke und → Liegenschaften (unbewegliche Sachen).

Immobilienanalyse, Verfeinerung der Bewertungskriterien, die aus der → Immobilienbewertung bekannt sind. Es werden vor allem die möglichen Entwicklungspotentiale eines Objektes untersucht. Dies ist sicherlich notwendig bei gewerblich genutzten Immobilien, wie z. B. Hotels, Altenheimen, Einkaufszentren, Ladenpassagen, Kinos und Restaurants, aber auch bei industriell genutzten Gebäuden. Hier wird speziell die heutige und künftige Ertragskraft beurteilt. Analyse und Bewertung sollten sich ergänzen und ergeben so für Investor und Finanzier eine unverzichtbare Gesamtaussage.

Immobilienanzeigen. Vielfach verwendete Abkürzungen bei I.: DA – Dachgeschoß, DHH – Doppelhaushälfte, EBK – Einbauküche, ELW – Einliegerwohnung, ETW – Eigentumswohnung, EG – Erdgeschoß, GRD – Grundstück, GRST – Grundstück, HZ – Heizung, JM – Jahresmiete, KDB – Küche, Diele, Bad, KT – Kaution, ME – Mieteinnahme, MwSt – Mehrwertsteuer, NK – Nebenkosten, OG – Obergeschoß, RDM – Ring Deutscher Makler, RHHS – Reihenhaus, TDM – Tausend Mark, UG – Untergeschoß, Uml. – Umlagen, VB, VHB – Verhandlungsbasis, VDM – Verband Deutscher Makler, VS – Verhandlungssache, WHG – Wohnung, WFL, NFL – Wohnfläche, Nutzfläche, WE – Wohneinheiten, ZH – Zentralheizung, 5 ZW – Fünfzimmerwohnung, 6 FH – Sechsfamilienhaus.

Immobilienbewertung, Beurteilung eines Immobils nach festgelegten Kriterien zur Ermittlung eines zeitpunktbezogenen Verkehrs- und/oder Beleihungswertes. Grundlagen sind dabei der aktuelle Gebäudezustand, Lage und Beschaffenheit des Grundstücks und/oder die nachhaltig erzielbaren Erträge sowie die Drittverwendbarkeit. → Immobilienanalyse.

Immobilienfonds. Die Rechtsform ist nicht geregelt, jedoch vielfach aufgrund der Konstruktion vorgegeben. Ist § 1 oder 2 HGB nicht erfüllt oder erfüllbar, so ist die Form einer BGB-Gesellschaft i. d. R. vorgegeben, da kein Handelsgeschäft für die Gründung einer KG anfällt. Es kann die Löschung von Amts wegen erfolgen. In der Praxis sind folgende Formen vorzufinden: Vermögensverwaltende Bruchteilsgemeinschaften, Gesellschaften Bürgerlichen Rechts und Kommanditgesellschaften. Die Fonds werden vielfach zur Errichtung bzw. dem Erwerb bestimmter Großbauobjekte, für die sich kein einzelner Kapitalanleger findet, aufgelegt. I. d. R. *geschlossener Immobilienfonds* (Supermärkte, Kaufhäuser usw.). Der Fonds dient als Kapitalsammelstelle. → Eigenkapitalfonds, → Ansparfonds. *Offene Fonds:* Rechtsform GmbH oder AG. Gesellschafter und Fondskapital sind unbegrenzt. Die Ge-

sellschaft hat Finanzierungsfunktion und dient als Kapitalsammelstelle. Es werden nur Immobilien erworben, die einen dauernden Ertrag erwarten lassen. Vorteile für die Anleger: Risikostreuung, Rentabilität, Wertsicherheit, jederzeitige Ausstiegsmöglichkeit.

Immobilien im Betriebsvermögen, Abschreibungsmöglichkeiten, wenn der Antrag auf Baugenehmigung nach dem 31. 3. 1985 gestellt worden ist: a) Degressiv vier Jahre 10%, drei Jahre 5%, 18 Jahre 2,5%; b) Linear 25 Jahre 4%.

Immobilienleasing („sale and lease back"), (Leasingerlaß 1972). Seit Anfang der sechziger Jahre aus den USA eingeführte Finanzierungsform. Verkauf des Objektes an die Gesellschaft, anschließend leasen (anmieten). Anwendung bisher überwiegend im gewerblichen Bereich. Leasingnehmer kann jede natürliche und juristische Person mit einwandfreier Bonität sein. Leasinggeber sind i. d. R. Gesellschaften, an denen wegen der langfristigen Kreditbeschaffung Banken beteiligt sind. Der Leasingnehmer hat die gleichen Rechte und Pflichten wie ein Mieter. Bei der steuerlichen Betrachtung ist zu beachten, wem das Objekt zuzuordnen ist. Maßgeblich ist nicht das zivilrechtliche, sondern das wirtschaftliche Eigentum. Nach § 39 AO ist derjenige wirtschaftlicher Eigentümer, der die tatsächliche Herrschaft über ein Wirtschaftseigentum ausübt. Wichtig ist hierbei die Dauer der während der Laufzeit unkündbaren Mietverträge. I. d. R. mind. 40%, höchstens 90% der

221

AfA-Dauer. Dieses Finanzierungsmodell schafft Liquiditätsvorteil, Kalkulationsvorteil, Vollfinanzierung und u. U. Vorteile für die Bilanz. → Teiltilgungsmodell, → Volltilgungsmodell.

Immobilienzertifikat, Anteilschein an einem offenen → Immobilienfonds. Beteiligung an einem Immobilienfonds ohne jede Verantwortung und eigene Aktivität. Der Erwerb ist im Gegensatz zum Kauf von sonstigen Immobilien grunderwerbsteuerfrei.

Indexklausel. Gewerbliche, langfristige Mietverträge, aber auch Rentenschulden werden häufig an den Lebenshaltungsindex des Statistischen Bundesamtes gekoppelt. Diese Verträge mit I. sind durch die LZB zu genehmigen.

Indexreihen *(§ 9 WertV 88).* Änderungen der → allgemeinen Wertverhältnisse auf dem Grundstücksmarkt sollen mit I. erfaßt werden. Bodenpreisindexreihen bestehen aus Indexzahlen, die sich aus dem durchschnittlichen Verhältnis der Bodenpreise eines Erhebungszeitraumes zu den Bodenpreisen eines Basiszeitraumes mit der Indexzahl 100 ergeben. → Bodenpreisindex.

Indexverfahren, Ermittlung eines jeweils aktuellen Bauwertes durch Anpassung über einen vorgegebenen Index (→ Baukostenindex). Dies ist möglich, wenn alle Werte auf eine einheitliche Ausgangsbasis (1914) zurückgerechnet werden. Wird diese Methode zur Beleihungswertermittlung angewandt bzw. zur fortlaufenden Korrek-

tur dieser Daten − z. B. in der bankinternen Kreditberichterstattung, der Sicherheitenbewertung und ggf. der Realkreditanteilsermittlung −, so müßte ein Sicherheitsabschlag in angemessener Größenordnung vorgenommen werden.

Industriegebiet *(§ 9 BauNVO).* In I. werden vor allem Gewerbebetriebe angesiedelt, die in den anderen Gebieten unzulässig sind. Wohnungen sind nur in Ausnahmefällen zulässig.

Ingenieurleistungen. Zu den Hauptaufgaben der Ingenieure an Bauvorhaben gehören: Tragwerkplanung (Statik); Technische Planungsleistung für Gas, Wasser, Aufzug, Lüftung usw., Schallschutz, Wärmeschutz, Bauakustik, Vermessungsleistungen. Die Haftung erfolgt nicht über VOB.

Inhabergrundschuld *(§ 1195 BGB).* Die Grundschuld kann in der Weise bestellt werden, daß der Grundschuldbrief auf den Inhaber ausgestellt wird. Auf einen solchen Brief finden die Vorschriften über Schuldverschreibungen auf den Inhaber Anwendung.

Inhaberhypothek *(§ 1187 BGB).* Für die Forderung aus einer Schuldverschreibung für den Inhaber, aus einem Wechsel oder einem anderen Papier, das durch Indossament übertragen werden kann, kann nur eine → Sicherungshypothek bestellt werden. Die Hypothek gilt als Sicherungshypothek, auch wenn sie im Grundbuch als solche nicht bezeichnet ist. Ein Anspruch auf Löschung nach dem § 1179a und b besteht nicht.

Insolvenz, nachhaltige Zahlungsunfähigkeit. Betriebswirtschaftlich tritt I. ein, wenn die kurzfristigen Verbindlichkeiten die kurzfristigen Forderungen übersteigen. Vorangegangene Verluste haben das Eigenkapital aufgezehrt. Die Zahlungsunfähigkeit ist dann nicht nur stichtagsbezogen.

Insolvenzprotokoll, in Kreditinstituten übliche Form der Erfassung von notleidend gewordenen Krediten. Dabei wird auch die Ausfallgefahr festgestellt. Wesentliche Aufgabe des I. ist die Ermittlung der Insolvenzursachen. Die Erkenntnisse daraus sollen nach sorgfältiger Analyse der Verbesserung des Risikobewußtseins dienen und in die Kreditausbildung einfließen. Wichtig ist allerdings, daß diese I. dort verfaßt werden, wo die Kredite bearbeitet wurden. Nur so bleibt gewährleistet, daß die tatsächlichen Ursachen erfaßt werden. → Insolvenzursachen.

Insolvenzursachen. Die I. bei Baufinanzierungen lassen sich grob in drei Kategorien einteilen:
Kreditnehmerbezogene Gründe: Änderung bei den Einkünften (inklusive mögliche Arbeitslosigkeit), Änderung bei der Belastung (Zinshöhe), familiäre Probleme (Scheidung, Tod).
Objektbezogene Gründe: rückläufige Immobilienpreisentwicklung, individueller Standort, objektbedingte Vermarktungsprobleme (Grundriß, Bau-

ausführung), Verwahrlosung des Objektes/Mieterstruktur.
Mängel bei der Kreditbearbeitung: Überschätzung der künftigen Einkommenssituation, Nichtberücksichtigung von Negativmerkmalen, fehlende, unvollständige Besicherung, verspätete, falsche Reaktion bei Leistungsstörungen.

Instandhaltung, Erhaltungsmaßnahmen für ein Gebäude. Vorbeugende Maßnahmen zur Verhütung von baulichen Mängeln und Schäden, die auf Abnutzung bzw. Alterung zurückzuführen sind. Geht die Maßnahme über die ordnungsgemäße I. hinaus und bedeutet sie eine bauliche Veränderung, so ist bei einer Bauherrengemeinschaft die Stimmenmehrheit nicht ausreichend, sondern ein einstimmiger Beschluß erforderlich (→ Instandhaltungskosten, § 11 Abs. 4 WertVO). Unterschied zur Modernisierung: Arbeiten führen zur Verbesserung der Objekte.

Instandhaltungskosten *(§ 11 Abs. 4 WertVO, § 18 Abs. 4 WertV 88),* Kosten zur Deckung des anfallenden Erhaltungsaufwandes, nicht zur Modernisierung. Sie fallen durch die Beseitigung der durch Abnutzung, Alterung und Witterungseinwirkungen entstandenen baulichen Mängel an. → Instandhaltung.

Instandhaltungsrücklage, *(§ 21 Abs. 5 Nr. 4 WEG),* vorsorgliche Rücklage für zu erwartende → Instandhaltungen. Für Gebäude im Gemeinschaftseigentum ist dies gesetzlich vorgeschrieben. I. d. R. wird ein Betrag von DM 0,50 pro Monat und m² zurückgestellt und auch als ausreichend angesehen. Da die Zahlung keine unmittelbare Ausgabe ist, können die Kosten im Jahr des Abflusses nicht als Werbungskosten abgesetzt werden. Ein Abzug ist erst möglich bei Einsatz der Mittel für Erhaltungs- und Renovierungsmaßnahmen. Bei einer Verwendung als Herstellungsmaßnahme ist der Abzug nur als AfA möglich. BFH 26. 1. 1988 IX R 119/83. Wichtig ist die klare Darstellung des Verwalters als Werbungskosten oder Herstellungskosten. Bei Umwandlungen von älteren Mehrfamilienhäusern in ETW und anschließendem Verkauf ist insbesondere darauf zu achten, ob eine I. vorhanden ist. Vielfach wird bei Verkauf ein Grundbetrag eingelegt oder von den Käufern eine erste Stammeinlage verlangt. Zinsen aus der I. sind vom Wohnungseigentümer zu versteuern. Daher ist bei der Jahresabrechnung durch den Verwalter ein Ausweis der angefallenen Zinsen erforderlich.

Instandsetzung, Beseitigung von baulichen Mängeln und Schäden an Gebäuden. Hierzu zählen auch Schäden, die durch Brand, Wasser oder Sturm entstanden sind. Die steuerliche Abzugsfähigkeit richtet sich je nach der Zuordnung des Schadens (→ Herstellungsaufwand, → Erhaltungsaufwand).

Instandsetzungsgebot *(§ 177 BauGB).* Weist eine bauliche Anlage nach ihrer inneren oder äußerlichen Beschaffenheit Mängel auf, deren Beseitigung durch Modernisierung oder Instandsetzung möglich ist, kann die Gemeinde die Beseitigung durch ein Modernisierungsgebot und die Behebung der Mängel durch ein I. anordnen. Der Eigentümer ist zur Beseitigung der Mißstände und zur Behebung der Mängel verpflichtet. Der Eigentümer hat in aller Regel die Kosten zu tragen. In Ausnahmefällen werden jedoch auch Kosten von der Gemeinde übernommen oder bezuschußt.

Institutsverwalter *(§§ 9, 150a, 151 Abs. 1, 152 ZVG).* Ist ein Beteiligter ein in § 150a genanntes Institut oder eine Behörde, kann ein geeigneter Angestellter als Verwalter benannt werden. Dieser muß im Arbeitsverhältnis des Beteiligten stehen und darf von diesem für die Tätigkeit nicht bezahlt werden. Der I. kann nach Erfüllung der entsprechenden Voraussetzungen vom Gericht nicht abgelehnt werden.

Interessenkonflikt (Kapitalanlagen). Bei der Vermittlung von Kapitalanlagen durch die finanzierende Bank kann diese in I. kommen, wenn sie auf der einen Seite die Anlagegesellschaft finanziert und gleichzeitig auch dem Kapitalanleger Kredit für einen übernommenen Kapitalanteil an dieser Gesellschaft finanziert.

Investitionsgutlösung, bisherige steuerliche Grundkonzeption bei der Wohnungseigentumsbesteuerung. Ab 1. 1. 1987 wurde diese im eigengenutzten Bereich von der → Konsumgutlösung abgelöst.

Investitionszulage. Für bestimmte Investitionen in einer gewerblichen Betriebsstätte werden I. zwischen 7,5% und 20% geleistet. Das Gesetz trat Ende 1989 außer Kraft. Zuschußberechtigt bleiben alle bis 1. 1. 1990 abgeschlossenen Investitionen. Hierzu gehören auch die Herstellung von abnutzbaren, unbeweglichen Wirtschaftsgütern des Anlagevermögens, z. B. Lagerhallen, Betriebshallen, → Außenanlagen, Werkstraßen usw.

Investmentgesellschaft, → Kapitalanlagegesellschaft.

J

Jagdberechtigung *(§§ 1090 ff. BGB),* beschränkt persönliche Dienstbarkeit, Recht zur Unterhaltung einer Jagd. Kann bei einer Beleihung und Bewertung unberücksichtigt bleiben.

Jahresnettomiete, ergibt sich aus der Jahresbruttomiete abzüglich Bewirtschaftungskosten (bei Pauschalansatz im Wohnungsbereich 25 bis 30%). Dieser Abzug ist nur für die Bewertung, nicht aber für die Liquiditätsberechnung gültig.

Jahresbruttomiete, Summe der Mieteinnahmen aus Grundstück und Gebäude; dazu gehören sämtliche Einkünfte aus nachhaltig erzielbaren Mieten sowie der Mietwert eigengenutzter Räume.

Jahresleistung, → Annuität.

Jahresrohmiete *(§ 79 BewG),* Gesamtentgelt, das der Mieter/Pächter für die Benutzung eines Grundstückes aufgrund der Verträge nach dem Stand vom 1. 1. 1964 für ein Jahr zu entrichten hat. Dient als Bewertungsfaktor für die Einheitswertermittlung. Zu der J. gehören u. a.: eigentliche Kaltmiete, Entgelt von Nebenräumen und Garagen/Stellplätzen, → Bewirtschaftungskosten und Nebenkosten, Baukostenzuschüsse, Entgelte für Benutzung von Gemeinschaftseinrichtungen. Nicht dazu gehören u. a. Heizkosten, Kosten für Fahrstuhl.

junge Ehepaare *(§ 25 Abs. 1 Satz 3 II WoBauG),* Ehepaare, bei denen keiner der Ehegatten das 40. Lebensjahr vollendet hat. Die Einkommensgrenzen für j. E. erhöhen sich gegenüber den Sätzen nach obengenanntem Paragraph um DM 8400,–. Die Erhöhung gilt bis zum fünften Jahr nach der Eheschließung. Folgende Betragsgrenzen sind somit maßgebend:

Personenzahl, Jahreseinkommen: 2: DM 40 200,–, 3: DM 48 200,–, 4: DM 56 200,–, 5: DM 64 200,–.

K

Kabelanschluß. Der Mieter hat auch ohne Zustimmung des Vermieters ein Recht auf K. Den geringfügigen Eingriff muß der Vermieter dulden, wenn die Maßnahme vollständig vom Mieter getragen wird. Die Vergrößerung des Programmangebotes stellt eine Fortentwicklung dar, die dem Mieter nicht untersagt werden kann (LG Heidelberg 3. 10. 1986 5 S 104/86). Der Mieter hat auch kein schutzbedürftiges Interesse am Weiterbetrieb der Gemeinschaftsantenne für Fernsehen und Rundfunk.

Käuferhaftung. Käufer von ETW haften unter bestimmten Voraussetzungen für Schulden, die der Vorbesitzer gegenüber der Eigentümergemeinschaft hatte. Die Haftung besteht, wenn die WEG erst nach der Eigentumsübertragung auf den Käufer beschlossen hat, Nachforderungen aus der Verwaltungskostenabrechnung früherer Jahre zu erheben. Vor Vertragsabschluß sollten daher die Protokolle der letzten Hauseigentümerversammlung auf diesen Punkt hin überprüft werden.

KAGG, Gesetz über → Kapitalanlagegesellschaften. Es schreibt u. a. einen Sachverständigenausschuß für die Bewertung der Beleihungsobjekte vor.

Geprüft wird die Gesellschaft vom BAK – Bundesaufsichtsamt für das Kreditwesen.

Kapitalabfindungen, Auszahlungen von Renten und ähnlichen, wiederkehrenden Leistungen für einen längeren Zeitraum im voraus und in einem Betrag. Die Verwendung ist i. d. R. nur für bestimmte Zwecke zulässig. Hierzu zählt auch die Finanzierung von Wohneigentum.

Kapitalanlagebetrug *(§ 264a StGB/§ 4 UWG).* Ab 1. 8. 1986 wird bestraft, wer beim Vertrieb von Beteiligungen in den Prospekten oder Darstellungen und Übersichten über den Vermögensstand unrichtige Angaben macht oder nachteilige Tatsachen verschweigt (Anlegerschutz). Hierunter fallen alle Fondsbeteiligungen im Sinne von Beteiligungen. Inwieweit → Bauherrenmodelle und → Erwerbermodelle mit erfaßt werden, ist noch strittig.

Kapitalanlagegesellschaft. Die Aufgabe einer K. besteht darin, Aktien oder festverzinsliche Wertpapiere zu erwerben und diese in einem gemeinsamen Topf (Fonds) zu verwalten. An diesem Fonds kann sich jeder anteilmäßig durch Kauf eines Investmentzertifikats beteiligen. Der Ausgabepreis wird von der Investmentgesellschaft täglich veröffentlicht. Ebenso der Rücknahmepreis. → KAGG, → Immobilienfonds.

Kapitalabzinsung. Bei Zahlungen, die erst zu einem späteren Zeitpunkt fällig werden, kann es bei vorzeitiger Zahlung u. U. erforderlich werden, den Betrag je nach Vereinbarung abzuzinsen (s. Tabelle S. 229). Kommt im Bereich der Baufinanzierung öfter bei vorgezogenen Erbauseinandersetzungen vor.

Kapitalaufzinsung. Wird es erforderlich, einen Kapitalstand auf einen in der Zukunft liegenden Zeitpunkt zu ermitteln, so ist eine K. je nach Zinssatz erforderlich (s. Tabelle S. 230).

Kapitaldienstfähigkeit. Die aus einem sog. Rendite-Objekt zu erzielenden Erträge müssen die Bedienung der Fremdmittel (Zinsen und Tilgung bei Normalkonditionen, ohne Disagio) gewährleisten. Als Faustregel sollten hier für Zins und Tilgung 10% angesetzt werden.

Kapitalisierungsfaktor. Bei einer → Ertragswertberechnung ist die Jahresnettomiete ausschlaggebend, welche mit einem entsprechenden Zinssatz zu kapitalisieren ist. Maßgebend ist derjenige Vervielfältiger (s. Tabelle S. 232 ff.), der nach der Restnutzungsdauer der baulichen Anlage und nach dem zugrunde gelegten Zinssatz in Betracht kommt. Der Zinssatz ist nach der Art der baulichen Anlage und nach der Lage auf dem Grundstücksmarkt zu

bestimmen, z. B. Wohnungsneubau mit 5%; gemischt genutzte Objekte mit 5,5%; Gewerbeobjekte mit 6 bis 7%. Vervielfältigungstabelle nach § 9 Abs. 3 WertVO nach Restnutzungsdauer für Zinssätze von 4 bis 7%:

Kapitalisierung von Erbbauzinsen. Ist für eine beleihende Bank als Sicherheit kein Grundpfandrecht vor dem Erbbauzins zu erhalten, so sind zur Ermittlung der Vorlasten die Erbbauzinsen zu kapitalisieren (Tabelle S. 231 f.). Eine Ersatzlösung kann u. a. durch Stellung einer → Stillhalteerklärung erzielt werden. Hierdurch wird erreicht, daß in einer evtl. Zwangsversteigerung die Erbbauzinsen nicht kapitalisiert werden. 4% ist der „gesetzliche" Zins nach § 246 BGB.

Kapitalisierung von Renten (§§ 72 bis 80 BVG). Diverse Renten können für folgende Zwecke für zehn Jahre kapitalisiert werden: 1. Zum Erwerb oder zur wirtschaftlichen Stärkung eigenen Grundbesitzes, 2. Erweiterung eines Wohngebäudes, 3. Erwerb, Restfinanzierung und Entschuldung eines Gebäudes, 4. Erwerb eines Dauerwohnrechtes u. ä. Voraussetzungen: kein Wegfall der Renten in den nächsten zehn Jahren, ärztliche Untersuchung, Alter zwischen 21 und 55 Jahre (Ausnahmen bis 60). Sonderregelungen gibt es für Unfall-Renten-Berechtigte, Beamte, Soldaten, Contergangeschädigte, Opfer von Gewaltverbrechen.

Kapitalkosten, Kosten, die aus einer Darlehensinanspruchnahme nachhal-

Kapitalabzinsung

Formel:

$K_o = K_n \cdot v^n$

Kn = Kapitalwert nach n Jahren
Ko = Barwert nach Kn
v^n = $1/(1 + p/100)^n$ = Aufzinsungsfaktor
p = Jahreszinssatz
n = Laufzeit in Jahren

Tabelle der Abzinsungsfaktoren

$\rightarrow$ p $\downarrow$ n	2%	3%	4%	5%	6%	7%	8%	9%	10%
1	0,980	0,971	0,962	0,952	0,943	0,935	0,926	0,917	0,909
2	0,961	0,943	0,925	0,907	0,890	0,873	0,857	0,842	0,826
3	0,942	0,915	0,889	0,864	0,840	0,816	0,794	0,772	0,751
4	0,924	0,888	0,855	0,823	0,792	0,763	0,735	0,708	0,683
5	0,906	0,863	0,822	0,784	0,747	0,713	0,681	0,650	0,621
6	0,888	0,837	0,790	0,746	0,705	0,666	0,630	0,596	0,564
7	0,871	0,813	0,760	0,711	0,665	0,623	0,583	0,547	0,513
8	0,853	0,789	0,731	0,677	0,627	0,582	0,540	0,502	0,467
9	0,837	0,766	0,703	0,645	0,592	0,544	0,500	0,460	0,424
10	0,820	0,744	0,676	0,614	0,558	0,508	0,463	0,422	0,386
11	0,804	0,722	0,650	0,585	0,527	0,475	0,429	0,388	0,350
12	0,788	0,701	0,625	0,557	0,497	0,444	0,397	0,356	0,319
13	0,773	0,681	0,601	0,530	0,469	0,415	0,368	0,326	0,290
14	0,758	0,661	0,577	0,505	0,442	0,388	0,340	0,299	0,263
15	0,743	0,642	0,555	0,481	0,417	0,362	0,315	0,275	0,239
16	0,728	0,623	0,534	0,458	0,394	0,339	0,292	0,252	0,218
17	0,714	0,605	0,513	0,436	0,371	0,317	0,270	0,231	0,198
18	0,700	0,587	0,494	0,416	0,350	0,296	0,250	0,212	0,180
19	0,686	0,570	0,475	0,396	0,331	0,277	0,232	0,194	0,164
20	0,673	0,554	0,456	0,377	0,312	0,258	0,215	0,178	0,149
21	0,660	0,538	0,439	0,359	0,294	0,242	0,199	0,164	0,135
22	0,647	0,522	0,422	0,342	0,278	0,226	0,184	0,150	0,123
23	0,634	0,507	0,406	0,326	0,262	0,211	0,170	0,138	0,112
24	0,622	0,492	0,390	0,310	0,247	0,197	0,158	0,126	0,102
25	0,610	0,478	0,375	0,295	0,233	0,184	0,146	0,116	0,092
26	0,598	0,464	0,361	0,281	0,220	0,172	0,135	0,106	0,084
27	0,586	0,450	0,347	0,268	0,207	0,161	0,125	0,098	0,076
28	0,574	0,437	0,333	0,255	0,196	0,150	0,116	0,090	0,069
29	0,563	0,424	0,321	0,243	0,185	0,141	1,107	0,082	0,063
30	0,552	0,412	0,308	0,231	0,174	0,131	0,099	0,075	0,057

Quelle: Datev e. G. Tabellen und Informationen für den steuerlichen Berater 1989.

Kapitalaufzinsung

Formel:

$$K_n = K_0 \cdot q^2$$

Kn = Kapitalwert nach n Jahren

Ko = Kapitalwert bei Laufzeitbeginn

q^2 = $(1 + p/100)^n$ = Aufzinsungsfaktor

p = Jahreszinssatz

n = Laufzeit in Jahren

Tabelle der Aufzinsungsfaktoren

$\rightarrow p$ $\downarrow n$	2%	3%	4%	5%	6%	7%	8%	9%	10%
1	1,020	1,030	1,040	1,050	1,060	1,070	1,080	1,090	1,100
2	1,040	1,061	1,082	1,103	1,124	1,145	1,166	1,188	1,210
3	1,061	1,093	1,125	1,158	1,191	1,225	1,260	1,295	1,331
4	1,082	1,126	1,170	1,216	1,262	1,311	1,360	1,412	1,464
5	1,104	1,159	1,217	1,276	1,338	1,403	1,469	1,539	1,611
6	1,126	1,194	1,265	1,340	1,419	1,501	1,587	1,677	1,772
7	1,149	1,230	1,316	1,407	1,504	1,606	1,714	1,828	1,949
8	1,172	1,267	1,369	1,477	1,594	1,718	1,851	1,993	2,144
9	1,195	1,305	1,423	1,551	1,689	1,838	1,999	2,172	2,358
10	1,219	1,344	1,480	1,629	1,791	1,967	2,159	2,367	2,594
11	1,243	1,384	1,539	1,710	1,898	2,105	2,332	2,580	2,853
12	1,268	1,426	1,601	1,796	2,012	2,252	2,518	2,813	3,138
13	1,294	1,469	1,665	1,886	2,133	2,410	2,720	3,066	3,452
14	1,319	1,513	1,732	1,980	2,261	2,579	2,937	3,342	3,797
15	1,346	1,558	1,801	2,079	2,397	2,759	3,172	3,642	4,177
16	1,373	1,605	1,873	2,183	2,540	2,952	3,426	3,970	4,595
17	1,400	1,653	1,948	2,292	2,693	3,159	3,700	4,328	5,054
18	1,428	1,702	2,026	2,407	2,854	3,380	3,996	4,717	5,560
19	1,457	1,754	2,107	2,527	3,026	3,617	4,316	5,142	6,116
20	1,486	1,806	2,191	2,653	3,207	3,870	4,661	5,604	6,728
21	1,516	1,860	2,279	2,786	3,400	4,141	5,034	6,109	7,400
22	1,546	1,916	2,370	2,925	3,604	4,430	5,437	6,659	8,140
23	1,576	1,974	2,465	3,072	3,820	4,741	5,871	7,258	8,954
24	1,608	2,033	2,563	3,225	4,049	5,072	6,341	7,911	9,850
25	1,640	2,094	2,66	3,386	4,292	5,427	6,848	8,623	10,835
26	1,673	2,157	2,772	3,556	4,549	5,807	7,396	9,399	11,918
27	1,707	2,221	2,883	3,733	4,822	6,214	7,998	10,245	13,110
28	1,741	2,288	2,999	3,920	5,112	6,649	8,627	11,167	14,421
29	1,776	2,357	3,119	4,116	5,418	7,114	9,317	12,172	15,863
30	1,811	2,427	3,343	4,322	5,743	7,612	10,063	13,268	17,449

Quelle: Datev e. G. Tabellen und Informationen für den steuerlichen Berater 1989.

Tabelle Kapitalisierung Erbbauzins

Diskontierungsfaktoren:

Laufzeit (Zahl der in Jahresab- ständen fälligen Raten) = n	bei 4%	Laufzeit (Zahl der in Jahresab- ständen fälligen Raten) = n	bei 4%
n = 100	24,505	n = 57	22,327
n = 99	24,485	n = 56	22,220
n = 98	24,465	n = 55	22,109
n = 97	24,443	n = 54	21,993
n = 96	24,421	n = 53	21,873
n = 95	24,398	n = 52	21,748
n = 94	24,374	n = 51	21,617
n = 93	24,349	n = 50	21,482
n = 92	24,323	n = 49	21,341
n = 91	24,295	n = 48	21,195
n = 90	24,267	n = 47	21,043
n = 89	24,238	n = 46	20,885
n = 88	24,207	n = 45	20,720
n = 87	24,176	n = 44	20,549
n = 86	24,143	n = 43	20,371
n = 85	24,109	n = 42	20,186
n = 84	24,073	n = 41	19,993
n = 83	24,036	n = 40	19,793
n = 82	23,997	n = 39	19,584
n = 81	23,957	n = 38	19,368
n = 80	23,915	n = 37	19,143
n = 79	23,872	n = 36	18,908
n = 78	23,827	n = 35	18,665
n = 77	23,780	n = 34	18,411
n = 76	23,731	n = 33	18,148
n = 75	23,680	n = 32	17,874
n = 74	23,628	n = 31	17,588
n = 73	23,573	n = 30	17,292
n = 72	23,516	n = 29	16,984
n = 71	23,456	n = 28	16,663
n = 70	23,395	n = 27	16,330
n = 69	23,330	n = 26	15,983
n = 68	23,264	n = 25	15,622
n = 67	23,194	n = 24	15,247
n = 66	23,122	n = 23	14,857
n = 65	23,047	n = 22	14,451
n = 64	22,969	n = 21	14,029
n = 63	22,887	n = 20	13,590
n = 62	22,803	n = 19	13,134
n = 61	22,715	n = 18	12,659
n = 60	22,623	n = 17	12,166
n = 59	22,528	n = 16	11,652
n = 58	22,430	n = 15	11,118

Kapitalisierungsfaktor

Tabelle Kapitalisierung Erbbauzins (Fortsetzung)

Diskontierungsfaktoren:

Laufzeit (Zahl der in Jahresab-ständen fälligen Raten) = n	bei 4%	Laufzeit (Zahl der in Jahresab-ständen fälligen Raten) = n	bei 4%
n = 14	10,563	n = 7	6,002
n = 13	9,986	n = 6	5,242
n = 12	9,385	n = 5	4,452
n = 11	8,760	n = 4	3,630
n = 10	8,111	n = 3	2,775
n = 9	7,435	n = 2	1,886
n = 8	6,733	n = 1	0,962

Diskontierungsformeln: Formel „nachträglich": K = 1 Rate × Diskontierungsfaktoren; Formel „voraus": K = 1 Rate × Diskontierungsfaktor (n − 1) zuzüglich der 1. Rate.
Beispiel: jährl. Erbbauzins DM 1000,−, Restlaufzeit 50 Jahre

$$1000 \times 21,482 = \mathbf{21482,-}\ \mathbf{DM}$$

Vervielfältigertabelle

Bei einer Restnutzungs-dauer von ... Jahren	bei einem Zinssatz in Höhe von						
	4 v. H.	4 1/2 v. H.	5 v. H.	5 1/2 v. H.	6 v. H.	6 1/2 v. H.	7 v. H.
1	0,96	0,96	0,95	0,95	0,94	0,94	0,93
2	1,89	1,87	1,86	1,85	1,83	1,82	1,81
3	2,78	2,75	2,72	2,70	2,67	2,65	2,62
4	3,63	3,59	3,55	3,51	3,47	3,43	3,39
5	4,45	4,39	4,33	4,27	4,21	4,16	4,10
6	5,24	5,16	5,08	5,00	4,92	4,84	4,77
7	6,00	5,89	5,79	5,68	5,58	5,48	5,39
8	6,73	6,60	6,46	6,33	6,21	6,09	5,97
9	7,44	7,27	7,11	6,95	6,80	6,66	6,52
10	8,11	7,91	7,72	7,54	7,36	7,19	7,02
11	8,76	8,53	8,31	8,09	7,89	7,69	7,50
12	9,38	9,12	8,86	8,62	8,38	8,16	7,94
13	9,99	9,68	9,39	9,12	8,85	8,60	8,36
14	10,56	10,22	9,90	9,59	9,29	9,01	8,75
15	11,12	10,74	10,38	10,04	9,71	9,40	9,11
16	11,65	11,23	10,84	10,46	10,11	9,77	9,45
17	12,17	11,71	11,27	10,86	10,48	10,11	9,76
18	12,66	12,16	11,69	11,25	10,83	10,43	10,06
19	13,13	12,59	12,09	11,61	11,16	10,73	10,34
20	13,59	13,01	12,46	11,95	11,47	11,02	10,59
21	14,03	13,40	12,82	12,28	11,76	11,28	10,84

Vervielfältigertabelle (Fortsetzung)

Bei einer Restnutzungs- dauer von ... Jahren	4 v. H.	4 1/2 v. H.	5 v. H.	5 1/2 v. H.	6 v. H.	6 1/2 v. H.	7 v. H.
22	14,45	13,78	13,16	12,58	12,04	11,54	11,06
23	14,86	14,15	13,49	12,88	12,30	11,77	11,27
24	15,25	14,50	13,80	13,15	12,55	11,99	11,47
25	15,62	14,83	14,09	13,41	12,78	12,20	11,65
26	15,98	15,15	14,38	13,66	13,00	12,39	11,83
27	16,33	15,45	14,64	13,90	13,21	12,57	11,99
28	16,66	15,74	14,90	14,12	13,41	12,75	12,14
29	16,98	16,02	15,14	14,33	13,59	12,91	12,28
30	17,29	16,29	15,37	14,53	13,76	13,06	12,41
31	17,59	16,54	15,59	14,72	13,93	13,20	12,53
32	17,87	16,79	15,80	14,90	14,08	13,33	12,65
33	18,15	17,02	16,00	15,08	14,23	13,46	12,75
34	18,41	17,25	16,19	15,24	14,37	13,58	12,85
35	18,66	17,46	16,37	15,39	14,50	13,69	12,95
36	18,91	17,67	16,55	15,54	14,62	13,79	13,04
37	19,14	17,86	16,71	15,67	14,74	13,89	13,12
38	19,37	18,05	16,87	15,80	14,85	13,98	13,19
39	19,58	18,23	17,02	15,93	14,95	14,06	13,26
40	19,79	18,40	17,16	16,05	15,05	14,15	13,33
41	19,99	18,57	17,29	16,16	15,14	14,22	13,39
42	20,19	18,72	17,42	16,26	15,22	14,29	13,45
43	20,37	18,87	17,55	16,36	15,31	14,36	13,51
44	20,55	19,02	17,66	16,46	15,38	14,42	13,56
45	20,72	19,16	17,77	16,55	15,46	14,48	13,61
46	20,88	19,29	17,88	16,63	15,52	14,54	13,65
47	21,04	19,41	17,98	16,71	15,60	14,59	13,69
48	21,20	19,54	18,08	16,79	15,65	14,64	13,73
49	21,34	19,45	18,17	16,86	15,71	14,68	13,77
50	21,48	19,76	18,26	16,93	15,76	14,72	13,80
51	21,62	19,87	18,34	17,00	15,81	14,76	13,83
52	21,75	19,97	18,42	17,06	15,86	14,80	13,86
53	21,87	20,07	18,49	17,12	15,91	14,84	13,89
54	21,99	20,16	18,57	17,17	15,95	14,87	13,92
55	22,11	20,25	18,63	17,23	15,99	14,90	13,94
56	22,22	20,33	18,70	17,28	16,03	14,93	13,96
57	22,33	20,41	18,76	17,32	16,06	14,96	13,98
58	22,43	20,49	18,82	17,37	16,10	14,99	14,00
59	22,53	20,57	18,88	17,41	16,13	15,01	14,02
60	22,62	20,64	18,93	17,45	16,16	15,03	14,04
61	22,71	20,71	18,98	17,49	16,19	15,05	14,06
62	22,80	20,77	19,03	17,52	16,22	15,07	14,07
63	22,89	20,83	19,08	17,56	16,24	15,09	14,08
64	22,97	20,89	19,12	17,59	16,27	15,11	14,10

Kapitalisierungsfaktor

Vervielfältigertabelle (Fortsetzung)

Bei einer Restnutzungsdauer von ... Jahren	bei einem Zinssatz in Höhe von						
	4 v. H.	4 1/2 v. H.	5 v. H.	5 1/2 v. H.	6 v. H.	6 1/2 v. H.	7 v. H.
65	23,05	20,95	19,16	17,62	16,29	15,13	14,11
66	23,12	21,01	19,20	17,65	16,31	15,14	14,12
67	23,19	21,06	19,24	17,68	16,33	15,16	14,13
68	23,26	21,11	19,28	17,70	16,35	15,17	14,14
69	23,33	21,16	19,31	17,73	16,37	15,19	14,15
70	23,39	21,20	19,34	17,75	16,38	15,20	14,16
71	23,46	21,25	19,37	17,78	16,40	15,21	14,17
72	23,52	21,29	19,40	17,80	16,42	15,22	14,18
73	23,57	21,33	19,43	17,82	16,43	15,23	14,18
74	23,63	21,37	19,46	17,84	16,44	15,24	14,19
75	23,68	21,40	19,48	17,85	16,46	15,25	14,20
76	23,73	21,44	19,51	17,87	16,47	15,26	14,20
77	23,78	21,47	19,53	17,89	16,48	15,26	14,21
78	23,83	21,50	19,56	17,90	16,49	15,27	14,21
79	23,87	21,54	19,58	17,92	16,50	15,28	14,22
80	23,92	21,57	19,60	17,93	16,51	15,28	14,22
81	23,96	21,59	19,62	17,94	16,52	15,29	14,23
82	24,00	21,62	19,63	17,96	16,53	15,30	14,23
83	24,04	21,65	19,65	17,97	16,53	15,30	14,23
84	24,07	21,67	19,67	17,98	16,54	15,31	14,24
85	24,11	21,70	19,68	17,99	16,55	15,31	14,24
86	24,14	21,72	19,70	18,00	16,56	15,32	14,24
87	24,18	21,74	19,71	18,01	16,56	15,32	14,25
88	24,21	21,76	19,73	18,02	16,57	15,32	14,25
89	24,24	21,78	19,74	18,03	16,57	15,33	14,25
90	24,27	21,80	19,75	18,03	16,58	15,33	14,25
91	24,30	21,82	19,76	18,04	16,58	15,33	14,26
92	24,32	21,83	19,78	18,05	16,59	15,34	14,26
93	24,35	21,85	19,79	18,06	16,59	15,34	14,26
94	24,37	21,87	19,80	18,06	16,60	15,34	14,26
95	24,40	21,88	19,81	18,07	16,60	15,35	14,26
96	24,42	21,90	19,82	18,08	16,60	15,35	14,26
97	24,44	21,91	19,82	18,08	16,61	15,35	14,27
98	24,46	21,92	19,83	18,09	16,61	15,35	14,27
99	24,49	21,94	19,84	18,09	16,61	15,35	14,27
100	24,50	21,95	19,85	18,10	16,62	15,36	14,27

tig zu tragen sind, z. B. Zinsen, Bürgschaftsprovisionen.

Kapitalmarkt, Markt für mittel- und langfristige Kredite und Beteiligungskapital, im Gegensatz zum → Geldmarkt als Markt für kurzfristige Finanzierungsmittel. Man unterscheidet zwischen dem nichtorganisierten K., auf dem Angebot und Nachfrage von Krediten und Beteiligungen ohne Mitwirkung von Banken und Börsen aufeinandertreffen, und dem wesentlich bedeutungsvolleren organisierten K. Er wird vor allem über Wertpapierbörsen und Banken, aber auch über andere Kapitalmarktinstitutionen wie Investmentgesellschaften und Versicherungen abgewickelt. Handelbare Objekte sind 1. Beteiligungsrechte, vor allem Aktien und Bezugsrechte, seltener Anteile an Personengesellschaften oder Genossenschaften, und 2. Kredite. Sie sind sowohl verbrieft als festverzinsliche Wertpapiere, vor allem Industrieobligationen, Pfandbriefe, Kommunalobligationen, öffentliche Anleihen sowie sonstige Bankschuldverschreibungen als auch unverbrieft in anderen langfristigen Kreditformen möglich. Eigene Finanzierungsmittel der Unternehmen (nicht ausgeschüttete Gewinne, Abschreibungen) zählen nicht zum K.

Kapitalsammelstellen, Pfandbriefinstitute, Sparkassen, Bausparkassen. Diese Institute gewähren im allgemeinen aus den angesammelten Beträgen nur → Tilgungsdarlehen.

Kapitalwert. Der Wert eines jeden grundbuchlichen Rechtes ist zu ermitteln. Bei Wohn- und Rentenrechten durch → Kapitalisierung. Der so ermittelte Wert ist der K. und wird bei einer Beleihung angesetzt, sofern dieses Recht als vorrangiges Recht betrachtet werden muß.

Errechnung des K. von lebenslänglichen Nutzungen oder Leistungen:

Als Wert wird angenommen bei einem Alter

bis zu 15 Jahren	das 18fache
15 bis zu 25 Jahren	das 17fache
25 bis zu 35 Jahren	das 16fache
35 bis zu 45 Jahren	das 15fache
45 bis zu 49 Jahren	das 14fache
49 bis zu 53 Jahren	das 13fache
53 bis zu 57 Jahren	das 12fache
57 bis zu 60 Jahren	das 11fache
60 bis zu 63 Jahren	das 10fache
63 bis zu 66 Jahren	das 9fache
66 bis zu 69 Jahren	das 8fache
69 bis zu 72 Jahren	das 7fache
72 bis zu 75 Jahren	das 6fache
75 bis zu 79 Jahren	das 5fache
79 bis zu 83 Jahren	das 4fache
83 bis zu 86 Jahren	das 3fache
86 bis zu 88 Jahren	das 2fache
über 88 Jahren	das 1fache

des Wertes der einjährigen Nutzung oder Leistung.

Beispiel für die Errechnung des K. eines Wohnrechts und einer Rente von monatlich 150,– DM auf Lebenszeit. Alter der begünstigten Person: 73 Jahre.

Jahreswert der Rente	1 800 DM
Jahreswert des Wohnrechts	600 DM
	2 400 DM
Kapitalwert (6 × 2400)	14 400 DM

Diese Tabelle kann nicht angewendet werden zur Errechnung des K. von Rechten und Leistungen zum Zwecke der Grunderwerbsteuerermittlung. Hier sind die Tabellen aus dem Bewertungsgesetz maßgebend.

Kapitalwert von Leibrenten. Bei der Veräußerung von Grundstücken auf Rentenbasis müssen Kapitalbeträge in Rentenleistungen umgerechnet werden. Dabei wird der K. v. L. (also die an eine Person lebenslänglich zu zahlende Rente) ermittelt. Hierzu sollte ein Steuerberater zu Rate gezogen werden. In die Berechnungen wird üblicherweise eine Verzinsung von 5,5% bis 6% einbezogen. Wegen der längeren Lebenserwartung von Frauen wird zwischen männlichen und weiblichen Rentenempfängern unterschieden.

Kataster, Register, in dem sämtliche Grundstücke und grundstücksgleiche Rechte nachgewiesen sind. Es enthält Angaben über Wirtschaftsart, Lage, Größe und Grundstücksangaben wie Gemarkung, Flur und Flurstück. Diese können dem → Bestandsverzeichnis entnommen werden. Anhand der Katasterunterlagen und des Bestandsverzeichnisses kann die Bank die richtige Belastung des gewünschten Grundstückes kontrollieren.

Katasteramt, Behörde, bei der das → Liegenschaftsbuch, das Gebäudebuch sowie die → Flurkarten als → Bestandsverzeichnis geführt werden, die über Lage, Flurnummer, Nutzungsart, Größe usw. Auskunft geben. Die Verzeichnisse können dort gebührenpflichtig eingesehen oder angefordert werden.

Katasterhandzeichnung, Abzeichnung der → Flurkarte, in der das in Frage stehende Grundstück i. d. R. farbig umrandet ist und außerdem die angrenzenden Grundstücke erkennen läßt. Die Einsichtnahme in die Katasterunterlagen ist jedem möglich, sofern ein berechtigtes Interesse dargelegt wird.

Katasterpapiere. Zu den K. zählen: amtlicher → Lageplan, Auszug aus dem → Liegenschaftsbuch, Zugangsnachweis zur öffentlichen Straße.

Katasterwesen *(§ 2 Abs. 2 GBO)*, amtliches Verzeichnis, in dem die Grundstücke unter Nummern oder Buchstaben angeführt sind. Grundlage für die Eintragung der Grundstücke im → Bestandsverzeichnis des → Grundbuches. Dieses Verzeichnis wird auch → Liegenschaftskataster genannt.

Kaufangebot. Ein K. löst unmittelbar keinen steuerpflichtigen Vorgang aus. Dieser tritt erst bei Annahme des Angebotes ein. Doppelte Steuerpflicht entsteht, wenn das Grundstück einer bestimmten Person oder einem von ihr zu benennenden Dritten angeboten wird und dieser als Mittelsperson das Angebot jedoch nicht annimmt, sondern später einen Dritten als Käufer benennt, der das Angebot dann akzeptiert.

Kaufanwartschaftsvertrag, Form eines „Vorvertrages". Begründet keinen Eigenbesitz. Ein K., aus dem noch nicht auf → Auflassung geklagt werden kann, löst auch noch keine Steuerpflicht (→ Grunderwerbsteuer) aus, im Gegensatz zum → Ankaufsrecht bei dessen Ausübung. Der Kaufanwärter ist auch nicht wirtschaftlicher Eigentümer nach § 1 Abs. 2 GrEStG. Im Bauträbergereich geübte Praxis zur Grundstückssicherung. Der Bauträger bekommt vertraglich ein Grundstück zugesichert und kann danach einen Vertrag über ein zu erstellendes Objekt abschließen und beim Abschluß des Grundstücksübertragungsvertrages zwischen Eigentümer und Hauserwerber mitwirken.

Kauf bricht Miete nicht *(§§ 571 ff. BGB).* Wird das vermietete Grundstück nach der Überlassung an den Mieter verkauft, so tritt der Erwerber an die Stelle des Vermieters in dessen Rechte und Verpflichtungen ein. Dies gilt auch im Zwangsversteigerungsverfahren. Der Ersteher ist hier jedoch berechtigt, das Miet- oder Pachtverhältnis unter Einhaltung der gesetzlichen Frist zu kündigen (§ 57 ZVG).

Kaufeigenheim, Grundstück mit einem Wohngebäude, das nicht mehr als zwei Wohnungen enthält und von einem Bauherrn, meist Bauträger, mit der Bestimmung geschaffen worden ist, es einem Bewerber als Eigentum zu übertragen. Im Unterschied zum → Eigenheim tritt hier der Eigentümer von Anfang an als Bauherr auf und errichtet das Gebäude in eigener Regie und auf eigene Rechnung.

Kaufeigentumswohnung *(§ 12 II Wo-BauG),* von einem Bauherren erstellte Wohnung mit der Bestimmung, sie einem Interessenten als eigengenutzte Wohnung/ETW zu übertragen. Für K. gilt gleiches wie bei Kaufeigenheimen. → Eigentumswohnung, → Eigenheim.

Kaufpreis, vertraglich vereinbartes Entgelt für den Kaufgegenstand. Er muß aus Geld bestehen, sonst liegt Tausch vor.

Kaufpreisfälligkeit. Im Kaufvertrag sollte die K. so festgelegt sein, daß genügend Zeit vorhanden ist, die erforderlichen Voraussetzungen zu schaffen. In erster Linie geht es um den lastenfreien Erwerb. Hiervon kann nur abgewichen werden bei Hinterlegung des Kaufpreises beim Notar. Weitere Voraussetzungen sind: Vorlage eines Negativzeugnisses wegen gesetzlicher Vorkaufsrechte nach §§ 24, 25 BauGB in Verbindung mit § 28 Abs. 1 Satz 2 BauGB, u.U. Vorlage → Grundstücksveräußerungsgenehmigung, Veräußerungsgenehmigung für ETW bei Verwalter einholen, Einigung über/oder die Eintragung der → Auflassungsvormerkung, u.U. Vorlage einer Unbedenklichkeitsbescheinigung, Erfüllung aller besonderen Vereinbarungen wie Räumung des Objektes usw. Vor Zahlung lassen sich Forderungen leichter durchsetzen als nachher. Wird die K. nicht eingehalten, so sieht der Grundstückskaufvertrag i.d.R. die Zahlung von Verzugszinsen – gesetzlich 4% p.a. (§ 288 Abs. 1 BGB) – oder eine Vertragsstrafe vor.

Kaufpreisforderung, Forderung des Verkäufers über den vereinbarten Betrag aus dem Kaufvertrag nach Erfüllung aller Auflagen und Auszahlungsvoraussetzungen. → Auskehranspruch.

Kaufpreisrenten. Der Kauf eines Grundstückes/Hauses ist auch über die Zah-

lung einer lebenslänglichen Rente möglich. Der Kaufpreis wird dann in eine
Rente umgerechnet. Wenn der kapitalisierte Barwert dieser Rente dem Verkehrswert des Grundstückes entspricht, gehört die Rente zu den Anschaffungskosten.

Kaufpreissammlungen *(§ 195 BauGB).*
Alle Kaufverträge über Grundstücke
werden dem → Gutachterausschuß in
Kopie vorgelegt. Anhand dieser Samm-
lung werden die vergleichbaren Grundstücke zusammengestellt, um Boden-
mittelwerte zu ermitteln. Auch die Finanzämter haben Einblick in diese K.
Wichtig bei Ansatz von Grundstücks-
anteilen in Kaufverträgen. Das BauGB
führt mit § 195 Abs. 3 erstmalig bundesrechtlich ein allgemeines Aus-
kunftsrecht aus der K. ein, und zwar
nach Maßgabe landesrechtlicher Vorschriften. Hierdurch soll eine Verbesserung der Übersichtlichkeit des Grund-
stücksmarktes erreicht werden.

Kaufpreiszahlung *(§ 195 BauGB).* Aus
Sicherheitsgründen sollte keine K. vor
der notariellen Beurkundung des Kaufvertrages und der → Auflassung oder
der Eintragung einer Auflassungsvormerkung im Grundbuch, ferner vor genauer Prüfung der nach dem Kaufvertrag vom Käufer zu übernehmenden
Lasten durch Einsicht in das Grundbuch (→ Grundakten) und der Freistellung des Kaufobjektes von allen Lasten, die nach dem Kaufvertrag nicht
vom Käufer übernommen sind, erfolgen. Der Käufer sollte sich auch vor
Abschluß des Vertrages bei der Gemeindeverwaltung darüber erkundi-

gen, ob und welche → Erschließungsbeiträge nach dem BauGB noch zu zahlen sind. Bei dem Erwerb von Eigentumswohnungen ist noch zu prüfen, ob
die Zustimmung des Verwalters eingeholt werden muß.

Kaufvertrag *(§§ 433, 651 ff. BGB, § 313
notarielle Beurkundung, §§ 516 ff.
Schenkungsvertrag).* Ein Grundstückskauf setzt den Abschluß eines notariell
beurkundeten Vertrages voraus. Für die
Vertragsgestaltung empfiehlt sich die
Einschaltung eines Notars. Ihm obliegt
es, den Sachverhalt zu klären und darauf zu achten, daß unerfahrene und un-
gewandte Beteiligte nicht benachteiligt
werden. Wichtigste, vorher zu klärende
Fragen: Kaufpreis und dessen Zah-
lungstermin, Bezeichnung des Grundstücks, Übernahme von Belastungen,
Nutzungen, Fortbestehen von Belastungen, Belegungs- und Preisbindun-
gen bei öffentlich geförderten Wohnungen, Nutzungs- und Übergabetermine.
Auf öffentliche Lasten (→ Erschließungskosten) ist besonders zu achten,
da nach §§ 103, 436, 446 BGB der Käufer die nach Übergang des Kaufgegen-
standes fällig werdenden Lasten zu tragen hat. Lt. BGH hat zwar der Verkäufer die Erschließung zu tragen, insoweit
sie im Zeitpunkt des Besitzüberganges
fällig waren, jedoch sollte hier vorher
Klarheit geschaffen werden.

Kaution, → Mietkaution.

Kennzeichnungspflicht, → Altlasten.

Kerngebiete *(§ 7 BauNVO),* Gebiete mit
Handelsbetrieben, Verwaltungen und

sonstigen Einrichtungen der Wirtschaft. Wohnungen sind nur ausnahmsweise erlaubt. Beispiel: Geschäfte, Büros, Verwaltungen, Einzelhandelsbetriebe, nicht störende Gewerbebetriebe, Anlagen für kirchliche, kulturelle und soziale Zwecke.

KfW – Wohnungsbauprogramm. Zur Beschleunigung des Wohnungsbaues ist im Oktober 1989 ein neues Wohnungsbaukreditprogramm vorgelegt worden. Die Abwicklung erfolgt unter Einschaltung der Hausbank oder der Bausparkasse über die Kreditanstalt für Wiederaufbau, Frankfurt. Wie bei anderen Kreditprogrammen der KfW üblich, gewährt diese die Kredite nicht unmittelbar an den Bauherrn, sondern ausschließlich über Kreditinstitute, die für die von ihnen durchgeleiteten Kredite die Haftung übernehmen müssen. Konditionen: 5,25% Zinsen, 100% Auszahlung, 10 Jahre fest, Tilgung nach 5 Freijahren, Laufzeit 25 Jahre. Die Beantragung ist ab dem 30. 10. 1989 möglich. Es wird in der Reihenfolge der Beantragung entschieden (→ Windhundverfahren). Förderungsfähig sind: Ausbau von Dachgeschossen, Umwandlung von Räumen, die bislang nicht zu Wohnzwecken bestimmt waren, Aufteilung von Wohnungen in Eigenheime oder derzeit allein genutzte Eigentumswohnungen. Der Bauantrag muß nach dem 3. 10. 1989 gestellt sein. Die mit diesem Programm neugeschaffenen Wohnungen müssen während der Inanspruchnahme der Zinsverbilligung fremdvermietet werden. Die Zinsverbilligung kann auch eingesetzt werden zur Vor- und Zwischenfinanzierung eines während der Laufzeit anzusparenden Bausparvertrages. Sobald das vorfinanzierte Bauspardarlehen zuteilungsreif ist, wird das KfW-Darlehen damit in einer Summe getilgt. Höchstförderung: 75% der Gesamtkosten, maximal jedoch DM 750,– je m^2 Wohnfläche. Alternativ dazu kann für den gleichen Verwendungszweck eine Sonderabschreibung gewählt werden. Bis maximal DM 60 000,– je Wohnung können 20% fünf Jahre direkt abgeschrieben werden. Für darüber hinausgehende Aufwendungen sind die normalen Abschreibungsmöglichkeiten offen (→ degressive → lineare AfA). Das Programm ist bis 31. 12. 1992 befristet.

Kindergeld, staatliche Förderungsmaßnahme für die Familie. Das K. beträgt monatlich DM 50,– für das 1. Kind. Die Einkommensverhältnisse des Berechtigten sind hierbei unerheblich. Vom 2. Kind an abhängig von der Höhe des Einkommens der Eltern. Kindergeldbeträge: DM 70,– bis 100,– für das 2. Kind, DM 140,– bis 220,– für das 3. Kind, DM 140,– bis 240,– für jedes weitere Kind. Die Auszahlung erfolgt alle zwei Monate aufgrund des Kindergeldbescheides. → unterhaltsberechtigte Kinder, → Kinderkomponente, → spezielle Förderung des Wohneigentums.

Kindergeldzuschlag. Eltern, die den ihnen nach dem Einkommensteuergesetz zustehenden Kinderfreibetrag wegen ihres niedrigen Einkommens nicht oder nicht voll nutzen können, erhalten als Ausgleich hierfür auf Antrag einen Zuschlag zum Kindergeld, der höchstens DM 46,– monatlich je Kind beträgt. Der Zuschlag wird i. d. R. nachträglich gezahlt. Die Höhe des Zuschlages ändert sich aufgrund der Steuerreform 1990.

kindergerechter Wohnungsbau. Mit dem Förderungsprogramm für zusätzliche Wohnungen von 1989 sind eine Reihe gezielter Maßnahmen für Familien mit Kindern beschlossen worden: – Baukindergeld ab 1. 1. 1990 DM 750,– je Kind; – jüngere Familien und Familien mit Kindern werden bei der Bewilligung von Fördermitteln im sozialen Wohnungsbau vordringlich berücksichtigt; – im neuen Bauspar-Zwischenfinanzierungsprogramm (maximal 80 000,– DM) erhöht sich der Betrag um 20 000– DM je Kind; – das Wohngeld steigt mit der Kinderzahl. Daher helfen die seit Jahresanfang 1990 wirksamen Wohngeldverbesserungen insbesondere den Familien mit Kindern; – in der neuen Baunutzungsverordnung sind Verbesserungen eingebaut worden. So dürfen Kindergärten jetzt auch in reinen Wohngebieten gebaut werden, selbst wenn sie im Bebauungsplan nicht vorgesehen waren.

Kinderkomponente *(§§ 34 ff. EStG).* Steuerzahler, die erhöhte Absetzung nach § 7 b oder die → Grundförderung für eigengenutzte Wohnungen nach § 10 e EStG in Anspruch nehmen, können unter bestimmten Voraussetzungen DM 600,–/750,– jährlich pro Kind von der Steuerschuld absetzen. Das Baukindergeld kann vorab auch als Freibetrag auf der Lohnsteuerkarte geltend gemacht werden. Sind die Voraussetzungen erfüllt, wird aus steuersystematischen Gründen ein Steuerfreibetrag von DM 2400,– (ab 1990 DM 3000,–) eingetragen. Die endgültige Abrechnung erfolgt mit der Einkommensteuererklärung.
Voraussetzungen sind:
1. Für das zweite und jedes weitere Kind nach § 7 b: Kaufvertrag oder Antrag auf Baugenehmigung muß nach dem 29. 7. 1981 gestellt sein. Der Steuerzahler muß Eigennutzer sein, das Kind muß im betreffenden Kalenderjahr zum Haushalt gehören, und es muß ein steuerliches Kindschaftsverhältnis nach § 32 Abs. 4 EStG sein.
2. Ab dem ersten Kind nach § 10 e: Kaufvertrag oder Bauantrag muß nach dem 31. 12. 1986 erfolgt sein und Bauherr/Erwerber muß Anspruch auf Grundförderung nach § 10 e haben. Gilt auch für Ferien- und Wochenendwohnungen, wenn hierfür Grundförderung möglich.
3. Ab dem 1. 1. 1989 wird das Baukindergeld für eigengenutzte Wohnungen, die nach dem 31. 12. 1989 erworben bzw. fertiggestellt worden sind, auf DM 750,– pro Kind erhöht. Auf die Nutzung ist zu achten, diese beginnt erst mit dem tatsächlichen Einzug.

kinderreiche Familie *(§ 32 Abs. 4 bis 7 EStG).* Nach dem 2. WoBauG gelten Familien mit drei und mehr Kindern als kinderreich.

Kinderzimmer, Lebensraum des Kindes in der Wohnung. Der Raum sollte den verschiedenartigen Ansprüchen des Kindes und des Jugendlichen gerecht werden. Die Anordnung im Hause sollte eine gute Überwachung ermöglichen.

Kleindarlehen.

1. Bei vielen Geldgebern werden bei der Bereitstellung von K., meistens bis DM 100000,–, besondere Gebühren berechnet. Auf Grundschuldeintragung wird vielfach verzichtet.

2. Bei Bausparkassen werden Darlehen unter DM 15 000,–, welche unter bestimmten Voraussetzungen ohne Grundschuldsicherheit mit → Negativerklärung bereitgestellt werden, als Kleindarlehen bezeichnet.

Kleinreparaturklausel *(§ 536 BGB).* Es ist Sache des Vermieters, die Mietsache auf seine Kosten in gebräuchlichem Zustand zu halten. Diese Regelung kann auch nicht durch die K. in Mietverträgen aufgehoben werden. Ausnahmen sind nur Bagatellschäden (z. B. bis DM 100,–), die im Interesse einer ungestörten Vertragsbeziehung zwischen Vermieter und Mieter Streit vermeiden sollen. Diese Schäden beziehen sich aber nur auf solche Teile, die dem direkten und häufigen Zugriff des Mieters ausgesetzt sind (nicht also Leitungen für Gas, Wasser, Strom usw.). Angeraten wird ein Höchstbetrag als Jahresbeteiligung, um jegliche Streitigkeiten zu vermeiden (BGH v. 7. Juli 1989 VII ZR 91/88).

Kleinsiedlungsgebiete *(§ 2 BauNVO),* dienen vorwiegend der Unterbringung von Kleinsiedlungen, landwirtschaftlichen Nebenerwerbsstellen und Gartenbetrieben. Zulässig sind weiterhin die der Versorgung des Gebietes dienenden Läden, Schank- und Speisewirtschaften sowie nicht störende Handwerksbetriebe. Die Ländereien sollen ausreichend sein, um dem Siedler genügend Nutzen zur Ergänzung seines Einkommens und zur Selbstversorgung zu bieten. Dies kann sowohl im Anbau von landwirtschaftlichen Produkten als auch bei der Kleintierhaltung erfolgen. Anlagen für kirchliche, kulturelle, soziale, gesundheitliche und sportliche Zwecke sind ebenfalls zugelassen.

Kleinunternehmer *(§ 19 Abs. 1 UStG).* Wenn die steuerpflichtigen Umsätze eines Bauherren im Vorjahr nicht über DM 20000,– lagen und im laufenden Jahr DM 100000,– voraussichtlich nicht übersteigen, ist der Bauherr sog. K. In diesem Falle wird auf die Erhebung der Umsatzsteuer verzichtet. Das hat jedoch zur Folge, daß der Bauherr wiederum die ihm in Rechnung gestellte Vorsteuer nicht abziehen kann. Dieser Nachteil konnte in der Vergangenheit im Wohnungsbereich aufgehoben werden, wenn auf die Nichterhebung gemäß § 9 Abs. 2 verzichtet wurde. → Mehrwertsteueroption. Gilt nur noch bis einschließlich Steuerjahr 1989. Der Wegfall der Kleinunternehmerregelung trifft vorwiegend auch die Umsätze aus Zwischenmietverhältnissen.

Kölner Modell. Die ersten „klassischen" → Bauherrenmodelle wurden unter dem Namen „K.M." angeboten. Hier handelt es sich um Objekte, bei denen bereits der Erwerber einer ETW von Anfang an als Bauherr auftrat. Der Zusammenschluß der Bauherren erfolgte durch Bildung einer BGB-Gesellschaft, vertreten durch den Treuhänder. In der Anfangsphase bestand noch keine Klarheit über die Gestaltungsform der BGB-Gesellschaft. Dieses Modell paßte sich im Laufe der Zeit den steuerlichen Gegebenheiten an, bis zur heutigen Form der Bauherrenmodelle. → Hamburger Modell.

Körperschaftsteuer *(§§ 1, 2 KStG),* Steuern auf Gewinne der Körperschaften, Personenvereinigungen und Vermögensmassen, z. B. von AG und GmbH.

Körperschaftsteuertarif. Die Körperschaftsteuer ist durch das Steuerreformgesetz 1990 neu geregelt. Das Anrechnungsverfahren gilt ab dem Veranlagungszeitraum 1990 mit folgenden Sätzen: thesaurierte Gewinne: 50%, ausgeschüttete Gewinne: 36%.

Kommunalabgaben, Sammelbegriff für Aufwendungen bei der Nutzung eines Grundstücks wie z. B. Kanalgebühren, Straßenbeleuchtung, Straßenreinigung, Müllabfuhr, Oberflächenwassergebühr u. a. Es empfiehlt sich, die kommunale Satzung hierzu einzusehen. Nur so ist man in der Lage, die Gesamtbelastung aus einem Grundstück nachhaltig zu ermitteln.

Kommunalbürgschaft, Bürgschaft der öffentlichen Institute oder Institutionen zur Unterstützung der Immobilienfinanzierung. Beispiel: I-b-Hypothek mit Bürgschaft der Wohnungsbauförderungsanstalt.

Kommunalkredite, Kredite, die an Körperschaften und Anstalten des öffentlichen Rechts oder an Dritte unter Übernahme der Gewährleistung durch solche Körperschaften ausgeliehen werden.

Kommunikationsbereich. Der K. bildet den Mittelpunkt der Wohnung. Er besteht i. d. R. aus Wohnzimmer und Eßzimmer. Das Eßzimmer kann auch der Küche angegliedert sein. Das Wohnzimmer als Hauptkommunikationsbereich sollte eine Mindestgröße von 18 bis 20 m^2 nicht unterschreiten.

Kompetenz, Zusageermächtigung für Darlehen in einer bestimmten Größenordnung, Laufzeit, Kondition usw. Im Kreditgewerbe ist meist unabhängig von der K. das → Vier-Augen-Prinzip üblich.

Konditionen, alle kostenmäßig wirksamen Faktoren, zu denen ein Darlehensgeber bereit ist, ein Darlehen zur Verfügung zu stellen. Nur bei einem sorgfältigen Vergleich der Gesamtkonditionen kann die wirklich im Einzelfall günstigste Finanzierungsform gefunden werden. Die überwiegenden Konditionsbausteine sind in der PangV und damit im anfänglichen effektiven Zins, der zwingend angegeben werden muß, enthalten. Hierzu zählen: der Nominalzins, der Auszahlungskurs, der Festschreibungszeitraum, der Tilgungssatz, der Tilgungsbeginn, die Bereitstellungszinsen, die Bearbeitungsgebühren, die Schätzgebühren.

Konditionenanpassung. Bei Ablauf einer Zinsfestschreibung muß eine neue Vereinbarung über die Gesamtkondition getroffen werden. Dabei wird das Kreditinstitut nicht den Ablauf der Frist abwarten, sondern schon einige Wochen vorher ein neues Angebot mit den sich nach den zeitnahen Kapitalmarktverhältnissen richtenden Konditionen machen. Selbstverständlich können auch bei der K. Änderungswünsche zu Tilgungssätzen bzw. Tilgungsersatzleistungen berücksichtigt werden. Es kann nur der Nominalzins neu vereinbart werden, es ist aber auch wieder eine Kombination von neuem Nominalzins und Disagio möglich. → Prolongation.

Konditionensicherung, bankinterne Möglichkeit, Konditionen bereits im Kundengespräch für ein noch auszuzahlendes Darlehen zu sichern. Voraussetzung muß natürlich eine Abnahmeverpflichtung seitens des Kunden sein.

Konkurrenzschutz. Die Pflicht zur Überlassung einer Mietsache beinhaltet normalerweise auch die Notwendigkeit, den Mieter vor Konkurrenz anderer zu schützen. Diese Schutzpflicht besteht auch ohne vertragliche Vereinbarung bei Vermietung einer Mietsache zum Betrieb eines bestimmten gewerblichen Unternehmens. Allerdings besteht die Möglichkeit, den K. formularmäßig völlig auszuschließen.

Auf derartige Vertragsgestaltungen wäre bei einer Finanzierung zu achten.

Konkurrenzverbot *(§§ 1018ff. BGB),* Grunddienstbarkeit. Verbot, z. B. zugunsten eines Lebensmittelmarktes auf dem Grundstück einen weiteren Lebensmittelmarkt zu errichten. Wichtige Vorschrift z. T. bei Einkaufszentren. Regelung für gesunden Branchenmix. Bei Beleihung und Bewertung eines Grundstückes grundsätzlich zu beachten.

Konkurs, Verfahren zur regelmäßigen, gleichmäßigen Befriedigung aller bekannten, am K. teilnahmeberechtigten, zur Gemeinschaft der Konkursgläubiger zusammengefaßten vermögens- und schuldrechtlichen Gläubiger eines zahlungsunfähigen oder überschuldeten Schuldners. → Konkursvermerk, → Konkursverwalter.

Konkursgericht. Das K. ist verpflichtet, bei ihm bekannten Grundstücken oder Rechten das Grundbuch zu ersuchen, die Eintragung des K. zu veranlassen. Die Eintragung kann auch über den → Konkursverwalter erfolgen.

Konkursvermerk. Der K. läßt keine Beleihungsmöglichkeit zu. Ein vom → Konkursgericht erlassenes allgemeines Veräußerungsverbot sowie die Eröffnung des Konkursverfahrens werden im Grundbuch eingetragen (§ 113 KO). Das Konkursgericht hat, soweit ihm Grundstücke des Gemeinschuldners bekannt sind, das Grundbuchamt von Amts wegen um Eintragung zu ersuchen. Die Eintragung kann jedoch auch über den → Konkursverwalter erfolgen. Mit der Eintragung geht das Verwaltungs- und Verfügungsrecht über das Vermögen, soweit es zur Konkursmasse gehört, auf den Konkursverwalter über. Rechtshandlungen, die der Gemeinschuldner nach Eröffnung des Verfahrens übernimmt, sind den Konkursgläubigern gegenüber unwirksam. Nach Eintragung des K. darf das Grundbuchamt Erklärungen des Eigentümers nicht mehr entgegennehmen. Das Grundbuch ist gesperrt. Belastungen, Ablösungen oder Verkäufe sind vom Konkursverwalter zu genehmigen.

Konkursverwalter *(§§ 6, 78 KO),* vom Amtsgericht ernannter Verwalter zur Abwicklung des → Konkurses. Er wird unterstützt und überwacht durch Organe der Gläubiger (Gläubigerversammlung, Gläubigerausschuß). Mit der Eröffnung des Verfahrens verliert der Gemeinschuldner die Befugnis, sein zur Konkursmasse gehörendes Vermögen zu verwalten. Grundstücksverkäufe bedürfen der Zustimmung des Verwalters. Freihändiger Verkauf ist bei Freigabe aus der Konkursmasse möglich.

Konsumgutlösung, Konsumnutzung der eigenen Wohnung. Die selbstgenutzte Wohnung wird ab dem 1. 1. 1987 nicht mehr mit einem pauschalen Wert (§ 21a EStG) mit der → Marktmiete (§ 21 Abs. 2 EStG) besteuert und damit steuerlich wie andere Konsumgüter behandelt. Hiernach fallen auch keine Werbungskosten mehr an. Dies gilt

auch für Garagen und Zweitgaragen, sofern nicht fremdvermietet.

Kontamination, Verunreinigung von Grundstücken durch andersartige, oft schädigende Stoffe (Abgase, Industrieabfälle, radioaktive Stoffe, Gifte, Mikroorganismen) → Altlasten.

kontaminierte Standorte, Begriff für Grundstückslagen, die durch frühere Grundwasser- und Bodenbelastungen heute kaum noch nutzbar sind. Spielt jetzt auch eine wichtige Rolle bei der Grundstücksbewertung. Beispiel: früheres Deponiegelände, Tankstellengrundstück. → Altlasten.

Kontokorrentkredit *(§ 355 HGB),* Kredit mit einem festen Betrag und einer bestimmten Laufzeit. Die Inanspruchnahme erfolgt durch Barabhebung, Überweisung usw. Die Zinsen sind in aller Regel variabel. Diese Form des Kredites und der Abwicklung wird vielfach auch für Vor- und Zwischenfinanzierungen von Baudarlehen verwendet.

Kontowahrheit *(§ 154 AO).* Niemand darf auf einen falschen oder erdichteten Namen für sich oder einen Dritten ein Konto/Depot errichten oder Buchungen vornehmen lassen, Wertsachen in Verwahrung geben oder verpfänden oder sich ein Schließfach geben lassen. Wer derartige Dienstleistungen anbietet, muß sich zuvor Gewißheit über die Person und die Anschrift des Verfügungsberechtigten verschaffen und diese Angaben auch festhalten. Verstöße gegen diese Vorschrift führen dazu, daß nur mit Zustimmung des zuständigen Finanzamtes diese Werte herausgegeben werden dürfen.

Kontrollmitteilung (der Steuerbehörden), internes Informationsmittel zwischen einzelnen, voneinander unabhängigen Finanzämtern bzw. Veranlagungsstellen. Beispiele: Grunderwerbsteuerstelle informiert zuständiges Finanzamt des Käufers und des Verkäufers. Erbschaftsteuerstelle informiert zuständiges Finanzamt des Erblassers über Höhe und Art der Erbschaft und die Finanzämter der Erben. Grunderwerbsteuerstelle informiert Einheitsbewertungsstelle über den Verkaufswert einer Immobilie (Rückrechnungsmöglichkeit auf den Einheitswert). Bei Geltendmachung von AfA durch einen Berechtigten Information an die Betriebsprüfstelle des Handwerkers u. a.

Kopfhöhe, → Durchgangshöhe.

Korrealgrundschuld, alte Bezeichnung für → Gesamtgrundschuld.

Kostenersparnis. 1. In der Finanzierung zu erreichen durch: hohe Eigenkapitalquote, zinsgünstige Darlehen, staatliche Zuschüsse. 2. Im Baubereich zu erreichen durch: geringfügige Einschränkungen in der Wohnqualität, kleine Grundstücke, verdichtete Bauformen, konstruktiv einfache Lösungen, glatte Baukörper, normale Ausstattung, kostensparendes Bauen, Preisvergleiche.

Kostenmiete *(§ 72 Abs. 1, § 85 WoBauG),* zur Deckung der laufenden Aufwendungen für Bewirtschaftungskosten und Kapitaldienst erforderliche Miete. Für den öffentlich geförderten sozialen Wohnungsbau und den steuerbegünstigten Wohnungsbau wird die K. jeweils von der zuständigen Behörde nach den Vorschriften der Berechnungsverordnung festgesetzt. Bedeutung hat die K. bei der Berechnung des Nutzungswertes der eigengenutzten Wohnung im Zweifamilienhaus bis längstens 1998. Kann bei besonders aufwendigen Zweifamilienhäusern die vergleichbare, am Markt erzielbare Miete nicht herangezogen werden, so ist die echte K. zu ermitteln. Hier sind dann z. B. auch die Kosten für ein eventuelles Schwimmbad mit heranzuziehen. → Nutzungswertbesteuerung. Lt. OFD München kann von ,besonders aufwendig' ausgegangen werden, wenn die → Anschaffungskosten und Herstellungskosten ohne Grund und Boden DM 900000,– übersteigen. Aus Vereinfachungsgründen werden vielfach 6% der auf die zu eigenen Wohnzwecken genutzten Wohnung entfallenden Kosten zuzüglich Grund und Boden als K. gerechnet.

Kostenordnung, regelt die Gebührensätze der Notare, Amtsgerichte usw. Die Gebühren richten sich nach dem → Geschäftswert und werden an Hand einer → Kostentabelle ermittelt, z. B. *Grundstückskaufvertrag:* Notar: zwei bis drei Gebühren + MwSt, Grundbuchamt: ein bis zwei Gebühren, Anderkonto: ca. 1/4 des hinterlegten Betrages. *Grund-*

Kostenschuldner

schuldbestellung: Notar: eine Gebühr + MwSt, Grundbuchamt: eine Gebühr – brieflose Grundschuld, 1 1/4 Briefgrundschuld. *Vorrangeinräumung:* Notar: 1/2 Gebühr + MwSt, Grundbuchamt: 1/2 Gebühr. *Löschungsbewilligung:* Notar: 1/2 Gebühr + MwSt (Bewilligung) + 1/2 Gebühr für Antrag, Grundbuchamt: 1/2 Gebühr. → Kostentabelle.

Kostenschuldner (Grundbuchamt) *(§ 2 Ziff. 1 KostO).* K. der Eintragungskosten ist der Antragsteller. Mehrere Antragsteller haften als Gesamtschuldner (§ 5 KostO).

kostensparendes Bauen. Steigende Baukosten – insbesondere im Bereich der Personalkosten – und nur geringe Lohnerhöhungen machen es erforderlich, das Bauen kostengünstiger zu gestalten, denn nur hierdurch können breitere Bevölkerungsschichten Wohneigentum schaffen. Möglichkeiten des k. B. liegen u. a. im Bereich neuer Materialien und in neuen Bauformen. Staatliche Förderungen und günstige Grundstückspreise tragen mit dazu bei. → Kostenersparnis.

Kostentabelle *(§§ 60–78 KostO).* Die Gebühren der Notare und Grundbuchämter werden nach der → Kostenordnung berechnet. Grundlage hierfür ist die K:

Auszug aus Tabelle der Gebühren nach der Kostenordnung
übernommen aus „Hörer, Gebührentabellen"

Wert bis	1 volle Gebühr	2	1/2	1/4
500	15,–	30,–	15,–	15,–
1 000	18,–	36,–	15,–	15,–
1 500	21,–	42,–	15,–	15,–
2 000	24,–	48,–	15,–	15,–
4 000	38,–	76,–	19,–	15,–
6 000	52,–	104,–	26,–	15,–
8 000	66,–	132,–	33,–	16,50
10 000	80,–	160,–	40,–	20,–
15 000	90,–	180,–	45,–	22,50
20 000	100,–	200,–	50,–	25,–
25 000	110,–	220,–	55,–	27,50
30 000	120,–	240,–	60,–	30,–
35 000	130,–	260,–	65,–	32,50
40 000	140,–	280,–	70,–	35,–
45 000	150,–	300,–	75,–	37,50
50 000	160,–	320,–	80,–	40,–
55 000	170,–	340,–	85,–	42,50
60 000	180,–	360,–	90,–	45,–
65 000	190,–	380,–	95,–	47,50
70 000	200,–	400,–	100,–	50,–

Auszug aus Tabelle der Gebühren nach der Kostenordnung (Fortsetzung)
übernommen aus „Hörer, Gebührentabellen"

Wert bis	1 volle Gebühr	2	1/2	1/4
75 000	210,–	420,–	105,–	52,50
80 000	220,–	440,–	110,–	55,–
85 000	230,–	460,–	115,–	57,50
90 000	240,–	480,–	120,–	60,–
95 000	250,–	500,–	125,–	62,50
100 000	260,–	520,–	130,–	65,–
120 000	290,–	580,–	145,–	72,50
140 000	320,–	640,–	160,–	80,–
160 000	350,–	700,–	175,–	87,50
180 000	380,–	760,–	190,–	95,–
200 000	410,–	820,–	205,–	102,50
220 000	440,–	880,–	220,–	110,–
240 000	470,–	940,–	235,–	117,50
260 000	500,–	1000,–	250,–	125,–
280 000	530,–	1060,–	265,–	132,50
300 000	560,–	1120,–	280,–	140,–
320 000	590,–	1180,–	295,–	147,50
340 000	620,–	1240,–	310,–	155,–
360 000	650,–	1300,–	325,–	162,50
380 000	680,–	1360,–	340,–	170,–
400 000	710,–	1420,–	355,–	177,50
420 000	740,–	1480,–	370,–	185,–
440 000	770,–	1540,–	385,–	192,50
460 000	800,–	1600,–	400,–	200,–
480 000	830,–	1660,–	415,–	207,50
500 000	860,–	1720,–	430,–	215,–
520 000	890,–	1780,–	445,–	222,50
540 000	920,–	1840,–	460,–	230,–
560 000	950,–	1900,–	475,–	237,50
580 000	980,–	1960,–	490,–	245,–
600 000	1010,–	2020,–	505,–	252,50
620 000	1040,–	2080,–	520,–	260,–
640 000	1070,–	2140,–	535,–	267,50
660 000	1100,–	2200,–	550,–	275,–
680 000	1130,–	2260,–	565,–	282,50
700 000	1160,–	2320,–	580,–	290,–
720 000	1190,–	2380,–	595,–	297,50
740 000	1220,–	2440,–	610,–	305,–
760 000	1250,–	2500,–	625,–	312,50
780 000	1280,–	2560,–	640,–	320,–
800 000	1310,–	2620,–	655,–	327,50
820 000	1340,–	2680,–	670,–	335,–
840 000	1370,–	2740,–	685,–	342,50
860 000	1400,–	2800,–	700,–	350,–

Kostenverlagerung

Wert bis	1 volle Gebühr	2	1/2	1/4
880 000	1430,–	2860,–	715,–	357,50
900 000	1460,–	2920,–	730,–	365,–
920 000	1490,–	2980,–	745,–	372,50
940 000	1520,–	3040,–	760,–	380,–
960 000	1550,–	3100,–	775,–	387,50
980 000	1580,–	3160,–	790,–	395,–
1 000 000	1610,–	3220,–	805,–	402,50
1 020 000	1640,–	3280,–	820,–	410,–
1 040 000	1670,–	3340,–	835,–	417,50
1 060 000	1700,–	3400,–	850,–	425,–
1 080 000	1730,–	3460,–	865,–	432,50
1 100 000	1760,–	3520,–	880,–	440,–
1 120 000	1790,–	3580,–	895,–	447,50
1 140 000	1820,–	3640,–	910,–	455,–
1 160 000	1850,–	3700,–	925,–	462,50
1 180 000	1880,–	3760,–	940,–	470,–
1 200 000	1910,–	3820,–	955,–	477,50
1 220 000	1940,–	3880,–	970,–	485,–
1 240 000	1970,–	3940,–	985,–	492,50
1 260 000	2000,–	4000,–	1000,–	500,–
1 280 000	2030,–	4060,–	1015,–	507,50
1 300 000	2060,–	4120,–	1030,–	515,–
1 320 000	2090,–	4180,–	1045,–	522,50
1 340 000	2120,–	4240,–	1060,–	530,–
1 360 000	2150,–	4300,–	1075,–	537,50
1 380 000	2180,–	4360,–	1090,–	545,–
1 400 000	2210,–	4420,–	1105,–	552,50
1 420 000	2240,–	4480,–	1120,–	560,–
1 440 000	2270,–	4540,–	1135,–	567,50
1 460 000	2300,–	4600,–	1150,–	575,–
1 480 000	2330,–	4660,–	1165,–	582,50
1 500 000	2360,–	4720,–	1180,–	590,–
1 520 000	2390,–	4780,–	1195,–	597,50
1 540 000	2420,–	4840,–	1210,–	605,–
1 560 000	2450,–	4900,–	1225,–	612,50
1 580 000	2480,–	4960,–	1240,–	620,–

Kostenverlagerung. Aus steuerlichen Gründen werden Kosten in die Investitionsphase statt in die Vermietungsphase verlagert. Bei ertragsorientierten gewerblichen Immobilien, die zur Anlage empfohlen werden, wird oftmals versucht, Kosten, die normalerweise in die Vermietungsphase fallen, bereits in die

Investitionsphase zu verlegen, um eine optisch günstigere Rendite zu errechnen.

Kosten vor Einzug, vor dem erstmaligen Einzug entstandene Aufwendungen, die nicht zu den → Herstellungskosten oder → Anschaffungskosten einer Wohnung oder eines Hauses gehören, werden steuerlich berücksichtigt. Hierzu zählen insbesondere → Geldbeschaffungskosten.

Kostenvorschuß (Grundbuchamt) *(§ 8 KostO)*. Der Antragsteller hat zur Deckung der Kosten auf Anforderung des Grundbuchamtes den angesetzten K. zu leisten. Das Grundbuchamt soll die Eintragung von der Zahlung abhängig machen. Nichtzahlung gilt als Eintragungshindernis. Aus Sicht der Bank kann es u. U. vorteilhaft sein, in Vorlage zu treten oder sich für die Kosten gutzusagen, um die Eintragung sicherzustellen.

Kraftloserklärung von Grundschuldbriefen *(§ 136 ZVG)*. Ist der Nachweis des Berechtigten von der Beibringung des Briefes über eine Hypothek oder Grundschuld abhängig, so kann der Brief wegen des Aufgebotsverfahrens auch dann für kraftlos erklärt werden, wenn das Recht bereits erloschen ist.

Kreditanstalt für Wiederaufbau (KfW). Die Gründung erfolgte 1948 als Körperschaft des öffentlichen Rechts. Das Grundkapital liegt mit 80% beim Bund und mit 20% bei den Ländern. Sie unterliegt nicht dem KWG. Heutige Aufgaben: Mittel für wirtschaftspolitisch orientierte Programme (→ KfW-Wohnungsbauprogramm) und die Rohstoffbeschaffung sowie für Exportgeschäfte zur Verfügung stellen. Die Refinanzierung erfolgt hauptsächlich durch Anleihen und Kassenobligationen sowie aus Haushalten des Bundes und der Länder. Die Ausleihung erfolgt meist über Banken, die dann Primärschuldner gegenüber der KfW sind. Anschrift: Palmengartenstr. 5–9, Postfach 11 11 41, 6 Frankfurt/Main, Tel.: 069/7 43 10.

Kreditaufnahmeverbot *(§ 2 Abs. 2 WOPG, § 10 Abs. 2 Nr. 1 EStG)*. Das K. wurde gemäß § 52 Abs. 13 a des Steuerreformgesetzes 1990 aufgehoben. Bausparbeiträge können ab 1988 als Sonderausgaben abgezogen werden, auch wenn die Einzahlungen durch Kredit finanziert wurden. Analog der Einkommensteuer gilt gleiches für die Wohnungsbauprämie.

Kreditauftrag, eine Art Bürgschaft. Es haftet derjenige, der einen anderen beauftragt, in eigenem Namen und auf eigene Rechnung einem Dritten Kredite zu gewähren. Der K. bedarf keiner besonderen Form. Der Auftrag kann auch als Sicherheitsform gewählt werden, wenn z. B. die für ein Darlehen zu bestellende Grundschuld noch nicht auf dem Grundstück eingetragen werden kann. Dies setzt jedoch eine einwandfreie Bonität des Bürgen voraus.

Kreditprüfung, Prüfung der Kreditfähigkeit und Kreditwürdigkeit eines

Kunden. → Kreditunterlagen, → Kreditunterlagen nach § 18 KWG. → Kreditwürdigkeitsprüfung.

Kreditscoring, Kreditbeurteilung nach einem individuellen Punktsystem. Wird vielfach schon im Konsumentenkreditbereich angewendet und könnte – verfeinert – auch in der standardisierten Baufinanzierung zum Einsatz kommen. Die Kreditwürdigkeitsprüfung wird über eine Mindestpunktzahl gesteuert. Ähnlich zu beurteilen wie → Risikoraster.

Kreditüberwachung, laufende Kontrolle des Kreditverlaufes. Ständige Beobachtung des Engagements auf positive und negative Entwicklungen. Hierzu zählen auch die Informationen über den Kreditnehmer → (Schufa), welche den Verlauf negativ beeinflussen können.

Kreditunterlagen, für die Kreditentscheidung nötige Unterlagen. Um die Kreditwürdigkeit des Kunden zu prüfen und die Beleihbarkeit des Objektes festzustellen, ist die Vorlage von Unterlagen erforderlich, und zwar: *1. Unterlagen über die persönlichen Einkommens- und Vermögensverhältnisse.* Man unterscheidet: a) Kreditnehmer mit Einkünften aus nicht selbständiger Arbeit, b) Kreditnehmer mit Einkünften aus selbständiger Arbeit und Gewerbebetrieben und c) Firmen. Informationsquellen zu a) sind: Einkommensteuererklärung/-bescheid, Lohn- und Gehaltsabrechnungen, Lohnsteuerkarte, Lohnsteuerjahresausgleich, Kontoführung (Salden, Umsätze, Ver-

fügungen, Eingänge), Auskünfte, Kreditzusageschreiben von anderen Instituten, Depotauszüge, Ertragnisaufstellung, Lebensversicherungspolice, Branchen-Informationen wegen Arbeitgeber, Güterstandsregister, Ehevertrag, ggf. Scheidungsurteil. Informationsquellen zu b) sind – neben Angaben zu a) – Einnahmen-/Überschußrechnungen, Jahresabschluß des Vorgängers, Bilanz, Gewinn- und Verlustrechnung, Status, betriebswirtschaftliche Auswertungen, Finanzplanung, Handelsregister, Referenzen, Qualifikationsnachweise, Auskünfte der Kassenärztlichen bzw. Kassenzahnärztlichen Vereinigung, Presseveröffentlichungen, Betriebsbesichtung. Informationsquellen zu c): Neben teilweisen Ausführungen zu a) + b) Bilanzen der letzten drei Jahre. → Kreditunterlagen nach § 18 KWG. *2. Objektunterlagen* wie: Bauzeichnungen, Baubeschreibung, Lageplan, Feuerversicherungspolice, Grundbuchauszug, Lichtbilder des Objektes, Auszug aus dem Liegenschaftsbuch, Grenzbescheinigung, Baugenehmigung, Kaufvertrag usw.

Kreditunterlagen nach § 18 KWG. Den Kreditinstituten ist laut Gesetz die Verpflichtung auferlegt, Einblick in die wirtschaftlichen Verhältnisse zu nehmen bei einem DM 100000,– überschreitenden Kreditbetrag. Sofern die Realkreditgrenze überschritten wird, ist nach § 18 KWG neben der Offenlegung der Verhältnisse *vor* Krediteinräumung eine laufende Überprüfung der wirtschaftlichen Verhältnisse, bei gewerblichen Kreditnehmern durch Einblick in die Jahresabschlüsse vorzunehmen.

Kreditverlängerungsgebühr, von einigen Kreditgebern bei Verlängerung des Darlehens nach Ablauf der Zinsbindung in Rechnung gestellte Gebühr, praktisch eine neue (zusätzliche) Bearbeitungsgebühr, die nicht im anfänglich effektiven Zins enthalten ist.

Kreditvertrag *(§§ 607 bis 610, §§ 1113 ff. BGB).* Ein Darlehensversprechen, d. h. die Zusage, dem Kreditsuchenden unter näher festgelegten Bedingungen Darlehen zu gewähren, kommt im Bankverkehr in zwei Formen vor: in der Vereinbarung über den zu gewährenden Kredit (K.) und in dem besonderen Baugeldvertrag (Baudarlehen). Die übliche Form bei Baudarlehen ist die Beantragung in schriftlicher Form (meist Vordruck der Bank). Zustandekommen des Vertrages durch Bewilligungsschreiben der Bank.

Kreditwesengesetz vom 5. 12. 1934, zuletzt geändert am 11. 7. 1985. Zielsetzung: Erhaltung der volkswirtschaftlichen Funktionsfähigkeit des Kreditgewerbes, Schutz der Bankengläubiger und Gewährleistung der notwendigen Ordnung im Kreditwesen. Geltungsbereich für alle − nicht ausdrücklich ausgenommenen − Kreditinstitute. Die Beaufsichtigung obliegt dem → Bundesaufsichtsamt für das Kreditwesen.

Kreditwürdigkeitsprüfung. Die Bereitstellung von Kreditmitteln setzt eine verantwortungsbewußte Prüfung der Kreditwürdigkeit voraus. Dies nicht nur zum Schutze der Bank, sondern auch, um den Kunden vor Schaden zu bewahren. Von besonderer Bedeutung ist die Vertrauenswürdigkeit des Kunden. Diese Feststellung kann nur in einem persönlichen Gespräch geschehen. Bei Zuführungen durch Dritte ist es grundsätzlich erforderlich, sich einen persönlichen Eindruck zu verschaffen. Zur weiteren Prüfung können Unterlagen herangezogen werden. → Kreditunterlagen, → Gewerbeordnung.

Kreditzyklus. Ein Kredit durchläuft viele Phasen, die oft von mehreren Beteiligten unabhängig voneinander verantwortet werden. In der Kreditbearbeitung können daher auch Fehler innerhalb dieser Phasen gemacht werden, die eine ursprünglich richtige Entscheidung im nachhinein anders erscheinen lassen. Die wichtigsten Phasen: Akquisition, Beratung, Kreditentscheidung, Kreditzusage, Kreditsicherung, Kreditauszahlung, Kreditüberwachung, mögliche Kreditgefährdung, Reaktion auf evtl. Leistungsstörungen, Kreditrückzahlung.

Falls sich die Leistungsstörungen allerdings nicht beheben lassen, nimmt der Kredit folgenden Verlauf: Kreditkündigung, Sicherheitenverwertung, Einzelwertberichtigung, evtl. Abschreibung, persönliche Zwangsmaßnahmen, Analyse der Insolvenz.

Krüppelwalmdach. Bei einem K. wird die Abwalmung eines Walmdaches nicht bis zur Traufhöhe der Längsseite herabgeführt. Dies ist vielfach üblich bei Landhaustypen im Fertighausbereich.

Kubikmeterpreise 1913/1914. Das Statistische Reichsamt hat von 1924 bis 1944 den Bauindex auf der Berechnungsbasis von 1913 = 100 ermittelt. Ab 1945 wurden diese Zahlen von dem Statistischen Bundesamt in Wiesbaden ermittelt und laufend veröffentlicht. Viele Sachverständige berechnen den Gebäudesachwert nach diesen Baupreisen. Die Werte werden mit den aktuellen Zahlen des Bundesamtes vervielfältigt.

Küche, Raum zur Essenszubereitung, Aufbewahrung der Nahrungsmittel und Säuberung der Gebrauchsgegenstände. Bei großzügiger Anlage auch Platz zur Einnahme von Essen. Die Größe sollte bei einem Vier-Personen-Haushalt 6,5 m² und 7,5 m² bei einem Fünf-Personen-Haushalt nicht unterschreiten. Empfohlen werden heute 8 bis 10 m² bei drei und mehr Personen.

Kündigung *(§§ 1193, 1141 BGB).* Das Kapital einer Grundschuld wird erst nach vorgängiger K. fällig. Bei Geltendmachung der Ansprüche aus dem → dinglichen Recht muß der Gläubiger die K. an den im Grundbuch eingetragenen Eigentümer richten. Die K. steht sowohl dem Eigentümer als auch dem Gläubiger zu. Die Kündigungsfrist beträgt sechs Monate. Abweichende Bestimmungen sind möglich. → Kündigungsrecht.

Kündigung eines Baukredits. Die Kündigungsgründe sind in den jeweiligen Kredit-/Darlehensbedingungen niedergelegt. Wegen der weitreichenden Problematik wird allerdings überwiegend versucht, zunächst mit weiteren Hilfsmaßnahmen die Kündigung zu verhindern. Den Kreditnehmern ist oftmals nicht klar, daß die Kündigung sowohl persönliche als auch dingliche Zwangsmaßnahmen nach sich ziehen kann. Die Kreditinstitute sind gut beraten, wenn die Entscheidung über eine Kreditkündigung von mit der Behandlung von leistungsgestörten und notleidenden Krediten erfahrenen Mitarbeitern getroffen wird. Die Kündigung löst natürlich auch die Neuberechnung der Konditionen aus. → Risikofrüherkennung.

Kündigungsrecht *(§ 247 BGB bis 31. 12. 1986, § 609a BGB ab 1. 1. 1987).* Für Darlehen, die vor dem 1. 1. 1987 abgeschlossen worden sind, bleibt § 247 BGB weiterhin anwendbar. Danach hat der Schuldner ein Kündigungsrecht, wenn für das Darlehen ein höherer Zinssatz als 6% vereinbart worden ist. Die Kündigungsfrist beträgt sechs Monate. Ausnahme: Darlehen, die einer aufgrund gesetzlicher Vorschriften (z. B. Hypothekenbankgesetz) gebildeten Deckungsmasse (→ Deckung, → Deckungsstock, für → Schuldverschreibungen) gehören. Neue Regelung ab dem 1. 1. 1987. Grundsätzlich ist eine Kündigung erst nach Ablauf der Zinsbindung möglich. Kündigungsfrist ein Monat. Ausnahme: Nach Ablauf von zehn Jahren nach vollständigem Empfang unter Einhaltung einer Kündigungsfrist von sechs

Monaten, auch wenn die Zinsbindung länger ist. Zinsvariable Kredite können jederzeit unter Einhaltung einer Kündigungsfrist von drei Monaten gekündigt werden. → Wucherparagraph.

Kündigungsschutz *(§§ 564 ff. BGB)*. Eine Kündigung ist nur statthaft, wenn der Vermieter 1. die für eine derartige Kündigung geltenden Vorschriften und Fristen einhält und 2. ein berechtigtes Interesse des Vermieters an der Beendigung des Mietverhältnisses besteht. Die Kündigung eines unbefristeten Mietverhältnisses muß schriftlich erfolgen. Die Fristen betragen bei einem Mietverhältnis von bis zu fünf Jahren = drei Monate, bis zu acht Jahren = sechs Monate, bis zu zehn Jahren = neun Monate, von mehr als zehn Jahren = zwölf Monate (6. Gesetz zur Regelung der Miethöhe § 1). Die Kündigung eines Mietvertrages zum Zwecke der Mieterhöhung ist ausgeschlossen.

Kumulierungsverbot. Bei Bausparverträgen, die nach dem 8. 12. 1966 abgeschlossen wurden, war grundsätzlich die gleichzeitige Inanspruchnahme von Steuer- oder Prämienvorteilen für Bausparbeiträge einerseits und von Prämien nach dem Sparprämiengesetz andererseits ausgeschlossen. Ausgenommen waren vermögenswirksame Leistungen auf Sparverträgen, die vor dem 13. 11. 1980 abgeschlossen wurden. Da keine begünstigten Einzahlungen auf Sparverträgen mehr möglich sind, wurde das K. im Rahmen der Steuerreform 1990 aufgehoben.

Kundenkalkulation. Auch im Baufinanzierungsgeschäft ist es üblich, eine K. durchzuführen. Diese interne Berechnung hat die Aufgabe, einerseits allgemein brauchbare Werte über Konditionengestaltung zu bekommen, andererseits dient sie als Aussage über den individuellen Beitrag einer Kundenverbindung oder einer Geschäftssparte (hier Baufinanzierung) zum Gesamtergebnis eines Kreditinstitutes. Die K. wird vielfach sogar in der Kundenberatung als Argumentationshilfe eingesetzt.

K-Wert, Meß-Einheit bei der Wärmedämmung. Es wird die Qualität der Wärmedämmung eines Fensters, einer Mauer, des Daches etc. gemessen. Je geringer der Wärmeverlust, um so niedriger ist der K-W. Für Neubauten bestehen weitgehende Wärmedämmungsvorschriften.

L

Laden. Räume eines Teileigentums dürfen nur dann als L. genutzt werden, wenn dies in der → Teilungserklärung bestimmt ist. Oftmals sind hier auslegbare Begriffe wie Gewerberaum, Gewerbefläche oder Geschäftsraum angegeben. In der Beleihungspraxis ergeben sich dann regelmäßig Schwierigkeiten, da die Zustimmung aller Beteiligten zu Änderungen notwendig werden kann. Ansonsten verhindert die Eigentümergemeinschaft bestimmte Betriebe (Gaststätten, Imbiß, Spielhallen etc.). Die Investitions- und damit die bankinterne Finanzierungsrechnung geht dann sicherlich nicht auf. Vor einer Beleihung ist daher genauestens die Verwendungsmöglichkeit des Teileigentums zu prüfen.

Lärm. Lärmbelästigung, z. B. durch Fluglärm etc., kann dazu führen, daß die Nutzung eines Grundstücks stark eingeschränkt ist. Die Finanzämter gewähren bei der Einheitsbewertung ggf. einen Abschlag vom Grundstückswert, um dieser Belästigung Rechnung zu tragen.

Lärmschutzwand. Eine L. ist oftmals unverzichtbar, wenn nachträglich in Wohngebieten durch neue Verkehrstrassen eine unzumutbare Lärmbelästigung erfolgt. In der Bewertung von Immobilien führt jedoch das Vorhandensein derartiger Schutzwände zu einer Wertkorrektur. Auch ist zu berücksichtigen, daß durch diese Maßnahme oft ein wesentlich weiter entfernt liegendes Gebäude erst nachträglich benachteiligt werden kann. Bei der Grundstücksauswahl sollte man daher auch dies berücksichtigen.

Lage. Bei der Bewertung und der Finanzierung kommt der L. eines Grundstücks eine außerordentliche Bedeutung zu. Man unterscheidet: Ortslage (z. B. Kleinstadt, Stadtkern, Stadtrand); Art des Grundstücks (Baulücke, Eckgrundstück, Trümmergrundstück, Abbruchgrundstück); Verkehrslage, Himmelsrichtung, Beeinträchtigungen.

Lagemerkmale von Grundstücken, insbesondere die Verkehrsanbindung, die Nachbarschaft, die Wohn- und Geschäftslage, die Nähe zu Schulen und sonstigen Bildungseinrichtungen, die Parkgelegenheiten und die Umwelteinflüsse.

Lageplan, Katasterunterlage, gehört zu den Beleihungsunterlagen und wird dem Antrag auf Baugenehmigung beigefügt. Aus dem L. kann der Finanzierer die Lage des Grundstücks, die mögliche Verkehrsanbindung u. a. ersehen.

Landbeschaffungsgesetz *(BGBl I 34)*, Gesetz zur Landbeschaffung für Aufgaben der Verteidigung vom 23. 2. 1957. Vorschriften gelten ähnlich wie im BBauG bzw. BauGB. Auch ein Vorkaufsrecht nach dem L. ist möglich.

Landesbaudarlehen, im II. WoBauG geregelte Form von Darlehen der einzelnen Bundesländer im Rahmen des → sozialen Wohnungsbaus.

Landesbauordnung, Bauordnung für das Land Nordrhein-Westfalen *(Bau-ONW Neufassung 26. 6. 1984).* Das Gesetz gilt für alle baulichen Anlagen, auch für Grundstücke sowie für alle anderen Anlagen und Einrichtungen, an die in diesem Gesetz oder in Vorschriften aufgrund dieses Gesetzes Anforderungen gestellt werden.

Landesentwicklungspläne. Die Länder erarbeiten über ihre Ministerien (2. Planungsebene) für Landes- und Stadtentwicklung die L. Dies geschieht auf der Grundlage der Raumordnungsgrundsätze des Bundes.

Landeswassergesetz, regelt das Eigentum an oberirdischen Gewässern. Je nach Regelung können Gewässer ganz oder teilweise (bis Flußmitte) auch Eigentümer der Ufergrundstücke sein. Der Eigentümergebrauch berechtigt zur Benutzung eines oberirdischen Gewässers für den Eigenbedarf. Der neben dem Eigentümergebrauch bekannte Anliegergebrauch steht dem Eigentümer und Nutzungsberechtigten der an oberirdischen Gewässern angrenzenden Grundstücke jeweils für den eigenen Bedarf zu.

Landeszentralbank, → Bundesbank.

Landhaus, freistehendes Ein- oder Zweifamilienhaus mit Sattel- oder Walmdach und ortsspezifischen sonstigen Ausstattungsmerkmalen.

Landmesser, vereidigte Vermessungsingenieure, die im Auftrag des Grundstückseigentümers das Grundstück einmessen und die Katasterunterlagen vorbereiten.

Landschaften, Realkreditinstitute auf genossenschaftsähnlicher Basis. Früher ausschließlich als Selbsthilfeeinrichtung für die notleidende Landwirtschaft gedacht und zur Beschaffung der landwirtschaftlichen Realkredite. Heute werden auch Finanzierungen von Wohnhäusern, gewerblichen Objekten und Kommunaldarlehen vorgenommen.

Landschaftsplan. Das Landschaftsgesetz Nordrhein-Westfalen verpflichtet alle Kreise und kreisfreien Städte zur Aufstellung eines L. Dieser bildet auf örtlicher Ebene die Grundlage für die Entwicklung, den Schutz und die Pflege von Natur und Landschaft. Durch ihn sollen die natürlichen Lebensgrundlagen des Menschen nachhaltig gesichert werden, also Pflanzen- und Tierwelt, die Leistungsfähigkeit des Naturhaushaltes sowie die Vielfalt, Eigenart und Schönheit von Natur und Landschaft. Der L. trifft Festsetzungen für die Flächen im Stadt- oder Gemeindegebiet, die außerhalb der im Zusammenhang bebauten Ortsteile und des Geltungsbereiches von Bebauungsplänen liegen (baulicher Außenbereich).

Landschaftsschutzgebiete, meist großflächige Landschaftsräume, werden festgesetzt zur Erhaltung oder Wiederherstellung der Leistungsfähigkeit des Naturhaushaltes oder der Nutzungsfähigkeit der Naturgüter, wegen der Vielfalt, Eigenart oder Schönheit des Landschaftsbildes oder wegen ihrer besonderen Bedeutung für die Erholung.

landwirtschaftliche Grundstücke, Grundstücke, die zur Nutzung als Ackerfläche, Wiesen- oder Weidefläche, zur Tierhaltung, zum Anbau von Obst und Gemüse sowie von Wein dienen. Für die Zwangsversteigerung derartiger Objekte bestehen keine Besonderheiten.

Landwirtschaftliche Rentenbank. Nach Verordnung über die Errichtung der Rentenbank sind die dauernd landwirtschaftlichen, forstwirtschaftlichen oder gärtnerischen Zwecken dienenden Grundstücke zugunsten der Rentenbank belastet. Diese bleibt gemäß dem Gesetz über die Rentenbankgrundschuld als Reallast zugunsten der L. R. bestehen und wird nicht in

das Grundbuch eingetragen, geht jedoch allen anderen Lasten im Range vor und ist für Gläubiger und Eigentümer unkündbar.

landwirtschaftliches Grundvermögen. Bodenflächen, die einem Betrieb der Land- und Forstwirtschaft dauernd zu dienen bestimmt sind, sollten dort und nicht beim Grundvermögen ausgewiesen werden. Landwirtschaft bedeutet z. B. die Nutzung des Bodens zur Gewinnung pflanzlicher oder tierischer Erzeugnisse einschließlich der unmittelbaren Verwertung. Durch diese Zuordnung sind Vorteile in der Bewertung gegeben, die zu einer entsprechenden Auswirkung bei den Steuerformen führen, die von der Einheitsbewertung abhängen (Grundsteuer, Vermögensteuer, Erbschaftsteuer).

langfristige Kredite, Kredite/Darlehen mit einer Laufzeit von mehr als 47 Monaten.

Langfristzins, grundsätzlich variabler Zinssatz für ein längerfristiges Baudarlehen. Zinsanpassungsmöglichkeiten sind zwar gegeben, z. B. bei erheblicher Verschiebung der Marktlage, doch hier sind ebenfalls Einschränkungen durch Vereinbarung einer Zinsober- und Zinsuntergrenze gegen Zahlung einer → Zinsbegrenzungsprämie regelbar.

Lästigkeitswert. Nachrangige Grundpfandrechte, z. T. außerhalb des Verkehrswertes, haben im Verkaufsfall zumindest einen L., da ohne Zustimmung nicht verkauft werden kann. Auf den L.

wird oft auch bei der Eintragung von Sicherungshypotheken gesetzt.

Lastenausgleichsabgabe *(LAG)*. Kosten der L., die heute nur noch wenige Grundstücke betreffen, sind nicht bei den Bewirtschaftungskosten berücksichtigt.

Lastenausgleichsbank, Gründung 1950. Ziel: Wirtschaftliche Eingliederung und Förderung von Personen, die durch den Krieg und seine Folgen betroffen worden sind (Stellung von Bürgschaften, Garantien und Krediten). Damit Erfüllung der Lastenausgleichsgesetzgebung. Auszahlung und zentrale Verwaltung von Eingliederungsdarlehen. Inzwischen werden auch andere Aufgaben, wie die Förderung von Existenzgründungen übernommen, so z.B. Übernahme von Bürgschaften für Nachwuchskräfte des Mittelstandes.

Lastenberechnung, Bestandteil des Finanzierungsplanes. Wichtig ist, daß insbesondere bei stark schwankenden Aufwendungen bzw. gravierenden Änderungen nicht nur die Anfangsbelastung in den Vordergrund gestellt wird. Auf sonstige Einflüsse (Wegfall von Steuervorteilen, Aufwendungszuschüssen etc.) ist gleichfalls hinzuweisen. Für bestimmte Vorhaben vorgeschrieben (§ 40 II. BV).

Lasten und Beschränkungen. Alle L. u. B., die ein Grundstück betreffen können, sind in Abt. II des Grundbuches eingetragen.

Lastenzuschüsse, dem Wohngeld entsprechende öffentliche Zuschüsse für selbstgenutztes Wohneigentum.

Lastschrift, im Lastschriftverkehr übliches Formular. Im Baufinanzierungsgeschäft übliche Form der Einziehung von Darlehensraten, wenn der Kunde kein Gehaltskonto unterhält. Die Vereinbarung über den Lastschrifteinzug wird im Kreditantrag getroffen.

Laubfall. Der Grundstückseigentümer mit Baumbestand auf seinem Grundstück ist nicht verpflichtet, eine Entschädigung für die Entfernung seines Laubes auf dem Nachbargrundstück zu leisten. Nach Auffassung des Gerichts handelt es sich um eine unwesentliche Beeinträchtigung des Grundstücks, welche nur jahreszeitmäßig bedingt ist. Aus diesem Grund entfällt eine Zahlung nach § 906 Abs. 2 BGB. OLG Stuttgart v. 28. 10. 1987 AZ 9 U 161/87.

laufende Beträge wiederkehrender Leistungen *(§ 13 ZVG)*, der letzte vor der Beschlagnahme fällig gewordene Betrag sowie die später fällig werdenden Beträge. Die älteren Beträge sind Rückstände.

Laufzeit. Die L. eines Wohnungsbaudarlehens hängt normalerweise von der Höhe des Tilgungssatzes und der Höhe des Nominalzinssatzes ab. Üblich ist, daß eine feste Rate gezahlt wird, die einen festen Zinsanteil und einen sich langsam erhöhenden Tilgungsanteil enthält. Man spricht hierbei von dem

Annuitätenprinzip. Die in den Darlehenszusagen gemachten Aussagen zur Tilgung müßten daher auch die Ergänzung – zuzüglich ersparter Zinsen – enthalten.

Leasing, → Immobilienleasing.

Lebensdauer. Die L. von Gebäuden ist wichtig bei der Bewertung. Diese hängt natürlich von den verwendeten Materialien, aber auch der Beanspruchung ab. Die WertR und die WertVO enthalten Tabellen über die durchschnittliche L. von Gebäuden.

Lebensdauer von Bauteilen.

Unter 10 Jahren:
Textilbeläge 5 – 10 Jahre; Tapeten geringer und mittlerer Qualität 4 – 10 Jahre; Kalkfarbe 3 – 5 Jahre; Binder- und Ölfarbe (als Außenanstrich) 3 – 8 Jahre; Heizkörperfarbe 5 – 10 Jahre.

Nach 10 bis 20 Jahren:
Dachrinnen und Fallrohre aus verzinktem Stahlblech; Spachtelmasse; Kunsttapeten und Webstoffe; Schalter und Steckdosen; elektrische Heißwasserbereiter; Stahlheizkörper.

Nach 20 bis 30 Jahren:
Dachhaut mit doppelter Papplage; Linoleum; Fensterläden und Rolläden aus Weichholz; Warmwasserheizkessel aus Stahl.

Nach 30 bis 40 Jahren:
Kunststoffbeläge; Kochplatten, Fensterbänke aus Weichholz; Kupferleitungen auf Putz; Wasserrohrleitungen aus verzinktem Stahl; Badewannen, Wasch- und Klosettbecken, Ausguß- und Spülbecken aus Gußeisen oder Stahlblech emailliert; Armaturen aus Messing oder mit Messing vernickelt; Warmwasserheizkessel aus Graugruß; Heizungsventile und Hähne aus Messing oder Rotguß.

Nach 40 bis 50 Jahren:
Zementziegel; Zinkblech; Einfachfenster aus Weichholz; Außentüren aus Weichholz; Fensterbeschläge sowie Gitter und Außengeländer aus Schmiedeeisen; Rohrleitungen für Warmwasserheizungen aus Stahl.

Nach 50 bis 60 Jahren:
Außenwandputz aus Kalk- oder Kalkzementmörtel; Edelputztrockenmörtel; Holzböden aus Weichholz; Fensterbänke aus Hartholz; Türbeschläge aus Schmiedeeisen; Kupferleitungen unter Putz; Gasrohrleitungen aus Stahl; sanitäre Installationen aus Porzellan.

Nach 60 bis 70 Jahren:
Heizkörperverkleidungen aus Weichholz.

Nach 70 bis 80 Jahren:
Dacheindeckung mit Asbestzement; Einfachfenster aus Hartholz; Wasserrohrleitungen aus Kupfer oder Kunststoff; Rohrleitungen für Warmwasserheizungen aus Kupfer; Heizkörper aus Graugruß; Konvektoren aus Kupfer oder Messing mit Alu-Lamellen.

Nach 80 bis 100 Jahren:
Dachstuhl aus Holz; Hartbrandziegel; Holzböden aus Hartholz; Natur- und Kunststein.

Lebenserwartung (Durchschnittswerte). Für die Ermittlung der Werte für le-

benslängliches Wohnrecht oder lebens-
längliche Nutzung ist bei der Errechnung erforderlich, eine durchschnittliche Lebenserwartung mit zu berück-
sichtigten. Anhaltspunkt kann die allgemeine Sterbetafel 70/72 sein:

Durchschnittliche Lebenserwartung
(Auszug aus Allgemeiner Sterbetafel 70/72)*

Vollendetes Alter	Durchschnittliche Lebenserwartung im Alter x in Jahren		Vollendetes Alter	Durchschnittliche Lebenserwartung im Alter x in Jahren	
	Männlich	Weiblich		Männlich	Weiblich
Wochen			17	52,9	58,9
0	67,4	73,8	18	52,0	57,9
1	68,6	74,8	19	51,1	56,9
2	68,9	74,9	20	50,2	56,0
3	68,7	74,9	21	49,3	55,0
Monate			22	48,4	54,0
0	67,4	73,8	23	47,5	53,1
1	68,6	74,8	24	46,6	52,1
2	68,9	74,9	25	45,7	51,1
3	68,7	74,9	26	44,7	50,2
4	68,7	74,8	27	43,8	49,2
5	68,6	74,8	28	42,9	48,2
6	68,6	74,7	29	41,9	47,3
7	68,5	74,6	30	41,0	46,3
8	68,5	74,6	31	40,1	45,3
9	68,4	74,5	32	39,1	44,4
10	68,3	74,5	33	38,2	43,4
11	68,3	74,4	34	37,3	42,5
Jahre			35	36,4	41,5
0	67,4	73,8	36	35,4	40,5
1	68,2	74,3	37	34,5	39,6
2	67,3	73,4	38	33,6	38,7
3	66,4	72,5	39	32,7	37,7
4	65,4	71,5	40	31,8	36,8
5	64,5	70,6	41	30,9	35,8
6	63,5	69,6	42	30,0	34,9
7	62,6	68,6	43	29,1	34,0
8	61,6	67,7	44	28,2	33,1
9	60,7	66,7	45	27,3	32,1
10	59,7	65,7	46	26,5	31,2
11	58,7	64,7	47	25,6	30,3
12	57,7	63,7	48	24,7	29,4
13	56,8	62,8	49	23,9	28,5
14	55,8	61,8	50	23,1	27,7
15	54,8	60,8	51	22,2	26,8
16	53,7	59,8	52	21,4	25,9

Lebenshaltungskosten

Durchschnittliche Lebenserwartung (Fortsetzung)
(Auszug aus Allgemeiner Sterbetafel 70/72)*

Vollendetes Alter	Durchschnittliche Lebenserwartung im Alter x in Jahren		Vollendetes Alter	Durchschnittliche Lebenserwartung im Alter x in Jahren	
	Männlich	Weiblich		Männlich	Weiblich
53	20,6	25,0	77	6,4	7,6
54	19,8	24,2	78	6,0	7,1
55	19,0	23,3	79	5,7	6,6
56	18,3	22,5	80	5,4	6,2
57	17,5	21,6	81	5,0	5,8
58	16,8	20,8	82	4,7	5,4
59	16,0	20,0	83	4,5	5,0
60	15,3	19,1	84	4,2	4,7
61	14,6	18,3	85	3,9	4,4
62	14,0	17,5	86	3,7	4,1
63	13,3	16,7	87	3,4	3,8
64	12,7	15,9	88	3,2	3,6
65	12,1	15,2	89	3,0	3,4
66	11,5	14,4	90	2,8	3,2
67	10,9	13,7	91	2,6	3,0
68	10,4	13,0	92	2,4	2,8
69	9,9	12,3	93	2,3	2,7
70	9,4	11,6	94	2,1	2,5
71	8,9	11,0	95	2,0	2,4
72	8,4	10,4	96	1,8	2,2
73	8,0	9,7	97	1,7	2,1
74	7,6	9,2	98	1,6	2,0
75	7,2	8,6	99	1,5	2,0
76	6,8	8,1	100	1,4	1,9

* Nach Wirtschaft und Statistik 7/74 S. 392, auf eine Stelle hinter dem Komma gerundet (Amt. Anm.); eine neue Allgemeine Sterbetafel soll jeweils nach Vorliegen der Ergebnisse einer Volkszählung berechnet werden.

Lebenshaltungskosten. Die vom Statistischen Bundesamt ermittelten L. bzw. der Lebenshaltungskostenindex sind im Baufinanzierungsbereich von Bedeutung. Viele Mietverträge, aber auch Verkäufe auf Rentenbasis, werden an diesen Index gekoppelt (LZB-genehmigungspflichtig). Außerdem sind diese Zahlen auch Gradmesser für die aktuelle wirtschaftliche Situation und damit auch für die Immobilienmarktlage. → Preis-Index für die Lebenshaltung.

Lebensversicherungsbeitrag, Jahresbeitrag einer Kapitallebensversicherung, die vielfach als Tilgungsersatz, vor allem bei nicht selbst genutzten Objekten dient, wird in drei unterschiedlichen Verwendungsarten untergebracht: 1. Risikoanteil zur Sicherstellung, daß die bei Tod des Versicherungsnehmers fällige Versicherungssumme gezahlt werden kann; 2. Sparanteil, der mit garantierten 3,5% verzinst werden muß und im Erlebensfall die garantierte Versicherungssumme ergibt; 3. Kostenanteil zur Deckung der Verwaltungskosten.

Lebensversicherungsgesellschaften. Die deutschen Lebensversicherer sind traditionell dem Wohnungsbau und der Wohnungsbaufinanzierung verbunden. Die Dienstleistungspalette ist vielfältig und reicht von dem eigenen Hypothekenangebot bis zu eigenen Bausparkassen und Kooperationen mit Hypotheken- und Geschäftsbanken. Im Rahmen des Allfinanzangebotes sind die L. bestens gerüstet.

Lebenszyklus. In jedem Altersstadium sind sowohl die Bedürfnisse als auch die wirtschaftlichen Gesamtverhältnisse eines Menschen oder einer Familie sehr unterschiedlich. Entsprechend müssen langzeitbestimmende Finanzierungs- und Geldanlageprogramme sich an den ändernden Grundbedingungen ausrichten. Gerade die Baufinanzierung mit einer Laufzeit von bis zu 30 Jahren umfaßt einen derart langen Zeitraum, daß diesen vorhersehbaren Änderungen Rechnung getragen werden kann und muß. → Veränderungsprognose.

Leerstand. L. von Wohnraum ist trotz der bestehenden relativen Vollversorgung mit Wohnraum möglich. Ein natürlicher L. von 1 bis 2% des Gesamtbestandes entspräche der norma-

len Fluktuation und ist auch zur Aufrechterhaltung der Flexibilität erforderlich. Im örtlichen Markt ist der L. Indiz für die Immobilienmarktlage. Nach der Wohnstätten- und Volkszählung ist bekanntgeworden, daß keineswegs ein Überangebot an Wohnraum vorhanden ist. Zudem hat die Änderung der Marktlage und eine deutlich verstärkte Nachfrage bei weiterhin nicht ausreichender Neubautätigkeit für einen Nachfrageüberhang gesorgt und damit den L. fast völlig beseitigt.

Legitimation. Jeder Kreditnehmer muß sich durch Vorlage eines gültigen Reisepasses oder Personalausweises legitimieren. Die L. ist auch erforderlich bei Abschluß von Notarverträgen oder z. B. auch bei Abgabe von Geboten im Zwangsversteigerungsverfahren.

Leibgedinge, → Altenteil.

Leibrente *(§§ 330; 759 bis 761 BGB),* Recht für einen Berechtigten, in bestimmten Zeitabschnitten wiederkehrende, gleichbleibende Leistungen in Geld oder vertretbaren Sachen bis zum Tode zu verlangen. L. gehören zu den sonstigen Einkünften (§ 22 EStG) und sind nur mit dem Ertragsanteil zu besteuern. Dieser Satz richtet sich nach dem bei Beginn der Rente vollendeten Lebensjahr des Rentenberechtigten. Eine normale L. liegt vor, wenn fortlaufend wiederkehrende gleichmäßige Leistungen in Geld erfolgen, die auf einem einheitlich nutzbaren Rentenstammrecht beruhen, das dem Berechtigten für eine vom Leben einer Person abhän-

Leibrente

gigen Zeit eingeräumt worden ist (Abschnitt 167 Abs. 1 EStR, § 759 BGB). Abgekürzte Leibrenten hängen zwar auch vom Leben einer Person ab, sind aber auf einen bestimmten Zeitraum begrenzt (z. B. Rente auf Lebenszeit, maximal jedoch für die Dauer von 15 Jahren);Mindestzeitraum 10 Jahre (s. a. Tabelle Ertragsanteiltabelle für abgekürzte Leibrenten nach § 55a Abs. 2 EStDV). → Rentenbarwerttabelle.

Ertragsanteiltabelle für abgekürzte Leibrenten nach § 55a Abs. 2 EStDV

Bei Beginn der Rente vollendetes Lebensjahr des Rentenberechtigten	Ertragsanteil in v. H.	Bei Beginn der Rente vollendetes Lebensjahr des Rentenberechtigten	Ertragsanteil in v. H.	Bei Beginn der Rente vollendetes Lebensjahr des Rentenberechtigten	Ertragsanteil in v. H.
0 bis 2	72	42	48	66	23
3 bis 5	71	42 bis 44	47	67	22
6 bis 8	70	45	46	68	21
9 bis 10	69	46	45	69	20
11 bis 12	68	47	44	70	19
13 bis 14	67	48	43	71	18
15 bis 16	66	49	42	72	17
17 bis 18	65	50	41	73	16
19 bis 20	64	51	39	74	15
21 bis 22	63	52	38	75	14
23 bis 24	62	53	37	76 bis 77	13
25 bis 26	61	54	36	78	12
27	60	55	35	79	11
28 bis 29	59	56	34	80	10
30	58	57	33	81 bis 82	9
31 bis 32	57	58	32	83	8
33	56	59	31	84 bis 85	7
34	55	60	29	86 bis 87	6
35	54	61	28	88 bis 89	5
36 bis 37	53	62	27	90 bis 91	4
38	52	63	26	92 bis 93	3
39	51	64	25	94 bis 96	2
40	50	65	24	ab 97	1
41	49				

Ertragsanteiltabelle für abgekürzte Leibrenten nach § 55 Abs. 2 EStDV
(Fortsetzung)

Beschränkung der Laufzeit der Rente auf ... Jahre ab Beginn des Rentenbezugs (ab 1. Januar 1955, falls die Rente vor diesem Zeitpunkt zu laufen begonnen hat)	Der Ertragsanteil beträgt, vorbehaltlich der Spalte 3, ... v. H.	Der Ertragsanteil ist der Tabelle in § 22 Nr. 1 Satz 3 Buchstabe a des Gesetzes zu entnehmen, wenn der Rentenberechtigte zu Beginn des Rentenbezugs (vor dem 1. Januar 1955, falls die Rente vor diesem Zeitpunkt zu laufen begonnen hat) das ...te Lebensjahr vollendet hatte.
1	2	3
1	0	entfällt
2	2	97
3	5	90
4	7	86
5	9	83
6	10	81
7	12	79
8	14	76
9	16	74
10	17	73
11	19	71
12	21	69
13	22	68
14	24	66
15	25	65
16	26	64
17	28	62
18	29	61
19	30	60
20	31	60
21	33	58
22	34	57
23	35	56
24	36	55
25	37	54
26	38	53
27	39	52
28	40	51
29	41	51
30	42	50
31	43	49
32	44	48
33	45	47
34	46	46
35	47	45
36	48	43
37 – 38	49	42
39	50	41
40	51	40
41 – 42	52	39
43	53	38
44	54	36

Leibzucht

Ertragsanteiltabelle für abgekürzte Leibrenten nach § 55 Abs. 2 EStDV
(Fortsetzung)

Beschränkung der Laufzeit der Rente auf ... Jahre ab Beginn des Rentenbezugs (ab 1. Januar 1955, falls die Rente vor diesem Zeitpunkt zu laufen begonnen hat)	Der Ertragsanteil beträgt, vorbehaltlich der Spalte 3, ... v. H.	Der Ertragsanteil ist der Tabelle in § 22 Nr. 1 Satz 3 Buchstabe a des Gesetzes zu entnehmen, wenn der Rentenberechtigte zu Beginn des Rentenbezugs (vor dem 1. Januar 1955, falls die Rente vor diesem Zeitpunkt zu laufen begonnen hat) das ...te Lebensjahr vollendet hatte.
45−46	55	35
47−48	56	34
49	57	33
50−51	58	31
52−53	59	30
54−55	60	28
56−57	61	27
58−59	62	25
60−62	63	23
63−64	64	21
65−67	65	19
68−70	66	17
71−74	67	15
75−77	68	13
78−82	69	11
83−87	70	9
88−93	71	6

Leibzucht, → Altenteil.

Leistungsbündelung, zunächst bei den Steuermodellen praktizierte Form der Zusammenfassung aller mit der Planung, Errichtung, Finanzierung, Verwaltung und dem Vertrieb von Immobilien zusammenhängenden Leistungen. Inzwischen auch im Baufinanzierungsbereich üblicher Begriff. L. werden durch die Formeln „Finanzierung aus einer Hand", „Alle Finanzdienstleistungen rund um das Haus aus einer Hand" illustriert. Eine L. ist auch zweckmäßig und aus Kostengründen bei Modernisierungen unbedingt erforderlich. So lassen sich viele Maßnahmen zweckmäßigerweise zusammenfassen.

Beispiele: Sanitärmaßnahmen sind zu kombinieren mit Erneuerung der Elektroinstallation, der Küchen- und Wäschepflegeeinrichtungen und der Heizung.

Wärme- und Schalldämmungsmaßnahmen in Verbindung mit Putz- und Stuckarbeiten, Dach- und Fassadenarbeiten, Fenster und Türeneinbau, Kellerneugestaltung.

Leistungshilfedarlehen, rückzahlbare Darlehen, die in der Anfangsphase einer Finanzierung das Ziel haben, die monatliche Belastung zu reduzieren

und damit die Laufzeit zu verlängern.
Nach dem Prinzip der → Aufwendungsdarlehen.

Leistungsrate, Gesamtbetrag, der für
ein Baufinanzierungsdarlehen notwendigen, meist monatlichen Zahlung. Die
L. setzt sich zusammen aus: – Zinsanteil, – Tilgungsanteil, – evtl. Lebens-
versicherungsprämie, – evtl. Risikole-
bensversicherungsprämie, – evtl. Bau-
sparbeitrag.

Leistungsstörungen. Auch Baufinanzierungen verlaufen nicht immer stö-
rungsfrei. L. entwickeln sich aufgrund
von drei Hauptfaktoren: 1. Probleme
im Umfeld des Kreditnehmers (perso-
nenbezogene Gründe). 2. Immobilien-
marktbedingte Schwierigkeiten (objektbezogene Gründe). 3. Finanzie-
rungsfehler (finanzierungsinstitutsbe-
zogene Gründe). Unabhängig von der
Ursachenforschung zur Einschränkung künftiger Probleme ist schon bei
den ersten Symptomen das Krisenma-
nagement der Institute gefordert.

Leistungsverzeichnis *(VOB Teil A § 9),*
detaillierte Beschreibung der geforderten Bauleistung nach Art, Menge und
Umfang. Ein L. sollte jeder → Ausschreibung beigefügt werden, um auch
tatsächlich miteinander vergleichbare
Angebote zu bekommen.

Leistungsvorbehalt, Gestaltungsmöglichkeit im Mietrecht. Der L. im Mietvertrag bezieht sich stets auf künftige
Leistungen, im Gegensatz zur → Wertsicherungsklausel, worin z. B. die Miet-

erhöhung an die Veränderung des Lebenshaltungsindex gebunden sein
kann. Die neue Festlegung der Miete erfolgt mit dem L. entweder nach billi-
gem Ermessen durch den Vermieter
(§ 315 BGB) oder durch einen zu bestimmenden Dritten (§ 317 BGB).

Leiterrecht *(§§ 1018 bis 1029 BGB),*
Dienstbarkeit, auch Hammerschlagrecht genannt. Recht zum Betreten des
dienenden Grundstückes und zum Aufstellen von Leitern und Gerüsten
zwecks baulicher Reparaturen an dem
herrschenden Grundstück.

Leitungsduldungsrechte *(§§ 1090 bis
1093 und 2182 BGB).* Die am häufigsten
vorkommenden Rechte – als beschränkt persönliche Dienstbarkeit
oder Grunddienstbarkeit – sind: Elek-
trizitätsleitungen, Telefonleitungen,
Fernwärme- und Ferngasleitungen,
aber auch Ölleitungen. Die Rechte, oft
auch verbunden mit der Errichtung und
Unterhaltung der Leitungen, bilden in
jedem Fall eine Beeinträchtigung des
Grundstücks und damit des Wertes. Bei
landwirtschaftlichen Grundstücken ist
die Minderung sicher geringer als bei einem Wohngrundstück. Je nach Wertminderung sind also Abschläge zu machen. Bei Beleihung ist das Ausmaß der
Beeinträchtigung zu prüfen. Hilfsmittel: → Bewertungsklausel.

Leitungsrechte, → Leitungsduldungsrechte.

Leuchtreklame. 1. Werbung an Ge-
schäftshäusern: Die Werbung muß dem

265

Charakter des Hauses entsprechen. Bezüglich Größe und Gestaltungsmöglichkeit sollten klare Absprachen im Mietvertrag getroffen werden. Diese Vereinbarung ist unabhängig von der öffentlichen Zulässigkeit, welche gesondert zu überprüfen ist. 2. In Wohnungseigentumsanlagen: Hier ist bei einer angemessenen, ortsüblichen Werbung, die zwar eine bauliche Veränderung darstellt, die Zustimmung aller Wohnungseigentümer gemäß § 22 Abs. 1 Satz 2 des WoEigG nicht erforderlich (Bayerisches Oberstes Landgericht Beschl. v. 6. 2. 1987, 2 Z 129/86). Die Anbringung eines Schildes zur ortsüblichen und angemessenen Werbung stellt keinen Nachteil dar, der die Eigentümer über das nach § 14 Nr. 1 WEG zulässige Maß hinaus beeinträchtigt. Diese Entscheidung entspricht der derzeitig herrschenden Rechtsprechung.

Lichtbild. In jede Baukreditakte gehört ein L. des Beleihungsobjektes, bei Neubauten besser noch Nachweise während der Bauzeit. Damit kann sich der Kreditsachbearbeiter noch intensiver mit Objekt, Ausstattung, Lage und Umfeld des Beleihungsobjektes auseinandersetzen.

Lichtrecht *(§§ 1018 bis 1029 BGB)*, Grunddienstbarkeit. Bei der Beleihung normalerweise ohne Bedeutung.

Lidlohnansprüche, veralteter Ausdruck für Dienstbotenlohnansprüche *(§ 10 ZVG, § 9 ZVG)*. Bei land- und forstwirtschaftlichen Grundstücken fallen

L. in die Rangklasse zwei des bar zu zahlenden Teils des geringsten Gebotes.

Liebhaberei. Im Einkommensteuergesetz ist der Begriff nicht definiert, jedoch von der Rechtsprechung geprägt worden. Einkünfte aus L. unterliegen nicht der Einkommensteuer. Durch die nach Auslegung der Finanzämter nicht vorhandene Gewinnerzielungsabsicht können vor allem dann größere finanzielle Nachteile entstehen, wenn dennoch Aufwendungen angefallen sind und aufgrund der Klassifizierung ‚L.‘ nicht geltend gemacht werden können. Dies könnte schon der Fall sein, wenn eine Wohnung in einem Ferien- oder Wochenendgebiet gelegen ist und nur sehr selten vermietet wird, obwohl dazu Gelegenheit besteht. Die Auslegung ‚L.‘ hätte hier zur Folge, daß keine (negativen) Einkünfte aus Vermietung und Verpachtung entstehen würden.

Liegenbelassungsvereinbarung *(§ 91 ZVG)*. Durch Zuschlag erlöschen die Rechte, die nach den Versteigerungsbedingungen nicht bestehen bleiben sollen. Ein Recht an dem Grundstück bleibt jedoch bestehen, wenn dies zwischen dem Berechtigten und dem Ersteher vereinbart wird. Dies kann während des Verteilungstermines durch Erklärungen geschehen oder durch notarielle Urkunden nachgewiesen werden. Diese sog. L. kommt dann zum Tragen, wenn der neue Eigentümer wieder mit dem bisherigen Gläubiger finanziert. Bei der Erlösverteilung wird dies entsprechend berücksichtigt.

Liegenschaften, anderer Ausdruck für → Grundbesitz.

Liegenschaftsbuch, beim zuständigen Katasteramt geführtes Register. Dort sind alle Grundstücke eines Bezirks erfaßt. Die angegebenen Größen sind verbindlich und entsprechen den aktuellen Vermessungsergebnissen. Zu den Beleihungsunterlagen zählt der → Auszug aus dem L.

Liegenschaftszinssatz *(§ 9 (2) der Wert-VO, § 11 WertV 88),* Zinssatz, mit dem der Verkehrswert von Liegenschaften im Durchschnitt verzinst wird. Er wird auf der Basis von Kaufpreisen nach den Grundsätzen der Ertragswertverfahren ermittelt. Nicht zu verwechseln mit dem Kapitalmarktzins. Für die diversen Immobilienarten werden jährlich (unterschiedliche) L. ermittelt.

lineare Abschreibung *(§ 7 Abs. 4 EStG).*
a) Wohnungsbau: Vermietete oder teilweise vermietete Objekte können mit gleichbleibenden Beträgen bis zur vollen Absetzung abgeschrieben werden. Hierfür ist keine Einschränkung auf die Objektanzahl gegeben. Ein Wechsel in eine andere Abschreibungsform ist nicht möglich. Abschreibungssätze: Fertigstellung vor dem 1. 1. 1925: 2,5%, nach dem 31. 12. 1924: 2%. *b) Gewerbliche Immobilien:* Gebäude, die zu einem Betriebsvermögen gehören, nicht Wohnzwecken dienen und für die der Antrag auf Baugenehmigung nach dem 31. 3. 1985 gestellt worden ist, können jährlich mit 4% bis zur vollen Absetzung abgeschrieben werden. Die l.

A. ist nur zeitanteilig sowohl im Anschaffungs- als auch im Verkaufsjahr möglich. Sie empfiehlt sich vorwiegend dann, wenn eine Investition sehr langfristig betrachtet wird, oder wenn die derzeitige Einkommenssituation eine höhere AfA nicht sinnvoll erscheinen läßt.

Liquidationsverfahren *(§ 20 WertV).* Ist bei der Ermittlung des Verkehrswertes eines Grundstückes nach Abzug der angemessenen Bodenwertverzinsung kein Ersatzwert des Gebäudes mehr vorhanden, ist das L. anzuwenden. Der Tatbestand signalisiert die Unwirtschaftlichkeit der Aufbauten. Durch Modernisierung oder Abbruch kann Wirtschaftlichkeit wiederhergestellt werden. Ist der Abriß aus (miet)rechtlichen Gründen nicht sofort möglich, setzt sich der Ertragswert aus dem Barwert der noch zu erwartenden Reinerträge und dem Bodenwertanteil zusammen. Grundsatz ist, daß es nur einen Bodenwert gibt, nämlich den nutzbaren. Dieses Verfahren ist bei denkmalgeschützten Objekten mit geringer Ausnutzung nicht praktikabel mangels Zeitvorgabe wegen Kapitalisierung der Erträge bzw. Diskontierung der Abbruchkosten. In solchen Fällen ist die Nutzung maßgebend, die im gewöhnlichen Geschäftsverkehr zugrunde gelegt wird.

liquide Mittel, jederzeit sofort verfügbare Mittel (Bargeld, Sparguthaben mit gesetzlicher Kündigungsfrist, Guthaben in laufender Rechnung). Bei der Bearbeitung eines Baufinanzierungsantrages ist wichtig, daß nachgeprüft

Liquidität

wird, ob die angesetzten Eigenmittel auch entsprechend ihrer Notwendigkeit jederzeit eingesetzt werden können.

Liquidität. Wichtigster Grundsatz im Kreditbereich ist die Prüfung, ob eine ausreichende L. vorhanden ist. Daher sind auch Liquiditätsrechnung und Liquiditätsplanung heute selbstverständlich. → Liquiditätsunterdeckung.

Liquiditätsberechnung, Ermittlung der frei verfügbaren Jahreseinkommen:
Einnahmen p. a.
1. Einkünfte aus Land-/Forstwirtschaft
2. Einkünfte aus Gewerbebetrieb
3. Einkünfte aus selbständiger Arbeit
4. Bruttoeinnahmen aus nichtselbständiger Arbeit
5. Einkünfte aus Kapitalvermögen
6. Nur Einnahmen aus Vermietung und Verpachtung (keine fiktive Eigenmiete)
7. Sonstige Einkünfte

Gesamteinnahmen
tatsächliche Aufwendungen p. a.
8. Einkommensteuer
9. Beiträge zu Lebensversicherungen/Bausparverträge
10. Zusatzversorgungsaufwendungen
11. Rentenversicherung/Krankenversicherung/Arbeitslosen-Versicherung
12. Unterhaltsverpflichtungen
13. tatsächliche außergewöhnliche Belastungen
14. Zinsaufwendungen
15. Tilgungsleistungen
16. Miete
17. Nebenkosten
18. Eigenanteil Nebenkosten (bei Eigenvermietung)

Gesamtaufwendungen

Saldo: DM

= verfügbares Jahreseinkommen für den Lebensunterhalt

pro Monat DM   oder DM   je im Haushalt lebende Person.

Liquiditätsunterdeckung. Viele Immobilienanlagen rechnen sich nur nach Steuern. Daher sind L. kaum zu vermeiden. Strittig ist allerdings, in welcher Form diese Problematik angegangen werden soll. Die sonstigen Einkommensbeträge sollten die Unterdeckung möglichst noch ,vor Steuern' voll ausgleichen können. Im Eigenheimbereich ist die Eintragung von Freibeträgen zu empfehlen.

Löschung des Versteigerungsvermerks bei Verfahrensaufhebung *(§ 34 ZVG).* Im Falle der Aufhebung des Verfahrens ist das Grundbuchamt um Löschung des Versteigerungsvermerkes zu ersuchen.

Löschung eines Grundpfandrechts, → Grundpfandrecht.

Löschungsanspruch *(§§ 1179 und 1179a BGB).* Seit dem 1. 1. 1978 schließt eine Hypothek, Grundschuld oder Rentenschuld für den jeweiligen Grundpfandgläubiger das Recht ein, vom Grundstückseigentümer die Löschung vorund gleichrangiger Grundpfandrechte

268

zu verlangen, wenn und sobald der Eigentümer sie endgültig erworben hat. Es bedarf dafür keiner Vereinbarung oder Eintragung mehr in das Grundbuch. Durch Vereinbarung kann der Anspruch allerdings ausgeschlossen oder eingeschränkt werden. Der Ausschluß oder die Beschränkung muß dann jedoch im Grundbuch eingetragen werden. → Löschungsvormerkung.

Löschungsbewilligung, öffentlich beglaubigte Erklärung des Berechtigten, daß er sein Recht an dem Grundstück aufgibt. Die L. wird zur praktischen Abwicklung dem Notar zu treuen Händen gegeben, meist verbunden mit einem entsprechenden → Treuhandauftrag.

Löschungsersuchen an das Grundbuchamt *(§ 130 und § 130a ZVG).* Ist der Teilungsplan ausgeführt und der Zuschlag rechtskräftig, so ist das Grundbuchamt zu ersuchen, den Ersteher als Eigentümer einzutragen, den Versteigerungsvermerk sowie die durch den Zuschlag erloschenen Rechte zu löschen.

löschungsfähige Quittung. Ein Grundpfandrechtsgläubiger erteilt eine l. Q., mit der ein Berechtigter das eingetragene Recht löschen lassen kann. Hierzu ist die Vertretungsberechtigung zu prüfen. Meist werden diese Quittungen von den Kreditinstituten durch deren Hausnotar beglaubigt.

Löschungsvormerkung *(§ 1179 BGB).* Die im Grundbuch eingetragenen L. gelten für Eintragungen, die bis zum

31. 12. 1977 erfolgt sind. Sie dienen zur Sicherung des schuldrechtlichen Anspruchs des Vormerkungsberechtigten auf Löschung einer Hypothek oder Grundschuld für den Fall, daß sich die Hypothek oder Grundschuld mit dem Eigentum in einer Person vereinigt. Dies ist z. B. bei Rückzahlung der Forderung der Fall. Der schuldrechtliche Anspruch des Eigentümers auf Rückübertragung der Grundschuld ist abtretbar und pfändbar. Bei der Abtretung von Eigentümergrundschulden ist daher stets die aktuelle Prüfung des Grundbuches erforderlich. Hier ist auf gleich- oder vorrangige Eintragungen (Stichtag 1. 1. 1978) zu achten. Im Zwangsversteigerungstermin werden die Ansprüche auf L. mit angemeldet.

Lofts, große Gewerbe-/Fabriketagen, die durch individuelle Gestaltung der meist übergroßen Einheiten vielseitige Verwendungsmöglichkeiten bieten (z. B. Galerien, Ateliers etc.). L. werden in Form des Teileigentums angeboten und sind somit auch Beleihungsobjekt für eine Finanzierung. Die Bewertung ist allerdings wegen der kaum vorhandenen Vergleichsmöglichkeit recht schwierig.

Loggia und Balkon. L. u. B. dienen der Erholung. In den Bauvorschriften wird in diesem Zusammenhang auch vom ‚Freisitz' gesprochen. Nach DIN 18011 sollte ein Freisitz eine nutzbare Grundfläche von mindestens 3 m² haben. Mittlerweile werden jedoch 6 bis 12 m² für angemessen gehalten. Bei Einbeziehung in die Wohnfläche ist speziell bei

Eigentumswohnungen die Bewertung genau vorzunehmen.

Lohnabtretung. Auch die Kredite im Bereich der Baufinanzierung sind persönliche Darlehen. Daher wird vielfach auch eine Abtretung der Lohn- und Gehaltsansprüche vorgenommen. Diese Abtretung wird i. d. R. still behandelt.

Lohnausgleichszahlungen der Bauwirtschaft, Entlastungshilfe für die Bauwirtschaft, teils als Selbsthilfe, teilweise staatlich gefördert, die von der Urlaubs- und Lohnausgleichskasse der Bauwirtschaft in Wiesbaden reguliert wird.

Lohnpfändung. Kommt es zu einer L., wird sich der Arbeitgeber an der Lohnpfändungstabelle ausrichten. Allerdings ist die Verhältnismäßigkeit der Mittel zu prüfen, da L. heute vielfach zur Entlassung und damit langfristig zu einer Arbeitslosigkeit führen kann. Damit ist auch dem Kreditgeber sicherlich nicht gedient.

Lohnsteuer-Ermäßigungsverfahren
(§ 39a EStG). Für Steuervergünstigungen, die nicht in den Lohnsteuertabellen enthalten sind, können sich die Arbeitnehmer beim zuständigen Finanzamt einen Freibetrag auf der Lohnsteuerkarte eintragen lassen, so daß sich die zu zahlende Lohnsteuer auch schon während des Jahres ermäßigt. Beispiel in der Baufinanzierungspraxis: Grundförderung nach § 10e EStG und Kinderkomponente. Der Antrag (FA-Vordruck ‚Antrag auf Lohnsteuerermäßigung') ist bis zum 30. 11. des Kalender-

jahres, für das die beizufügende Lohnsteuerkarte gilt, zu stellen. Ein Freibetrag kann unabhängig von der Höhe nur bei Inanspruchnahme der AfA nach § 7b oder der Grundförderung nach § 10e EStG, sonst nur bei einer Mindesthöhe von DM 1200,– eingetragen werden. Muster siehe S. 271 ff.

Lohnsteuerfreibetrag. Der L. wird mit dem Vordruck „Antrag auf Lohnsteuerermäßigung" jeweils bis spätestens 30. 11. des betreffenden Steuerjahres beantragt. Die Mindestfreibetragssumme muß DM 1200,– erreichen. Diese wird vielfach schon durch Werbungskosten sowie einige Sonderausgaben (z. B. Kirchensteuer) überschritten. Da der Freibetrag zu einer höheren Nettoauszahlung führt, ist die Freibetragseintragung auch für den Kreditgeber von Vorteil, verbessert es doch die Liquidität. Außerdem ist ggf. das Nettoeinkommen Grundlage für die Berechnung von Krankengeld etc. Werden Steuerbegünstigungen nach § 7b bzw. 10e EStG in Anspruch genommen, können auch dafür Freibeträge beansprucht werden. Diese werden auf gleiche Weise geltend gemacht. Hier ist (nur bei erstmaliger Inanspruchnahme) der Vordruck LSt3D beizufügen. Die → Kinderkomponente nach § 34f EStG kann auch, allerdings nur in Verbindung mit der → Grundförderung, zu Freibeträgen führen. Seit 1990 liegt der Freibetrag bei DM 3000,– je Kind, allerdings nur für Objekte, die nach dem 1. 1. 1990 fertiggestellt worden sind. Die bis dahin gültige Regelung sah Freibeträge von DM 2400,– je Kind vor.

Antrag auf Lohnsteuer-Ermäßigung

1990

Zur Beachtung: Der Antrag kann nur bis zum **30. November 1990** gestellt werden. Nach diesem Zeitpunkt kann ein Antrag auf Steuerermäßigung nur noch beim Lohnsteuer-Jahresausgleich 1990 oder bei einer Veranlagung zur Einkommensteuer für 1990 berücksichtigt werden.

Bitte die **Lohnsteuerkarte(n) 1990 – ggf. auch die des Ehegatten – beifügen.** Das sorgfältige Ausfüllen des Vordrucks liegt in Ihrem Interesse; dadurch werden unnötige Rückfragen und Verzögerungen in der Antragsbearbeitung vermieden.

Für die Zulässigkeit eines Antrags auf Lohnsteuerermäßigung können u. U. die Antragsgründe maßgebend sein. Aus diesem Grund sind in Abschnitt C dieses Antrags alle Antragsgründe zusammengefaßt, für die ein Antrag ohne Einschränkung möglich ist. Aus dem Abschnitt D ergeben sich die Antragsgründe, für die ein Antrag nur dann zulässig ist, wenn die Aufwendungen und Beträge in 1990 insgesamt höher sind als **1200 DM.** Bei der Berechnung dieser Antragsgrenze zählen Werbungskosten nur mit, soweit sie **2000 DM** übersteigen.

Einzelheiten finden Sie in der Informationsschrift „Lohnsteuer '90", die Ihnen mit der Lohnsteuerkarte 1990 zugestellt worden ist.

Weiße Felder bitte ausfüllen oder ⊠ ankreuzen.

Nach den Vorschriften der Datenschutzgesetze wird darauf hingewiesen, daß die mit der Steuererklärung angeforderten Daten aufgrund der §§ 149ff. der Abgabenordnung und des § 39a Abs. 2 des Einkommensteuergesetzes erhoben werden.

Ⓐ Angaben zur Person

Die Angaben für den Ehegatten bitte immer ausfüllen!

Antragstellende Person	Familienname, Vorname				Ehegatte (Familienname, Vorname)			
	Straße und Hausnummer				Straße und Hausnummer			
1) Auch dann angeben, wenn die Ehe in 1990 geschieden wurde.	Postleitzahl, Wohnort				Postleitzahl, Wohnort			
	Geburtsdatum	Tag Monat Jahr		Religion	Geburtsdatum	Tag Monat Jahr		Religion
	Verheiratet seit		Verwitwet seit		Geschieden seit		Dauernd getrennt lebend seit [1]	
	Ausgeübter Beruf				Ausgeübter Beruf			
	Telefonisch tagsüber zu erreichen unter Nr.				Telefonisch tagsüber zu erreichen unter Nr.			
2) Lt. Lohnsteuerkarte					Ist eine Lohnsteuerkarte ausgestellt? ☐ Nein ☐ Ja			
	Steuerklasse [2]	Zahl der Kinderfreibeträge [2]	Kinderzahl für Berlinzulage [2]		Steuerklasse [2]	Zahl der Kinderfreibeträge [2]	Kinderzahl für Berlinzulage [2]	
Arbeitgeber	Name (Firma)				Name (Firma)			
	Straße und Hausnummer				Straße und Hausnummer			
	Postleitzahl, Ort				Postleitzahl, Ort			
Voraussichtlicher Bruttoarbeitslohn	(einschl. Sachbezüge, Gratifikationen, Tantiemen usw.) im Kalenderjahr			DM	(einschl. Sachbezüge, Gratifikationen, Tantiemen usw.) im Kalenderjahr			DM
	darin enthalten steuerbegünstigte Versorgungsbezüge			DM	darin enthalten steuerbegünstigte Versorgungsbezüge			DM
Voraussichtliche andere Einkünfte	(z. B. aus Gewerbebetrieb, Kapitalvermögen, Vermietung, Verpachtung, Renten)				(z. B. aus Gewerbebetrieb, Kapitalvermögen, Vermietung, Verpachtung, Renten)			
	im Kalenderjahr			DM	im Kalenderjahr			DM
Werden Sie zur Einkommensteuer veranlagt?	☐ Nein	Ja, beim Finanzamt			☐ Nein	Ja, beim Finanzamt		
		Steuernummer				Steuernummer		
Wurde ein Antrag auf Lohnsteuer**ermäßigung** für 1989 gestellt?	☐ Nein	Ja, beim Finanzamt			☐ Nein	Ja, beim Finanzamt		
Wurde ein Antrag auf Lohnsteuer-**Jahresausgleich** für 1988 gestellt?	☐ Nein	Ja, beim Finanzamt			☐ Nein	Ja, beim Finanzamt		

LSt 3 Antrag
Nr. 745/1 (08 89) OFD Du — St 12

Recyclingpapier aus 100% Altpapier - erspart Energie, Rohstoffe und Abfall

Lohnsteuerfreibetrag

(B) Angaben zu Kindern mit Wohnsitz im Inland [2]

Bitte auch Kinder eintragen, die bereits auf der Lohnsteuerkarte bescheinigt sind. Leibliche Kinder sind nicht anzugeben, wenn das Verwandtschaftsverhältnis durch Adoption vor dem 1. 1. 1990 erloschen ist. **Vorname des Kindes** (ggf. auch abweichender Familienname)	geboren am	Wohnort im Inland	**Kindschaftsverhältnis** zur antragstellenden Person		zum Ehegatten		Bei Pflegekindern: Für 1990 zu erwartende Unterhaltsleistungen/Pflegegelder
			leibliches Kind/ Adoptivkind	Pflegekind	leibliches Kind/ Adoptivkind	Pflegekind	DM
1			☐	☐	☐	☐	
2			☐	☐	☐	☐	
3			☐	☐	☐	☐	
4			☐	☐	☐	☐	

Bei Kindern unter 16 Jahren (nach dem 1. 1. 1974 geboren): Das in	Nr.	eingetragene Kind ist auf der Lohnsteuerkarte noch zu berücksichtigen.	Die Lebensbescheinigung ist beigefügt für das Kind in	Nr.

Bei Kindern über 16 Jahre (vor dem 2. 1. 1974 geboren):   3) Die Kinder werden nur bis zum 27. Lebensjahr berücksichtigt (nach dem 1. 1. 1963 geboren)

Die Eintragung auf der Lohnsteuerkarte wird beantragt, weil das Kind
a) in Berufsausbildung steht (ggf. Angabe der Schule, der Ausbildungsstelle usw.) 3)
b) eine Berufsausbildung mangels Ausbildungsplatzes nicht beginnen oder fortsetzen kann 3)
c) Grundwehrdienst, Zivildienst, befreienden Dienst leistet (nur bei Unterbrechung der Berufsausbildung, bitte erläutern) 3)
d) ein freiwilliges soziales Jahr leistet 3)
e) sich wegen körperlicher, geistiger oder seelischer Behinderung nicht selbst unterhalten kann (ggf. ist anzugeben, warum der Ehegatte oder frühere Ehegatte des Kindes keinen ausreichenden Unterhalt leistet)

vom – bis

zu Nr.   Antragsgrund

Von den in Nr. 1 bis 4 genannten Kindern stehen folgende zu weiteren Personen in einem Kindschaftsverhältnis:	Angaben nur bei leiblichen Eltern (Elternteil) eines Pflegekindes, falls das Pflegekindschaftsverhältnis am 1. 1. 1990 bestand: Höhe der Unterhaltsverpflichtung, voraussichtliche Unterhaltsleistung
zu Nr. Name und Anschrift dieser Personen, Art des Kindschaftsverhältnisses	DM DM

Angaben entfallen für Kinder nicht dauernd getrennt lebender Ehegatten, für die bei jedem Ehegatten dasselbe Kindschaftsverhältnis angekreuzt ist:

Ich beantrage den vollen Kinderfreibetrag, weil der andere Elternteil des Kindes

zu Nr.	seine Unterhaltsverpflichtung nicht mindestens zu 75 v.H. erfüllt	im Ausland lebt	der Übertragung lt. beigefügter Erklärung unwiderruflich zugestimmt hat	zu Nr.	seine Unterhaltsverpflichtung nicht mindestens zu 75 v.H. erfüllt	im Ausland lebt	der Übertragung lt. beigefügter Erklärung unwiderruflich zugestimmt hat
	☐	☐	☐		☐	☐	☐

Das Kind ist/war am 1. 1. 1990 (in Fällen der Geburt oder des Zuzugs aus dem Ausland zuerst in 1990) im Inland mit Wohnung gemeldet	Bei Kindern, die bei beiden Elternteilen gemeldet sind:
zu Nr.	beim Stpfl./nicht dauernd getrennt lebenden Ehegatten ☐	und/oder bei sonstigen Personen (Name und Anschrift, ggf. Verwandtschaftsverhältnis zum Kind) oder in (Anschrift)	Ich beantrage die Zuordnung der Kinder (wegen Steuerklasse II/ggf. Kinderzuschlag zur Berlinzulage). Die Mutter hat lt. beigefügter Erklärung unwiderruflich zugestimmt. ☐

(C) Unbeschränkt antragsfähige Ermäßigungsgründe

I. Freibetrag für besondere Fälle in der Regel nur für das Jahr des Eintritts der Voraussetzungen und die beiden folgenden Kalenderjahre. Die steuerliche Berücksichtigung kommt nur in Betracht, wenn nicht unter (D)Teil IV Nr. 6 Aufwendungen für die Wiederbeschaffung von Hausrat geltend gemacht werden. Bei Kindern auch (B) ausfüllen. – Bitte Ausweis beifügen –.

☐ Flüchtling	☐ Vertriebener	☐ Heimatvertriebener	☐ Spätaussiedler	☐ Politisch Verfolgter	Vermerke des Finanzamts

II. Behinderte und Hinterbliebene (Bei Kindern auch Abschnitt (B) ausfüllen.)

Name	Ausweis/Rentenbescheid/Bescheinigung ausgestellt am gültig bis	Nachweis ☐	ist beigefügt. ☐	hat bereits vorgelegen. ☐	Hinterbliebener	Behinderter	blind/ständig hilflos	geh- und steh-behindert	Grad der Behinderung	

Anfrage an V-Stelle am:

III. Freibetrag wegen Förderung des Wohneigentums (z.B. §§ 7b, 10e und 34f des Einkommensteuergesetzes, §§ 14a, 15 oder 15b des Berlinförderungsgesetzes) | wie im Vorjahr ☐ | Erstmalige Antragstellung oder Änderung gegenüber dem Vorjahr. (Bitte den **Vordruck Anlage LSt 3 D** ausfüllen und beifügen.) |

Bitte Belege beifügen!

3

Ⓓ **Beschränkt antragsfähige Ermäßigungsgründe**					Vermerke des Finanzamts

I. Werbungskosten der antragstellenden Person

1. Aufwendungen für Fahrten zwischen Wohnung und Arbeitsstätte

Der Arbeitgeber ersetzt steuerfrei[4]

4) Nur ausfüllen, wenn die Einsatzstelle mehr als 20 km von der Wohnung entfernt ist

a) mit eigenem	Motorrad/	Letztes amtl. Kennzeichen	Moped/	Fahr-	
☐ Pkw	☐ Motorroller		☐ Mofa	☐ rad	DM

Arbeitstage je Woche	Urlaubs- und ggf. Krankheitstage	Erhöhter Kilometersatz wegen Behinderung			Im Kalenderjahr volle DM
		☐ Behinderungsgrad mindestens 70	☐ Behinderungsgrad mindestens 50 und erhebliche Beeinträchtigung der Bewegungsfähigkeit		

5) Kürzeste Straßenverbindung zwischen Wohnung und Arbeitsstätte

Arbeitsstätte in (Ort und Straße) – ggf. nach besonderer Aufstellung –	benutzt an Tagen	einfache Entf. (km)[5]	Einsatzwechseltätigkeit vom – bis[4]	

	monatlich DM
b) mit öffentlichen Verkehrsmitteln	

2. Beiträge zu Berufsverbänden (Bezeichnung der Verbände)

6) Ggf. auf besonderem Blatt erläutern

3. Aufwendungen für Arbeitsmittel (Art der Aufwendungen)[6] – soweit sie nicht steuerfrei ersetzt werden –

7) Bitte Aufstellung über steuerfreie Ersatzleistungen des Arbeitgebers beifügen

4. Weitere Werbungskosten (z. B. Fortbildungs- und Reisekosten)[6] – soweit sie nicht steuerfrei ersetzt werden –

5. Mehraufwendungen für Verpflegung

bei Einsatzwechseltätigkeit und über 6 Stunden Abwesenheit von der Wohnung (8 DM täglich)		Anzahl der Tage	steuerfreier Arbeitgeberersatz DM
bei Fahrtätigkeit (Art der Tätigkeit)	Fahrtätigkeit über 6 Std. Anzahl der Tage	Fahrtätigkeit über 12 Std. Anzahl der Tage	steuerfreier Arbeitgeberersatz DM

6. Mehraufwendungen für doppelte Haushaltsführung
Der doppelte Haushalt ist aus beruflichem Anlaß begründet worden

Grund[6]	am	und hat seitdem ununterbrochen bestanden bis	Beschäftigungsort
Eigener Hausstand: ☐ Nein ☐ Ja, in	seit	Falls nein, wurde Unterkunft am bisherigen Ort beibehalten? ☐ Nein ☐ Ja	Mein Ehegatte hat sich an meinem Beschäftigungsort aufgehalten vom – bis

Summe

Kosten der ersten Fahrt zum Beschäftigungsort und der letzten Fahrt zum eigenen Hausstand			steuerfreier Arbeitgeberersatz	
☐ mit öffentlichen Verkehrsmitteln	☐ mit eigenem Kfz (Entfernung km × DM)	= DM	– DM	=

Fahrkosten für Heimfahrten		Einzelfahrt DM	Anzahl		
☐ mit öffentlichen Verkehrsmitteln	☐ mit eig. Kfz (Entfernung km)	×		= DM	– DM =

Kosten der Unterkunft am Arbeitsort (lt. Nachweis)	DM	– DM =

Mehraufwendungen für Verpflegung	Zahl der Tage		
täglich DM ×		= DM	– DM =

–2000 DM (Abzug unterbleibt, wenn außerdem Pauschsätze nach Nr. 7 anzusetzen sind)

7. Besondere Pauschsätze für bestimmte Berufsgruppen (genaue Bezeichnung der Berufsgruppe)[7]

Se.: Übertragen in Vfg.; ggf. Pauschsätze abziehen und getrennt übertragen.

	Summe

II. Werbungskosten des Ehegatten

1. Aufwendungen für Fahrten zwischen Wohnung und Arbeitsstätte

Der Arbeitgeber ersetzt steuerfrei[4]

a) mit eigenem	Motorrad/	Letztes amtl. Kennzeichen	Moped/	Fahr-	
☐ Pkw	☐ Motorroller		☐ Mofa	☐ rad	DM

Arbeitstage je Woche	Urlaubs- und ggf. Krankheitstage	Erhöhter Kilometersatz wegen Behinderung			Im Kalenderjahr volle DM
		☐ Behinderungsgrad mindestens 70	☐ Behinderungsgrad mindestens 50 und erheblich Beeinträchtigung der Bewegungsfähigkeit		

Arbeitsstätte in (Ort und Straße) – ggf. nach besonderer Aufstellung –	benutzt an Tagen	einfache Entf. (km)[5]	Einsatzwechseltätigkeit vom – bis[4]	

	monatlich DM
b) mit öffentlichen Verkehrsmitteln	

2. Beiträge zu Berufsverbänden (Bezeichnung der Verbände)

3. Aufwendungen für Arbeitsmittel (Art der Aufwendungen)[6] – soweit sie nicht steuerfrei ersetzt werden –

	Übertrag

Bitte Belege beifügen!

Lohnsteuerfreibetrag

noch Werbungskosten des Ehegatten					Im Kalenderjahr volle DM	Vermerke des Finanzamts
			Übertrag von Seite 3			6) Ggf. auf besonderem Blatt erläutern
4. **Weitere Werbungskosten** (z. B. Fortbildungs- und Reisekosten) 6) – soweit sie nicht steuerfrei ersetzt werden –						7) Bitte Aufstellung über steuerfreie Ersatzleistungen des Arbeitgebers beifügen
5. **Mehraufwendungen für Verpflegung** bei Einsatzwechseltätigkeit und über 6 Stunden Abwesenheit von der Wohnung (8 DM täglich)			Anzahl der Tage	steuerfreier Arbeitgeberersatz DM		
bei Fahrtätigkeit (Art der Tätigkeit)		Fahrtätigkeit über 6 Std. Anzahl der Tage	Fahrtätigkeit über 12 Std. Anzahl der Tage	steuerfreier Arbeitgeberersatz DM		
6. **Mehraufwendungen für doppelte Haushaltsführung** Der doppelte Haushalt ist aus beruflichem Anlaß begründet worden		Beschäftigungsort				
Grund 6)	am	und hat seitdem ununterbrochen bestanden bis	Mein Ehegatte hat sich am meinem Beschäftigungsort aufgehalten	vom – bis		
Eigener Hausstand: Ja, in Nein	seit		Falls nein, wurde Unterkunft am bisherigen Ort beibehalten? Nein Ja			
Kosten der ersten Fahrt zum Beschäftigungsort und der letzten Fahrt zum eigenen Hausstand mit öffentlichen Verkehrmitteln / mit eigenem Kfz (Entfernung km × DM) =			DM	steuerfreier Arbeitgeberersatz – DM =		→ Summe
Fahrkosten für Heimfahrten mit öffentlichen Verkehrmitteln / mit eig. Kfz (Entfernung km)	Einzelfahrt DM ×	Anzahl =	DM –	DM =		– 2000 DM (Abzug unterbleibt, wenn außerdem Pauschsätze nach Nr. 7 anzusetzen sind)
Kosten der Unterkunft am Arbeitsort (lt. Nachweis)			DM –	DM =		
Mehraufwendungen für Verpflegung täglich DM ×	Zahl der Tage		DM –	DM =		Se.:
7. **Besondere Pauschsätze für bestimmte Berufsgruppen** (genaue Bezeichnung der Berufsgruppe)7)						Übertragen in Vfg.; ggf. Pauschsätze abziehen und getrennt übertragen.
				Summe		

III. Sonderausgaben

Versicherungsbeiträge (z. B. Beiträge zu gesetzlichen Rentenversicherungen, Krankenversicherungen, Lebensversicherungen usw.) sowie Beiträge an Bausparkassen können nicht im **Ermäßigungsverfahren** geltend gemacht werden. Diese sogenannten Vorsorgeaufwendungen werden beim laufenden Lohnsteuerabzug pauschal berücksichtigt.

1. **Renten, dauernde Lasten** (Empfänger, Art und Grund der Schuld)

2. **Unterhaltsleistungen an den geschiedenen/dauernd getrennt lebenden Ehegatten** (Bitte den Vordruck Anlage U ausfüllen und beifügen)

3. **Kirchensteuer**

4. **Steuerberatungskosten**

5. **Aufwendungen für die eigene Berufsausbildung oder die Weiterbildung in einem nicht ausgeübten Beruf** (Bitte auf besonderem Blatt erläutern)

6. **Aufwendungen für ein hauswirtschaftliches Beschäftigungsverhältnis**

Pflichtbeiträge zur inländischen gesetzlichen Rentenversicherung sind entrichtet worden:

Nein / Ja, vom – bis

Zum Haushalt gehören vom – bis

Kind(er) unter 10 Jahren / hilflose Person(en) → Summe

7. **Spenden und Beiträge** (Bitte Bescheinigungen nach vorgeschriebenem Muster beifügen)

a) für wissenschaftliche und kulturelle Zwecke — – 108 DM

b) für mildtätige, kirchliche, religiöse und gemeinnützige Zwecke — – 216 DM

c) an politische Parteien — Se.:

Übertragen in Vfg.

	Summe	

IV. Außergewöhnliche Belastungen

1. **Pflege-Pauschbetrag:** Ein Pflege-Pauschbetrag kommt in Betracht, wenn Sie oder Ihr Ehegatte eine nicht nur vorübergehend hilflose Person in Ihrer Wohnung oder in deren Wohnung im Inland persönlich pflegen.

Name und Anschrift der hilflosen Person

Abziehbar

Grund der Verpflichtung zur Pflege (z.B. Verwandtschaftsverhältnis) — DM

Diese Person wird gepflegt von — mir/meinem Ehegatten — Name und Anschrift anderer Pflegepersonen — Übertragen in Vfg.

Bitte Belege beifügen!

5

2. Unterhalt für bedürftige Personen (z. B. Eltern, geschiedene Ehegatten, im Ausland lebende Ehegatten oder Kinder. Hier sind auch Pakete und Päckchen an Angehörige in der DDR, Berlin (Ost) oder in bestimmten osteuropäischen Staaten einzutragen. Bei mehreren Personen besonderes Blatt verwenden.)

Eine Steuerermäßigung kommt nur in Betracht, wenn weder Sie noch andere Personen für den Unterhaltenen Anspruch auf einen Kinderfreibetrag haben.

Name und Anschrift der unterhaltenen Person

8) Angaben nicht erforderlich, wenn die unterstützte Person in der DDR oder in Berlin (Ost) wohnt

Familienstand, Beruf, Verwandtschaftsverhältnis der unterhaltenen Person	geboren am

	Bruttoarbeitslohn 8)	Renten 8)	andere Einkünfte/Bezüge sowie Vermögen (Art und Höhe) 8)
Diese Person hat im a) Unterhaltszeitraum 1990	DM	DM	
b) außerhalb des Unterhaltszeitraums 1990	Bruttoarbeitslohn 8) DM	Renten 8) DM	andere Einkünfte/Bezüge (Art und Höhe) 8)

Abziehbar

DM

Diese Person lebt ☐ in meinem Haushalt	☐ im eigenen/anderen Haushalt	zusammen mit folgenden Angehörigen

Eigene Aufwendungen für die unterhaltene Person (Art)	vom – bis	Höhe
		DM

Nur ausfüllen, wenn der Antragsteller im Haushalt der unterhaltenen Person lebt: Höhe im Kj.

Die unterhaltene Person erhält außerdem für Verpflegung und Wohnung des Antragstellers   DM

Grund für die Unterhaltsleistung (z. B. Alter, Krankheit)

Zum Unterhalt dieser Person tragen auch bei (Name, Anschrift, Zeitraum und Höhe der Unterhaltsleistung)

3. Ausbildungsfreibeträge: Ein Ausbildungsfreibetrag kommt nur in Betracht, wenn Ihnen Aufwendungen für die Berufsausbildung eines Kindes entstehen, für das Sie einen Kinderfreibetrag erhalten oder erhalten würden, wenn das Kind seinen Wohnsitz im Inland hätte oder das zu Beginn des Kalenderjahrs 1990 das 29. Lebensjahr noch nicht vollendet (nach dem 1. 1. 1961 geboren) und den gesetzlichen Wehr- oder Zivildienst abgeleistet hat.

(Erhalten Sie einen Kinderfreibetrag, bitte auch Abschnitt Ⓑ, in anderen Fällen auch Nummer 2, ausfüllen!)

1. Kind: Vorname, Familienstand	Aufwendungen für die Berufsausbildung	vom – bis

Auswärtige Unterbringung	vom – bis	auswärtige Anschrift des Kindes

9) Bei Zahlung von Ausbildungshilfen in monatlich unterschiedlicher Höhe bitte Art, Höhe und Zeitraum auf besonderem Blatt erläutern

Einnahmen des Kindes	Bruttoarbeitslohn	Renten	andere Einkünfte/Bezüge (Art und Höhe)
a) im Ausbildungszeitraum 1990	DM	DM	
b) außerhalb des Ausbildungszeitraums 1990	Bruttoarbeitslohn DM	Renten DM	andere Einkünfte/Bezüge (Art und Höhe)

Öffentliche Ausbildungshilfen 9)	vom – bis	Höhe DM	Andere Ausbildungshilfen 9)	vom – bis	Höhe DM

2. Kind: Vorname, Familienstand	Aufwendungen für die Berufsausbildung	vom – bis

Auswärtige Unterbringung	vom – bis	auswärtige Anschrift des Kindes

Einnahmen des Kindes	Bruttoarbeitslohn	Renten	andere Einkünfte/Bezüge (Art und Höhe)
a) im Ausbildungszeitraum 1990	DM	DM	
b) außerhalb des Ausbildungszeitraums 1990	Bruttoarbeitslohn DM	Renten DM	andere Einkünfte/Bezüge (Art und Höhe)

Abziehbar

+ DM

Öffentliche Ausbildungshilfen 9)	vom – bis	Höhe DM	Andere Ausbildungshilfen 9)	vom – bis	Höhe DM

4. Aufwendungen für eine Hilfe im Haushalt oder Heim-/Pflegeunterbringung

☐ Beschäftigung einer Hilfe im Haushalt	vom – bis	Aufwendungen im Kalenderjahr	DM

Abziehbar

+ DM

Name und Anschrift der beschäftigten Person oder des mit den Dienstleistungen beauftragten Unternehmens

☐ Die antragstellende Person	☐ Der Ehegatte	ist/sind in einem Heim oder dauernd zur Pflege untergebracht. Es entstehen auch Kosten für Dienstleistungen, die mit denen einer Hilfe im Haushalt vergleichbar sind.

bei ☐ Heimunterbringung ohne Pflegebedürftigkeit	☐ Heimunterbringung zur dauernden Pflege	Bezeichnung, Anschrift des Heims

Unterbringung vom – bis	Art der Dienstleistungskosten

Antragsgründe

Vollendung des 60. Lebensjahres	Die antragstellende Person, der Ehegatte, ein Kind oder eine zum Haushalt gehörende Person ist	☐ krank	☐ hilflos oder schwerbehindert
☐ der antragstellenden Person	☐ des Ehegatten			

Summe

DM

Übertragen in Vfg.

Nur bei Ehegatten: ☐ Eine gemeinsame Haushaltsführung ist wegen Pflegebedürftigkeit eines Ehegatten nicht möglich.

275

Lohnsteuerfreibetrag

6

5. Kinderbetreuungskosten für haushaltszugehörige Kinder bis 16 Jahre

(ggf. bitte auf besonderem Blatt erläutern und zusammenstellen)

Antragsgründe

(Bitte auch Abschnitt Ⓑ ausfüllen!)

					Vermerke des Finanzamts
Vorname und Anschrift des Kindes/der Kinder				Das (die) Kind(er) gehört (gehören) zu meinem Haushalt · vom – bis	Aufwendungen für Kinderbetreuung
	Bei Alleinstehenden:			Es besteht ein gemeinsamer Haushalt der Elternteile · vom – bis	DM
Erwerbstätigkeit vom – bis der antragstellenden Person		Behinderung vom – bis der antragstellenden Person		Krankheit vom – bis der antragstellenden Person	Übertragen in Berechnungsschema
Erwerbstätigkeit des Ehegatten/des anderen Elternteils bei gemeinsamem Haushalt vom – bis		Behinderung des Ehegatten/ des anderen Elternteils bei gemeinsamem Haushalt vom – bis		Krankheit des Ehegatten/des anderen Elternteils bei gemeinsamem Haushalt vom – bis	Gesamtbetrag der außergewöhnlichen Belastungen allgemeiner Art
Pauschbetrag oder Art und Höhe der Aufwendungen				Dienstleistungen vom – bis	DM

6. Außergewöhnliche Belastungen allgemeiner Art (ggf. bitte auf besonderem Blatt erläutern und zusammenstellen) Art der Belastung (z. B. durch Krankheit, Todesfall)	Gesamtaufwendungen DM	Abzüglich erhaltene oder zu erwartende Ersatzleistungen DM	Zu berücksichtigende Aufwendungen DM	Übertragen in Berechnungsschema

Verteilung der Freibeträge

Werbungskosten können nur auf der Lohnsteuerkarte des Ehegatten eingetragen werden, bei dem sie entstanden sind. Wenn der Freibetrag im übrigen anders als je zur Hälfte auf den Lohnsteuerkarten der Ehegatten aufgeteilt werden soll, dann geben Sie bitte das Aufteilungsverhältnis an (:   v. H.) und fügen die Lohnsteuerkarte des Ehegatten bei.

Versicherung

Bei der Ausfertigung dieses Antrags und der Anlagen hat mitgewirkt

Herr/Frau/Firma   in   Fernsprecher

Ich versichere, daß ich die Angaben in diesem Antrag und in den ihm beigefügten Anlagen wahrheitsgemäß nach bestem Wissen und Gewissen gemacht habe. Mir ist bekannt, daß erforderlichenfalls Angaben über Kindschaftsverhältnisse für die Ausstellung von Lohnsteuerkarten zuständigen Gemeinde mitgeteilt werden.

Datum

(Unterschrift der antragstellenden Person)   (Unterschrift des Ehegatten)

Vermerk des Finanzamts Berechnung des Freibetrags nach §§ 33, 33c EStG		Antragsteller/Ehegatten	Kinderbetreuungskosten für ____ Kinder	andere außergewöhnliche Belastungen
Jahresarbeitslohn		DM	DM	DM
abzüglich Versorgungs-Freibetrag, Altersentlastungsbetrag, Werbungskosten (mindestens 2000 DM)		DM	höchstens Kinderbetreuungskosten 10)	restliche zumutbare Belastung
Zumutbare Belastung nach § 33 Abs. 3 EStG: ____ v.H. von		DM		
10) nur, soweit die anerkannten Kinderbetreuungskosten den Pauschbetrag nach § 33c Abs. 4 EStG übersteigen	ergibt zumutbare Belastung	DM ▶ –	DM = –	DM
11) ggf. anteilmäßig nach § 33c Abs. 3 Satz 3 und 4 EStG	davon höchstens abziehbar nach § 33c Abs. 3 EStG11)	Überbelastungsbetrag	= DM =	= DM in Vfg. übertragen
12) einschl. Zahl der Kinderfreibeträge und ggf. Kinderzulage für Berlinzulage	mindestens Pauschbetrag nach § 33c Abs. 4 EStG11)	DM		höheren Betrag in Vfg. übertragen
1. Freibetrag für besondere Fälle	DM			

		Verfügung		2. Freibetrag bei WK-Pauschsätzen v.H.-Satz · monatlich
Pauschbeträge für Behinderte und Hinterbliebene . ____		Gültig vom		DM
Freibetrag wegen Förderung des Wohneigentums . ____				Gültig vom
Sonderausgaben . . . . ____				
Pflege-Pauschbetrag . . . . ____		bis 31.12.1990		1990 an
Außergewöhnliche Belastungen in besonderen Fällen ____				3. Änderung der StK12) in StK12)
Kinderbetreuungskosten . . . . ____		Antragsteller	Ehegatte	Gültig vom – bis
Außergewöhnliche Belastungen allgemeiner Art . . ____		DM	DM	– 31.12.1990
Zwischensumme . . . . ____				4. LStK und Belege an Antragsteller zurück am
Werbungskosten . . . . ____				5. Bescheid zur Post am
Jahresfreibetrag . . . . ____				
bisher berücksichtigt . . . . ____				6. ☐ Mitteilung für Gemeinde fertigen
verbleibender Freibetrag . . . . ____				7. Bei Übertragung von Kinderfreibeträgen: KM an Veranlagungsstelle des Arbeitnehmers am
Monatsbetrag ____				
Wochenbetrag ____				8. Z. d. A.
Tagesbetrag ____				

(Sachgebietsleiter)   (Datum)   (Sachbearbeiter)

Lohnsteuerkarte, Grundlage für die Durchführung des Lohnsteuerabzugsverfahrens. Jeder Arbeitnehmer muß seinem Arbeitgeber zu Beginn eines Dienstverhältnisses und eines neuen Kalenderjahres die von der zuständigen Wohnortgemeinde ausgestellte L. vorlegen. Der Arbeitgeber ist zwingend an die Eintragungen auf der L. gebunden. Es besteht die Möglichkeit, sich durch Antrag Freibeträge durch das Finanzamt bescheinigen zu lassen. → Lohnsteuerermäßigungsverfahren.

Lohnsteuerklassen *(§ 38 b EStG).* Alle unbeschränkt einkommensteuerpflichtigen Arbeitnehmer werden für die Durchführung des Lohnsteuerabzuges in Steuerklassen eingereiht. Diese Einteilung geschieht durch die zuständige Stadt- oder Gemeindeverwaltung aufgrund der dort bekannten Daten und wird auf der Lohnsteuerkarte dokumentiert. Änderungsanträge sind daher auch dort zu stellen. Die richtige Steuerklassenwahl verhindert also von Anfang an eine ungünstige Vorabbesteuerung. Die L. im einzelnen:

Steuer-klasse	Besondere Voraussetzungen
I	a) Ledige b) Verheiratete, Verwitwete oder Geschiedene, bei denen die Voraussetzungen für die Steuerklasse III oder IV nicht erfüllt sind c) Beschränkt steuerpfl. Arbeitnehmer mit mindestens 1 Kind
II	Die in der Steuerklasse I bezeichneten Arbeitnehmer, wenn bei ihnen

der Haushaltsfreibetrag (§ 32 Abs. 7) zu berücksichtigen ist

III	a) Verheiratete, wenn beide Ehegatten unbeschränkt einkommensteuerpflichtig sind und nicht dauernd getrennt leben und aa) der Ehegatte **keinen** Arbeitslohn bezieht oder bb) der Ehegatte auf Antrag in die Steuerklasse V eingereiht wird b) Verwitwete, wenn sie und ihr verstorbener Ehegatte im Zeitpunkt seines Todes unbeschränkt einkommensteuerpflichtig waren und in diesem Zeitpunkt nicht dauernd getrennt gelebt haben, für das auf das Todesjahr folgende Kalenderjahr c) Geschiedene, wenn aa) im Kalenderjahr der Auflösung der Ehe beide Ehegatten unbeschränkt einkommensteuerpflichtig und nicht dauernd getrennt gelebt haben und bb) der andere Ehegatte wieder geheiratet hat, von seinem neuen Ehegatten nicht dauernd getrennt lebt und er und sein neuer Ehegatte unbeschränkt einkommensteuerpflichtig sind für das Kalenderjahr, in dem die Ehe aufgelöst worden ist
IV	Verheiratete, wenn beide Ehegatten unbeschränkt einkommensteuerpflichtig sind und nicht dauernd getrennt leben und der Ehegatte des Arbeitnehmers ebenfalls Arbeitslohn bezieht
V	Arbeitnehmer − wie bei Steuerklasse IV bezeichnet − falls der eine Ehegatte in die Steuerklasse III eingereiht wird
VI	Arbeitnehmer mit einem zweiten oder weiteren Dienstverhältnis

Lohnsteuerpauschalierung. Nach § 40a EStG (1) kann Arbeitslohn unter bestimmten Umständen pauschaliert der Lohnsteuer unterworfen werden. Dies geschieht z. B. regelmäßig mit Bezügen für → geringfügige Beschäftigung. Der Pauschalsteuersatz beträgt seit 1. 1. 1990 15%. Diese Pauschalsteuer hat der Arbeitgeber zu übernehmen. Hiermit sind alle Verpflichtungen für beide Beteiligten abgegolten. Eine Sozialversicherungspflicht besteht nicht, allerdings ist bei Finanzierungen darauf zu achten, daß ggf. durch Zusammenfassung mehrerer Einkünfte hier nachträgliche Belastungen entstehen können, die im Finanzierungsbudget eingerechnet werden müssen.

Lohnsteuerrichtlinien 1990. In der 1989 verabschiedeten Neufassung der L. ist für die Baufinanzierer vor allem die Neuregelung wegen der Zinsverbilligung bei Arbeitgeberdarlehen wichtig. Nach Abschnitt 31 Abs. 8 werden Zinsersparnisse eines Arbeitnehmers sowohl bei einem unverzinslichen als auch bei einem verzinslichen Arbeitgeberdarlehen nicht als geldwerter Vorteil und damit nicht als Arbeitslohn angesehen, wenn die Darlehenssumme nicht über DM 5000,– hinausgeht. Beträgt der Zinssatz mindestens 5,5% effektiv, so werden ohnehin keine steuerpflichtigen Zinsersparnisse angenommen. Liegt für Arbeitgeberdarlehen, die nach dem 1. 1. 89 eingeräumt werden, der Zinssatz unter 5,5% effektiv, so ist nur der Zinsvorteil dem Arbeitslohn

zuzurechnen. Es ist also weiterhin günstig, bei der Wohnungsbaufinanzierung Arbeitgeberdarlehen in Anspruch zu nehmen. Viele Arbeitgeber haben allerdings ihre Konditionen an die Bestimmungen der L. angepaßt.

Luftschall-Schutzmaß (LSM), Kennzahl für die Isolierungsqualität von Wänden und Decken gegen Schall. Meßeinheiten in Dezibel; Schallschutznormen nach DIN 4109.

Luxusobjekte. Bestimmte, sehr aufwendig gebaute Ein- und Zweifamilienheime werden vom Finanzamt gerne zu sog. L. erklärt. Dies hat u. a. eine Einheitsbewertung nach dem Sachwertverfahren zur Folge mit zwangsläufig höheren Grundsteuern. Diese Handhabung ist jüngst vom Bundesverfassungsgericht bestätigt worden. Für die Einkünfte aus Vermietung und Verpachtung bedeutet diese Einstufung, daß die fiktive Miete der Kostenmiete entsprechend anzusetzen ist.

Luxuswohnung, Wohnung, bei der die Wohnfläche diejenige von steuerbegünstigten Wohnungen (§ 82 II WoBauG) um mehr als 20% übersteigt oder bei der die voraussichtlichen Gesamtkosten diejenigen von vergleichbaren öffentlich geförderten Wohnungen um mehr als 20% übersteigen. Hierfür kann als Anhaltspunkt dienen, wenn der Anteil des umbauten Raumes je m^2 Wohnfläche die Werte in den aktuellen Wohnungsförderungsbestimmungen um mehr als 20% übersteigt.

M

Mängelhaftung *(§§ 1624 u. a.; 633 ff.
BGB),* geregelt im BGB und davon teilweise abweichend in der VOB. → Baumängel.

Mahnbescheid *(§§ 688 ff.
ZPO),* Auf-
forderung an einen Zahlungspflichti-
gen, im Rahmen eines gerichtlichen
Mahnverfahrens innerhalb von zwei
Wochen zu zahlen oder Widerspruch
einzulegen.

Mahnung, meist aus einem EDV-Über-
wachungsprogramm anfallende, mit einem Standardtext versehene Erinne-
rung, eine fällige Rate zu zahlen. Hierbei sind normalerweise Fristen von etwa 15 Tagen nach erster Fälligkeit üblich. Kommt es nach dieser 1. M. nicht
zu einer Zahlung, wird nach weiteren 15
Tagen eine 2. Mahnung versandt, die
dann Konsequenzen für den Fall der
Nichtbeachtung ankündigt. Sinnvoll
ist es auch, hiernach ggf. noch individuell zu reagieren und den Kunden auf
die möglichen Folgen hinzuweisen.
Wiederholte M. deuten sicherlich darauf hin, daß es sinnvoll wäre, mit den
Kunden ausführlich über die Finanzierung zu sprechen, um mögliche Probleme ggf. gemeinsam zu bewältigen. Es
ist vielfach üblich, die Anzahl der M.

per EDV zu speichern. Auch dadurch
ist eine Prüfung der Qualität des Kreditportefeuilles möglich.

Mahnverfahren *(§§ 688 ff. ZPO),* nur
zulässig bei Anspruch auf Zahlung einer bestimmten Geldsumme. Die Forderung muß über Deutsche Mark lau-
ten. Das M. fällt in den Zuständigkeits-
bereich des Amtsgerichtes, in dem der
Gläubiger seinen Gerichtsstand hat.

Maisonettewohnung, Wohnung, die sich
über zwei Etagen erstreckt und meist
das Dachgeschoß (evtl. mit Spitzdach)
mit einbezieht. Die Wohnräume sind
durch eine Treppe miteinander verbunden. Optisch meist reizvolle Wohn-
form. Bewertungstechnisch schwierig,
da vielfach sehr individuell gestaltet.

Makler. Der M. erfüllt eine wichtige
wirtschaftliche Funktion. Er vermittelt
oder weist Geschäfte nach. Im Immobilienbereich findet die → Makler- und
Bauträgerverordnung (insbesondere
§ 34 c MaBV) Anwendung. Seine Angebote müssen als solche erkennbar
sein. Anzeigen, die den Eindruck eines
Privatangebotes machen, sind wettbe-
werbsrechtlich unzulässig (BGH I Z R
153/85).

Maklerprovision *(§§ 652 ff. BGB).* Wird ein Grundstück oder eine Finanzierung durch einen Makler vermittelt, ist eine Provision zu zahlen. Die Höhe der Provision wird frei vereinbart. Übliche Provisionssätze: Grundstücksvermittlung (auch ETW, EFH, MFH) 3 bis 6%; Finanzierungsvermittlung 1 bis 5%; Vermietungen ein bis drei Monatsmieten alles zzgl. MwSt.

Makler- und Bauträgerverordnung (MaBV), Verordnung über die Pflichten der Makler, Darlehens- und Anlagevermittler, Bauträger und Baubetreuer. Bekannt ist vor allem der § 34c. Darin wird geregelt, in welchem Umfang und wann Teilbeträge auf die vereinbarten Gesamtkosten abgefordert werden können. Die Genehmigung, nach § 34c zu agieren, wird von der zuständigen Gewerbeaufsicht erteilt. Ein entsprechender Ausbildungs- oder Eignungsnachweis ist zu erbringen. Ansonsten enthält die MaBV Schutzvorschriften zugunsten von Anlegern und Erwerbern von Eigenheimen. Sie gilt aber nicht für Veräußerungen von Wohnungen ohne Fremdfinanzierung oder für Vertragsverhältnisse mit gemeinnützigen Wohnungsbauunternehmen. Ein Bauträger allerdings darf Gelder des Auftraggebers nur unter bestimmten Auflagen (Sicherstellung des Eigentumsüberganges, Freistellung von Globalbelastungen, Vorliegen der Baugenehmigung) entgegennehmen. Außerdem muß er beachten, daß Gelder nur nach Baufortschritt in genau festgelegten Höchstsätzen abgerufen werden dürfen. Diese Gelder muß er getrennt von seinen sonstigen Firmengeldern verwalten. Er hat außerdem die Pflicht zur Rechnungslegung, Buchführung und Aufbewahrung der Unterlagen.

Maklervertrag *(§§ 652 ff. BGB),* privatschriftliche Auftragserteilung an einen Makler, ein Objekt zu verkaufen, zu vermieten oder zu finanzieren. Hiernach berechnet der Makler seine vorher genau festgelegten Erfolgsprovisionen. Man sollte sich der vielfach vorhandenen Musterverträge bedienen.

Maklerwerkvertrag, Vertrag, in dem der Makler nicht nur mit der Vermittlung eines Vertragsabschlusses beauftragt wird, sondern mit der Herbeiführung eines von vornherein festgelegten Vertrages. Ein Provisionsanspruch besteht nur, wenn der Vertrag tatsächlich zustande kommt.

Marge, Differenz zwischen An- und Verkaufspreis einer Ware. Im Finanzierungsgeschäft also zwischen Einstandsatz des Kreditinstituts (weitgehend abhängig von der Refinanzierungsbasis) und dem vereinbarten Kundensatz. Wichtig ist bei der Margenbetrachtung, daß die Gesamtkondition in diese Berechnung einbezogen wird.

Markisen, Sonnen- und Witterungsschutz über Balkonen oder Terrassen. Bei Eigentumswohnungsanlagen ist das Anbringen von M. als eine bauliche Veränderung anzusehen, so daß fast immer die Zustimmung aller Beteiligten erforderlich werden kann.

Markscheider, andere Bezeichnung für Vermessungsingenieur, gebräuchlich im Bergbau. Die Markscheidekunde ist das Vermessungswesen im Bergbau.

Marktanalysen. Mittlerweile werden von vielen Institutionen M. zum Markt von ETW und Eigenheimen angeboten. Die beste Übersicht hat aber immer noch die örtliche Filiale des Kreditinstituts. Aus der Vielzahl der dort vorliegenden Daten und der getätigten Finanzierungsgeschäfte dürfte die aktuelle Situation offenkundig sein.

Marktanpassung. Die bestehenden gesetzlichen Wertermittlungsvorschriften verpflichten den Grundstückssachverständigen ausdrücklich, die Lage auf dem Grundstücksmarkt zu würdigen. Wenn es geboten erscheint, sind dabei die ermittelten Werte zu berichtigen. Das Ergebnis der Wertermittlung sollte eine möglichst objektivierte Wertgröße sein. Problematisch allerdings für alle Beleihungsinstitute, da diese nicht fortwährend ihre Bewertungen (für laufende Finanzierungen) ändern können.

Marktanteile bei der Wohnungsbaufinanzierung. 1. Kreditwirtschaft, 2. Finanzwirtschaftliche Unternehmen (S. 282 f.).

Marktindikatoren, im Immobilienbereich z. B. Kaufkraft, Arbeitslosenquote, Eigentumsquote, Richtwerte/Gutachter, Tendenz Zwangsversteigerungs-/Zwangsverwaltungsverfahren.

Marktmiete, Miete, auf die die gesetzlichen Vorschriften für die Preisbildung

keine Anwendung finden (vgl. § 87 des II. WoBauG). Vielmehr bildet sie sich nach den Marktgesetzen von Angebot und Nachfrage.

Marktübersicht, → Marktanalysen.

Maß der baulichen Nutzung (§§ 16, 17 BauNVO). Die bauliche Nutzung eines Grundstücks kann bestimmt werden durch:
Geschoßflächenzahl, z. B. 0,7 GFZ,
Geschoßfläche, z. B. 500 m^2 GF,
Baumassenzahl, z. B. 3,0 BMZ,
Baumasse, z. B. 4000 m^3 BM,
Grundflächenzahl, z. B. 0,4 GRZ,
Grundfläche, z. B. 100 m^2 GR
Zahl der Vollgeschosse, z. B. III.
Höhe der baulichen Anlagen z. B. Traufhöhe, Firsthöhe, Oberkante. Oftmals sind mehrere dieser Ausnutzungsmöglichkeiten angesprochen. Diese dürfen normalerweise nicht überschritten werden. → Ausnutzungsziffer.

maßgeblicher Einheitswert. Der Einheitswert wird nach besonderen Vorschriften des Bewertungsgesetzes ermittelt und dient als Grundlage für diverse Steuerarten. Dabei ist für den Wertansatz in den betreffenden Steuerarten meist nicht der Einheitswert selbst, sondern der m. E. Besteuerungsgrundlage. Beispiel Vermögensteuer/Erbschafts-/Schenkungssteuer: m. E. = 140% des Einheitswertes.

Maßtoleranz. Nach DIN ist die zulässige Abweichung der fertigen von den geplanten Maßen genau geregelt. Die M.

Marktanteile der Kreditwirtschaft bei der Finanzierung des Wohnungsbaus[1]

	Bestände in Mrd. DM					Marktanteil in %				
	1984	1985	1986	1987	1988	1984	1985	1986	1987	1988
Kreditbanken	82,62	88,93	93,88	103,17	112,19	11,0	11,14	11,51	12,20	12,98
Großbanken	36,79	38,34	40,34	45,02	53,65	4,9	4,80	4,95	5,32	6,21
Regional- und sonstige Kreditbanken (einschl. ausl.)	44,79	49,53	52,41	56,88	57,05	6,0	6,20	6,42	6,73	6,60
Privatbankiers	1,04	1,06	1,13	1,26	1,49	0,1	0,13	0,14	0,15	0,17
Sparkassen-Organisation	240,88	256,02	263,44	276,56	284,75	32,1	32,07	32,30	32,70	32,94
Girozentralen	69,58	71,01	71,45	71,66	70,37	9,3	8,89	8,76	8,47	8,14
Sparkassen	171,30	185,01	192,00	204,90	214,38	22,8	23,18	23,54	24,23	24,80
Bausparkassen	144,27	145,88	144,20	139,40	131,64	19,2	18,27	17,68	16,48	15,23
Private	97,70	99,32	98,16	95,42	89,80	13,0	12,44	12,04	11,28	10,39
Öffentliche	46,57	46,56	46,04	43,98	41,84	6,2	5,83	5,64	5,20	4,84
Genossenschafts-Verbund	82,19	95,91	94,61	97,64	100,71	10,9	12,02	11,60	11,54	11,64
Zentralbanken	5,63	6,63	5,18	4,57	3,85	0,7	0,83	0,64	0,54	0,44
Kreditgenossenschaften	76,56	89,28	89,44	93,07	96,86	10,2	11,18	10,96	11,00	11,20
Realkreditinstitute	185,20	195,41	203,32	211,95	215,51	24,6	24,48	24,93	25,06	24,93
Private Hypothekenbanken	97,28	104,05	110,15	120,43	123,74	12,9	13,03	13,51	14,24	14,31
Öffentlich-rechtliche Institute	87,92	91,36	93,17	91,52	91,77	11,7	11,45	11,42	10,06	10,62
Kreditinstitute mit Sonderaufgaben	16,17	16,09	16,10	17,07	19,70	2,2	2,02	1,98	2,02	2,28
Gesamt	751,33	798,24	815,55	845,79	864,50	100,00	100,00	100,00	100,00	100,00

1 Kredite an inländische Unternehmen und Privatpersonen
Quelle: Statistische Beihefte zu den Monatsberichten der Deutschen Bundesbank, Reihe 1, März 1989

Marktanteile der Kreditwirtschaft bei der Finanzierung des Wohnungsbaus

Marktanteile finanzwirtschaftlicher Unternehmen bei der Finanzierung des Wohnungsbaus[1]

	Bestände in Mrd. DM					Marktanteil in %				
	1984	1985	1986	1987	1988	1984	1985	1986	1987	1988
Kreditbanken	82,62	88,93	93,88	103,17	112,19	10,1	10,31	10,62	11,26	11,98
Großbanken	36,79	38,34	40,34	45,02	53,65	4,5	4,45	4,56	4,91	5,73
Regional- und sonstige Kreditbanken (einschl. ausl.)	44,79	49,53	52,41	56,88	57,05	5,5	5,74	5,93	6,21	6,09
Privatbankiers	1,04	1,06	1,13	1,26	1,49	0,1	0,12	0,13	0,14	0,16
Sparkassen-Organisation	240,88	256,02	263,44	276,56	284,75	29,6	29,68	29,80	30,17	30,41
Girozentralen	69,58	71,01	71,45	71,66	70,37	8,5	8,23	8,08	7,82	7,52
Sparkassen	171,30	185,01	192,00	204,90	214,38	21,0	21,45	21,72	22,35	22,89
Bausparkassen	144,27	145,88	144,20	139,40	131,64	17,7	16,91	16,32	15,21	14,06
Private	97,70	99,32	98,16	95,42	89,80	12,0	11,51	11,11	10,41	9,59
Öffentliche	46,57	46,56	46,04	43,98	41,84	5,7	5,40	5,21	4,80	4,47
Genossenschafts-Verbund	82,19	95,91	94,61	97,64	100,71	10,1	11,12	10,71	10,65	10,76
Zentralbanken	5,63	6,63	5,18	4,57	3,85	0,7	0,77	0,59	0,50	0,41
Kreditgenossenschaften	76,56	89,28	89,44	93,07	96,86	9,4	10,35	10,12	10,15	10,35
Realkreditinstitute	185,20	195,41	203,32	211,95	215,51	22,7	22,66	23,01	23,12	23,01
Private Hypothekenbanken	97,28	104,05	110,15	120,43	123,74	11,9	12,06	12,47	13,14	13,21
Öffentlich-rechtliche Institute	87,92	91,36	93,17	91,52	91,77	10,8	10,59	10,54	9,98	9,80
Kreditinstitute mit Sonderaufgaben	16,17	16,09	16,10	17,07	19,70	2,0	1,87	1,82	1,86	2,10
Versicherungsunternehmen[2]	63,21	64,22	68,24	70,84	71,92	7,8	7,45	7,72	7,73	7,68
Gesamt	814,54	862,46	883,79	916,63	936,42	100,00	100,00	100,00	100,00	100,00

1 Kredite an inländische Unternehmen und Privatpersonen
2 Hypotheken, Grund- und Rentenschuldforderungen, September 1988
Quelle: Monatsberichte der Deutschen Bundesbank, März 1989, Statistische Beihefte zu den Monatsberichten der Deutschen Bundesbank, Reihe 1, März 1989

ist für die einzelnen Baustoffe und Aus-
führungsarten unterschiedlich.

Massivbauweise, Bauweise aus Beton,
Natur- oder künstlichen Steinen, bei
der die senkrechte Tragkonstruktion
vornehmlich aus Wänden besteht.

materielles Grundbuchrecht *(§§ 873 bis
902 BGB),* Recht, das die Rechtsfolgen
von Grundbucheintragungen regelt,
unabhängig von dem Verfahren, in
dem diese Eintragungen zustande kommen.

MD. In der Planzeichenverordnung und
dem BauGB werden Dorfgebiete mit
dem Kürzel *MD* bezeichnet. Dieses
Kürzel findet sich also auch in
Flächennutzungs- und Bebauungsplänen wieder. Die genaue Eingruppierung ist in § 5 BauNVO beschrieben.

Mehrgenerationenhaus, Wohngebäude,
in dem mehrere Generationen gemeinsam wohnen können. Dabei wird sowohl auf die unterschiedlichen Raum-
bedürfnisse als auch auf die zusätzlichen Sicherungsmaßnahmen Rücksicht genommen.

Mehrwertausgleich *(§ 59 BauGB, §§ 54
Abs. 1, 64 Abs. 6).* Ein M. durch Umlegungsverfahren führt mit der ortsüblichen Bekanntmachung des Umle-
gungsbeschlusses zu einer Verfügungs-
und Veränderungssperre, so daß Belastungen des betroffenen Grundstücks
mit einem Grundpfandrecht der Genehmigung der Gemeinde bedürfen.
Nach Abschluß des Verfahrens kann

das Grundstück mit einem M. belastet
werden. Die Belastung ist in das
Grundbuch einzutragen. Bei Beleihung
ist dies zu beachten.

Mehrwertsteuer. Gewerbliche Mieten
unterliegen ggf. der M. Gleichwohl
sind bei der Ertragswertberechnung die
Mehrwertsteueranteile nicht zu berücksichtigen. In den üblichen Raummeter-
preisen zur Ermittlung des Bauwertes
(oder der Herstellungskosten) sind allerdings die Mehrwertsteueranteile enthalten.

Mehrwertsteueroption. Falls ein Eigentümer auf die Steuerbefreiung der
Mieteinnahmen gem. § 9 UStG verzichtet (also die sog. M. wahrnimmt),
so gilt auch das Vorsteuerabzugsverbot
nicht. Er kann dann die ihm in Rechnung gestellten Umsatzsteuern als Vorsteuern geltend machen. Voraussetzung ist allerdings, daß der Eigentümer
sein Eigentum an einen anderen Unternehmer (meist als Zwischenmieter bezeichnet) vermietet. Die M. ist nicht
mehr zulässig für Wohneigentum, das
nach dem 31. 3. 1985 bezugsfertig geworden ist. Damit hat die M. nur noch
Bedeutung für die Errichtung oder Vermietung von gewerblichen Objekten.

Meistgebot *(§ 44 ZVG),* höchstes wirksames Gebot in einer Zwangsversteigerung. Der Meistbietende hat hiermit einen öffentlich-rechtlichen Anspruch
auf Erteilung des Zuschlages, sofern
nicht gesetzliche Gründe entgegenstehen. Der Bieter ist an sein Gebot gebunden, auch wenn der Zuschlag erst in ei-

nem separaten Verkündungstermin erteilt wird.

Meldegesetz. In den auf Länderebene gültigen M. ist vorgeschrieben, daß sich derjenige innerhalb einer Woche anzumelden hat, der eine Wohnung bezieht. Dem Meldeschein sind die Abmeldebestätigung der bisherigen Wohnung und die Einzugsbestätigung des Wohnungsgebers beizufügen. Dem Wohnungsgeber kommt also eine Mitwirkungspflicht zu. Dieses Verfahren erfolgt analog auch, wenn ein Bauherr in sein fertiggestelltes Objekt einzieht. In diesem Fall hat das eine wichtige steuerliche Bedeutung. Mit Beginn der Eigennutzung endet die Möglichkeit, Zinsen und sonstige Aufwendungen als Werbungskosten vor Bezug zu nutzen. Viele Finanzämter verlangen als Nachweis eine Kopie des Meldescheines.

Meßbetrag, → Steuermeßbetrag.

Meßzahlen. Die Grundsteuer errechnet sich aus M., die dann mit den individuellen → Hebesätzen multipliziert werden. Die M. sind ein Promillewert des jeweiligen Einheitswertes. Sie betragen für

- Betriebe der Land- und
  Forstwirtschaft 6‰,
- für Einfamilienhäuser für
  die ersten 75 000,– des
  Einheitswertes 2,6‰,
- für den restlichen Teil des
  Einheitswertes 3,5‰,
- für Zweifamilienhäuser 3,1‰,
- für alle anderen Grundstücke (auch Wohnungseigentum) 3,5‰.

Im Einheitswertbescheid sind sowohl M. als auch der → Hebesatz enthalten.

MI. In der Planzeichenverordnung und dem BauGB werden Mischgebiete mit dem Kürzel *MI* bezeichnet. Dieses Kürzel findet sich auch in Flächennutzungs- und Bebauungsplänen wieder. Die genaue Eingruppierung ist in § 6 BauNVO beschrieben.

mietähnliche Belastung. Kaufinteressenten wird oftmals ein Angebot vom Verkäufer unterbreitet, welches unter Einbeziehung aller möglichen Vorteile (Grundförderung, Kinderkomponente, öffentliche Mittel, Aufwendungszuschüsse, Lastenzuschüsse, Wohngeld u. a.) eine monatliche Belastung ausweist, die der bisher gezahlten Monatsmiete entspricht. Diese Angebote sind genau zu überprüfen, da der Kreditgeber hier eine Aufklärungs- und Beratungspflicht gegenüber seinen künftigen Kreditnehmern wahrnehmen muß. Nur wenn die Grundvoraussetzungen (Einkommen, Familienstand, Kinderzahl, Verfügbarkeit der Mittel etc.) gegeben sind, kann seitens des Finanziers Unterstützung für eine derartige Aussage signalisiert werden.

Mietanhebung auf die Vergleichsmiete. Unter bestimmten Umständen kann ein Vermieter die Erhöhung der Mieten nach § 2 MHG verlangen. Dafür sind allerdings zeitliche und materielle Voraussetzungen zu erfüllen, gleichzeitig ist als Mieterschutz eine Kappungsgrenze (nicht mehr als 30% innerhalb eines Zeitraums von drei Jahren) vorgesehen.

Mietanpassungsklauseln. Man unterscheidet zwischen den LZB-genehmigungspflichtigen → Wertsicherungs- und Gleitklauseln und dem genehmigungsfreien → Leistungsvorbehalt und der → Spannungsklausel.

Mietaufrechnungsverzichterklärung
(§§ 15, 57, 59 u. a. ZVG). Mieter und Pächter eines Immobils werden im Falle einer Zwangsversteigerung nur auf Antrag hin benachrichtigt. Nach Anmeldung von Miet- oder Pachtverträgen sind die Mieter oder Pächter Verfahrensbeteiligte. Für Finanzierungsinstitute sind Mieterdarlehen solange als Vorlasten zu behandeln, bis eine M. vorgelegt wird. Diese müßte zum Inhalt haben, daß der Mieter für die Dauer einer etwaigen Zwangsverwaltung des Pfandobjektes auf die Verrechnung des Mieterdarlehens mit der Miete verzichtet und bei einer Zwangsversteigerung hinter den Grundpfandrechten rangiert. In der Praxis wird mit Mieterdarlehen, Mietvorauszahlungen etc. häufig ein Zwangsversteigerungsverfahren stark beeinflußt.

Mietausfallwagnis, *(§ 18 Abs. 5 WertV 88).* Bei einer Immobilie können durch uneinbringliche Rückstände von Mieten, Pachten, Vergütungen, Umlagen und Zuschlägen oder ganz einfach durch Leerstände Ertragsminderungen entstehen. Dieses Ausfallwagnis wird in der Ertragswertermittlung prozentual gewichtet. Im Geltungsbereich der II. Berechnungsverordnung sind 2% der Miete anrechenbar. Bei Geschäfts-grundstücken sind 4% des Rohertrages üblich.

Miete (Mietzins), zeitweilige Gewährung des Gebrauchs einer Sache gegen Entrichtung eines Geldbetrages als Entgelt.

Mieteinkünfte. M. werden in dem Jahr als Ertrag berücksichtigt, in dem sie tatsächlich anfallen. → Zuflußprinzip.

Mieteinnahmen, Einkünfte, die durch die Vermietung oder Verpachtung von Gebäuden, Gebäudeteilen oder Grundstücken erzielt werden können: Wohnungsmieten, Garagenmieten, Mieten für Reklameflächen, vorab gezahlte Nebenkosten, Baukostenzuschüsse, Mietvorauszahlungen, Mieterzuschüsse, Erbbauzinsen, Zuschüsse aus öffentlichen Mitteln, Rückerstattung von in Vorjahren abgezogenen Werbungskosten, evtl. Guthabenzinsen aus Bausparverträgen. Die Versteuerung erfolgt erst bei Zufluß.

Mietentwicklung.

Jahr	Preisindex	Mietindex
1980	100,0%	100,0%
1981	106,3%	104,4%
1982	111,9%	109,7%
1983	115,6%	115,6%
1984	118,4%	120,0%
1985	121,0%	123,9%
1986	120,7%	126,4%
1987	121,0%	128,7%
1988	122,4%	131,9%

Mieterdarlehen *(§ 57b ZVG).* Ein künftiger Mieter gibt einem Bauherrn ein meist unverzinsliches M., das praktisch als Baukostenzuschuß zu betrachten ist. Dafür wird im Mietvertrag eine Miete vereinbart, die teilweise durch Verrechnung mit der Tilgung des M. gezahlt wird. Für die Finanzierung bedeutet dies, daß die errechnete Rentabilität zunächst nicht gegeben ist und evtl. Probleme entstehen können, falls Zwangsmaßnahmen erforderlich werden. Vielfach werden daher vom Kreditnehmer Erklärungen darüber verlangt, ob und in welcher Höhe derartige Darlehen vereinbart wurden.

Mieterhöhungen (→ Mietanhebung auf die Vergleichsmiete).

I. Rechtsgrundlagen: 6. Gesetz zur Regelung der Miethöhe (MHG) §§ 1 ff.
1. der Mietzins muß ein Jahr unverändert sein;
2. er darf die ortsübliche Miete nicht übersteigen;
3. innerhalb von drei Jahren darf sich der Mietzins nicht um mehr als 30% erhöhen;
4. das Erhöhungsverlangen bedarf der Schriftform;
5. das Erhöhungsverlangen ist zu begründen.

II. M. aufgrund veränderter Kapitalkosten bei nicht preisgebundenen Wohnungen (§ 5 Art. 3 des 2. Wohnraumkündigungsschutzgesetzes).
Der Vermieter kann den Mietzins grundsätzlich nur im Einvernehmen mit dem Mieter erhöhen. Erhöhungen der Kapitalkosten kann er dagegen einseitig geltend machen, soweit nicht eine Erhöhung durch Vereinbarung ausgeschlossen ist oder sich der Ausschluß

aus sonstigen vertraglichen Gegebenheiten automatisch einstellt.
III. M. wegen baulicher Änderungen bei nicht preisgebundenen Wohnungen (§ 3 Art. 3 des 2. Wohnraumkündigungsschutzgesetzes).
Grundsätzlich ist auch hier die Kündigung eines Mietverhältnisses zum Zwecke der M. ausgeschlossen. Unter bestimmten Bedingungen sind jedoch besondere gesetzliche Regelungen getroffen. Die Möglichkeiten sind genau festgelegt. Der Umfang der M. liegt dann bei 11% der für die Wohnung aufgewendeten Kosten, d. h. der Kosten, die nicht ohnehin vom Mieter getragen werden.

Mieterschutz für Geschäftsräume. Ein Geschäftsraummieter hat keinen Kündigungsschutz. Auch eine Änderungskündigung zum Zwecke der Mieterhöhung ist zulässig. Dabei ist auch keine Beschränkung auf die ortsübliche Miete notwendig. Das Mietminderungsrecht kann ausgeschlossen werden.

Mietgarant. Eine Mietgarantie wird meist von einem Zwischenmieter (M.) abgegeben. Der Eigentümer sollte darauf achten, daß die verbürgte Miethöhe ortsüblich ist und ohne größere Probleme auch tatsächlich erreicht werden kann. Ansonsten läuft der Eigentümer Gefahr, daß sich seine Investitition nicht rechnet. Steht die Garantie auch noch im Zusammenhang mit einer → Mehrwertsteueroption, so könnte dies sofortige steuerliche Nachteile ergeben.

Miethöhegesetz (MHG), auf bestimmte Wohnungen anzuwendendes Gesetz. Geregelt werden: § 1 Grundsatzfragen zur Miete und Mieterhöhung, § 2 Mieterhöhungen wegen der allgemeinen Mietpreisentwicklung, § 3 Mieterhöhung wegen baulicher Maßnahmen, § 4 Mietzinsänderung wegen Änderung der Betriebskosten, § 5 Mietzinsänderung wegen der Kapitalkosten, §§ 6 und 7 Sonderregelungen, § 9 Allgemeines Sonderkündigungsrecht bei Mieterhöhungen, § 9 Abs. 2 Kündigung des Mietverhältnisses durch den Vermieter.

Mietkauf. Mietkaufverträge sind Verträge, bei denen dem Mieter das Recht eingeräumt wird, das gemietete Wirtschaftsgut (z. B. Einfamilienhaus) unter Anrechnung der gezahlten Miete auf den von vornherein bestimmten Kaufpreis zu erwerben. Vorsicht ist geboten bei sog. unechten Mietkaufverträgen. Dabei kann es vorkommen, daß diese Verträge steuerlich von Anfang an als Anschaffungsgeschäfte behandelt werden. Im Baufinanzierungsbereich ist Vorsicht bei der Beleihung geboten. Von einigen Finanzgerichten sind Verluste aus der Beteiligung an einem Mietkaufmodell steuerlich nicht anerkannt worden.

Mietkaution *(§§ 550b BGB, 57 ZVG),* Sicherheitsleistung, die von Mietvertragspartnern zur Sicherung der Erhaltung des Mietvertrages ausbedungen wird. Die M. ist sowohl im freifinanzierten als auch im öffentlich geförderten Wohnungsbau zulässig. Wird die Kaution auf ein Sparbuch hinterlegt, so stehen die Zinsen dem Mieter zu. Meist wird gemeinschaftliche Verfügung vereinbart. Die Kreditinstitute sollten darauf achten, daß große Immobilienkunden die M. auch tatsächlich separieren. Bei öffentlich geförderten Sozialwohnungen ist § 9 Abs. 5 WoBindG zu beachten. Lt. Gesetz darf die M. das Dreifache des auf einen Monat entfallenden Mietzins nicht übersteigen. → Nebenkosten, über die gesondert abzurechnen ist, bleiben unberücksichtigt. Ist eine Geldsumme bereitzustellen, so ist der Mieter zu drei gleichen monatlichen Teilleistungen berechtigt; die erste Teilleistung ist zu Beginn des Mietverhältnisses fällig.

Mietkostenzuschuß. Erhält ein Arbeitnehmer von seinem Arbeitgeber einen Zuschuß zu dessen Wohnungsmiete, so gehört dieser Zuschuß zum steuerpflichtigen Arbeitslohn.

Mietkündigung *(§ 554 BGB).* Der Vermieter kann unter gewissen Voraussetzungen bei Zahlungsverzug fristlos kündigen. Dies trifft z. B. zu, wenn für zwei aufeinanderfolgende Termine mit der Entrichtung des Mietzinses oder eines nicht unerheblichen Teils des Mietzinses ein Verzug eintritt. Ebenfalls kann dies eintreten, wenn der Mieter über fünf Monate hinweg die Miete verspätet und überwiegend nur teilweise zahlt. AG Wuppertal Urteil v. 29. 1. 1988 96 C8 26/87.

Mietminderung *(§ 537 BGB).*
1. Wenn der Wert der Mietsache durch Umstände gemindert ist, die der

Mieter nicht zu vertreten hat, so ist er berechtigt, seine Miete in angemessener Form (d. h. den Mängeln entsprechend) zu mindern. Er muß dies allerdings dem Vermieter schriftlich anzeigen, um die Möglichkeit der Mängelbeseitigung zu geben. → Zurückbehaltungsrecht.

2. Wird bei einem Bauherren- oder Erwerbermodell der Zwischenmieter notleidend und kann andererseits sofort ein neuer Zwischenmieter gefunden werden, so werden hierbei oft M. hingenommen werden müssen. Im Umsatzsteuererlaß 1983 ist hierzu ausgeführt, daß dies nur insofern steuerunschädlich ist, als nicht mehr als 5% der ursprünglich vereinbarten Miete gekürzt werden. Ansonsten besteht auch hier die Gefahr, daß die Vorsteuer zeitanteilig zurückgezahlt werden muß.

Mietminderungsrecht. Behält der Mieter sich bei den Zahlungen des Mietzinses trotz erkannter Mängelhaftigkeit der Mietsache kein M. vor, obwohl er in absehbarer Zeit die Behebung des Mangels nicht erwarten kann, so verliert er das Recht auf Mietzinsminderung.

Mietpool. Ein M. wird gebildet, wenn die Verwaltung und Bewirtschaftung einer meist größeren Wohnanlage nicht in der normalen, meist individuellen Form gewährleistet ist. Durch Mehrheitsbeschluß der Eigentümer werden dabei die Miet- und Nebenkostenzahlungen in einen „Topf" geleitet, daraus werden zunächst alle notwendigen Betriebs- und Verwaltungskosten ent-

nommen, und der verbleibende Betrag wird nach m²-Wohnfläche auf alle Eigentümer verteilt. Auf diese Weise kann meist verhindert werden, daß eine Wohnanlage völlig verwahrlost. Kommt es dann für einzelne Einheiten zu einer Zwangsverwaltung, so schließt sich der Zwangsverwalter zweckmäßigerweise diesem „Selbsthilfesystem" an.

Mietpreisbindung, → Kostenmiete.

mietrechtliche Flankierung. Da das derzeitige Mietrecht die Schaffung von neuem Wohnraum behindern könnte, gibt es die sog. m. F. Dabei ist gedacht an: vorübergehende Mietverträge für Ferien- und Wochenendhäuser; Teilkündigung für Speicher- und ähnliche Nebenräume, falls zusätzlicher Wohnraum geschaffen wird; Wegfall der Zweckentfremdungsverordnung, wenn Gewerberaum zu Wohnraum umgebaut wird.

Mietsicherheit. Üblich ist die Vereinbarung einer Kaution, auch die Anforderung einer Bankbürgschaft ist möglich; darüber hinaus hat der Vermieter ein → Vermieterpfandrecht.

Mietspiegel. Der M. für frei finanzierten Wohnraum dient u. a. als Richtlinie zur Ermittlung der ortsüblichen Vergleichsmieten. Wird nach Anregung des BauBG von örtlichen Marktteilnehmern zusammengestellt und veröffentlicht und gegen eine Schutzgebühr herausgegeben. → Mietanhebung auf die Vergleichsmiete (Muster S. 290 f.).

Muster eines Mietspiegels

	Gruppe I — Wohnungen in Gebäuden, die bis 20. 6. 1948 bezugsfertig wurden			Gruppe II — Wohnungen in Gebäuden, die ab 21. 6. 1948 bis 1960 bezugsfertig wurden		
	in einfachen Wohnlagen DM/m²	in mittleren Wohnlagen DM/m²	in sehr guten Wohnlagen DM/m²	in einfachen Wohnlagen DM/m²	in mittleren Wohnlagen DM/m²	in sehr guten Wohnlagen DM/m²
A Wohnungen um 40 m² Größe						
1. ohne Heizung, ohne Bad, WC in der Wohnung	3,40–4,60	3,50–4,90	–	3,70–4,70	4,20–5,10	–
2. ohne Heizung mit Badezimmer/WC oder mit Heizung ohne Bad	4,60–5,60	4,80–6,00	5,50–6,80	4,80–6,20	5,10–6,80	5,90–7,40
3. mit Heizung, Badezimmer/WC	5,70–7,00	6,00–7,90	7,20–9,00	6,10–7,80	7,00–9,00	7,60–9,80
4. mit besonderer Ausstattung	–	–	–	–	9,00–12,00	9,50–13,00
B Wohnungen um 60 m² Größe						
1. ohne Heizung, ohne Bad, WC in der Wohnung	3,30–4,40	3,50–4,80	–	3,50–4,70	4,00–5,10	–
2. ohne Heizung mit Badezimmer/WC oder mit Heizung ohne Bad	4,50–5,40	4,70–5,80	5,30–6,50	4,50–6,10	5,00–6,60	5,80–7,40
3. mit Heizung, Badezimmer/WC	5,40–6,60	6,00–7,50	7,10–8,80	5,90–7,40	6,80–8,00	7,30–9,40
4. mit besonderer Ausstattung	–	–	–	–	8,00–10,80	9,40–12,60
C Wohnungen um 80 m² Größe						
1. ohne Heizung, ohne Bad, WC in der Wohnung	3,30–4,40	3,40–4,50	–	3,40–4,80	3,90–5,00	–
2. ohne Heizung mit Badezimmer/WC oder mit Heizung ohne Bad	4,30–5,20	4,60–5,70	5,20–6,20	4,50–6,00	4,90–6,50	5,80–7,00
3. mit Heizung, Badezimmer/WC	5,40–6,30	5,80–7,30	6,90–8,30	5,30–7,10	6,00–7,80	6,90–8,40
4. mit besonderer Ausstattung	–	–	–	–	7,80–10,50	8,10–11,80
D Wohnungen um 100 m² Größe						
1. ohne Heizung, ohne Bad, WC in der Wohnung	–	–	–	–	–	–
2. ohne Heizung mit Badezimmer/WC oder mit Heizung ohne Bad	3,80–5,10	4,40–5,60	4,80–6,10	4,10–5,50	4,50–5,90	5,30–6,40
3. mit Heizung, Badezimmer/WC	5,10–6,20	5,50–7,00	6,30–8,20	5,10–6,70	5,60–7,20	6,50–8,00
4. mit besonderer Ausstattung	–	–	–	–	7,30–9,00	7,70–10,30

Miet- und Pachtzinsforderungen *(§ 1123 BGB, §§ 182 bis 186 BauGB)*. Die

Grundpfandrechte erstrecken sich auf die M.-u.P. des Eigentümers, die den Gebrauch für die Zeit nach der Bestellung der Hypothek oder Grundschuld abgelten *(§ 1123 Abs. BGB)*. Dies gilt auch für das mitvermietete Zubehör, wobei es gleichgültig ist, ob es sich um Geldleistungen oder andere pfändbare Leistungen handelt. Der Grundsatz, daß M.-u.P. dem Grundpfandgläubiger haften, gilt nicht unbeschränkt. Er wird eingeschränkt gegenüber Rück-

ständen, Vorausverfügungen und gewissen Verfügungen nach Beschlagnahme. Das Ergebnis ist für den Grundpfandgläubiger in allen Fällen gleich: Von dem bestimmten Zeitpunkt ab können ihm Miet- und Pachtzins nicht entzogen werden. Er muß aber sein Recht durch Beschlagnahme der Zinsforderung wahren. Vorher kann er Pfändungen Dritter nicht verhindern. Die Beschlagnahme kann aber hier nur erfolgen durch Anordnung einer Zwangsverwaltung, nicht durch Anordnung einer Zwangsversteigerung.

	Gruppe III Wohnungen in Gebäuden, die von 1961 bis 1975 bezugsfertig wurden			Gruppe IV Wohnungen in Gebäuden, die von 1976 bis 31. 7. 1988 bezugsfertig wurden		
	in einfachen Wohnlagen DM/m²	in mittleren Wohnlagen DM/m²	in sehr guten Wohnlagen DM/m²	in einfachen Wohnlagen DM/m²	in mittleren Wohnlagen DM/m²	in sehr guten Wohnlagen DM/m²
A Wohnungen um 40 m²Größe						
1. ohne Heizung, ohne Bad, WC in der Wohnung	–	–	–	–	–	–
2. ohne Heizung mit Badezimmer/WC oder mit Heizung ohne Bad	5,10–7,00	6,20– 8,20	–	–	–	–
3. mit Heizung, Badezimmer/WC	7,10–8,80	8,40–10,80	8,90–11,60	7,20–10,00	8,50–12,00	9,00–13,50
4. mit besonderer Ausstattung	–	10,00–12,50	11,00–13,50	–	11,00–14,00	12,00–14,50
B Wohnungen um 60 m² Größe						
1. ohne Heizung, ohne Bad, WC in der Wohnung	–	–	–	–	–	–
2. ohne Heizung mit Badezimmer/WC oder mit Heizung ohne Bad	5,20–6,50	5,80– 7,50	–	–	–	–
3. mit Heizung, Badezimmer/WC	6,70–8,80	7,80–10,00	8,30–11,00	6,90–9,60	8,00–10,80	8,50–11,80
4. mit besonderer Ausstattung	–	9,50–12,00	10,50–12,50	–	9,80–12,00	10,30–13,50
C Wohnungen um 80 m² Größe						
1. ohne Heizung, ohne Bad, WC in der Wohnung	–	–	–	–	–	–
2. ohne Heizung mit Badezimmer/WC oder mit Heizung ohne Bad	5,00–6,60	5,50– 7,00	–	–	–	–
3. mit Heizung, Badezimmer/WC	6,40–7,50	7,20– 8,90	8,20–10,00	6,70–8,40	7,50– 9,80	8,00–10,80
4. mit besonderer Ausstattung	–	8,40–10,70	9,40–11,70	–	9,00–11,50	10,00–12,50
D Wohnungen um 100 m² Größe						
1. ohne Heizung, ohne Bad, WC in der Wohnung	–	–	–	–	–	–
2. ohne Heizung mit Badezimmer/WC oder mit Heizung ohne Bad	4,30–5,70	5,00– 6,30	–	–	–	–
3. mit Heizung, Badezimmer/WC	5,90–7,30	6,80– 8,50	7,80–9,50	6,10–7,90	7,00– 9,10	8,00–10,10
4. mit besonderer Ausstattung	–	8,00–10,00	8,50–11,00	–	8,50–11,00	9,00–11,50

Mietvertrag *(§§ 535 bis 580 BGB).* Durch den M. wird der Vermieter verpflichtet, dem Mieter den Gebrauch der vermieteten Sache während der Mietzeit zu gewähren. Der Mieter ist verpflichtet, dafür dem Vermieter den vereinbarten Mietzins zu entrichten, → Mustermietvertrag.

Mietvertrag bei Zwangsverwaltung. Der Zwangsverwalter steigt entweder in laufende Mietverträge ein oder schließt neue Verträge ab. Dabei muß er bestimmte Bedingungen aufnehmen

(Hinweis auf Zwangsversteigerung). Die Mietvertragsdauer soll ein Jahr nicht übersteigen. Auf das Sonderkündigungsrecht nach § 57 ZVG wird ebenfalls hingewiesen.

Mietvertrag mit nahen Angehörigen, steuerlich nur anerkannt, wenn sie wie zwischen Fremden üblich schriftlich abgeschlossen werden. Fehlt es an eindeutigen Vereinbarungen (z. B. keine klare Regelung über Nebenkosten), wird ein → Gestaltungsmißbrauch angenommen. Dies hat zur Folge, daß von einer unentgeltlichen Überlassung ausgegangen wird und damit ein Werbungskostenansatz nicht möglich ist. Wichtig ist selbstverständlich auch, daß die Vereinbarungen eingehalten, also in jedem Fall die Mietzahlungen auch tatsächlich monatlich über Konten geleistet werden. Auch müssen die Verpflichteten in der Lage sein, die Mieten aus eigenen Einkünften (nicht aus dem Unterhalt des Vermieters) zu erbringen. Aufgrund einer zu niedrig angesetzten Miete – bei sonst geordneten Vertragsverhältnissen – kann das Finanzamt eine → verbilligte Überlassung von Wohnraum ermitteln.

Mietverzicht. Wird im Hinblick auf Probleme in einem Zwischenmietverhältnis ein M. ausgesprochen, so hat dies umsatzsteuerrechtliche Konsequenzen: das Finanzamt kann die erstattete Vorsteuer anteilig zurückfordern. Genau zu prüfen ist auch → Mietminderung bei Zwischenmietverhältnissen.

Mietvorausdarlehen, → Mietvorauszahlungen.

Mietvorauszahlungen *(§§ 57b; 152 ZVG).* Ein Mieter zahlt einen bestimmten Betrag sofort in einer Summe und wohnt diesen Betrag dann ab. M. sind oft hinderlich in Zwangsversteigerungsverfahren. Ein Kreditgeber wird insbesondere bei der Beurteilung der Liquiditätslage eines Kunden bei M. oft von falschen Tatsachen ausgehen.

Mietwertgutachten. Diese Gutachten werden von vereidigten Sachverständigen der zuständigen IHK auf Wunsch angefertigt. Die örtlichen Haus- und Grundbesitzervereine geben hierzu Tips.

Mietwohnung mit Sozialbindung, steuerlich nach § 7k EStG mit erhöhten degressiven Abschreibungssätzen gefördert und zwar: 5 Jahre 10%, 15 Jahre 7%, 30 Jahre 0,5%. Damit sind nach 10 Jahren bereits 85% der gesamten Herstellungskosten abgeschrieben. Voraussetzung ist eine Mietpreisbindung für 10 Jahre. Aus diesem Grunde wir z. Zt. die ‚normale‘ → degressive Afa für Mietwohngebäude mit einer frei auszuhandelnden Miete vorgezogen. → Sozialbindung.

Verbesserung der degressiven Abschreibung für den Mietwohnungsbau

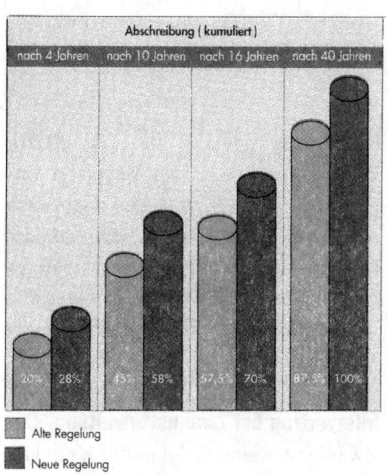

Quelle: Bauministerium

Mietwohnungsbau. Aufgrund der scheinbaren Sättigung des Wohnungsmarktes und gleichzeitig pessimistischer Prognosen ist der M. in den letzten Jahren deutlich zurückgegangen. Der M. gilt nicht mehr als gute Kapitalanlage. Die seit 1988 eingetretene Umkehr wird geprägt von veränderten Bevölkerungsentwicklungszahlen, Aussiedlern, Übersiedlern und den sich generell ändernden erhöhten Wohnbedürfnissen. Zur Ankurbelung der privaten Investitionsbereitschaft sind mittlerweile auch die Abschreibungsmodalitäten weiter verbessert worden.

Mietzins, → Miete.

Mietzinsänderungsklauseln.
a) Gleitkauseln liegen vor, wenn die Höhe der Miete durch eine Bezugsgröße (z. B. Lebenshaltungskostenindex) derart bestimmt wird, daß eine Änderung der Bezugsgröße unmittelbar zu einer Mietzinsänderung führt. Ist durch die LZB genehmigungspflichtig.
b) Leistungsvorbehalt. Der Ermessensspielraum ist nach oben durch Änderung der Bezugsgröße, nach unten jedoch nicht gegeben. Bedarf keiner LZB-Genehmigung.
c) Spannungsklausel liegt vor, wenn der zum Maßstab für die Miete genommene Wertmesser (z. B. örtliche Vergleichsmiete) mit dieser Geldschuld gleichartig oder vergleichbar ist.

Mindestanforderung in der Baufinanzierungsberatung, → Baufinanzierungsberatung.

Mindestansparsumme (Mindestsparguthaben). Die einzelnen Bausparkassen legen für die Zuteilung der Bausparverträge eine M. fest. Diese beträgt z. Zt. zwischen 40 und 50% der Bausparsumme.

Mindestbausparsumme, eine nach den Bausparbedingungen festgelegte Mindestgröße; je nach Bausparkasse liegt diese zwischen DM 2000,– und DM 5000,–.

Mindestbewertungszahl (Mindestbewertungsziffer). Für die Zuteilung eines Bausparvertrages ist eine M. zu erreichen. Hierdurch soll verhindert werden, daß durch kurzfristige Besparung die Wartezeiten verkürzt werden und ungerechte Zuteilungszeiten für einzelne zu Lasten des Bausparkollektivs entstehen. Die M. ist Änderungen unterworfen, da sich das Sparverhalten ändert.

Mindestgebot, → geringstes Gebot. §§ 817a ZPO; 74a ZVG.

Mindestreserve, zinsloses Guthaben, das jedes Kreditinstitut bei der Deutschen Bundesbank aufgrund gesetzlicher Bestimmungen hinterlegen muß.

Mindestsparzeit. Neben der → Mindestansparung und der → Mindestbewertungszahl ist auch eine M. abzuwarten. Diese ist je nach Tarif der Bausparkassen unterschiedlich. M. war überwiegend mindestens 18 Monate. Diese Zeit ist jedoch heute nicht mehr von Bedeutung, da durch Erreichung der Mindestbewertungszahl dieser Zeitraum ohnehin beträchtlich überschritten wird.

Minuskapital, negatives Eigenkapital in der Bilanz, das durch Verluste oder zu hohe Entnahmen entstanden ist. Als Kreditgrundlage ist eine Firmenbilanz mit M. nur anzusehen, wenn im Umfeld der Gesellschafter greifbare Besicherungsmöglichkeiten bestehen und Aussicht auf Umkehrung der Bilanzverhältnisse besteht.

Mischfinanzierung. Wenn verschiedene Darlehen (evtl. auch unterschiedliche Geldgeber) zu einer Gesamtfinanzierung zusammengefaßt werden, spricht man von einer M. Gebräuchlicher ist allerdings der Ausdruck Verbundfinanzierung. Eine M. setzt sich oft zusammen aus 1. Hypothek oder Lebensversicherungshypothek, Bauspardarlehen, Hypothekendarlehen.

Mischgebiete *(§ 6 BauNVO),* Wohngebiete mit dort angesiedelten Gewerbebetrieben, die das Wohnen nicht wesentlich stören.

Mischkalkulation. Werden mehrere Darlehen mit unterschiedlichen Festschreibungsfristen und Beleihungsausläufen zu einem Gesamtkredit zusammengefaßt, so wird die Kondition aus den verschiedenen Bausteinen ebenfalls mit einer M. ermittelt. Dadurch ist oftmals eine günstige Gesamtrechnung erreicht, die beide Seiten zufriedenstellt.

Mischmietverhältnis. Wohnraummietverträge genießen einen hohen gesetzlichen Schutz. Wenn Räume nicht nur zu Wohnzwecken, sondern gleichzeitig auch zu anderen, insbesondere gewerblichen Zwecken überlassen werden, liegt ein M. vor. Seitens des Vermieters wird hierdurch evtl. versucht, die besonderen Mieterschutzgesetze für Wohnraummietverhältnisse zu unterlaufen. Die Rechtsprechung richtet sich jedoch z.Zt. in der Bewertung des Mietverhältnisses nach der überwiegenden, tatsächlichen Nutzung.

Mißbrauchsklausel *(aus § 10e EStG).* Nicht begünstigt ist der Erwerb eines Gebäudes vom Ehegatten, wenn bei den Ehegatten im Zeitpunkt der Anschaffung die Voraussetzung für die Zusammenveranlagung vorlag, also die Eheleute nicht dauernd getrennt gelebt haben und beide unbeschränkt steuerpflichtig waren.

Mitbieten. Bei der heutigen Marktsituation sind die Gläubiger vielfach gezwungen, zur Rettung ihrer Forderungen im Zwangsversteigerungsverfahren aktiv zu werden und mitzubieten. Ein anschließender freihändiger Verkauf, losgelöst von den Komplikationen eines Zwangsversteigerungsverfahrens, ist meist aussichtsreicher als ein erneuter Gerichtstermin. → Befriedigungswirkung (§ 114a ZVG).

Miteigentümergemeinschaft, individueller Personenzusammenschluß der Wohnungseigentümer einer Wohnan-

lage. Die M. ist durch den Zusammenschluß keine juristische Person.

Miteigentümervereinbarung, → Bruchteilgemeinschaft *(§ 1010 Abs. 1 BGB).*
Nach den §§ 745, 746, 749 und 751
BGB haben Vereinbarungen von Teilhabern einer Gemeinschaft über die
Verwaltung und Benutzung eines gemeinschaftlichen Gegenstandes und
über den Ausschluß der Aufhebung der
Gemeinschaft für immer oder auf Zeit
für die Aufhebung dingliche Wirkung.
Sie wirken daher auch dem Sonder-
rechtsnachfolger gegenüber. Dieser
Grundsatz wird bei Mieteigentum nach
Bruchteilen an Grundstücken nach
§ 1010 BGB dahingehend eingeschränkt, daß hier die dingliche Wirkung von der Eintragung in Abt. II des
Grundbuchs abhängig gemacht wird.

Miteigentum, Eigentum mehrerer an
derselben Sache (auch an einem
Grundstück), → Miteigentum nach
Bruchteilen.

Miteigentum nach Bruchteilen
(§§ 1008 ff. BGB), Eigentum mehrerer
Personen (Miteigentümer), die eine Gemeinschaft nach den §§ 741 ff. BGB an
einem ideellen Teil bilden. Damit bleibt
die Sache, also z. B. das Grundstück, an
sich ungeteilt. Im übrigen ist das Miteigentum dem Alleineigentum rechtlich
gleichgestellt und unterliegt allen darauf bezogenen Vorschriften des BGB.
Insbesondere kann jeder Miteigentümer frei über seinen Miteigentumsanteil verfügen und ihn nach Belieben auf
andere Personen übertragen, die dann

an seine Stelle innerhalb der Miteigentümergemeinschaft treten. → Wohnungseigentum.

Miteigentumsanteil. In der Teilungserklärung wird nach freiem Ermessen die
Größe der M. festgelegt. Dementspre-
chend erfolgt die Grundbucheintragung. Eine Übereinstimmung zwischen
dem Wert der einzelnen Wohnungen
und ihrem Anteil am gemeinschaftlichen Eigentum ist nicht erforderlich.
Allerdings ist die Verbindung eines M.
mit einem Sondereigentum erforderlich. Änderung des M. ist möglich, bedarf jedoch der Zustimmung eines
Grundpfandrechtsgläubigers. Vorsicht
ist geboten (für einen Käufer wie das Finanzierungsinstitut), wenn die Nebenkosten auf der Grundlage (evtl. unge-
nauer und damit ungünstiger) Mitei-
gentumsanteilsquoten berechnet werden.

Mithaftung. Alle Kreditinstitute gehen
normalerweise davon aus, daß bei Eheleuten der Ehepartner jeweils die M. für
Kreditverbindlichkeiten übernimmt,
selbst wenn Gütertrennung vereinbart
ist. Ausnahmen im Bereich der Steuermodelle haben schlechte Erfahrungen
gebracht.

Mitnahmeeffekt. Ein bereits geplantes
Bauvorhaben oder eine ohnehin vorgesehene Investition wird sicherlich vorgezogen, wenn zwischenzeitlich ein öffentlich subventioniertes Förderungsprogramm (öffentlich geförderte Kredite, Zinszuschüsse, Sonderabschreibungen etc.) genutzt werden kann.

Mitnahmeregelung

Durch diesen M. wird ein Teil der Förderungsabsicht unterlaufen.

Mitnahmeregelung. Wird ein Objekt innerhalb der ersten acht Jahre veräußert, kann der Veräußerer für den nicht ausgenutzten Zeitraum die Abschreibungsmöglichkeit nach § 7b bzw. § 10e EStG auf ein neues Objekt übertragen (nur die Jahre, nicht den Betrag).

Mitschuldner, Darlehensnehmer, der als Gesamtschuldner mit einem anderen Schuldner haftet. Dies ist meist der Ehegatte. Werden andere Personen mitverpflichtet, so erfolgt dies zweckmäßigerweise über eine separate Bürgschaftserklärung.

mittelbare Grundstücksschenkung. Der BFH hat mit Urteil vom 3. 8. 1988 II R 39/86 seine Rechtsprechung fortgeführt, daß eine Geldschenkung, die zum Bau eines Hauses verwendet werden muß (m. G.), nicht mit dem Nominalwert des Geldbetrages, sondern mit dem anteiligen →maßgeblichen Einheitswert des Gebäudes zu bewerten ist. Diese höchstrichterliche Bestätigung ist wichtig für die Kundenberatung. Es ist im übrigen daher nur auf eine formgerechte Formulierung der Schenkung zu achten. Am interessantesten ist diese steuerliche Gestaltungsmöglichkeit bei unbebauten Grundstücken, die meist nur einen sehr geringen Einheitswert haben. → Grundstücksübergabe.

Mittelwert, rechnerisches Mittel aus dem Sach- und dem Ertragswert. Sollte bei der Ermittlung des Verkehrs- oder Beleihungswertes keine Rolle mehr spielen. Ist allerdings auf vielen Wertermittlungsbögen noch als Angabe enthalten.

Mitverpflichtung, → Mithaftung.

MK. In der Planzeichenverordnung und dem BauGB werden Kerngebiete mit dem Kürzel *MK* bezeichnet. Dieses Kürzel findet sich auch in Flächennutzungs- und Bebauungsplänen wieder. Die genaue Eingruppierung ist in § 7 BauNVO beschrieben.

möblierte Vermietung, Vermietung von möblierten Wohnungen, Wohnungsteilen etc. Die Einnahmen daraus stellen ebenfalls Einkünfte aus Vermietung und Verpachtung nach § 21 EStG dar. Einbezogen ist auch der Mietteil, der auf die Nutzungsüberlassung der Einrichtungsgegenstände entfällt. Nicht steuerpflichtig sind erzielte Gewinne beim Verkauf der Wohnung (Ausnahme natürlich bei Nichteinhaltung der zweijährigen Spekulationsfrist). Die Anschaffungskosten für die Einrichtung können über die Nutzungsdauer abgeschrieben werden (Ausnahme: Aufwendungen für einzelne Wirtschaftsgüter unter DM 800,– sind als Werbungskosten in einer Summe abzusetzen).

Mobilisierung von Wohnungsreserven. Durch mietrechtliche Änderungen sollen bisher nicht vermietete Wohnungen aktiviert werden, z. B. Ferienwohnungen. Es müssen besondere, vereinfachte Kündigungsbedingungen vereinbart werden. Vereinfachte Kündigungsmöglichkeiten sollen auch Eigentümer von selbstbewohnten Objekten erhalten, wenn zusätzliche Wohnungen geschaffen werden. Zum Ausbau von Dachgeschossen soll eine Teilkündigung möglich werden, wenn diese bislang an Mieter als Nebenräume vermietet waren. Außerdem soll ein zur Wohnung umgebauter Gewerberaum nicht unter die Zweckentfremdungsverordnung fallen.

Mobilität, in Zeiten von ständig sich ändernden Markt- und Arbeitsplatzbedingungen notwendige Bereitschaft zum Wohnsitzwechsel. M. soll u. a. gefördert werden durch die → Mitnahmeregelung (§ 7 b und auch § 10 e EStG).

Modernisierung, Baumaßnahmen zur Erhöhung des Gebrauchs- bzw. Wohnwertes, die nicht Instandsetzung oder Instandhaltung sind. Anpassung vorhandener Wohngebäude und Wohnungen an die technischen, hygienischen und wohnkulturellen Fortschritte, insbesondere durch bauliche Verbesserungen, durch Einrichtungen, durch Anlage oder Ausbau von Verkehrsflächen oder durch Anschluß an Versorgungs- und Entwässerungsanlagen. → Mieterhöhungen, → Wohngeld, → Leistungsbündelung, → Sonderabschreibung nach § 82 a EStDV, → Sonderabschreibung für Baudenkmäler.

Modernisierungsaufwand, Begriff aus dem Einkommensteuerrecht. Zum M. zählen die → Herstellungskosten, die

für den Einbau bestimmter Anlagen und Einrichtungen bei einem Altwohngebäude aufgewendet worden sind und als solche dem Gebäudewert hinzuzurechnen und einheitlich mit diesem abzuschreiben sind.

Modernisierung in Sanierungsgebieten. Ein Steuerpflichtiger kann von den durch Zuschüsse aus Sanierungsmitteln nicht gedeckten Herstellungskosten, die aufgrund von Bestimmungen des Baugesetzbuches § 177 entstanden sind, 10% p. a. für zehn Jahre abschreiben (§ 82 g EStDV). Hierfür ist die Baumaßnahme nach dem 31. 7. 1971 und vor dem 1. 1. 1992 durchzuführen. Zum 1. 1. 1990 zeitlich unbegrenzte Übernahme in das EStG als § 7 h bzw. § 10 f für selbstgenutzte Wohnungen.

Modernisierungs- und Instandsetzungsgebot *(§ 177 BauGB).* Weist eine bauliche Anlage nach ihrer inneren oder äußeren Beschaffenheit Mißstände oder Mängel auf, deren Beseitigung oder Behebung durch Modernisierung oder Instandsetzung möglich ist, kann die Gemeinde die Beseitigung der Mißstände durch ein Modernisierungsgebot und die Behebung der Mängel durch ein Instandsetzungsgebot anordnen. Zur Beseitigung der Mißstände ist der Eigentümer verpflichtet.

Monatsraten. Früher war vierteljährliche Ratenzahlung für Baukredite üblich, zumal insbesondere die Hypothekenbanken hier einen möglichst geringen Verwaltungsaufwand bevorzugten. Aus praktischen Überlegungen heraus hat sich mittlerweile die Monatsrate als zweckmäßig herausgestellt. Dies ermöglicht den Kreditnehmern eine normale Disposition. Außerdem wirken sich die Vorschriften der Preisangabenverordnung aus. Nachdem hierdurch die Angabe eines anfänglichen effektiven Jahreszinses vorgeschrieben ist, sind von den Banken bei den Monatszahlern überwiegend auch die Zins- und Tilgungsverrechnungsmethoden geändert worden.

Monopolgebiete für die Feuerversicherung. In Monopolgebieten ist der Versicherungsträger landesrechtlich vorgeschrieben. Eine freie Wahlmöglichkeit ist ausgeschlossen. Die Handhabung erfolgt analog der → Pflichtgebiete.

Moratorium, Vereinbarung aller beteiligten Gläubiger über einen Zahlungsaufschub, der dem Schuldner gewährt wird, um eine sofortige Insolvenz zu vermeiden. Im Immobilienbereich oftmals schwierig, da die einzelnen Gläubiger unterschiedliche Rangstellen haben und demzufolge entsprechende Sonderbehandlung erwarten.

Müllabfuhrkosten, Kosten, die von der zuständigen Stadt- oder Gemeindeverwaltung meist zusammen mit den Grundsteuern und sonstigen kommunalen Abgaben vierteljährlich aufgrund eines Gebührenbescheides erhoben werden. Beim Kauf eines Objektes könnte es sinnvoll sein, Einblick in den letzten Gebührenbescheid zu nehmen, auch um ggf. örtliche Besonderheiten

zu erkennen. Die M. sind als Nebenkosten/Betriebskosten zu verstehen und werden meist über die Personenzahl anteilig umgelegt.

Mündelsicherheit *(§§ 1807 und 2119 BGB),* 1. vorgeschriebene, besonders sichere Anlage von Geldern. Hierzu zählen u. a.: Anlagen in Forderungen, für die eine sichere Hypothek an einem inländischen Grundstück besteht, oder in sicheren Grundschulden oder Rentenschulden an inländischen Grundstücken, in Wertpapieren, insbesondere Pfandbriefen, sowie in verbrieften Forderungen jeder Art gegen inländische kommunale Körperschaften oder die Kreditanstalt einer solchen Körperschaft, sofern die Wertpapiere von der Bundesregierung als mündelsicher anerkannt worden sind. 2. *(§ 1822 Nr. 8 BGB, 1821, § 1642, § 1643, § 1806, § 1808, § 1811 BGB).* Steht ein minderjähriges Kind nicht unter elterlicher Gewalt (Tod der Eltern, Entzug der elterlichen Gewalt), so erhält es einen Vormund als gesetzlichen Vertreter. Bei unehelichen Kindern erlangt das Jugendamt des Geburtsortes die Vormundschaft. Die Kreditaufnahme zu Lasten des Mündels ist nicht ohne Mitwirkung des Amtsgerichtes möglich. Zustimmungsbedürftig ist die Übernahme einer fremden Verbindlichkeit, insbesondere einer Bürgschaft. Verfügungen über ein Grundstück oder über das Recht an einem Grundstück können ohne Mitwirkung des Vormundschaftsgerichtes nicht erfolgen. Also sind weder Veräußerungen noch Belastungen möglich, es können auch keine Grundschulden für die Bank bestellt werden.

multifunktionale Bauweise, im Gewerbebau notwendiges Planungsmerkmal. Hierdurch wird die optimale und vielseitige Nutzung eines Gebäudes erreicht. Die m. B. ist heutzutage bei der Bewertung von besonderer Bedeutung und hat die früher übliche Frage nach der → Drittverwendungsmöglichkeit teilweise abgelöst. Beispiel für eine m. B. ist ggf. schon eine entsprechende Deckenhöhe und eine ausreichende Gründung, um in eine Halle zusätzliche Decken einziehen zu können, um damit die Grundfläche zu vergrößern. Wichtig ist auch, daß den technischen Neuerungen ohne größeren Aufwand Rechnung getragen werden kann.

„Muskelhypothek", in der Umgangssprache eingebürgerter Begriff für → Eigenleistung am Bau. Jeder Baufinanzierer kennt die Probleme bei der nicht richtigen Einschätzung der Leistungsfähigkeit der jeweiligen Bauherren in diesem Bereich.

Musterbauordnung (MBO). Da das öffentliche Baurecht nur zum Teil Bundesrecht und das Bauordnungsrecht als Landesrecht geregelt ist, ergeben sich aufgrund der Verschiedenheit der baupolizeilichen Bestimmungen in den einzelnen Bundesländern erhebliche Probleme. Deshalb ist versucht worden, die Landesbauordnungen zu vereinheitlichen. In diesem Zusammenhang ist von der Ministerkonferenz eine M. erstellt worden. Die heute gültige Fassung liegt seit 1981 vor. In Bayern ist bereits auf dieser Grundlage eine neue Bauordnung (BayBO) erlassen worden.

Mustermietvertrag. Durch das Bundesjustizministerium wird ein M. herausgegeben, der bei Aktualisierung jeweils im Bundesanzeiger veröffentlicht wird. Dort sind geregelt: Mietsache, Miete, Mietzahlungen, Mietdauer, Kündigung, Ersatzmieter, Schönheitsreparaturen, Bagatellschäden, Aufrechnung und Zurückbehaltung, Benutzung der Mietsachen, Untervermietung, Haushaltsmaschinen, Instandhaltung der Mietsache, Betreten der Mietsache durch den Vermieter, Rückgabe der Mietsache, Personenmehrheit der Mieter, Hausordnung, zusätzliche Vereinbarungen.

Mutterboden *(§ 202 BauGB),* oberste, meist humushaltige Bodenschicht, die bei Beginn der Bauarbeiten abgetragen und für die spätere Wiederverwendung getrennt von dem übrigen Aushub gelagert wird.

N

Nachbaranhörung, in allen Bundesländern unterschiedlich geregelt. → Nachbarbeteiligung. Angesichts möglicher Konflikte erscheint jedoch eine N. unverzichtbares Element, bevor ein Bauantrag eingereicht wird.

Nachbarbeteiligung. Nachbarn sollten über die Bebauung unterrichtet werden. Der Nachbarunterschrift kommt in erster Linie formelle Bedeutung zu. Eine Unterschrift gilt als Zustimmung. Unterschreibt der Nachbar nicht, so hat dies regelmäßig keinen Einfluß auf die Genehmigungsfähigkeit des Bauvorhabens, allerdings führt dies i. d. R. zu Komplikationen. Auch der Baufinanzierer sollte auf etwaige Störungsmöglichkeiten in diesem Bereich achten, kann doch ein möglicherweise nachträglicher Baustopp zu negativen Belastungen für alle Beteiligten führen.

Nachbarerbbaurecht *(ErbbRVO 1 bb).* Wird ein Gebäude über mehreren Grundstücken errichtet, von denen evtl. nur eines ein Erbbaugrundstück ist, so spricht man von einem N. Ein Erbbaurecht belastet immer das gesamte Grundstück, genutzt und damit bebaut werden darf jedoch nur die für den Baugrund benötigte Fläche. Jede zusätzliche Nutzung bedarf der Zustimmung des Erbbaurechtsausgebers. Also sind z. B. Erweiterungsbauten auf Erbbaurechtsgrundstücken nicht nur durch die jeweilige Baubehörde, sondern auch durch den Erbbaurechtsausgeber im voraus zu genehmigen. Bei einer Finanzierung derartiger Objekte ist dies zu überprüfen.

Nachbarrecht *(§§ 906–924 BGB),* regelt die Rechtsverhältnisse unter Grundstückseigentümern. Rechtsquelle ist für das private N. grundsätzlich das BGB, für das öffentliche N. gilt hauptsächlich die Bauordnung. Die Regelungen sind in den einzelnen Bundesländern sehr verschieden und durch Nachbarrechtsgesetze der Bundesländer geregelt. Die Gesetze dienen dem Schutz des Eigentums und seiner Begrenzung und regeln u. a. die Grenzabstände und die Bepflanzung. Rechtliche Ansprüche hat nach §§ 985, 1004 BGB nur der Eigentümer, nicht der Mieter.

Nachbarschaftshilfe. Die unentgeltliche N. zur Erbringung von Eigenleistungen ist keine Schwarzarbeit. Werden Kosten ersetzt, so ist bei Quittungslegung sogar die Absetzung bei den Herstellungskosten möglich. Der Empfänger der Gegenleistung muß beim Erreichen bzw. Überschreiten bestimmter Betragsgrenzen diese Beträge versteuern.

Nachbarschutz. Auch der Finanzierer eines Objektes kann böse Überraschungen erleben, wenn die nachbarlichen Rechte nicht oder nur unvollständig berücksichtigt wurden. Eine einstweilige Verfügung (Baustopp) wird Kosten verursachen und die Finanzierung evtl. gefährden.

Nachbaurecht. Hat ein Architekt den Auftrag für alle Leistungsphasen – nicht nur für die Erstellung eines Vorentwurfes –, so rechtfertigt das auszuübende N. zwangsläufig die Endfertigung der Unterlagen.

Nachbesserung. Im Zwangsversteigerungsverfahren bleiben oftmals Interessenten mit einem Gebot Meistbietende, welches nicht voll den Vorstellungen der Gläubiger entspricht. In solchen Fällen wird dann meist der Zuschlag ausgesetzt mit dem Ziel, über eine außergerichtliche N. des Gebotes zu verhandeln. Dies ermöglicht beiden Seiten eine längere Abstimmungsphase. Derartige Zahlungen sind Anschaffungskosten und damit abschreibungsfähig. Sie unterliegen der Grunderwerbsteuer.

Nachbesserungsrecht *(§ 633 Abs. 2 S 1 BGB).* Gemäß Werkvertragsrecht liegt der primäre Anspruch des Gewährleistungsrechts in der Nachbesserung. Bei Nichterfüllung tritt → Gewährleistung

ein. Kommt ein Unternehmer trotz Mahnung in Verzug, steht dem Besteller dann die Eigennachbesserung zu, u. U. unter Inanspruchnahme eines Kostenvorschusses zur Finanzierung der Arbeiten.

Nacherbe *(§ 2100 BGB).* Der Erblasser kann einen Erben bestimmen, welcher erst Erbe nach einem anderen Erben wird. → Nacherbenvermerk, → Ersatzerbe.

Nacherbenvermerk *(§§ 2100 ff. BGB).* Ein Erblasser kann jemanden (den Nacherben) in der Weise zum Erben einsetzen, daß dieser die Erbschaft erst antreten kann, nachdem zunächst ein anderer, nämlich der Vorerbe, Erbe geworden ist. Tritt der Erbfall mit dem Tod des Erblassers ein, so fällt die Erbschaft an den Vorerben. Mit dem Tod des Vorerben erlischt dessen Recht, und der Nacherbe wird Erbe des Erblassers. Aus diesen Bestimmungen ergeben sich für die Beleihungsinstitute zwangsläufig Beschränkungen. Bei Beleihung eines einem Vorerben gehörenden Grundstücks muß die Zustimmung des/der Nacherben zur Belastung durch Grundpfandrechte eingeholt werden. Andernfalls kann bei Eintritt des Nacherbfalles der Nacherbe Löschung des Grundpfandrechtes verlangen, ohne seinerseits etwas leisten zu müssen. Ist der Nacherbe minderjährig, so bedarf er hierfür selbstverständlich der vormundschaftlichen Genehmigung.

Nachfeststellung. Tritt eine Veränderung am Grundstück ein, ist eine N. des

→ Einheitswertes erforderlich. Dies geschieht, wenn eine neue wirtschaftliche Einheit entsteht, wenn eine bereits bestehende Einheit erstmals zu einer Steuer herangezogen werden soll und wenn erstmals für Zwecke der Vermögensteuer ein besonderer Einheitswert festzustellen ist.

Nachfinanzierungsbedarf. Trotz einer vorherigen Prüfung der Unterlagen läßt sich vielfach ein N. nicht vermeiden. Vor einer weiteren Finanzierung ist dann eine Ursachenforschung genauso notwendig wie die nochmalige, detaillierte Kontrolle, ob die restlichen Mittel zur Fertigstellung ausreichen. Die Einschaltung von Gutachtern oder Architekten seitens der Finanzierer ist dabei empfehlenswert, die Mittelverwendungskontrolle selbstverständlich.

Nachforderungshaftung. Für Verbindlichkeiten der Wohnungseigentümer untereinander, die in der anteiligen Verpflichtung zum Tragen der Lasten und Kosten (§ 16 Abs. 2 WEG) wurzeln, haftet der Erwerber einer Eigentumswohnung auch dann, wenn es sich um Nachforderungen aus Abrechnungen für frühere Jahre handelt, sofern der Beschluß der Wohnungseigentümergemeinschaft, durch den die Nachforderungen begründet wurden (§ 28 Nr. 5 WEG), erst nach dem Eigentumserwerb gefaßt worden ist. Ein Käufer/Ersteigerer einer Eigentumswohnung sollte daher versuchen, vorab diesen Punkt durch Einsichtnahme in die letzten Eigentümerversammlungsprotokolle zu klären. → Käuferhaftung.

nachhaltig erzielbares Einkommen, bedeutsames Kriterium der Kreditwürdigkeitsprüfung. Mittlerweile erfolgt die Prüfung anhand mehrerer Gehaltsabrechnungen, aber vordringlich auch anhand von aktuellen Einkommensteuerbescheiden. Bei Selbständigen, Freiberuflern etc. ist diese Prüfung sicherlich schwieriger und kann lediglich anhand zurückliegender Daten unter Würdigung der Zukunftssituation erfolgen.

Nachholung nicht ausgenutzter Abschreibung. *1. nach § 7b EStG* (Objekte bis 31. 12. 1986 fertiggestellt oder erworben). Die in den ersten drei Jahren nicht ausgenutzten Abzugsbeträge (2% p. a. sind mindestens abzuschreiben) können bis zum Ende des vierten Jahres des Abzugszeitraumes nachgeholt werden. Diese Regelung gilt maximal bis Ende 1989. *2. nach § 10e EStG* (Objekte nach dem 1. 1. 1987 fertiggestellt oder erworben). Die in den ersten drei Jahren nicht ausgenutzten Abzugsbeträge können bis zum Ende des vierten Jahres des Abzugszeitraumes nachgeholt werden. Im Gegensatz zu früher ist keine Mindest-Afa p. a. vorgeschrieben. Die Voraussetzungen für die Grundförderung (Eigennutzung) müssen allerdings ständig erfüllt sein. Wird die → Kinderkomponente beansprucht, ist ggf. eine geringfügige Absetzung nach § 10e in jedem Jahr notwendig. Die Nachholung und damit Verteilung der Afa auf selbst bestimmte Zeiträume ist ein Steuerungsinstrument für optimale Nutzung der Steuervorteile. Besonders empfehlenswert dann, wenn

z. B. im Jahr der Fertigstellung oder der Anschaffung beträchtliche Aufwendungen vor Bezug angefallen sind, die das zu versteuernde Einkommen schon stark mindern. Dann ist die Verlagerung der Afa in künftige Abrechnungsperioden geldsparend. Finanzierungsinstitute sollten darauf hinweisen, vor allem wenn in der Beratung über ein (hohes) Disagio verhandelt wird.

Nachlaßkonkursvermerk *(§ 58 VerglO).* Muß über einen Nachlaß das Konkursverfahren eröffnet werden, so erfolgt auch eine Verfügungsbeschränkung in Abt. II des Grundbuches. Grundstücke, die mit diesem Vermerk belastet sind, können nicht beliehen werden.

Nachlaßpflegschaft *(§ 1960 BGB),* dient der Sicherung des Nachlasses, wenn der Erbe unbekannt oder wenn ungewiß ist, ob die Erbschaft überhaupt angenommen wird.

Nachlaßvergleichsverfahren. Über einen Nachlaß kann ein Vergleichsverfahren zur Abwendung eines sonst drohenden Nachlaßkonkurses beantragt werden. Ist Grundbesitz davon betroffen, werden entsprechende Verfügungsbeschränkungen im Grundbuch eingetragen.

Nachlaßverwalter *(§ 1985 BGB; § 15 ZVG).* Dem N. steht wie auch dem Testamentsvollstrecker die Verfügung über das Nachlaßvermögen unter Ausschluß der Erben zu. Seine Aufgabe besteht in der Verwaltung des Nachlasses unter Berücksichtigung der Nachlaß-

verbindlichkeiten. Der N. wird auf Antrag eines Gläubigers oder Erben vom Nachlaßgericht eingesetzt.

Nachlaßverwaltungsvermerk. Die Nachlaßverwaltung hat den Zweck, die Nachlaßgläubiger zu befriedigen *(§§ 1875, 1985 BGB).* Mit der Anordnung der Nachlaßverwaltung und damit ggf. auch der Eintragung des N. im Grundbuch verliert der Erbe die Befugnis, den Nachlaß zu verwalten und über ihn zu verfügen. Das Verwaltungs- und Verfügungsrecht geht auf den Nachlaßverwalter über. Zur Belastung eines Grundstücks bedarf auch der Nachlaßverwalter der Genehmigung des Nachlaßgerichtes. Die Anordnung der Nachlaßverwaltung bewirkt eine Sperre im Grundbuch. Ein Kreditinstitut kann daher rechtswirksame Verträge bei derartigen Grundstücken nur mit dem Nachlaßverwalter abschließen. Die Rechtslage ist vergleichbar mit einer Testamentsvollstreckung oder einer Konkursabwicklung.

Nachrang, Rangstelle im Grundbuch nach einer besser plazierten Voreintragung. Durch die Rücksichtnahme auf den Vorrang erhalten viele Rechtspositionen ggf. starke Einschränkungen. Genaue Einschätzung der Nachrangposition ist bei der Sicherheitenbewertung erforderlich.

nachstellige Finanzierung, Beschaffung und Einsatz von Finanzierungsmitteln, die durch nachrangig im Grundbuch eingetragene Grundpfandrechte an dem Baugrundstück besichert werden.

Der Begriff n. F. wird in Gesetzen verwendet (z. B. § 42 des II. WoBauG).

nachträgliche Anschaffungs- und Herstellungskosten. 1) *(§ 7b EStG)*. N. A.-u. H. können in den ersten vier Jahren nach Erwerb oder Fertigstellung so nachgeholt werden, als ob sie bereits von Anfang an festgestanden hätten. Dabei ist es dem Steuerpflichtigen unbenommen, diese Beträge jeweils bei Anfall schon entsprechend zu nutzen oder alle Rechnungen bis zum vierten Jahr zu sammeln und dann die AFA nachträglich vorzunehmen. In der Kundenberatung der Baufinanzierer wird dieser Punkt anzusprechen sein, wenn zu Beginn der Abschreibung die Höchstbeträge nicht ausgeschöpft worden sind. 2) *(§ 10e EStG)*. Diese für die Steuerzahler günstige Regelung ist übernommen worden mit der Verbesserung, daß nunmehr alle Kosten nachträglich abgeschrieben werden können, die innerhalb von acht Jahren (also im gesamten Begünstigungszeitraum) anfallen. Wegen der ab 1. 1. 1987 geltenden neuen Höchstbeträge von DM 300 000,– sind auch hier Beratungshinweise an die Baufinanzierungskunden angezeigt.

Nachvermietungsinvestition, → Tenant improvement.

Nachverpfändung. Nachträglich können weitere Grundstücke in die Pfandhaft für eine bereits eingetragene Grundschuld einbezogen werden. Die N. bedarf der notariellen Beurkundung.

Nachwirkungsfrist. Öffentlich geförderte Eigenheime oder Eigentumswohnungen unterliegen nach Ablösung der Fördermittel weiterhin den gesetzlichen Bindungen nach dem Wohnungsbindungsgesetz. Diese N. beginnt mit dem 1. Januar des auf die Ablösung folgenden Jahres und beträgt insgesamt acht Jahre. Dies gilt auch bei einer Veräußerung des geförderten Objektes innerhalb der genannten Frist. Der Käufer muß dem Kreis der nutzungsberechtigten Personen angehören. → „Öffentlich gefördert", → Wohnungsbindung.

Naßdach, Flachdach ohne Gefälle und ohne Dacheinlauf in der Abdichtungsebene. Die Überläufe sind erhöht angeordnet. Das ggf. auf dem Dach stehende Wasser soll Temperaturschwankungen der Räume verhindern.

NATO-Modell, EFH und ETW, die als Bauherren- oder Erwerbermodell errichtet oder vertrieben werden und von Angehörigen der NATO-Streitkräfte angemietet werden. Die Vermietungsumsätze daraus sind nach dem → NATO-Truppenstatut ausdrücklich von der Umsatzsteuer befreit. Dennoch kann bei diesen Modellen die Mehrwertsteueroption geltend gemacht werden. Der um die erstattete Umsatzsteuer reduzierte Herstellungsaufwand bildet dann die Grundlage für die sonstigen Abschreibungsmöglichkeiten. In der Beleihungspraxis hat sich allerdings gezeigt, daß für derartige Wohnungen so gut wie kein Zweitmarkt besteht. Daher sind auch Zwangsversteigerungen hier meist ergebnislos.

NATO-Truppenstatut. In einem Zusatzabkommen zum N.-T. ist die Freistellung von Vermietungsumsätzen mit Angehörigen der NATO-Streitkräfte von der Mehrwertsteuer geregelt. Dabei tritt nicht das Vorsteuerabzugsverbot ein (§ 15 UStG). Diese Regelung ist in den Schlußvorschriften des Umsatzsteuergesetzes (§ 26 (5) dokumentiert. Durch diese Vorschrift wurde die Investition in sog. NATO-Wohnungen gefördert. Im Finanzierungsbereich sind diese Einheiten als → NATO-Modelle bekannt und wegen der mittlerweile auch bestehenden vielfältigen notleidenden Fälle gefürchtet.

Naturdenkmal. Einzelschöpfungen der Natur (z. B. Bäume oder Biotope) werden als N. festgesetzt, wenn ihr besonderer Schutz erforderlich ist − aus wissenschaftlichen, naturgeschichtlichen, landeskundlichen oder erdgeschichtlichen Gründen oder − wegen ihrer Seltenheit, Eigenart oder Schönheit. Die Festsetzung kann auch die Umgebung einbeziehen.

Naturschutzgebiete, Gebiete zur Erhaltung von Lebensgemeinschaften oder Lebensstätten bestimmter wildlebender Pflanzen und Tierarten. Aus wissenschaftlichen, naturgeschichtlichen, landeskundlichen oder erdgeschichtlichen Gründen oder wegen der Seltenheit, besonderen Eigenart oder hervorragenden Schönheit einer Fläche oder eines Landschaftsbestandteils werden N. von Ländern und Gemeinden festgesetzt. Ein N. genießt strikten Schutz durch den Landschaftsplan.

Nebenanlagen *(§ 14 BauNVO).* Zusätzlich zur normalen Ausnutzung lt. jeweiliger Vorgabe sind auch untergeordnete N. und Einrichtungen zulässig, die dem Nutzungszweck der in dem Baugebiet gelegenen Grundstücke oder des Baugebiets selbst dienen und die seiner Eigenart nicht widersprechen.

Nebenkosten *(§ 27 II BV Anlage 3),* Betriebskosten eines Immobils. Sie werden nach den Vorschriften der II. Berechnungsverordnung genau definiert und auf die Mieter umgelegt. Meist gibt es eine Nebenkostenvorauszahlung, über die genaue Verwendung ist Rechnung zu legen. Die Vorauszahlung erfolgt meist aufgrund von vorab erstellten Plänen, die sich wiederum an den Vorjahreskosten orientieren.

Nebenkostenabrechnung. Der Vermieter muß jährlich eine Abrechnung über die gemeinschaftlichen Nebenkosten erstellen. Auf dieser Basis kommt es dann zu Rück- bzw. Nachzahlungen aufgrund der vorher geleisteten Vorauszahlungen (Umlagen). Mietern ist angeraten, diese Abrechnung genau zu prüfen. Der Vermieter ist nicht verpflichtet, die Belege der N. beizufügen; auch umfangreiche Nachweise braucht er auf Verlangen des Mieters nicht in dessen Wohnung zu präsentieren (AG Arnsberg, Urteil v. 5. 8. 1987 14 C 126/87). Geregelt ist dies in der II. Berechnungsverordnung. Der Käufer einer ETW ist erst vom Zeitpunkt der Eigentumsumschreibung an verpflichtet, sich an den N. zu beteiligen, auch wenn Nutzen und Lasten lt. Vertrag zu einem früheren Zeitpunkt auf den Käufer übergehen.

Nebenleistungen, alle neben den Zins-, Auszahlungskurs- und Tilgungsvereinbarungen zusätzlichen Zahlungsverpflichtungen eines Darlehensnehmers wie: Schätzkosten, Bereitstellungszinsen, Teilvalutierungszuschläge, Kosten für Bautenstandsüberwachung, Vorfälligkeitsentschädigung, Bearbeitungsgebühren, Bürgschaftsgebühren etc.

Negativbescheinigung. Nach §§ 24 u. 25 BauGB steht den Gemeinden grundsätzlich hinsichtlich aller Grundstücke ein → Vorkaufsrecht zu. Dieses Vorkaufsrecht bedarf keiner Eintragung im Grundbuch, hat aber gleichwohl die Wirkung einer Vormerkung zur Sicherung des Anspruches auf Übertragung. Durch Ausstellen einer N. versichert die Gemeinde, daß entweder kein Vorkaufsrecht besteht oder das Recht nicht ausgeübt wird. → Unbedenklichkeitsbescheinigung des Finanzamtes. N. kann aus Kostengründen persönlich beschafft oder über den Notar beantragt werden. Dieser erhält dann eine 1/10 Gebühr gemäß § 146 KostO.

negative Einkünfte aus Vermietung und Verpachtung. Einkünfte aus Vermietung und Verpachtung sind eine von sieben Einkunftsarten. Der Begriff n. E. a. V. u. V. hat sich mittlerweile eingebürgert. Gemeint ist damit, daß auf längere Sicht saldiert nur negative Zah-

len erreicht werden. → Bauherrenmodell, → Bauherrenerlaß.

Negativerklärung *(§ 1136 BGB),* Verpflichtung des Kunden, sein Vermögen nicht durch Veräußerung oder Belastung seines Grundbesitzes oder durch Bestellung sonstiger Sicherheiten an Dritte zuungunsten des Kreditgebers zu verändern. Es ist zu beachten, daß eine solche Erklärung nichtig ist, wenn der Kreditgeber bereits wegen eines von ihm gewährten früheren Kredites Grundpfandgläubiger ist. Sicherungsmittel für Kleindarlehen im Baufinanzierungsbereich sowie bei den Bausparkassen.

negatives Kapitalkonto (Minuskapital). Das eingezahlte Kapital ist durch Verluste mehr als aufgezehrt. Das n. K. ist bekannt bei Abschreibungsgesellschaften, deren Verlustzuweisungen die Höhe der bei Gesellschaftsgründung geleisteten Einlagen der Kommanditisten übersteigen. Verluste, die den gezeichneten Kapitalanteil bei der KG übersteigen, können steuerlich nicht mit anderen Einkunftsarten verrechnet werden. Bei Bilanzen, welche zur Bonitätsprüfung mit n. K. vorgelegt werden, ist besondere Prüfung/Vorsicht geboten.

Negativreserve, → Negativerklärung.

Negativvermögen, im Bereich der Erbschaft-/Vermögensteuer bei Steuermodellen verwendeter Begriff. Beispiel: Einfamilienhaus: Verkehrswert TDM 400, Einheitswert TDM 80, finanziert mit TDM 360

Steuerliche Bewertung mit 140% des Einheitswertes TDM 112 ./. Finanzierungs-belastung TDM 360

N. TDM 248

Dieses N. kann mit sonstigem (positivem) Vermögen verrechnet werden.

Negativzeugnis, → Negativbescheinigung.

Nettomiete, Entgelt für ausschließliche Nutzung einer Wohnung ohne jegliche zusätzliche Kostenentschädigung. Die N., hochgerechnet auf das Jahr und mit einem Vielfachen (üblich etwa das 12–18fache) multipliziert, ist Grundlage für die Feststellung eines Marktpreises für ertragswertorientierte Immoblien.

Nettonießbrauch *(§§ 1030ff. BGB),* Veinbarung, daß Nießbraucher auch die Aufwendungen für außergewöhnliche Reparaturen, außergewöhnliche öffentliche Lasten, Zinsen für nachträglich bestellte Grundpfandrechte sowie Verschlechterungen durch AfA trägt. So sind die Kosten auch für den Nießbraucher absetzbar. → Nießbrauch. Soll der Eigentümer alle Kosten, welche mit dem Grundstück zusammenhängen, tragen, so spricht man vom Bruttonießbrauch. Diese Form ist allerdings steuerlich bedenklich.

Neubaumietenverordnung (NVO von 1970), Verordnung über die Ermittlung der zulässigen Miete für preisgebundene Wohnungen.

Neuordnungswert *(§ 153 Abs. 4 und § 169 Abs. 8 BauGB, § 27 WertV 88),* Verkehrswert nach Abschluß der Sanierungs- oder Entwicklungsmaßnahmen eines entsprechenden Gebietes. Zur Ermittlung ist der Zustand des Gebietes nach Abschluß der Maßnahme zugrunde zu legen. Soweit die rechtlichen und tatsächlichen Neuordnungen noch nicht abgeschlossen sind, ist die Wartezeit bis zum Abschluß der vorgesehenen Maßnahmen zu berücksichtigen. In der Praxis ist letzteres zu berücksichtigen, wenn ein Objekt vor Durchführung der Maßnahmen veräußert werden soll.

Neuvalutierung. Ist zur Sicherung eines Darlehens eine Grundschuld bestellt und das Darlehen ist ganz oder teilweise zurückgezahlt worden, so kann durch Bereitstellung eines neuen Darlehens neu valutiert werden. Die bestehende Grundschuld dient dann als Sicherheit für das neue Darlehen. Hierfür ist jedoch evtl. die Zustimmung der Beteiligten oder auch der nachrangigen Gläubiger erforderlich.

Nichtabnahmeentschädigung. Werden Darlehen oder Darlehensteile nicht abgenommen, so werden oftmals N. verlangt. Diese entsprechen in etwa der Vorfälligkeitsentschädigung bei laufenden Darlehen.

Nichtausnutzung von Höchstbeträgen. N. v. H. kann nach § 7 b EStG in den ersten vier Jahren nachgeholt werden. Für § 10 e ist dies für den gesamten Begünstigungszeitraum von acht Jahren möglich. Wichtig ist allerdings, daß bei Inanspruchnahme der → Kinderkomponente zumindest eine Grundförderung beansprucht wird. → Nachholung nicht ausgenutzter Abschreibung.

nichteheliche Lebensgemeinschaft. Im Baufinanzierungsbereich muß darauf geachtet werden, daß der Gesetzgeber eine n. L. steuerlich wie zwei fremde Personen behandelt – mit negativen finanziellen Auswirkungen. Speziell der Objektverbrauch nach §§ 7b bzw. 10e EStG ist zu erwähnen. Wird ein Objekt gemeinschaftlich erworben, so wird die Grundförderung damit ggf. für beide Beteiligte ausgelöst. Es ist in jedem Einzelfall genau zu überprüfen, ob es sinnvoll ist, auf diese Weise die gesamte Förderung zu verbrauchen.

Nichterreichung der 5/10 Grenze *(§ 85a ZVG).* Innerhalb der Verhandlung über den Zuschlag wird von Amts wegen im 1. Termin der Zuschlag versagt werden müssen, wenn nicht mindestens 50% des gerichtlich festgesetzten Verkehrswertes geboten worden sind. Die Vorschrift nach § 85a kann nur einmal in einem Verfahren angewendet werden.

Nichterreichung der 7/10 Grenze *(§ 74a ZVG).* Bei der Entscheidung über den Zuschlag kann ein Berechtigter, falls das Meistgebot unter 70% des gerichtlich festgesetzten Verkehrswertes liegt, Antrag auf Zuschlagsversagung stellen. Dieses Recht ist in einem Verfahren nur einmalig anwendbar. Dabei ist die Anwendung der Zuschlagsversagung nach §§ 74a und 85a ZVG nur alterna-

tiv möglich. Die Reklamation einer von beiden Gründen führt also zu einem Wegfall beider Grenzen in nachfolgenden Terminen.

nichtöffentliche Baudarlehen, Baudarlehen aus öffentlichen (Bundes- oder Länder-) Mitteln im Sinne des 2. Förderungsweges (WoBG). → öffentlich geförderter sozialer Wohnungsbau.

nicht umlagefähige Betriebskosten. Betriebskosten sind Teil der Bewirtschaftungskosten eines Gebäudes. Ein kleiner Teil der Betriebskosten ist nicht umlagefähig. Dies kann z. B. die Zahlung an einen Hausverwalter sein, aber auch die Aufwendung für die → Instandhaltungsrücklage.

Nichtvalutierungserklärung. Nachrangige Gläubiger verlangen teilweise bei einer Kreditgewährung von dem vorrangigen (Grundschuld-)Gläubiger eine Erklärung, aus der hervorgeht, in welcher Höhe die Grundschuld noch valutiert ist. Gleichfalls ist eine Verpflichtung enthalten, keine Neuvalutierung vorzunehmen.

Nichtveranlagungs-Bescheinigung, Bescheinigung gemäß § 36b Abs. 2, § 44b Abs. 1 des EStG, die für einen begrenzten Zeitraum (meist drei Kalenderjahre) erteilt wird. Dem Berechtigten wird zur Vorlage bei einem Kreditinstitut bestätigt, daß von den ihm zufließenden Kapitalerträgen keine Kapitalertragsteuer abzuziehen und die anrechenbare Körperschaftsteuer zu erstatten ist. Der Steuerpflichtige muß diese Bescheinigung unverzüglich zurückgeben, wenn die Voraussetzungen für die Erteilung der Bescheinigung weggefallen sind. Im Zusammenhang mit einer möglichen Quellensteuer ist die N.-B. ein gebräuchliches Mittel, die Berechnung der kleinen Kapitalsteuer zu vermeiden. Sie kann auch für Bausparguthabenzinsen Verwendung finden. Da die Quellenbesteuerung ab 1. 7. 1989 wieder ausgesetzt ist, ist sie künftig nicht von Bedeutung. Muster einer N.-B. s. S. 310 ff.

Nicht-werterhöhende Kosten, Aufwendungen, die den Wert eines Gebäudes nicht erhöhen, z. B. Abstandszahlungen, Abbruchkosten, Aufwendungen zur Instandsetzung von technischen Mängeln oder zur Behebung von Bauschäden.

Nichtzahlung durch Ersteigerer *(§ 118 ZVG).* Zahlt ein Ersteigerer den Steigpreis nicht oder nicht fristgerecht zum Verteilungstermin, so wird dennoch ein Teilungsplan erstellt und der Steigpreis evtl. abzüglich der Sicherheitsleistung auf die Berechtigten verteilt. In Höhe des auf sie entfallenden Teils werden in der bisherigen Rangfolge Sicherungshypotheken eingetragen. Die evtl. vorhandene Sicherheitsleistung wird gleichfalls verteilt und der Erlös daraus bei der Ermittlung der Höhe der Sicherungshypotheken berücksichtigt. Anschließend erfolgt Wiederversteigerung.

Niederstwertprinzip. Bei der Immobilienbewertung muß diesem Prinzip Rechnung getragen werden, z. B. Plausibilitätskontrolle zwischen Wertermittlung anhand von Bauzahlen und/oder Ortsbesichtigung und dem tatsächlich gezahlten Kaufpreis bzw. den Gestehungskosten. Der Verkehrswert ergibt sich immer aus dem niedrigsten Wert.

Nießbrauch *(§§ 1030 bis 1089 BGB).* Ein Grundstück kann in der Weise belastet werden, daß derjenige, zu dessen Gunsten die Belastung erfolgt, berechtigt ist, entsprechende Nutzungen zu erhalten. Der Nießbraucher trägt die Kosten für Steuern, Reparaturen, Versicherungen usw. Seit dem Veranlagungszeitraum 1984 ist der Eigentümer nicht mehr berechtigt, Werbungskosten abzusetzen. Auch der Nießbraucher kann die Aufwendungen des Eigentümers nicht absetzen. Der N. macht normalerweise ein Grundstück unverwertbar, da er einen Ersteher von der Nutzung des Grundstückes ausschließen würde. Bei einer möglichen Beleihung ist daher der Vorrang der Grundpfandrechte unbedingt durchzusetzen. → Zuwendungsnießbrauch, → Vorbehaltsnießbrauch, → Vermächtnisnießbrauch, → Nießbrauch an einem Erbteil, → Nettonießbrauch.

Nießbrauch an einem Erbteil *(§§ 1030 bis 1089 BGB).* Beim N. a. e. E. sind meist Fälle von Zuwendungsnießbrauch (Bestellung durch den Erben aus eigenem Entschluß) oder Vermächtnisnießbrauch (Bestellung durch den Erben aufgrund testamentarischer Anordnung des Erblassers) gegeben.

Nichtveranlagungs-Bescheinigung

An das Finanzamt

ANTRAG
auf Ausstellung einer Nichtveranlagungs- (NV-) Bescheinigung ①
(§ 36 b Abs.2, § 44 a Abs.2 u. § 44 b Abs.1 des Einkommensteuergesetzes – EStG –)

Zeile	
1	Die NV-Bescheinigung soll erstmals für das Jahr 19_____ gelten.

A. Allgemeine Angaben

Weiße Felder bitte ausfüllen od. ankreuzen ☒
Bitte in Blockschrift oder mit Schreibmaschine ausfüllen.

Antragsteller (bei Ehegatten: Ehemann)

Zeile		
2	Familienname	Telefonisch tagsüber erreichbar unter Nr.
3	Vorname	Geburtsdatum / Ausgeübter Beruf
4	Straße, Hausnummer und Postfach	Postleitzahl / Wohnort

Ehefrau

Zeile		
5	Vorname	
6	ggfs. abweichender Familienname	Geburtsdatum / Ausgeübter Beruf
7	bei abweichendem Wohnsitz: Straße, Hausnummer und Postfach	Postleitzahl / Wohnort

Zeile					
8	Familienstand / Ledig	Verheiratet seit dem	Verwitwet seit dem	Geschieden seit dem	Dauernd getrennt lebend seit dem

Steuerlich zu berücksichtigende Kinder

Zeile	Vorname des Kindes (ggf. auch abweichender Familienname)	geboren am	Bei Kindern ab 16 Jahren: steuerlich zu berücksichtigen, weil
9			
10			
11			

Zeile		
12	Die NV-Bescheinigung soll nicht mir/uns zugesandt werden, sondern: Familienname und Vorname	
13	Straße, Hausnummer und Postfach	Postleitzahl / Wohnort

Zeile		
14	Wurden Sie bisher zur Einkommensteuer veranlagt? / Nein	Wurde (Wird) für das Vorjahr ein Antrag auf Lohnsteuer-Jahresausgleich gestellt? / Nein
15	Ja, beim Finanzamt	Ja, beim Finanzamt
16	Steuernummer	Kenn-Nr./Steuernummer/Aktenzeichen

Wurde bereits früher eine NV-Bescheinigung erteilt?

Zeile		Nein	Ja, vom Finanzamt	Ordnungsnummer	gültig bis
17	für den Antragsteller/Ehemann	☐			31. 12. 19___
18	für die Ehefrau	☐			31. 12. 19___
19	für die Eheleute gemeinsam	☐			31. 12. 19___

B. NV-Bescheinigungen werden benötigt für

Zeile		Antragsteller/Ehemann	Ehefrau	Eheleute gemeinsam
20	Anzahl der benötigten Bescheinigungen			
21	Die Bescheinigungen dienen zur Vorlage bei (Bezeichnung des Kreditinstituts usw.)			
22				
23				
24				

NV 1 A
Nr. 825/3 (01/86) OFD Ms St 13

Umweltschutzpapier – umweltschonend zu 100% aus Altpapier hergestellt

310

Nichtveranlagungs-Bescheinigung

Bitte unbedingt ausfüllen. Antrag kann sonst nicht bearbeitet werden!

C. Zu versteuerndes Einkommen 19____ ① ②
(für das in Zeile 1 genannte Jahr)

Antragsteller (bei Ehegatten: Ehemann)	Ehefrau
Bitte nur volle DM-Beträge eintragen	
DM	DM

Zeile				
25	**Einkünfte aus Land- und Forstwirtschaft**			
26	**Einkünfte aus Gewerbebetrieb**			
27	**Einkünfte aus selbständiger Arbeit**			
	Einkünfte aus nichtselbständiger Arbeit	Steuerklasse lt. Lohnsteuerkarte		
		Antragst./Ehem.	Ehefrau	
28	**Bruttoarbeitslohn** a) aus dem ersten Dienstverhältnis . .			
29	b) aus allen weiteren Dienstverhältnissen			
30	darin enthaltene **Versorgungsbezüge** (Ruhegehälter, Pensionen)			
31	**Werbungskosten** (z.B. Aufwendungen für Fahrten zwischen Wohnung und Arbeitsstätte)			
	Einkünfte aus Kapitalvermögen			
32	a) Dividenden			
33	b) Zinsen aus Sparguthaben, Bausparguthaben			
34	c) andere Kapitalerträge ③			
35	**Einkünfte aus Vermietung und Verpachtung** ②			
	Sonstige Einkünfte			
36	a) Einnahmen aus **Leibrenten**	DM	DM
	(z.B. Sozialversicherungsrenten und private Versorgungsrenten)			
37	Die Rente läuft seit			
38	Sie erlischt mit dem Tod von			
39	Sie erlischt spätestens			
40	b) Einnahmen aus **anderen wiederkehrenden Bezügen**	DM	DM

Weitere Angaben – z. B. voraussichtliche Änderungen in den beiden auf das o.a. Kalenderjahr folgenden Jahren

Hinweis: Das Bundesamt für Finanzen ist berechtigt, die Höhe Ihrer Kapitalerträge dem für Sie zuständigen Finanzamt mitzuteilen.

Ich versichere, die Angaben in diesem Antrag wahrheitsgemäß nach bestem Wissen und Gewissen gemacht zu haben. Mir ist bekannt, daß ich verpflichtet bin, die ausgestellte NV-Bescheinigung an das Finanzamt zurückzugeben, wenn die Voraussetzungen für ihre Erteilung weggefallen sind.

Ort, Datum

Bei der Anfertigung dieses Antrags hat mitgewirkt:
(Name, Anschrift, Rufnummer)

(Unterschrift des Antragstellers/Ehemanns: (Unterschrift der Ehefrau)
bei minderjährigen Kindern Unterschrift des
gesetzlichen Vertreters)

Anträge bitte eigenhändig unterschreiben. Bei Ehegatten ist die Unterschrift von Ehemann und Ehefrau erforderlich.

■ **Hinweis** nach den Vorschriften der Datenschutzgesetze: Die angeforderten Daten werden auf Grund des § 88 der Abgabenordnung verlangt.

---

① Für minderjährige Kinder mit eigenen Einnahmen aus Kapitalvermögen, für die eine NV-Bescheinigung ausgestellt werden soll, ist vom gesetzlichen Vertreter jeweils ein gesonderter Antragsvordruck auszufüllen.

② Auch Einkünfte, die voraussichtlich negativ sind (z.B. aus Vermietung und Verpachtung infolge erhöhter Absetzungen nach § 7 b EStG), sind hier einzutragen.

③ Zu den Einnahmen aus Kapitalvermögen gehören außer Dividenden sowie den Zinsen aus Einlagen und Guthaben bei Sparkassen, Banken und anderen Kreditinstituten insbesondere auch Zinsen aus Darlehen und Anleihen sowie Einnahmen aus der Beteiligung an einem Handelsgewerbe als stiller Gesellschafter. Anzugeben sind die Bruttoeinnahmen aus Kapitalvermögen, also einschließlich einer etwa einbehaltenen Kapitalertragsteuer sowie der anzurechnenden oder zu vergütenden Körperschaftsteuer. Die anrechenbare Körperschaftsteuer beträgt ⁹/₁₆ der Einnahmen im Sinne des § 20 Abs.1 Nr.1 und/oder 2 sowie Abs.2 Nr.2 Buchstabe a EStG (vor Abzug der Kapitalertragsteuer).

Nichtveranlagungs-Bescheinigung

Finanzamt Brühl

Ordnungsnummer

Bisherige Ordnungsnummer:

5040 Brühl   24.01.1990
Kölnstr. 104
02232/703-0

frei für Eintragungen des Kreditinstituts

DURCHSCHRIFT

*

Finanzamt Brühl
Postfach 1340, 5040 Brühl

*   *

1 NV-Bescheinigung

(Nichtveranlagungs-Bescheinigung)
**gemäß § 36 b Abs. 2, § 44 a Abs. 2
und § 44 b Abs. 1 des
Einkommensteuergesetzes (EStG)**

*   *

Die Bescheinigung geht Ihnen als Empfangsbevollmächtigtem zu.

> **Diese Bescheinigung gilt für Kapitalerträge, die in der Zeit
> vom 01.01.1990 bis 31.12.1992 zufließen.**
>
> Herrn
>
> **geboren am:**
>
> **wird hiermit bescheinigt, daß voraussichtlich eine Veranlagung nicht in Betracht kommt.**
>
> Der Widerruf dieser Bescheinigung bleibt vorbehalten.
>
> Diese NV-Bescheinigung ist dem Finanzamt nach § 36 b Abs. 2 Satz 4 EStG **zurückzugeben**
> 1. wenn das Finanzamt sie zurückfordert,
> 2. wenn Sie erkennen, daß die Voraussetzungen für die Erteilung weggefallen sind
> (vgl. Erläuterung 1).

Erläuterungen

1. Die Voraussetzungen für die Erteilung der Bescheinigung sind weggefallen, wenn Sie nicht mehr unbeschränkt steuerpflichtig sind oder Ihre Einkommensverhältnisse sich so geändert haben, daß Sie voraussichtlich zur Einkommensteuer zu veranlagen sind. In diesem Fall sind Sie verpflichtet, die ausgestellte NV-Bescheinigung an das Finanzamt zurückzugeben.

   Die NV - Bescheinigung ist ferner zurückzugeben, wenn Sie während der Geltungsdauer der Bescheinigung heiraten. In diesem Fall hat das Finanzamt zu prüfen, ob für Sie und Ihren Ehegatten auch nach der Eheschließung eine Veranlagung zur Einkommensteuer voraussichtlich nicht in Betracht kommt, und ggf. eine neue Bescheinigung zu erteilen.

2. Sollten Sie Ihren Wohnsitz wechseln, so teilen Sie bitte dem Finanzamt, das diese Bescheinigung ausgestellt hat (vgl. oben links), Ihre neue Anschrift unter Angabe der Ordnungs-Nr. dieser Bescheinigung mit.

3. Das Bundesamt für Finanzen ist berechtigt, die Höhe Ihrer Kapitalerträge dem für Sie zuständigen Finanzamt mitzuteilen.

Diese Bescheinigung wurde mit Hilfe einer Datenverarbeitungs-Anlage erstellt. Sie ist ohne Unterschrift gültig (§ 119 Absatz 4 Abgabenordnung).

193

NV 1 B

Nießbrauch im Konkurs oder Vergleich. Der Nießbrauchsberechtigte ist im Konkurs des Grundstückseigentümers zur Aussonderung berechtigt. Er kann also die Anerkennung seiner Rechte durch den Konkursverwalter verlangen. Am Vergleichsverfahren nimmt der Nießbraucher nicht teil.

Nominalbetrag, der im Darlehens-/Kreditvertrag vereinbarte Nennbetrag eines Darlehens/Kredites. Ausgezahlt wird davon der um das Disagio und evtl. laufende Zinsen gekürzte Betrag.

Nominalzins, Zinsbetrag, der tatsächlich p.a. zu zahlen ist.

Notar *(§ 1 BNotO; § 14 Abs. 1 BNotO).* Nach der BNotO ist der N. als unabhängiger Träger eines öffentlichen Amtes unparteiischer Betreuer der Beteiligten. Die Form des Notariats ist in den einzelnen Bundesländern unterschiedlich geregelt (→ Notarwesen). Er untersteht der öffentlichen Dienstaufsicht. Die Dienstaufsicht − Landgericht, Oberlandesgericht − überprüft die ordnungsgemäße Arbeit des N. Diese Stelle ist auch für die Beschwerden zuständig. Unabhängig hiervon steht auch noch für solche Fälle die Notarkammer zur Verfügung. Ohne ausreichenden Grund kann ein N. seine Urkundstätigkeit nicht versagen (§ 20 bis 22 BNotO).

Notaranderkonto. Für Berufsgruppen, denen die Verwaltung fremder Gelder obliegt, wie Notare, Rechtsanwälte, Wirtschaftsprüfer, Steuerberater, Treuhänder, ist die Eröffnung gesonderter Konten für fremde Gelder erforderlich, um sie auch rein äußerlich von dem sonstigen Vermögen und den eigenen Konten zu trennen. Diese Konten bezeichnet man als Anderkonten, um damit für jeden erkenntlich zu machen, daß es sich um Gelder von anderen bzw. Dritten handelt. Im Baufinanzierungsbereich ist das N. häufig Drehscheibe für die Abwicklung von Kaufverträgen. Bei Treuhandzahlungen an den oben genannten Personenkreis sollte man sich bei fremden Personen Kenntnis über deren Vertrauenswürdigkeit verschaffen.

Notarauswahl. Alle Beteiligten sind bei der Wahl der Notare frei. Jedem Kunden steht es zu, sich den Notar seines Vertrauens auszusuchen.

Notarbestätigung (Rangbestätigung), schriftliche Äußerung eines Notars, in der bestätigt wird, daß nach Prüfung der Sachlage z.B. ein beurkundetes Grundpfandrecht die ausbedungene Rangstelle erhalten wird, also keine entgegenstehenden sonstigen Anträge beim zuständigen Grundbuchamt vorliegen, die notwendigen Anträge eingereicht und die Kosten für die Eintragung übernommen worden sind. In der Finanzierungspraxis erfolgt vielfach eine Kreditauszahlung aufgrund der N. Sinnvoll ist es, daß erfahrene Mitarbeiter die N. vor Valutierung von Kreditmitteln sowie ggf. die Vertrauenswürdigkeit des Notars prüfen.

Notargebühren, nach dem Geschäftswert einer Sache berechnet, wobei bestimmte Prozentwerte je nach Geschäftsumfang zur Anrechnung kommen, z. B. 5/10, 10/10, 15/10, 20/10, 1/4 oder 1/10. Die Gebühren sind aus KostO § 32 zu entnehmen. Geschäftswerte wiederkehrender Leistungen sind in § 24 KostO geregelt, Miet- und Pachtrechte in § 25, Hinterlegungsgebühren in § 149 KostO. Beurkundungen außerhalb der normalen Geschäftszeit kosten besondere Gebühren. → Kostentabelle.

Notarhaftung *(§ 19 a BNotO)*. Jeder Notar hat eine Berufshaftpflichtversicherung zur Deckung der sich aus seiner Tätigkeit ergebenden Haftpflichtgefahren abzuschließen. Mindestversicherungssumme 500000,– DM für jeden Versicherungsfall. Die Leistungen des Versicherers für alle innerhalb eines Jahres verursachten Schäden dürfen auf 1 Mio. DM begrenzt werden. Die Berufshaftpflichtversicherung des Notars erfaßt jedoch nicht Schäden, die auf vorsätzlichem Handeln beruhen. Neben sachlichen Fehlern haftet der Notar auch für schuldhaft unzutreffende rechtliche Belehrungen. Die Ansprüche verjähren in drei Jahren ab Kenntnis des Geschädigten von dem Schaden und der Person des Ersatzpflichtigen (§ 852 BGB).

notarielle Beurkundung *(313 Satz 1 BGB; § 11 ErbbauVO)*. Ein Vertrag über die Übertragung oder den Erwerb von Eigentum oder einem Miteigentumsanteil an einem Grundstück sowie die Bestellung, Veräußerung oder der Erwerb eines Erbbaurechts, die Belastung eines Grundstücks mit Grundschulden, Hypotheken und Dienstbarkeiten bedarf der n. B. Ist eine beurkundungsbedürftige Vereinbarung nicht beurkundet, ist sie nichtig (§ 125 BGB); ob das ganze Rechtsgeschäft unwirksam ist, richtet sich nach § 139 BGB. → Vertragsaufhebung.

notarielle Urkunde *(§§ 725, 795 ZPO)*, Titel in der Zwangsversteigerung. Grundschuldbestellungsurkunde mit Vollstreckungsklausel. Der Titel muß grundsätzlich vor der Zwangsvollstreckung (Zwangsversteigerung) zugestellt werden.

Notarkammern. Sind Unregelmäßigkeiten zu befürchten oder wurde vom Notar keine ordnungsgemäße Auskunft erteilt, so besteht die Beschwerdemöglichkeit gegenüber der N. Diese hat jedoch gegenüber der Dienstaufsichtsbehörde nur beschränkte Möglichkeiten gegen den Notar.

Anschriften der Notarkammern:
Bundesnotarkammer
5000 Köln, Burgmauer 53;
Tel.: 0221/234315

Landesnotarkammer Bayern
8000 München 2, Ottostraße 10/III;
Tel.: 089/551660

Notarkammer Berlin
1000 Berlin 15, Kurfürstendamm 237/III;
Tel.: 030/8827881

Notarkammer Braunschweig
3300 Braunschweig, Ritterbrunnen 7;
Tel.: 0531/45231

Bremer Notarkammer
2800 Bremen, Knochenhauerstraße 36–37;
Tel.: 04 21/31 51 30

Notarkammer Celle
3100 Celle, Bahnhofstraße 6,
Postfach 271;
Tel.: 05 1 41/2 89 94

Notarkammer Frankfurt
6000 Frankfurt am Main, Eschenheimer Anlage 25 a;
Tel.: 0 69/55 01 97

Hamburgische Notarkammer
2000 Hamburg 36, Gr. Theaterstraße 7;
Tel.: 0 40/34 49 87

Notarkammer Hamm
4700 Hamm 1, Ostring 15;
Tel.: 0 23 81/2 80 76

Notarkammer Kassel
3500 Kassel, Karthäuser Str. 5 a;
Tel.: 05 61/1 20 21

Notarkammer Koblenz
5400 Koblenz, Hohenzollernstraße 18;
Tel.: 02 61/3 43 67

Notarkammer Oldenburg
2900 Oldenburg i. O., Gartenstraße 16;
Tel.: 04 41/2 75 65

Notarkammer Pfalz
6744 Kandel, Wasgaustraße 4;
Tel.: 0 72 75/20 01

Rheinische Notarkammer
5000 Köln, Burgmauer 53;
Tel.: 02 21/21 00 65

Saarländische Notarkammer
6650 Homburg, Am Rondell 3;
Tel.: 0 68 41/6 10 58

Schleswig-Holsteinische Notarkammer
2380 Schleswig, Gottorfstraße 13;
Tel.: 0 46 21/3 30 15

Notarkammer Stuttgart
7000 Stuttgart, Rotebühlplatz 8;
Tel.: 07 11/29 19 34.

Notarschutzgebiet. Notare werden öffentlich bestellt. Das jeweilige Betätigungsfeld ist genau festgelegt. Unter Mitwirkung der Notarkammer werden die Gebiete eingeteilt, so daß damit praktisch ein Gebietsschutz entsteht. Erst wenn eine bestimmte Anzahl von Urkunden durch ein Notariat erreicht wird, besteht die Möglichkeit, daß am Ort ein weiterer Notar zugelassen und bestellt wird.

Notarwesen. Das N. ist bundeseinheitlich nicht geregelt. Es gibt in den einzelnen Bundesländern unterschiedliche Berufsbezeichnungen. 1. Rechtsanwaltsnotar. Er ist Rechtsanwalt und Notar, in erster Linie Rechtsanwalt. Diese Organisationsform gilt im gesamten Bundesgebiet. 2. Notar (Nur-Notar), tätig im Rheinland (Raum Köln), Rheinland-Pfalz, Hamburg und Bayern. 3. Richternotar. Notar mit Richterausbildung. Dienstgrad Justizrat. Geltungsbereich: Baden. 4. Bezirksnotar. Kein Volljurist mit Studium, sondern Beamter des gehobenen Justizdienstes. Neben Rechtsanwaltsnotaren und Nur-Notaren in Württemberg tätig. 5. Grundbuchratsschreiber. Eingeschränkte Befugnisse in Baden-Württemberg.

Notfristen *(§ 223 ZPO, § 1 (17b) ZVG).*
Der Lauf einer Frist wird durch die →
Gerichtsferien gehemmt. Der noch
übrige Teil der Frist beginnt mit dem
Ende der Ferien zu laufen. Fällt der Anfang der Frist in die Ferien, so beginnt
der Fristlauf mit dem Ende der Ferien.
N. sind nur solche, die im Gesetz genau
definiert sind.

notleidende Darlehen, Baukredite, bei
denen aufgrund der gegenwärtigen und
künftig zu erwartenden Einkommens-
und Vermögenssituation anzunehmen
ist, daß Hilfsmaßnahmen der Bank
aussichtslos sind und ein Verlust droht.

Notverwalter *(§ 26 Abs. 3 WEG).* Kann
der Verwalter einer Wohnungseigen-
tumsanlage sein Amt aus rechtlichen
oder tatsächlichen Gründen nicht ausüben, so setzt das Amtsgericht in drin-
genden Fällen bis zur Behebung des
Mangels auf Antrag einen N. ein.

Notwegerecht *(§§ 917, 918 BGB),* →
Notwegrente.

Notwegrente *(§ 917 BGB).* Fehlt einem
Grundstück die zur ordnungsmäßigen
Benutzung notwendige Verbindung mit
einem öffentlichen Weg, so kann der
Eigentümer von den Nachbarn verlangen, daß sie bis zur Behebung dieses
Mangels die Benutzung ihrer Grundstücke zur Herstellung der erforderlichen Verbindung dulden. In diesem
Fall ist der Nachbar durch eine Geldrente zu entschädigen. Vorschriften der
→ Überbaurente finden hier Anwendung.

Nutzenschwelle, Zinssatz, der den Wert
darstellt, welcher zur Deckung aller
Kosten (inkl. Risiko- und Kapitalbin-
dungskosten) im Kreditgeschäft mindestens vereinbart werden muß. Üblich
ist es, eine Ermächtigung über einen
Mindestaufschlag vorzugeben. Viele
Kreditinstitute geben mittlerweile ihren
Kundenberatern im Aktiv- und Passivgeschäft eine N. vor. → Kalkulationsbasis.

Nutzfläche, nutzbare Fläche von Wirtschaftsräumen, wie Heizungsraum
oder Waschküche, Vorratsräume oder
nicht ausgebautes Dachgeschoß und
ggf. gewerblich genutzte Räume. DIN
Norm 283.

Nutzlast. Außer dem Eigengewicht muß
ein Bauteil zusätzliche Belastungen wie
Wind- und Schneelast tragen können.
Diese Belastung wird als maximal zulässige N. ausgewiesen.

Nutzungsbeschränkung *(§ 32 BauGB,
Dienstbarkeit: §§ 1018 bis 1029 BGB).*
Die genaue Umfang der N. und deren
Auswirkung auf das Grundstück müs-
sen geprüft werden, da sie ggf. auf die
Bewertung und damit die Finanzie-
rungsmöglichkeit Einfluß haben könn-
ten.

**Nutzungsdauer von Gebäude/Gebäude-
teilen**

Massivbauten	J a h r e
Einfamilienhäuser	80 – 100
Mehrfachfamilienhäuser	60 – 80
Büro- und Verwaltungs-
gebäude	60 – 80

Kaufhäuser	40−60
Kaufhauseinrichtungen/	
-ausbauten	10−20
Werk- und Lagerhallen	40−60
Fabrikgebäude/	
Produktionsstätten	40−60
Supermärkte	20−40
Hotels/Altenheime/	
Pensionen	50−70
Garagen	40−60
Leichtbauten	
Hallen	20−40
Fertighäuser	
(Tafelbauweise)	40−60
Außenanlagen	30−50

Nutzungswertbesteuerung *(§ 21 a EStG)*. Die N. galt bis zum 31. 12. 1986 für alle selbst- oder teilweise selbstgenutzten Immobilien. Mit dem Wohn-eigG − gültig ab 1. 1. 1987 − ist die N. für die eigengenutzten Einfamilienhäuser und Eigentumswohnungen weggefallen (Konsumgutlösung). Für die Einfamilienhäuser mit Einliegerwohnung, die vor dem 31. 12. 1986 fertiggestellt oder erworben wurden, gilt eine Übergangslösung bis 1998. Für diese Objekte ist also weiterhin die Eigenmiete fiktiv (d. h. üblicherweise analog der vermieteten Einheit) anzusetzen. Dadurch können allerdings auch die vollen Werbungskosten geltend gemacht werden. Diese→Übergangsregelung ist solange empfehlenswert, wie die Werbungskosten die teils fiktiven Einnahmen übersteigen. Ein Wechsel in die Konsumgutlösung ist jederzeit möglich, allerdings dann unwiderruflich.

O

Oberflächenwasserabgabe, öffentliche Grundbesitzabgabe, die in vielen Kommunen zusammen mit den Grundsteuern erhoben wird. Die Gebühr richtet sich nach dem Umfang der Bebauung und der Befestigung (Zuwegung, Terrassen usw.) des einzelnen Grundstücks. Teilweise ist diese Gebühr höher als die Grundsteuer und wird daher auch als beachtenswerte → unsichtbare Grundstücksbelastung betrachtet.

Objektbeschränkung *(§ 10e EStG).* Jeder Steuerpflichtige kann die Grundförderung nach § 10e EStG einmal in Anspruch nehmen, Ehegatten somit zweimal. Die Inanspruchnahme von § 7b nach dem 1. 1. 1965 wird hierauf angerechnet. Durch die Inanspruchnahme tritt der → Objektverbrauch ein. In Berlin ist der Stichtag für die O. der 15. 7. 1977.

Objektblatt, enthält die steuerlich relevanten Grunddaten eines Immobils. Für den Immobilienbesitzer sind O. eine Hilfestellung bei der Beurteilung seines Vermögens und bei seiner Steuererklärung, der Berater kann daraus Akquisitionsansatzpunkte ersehen. Bei weiteren Finanzierungen ist auch die Beratung effizienter. Bei einzelnen Fi-nanzierungsinstituten bezeichnet man als O. Zusammenstellungen über größere Baufinanzierungen für einzelne Baumaßnahmen (Bauträger, Grundstücksankauffinanzierungen, Steuermodellfinanzierungen). Hierdurch sollen auf einer Übersicht alle notwendigen Objektdaten zusammengestellt und damit vergleichbar gemacht werden.

1. Objektblatt für voll eigengenutzte Objekte. Grundlagen:
§ 10e EStG bei Anschaffung/Herstellung ab dem 1. 1. 1987
Höchstbetrag 300000,– DM
Grund/Boden zu 50% anrechenbar
Steuervergünstigung 5% 8 Jahre lang
nachträgliche Anschaffungs-/Herstellungskosten können bis zum Ende des 8. Begünstigungsjahres nachgeholt werden.
Steuerermäßigung durch Kinder nach § 34f EStG
bei Ansch./Herst. vom 1. 1. 87 – 31. 12. 89 DM 600,– je Kind
bei Ansch./Herst. ab 1. 1. 90 DM 750 je Kind
Daten:
Lage des Grundstücks:
Einheitswert per 1. 1. 64
140% des Einheitswertes:
Grundsteuermeßbetrag:

Hebesatz:
Grundsteuer:
Grundsteuervergünstigung bis:
Nur bei Fertigstellung bis 31. 12. 89)
Baujahr/Anschaffungsjahr:
Gesamtkosten:
Bemessungsgrundlage (max. 300000,–
DM inkl. 50% des Grund/Bodens):
Steuervergünstigung nach § 10e seit:
wie oft wurde § 7b/10e bereits genutzt:
nicht voll ausgeschöpfter Höchstbetrag:
nachholbar bis spätestens:
Steuervergünstigung nach § 10e läuft seit:
§ 82a EStDV möglich (10 Jahre alt):
Kinderzahl:
Kinderkomponente in DM:
Lohnsteuerfreibetrag beantragt:
Nachkontrolle zumindest der erstmaligen richtigen Nutzung:
2. *Objektblatt für vermietete/teilvermietete Objekte.* Grundlagen:
a) Kombination aus § 7b und lineare AfA nach § 7 (4)
Höchstbetrag § 7b DM 250000,– AfA 5% 8 Jahre lang; darüber hinaus lineare Afa unbegrenzt, 2% AfA allerdings nur für reine Baukosten nach 8 Jahren Restwert AfA 2,5% für 40 Jahre lang; auch Nutzung § 82a EStDV möglich
b) lineare AfA § 7 (4) EStG
AfA 2,5% bei Objektfertigstellung bis 31. 12. 1924
2% bei Objektfertigstellung nach dem 1. 1. 1925
AfA nur für Baukosten; nur zeitanteilig möglich, Nutzungsmöglichkeit unbegrenzt oft
c) degressive AfA § 7 (5) EStG
AfA   8 Jahre 5%

6 Jahre 2,5%
36 Jahre 1,25%
(Objektfertigstellung nach dem 29. 7. 1981)
4 Jahre 7%
6 Jahre 5%
6 Jahre 2%
24 Jahre 1,25 %
(Antrag auf Baugenehmigung nach nach dem 28. 2. 89)
nur möglich für Bauherr und Ersterwerber im Jahr der Fertigstellung, AfA nur für Baukosten beliebig oft nutzbar.
Daten:
Lage des Grundstücks:
Angeschafft am:
fertiggestellt am:
Einheitswert per 1. 1. 64:
140% des Einheitswertes:
Grundsteuermeßbetrag:
Hebesatz:
Grundsteuer p. a.:
Feuerversicherungswert 1914:
Anzahl der Mietwohnungen:
Miethöhe p. a. insgesamt:
Gesamtkosten:
AfA Bemessungsgrundlage:
Welche AfA-Form wurde gewählt:
evtl. verbilligt überlassene Wohnungen:
m²-Wohnfläche dieser Wohnungen:
Mietwert lt. Mietspiegel:
unentgeltlich überlassene Wohnungen:
m²-Wohnfläche:
Nießbrauch:
jährliche Aufwendungen dafür:
3. *Objektunterlagen:* Grundbuchauszug, Flurkarte, Auszug aus dem Liegenschaftsbuch, Einheitswertbescheid, Lageplan, Bauzeichnungen, Wohnungsgrundriß bei Eigentumswohnun-

gen, genehmigte Baupläne, Bauschein, Baubeschreibung, Kostenvoranschlag, Berechnung des umbauten Raumes, Berechnung der Wohn- und Nutzfläche, Kaufvertrag, Erbbaurechtsvertrag, Teilungserklärung, Bescheinigung über gezahlte Erschließungskosten, Gebäudefeuerversicherungsnachweis, Lichtbilder des Immobils, Grundstückstaxe, Aufstellung über die Mieten, Nachweis über Mieterdarlehen, Nachweis über Eigenleistungen.

Objektkredit, Kredit, der ausschließlich auf das Pfandobjekt abgestellt ist. Zins- und Tilgungsdienst müssen aus dem Beleihungsobjekt getragen werden können.

Objektverbrauch. Ausnutzung der Förderung einer Immobilie nach den §§ 7 b und 10 e EStG führt zu einem O. Dieser tritt auch ein, wenn die Abzugsbeträge nicht über den vollen Zeitraum beansprucht werden oder die Höchstbeträge nicht voll ausgenutzt werden. Allerdings besteht die Möglichkeit, die → Mitnahmeregelung zu nutzen.

Obligation (Schuldverschreibung), Refinanzierungsquelle für bestimmte langfristige Darlehen, z. B. als Kommunalobligation oder Bundesobligation.

Öffentliche Baudarlehen, Darlehen aus öffentlichen (Landes- oder Bundes-) Mitteln im Sinne des 1. Förderungsweges. → öffentlich geförderter sozialer Wohnungsbau.

Öffentliche Bausparkassen.
Badische Landesbausparkasse
Siegfried-Kühn-Straße 4
7500 Karlsruhe 1
Telefon 07 21/81 93-1

Bayerische Landesbausparkasse
Oskar-von-Miller-Ring 3
8000 München 2
Telefon 0 89/21 71-02

Landesbausparkasse Berlin
Hauptstraße 98/99
1000 Berlin 62
Telefon 030/78 07-1

Landesbausparkasse Bremen
Am Brill 1 – 3
2800 Bremen 1
Telefon 04 21/3 19-0

Landes-Bausparkasse
Hannover/Braunschweig
Ihmeplatz 5
3000 Hannover 1
Telefon 05 11/1 03-0

Nord LB-Zentrum
Postfach 495
3300 Braunschweig
Telefon 00 5 31/4 87-1

Landesbausparkasse Hessen
Junghofstraße 13 – 15
6000 Frankfurt/M. 1
Telefon 069/1 32-1

Landes-Bausparkasse
Münster/Düsseldorf
Himmelreichallee 40
4400 Münster
Telefon 02 51/4 12-02

Neusser Straße 111
4000 Düsseldorf 1
Telefon 02 11/30 36-0

Landes-Bausparkasse Rheinland-Pfalz
Am Brand 12
6500 Mainz 1
Telefon 061 31/13-1

Landes-Bausparkasse
Schleswig-Holstein
Schloßgarten 14
2300 Kiel 1
Telefon 04 31/900-06

Landesbausparkasse Saarbrücken
Bahnhofstraße 111 (Haus Excelsior)
6600 Saarbrücken 3
Telefon 06 81/30 06-1

Landesbausparkasse Württemberg
Kronenstraße 25
7000 Stuttgart 1
Telefon 07 11/20 30-1

Öffentliche Bausparkasse Hamburg
Pappelallee 41
2000 Hamburg 76
Telefon 040/20 21-1

Öffentliche Bausparkasse
Oldenburg/Bremen
Markt
2900 Oldenburg
Telefon 04 41/2 37-1
Domshof 26
2800 Bremen 1
Telefon 04 21/36 68-1

öffentliche Beurkundung, Beurkundung von Rechtsgeschäften durch Gericht oder Notar.

öffentliche Lasten, Ansprüche, für die neben dem Eigentümer auch das Grundstück haftet. Daher sind diese auch für den Kreditgeber von Bedeutung. Im Zwangsversteigerungsverfahren werden diese Lasten als Forderung angemeldet und in das → geringste Gebot eingestellt, also auch bevorrechtigt bedient. Die Institute sind gut beraten, diese Anmeldungen genau zu prüfen, werden doch oftmals auch Lasten mit angemeldet, die nicht bevorrechtigt sind. Wichtig ist vor allem die Frage, inwieweit die Versorgungsleistungen durch Kommunen selbst oder durch privatrechtliche Unternehmen erbracht werden. Wichtigste sonstige Grundstückslasten sind: Hypothekengewinnabgabe, Grundsteuern, öffentlichrechtliche Gebäudebrandversicherungen, Erschließungskosten, Flurbereinigungsgebühren, Kirchen-Schuld oder Deichlasten. Alle diese Grundstückslasten müssen im Zwangsversteigerungstermin angemeldet werden. Ein Ersteher haftet z. B. nicht für Erschließungskosten, die vor dem Zuschlag fällig waren, aber nicht angemeldet worden sind.

öffentliche Mittel, Mittel, die aus Haushalten des Bundes, der Länder und Gemeinden sowie aus bestimmten Sonderfonds stammen. Für den Geltungsbereich der Wohnungsbaugesetze des Bundes sind ö. M. nur solche Mittel des Bundes, der Länder und Gemeinden, die von ihnen zur Förderung des Baues von Wohnungen für breite Schichten der Bevölkerung bestimmt sind, sowie die nach dem Lastenausgleichsgesetz für die Wohnraumhilfe bestimmten Mittel des Ausgleichsfonds. → Vorzeitige Rückzahlung von öffentlichen Mitteln.

„**öffentlich gefördert".** Vom zuständigen Amt für Wohnungswesen wird dem Berechtigten nach Ablösung der öffentlichen Mittel eine Bestätigung über den → Endtermin der Eigenschaft „öffentlich gefördert" nach den §§ 16 und 18 Abs. 1 des Wohnungsbindungsgesetzes zugestellt. Ein Kaufinteressent, aber auch ein Baufinanzierer sollte sich diese Unterlage vorlegen lassen, wenn er z. B. aus den vorgelegten Grundbuchunterlagen die Existenz inzwischen zurückgezahlter öffentlicher Mittel ersehen kann. Der Endtermin ist in der Bestätigung genannt, ggf. ist dort auch ein Hinweis darüber, daß bei Nachzahlung des bei der vorzeitigen Ablösung gewährten → Schuldnachlasses eine frühere Beendigung der Eigenschaft erreicht werden kann.

öffentlicher Glaube des Grundbuches *(§§ 892, 893 BGB).* Auf den Inhalt des Grundbuches kann sich jedermann verlassen, also vorbehaltlos glauben. Das Gesetz hat den Zweck, den Grundstücks- und Hypothekenverkehr gegen Gefahren zu schützen, die dadurch entstehen könnten, daß der Inhalt des Grundbuchs nicht richtig ist. § 816 BGB gibt Auskunft über die Ansprüche eines Geschädigten.

öffentliche Wohnbauförderung *(II. WoBauG).* Nach dem Gesetz erfolgt eine Unterteilung in drei Förderungsgruppen:

1.) → öffentlich geförderter sozialer Wohnungsbau,
2.) → steuerbegünstigter Wohnungsbau,

3.) → freifinanzierter Wohnungsbau. Daneben wird noch der Begriff → sozialer Wohnungsbau verwendet. Nachfolgende Förderungsmaßnahmen sind möglich:

– Einsatz öffentlicher Mittel §§ 25 – 68,
– Übernahme von Bürgschaften §§ 24 und 36 a,
– Gewährung von Wohngeld § 46,
– Bereitstellung von Bauland §§ 89, 90,
– Maßnahmen zur Baukostensenkung § 91,
– Steuer- und Gebührenvergünstigung §§ 92 – 96,
– vorzeitige Rückzahlung öffentlicher Mittel §§ 69, 70,
– Gewährung von Aufwendungszuschüssen bzw. -darlehen §§ 88, 88 d.

öffentliche Zustellung *(§§ 203 ff. ZPO),* → Zustellung einer Grundschuld. Ist der Aufenthalt einer Partei unbekannt, so kann die Zustellung auf Antrag hin öffentlich erfolgen. Die Zustellung erfolgt dann durch Anheftung der zuzustellenden Ausfertigung an die Gerichtstafel und ggf. Bekanntgabe im Bundesanzeiger. Das Schriftstück gilt als zugestellt, wenn seit der letzten Einrückung des Auszuges in die öffentlichen Blätter ein Monat verstrichen ist. Das Gericht kann evtl. auch eine längere Frist für erforderlich erklären.

öffentlich geförderter sozialer Wohnungsbau *(§ 6 Abs. 1 II. WoBauG).* Unterschieden werden der 1. und der 2. Förderungsweg: Der *1. Förderungsweg* ist die Förderungsart nach den Richtlinien der Länder durch öffentliche Darlehen oder durch Aufwendungszuschüsse (sogen. öffentliche Mittel). Im 2. *Förderungsweg* werden Mittel aus den öffentlichen Haushalten in Form von Annuitätszuschüssen für steuerbegünstigte Wohnungen ausgereicht. Auch in Form von Aufwendungsbeihilfen bei Übersteigung der Einkommensgrenzen um bis zu 40% liegt die Förderung begründet. Hauptgewicht ist auch hier die Förderung von Eigentumsmaßnahmen (nichtöffentliche Mittel). → Wohnflächenhöchstgrenzen.

öffentlich-rechtliche Kreditinstitute. Gemeinsames Kennzeichen dieser Institutsgruppe ist die öffentlich-rechtliche Organisationsform. Die überwiegende Zahl dieser Institute befaßt sich mit dem Bodenkreditgeschäft und kann durch drei Kriterien gekennzeichnet werden: 1. Öffentlich-rechtliche Organisationsform, 2. Boden- und Kommunalkredit im Aktivgeschäft, 3. Emissionen von Schuldverschreibungen im Passivgeschäft mit gesetzlich geregelter Deckung. Das *öffentliche Pfandbriefgesetz* verpflichtet die ö.-r. K., daß die aus Schuldverschreibungserlösen gegebenen Darlehensforderungen und die zu deren Sicherung bestellten Grundpfandrechte eine abgesondert zu verwaltende Vermögensmasse darstellen. Die Deckungsvorschriften des öffentlichen Pfandbriefgesetzes stimmen aufgrund gleicher Zielsetzungen mit den entsprechenden Vorschriften des Hypothekengesetzes überein, so z. B. das Prinzip der kongruenten Deckung, die Einrichtung des Deckungsregisters und das Recht der Schuldverschreibungsinhaber auf vorzugsweise Befriedigung im Konkursfall.

ökologische Architektur, Architektur, die sowohl biologisch gesunde Baustoffe verwendet als auch gleichzeitig berücksichtigt, daß die Herstellung der oft einfachen Baustoffe die Ressourcen möglichst schont. Baustoffe z. B.: Lehm, Pflanzenfaser, Kork, organische Harze, Holz. → Ressourcensparendes Bauen.

offene Bauweise, Bezeichnung für freistehendes Immobil mit überwiegend individueller Gestaltungsmöglichkeit, allerdings bei Berücksichtigung von seitlichen Abstandsflächen.→ Bauwich (§ 22 BauNVO).

offene Immobilienfonds. Das Sondervermögen eines Immobilienfonds besteht aus mindestens zehn bebauten Grundstücken, bei denen die Ertragserzielung im Vordergrund steht. Die erwirtschafteten Erträge sind Einkünfte aus Kapitalvermögen. Die Spekulationsfrist für die Anteile beträgt daher sechs Monate. Die Anteile sind klein gestückelt, daher ist Handel leicht möglich. Praktisch normales Anlagepapier (Beispiele: Grundinvest, Grundbesitz-Invest).

offener Kamin. Gemäß Kleinfeuerungsanlagen-Verordnung vom 1. 10. 1988 darf nur noch Scheitholz verbrannt werden, das mindestens drei Jahre an der Luft getrocknet hat. Bei wiederholten Verstößen muß mit empfindlichen Bußgeldern gerechnet werden. Verboten ist das Verbrennen von lackiertem Holz oder Spanplatten.

Offenlegungsverordnung, Bestandteil des Gesetzes über die Vermessung und das Liegenschaftskataster (Verm-KatG). Danach werden umfangreiche Veränderungen im Liegenschaftskataster durch öffentlich bekanntgemachte Offenlegungen kundgetan. Juristische Personen und Vereinigungen sowie nicht ortsansässige Eigentümer oder Erbbauberechtigte werden über diese Offenlegung gesondert unterrichtet.

Opferausgleichsbetrag, → Entschuldungsvermerk.

Option, vielfach angewandte Form der Reservierung eines Baugrundstücks für einen Bauträger und/oder eine Vertriebsorganisation. Dabei erhält der Begünstigte die Möglichkeit, ein meist nicht parzelliertes Grundstück baureif zu machen, an die aktuellen Marktgegebenheiten anzupassen und die notwendigen behördlichen Genehmigungen einzuholen und danach an Dritte weiterzuverkaufen mit gleichzeitigem Abschluß eines Werkvertrages zur Errichtung des vorgeplanten Bauwerkes.

Optionstarif. Bei Bausparverträgen mit einem O. kann sich der Bausparer innerhalb der Vertragslaufzeit für die Höhe des Guthabenzinses (→ Zinswahlrecht) und später die Höhe der Tilgungsrate (→ Tilgungswahlrecht) entscheiden. Dies ermöglicht eine Korrektur und Anpassung an veränderte Entwicklungen.

Organkredite, Kredite an Geschäftsleiter, Gesellschafter und Angestellte eines Kreditinstitutes sowie an Ehegatten und Kinder dieser Personen. Diese Kredite dürfen nur auf Grund eines einstimmigen Beschlusses der Geschäftsleiter und der Aufsichtsorgane gewährt werden.

Ortsbesichtigung. Das dem Baufinanzierer zur Ermittlung des Beleihungswertes vorliegende Material (selbst wenn es sehr detailliert ist) läßt ein fundiertes Urteil über das Objekt und dessen Lage kaum zu. Eine O. bewahrt dagegen fast immer vor Fehleinschätzungen.

Ortsklasse, → Gebäudeklasse. Für die Gebäudeversicherung sind diverse, in den Prämienzahlungen unterschiedliche Klassen gebildet.

ortsübliche Baumaterialien, normalerweise eine Selbstverständlichkeit. Dennoch ist immer wieder festzustellen, daß diese auch kostengünstigere Variante zugunsten von überteuerten Materialien ,vergessen' wird. Unübliche Ausstattung und Materialien schränken trotz hoher Aufwendungen den Wiederverkaufswert eher ein, sollten daher auch in Bewertungen entsprechend berücksichtigt werden.

ortsübliche Miete, Miete, die für gleichartige und gleichwertige Wohnungen in einem relativ eng eingegrenzten Gebiet üblicherweise gezahlt wird. → Mietspiegel.

P

Pacht *(§§ 581 bis 596 BGB)*, im Gegensatz zur Miete ein Entgelt für Gebrauch und Nutzung. Formvorschriften für den Pachtvertrag gibt es nicht. Freiheit besteht daher auch über die Höhe der P. Verträge mit Wertsicherungsklausel sind genehmigungspflichtig durch die LZB. Die Vertragsdauer unterliegt ebenfalls keinen Fristen, Ausnahme ist das Landpachtgesetz (neun Jahre für Einzelgrundstücke und 18 Jahre für Betriebsgrundstücke). Verpachtung landwirtschaftlicher Grundflächen ist der Landwirtschaftsbehörde gegenüber anzeigepflichtig. Bestimmte Flächengrößen sind davon ausgenommen.

Parzelle, nach dem Kataster kleinste vermessene Grundstückseinheit. → Flurstück.

Parzellierung, Aufteilung eines Grundstücks in einzelne → Parzellen. Nur durch Mitwirkung eines öffentlich bestellten Landvermessers möglich. Die P. bedeutet in der Beleihungspraxis die mögliche Gefahr, daß damit die Nutzung eines Grundstücks fest bestimmt werden kann. Ggf. ist dies eine Beeinträchtigung.

Pauschalierte Lohnsteuer *(§ 40a EStG)*, → Lohnsteuerpauschalierung.

Pauschalierung des Nutzungswertes der selbst genutzten Wohnung *(§ 21a EStG)*. Bis zum 31. 12. 1986 Besteuerungsgrundlage des selbstgenutzten Wohneigentums. Pauschal wurden die Werbungskosten mit 1,4% des Einheitswertes auf der Basis 1. 1. 1964 abgegolten. → Übergangsregelung.

Penthouse, bungalowartige Luxuswohnung auf dem Flachdach eines mehrstöckigen Wohnhauses. Überwiegend in Großstädten. Wegen der Übergröße sind viele dieser Objekte schwierig zu bewerten und nur schwer zu verwerten.

Pergola, Anordnung von Stützen und Balken mit aufgelegten Kanthölzern als offene, aber dennoch raumbildende Begrenzung von Terrassen, Wegen und Freiflächen. Eine P. zählt zu den Außenanlagen und ist damit auch abschreibungsfähig.

persönliche Forderung. Durch den Kreditvertrag wird die p. F. gegen den Kreditnehmer begründet. Grundlage der gesamten Geschäftsbeziehung sind daher der Kreditvertrag und die Kreditzusage. Um die p. F. ggf. durchzusetzen, ist die Beschaffung eines Titels erforderlich.

persönliche Haftung. Baukredite sind bei den Banken und Sparkassen normalerweise persönliche Darlehen, die mit Grundpfandrechten besichert werden. Die p. H. des Kreditnehmers muß dabei in jedem Fall vereinbart werden. Auch bei den Hypothekenbanken wird die p. H. unterstellt.

Persönliches Hypothekendarlehen (PHD), langfristiges Darlehen mit festem Zins und laufender Tilgung oder gleichwertigem Tilgungsersatz (Lebensversicherung, Sparvertrag, Bausparvertrag). Früher auch als Allzweckdarlehen bezeichnet. Ermöglicht eine Geldaufnahme für jeden Zweck, wenn belastungsfähiger Grundbesitz vorhanden ist.

Personalkreditteil, Quote eines Kredits im Immobilienbereich, die nicht durch das Objekt, sondern nur durch die persönliche Kreditwürdigkeit des Kreditnehmers getragen wird. Demzufolge sollte der P. in einem angemessenen Verhältnis zum verfügbaren, sicheren Einkommen stehen. Kritisch zu vermerken ist allerdings, daß bei Neubewertung von Immobilien der P. höher als bei der ursprünglichen Darlehenszusage gesehen wird. In der Praxis werden für diesen Kreditteil häufig Zusatzsicherheiten verlangt.

Pfändung *(§§ 751, 725, 377, 394, 400 BGB u. a.)*, Beschlagnahme eines Gegenstandes im Rahmen der Zwangsvollstreckung wegen Geldforderungen. Bewegliche Sachen können vom zuständigen Gerichtsvollzieher durch Besitzergreifung oder durch Anbringung eines Pfandsiegels gepfändet werden.

1. P. des Eigentumsverschaffungsanspruchs (P. des Anwartschafts- bzw. Umschreibungsrechtes).
Wenn der Kaufvertrag für ein Grundstück bereits abgeschlossen, die Auflassung aber noch nicht erfolgt ist, kann P. auf der Grundlage des § 848 ZPO vorgenommen werden. Ist der Kaufvertrag abgeschlossen und die Auflassung erfolgt, wird in das Umschreibungsrecht nach § 857 ZPO gepfändet.

2. P. einer Grundschuld
Gemäß § 857 Abs. 4 ZPO erfolgt die P. einer Grundschuld genauso wie die P. einer Hypothek. Entsprechendes gilt für die Rentenschuld, die eine Abart der Grundschuld ist.

3. P. von Hypothekenforderungen (§ 830 ZPO)
Zur P. ist ein Beschluß und die Übergabe des Hypothekenbriefes erforderlich. Wird die Übergabe auf dem Wege der Zwangsvollstreckung erwirkt, so gilt sie als erfolgt, sobald der Gerichtsvollzieher den Brief zum Zwecke der Ablieferung entgegennimmt. Ist die Erteilung eines Briefes ausgeschlossen, so ist die Eintragung im Grundbuch erforderlich.

4. P. der Rechte in Abt. II des Grundbuchs
Grundsätzlich ist eine P. dieser Rechte möglich, kommt aber in der Praxis selten vor. Denkbar wären z. B. P. von Nießbrauchrechten bzw. beschränkt persönlichen Dienstbarkeiten.

Pfändungs- und Überweisungsbeschluß
(§§ 829, 835 ZPO). Dieser Beschluß
wird vom Amtsgericht gegen den
Schuldner und ggf. auch gegen dessen
Bank (Drittschuldner) erlassen. Dadurch sind ggf. alle Konten gesperrt.
Verfügungen können nicht mehr erfolgen, ein evtl. vorhandenes Guthaben ist
in Höhe des Beschlusses zu überweisen.
Bewirkt außerdem bei dem kontofüh-
renden Institut ggf. eine bonitätsmäßi-
ge Negativreaktion.

Pfandaustausch. Wird ein Immobil verkauft, so kommt es vor, daß der bisherige Eigentümer die bestehende Finanzierung auf ein anderes, neues Objekt
übertragen möchte. Dies insbesondere,
wenn er günstige Bedingungen hat
(z. B. zugeteilten Bausparvertrag, lange
Festschreibung einer niedrigen Kondition). Ggf. will er so auch eine evtl. erforderliche Vorfälligkeitsentschädigung umgehen. Nach Objektprüfung
ist dann ein P. gegen eine einmalige Gebühr möglich.

Pfandbriefe, von Hypothekenbanken
herausgegebene festverzinsliche Wertpapiere. Sie dienen der Refinanzierung
langfristiger Kredite im Wohnungsbau,
aber auch im gewerblichen Baubereich.
Nach dem HypBankG müssen die ausgegebenen P. in mindestens gleicher
Höhe und mindestens gleichem Zinser-
trag durch Hypotheken gedeckt sein. P.
sind mündelsicher, die Ausgabe bedarf
einer Genehmigung durch den Bundes-
wirtschaftsminister. Die Einhaltung
der gesetzlichen Vorschriften wird
durch einen Treuhänder überwacht.

Pfandbriefinstitut, Kreditinstitut, das
sich die zur Hergabe von langfristigen
Darlehen erforderlichen Mittel ganz
oder überwiegend durch Emission und
den Verkauf von Pfandbriefen und
Schuldverschreibungen beschafft.
Hauptgruppen der P. sind private Hypothekenbanken und öffentlich-rechtliche Kreditanstalten. Verzeichnis →
Hypothekenbanken.

Pfandleihe, in der klassischen Form Gewährung von Kredit gegen Verpfändung von beweglichen Gebrauchsgü-
tern meist auf eine bestimmte Zeit. In
der Baufinanzierung bezeichnet man
Kredite als P., wenn sie sich nicht an der
persönlichen Leistungsfähigkeit des
Kreditnehmers orientieren und deren
Bedienung nicht durch Überschüsse
aus dem Finanzierungsobjekt gewährleistet ist.

**Pfandrecht für Bürgschaftsverpflichtun-
gen** *(Nr. 19 Abs. 2 AGB Banken).* Der
BGH hat am 10. 11. 88 (WM 1989, 129)
entschieden, daß eine Bank den Bür-
gern vor Fälligkeit der Bürgschafts-
schuld nicht unter Berufung auf die
Pfandklausel daran hindern kann, sein
Konto/Depot abzuziehen. Für die Praxis bedeutet dies, daß künftig eine individuelle Vereinbarung über die Verpfändung von Werten (zweckmäßigerweise in der Bürgschaftserklärung) getroffen werden muß.

**Pfandvermerk bei Pfändung von Erban-
teilen,** Belastung in Abteilung II des
Grundbuches, die generell bei einer Beleihung zu beachten ist. Ohne entspre-

Pflanzgebot

chende Regulierung ist Beleihung nicht möglich.

Pflanzgebot *(§ 178 BauGB).* Die Gemeinde kann den Eigentümer durch einen Bescheid verpflichten, sein Grundstück innerhalb einer angemessenen Frist entsprechend den Festsetzungen des Bebauungsplanes zu bepflanzen.

Pflichtgebiete für die Feuerversicherung. Pflichtgebiete gibt es in Baden-Württemberg, Hamburg, Teilen von Hessen und Niedersachsen. In diesen Gebieten ist die Gebäudefeuerversicherung eine öffentliche Pflichtversicherung. Jedes Gebäude ist automatisch pflichtversichert. Sollten Rückstände bestehen, gehen die Forderungen der Versicherungs- oder Brandkassen in die bevorrechtigten Forderungen z. B. bei der Zwangsversteigerung (in das geringste Gebot) ein. Für einen Kreditgeber erübrigt sich die Anzeige einer Grundstücksbelastung.

Planungsebenen. Die P. bei der Bauplanung sind hierarchisch geordnet. Bei jeder Planung müssen daher immer die übergeordneten Ebenen beachtet werden, die untergeordnete Planung hat sich der übergeordneten anzupassen.

1) Bund – mit der Raumordnung,
2) Land – mit der Landesplanung,
3) Regionalbezirk – mit der Regionalplanung,
4) Gemeinde – mit der Bauleitplanung.
→ Planungsinstrumente.

Planungserlaß. Der P. gibt den Gemeinden Hilfestellung bei der Bauleitplanung. Dabei soll er bei der Genehmigung von Bauvorhaben die Emissionen und Immissionen berücksichtigen, insbesondere in sog. → Gemengelagen.

Planungshoheit. Nach § 2 des BauGB ist die P. in die Kompetenz der Gemeinden gegeben.

Planungsinstrumente. Die hierarchisch geordneten → Planungsebenen bedienen sich jeweils eigener P.:
1) → Bundesraumordnungsprogramm (ROP),
2) →Landesentwicklungspläne (LEP),
3) → Gebietsentwicklungspläne (GEP),
4) → Flächennutzungsplan, → Bebauungspläne.

planungsrechtlicher Bestandsschutz. Ein p. B. kann nur aus den Entschädigungsvereinbarungen im BBauG abgeleitet werden. Er ist daher nur zeitlich begrenzt und mit Einschränkungen zu sehen, da schließlich Bebauungspläne unter Beachtung der einschlägigen Bestimmungen geändert werden können.

Planungsschadensrecht *(§§ 39 bis 44 BauGB).* Erleiden Eigentümer oder gleichgestellte Nutzungsberechtigte Nachteile, weil im Vertrauen auf rechtsverbindliche Bebauungspläne Aufwendungen erfolgten, so können sie angemessene Entschädigungen in Geld verlangen, soweit sie durch Änderungen, Aufhebungen und Ergänzungen der Bebauungspläne an Wert verlieren.

Planungs- und Bodenordnungsrecht. Zuständig für dieses Recht ist der Bund. → Bundesbaugesetz, jetzt → Baugesetzbuch.

Planzeichen. In den Bauleitplänen sind einheitliche P. verwendet. Dafür gibt es eine eigene PlanzVO.

Planzeichenverordnung (PlanzVO). Der Planinhalt eines Bebauungsplanes wird mit einer Vielzahl von → Planzeichen zeichnerisch umgesetzt. Diese einzelnen Planzeichen sind in der PlanzVO 81 enthalten.

Plausibilität. Bauunterlagen sind von einem erfahrenen Bankmitarbeiter kritisch zu prüfen. Dabei sollte die Baubeschreibung, Materialauswahl, aber auch die Grundstücksausnutzung, die Relation Wohn-/Nutzfläche zum umbauten Raum und die mögliche Eigenleistung auch auf ihre P. hin überprüft werden.

Policendarlehen, i. w. S. Darlehen, die in Verbindung mit einer Lebensversicherung bestehen. Im Sprachgebrauch der Finanzierungsinstitute sind hiermit Beleihungen von bereits vorhandenen Rückkaufswerten gemeint, die direkt von Versicherungsgesellschaften zu einem meist unter dem normalen Bankzinssatzniveau liegenden Preis herausgelegt werden. Vielfach werden derartige P. auch als Eigenmittelersatz in der Baufinanzierung betrachtet.

positive Vertragsverletzung (Architekten) *(§ 635 BGB),* schuldhafte Scha-

denszufügung (welche mit Bauwerksmängeln nichts zu tun haben) durch den Architekten.

Prämien- und steuerunschädliche Verwendung von Bausparmittel. Über Bausparmittel kann ohne Nachteile verfügt werden, wenn die Mittel unmittelbar für → wohnwirtschaftliche Maßnahmen verwendet werden. Der Bausparkasse ist hierüber Nachweis zu führen. Zu den wohnwirtschaftlichen Maßnahmen gehören seit einiger Zeit auch die Maßnahmen eines Mieters zur Modernisierung seiner Wohnung.

Praxisräume. Die Nutzung von zu Wohnzwecken errichteten ETW als Arzt- oder Anwaltspraxis ist nur zulässig, wenn den übrigen Wohnungseigentümern hierdurch keine unzumutbaren Nachteile entstehen. Die Eigentümergemeinschaft ist in der Lage, einer derartigen Nutzungsänderung zuzustimmen. Bei einer Beleihung derartiger Objekte ist die Teilungserklärung und ggf. die Protokollsammlung der Eigentümerversammlung zu prüfen.

Preisangabenverordnung (PangV), im Bereich der Wohnungsbaufinanzierung zum 1. 9. 1985 in Kraft getreten. Danach ist seit diesem Zeitpunkt in allen Angeboten, in der Werbung und in Darlehensverträgen die Angabe des anfänglich effektiven Jahreszinses (mit einer Kommastelle) erforderlich. Berechnungsmethode und Wirksamkeit, vor allem aber der aus Verbraucherschutzüberlegungen wichtige Vergleich sind seit Beginn äußerst umstritten. → Effektivzinsberechnung.

Preisaushang. Bestimmte Leistungen im Kreditgeschäft der Banken und Sparkassen müssen durch P. öffentlich gemacht werden. Die Leistungen im Bereich der Baufinanzierungen (z. B. nach der → Preisangabenverordnung) fallen nicht hierunter.

Preisbestandteile. Der nach der PangV zu ermittelnde anfängliche effektive Jahreszins enthält zwingend vorgeschriebene P. → Effektivzinsberechnung.

Preisindex, im Rahmen der amtlichen Preisstatistik errechnete Indexzahlen zur Beobachtung der Preisentwicklung in wichtigen wirtschaftlichen Bereichen (vgl. S. 332 bis 336).

Preisminderung bei Kauf-/Werkverträgen. In der Rechtspraxis hat sich eine Berechnungsformel bewährt, um den Wert von Gegenständen/Leistungen zu ermitteln, die nicht voll der vereinbarten/erwarteten Form entsprechen. Diese Minderung errechnet sich:

$$\frac{\text{Kaufpreis} \times \text{Wert der schadhaften Sache}}{\text{Wert der vollwertigen Sache}}$$

Beispiel: vereinbarter Kaufpreis 120,– DM
Wert der vollwertigen Sache 100,– DM
Wert der schadhaften Sache 60,– DM

$$\frac{120 \times 60}{100} = 72$$

Minderung also 120 − 72 = 48

Preisspiegel. Der Ring Deutscher Makler veröffentlicht jährlich einen P. für Immobilien, siehe Tabellen S. 337 ff.

private Bausparkassen. Die → Bausparkassen unterliegen dem Bausparkassengesetz und werden vom Bundesaufsichtsamt für das Bausparwesen kontrolliert. Die p. B. sind überwiegend größeren Finanzdienstleistungskonzernen geschäftlich verbunden oder haben sich mittlerweile selbst zu derartigen Konzernen entwickelt. Anschriften:

Aachener Bausparkasse AG
Theaterstraße 92 – 94
5100 Aachen
Telefon 0241/4361

AHW-Volksfürsorge Bausparkasse AG
Alte Heerstraße 14
3250 Hameln 1
Telefon 051 41/182022

Alte Leipziger
Bausparkasse AG
Alter Leipziger Platz 1
6370 Oberursel 1

Badenia Bausparkasse GmbH
Karlstraße 52/54
7500 Karlsruhe 1
Telefon 007 21/8 19 80

Bausparkasse Gemeinschaft der Freunde Wüstenrot GmbH
Hohenzollernstraße 46
7140 Ludwigsburg/Württ.
Telefon 071 41/161

Bausparkasse Mainz AG
Kantstraße 1, 6500 Mainz
Telefon 061 31/30 31

Bausparkasse Schwäbisch Hall AG
– Bausparkasse der Volksbanken und Raiffeisenbanken –

330

Crailsheimer Straße 52
7170 Schwäbisch Hall
Telefon 0791/461

Beamtenheimstättenwerk gemeinnützige Bausparkasse für den öffentlichen Dienst GmbH
Lubahnstraße 2, 3250 Hameln
Telefon 05151/181
Preußenallee 3 – 5, 1000 Berlin 19
Telefon 030/305 60 42

Colonia Bausparkasse AG
Viktoriastraße 34 – 36
4600 Dortmund
Telefon 0231/65 41 81

DBS Deutsche Bausparkasse AG
Heinrichstraße 2
6100 Darmstadt
Telefon 06151/281 31

Debeka Bausparkasse AG
Hohenzollernstraße 118 – 120
5400 Koblenz
Telefon 0261/130 10

Deutsche Bank Bauspar AG
Postfach 10 07 46
6000 Frankfurt
Telefon 069/71 40 60

Deutscher Ring Bausparkasse AG
Ost-West-Straße 110
2000 Hamburg 11
Telefon 040/359 91

Dresdner Bauspar AG
Mainzer Landstr. 49
6000 Frankfurt 1
Telefon 069/26 30

Heimstatt Bauspar-AG
Haydnstraße 6 – 8
8000 München 2
Telefon 089/538 21

Iduna Bausparkasse AG
Neue Rabenstraße 15 – 91
2000 Hamburg 36
Telefon 040/44 18 41

Königsteiner Bausparkasse AG
Oberstedter Straße 35
6370 Oberursel 1
Telefon 06171/660

Leonberger Bausparkasse AG
Lindenstraße 21
7250 Leonberg
Telefon 07152/2011

mh Bausparkasse AG
Wotanstraße 88
8000 München 19
Telefon 089/1 79 61

Vereinigte Bausparkassen AG i. L.
Langenstraße 15/17
2800 Bremen

Volksfürsorge Bausparkasse AG
Friedrich-Ebert-Damm 160
2000 Hamburg 70
Telefon 040/24 82 31

private Hypothekenbanken. Ein wichtiger Partner im Bereich des Realkredits sind die p. H. Zusammen mit den öffentlich-rechtlichen Bodenkreditinstituten werden sie unter der Bezeichnung Realkreditinstitute erfaßt. Nach § 1 des HypbankG werden diejenigen privatrechtlichen Kreditinstitute als Hypothekenbanken bezeichnet, deren Geschäftsbereich darauf gerichtete ist:
– inländische Grundstücke zu beleihen und aufgrund der erworbenen Hypotheken Schuldverschreibungen auszugeben

Preisindex

1. P. für gewerbliche Gebäude
(Basis 1970 = 100)

Baujahr	Index	Baujahr	Index	Baujahr	Index
1970	100	1976	137	1982	201,4
1971	108,8	1977	142,8	1983	206
1972	114,1	1978	150,4	1984	207
1973	121	1979	162,6	1985	208
1974	128,2	1980	179,2	1986	212
1975	131,7	1981	190,2	1987	216

2. P. für Wohngebäude
(Basis 1914 = 100)

1915	112,1	1940	130,6	1965	491,1
1916	123,6	1941	136,9	1966	507,0
1917	153,5	1942	148,4	1967	496,2
1918	212,7	1943	151,6	1968	517,2
1919	349,7	1944	154,8	1969	546,8
1920	1000,0	1945	159,9	1970	636,9
1921	1688,0	1946	170,7	1971	702,7
1922	000,0	1947	199,4	1972	750,2
1923	000,0	1948	263,1	1973	805,3
1924	129,3	1949	245,9	1974	863,9
1925	159,2	1950	234,4	1975	884,4
1926	154,8	1951	271,3	1976	915,0
1927	156,7	1952	289,2	1977	959,3
1928	163,7	1953	279,6	1978	1018,6
1929	166,2	1954	280,9	1979	1108,0
1930	159,2	1955	296,2	1980	1226,8
1931	145,9	1956	303,8	1981	1230
1932	123,6	1957	314,6	1982	1300
1933	117,2	1958	324,8	1983	1350
1934	122,9	1959	342,0	1984	1350
1935	122,9	1960	367,5	1985	1400
1936	122,9	1961	395,5	1986	1400
1937	125,5	1962	428,0	1987	1400
1938	126,8	1963	450,3	1988	1482,6
1939	128,7	1964	471,3		

Es handelt sich um Durchschnittszahlen für das Bundesgebiet gemäß Veröffentlichungen des Stat. Bundesamtes, Wiesbaden.

3. P. für die Lebenshaltung:

Das Statistische Bundesamt hat den P. Ende 1989 auf Basis 1985 umgestellt. Damit folgte das Amt einer EG-Empfehlung, die Neuberechnung von Indizes für alle durch fünf teilbaren Jahre vorzunehmen. Die wichtigsten Tabellen sind auf S. 333 ff. aufgeführt.

Zusammensetzung der Haushalte und ihre monatlichen Verbrauchsausgaben 1985

Preisindex für die Lebenshaltung	Haushalts-mitglieder	Zusammensetzung der Haushalte	Verbrauchsangaben in DM je Monat und Haushalt
			1985 (1980)
Alle privaten Haushalte	2,3	●	3105 (2665)
Haushalte von Beamten und Angestellten mit höherem Einkommen [1]	4	2 Erwachsene 2 Kinder [2]	4964 (4148)
Haushalte von Arbeitern und Ange-stellten mit mittlerem Einkommen [1]	4	2 Erwachsene 2 Kinder [2]	3044 (2575)
Haushalte von Renten- und Sozialhilfe-empfängern mit geringem Einkommen	2	2 ältere Erwachsene	1526 (1192)

[1] Städtische Haushalte
[2] Darunter mindestens ein Kind unter 15 Jahren

Anteile der Hauptgruppen an den Warenkörben 1980 und 1985

Hauptgruppe	Alle privaten Haushalte			4-Personen Haushalte von Beamten und Angestellten mit höherem Einkommen		
	1980	1985	1985 gegen 1980	1980	1985	1985 gegen 1980
	‰	‰	%	‰	‰	%
Lebenshaltung insgesamt	1000	1000	—	1000	1000	—
Nahrungsmittel, Getränke, Tabakwaren	249,33	229,89	−7,8	211,59	201,81	−4,6
Bekleidung, Schuhe	81,93	69,47	−15,2	84,72	79,93	−5,7
Wohnungsmieten, Energie (o. Kr.)	213,28	250,29	+17,4	190,84	226,45	+18,7
Wohnungsmieten	148,15	177,77	+20,0	141,56	171,83	+21,4
Energie (ohne Kraftstoffe)	65,13	72,52	+11,3	49,28	54,62	+10,8
Möbel, Haushaltsgeräte u. a. Güter f. die Haushaltsführung	93,64	72,21	−22,9	86,72	62,05	−28,4
Güter f. die Gesundh. u. Körperpfl.	40,50	40,99	+1,2	55,64	55,91	+0,5
Güter f. Verkehr u. Nachrichtenüb.	142,63	144,03	+1,0	139,69	144,87	+3,7
Güter f. Bildung, Unterh., Freizeit	84,68	83,71	−1,1	102,41	97,27	−5,0
Güter f. die persönl. Ausstattung Dienstleistungen des Beher-bergungsgewerbes sowie Güter sonstiger Art	94,01	109,41	+16,4	128,39	131,71	+2,6

Preisindex

Hauptgruppe	4-Personen Haushalte von Arbeitern und Angestellten mit mittlerem Einkommen			2-Personen Haushalte v. Renten- u. Sozialhilfeempfängern mit geringem Einkommen		
	1980	1985	1985 gegen 1980	1980	1985	1985 gegen 1980
	‰	‰	%	‰	‰	%
Lebenshaltung insgesamt	1000	1000	—	1000	1000	—
Nahrungsmittel, Getränke, Tabakwaren	281,55	259,54	−7,8	332,94	304,19	−8,6
Bekleidung, Schuhe	88,00	76,97	−12,5	66,18	52,42	−20,8
Wohnungsmieten, Energie (o. Kr.)	217,21	253,22	+16,6	306,32	337,48	+10,2
Wohnungsmieten	155,53	184,82	+18,8	219,98	239,68	+9,0
Energie (ohne Kraftstoffe)	61,88	68,40	+10,9	86,34	97,80	+13,3
Möbel, Haushaltsgeräte u. a. Güter f. die Haushaltsführung	77,49	66,01	−14,8	75,19	62,44	−17,0
Güter f. die Gesundh. u. Körperpfl.	27,65	29,41	+6,4	47,15	48,42	+2,7
Güter f. Verkehr u. Nachrichtenüb.	132,47	139,30	+5,2	70,75	85,45	+20,8
Güter f. Bildung, Unterh., Freizeit	93,38	94,07	+0,7	56,58	57,42	+1,5
Güter f. die persönl. Ausstattung Dienstleistungen des Beherbergungsgewerbes sowie Güter sonstiger Art	82,25	81,48	−0,9	44,89	52,18	+16,2

Preisindex für die Lebenshaltung

Basisjahr	veröffentlicht im Monat/Jahr	mit Berichtsmonat	Rückrechnung bis	Originalberechnung bis

a) 4-Personen-Haushalte von Arbeitern und Angestellten mit mittleren Einkommen

1950	Dez. 1952	Nov. 1952	Juni 1948	Dez. 1960
1958	Febr. 1961	Jan. 1961	Jan. 1957	Juli 1964
1962	Sept. 1964	Aug. 1964	Jan. 1961	Sept. 1973

b) alle privaten Haushalte

1962	April 1969	März 1969	Jan. 1962	Sept. 1973
1970	Okt. 1973	Sept. 1973	Jan. 1968	Okt. 1979
1976	Dez. 1979	Nov. 1979	Jan. 1976	März 1984
1980	Mai 1984	April 1984	Jan. 1980	Sept. 1989
1985	Okt. 1989	Sept. 1989	Jan. 1985	auf weiteres

Preisindex für die Lebenshaltung aller privaten Haushalte

	1985er Warenkorb 1985 = 100	Veränderung gegen Vorjahreszeitraum in %	1980er Warenkorb 1985 = 100	Veränderung gegen Vorjahreszeitraum in %
1986 JD	99,9	−0,1	99,7	−0,2
1987 JD	100,1	+0,2	100,0	+0,2
1988 JD	101,4	+1,3	101,2	+1,2
1989 Jan.	103,0	+2,3	103,0	+2,6
1989 Febr.	103,4	+2,5	103,3	+2,6
1989 März	103,5	+2,6	103,5	+2,7
1989 April	104,1	+2,9	104,1	+3,0
1989 Mai	104,3	+2,9	104,3	+3,1
1989 Juni	104,4	+2,9	104,5	+3,1
1989 Juli	104,3	+2,8	104,3	+3,0
1989 Aug.	104,2	+2,8	104,2	+2,9
1989 Sept.	104,4	+2,9	104,5	+3,1

Preisindex für die Lebenshaltung von 4-Personen-Haushalten von Arbeitern und Angestellten mit mittelerem Einkommen

	Prozentveränderung zum Vorjahresmonat, errechnet aus den Werten der					
	Originalreihe		auf 19.. umbasierte Reihe			
	1950	1958	1962	1970	1976	1980
1952 Februar	+8,1	+8,1	+8,1	+8,1	+8,0	+7,8
1954 August	+0,5	+0,3	+0,4	+0,3	+0,2	—

Preisindex für die Lebenshaltung aller privaten Haushalte in der Gliederung nach Verwendungszweck und nach Waren, Leistungen, Wohnungsnutzung – Vergleich der Anteile Basis 1980 mit 1985 und der jeweiligen Veränderungen Januar 1985 bis September 1989 –

	Gewichte in ‰		Veränderung in %					
			Jan. 1985	Sept. 1989	Sept. 1989	Jan. 1985	Jan. 1985	Sept. 1989
	1980	1985	1980 = 100		1980	1985	1985 = 100	
Insgesamt	1000	1000	120,0	126,4	5,3	5,1	99,3	104,4
Hauptgruppen Nahrungsmittel, Getränke, Tabakwaren	249,33	229,89	116,1	120,5	3,8	3,1	99,3	102,4
Bekleidung, Schuhe	81,93	69,47	117,2	125,8	7,3	7,3	99,0	106,2
Wohnungsmieten, Energie (ohne Kraftstoffe)	213,28	250,29	125,9	128,6	2,1	2,4	99,3	101,7
Wohnungsmieten	148,15	177,77	122,5	137,1	11,9	10,5	99,0	109,4
Energie (ohne Kraftstoffe)	65,13	72,52	133,6	109,3	−18,2	−17,3	100,0	82,7
Möbel, Haushaltsgeräte	93,64	72,21	116,7	124,4	6,6	6,1	99,3	105,4

Preisindex

Preisindex für die Lebenshaltung aller privaten Haushalte in der Gliederung nach Verwendungszweck und nach Waren, Leistungen, Wohnungsnutzung – Vergleich der Anteile Basis 1980 mit 1985 und der jeweiligen Veränderungen Januar 1985 bis September 1989 – (Fortsetzung)

	Gewichte in ‰		Jan. 1985 1980 = 100	Sept. 1989	Veränderung in % Sept. 1989 1980	Jan. 1985 1985	Jan. 1985 1985 = 100	Sept. 1989
	1980	1985						
Güter für die Gesundheits- und Körperpflege	40,50	40,99	118,9	130,3	9,6	9,2	99,6	108,8
Güter für Verkehr und Nachrichtenübermittlung	142,63	144,03	121,6	127,1	4,5	4,5	98,7	103,1
Güter für Bildung, Unterhaltung, Freizeit	84,68	83,71	116,4	121,3	4,2	3,1	100,4	103,5
Güter für die persönl. Ausstattung, Dienstleistungen des Beherbungsgewerbes sowie Gütern sonstiger Art	94,01	109,41	124,1	140,9	13,5	14,1	99,4	113,4
Waren, Leistungen, Wohnungsnutzung, Verbrauchs- u. Gebrauchsgüter	609,58	566,37	118,7	120,4	1,4	0,8	99,3	100,1
Nahrungsmittel	145,43	133,73	113,8	116,4	2,3	1,3	99,5	100,8
andere Verbrauchs- u. Gebrauchsgüter	464,15	432,64	120,2	121,7	1,2	0,6	99,3	99,9
ohne die normalerweise nicht in der Wohnung gelagerten Güter [1]	305,21	266,54	116,7	123,0	5,4	4,6	99,5	104,1
Dienstleistungen und Reparaturen	236,64	249,71	121,2	134,1	10,6	11,0	99,4	110,3
Wohnungs- u. Garagennutzung	153,78	183,92	123,3	138,1	12,0	10,4	99,0	109,3

[1] Elektrizität, Gas, Brennstoffe, Gebrauchsgüter für die Gartenpflege; Kleinkrafträder, Motorräder, Personen und Kombikraftfahrzeuge, Kraftstoffe, sonstige Gebrauchsgüter für eigene Kraftfahrzeuge; Wasser- und Landfahrzeuge. Quelle: Statistisches Bundesamt, Wiesbaden.

– Darlehen an inländische Körperschaften und Anstalten des öffentlichen Rechtes oder gegen Übernahme der vollen Gewährleistung durch eine solche Körperschaft oder Anstalt zu gewähren (Kommunalkredit) und aufgrund der erworbenen Hypotheken Schuldverschreibungen (Kommunalschuldverschreibungen) auszugeben.

Es handelt sich bei diesen Instituten um Spezialbanken für Boden- und Kommunalkredit, deren Tätigkeit überregional ist. Viele Institute gehören dem Einflußbereich der Privatbanken bzw. der Lebensversicherungen an. Wesentliches Kennzeichen ist die Art des Passivgeschäftes. Die für das Aktivgeschäft benötigten Mittel werden neben dem Einsatz des Eigenkapitals durch

Gewerbeimmobilien

I. Ladenmieten – Netto-kalt, DM je m² Verkaufsfläche monatlich (Laden zu ebener Erde) — Geschäftskern / Nebenkern
II. Büromieten – Netto-kalt DM/m² monatlich
III. Baugrundstücke für Gewerbe und Industrie – Verkaufspreise monatl. (incl. Erschließungskosten/keine subventionierten Preise)

	Geschäftskern Ia-Lage klein (bis ca. 60m²)	Geschäftskern Ia-Lage groß (ab ca. 100m²)	Geschäftskern Ib-Lage klein bis ca. 60m²	Geschäftskern Ib-Lage groß (ab ca. 100m²)	Nebenkern Ia-Lage klein (bis ca. 60m²)	Nebenkern Ia-Lage groß (ab ca. 100m²)	Nebenkern Ib-Lage klein (bis ca. 60m²)	Nebenkern Ib-Lage groß (bis ca. 100m²)	II einfacher Nutzungswert	II mittlerer Nutzungswert	II guter Nutzungswert	III einfacher Nutzungswert	III mittlerer Nutzungswert	III guter Nutzungswert
A. Großstädte über 500 000 Einwohner														
Berlin	185	80	70	35	60	40	25	20	12	17	22	340	400	460
Hamburg	200	120	95	70	70	50	35	23	12	16	25	70	90	130
München	270	205	95	70	65	47,50	28,75	20	14	21	30	450	555	780
Köln	280	180	70	40	80	40	20	12	8	10	15	100	120	160
Essen	250	150	50	40	80	30	20	15	7	8	14	30	40	80
Frankfurt	180	130	95	70	40	30	30	20	20	30	45	300	500	800
Dortmund	220	180	80	40	70	30	25	18	8,50	12	20	50	80	120
Stuttgart	200–250	190–210	70–120	70–100	30–50	30–40	20–25	22–27	10–11	12–14	20–25	400–600	550–900	600–900
Düsseldorf	250	120–240	80	40	60	30	30	20	12–14	14–20	20–32	180	240	360
Bremen	280	240	100	60	35	25	20	15	7	9	14	60	90	120
Hannover	250	150	100	50	50	25	12	10	7	8,50	14	40	70	130
B. Großstädte unter 500 000 Einwohner und Mittelstädte (A–K)														
Aschaffenburg	75	50	35	25	30	20	15	12	6,50	9,50	12	–	90	130
Bielefeld	120	80	50	35	45	25	20	15	7	10	15	60	80	120
Bottrop	75	45	30	20	30	20	18	15	8	10	15	40	50	75
Cuxhaven	60	40	45	30	25	12	20	15	6,50	10	16	15	20	25
Delmenhorst	90	70	30	18	15	35	9,50	7,50	5	8	10	25	40	50
Gießen	150	150	70	60	40	25	25	20	8,50	12	16	120	150	170
Hanau	80	70	60	40	30	25	20	15	7	9	15	100	300	300
Kempten/Allgäu	120	90	40	30	25	22	20	15	8	10	14	60	80	100
Krefeld	95	80	50	35	35	33	18	15	7,50	11	17	75	100	140
Landshut	125	80	60	35	25	15	22	12	8	12–15	20–25	160	190	250–300
Lübeck	165	100	50	35	35	10	12	10	7	8,50	12	40	50	70
Moers	100	60	30	18	14	9	10	7	8	10	13	–	–	–
Oberhausen	150	120	100	40	10	7	8	7	7	8,50	12	60	65	70
Paderborn	150	100	50–80	30–40	100	18	50	15	8	12–15	20	30	50	60
Recklinghausen	90	60	35	20	30	45	18	10	7	10	15	20	45	70
Rosenheim	80	60	50	40	35	20	60	35	10	13	18	250	300	400
Saarbrücken	120	85	70	50	35	25	10	8	6	8,50	12	80	120	150
Villingen/Schwenningen	60	35	25	18	25	18	18	15	7	10	15	–	–	–
Wolfsburg	60	45	25	20	30	25	20	15	8	13	15	–	–	–

Preisspiegel Immobilien

| | I. Baugrundstücke – Verkaufspreise, DM/m² | | | | | | II. Eigenheime (bezugsfrei) – Gesamt | | | |
	1. Für freistehende Ein- und Zweifamilienhäuser (ca. 600–800 m²)			2. Für Mehrfamilienhäuser GFZ 0,8)			Freistehende Eigenheime (incl. Garage u. Grundstück)			Reihenhäuser (Mittelhäuser) o. Garage
	mittlere Wohnlage	gute Wohnlage	exclusive Villen-Wohnlage	einfache Wohnlage	mittlere Wohnlage	gute Wohnlage	einfacher Wohnwert ca. 100 m²	mittlerer Wohnwert ca. 125 m²	guter Wohnwert ca. 150 m²	einfacher Wohnwert ca. 100 m²
A. Größe über 500 000 Einw.										
Berlin	550	680	1000	700	850	1100	402 000	550 000	770 000	320 000
Hamburg	210	300	430	350	520	720	230 000	320 000	460 000	190 000
München	750	900	1115	675	875	1200	465 000	670 000	850 000	405 000
Köln	275	450	700	250	300	500	200 000	350 000	520 000	170 000
Essen	250	350	600	150	250	375	250 000	400 000	550 000	250 000
Frankfurt	450	600	800	490	700	900	330 000	455 000	590 000	320 000
Dortmund	180	250	350	–	250	400	220 000	320 000	550 000	180 000
Stuttgart	750 800	900 1000	1100 1200	700 1000	900 1200	1000 1200	450 000 600 000	600 000 700 000	800 000 1 100 000	400 000 450 000
Düsseldorf	350	450	650	350	450	800	350 000	500 000	800 000	290 000
Bremen	130	170	250	–	280	480	130 000	230 000	400 000	120 000
Duisburg	240	320	420	–	250 300	300 450	195 000	330 000 380 000	450 000 600 000	180 000
Hannover	150	250	400	–	200	400	190 000	250 000	360 000	170 000
B. Großstädte unter 500 000 Einwohner und Mittelstädte										
Aschaffenburg	290	350	550	–	400	450	290 000	400 000	650 000	260 000
Bielefeld	160	250	300	120	180	250	230 000	330 000	450 000	175 000
Bottrop	225	275	375	200	275	400	200 000	275 000	375 000	220 000
Cuxhaven	80	120	200	100	120	250	130 000	170 000	290 000	130 000
Darmstadt	400	600	800	450	650	900	400 000	550 000	700 000	360 000
Delmenhorst	100 110	140	–	110	140	160	140 000	190 000	250 000	115 000
Emden	70	90	120	100	120	160	150 000	180 000	220 000	120 000
Gießen	200	280	320	200	250	500	270 000	320 000	450 000	250 000
Hanau	200	300	400	300	500	700	325 000	400 000	650 000	270 000
Kempten/Allgäu	250	300	420	250	350	500	360 000	480 000	590 000	310 000
Krefeld	260	330	430	250	300	380	185 000	280 000	470 000	195 000
Landau/Pfalz	100 150	180	250	200	250	300	160 000	260 000	400 000 450 000	150 000
Landshut	250 300	300 350	400 450	450 500	–	–	280 000	400 000	570 000 800 000	280 000
Lübeck	150	200	–	–	–	–	175 000	240 000	350 000	160 000
Moers	–	320	–	–	320	–	–	370 000	450 000	210 000
Oberhausen	190	230	290	180	220	250	150 000	250 000	400 000	230 000
Offenbach/M.	450	550	680	490	575	700	350 000	460 000	620 000	350 000
Paderborn	115	200 250	300	100	180 200	200	200 000	250 000	350 000	185 000
Rosenheim	250 300	300 400	500 600	450	600 700	700 800	430 000	490 000	600 000	390 000
Villingen-Schwenningen	130	200	300	–	100	200	200 000	300 000	450 000	200 000
Wolfsburg	80	110	150	100	150	200	200 000	300 000	500 000	150 000
Würzburg	150	280	550	200	280	700	240 000	310 000	500 000	210 000

Preisspiegel Immobilien

Objektpreis in DM – Reihenhäuser (Mittelhäuser o. Garage) mittlerer Wohnwert ca. 125 m²	guter Wohnwert ca. 150 m²	III. Eigentumswohnungen – Verkaufspreise in DM je m² Wohnfläche (bezugsfrei/o. Steuermod.) einfacher Wohnwert	mittlerer Wohnwert	guter Wohnwert	IV. Renditeobjekte – Vielfaches der Netto-Jahreskaltmiete Häuser Fertigst. bis 1948	Häuser Fertigstel. nach 1. 1. 49	V. Wohnungsmieten – Nettokaltmieten 1. Fertigstellung bis 1948 (Wiedervermietung aus Bestand) einfacher Wohnwert	mittlerer Wohnwert	guter Wohnwert	2. Fertigstellung nach 1. 1. 1949 (Wiedervermietung aus Bestand) einfacher Wohnwert	mittlerer Wohnwert	guter Wohnwert	3. Neubau-Erstbezug (Erstvermietung im Berichtsjahr) mittler Wohnwert	guter Wohnwert
310 000	500 000	1400	2150	3250	13,10	14,60	5,20	6,70	7,50	–	10,–	14,–	12,–	15,–
250 000	320 000	1500	2100	3000	12,–	14,–	6,–	8,50	11,–	8,–	10,–	12,50	12,–	15,–
370 000	545 000	2500	3300	4200	18,–	20,–	8,10	11,40	14,60	9,–	13,–	15,10	15,–	18,–
280 000	400 000	–	1900	3000	11,–	12,50	5,50	8,–	9,80	6,50	8,80	11,–	12,–	14,–
225 000	375 000	1000	2000	2500	10,–	12,–	5,–	7,–	9,–	8,–	8,50	10,–	12,–	13,–
370 000	410 000	1800	2500	3500	14,–	17,–	6,50	8,50	13,–	7,–	9,–	14,–	10,–	15,–
150 000	290 000	–	1800	2200	8–12	10-14	4,50	7,–	10,–	4,50	8,–	11,–	9,50	12,–
450 000	500 000	1700	2000	2800	17–21	22–27	5,50–6	7–8	8,50–9	7–8	8–9,50	10–11	10–12	13,50–15
550 000	580 000	2000	2500	3000	17–21	22–27	5,50–6	7–8	8,50–9	7–8	8–9,50	10–11	10–12	13,50–15
340 000	380 000	2100	2800	4500	12–14	15–17	8,–	10,–	12,–	9,–	12,–	14,–	14,–	16,–
180 000	230 000	900	1400	2300	11,–	13,–	5,–	7,–	8,–	6,–	8,–	9,–	9,–	11,–
240 000	300 000	–	1650	2600	10–11	10–14	4,70	6,80	7,50	–	7,90	8,80	9,–	10,–
240 000	300 000	800	1400	2200	10,–	13,–	5,50	7,50	9,–	–	7,50	9,–	–	9,–
310 000	340 000	–	2000	2800	13,–	14,50	5,50	6,–	7,–	6,–	7,–	8,50	9,–	10,–
230 000	270 000	950	1700	2600	10,–	14,–	3,75	6,–	8,–	–	7,–	8,50	8,50	10,–
250 000	290 000	900	1500	2400	10,–	14,–	4,50	7,–	8,50	5,50	7,50	8,50	8,50	9,–
130 000	200 000	650	1200	2000	9,–	11,–	3–3,50	4,80	6,–	–	6,10	6,70	7,50	8,50
450 000	550 000	2200	2800	3600	12,50	20,–	8,–	10,–	13,–	8,–	10,–	13,–	13,–	14,50
145 000	180 000	–	1600	2200	9,–	11,–	4,–	5,50	7,–	4,50	8,–	9,–	9,–	10,–
270 000	350 000	–	2000	2800	12,–	15,–	–	7,–	10,–	–	7,–	10,–	9,–	12,–
310 000	350 000	1500	2000	2500	12,–	14,–	5–6	6,50	7,50	5,50	6,50	8,50	9,–	11,–
370 000	450 000	900	1800	2300	13,–	16,–	4,50	7,80	8,60	5,–	8,–	9,–	9,20	10,50
230 000	290 000	700	1600	2300	11,–	15,–	5,–	6,50	9,–	6,–	7,50	9,50	9,50	11,–
220 000	260 000	1300	1700	2300	10,–	12,–	4,–	5,–	6,–	5,–	5,50	7,–	8,–	9,50
310 000	340 000	1200	2000	2300	18,–	20,–	4,50–5	6,–	7,–	5,–	6,50	8–9	10,–	11–12
180 000	210 000	–	1500	2200	11,50	12,50	6,–	8,50	10,–	–	9,50	11,50	–	–
260 000	280 000	–	1900	2500	–	12,–	–	7,–	7,50	–	8,–	9,50	9,–	10,50
260 000	300 000	–	1600	2000	8–9	9–11	4,50–5	6,–	6,50	5,50	7,–	8,50	9,–	11,–
390 000	450 000	1900	2500	3250	13,–	16,–	6,–	8,–	12,–	7,–	10,–	13,–	13,–	17,–
230 000	250 000	900	1500	2300	9–10	11–13	5–6	6–7	7–8	6,–	6–7	9–12	9,–	10–14
420 000	460 000	2900	3200	3800	18,–	22,–	6,–	8,50	12,–	7,–	9,–	13,–	10,–	13,–
240 000	280 000	–	1450	2100	10,50	13,–	4,–	6,–	7,50	5,–	7,50	9,–	9,50	11,–
260 000	350 000	1000	1600	2000	–	16,–	5,–	6,50	8,–	5,–	7,–	8,–	7,–	8,50
200 000	270 000	1200	1600	2000	8,–	12,–	6–7	8,–	9,–	7,–	8,–	9,–	9,–	10,50
260 000	330 000	1200	1700	2600	15,–	18,–	4,–	5,50	7,–	5,50	6,70	8,20	8,70	10,–

Vollständiger Preisspiegel bei: Ring Deutscher Makler (RDM) e. V., Mönckebergstr. 27, 2000 Hamburg 1

Verkauf von Schuldverschreibungen, also Pfandbriefen und Kommunalobligationen, refinanziert. Verzeichnis → Hypothekenbanken.

private Kreditbanken. Seit den 70er Jahren sind auch die großen deutschen Kreditbanken in der Baufinanzierung tätig. Mittlerweile ist der Anteil der Baufinanzierungskredite an den gesamten Privatkundenkrediten auf mehr als 50% angestiegen. Begünstigt wurde der Einstieg in dieses Geschäft durch die Ausbreitung des Mengengeschäftes. Durch Beteiligung an → Hypothekenbanken, → Bausparkassen und Versicherungen hat sich das Marktgebiet zusätzlich verbreitet. Angeboten werden die → Standard-Baufinanzierung sowie die → Spezialbaufinanzierung.

private Versteigerung von Grundbesitz. Nach den bekannten Regeln der Zwangsversteigerung kann auch eine private Immobilienversteigerung auf freiwilliger Basis ablaufen. Vorteil ist hier, daß vorab das Versteigerungsobjekt von jedem Interessenten besichtigt werden kann und nachher keine Probleme mit der Inbesitznahme auftreten werden. Mit der Versteigerung selbst wird ein Notar beauftragt. Dieser ruft die Sache öffentlich auf und bestimmt einen Termin. Das Verfahren stellt praktisch eine öffentliche Beurkundung dar, d. h. zunächst verliest der Notar ein notarielles Kaufangebot, danach bestimmt er die Versteigerungsbedingungen und legt auch die Bietzeit fest. Bei jedem Gebot verpflichtet sich

der Bieter notariell. Er kann das Gebot erhöhen, auf evtl. ausgebotene mehrere Grundstücksteile Einzelgebote abgeben. Nach dreimaligem Abruf wird der Schluß der Versteigerung verkündet. Der Inhaber kann dann sofort seine Zustimmung erteilen, aber auch zunächst die Bonität der Bieter prüfen, die keine Sicherheit haben hinterlegen müssen. Der Eigentümer ist auch nicht verpflichtet, unbedingt dem Meistbietenden den Zuschlag zu erteilen. Trotz der Möglichkeiten, die in derartigen Immobilienverwertungen stecken, ist das Verfahren bislang nur selten anzutreffen.

Privathaftpflicht deckt Personen- oder Sachschäden ab, für die z. B. der Eigentümer eines selbstgenutzten Einfamilienhauses oder einer Eigentumswohnung in Anspruch genommen wird. Versichert sind Privatpersonen gegen mögliche Haftpflichtgefahren des täglichen Lebens mit meist pauschalen Deckungssummen. → Hausbesitzerhaftpflicht.

Privatverkauf. Normalerweise besteht für eine Wohnimmobilie auch eine Nachfrage innerhalb eines relativ engumrissenen Einzugsgebietes. Es sollte daher stets versucht werden, diese Möglichkeiten voll auszuschöpfen (Beispiel Exposé an alle Mitbewohner eines Hauses, Nachbarn, nahegelegene Firmen, Schulen, Pfarrgemeinden).

Produktivkapitalanlage. Neben Einzahlungen auf einen Bausparvertrag können vermögenswirksame Leistungen nur noch als P. Verwendung finden. Trotz vieler Versuche, diese Anlageform breiteren Kreisen nahezubringen, ist die P. noch wenig verbreitet.

Programmkredit, standardisierte Kreditform, die mittels Vordruck bearbeitet wird. Die Kreditentscheidung kann ohne zusätzliche Ausarbeitungen vollzogen werden. Das Kreditangebot ist in bezug auf Kreditverwendung, Laufzeit, Zinssatz, Besicherung und Kreditnehmergruppe fest vorgeschrieben, die Kreditbearbeitung erfolgt nach speziellen Richtlinien. Im Baufinanzierungsbereich haben sich die Programmkredite weitgehend durchgesetzt. Mittlerweile sind die vielfältigen Programme jedoch weitgehend untereinander kombinierbar, einzelne Institute gehen wieder dazu über, nur noch ein Grundprogramm anzubieten, mit dem dann alle zusätzlichen Möglichkeiten gekoppelt werden können.

Progression, stufenförmige Steigerung der Steuerbelastung aufgrund des Einkommensteuertarifs von 19% (§ 32a Abs. 1 Nr. 2 EStG) auf 53% (§ 32a Abs. 1Nr. 4 EStG). Im Steuerrecht spricht man hier von den → Progressionsstufen. Die P. ist im Rahmen der Steuerreform 1990 stark abgeschwächt worden. Der frühere Progressionsbauch ist weitgehend abgebaut, der Anstieg ist jetzt relativ gleichmäßig.

Progressionsstufe. Die P. in der Einkommensteuer beginnt für Alleinstehende bei DM 8 100,– sowie für Verheiratete bei DM 16 200,– und endet bei

DM 120 000,– bzw. 240 000,–. Ausgangsbasis ist das zu versteuernde Einkommen. Im Kreditbereich und auch beim Verkauf von Anlagen aller Art wird gerne mit der Spitzensteuerbelastung gerechnet oder aufgezeigt, wie stark die letzten DM 1 000,– belastet sind. Dies sollte aus Vorsichtsgründen unterbleiben. Sicherer wäre die tatsächliche steuerliche Betrachtung unter Einbindung der Gesamtsituation oder zumindest die Anwendung von Durchschnittssteuerbelastungsquoten. → Ermittlung des Gesamtbetrages der Einkünfte.

progressionsunabhängiger Steuerabzugsbetrag, → Baukindergeld.

Progressionsvorbehalt *(§ 32 b EStG).* Wenn ein unbeschränkt Steuerpflichtiger Einkünfte hat, die an sich steuerfrei sind (z. B. Arbeitslosengeld, Kurzarbeitergeld, Schlechtwettergeld, Arbeitslosenhilfe), so ist für das zu versteuernde Einkommen ein besonderer Steuersatz anzuwenden. Der P. ist mittlerweile auf nahezu alle zusätzlichen, teils sozial belasteten Einkünfte (Krankengeld u. a.) ausgedehnt worden.

Prolongation, Verlängerung der Kreditfrist. Im Baufinanzierungsbereich wichtiges Teilgeschäft zur Bestandssicherung, speziell nach Hochzinsphasen.

Prospekthaftung *(§ 264 StGB, § 13 a UWG, § 4 UWG).* Beim Verkauf von Geldanlagen aller Art und steuersparenden Immobilienanlagen wird üblicherweise ein Prospekt aufgelegt, der alle wesentlichen rechtlichen und wirtschaftlichen Informationen enthalten muß, die für die Anlageentscheidung des Anlegers/Bauherrn von entscheidender Bedeutung sind. Drei Forderungen muß ein Prospekt erfüllen: Richtigkeit, Vollständigkeit, keine Irreführung. Der Initiator und der Prospektherausgeber haften für den Prospektinhalt. Daneben gibt es auch die Haftung des Anlageberaters für unrichtige oder unvollständige Angaben. Auch ein Treuhänder kann mithaften, wenn er an der Prospektgestaltung mitgewirkt hat. Eine P. kommt auch in Betracht für alle Personen oder Institutionen, die in die Gestaltung des Prospektes einbezogen sind, oder deren Mitwirkung und Namensnennung (z. B. der Bank oder Sparkasse) einen besonderen Vertrauenstatbestand schafft. Auch im Prospekt abgedruckte Erklärungen oder Briefe können diesen Eindruck erwecken. Prospekthaftungsfragen sind verbunden mit Schadenersatzforderungen bis hin zur vollständigen Rückabwicklung des Geschäftes.

Protokoll der Eigentümerversammlung *(§ 24 Abs. 6 Satz 1 WEG).* Über die in der → Eigentümerversammlung gefaßten Beschlüsse ist ein Protokoll zu erstellen. Dies kann in Form eines Ablaufprotokolls oder eines Ergebnispro-

tokolls erstellt werden. Es genügt ein Ergebnisprotokoll. Beim Ablaufprotokoll werden auch Meinungsäußerungen und Wortmeldungen während der Versammlung mit aufgezeichnet. Enthalten die Protokolle Fehler, kann der Eigentümer eine Berichtigung verlangen, wenn ein Rechtsschutzinteresse besteht.

Prozeßkostenhilfe *(§§ 114 ff. 569 u. a. ZPO § 1 (37.4; 57 a) ZVG),* früher als Armenhilfe bezeichnetes Rechtsinstrument, um sicherzustellen, daß auch Minderbemittelte nicht auf die Führung eines erfolgversprechenden Rechtsstreits verzichten müssen. Ein Antrag kann beim zuständigen Amtsgericht oder einem Anwalt gestellt werden. Diese Kostenübernahme wird vielfach als Indiz dafür angesehen, daß nach der Vorprüfung die späteren Prozeßaussichten als überdurchschnittlich bewertet werden.

Prozeßvollmacht *(§§ 81 ZPO; 1 (73) ZVG u. a.),* ermächtigt zu allen den Rechtsstreit betreffenden Prozeßhandlungen, einschließlich denjenigen, die durch Widerklage, eine Wiederaufnahme des Verfahrens und die Zwangsvollstreckung veranlaßt werden (z. B. Zwangsversteigerung). Auch für die Einstellung und Aufhebung eines Verfahrens ist eine P. erforderlich.

Q

Quellensteuer. Im Rahmen des Steuerreformgesetzes war ab 1. 1. 1989 eine Q. von 10% auf Kapitalerträge wirksam geworden. Nicht der angelegte Kapitalertrag, sondern die Zinsen, also die Erträge aus diesem Kapital unterlagen dieser Steuer. Besteuert wurden also die Zinsen direkt an der Quelle, d. h. es wurden 10% des Ertrages einbehalten und an das für das Geldinstitut zuständige Finanzamt anonym abgeführt. Da alle Zinseinkünfte ohnehin schon immer steuerpflichtig waren, bedeutete also diese Q. nur eine Vorauszahlung auf die tatsächlich zu erbringende Steuerschuld. Daher erteilte das abführende Institut über die Q. eine Anrechnungsbescheinigung, die dann Eingang in die anschließende Einkommensteuererklärung findet. Die Q. erfaßte Zinsen und Erträge von folgenden Anlageformen: Einlagen und Guthaben bei Kreditinstituten und Bausparkassen, festverzinslichen Wertpapieren inländischer Emittenten einschließlich Bundesobligationen, Bundesschatzbriefen und Finanzierungsschätzen; Investmentfonds mit Erträgen aus inländischen Geldanlagen; bestimmten Kapitallebensversicherungen. Ausgenommen von der Q. waren: das normale Sparkonto mit gesetzlicher Kündigungsfrist ohne Sonderzins; das persönliche Konto, das mit höchstens 0,5% p. a. verzinst wird; Bausparguthaben, wenn der Bausparer im Jahr der Zinsgutschrift eine Arbeitnehmersparzulage oder Wohnungsbauprämie erhält; Erträge aus Guthaben bei einem Kreditinstitut im Ausland; Erträge aus DM-Auslandsanleihen und Währungsanleihen von Emittenten mit Sitz und Geschäftsleitung im Ausland; Erträge aus in- und ausländischen Investmentfonds, soweit der Fonds sein Vermögen in Auslandsanleihen angelegt hat; Kapitalerträge, die pro Konto im Kalenderjahr 10 DM nicht übersteigen. Befreiung von der Q. war möglich, wenn eine → NV-Bescheinigung vorlag. Die Q. hatte auch Auswirkungen auf den Baufinanzierungsbereich. Hier ist zu erwähnen, daß bei den Bausparzinsen der Quellensteuerabzug ggf. die Wartezeit bis zur Zuteilung verlängerte. Auch Lebensversicherungsverträge, die zur Einmaltilgung von Baufinanzierungsdarlehen vorgesehen sind, unterlagen mit ihren außerrechnungsmäßigen Zinsen der 10%igen Q. Dadurch kann sich die Ablaufleistung ermäßigen. Die Größenordnung der Versicherungssumme ist daher zu überprüfen. Mit der Angabe von Eigenkapitalbeträgen in Kredit-

quotale Haftung

anträgen muß die Frage der Besteuerung der Zinserträge hieraus vorab abgeklärt sein.

Mit Wirkung vom 1.7.1989 ist die Q.-Berechnung wieder aufgehoben worden. Selbstverständlich bleiben durch diese Maßnahme Kapitaleinkünfte einkommensteuerpflichtig.

quotale Haftung. Bei der Kreditgewährung an Gesellschaften des Bürgerlichen Rechts (GBR) treten teilweise erhebliche Probleme haftungsrechtlicher Art sowie im Rahmen der Sicherheitsbestellung auf. Kredite für GBR, bei der neben dem Gesellschaftsvermögen die einzelnen Gesellschafter mit ihrem Privatvermögen für Verbindlichkeiten der Gesellschaft nur entsprechend ihrem Anteil an der Gesellschaft als Teilschuldner haften (= q. H.), erfordern eine genaue Prüfung. Je nach Institut werden dabei auch die Kontoführungsunterlage und der Darlehensvertrag unterschiedlich gestaltet werden müssen.

Quotennießbrauch. Auch wenn ein Grundstück mehreren Eigentümern gehört, ist jeder einzelne in der Lage, seinen Miteigentumsanteil mit einem Q. zu belasten. Ansonsten gelten alle Bestimmungen und Bedingungen des normalen → Nießbrauchs.

R

Räumungsklage (Kosten) *(§ 93 b ZPO).*
Wird einer Klage auf Räumung von
Wohnraum mit Rücksicht darauf statt-
gegeben, daß ein Verlangen des Beklag-
ten auf Fortsetzung des Mietverhältnisses auf Grund der §§ 556a, 556b des
BGB wegen der berechtigten Interessen
des Klägers nicht gerechtfertigt ist, so
kann das Gericht die Kosten ganz oder
teilweise dem Kläger auferlegen, wenn
der Beklagte die Fortsetzung des Mietverhältnisses unter Angabe von Gründen verlangt hatte.

Räumungsschutz. Unter bestimmten
Voraussetzungen können Mieter verlangen, daß die vorgesehene Räumung
einer Wohnung ausgesetzt wird. Dies
ist vor allem unter sozialen Gesichtspunkten relevant.

Räumungstitel. Außer einer gerichtlichen Räumungsklage mit einem vollstreckbaren Urteil als Titel kann auch
der Zuschlag in einem Zwangsversteigerungsverfahren benutzt werden, um
eine Zwangsräumung durchführen zu
lassen. In der Praxis hat es sich allerdings als zweckmäßig erwiesen, eine
Einigung mit dem Voreigentümer zu
suchen.

Rahmenplanung, Gesamtplanung für
ein innerstädtisches Stadtquartier, die
mehrere Maßnahmen sinnvoll koordi-
nieren soll, z. B.: Verbesserung von
Wohn- und Lebensbedingungen,
Schließung von Baulücken, Begrü-
nungs- und Verkehrsberuhigungsmaß-
nahmen, Wohnungsbestandssiche-
rungen, Durchmischung von Wohnen
und Gewerbe, Umweltschutz, soziale
Infrastruktur. Erreicht wird dies durch
ein Nutzungs- und ein Verkehrskon-
zept.

RAL-Zeichen RG 422, offiziell anerkann-
tes Gütezeichen für den Fertigbau in
Holztafelbauweise. Es wird von den dafür autorisierten Verbänden verliehen,
wenn die Einhaltung der gesetzlichen
Bestimmungen über die Gütesicherung
(gemäß der Ergänzung zu DIN 1052)
nachgewiesen wurde und eine kontinu-
ierliche Überwachung der Produktion
gewährleistet ist.

Rangänderung im Grundbuch *(§ 880
BGB).* Eine bestehende Rangfolge
kann nachträglich geändert werden.
Dies bedarf einer Einigung zwischen
den Berechtigten, der Zustimmung des
Grundstückseigentümers und der Eintragung in das Grundbuch.

rangbesseres Altenteil *(§ 44 ZVG).* Ein solches Recht bleibt von der Versteigerung unberührt und kommt als bestehenbleibendes Recht in das geringste Gebot. → rangschlechteres Altenteil.

Rangbestätigung, → Notarbestätigung.

Rangfolge *(§§ 11 und 12 ZVG).* Sind Ansprüche aus verschiedenen Rechten in derselben Klasse zu befriedigen, so ist für sie das → Rangverhältnis maßgebend, welches unter den Rechten besteht.

Rangklarstellungsverfahren *(§ 90ff. GBO).* Treten bei einer Eintragung ins Grundbuch, z. B. bei Umschreibungen oder Zwangsversteigerungen, Unklarheiten über die Rangverhältnisse auf, so kann von Amts wegen oder auf Antrag eines Beteiligten ein R. beantragt werden. Der Vermerk wird in das Grundbuch Abt. II eingetragen, bewirkt jedoch keine Verfügungsbeschränkung. Da das Rangverhältnis durch die Klarstellung geändert werden kann, ist bei einer Beleihung zweckmäßigerweise zunächst das Ergebnis des Verfahrens abzuwarten.

Rangklassen *(§ 10 ZVG).* Den verschiedenen Anspruchsarten werden einzelne R. zugeordnet. Die Rangfolge der Ansprüche, die in der gleichen R. eingeordnet sind, bestimmt sich nach § 11 ZVG. Grundsätzlich gilt in allen R. folgende Reihenfolge der Forderungen: 1. Kosten, 2. Zinsen, 3. Hauptanspruch. In dieser Reihenfolge werden Zahlungen verrechnet.

Rangordnung der Rechte *(§ 10 ZVG).* Rechte an einem Grundstück werden aufgrund ihrer jeweiligen → Rangklasse entsprechend befriedigt. Insgesamt sind neun Rangklassen und eine Rangklasse für Rang-Sonderfälle vorhanden.

rangschlechteres Altenteil *(§ 44 ZVG).* Ein dem betreibenden Gläubiger rangmäßig nachgehendes Altenteil bleibt außerhalb des geringsten Gebotes zunächst bestehen. Die Altersversorgung durch Gewährung des Altenteils soll grundsätzlich erhalten bleiben. Abweichungen siehe § 9 Abs. 2 ZVG. → rangbesseres Altenteil.

Rangstelle, → Rangverhältnis.

Rangverbesserung. Jeder nachrangige Gläubiger dürfte daran interessiert sein, möglichst schnell rangmäßig vorzurücken. Dies geschieht selbst bei Tilgung vorrangiger Rechte nicht automatisch. Der Gläubiger wächst nur dann in einen besseren Rang hinein, wenn er entweder den gesetzlichen → Löschungsanspruch oder die früher geltende → Löschungsvormerkung besitzt und sich die Rückgewährsansprüche in die freiwerdenden Rechte hat abtreten lassen.

Rangverhältnis im Grundbuch. Die zeitliche Reihenfolge des Einganges ist mit ausschlaggebend für die Reihenfolge im Grundbuch. Innerhalb einer Abteilung bestimmt die Reihenfolge des Eintrages das R. i. G. Innerhalb der Abteilungen wird die Rangfolge durch den

Eintragungstag bestimmt. Rechte mit gleichem Eintragungstag haben den Gleichrang. Eine Abweichung des Rangverhältnisses bedarf einer Eintragung ins Grundbuch (§ 879 BGB). → Rangvorbehalt, → Rangänderung, → Grundbuchrang.

Rangvermerk, → Rangvorbehalt.

Rangvorbehalt *(§ 881 BGB).* Der Eigentümer kann sich bei der Eintragung eines Rechts den Rang für ein später einzutragendes Recht vorbehalten. In der Praxis ist der R. durchaus gebräuchlich. Den Realkreditinstituten, die erststellige Hypothekendarlehen vergeben, wird verhältnismäßig häufig in Ausnutzung eines vorbehaltenen Ranges ein Grundpfandrecht bestellt. Bei der Bestellung von Grundpfandrechten für Institute, die nachrangige Hypothekendarlehen geben, wird ein R. für ein später noch einzutragendes erstrangiges Recht eingetragen. Dennoch ist der R. ein nicht leicht zu handhabendes Instrument. Auf nicht ausgenutzte Vorbehalte ist zu achten.

Rangvorbehaltsausnutzung. Die Ausnutzung eines evtl. bestehenden → Rangvorbehalts durch eine Zwangshypothek ist nicht möglich, da der Rangvorbehalt weder abtretbar noch pfändbar ist. Er ist kein selbständiges Recht, sondern nur ein untrennbarer Teil des Eigentumsrechts.

Ratentilgung, Tilgung in Raten, die sich aus gleichbleibendem Tilgungsanteil, aber abnehmenden Zinsanteil zusammensetzen.

Ratenvergleich, Form des privatrechtlichen Vergleichs. Steht dem Schuldner nicht eine ausreichende Geldsumme zum Angebot eines Vergleichs zur Verfügung, sind andererseits aber regelmäßige Einkünfte zu erwarten, die eine quotenmäßige Bedienung aller Gläubiger ermöglichen, so ist ein R. denkbar. Wirkungsvoll ist dies jedoch nur, wenn alle Gläubiger bezüglich ihrer Kosten- und Zinsberechnung eine einheitliche Linie einhalten. Es sollte daher versucht werden, in einem solchen Fall zu vereinbaren, daß zunächst nur die eigentlichen Schulden gezahlt werden und auf die Zinsen nach Einhaltung der Vereinbarung verzichtet wird.

raumbildender Ausbau, nachträgliche Umwidmung von vorhandenen, aber nicht wohnwirtschaftlich genutzten Räumen. Die Möglichkeiten sind vielfältig, schließen sie doch neben den normalen Baumaßnahmen z. B. Energiesparmaßnahmen für das gesamte Gebäude bzw. technisch verbesserte Grundversorgung für mehrere Wohneinheiten mit ein. Hierfür ist in der → HOAI eine ausführliche Leistungsbeschreibung enthalten, dort ist auch die Gebührenfrage geregelt.

Raumbuch (Baubuch), detaillierte Aufstellung der Objektbeschreibung, bildet die Grundlage für eine Leistungsbeschreibung mit Leistungsprogramm. Einheitliche Grundlage ist die DIN 276. → Baubuch.

Raumeigentum. Dieser Ausdruck hat sich eingebürgert als Oberbegriff für Wohnungs- und Teileigentum.

Raummeterpreise, zur vereinfachten Wertermittlung festgelegte Werte, die üblicherweise für Objekte angesetzt werden, die konventionell gebaut und nicht älter als zehn Jahre sind. Einteilung innerhalb sonst gleicher Kategorien in drei Ausstattungsmerkmale: normal, gut, überdurchschnittlich. Möglich ist auch die Bewertung mit R. auf der Basis von 1914. Diese werden dann mit dem jeweiligen → Baukostenindex hochgerechnet. Verfahren dann analog der Berechnung Feuerversicherungswert 1914.

durch eine Änderung dieser Bestimmungen speziell Dachgeschoßausbauten erleichtert. Dabei kann auch die bisher vorgeschriebene Mindesthöhe von 2,30 m unterschritten werden. Durch die verbesserte Ausnutzung eines Gebäudes können sich deutliche Wertveränderungen ergeben. Diese müßten bei einer Beleihung in einem Nachtragsgutachten Berücksichtigung finden. Ohnehin wäre es sinnvoll, auf derartige Möglichkeiten direkt hinzuweisen. Ein nachträglicher Dachausbau könnte auch für die erneute Nutzung von Steuervorteilen (§ 10e EStG) vorgenommen werden. Im Einzelfall müssen hier die Vor- und Nachteile sorgfältig abgewogen werden.

Raummeterpreise Stand: Dezember 1989

| Ortsklasse | ... einfacher bis normaler Ausstattung | Objekte mit ... | |
		... guter Ausstattung	... besonders komfortabler Ausstattung
1 = rein ländl. Gebiete	bis zu 280,–	bis zu 340,–	bis zu 370,–
2 = Städte bis 100 000 Einwohner	bis zu 325,–	bis zu 400,–	bis zu 430,–
3 = Ballungsräume/ Großstadt	bis zu 350,–	bis zu 435,–	bis zu 490,–

Höchstwerte (unverbindlich)

Raumreserve. Dem Ausbau eines Gebäudes sind durch die Baunutzungsverordnung enge Grenzen gesetzt. R. sind fast in jedem Gebäude im Dachgeschoß, im Keller und auf der Terrasse vorhanden. Ab Januar 1990 werden

RDM, Ring deutscher Makler. Zusammenschluß von führenden Immobilien- und Finanzmaklern.

Realkredit, ursprünglich Bezeichnung für einen durch Verpfändung einer Sache gesicherten Kredit. Nach heutiger Definition werden im allgemeinen unter R. nur gegen dingliche Sicherheit an Grundstücken, vor allem in Form von Grundschulden oder Hypotheken gewährte mittel- und langfristige Kredite verstanden, wobei wirtschaftlich entscheidend die Haftung des beliehenen Grundstücks ist, während die persönliche Zahlungsfähigkeit des Kreditnehmers dahinter an Bedeutung zurücksteht. Im Gegensatz dazu steht der → Personalkredit.

Realkreditbesicherung, → Sicherheitenzuordnung.

Realkreditgrenze. Nach dem HypbankG beträgt die R. 3/5 des Verkehrswertes bzw. des Beleihungswertes. Das entspricht also rd. 60% des Beleihungswertes. In diesem Bereich wird eine Grundschuld/Hypothek als werthaltig angesehen. → Sicherheitenwert.

Realkreditinstitute, Oberbegriff für alle öffentlichen und privaten Hypothekenbanken, die sich dem langfristigen Realkreditgeschäft verschrieben haben. Zur Finanzierung emittieren diese Institute → Pfandbriefe und Kommunalobligationen. Verzeichnis → Hypothekenbanken.

Reallast *(§ 1105 Abs. 1 BGB),* dingliche Belastung eines Grundstücks in der Weise, daß an den Berechtigten wiederkehrende Leistungen aus dem Grundstück zu entrichten sind. Die Leistungen können in Naturalien, Geld oder in Handlungen (Unterhaltung eines Gra-

bes, Lieferung von elektrischem Strom) bestehen. Sie können zeitlich unbeschränkt oder auf eine gewisse Zeit (z. B. Lebenszeit des Berechtigten) bestellt werden. Dem Umfang nach können sie fest bestimmt oder verschieden groß sein. Eintragung erfolgt in Abt. II des Grundbuches. Über einen erforderlichen Vorrang muß in jedem Einzelfall entschieden werden.

Realteilung. Auch bei Vorliegen eines wichtigen Grundes kann kein Wohnungseigentümer einseitig die Aufhebung der Gemeinschaft (also die R.) verlangen. Allerdings sind die Wohnungseigentümer als Gemeinschaft durchaus in der Lage, ihre Gemeinschaft durch eine neue Vereinbarung aufzuheben.

Realzins. Bei der Geldanlage spricht man vom R., wenn vom Zins für festverzinsliche Wertpapiere die aktuelle Inflationsrate abgezogen worden ist.

Rechtsanwaltsnotar, → Notarwesen.

Rechtsbehelfe gegen Steuerbescheide. Gegen alle Arten von Bescheiden kann Einspruch eingelegt werden, so auch gegen die üblichen Steuerbescheide (§ 348 AO). Die Rechtsbehelfsfrist beträgt stets einen Monat. Der Einspruch ist sowohl schriftlich als auch mündlich zu Protokoll möglich.

Rechtsschutzversicherung. Zum Absicherungspaket eines Hausbesitzers, evtl. auch des Bauherren, gehört eine R. Dabei muß ggf. die zusätzliche Absicherung von Kosten, die aus Rechtsstreitigkeiten rund um das Haus entstehen können, in einer Ergänzung vereinbart werden.

Rechte und Pflichten des Treuhänders beim Bauherrenmodell. Mit einer Generalklausel wird bestimmt, daß der Treuhänder alle Erklärungen abgeben und entgegennehmen kann und alle Maßnahmen treffen muß, um das Bauvorhaben zu vollenden. Damit wird den Unwägbarkeiten einer Gebäudeerrichtung Rechnung getragen. Der Treuhänder kann kraft des Vertrages seinerseits folgende Verträge schließen: Gesellschaftsvertrag, Grundstückskaufvertrag, Vertrag über die wirtschaftliche Baubetreuung, Vertrag mit einem Generalübernehmer/-unternehmer, Einzelverträge mit bestimmten Handwerkern, Finanzierungsvermittlungsvertrag, Darlehensverträge, Bürgschafts-Garantieverträge, Versicherungsverträge zur Baudurchführung, Begründung von Wohnungs- und Teileigentum, Vermietungsverträge, Mietgarantieverträge. Sonstige Rechtsgeschäfte: Erklärungen gegenüber dem Grundbuchamt, Bestellung von Grundschulden, Stellung des Bauantrages, Abtretung von Grundstücksteilflächen, Abgabe von Steuererklärungen, Mehrwertsteueroption, Auskunfterteilung und Rechnungslegung, Befreiung des Treuhänders von den Beschränkungen (§ 181 BGB, Kostenbeschränkung).

Rechtsanhängigkeitsvermerk *(§§ 265, 266 ZPO u. a.).* Schwebt ein Rechtsstreit zwischen Käufer und Verkäufer eines Grundstücks, so kann bis zur Klärung die Rechtsanhängigkeit im Grundbuch als Verfügungsbeschränkung (in Abt. II) eingetragen werden. Hierzu bedarf es einer einstweiligen Verfügung. Bis zur Klärung des Streites ist eine Beleihung kaum möglich.

Rechtspfleger *(§§ 1ff. RPflG).* Der R. nimmt die ihm durch dieses Gesetz übertragenen Aufgaben der Rechtspflege wahr. Mit den Aufgaben kann ein Beamter des Justizdienstes betraut werden, der einen Vorbereitungsdienst von drei Jahren abgeleistet und die Rechtspflegerprüfung bestanden hat. Auf Antrag kann auch betraut werden, wer die Befähigung zum Richteramt besitzt. Referendare können mit der zeitweiligen Wahrnehmung ebenfalls beauftragt werden. Zu den übertragenen Geschäften zählen u. a.

– Verfahren zur Abnahme eidesstattlicher Versicherungen in den Fällen der § 163 des Gesetzes über die Angelegenheiten der freiwilligen Gerichtsbarkeit, bei Untersuchung und Verwahrung von Sachen sowie beim Pfandverkauf nach den §§ 164 bis 166 des Gesetzes über die Angelegenheiten der freiwilligen Gerichtsbarkeit;

– Güterrechtsregistersachen im Sinne des §§ 1558 bis 1563 des BGB und der §§ 161 und 162 des Gesetzes über die Angelegenheiten der freiwilligen Gerichtsbarkeit;

– Grundbuchsachen, Schiffsregister- und Schiffsbauregistersachen sowie Sachen des Registers für Pfandrechte an Luftfahrzeugen;

– Verfahren nach dem Gesetz über die Zwangsversteigerung und die Zwangsverwaltung;
– Verteilungsverfahren, die außerhalb der Zwangsvollstreckung nach den Vorschriften der Zivilprozeßordnung über das Verteilungsverfahren durchzuführen sind;
– Verteilungsverfahren, die außerhalb der Zwangsversteigerung nach den für die Verteilung des Erlöses im Falle der Zwangsversteigerung geltenden Vorschriften durchzuführen sind.

Im Schriftverkehr hat der R. seiner Unterschrift das Wort ‚Rechtspfleger' beizufügen. §§ 33 ff. siehe Landesrechte.

Refinanzierung, Mittelbeschaffung eines Kreditinstitutes. Üblich ist, daß die Ausleihungen eines Kreditinstitutes kongruent (d. h. fristenübereinstimmend) refinanziert werden, wenn für die Kredite ein Festzinssatz vereinbart ist.

Regelsparbeitrag. Mit Vertragsabschluß verpflichtet sich der Bausparer, eine Sparleistung auch tatsächlich zu erbringen. Dafür wird ihm ein R. vorgegeben, der bei den einzelnen Instituten unterschiedlich ist (üblich etwa DM 4,– bis DM 5,– je DM 1000,– Bausparsumme monatlich). Sonderzahlungen sind allerdings jederzeit möglich. Der R. ist nicht immer der optimale Sparbeitrag.

Regelsparer, Bausparer, der genau die vereinbarten, der Vertragssumme entsprechenden Regelleistungen erbringt.

Regionalprinzip. Die Sparkassen haben als Träger des Zahlungsverkehrs, als Kapitalsammelstelle und Kreditgeber eine volkswirtschaftliche Funktion. Gewährsträger und damit Eigentümer der Sparkassen sind Städte, Kommunen, Landkreise u. ä. In den Satzungen sind daher normalerweise Beschränkungen der Tätigkeitsgebiete auf die jeweiligen Regionen festgeschrieben.

Reichsheimstätte, nach den Bestimmungen des Reichsheimstättengesetzes i. d. F. vom 25. 11. 1937 von Bund, Ländern, Gemeinden und Gemeindeverbänden oder anderen zugelassenen Ausgebern unter bestimmten Bindungen hinsichtlich Belastung, Nutzung und Veräußerung ausgegebenes Grundstück. Es besteht aus einem Einfamilienhaus mit Nutzgarten oder aus einem landwirtschaftlichen oder gärtnerischen Anwesen, zu dessen Bewirtschaftung eine Familie unter regelmäßigen Verhältnissen keiner ständigen fremden Arbeitskräfte bedarf (§ 1 RHG). Die Beleihung der R. ist mit gewissen Komplikationen versehen, da zu allen Grundstückshandlungen eine Zustimmung erforderlich ist. Auch Erbbaurechte können mit einer R. versehen werden. Löschung des → Reichsheimstättenvermerks.

Reichsheimstättenausgeber. Der Ausgeber ist die zentrale Rechtsfigur des gesamten Reichsheimstättenrechts. Ohne seine Mitwirkung kann keine Heimstätte begründet oder erworben werden. Die Bindungen des Reichsheimstätters sind die Rechte des Ausgebers.

Vorrechte des Heimstätters werden nur wirksam, wenn der Ausgeber seinen Pflichten ordnungsgemäß nachkommt. Das Reichsheimstättenrecht unterscheidet zwischen ‚geborenen‘ und ‚gekorenen‘ Ausgebern. Die geborenen Ausgeber werden durch das Gesetz selbst bestimmt. Daneben können unter bestimmten Voraussetzungen, die im Gesetz geregelt sind, weitere Ausgeber durch besonderen Verwaltungsakt zugelassen werden; diese bezeichnet man als gekorene Ausgeber.

Reichsheimstättengesetz (RHG). Das auch heute noch gültige RHG stammt aus dem Jahr 1937. Seit 1950 sind schätzungsweise mehr als 200000 Familienheime mit diesem Gesetz gefördert worden.

Reichsheimstättenvermerk. Es ist empfehlenswert, die Löschung eines R. vornehmen zu lassen, sobald dazu die Gelegenheit besteht. Üblich ist dies nach Ablösung der ursprünglichen Finanzierungsmittel, aber auch bei Erbschaft oder Umschreibung. Die Löschung geschieht durch formlosen Antrag an den Reichsheimstättenausgeber und ist oft nur mit geringem Kostenaufwand verbunden. Dies ist unerläßlich, um die Verwertbarkeit der Immobilie zu verbessern. Ohne Löschung ist die Finanzierung derartig belasteter Objekte schwierig.

Reichsheimstätter, Eigentümer einer → Reichsheimstätte.

Reichssiedlungsgesetz *(RSG vom 11. 8. 1919).* Bei einer Baufinanzierung ist ggf. das → Vorkaufsrecht nach dem RSG zu beachten.

Reichsversicherungsordnung (RVO). Wird in Verbindung mit einer Baufinanzierung und einer Objektbeleihung eine → Unfallrente kapitalisiert, so sind hierbei die Vorschriften der RVO zu beachten.

Reihenhäuser, vorwiegend durch Bauträger errichtete, kostengünstige Familienheime, die mit relativ kleinem Grundstücksanteil auskommen und dennoch den vollen Komfort eines eigenen Heimes bieten. Die Grundrisse sind weitgehend standardisiert.

reine Baukosten, → Baukosten.

reiner Bauwert. Unter Zugrundelegung des → umbauten Raumes wird durch Multiplikation mit einem nach Erfahrungswerten festgelegten → Raummeterpreis der r. B. ermittelt. Die verwendeten Raummeterpreise sind normalerweise nach Bauart, Ausführung und Ausstattung gestaffelt. Zudem werden unterschiedliche Lagekriterien (Ortsklassen) berücksichtigt.

Reinertrag. Der R. eines Immobils ergibt sich aus dem um die Bewirtschaftungskosten geminderten → Rohertrag.

Reinvestitionsrücklage *(§ 6b EStG),* Rücklage mit dem Ziel, den steuerlichen Gewinn zu mindern, um innerhalb eines vorgeschriebenen Zeitraumes daraus Ersatzinvestitionen vorzunehmen. → Rücklage nach § 6b EStG.

Reisegewerbe *(§ 56 I Nr. 6 GewO)*. Ein im. R. abgeschlossener oder vermittelter Darlehensvertrag ist gemäß § 134 BGB grundsätzlich nichtig. Der Paragraph dient zum Schutze unerfahrener und minderbemittelter Personen. Dies gilt in der Rechtsprechung auch für Finanzierungen im Zusammenhang mit dem Erwerb von Immoblien. Nach neuester Rechtsprechung kann der § 56 GewO von Kapitalanlegern, die sich an Immobilienanlagen (Bauherrenmodellen) beteiligen, nicht angewendet werden. Um alle Probleme auszuschalten, sollte stets eine persönliche Beratung mit dem Kreditnehmer gesucht werden. Dies ist insbesondere bei Vermittlungen zu beachten.

Nach der GewO dürfen außerhalb der Bank keine Darlehensgeschäfte abgeschlossen werden, wenn der Besuch nicht auf vorherige Bestellung erfolgt. Lediglich Darlehensgeschäfte in Verbindung mit dem Abschluß eines Bausparvertrages sind zulässig. Außerhalb der Bank abgeschlossene Verträge sind grundsätzlich mit einem einwöchigen Widerrufsrecht für den Kunden zu versehen; dies kann entfallen bei Bestellung durch den Kunden.

Reklameverbot *(§§ 1018 bis 1029 BGB)*, Verbot der Anbringung jeglicher Reklame. Für die Beleihung und Bewertung kann diese Dienstbarkeit außer acht bleiben.

relatives Veräußerungsverbot. Im Zwangsversteigerungsverfahren hat die → Beschlagnahme die Wirkung eines r. V.

Rendite, Ertrag, der insgesamt aus einer Investition erzielt wird. Im Immobilienbereich ist dies stets langfristig zu sehen. Steuerliche Aspekte spielen eine Hauptrolle. Die R. hängt allerdings in starkem Maße auch von den sich häufiger ändernden Marktgegebenheiten (z. B. Wohnungsnachfrage) ab.

Renten, setzen sich aus zwei Komponenten zusammen, nämlich dem Rentenstamm (angespartes Kapital) und dem Ertragsanteil (Verzinsung des Kapitals). Daher ist auch lediglich der → Ertragsanteil einer Besteuerung unterworfen. Typisches Merkmal von R. ist die periodische und gleichmäßige Wiederkehr von Zahlungen (→ wiederkehrende Bezüge), die auf einem Rechtsanspruch gründen. Je nach Laufzeit unterscheidet man → Leibrenten, abgekürzte Leibrenten und Zeitrenten.

Rentenabfindung, selten angewendete Möglichkeit zur Beschaffung von Eigenkapital im Wohnungsbau. Anstelle der bisherigen monatlichen Rente wird ein kapitalisierter Betrag im voraus gezahlt. Nur möglich, wenn damit die Gesamtversorgung nicht gefährdet ist.

Rentenbankgrundschuld, → Landwirtschaftliche Rentenbank.

Rentenbarwert, Kapitalwert einer lebenslänglichen Nutzung oder Leistung (Rente) im Jahreswert von einer Deutschen Mark. Zugrunde gelegt wird die aktuelle „Allgemeine Sterbetafel für die Bundesrepublik Deutschland". → Lebenserwartung, → Rentenbarwerttabelle.

Rentenbarwerttabelle *(Anlage 9 zu § 14 des BewG).* Es ist ein Zinssatz von 5,5% berücksichtigt. Wird die Rente auf Eheleute (Vertragstext z. B. „auf den längstlebenden Partner") gezahlt, wird der ungünstigere Faktor angewendet. Tabelle S. 355.

Rentenbasis *(§§ 433 bis 493 BGB).* Immobilien sind oftmals als Alterssicherung angeschafft worden und müssen z. B. sonstige Versorgungslücken schließen. Dann empfiehlt es sich, das Haus z. B. auf R. zu verkaufen. Dabei wird entweder nur eine monatliche Rente auf Lebenszeit (auch beider Ehepartner) vereinbart und/oder ein Teilbetrag sofort bezahlt und nur der Rest verrentet. Bei Beleihung muß die Vertragsgestaltung genau geprüft werden. Oftmals ist die Angelegenheit doppelt gesichert (Rentenrecht in Abt. II und Rentenschuld in Abt. III). Grunderwerbsteuer fällt an auf den kapitalisierten Wert der Rentenverpflichtung. Der Ertragsanteil der Rente ist für den Empfänger steuerpflichtig, für den Verpflichteten ist er eine voll abzugsfähige Sonderausgabe.

Rentengutsperrvermerk. Landwirtschaftliche Rentengüter gibt es nur in einigen Bundesländern. Diese seltene Form der schutzwürdigen Anwesen ist ggf. in Abt. II des Grundbuches gesichert.

Rentenreallast, → Reallast.

Rentenschuld *(§§ 1199 ff. BGB),* Sonderform der Grundschuld, da kein Kapital, sondern eine Rente aus einem Grundstück zu zahlen ist. Dabei wird eine Grundschuld in der Weise bestellt, daß in regelmäßig wiederkehrenden Terminen eine bestimmte Geldsumme aus dem Grundstück zu zahlen ist. Bei der Bestellung ist eine Ablösesumme im Grundbuch anzugeben. Das Recht zur Ablösung steht dem Eigentümer zu. Die R. kommt häufig vor bei Altenteilverträgen. → Altenteil.

Rentenstammrecht, selbständig nutzbares Recht bei allen Renten, welches getrennt bewertet werden kann.

Reparaturstau. Normalerweise sollte ein Immobil fortwährend unterhalten werden. Viele Altbauten werden jedoch nur kaum oder unzweckmäßig auf dem notwendigen Stand gehalten. Dadurch kommt es zu einem erheblichen R. Da die meisten Objekte nach dem Ertragswertverfahren bewertet sind und werden, ist bei der Kapitalisierung diesem Umstand ganz besonders Aufmerksamkeit zu schenken.

ressourcensparendes Bauen.
1) *Energiegewinnendes* Bauen, durch Windenergie-, Luft- und Erdwärmenutzung, Sonnenenergienutzung (aktive und passive Nutzung).
2) *Energiesparendes* Bauen, durch Wärmedämmung, Wärmespeicherung, Standortausnutzung.
3) *Materialsparendes* Bauen, durch Wiederverwendung von Brauchwasser, recyclierbare Materialien, Abfallmaterialien/-Produkte.

Kapitalwert einer lebenslänglichen Nutzung oder Leistung (Rente) im Jahreswert von 1 DM (nach Anl. 9 zu § 14 BewG)
In der Tabelle angewandter Zinssatz gem. § 13 BewG: 5,5%.

Vollendet. Le-bensalt. in Jahren	Männer	Frauen	Vollendet. Le-bensalt. in Jahren	Männer	Frauen
0	17,269	17,611	50	12,384	13,583
1	17,839	18,068	51	12,132	13,364
2	17,835	18,071	52	11,873	13,138
3	17,814	18,058	53	11,611	12,909
4	17,785	18,038	54	11,344	12,659
5	17,751	18,015	55	11,074	12,407
6	17,715	17,989	56	10,803	12,147
7	17,675	17,959	57	10,530	11,879
8	17,631	17,927	58	10,255	11,602
9	17,583	17,892	59	9,980	11,318
10	17,532	17,854	60	9,705	11,026
11	17,476	17,814	61	9,430	10,727
12	17,418	17,771	62	9,156	10,427
13	17,357	17,726	63	8,881	10,108
14	17,293	17,679	64	8,607	9,790
15	17,227	17,630	65	8,332	9,467
16	17,160	17,580	66	8,057	9,140
17	17,093	17,528	67	7,780	8,809
18	17,027	17,473	68	7,502	8,475
19	16,961	17,417	69	7,223	8,140
20	16,896	17,359	70	6,942	7,802
21	16,830	17,297	71	6,660	7,465
22	16,760	17,232	72	6,379	7,130
23	16,687	17,163	73	6,100	6,799
24	16,608	17,090	74	5,824	6,473
25	16,524	17,015	75	5,553	6,153
26	16,434	16,935	76	5,288	5,842
27	16,338	16,853	77	5,028	5,540
28	16,236	16,767	78	4,773	5,248
29	16,130	16,677	79	4,525	4,966
30	16,017	16,582	80	4,284	4,695
31	15,898	16,484	81	4,052	4,436
32	15,774	16,381	82	3,830	4,189
33	15,643	16,273	83	3,617	3,954
34	15,506	16,160	84	3,415	3,733
35	15,362	16,043	85	3,221	3,523
36	15,213	15,920	86	3,035	3,325
37	15,056	15,793	87	2,857	3,139
38	14,894	15,660	88	2,689	2,963
39	14,724	15,521	89	2,534	2,802
40	14,548	15,377	90	2,394	2,658
41	14,365	15,227	91	2,272	2,528
42	14,174	15,071	92	2,162	2,411
43	13,975	14,908	93	2,065	2,308
44	13,769	14,739	94	1,978	2,217
45	13,555	14,563	95	1,901	2,136
46	13,334	14,381	96	1,835	2,067
47	13,106	14,193	97	1,780	2,006
48	12,872	13,997	98	1,722	1,955
49	12,632	13,794	99	1,682	1,908
			100 und darüber	1,634	1,874

4) *Kapitalsparendes* Bauen, durch lokale Baustoffe, Fertigteile, vorgefertigte Bausätze, arbeitsintensive Verfahren, zeitliche Koordination.

Restkaufpreis-Darlehen, vielfach eine reine Verkaufshilfe. Das Beleihungsinstitut sollte deshalb genau prüfen, ob nicht hierdurch auch eine verdeckte Hilfestellung zur Finanzierung (keinerlei Eigenkapital – offensichtliche Ermäßigung des Beleihungsauslaufes) geleistet wurde. Die Bedingungen sind zu kontrollieren. Diese können die sonstige Finanzierung ggf. stark beeinträchtigen.

Restkredit, → Restschuld.

Restnutzungsdauer, restliche wirtschaftliche Nutzungsdauer, die bei ordnungsgemäßer Nutzung und Bewirtschaftung des Bauwerks noch erwartet werden kann. Bei ihrer Bemessung ist zu beachten, ob die baulichen Anlagen den allgemeinen Anforderungen an gesunde Wohn- und Arbeitsverhältnisse oder an die Sicherheit der auf dem betroffenen Grundstück und im umliegenden Gebiet wohnenden Menschen entsprechen. → Nutzungsdauer von Gebäuden/Gebäudeteilen.

Restrisiko. Kreditsicherheiten können nicht immer das gesamte Engagement und alle Eventualitäten abdecken, es verbleibt immer ein R., beispielsweise nicht vorhersehbare Entwicklungen, die die Leistungsfähigkeit eines Arbeit-/Kreditnehmers zukünftig negativ beeinflussen. Das R. wird speziell bei der langfristigen Baufinanzierung im Verlauf der Kreditdauer mehrfach wechseln.

Restschuld. Die Vergleichbarkeit von Konditionsangeboten ist über die anfängliche effektive Jahreszinsangabe nur teilweise möglich. Eine wesentlich bessere und aussagefähigere Vergleichsgröße ist die sog. R. Danach wird der Kreditbetrag ermittelt, der nach Ablauf einer bestimmten Anzahl von Tilgungsjahren noch bestehen wird. Durch einfachen Vergleich derartiger Restschuldbeträge ist daher die Auswertung von Konditionsangeboten erheblich vereinfacht.

Restschulden. Nach Durchführung von Zwangsversteigerungen verbleiben mittlerweile immer höhere R. bei den früheren Immobilienbesitzern. Damit verbunden ist folgerichtig auch der Verlust des gesamten eingesetzten Eigenkapitals, die u. a. dazu geführt hat, daß seitens der staatlichen Stellen (Bundesländeraktivitäten) bereits Hilfsprogramme installiert wurden. Bis etwa 1980 reichten die Versteigerungserlöse meist aus, die gesamten Finanzierungsbelastungen aufzufangen.

Restschuldversicherung, Sonderform einer Lebens- und/oder Krankenversicherung im Finanzierungsbereich (zusätzlich angebotene Absicherungsmöglichkeit). Mit der Kredittilgung fällt die Versicherungssumme entsprechend. Für Bauspardarlehen praktisch alternativlos vorgeschrieben.

Restwertabschreibung. Nach Ablauf der erhöhten AfA nach § 7 b EStG kann der verbleibende Restwert (= evtl. 60% der seinerzeitigen Bemessungsgrundlage) mit 2,5% linear abgeschrieben werden. Voraussetzung ist, daß die Immobilie ganz oder teilweise fremdvermietet ist. *Beispiel:* Vermietetes EFH, Baujahr 1982, Gebäudekosten 200000,– § 7 b AfA 1982 bis 1989 jeweils 5% aus 200000,– = DM 10000,– p. a. Ab 1990 R., die sich errechnet aus der ursprünglichen Bemessungsgrundlage von DM 200000,– . /. § 7 b AfA (8 × 10000,–) 80000,– = Restwert 120000,–. Daraus ergibt sich eine R. von 2,5% p. a. oder DM 3000,– für 40 Jahre.

revolvierende Zwischenfinanzierung. Ein Gesamtdarlehen wird in Teilbeträgen jeweils bis zum Erreichen eines bestimmten Bautenstandes zwischenfinanziert. Dabei lebt der Zwischenkredit anschließend bis zur Restauszahlung des Endfinanzierers immer wieder neu auf. Diese Finanzierung erfordert fachmännische Kontrolle. Sowohl die Kreditwürdigkeitsprüfung des Endfinanzierers als auch die Bautenstandskontrolle müssen nachvollzogen werden. Wegen der teilweise relativ geringen Kredithöhe werden bei dieser Finanzierungsform oftmals Kompetenzregelungen umgangen.

Rezession, Konjunkturschwäche, genauer: der wahrscheinliche Tiefpunkt in einer Abschwungbewegung. Daher ist auch nicht genau zu bestimmen, ob der Immobilienmarkt mittlerweile die letzte R. bereits überwunden hat.

Reziprozitätsvereinbarung, wechselseitige Geschäftszuführungsvereinbarung zwischen Finanzierungsgruppen im Baufinanzierungsbereich. Beispiel: Bausparkasse und Hypothekenbank, Versicherung und Geschäftsbank etc.

Richternotar, → Notarwesen.

Richtwertauskünfte. Nach den §§ 192 bis 199 BauGB bestehen überall Gutachterausschüsse. Diese verfügen über eine Kaufpreissammlung und sind dadurch in der Lage, auch sog. R. zu erteilen.

Richtwerte. Nach § 143 BauGB sind von der Geschäftsstelle des Gutachterausschusses Kaufpreissammlungen zu führen. Die Ausschüsse ermitteln hieraus durchschnittliche Lagewerte (R.), die in regelmäßigen Abständen ortsüblich bekanntgegeben werden. Jedermann kann von dieser Geschäftsstelle Auskunft über die R. verlangen. Die R. sind bei der Ermittlung des Bodenwertes heranzuziehen und zu würdigen. Wichtig für die bankinternen Bewertungen ist, daß die R. nur Anwendung finden, wenn gleichzeitig auf das zu bewertende Grundstück die in den Erläuterungen der → Richtwertkarte genannten Eckdaten zutreffen: GFZ, Grundstücksgröße, Bebauungsmöglichkeit, Zahl der Vollgeschoße, Grundstücksform und -zuschnitt etc.

Richtwertkarte. Beispiel für die richtige Nutzung einer Richtwertkarte. Gesucht wird Grundstückswert:

Richtwertkarte

Lage: Köln-Weidenpesch

Größe: 580 m² groß, 14 m Straßenfront, voll erschlossen.

Lösung:

Unter Hinzuziehung der Grundstückseigenschaften (Ziffern/Skizze) ist mit lfd. Nr. 102 ein Vergleichswert vorhanden. Daher können 280,– DM pro m² als Richtwert angenommen werden.

Eigenschaften der Richtwertgrundstücke:

Baugrundstücke für Eigenheime

lfd. Nr.	Front m	Tiefe m	Größe m²	Geschoßz.	Bauweise	GFZ ca.
101	15	50	750	I/II	Kleinsiedlung	
102	15	40	600	I/II	freistehend	0,3
103	–	–	800 – 1000	I/II	freistehend	
104	12	35	420	II	einseitig offen	0,4
105	8	35	280	II	geschlossen	0,6
106	5	30	150	II	geschlossen	0,8
107	–	–	300	I	Atrium	
108	–	–	500	I	Atrium	
109	–	–	400	I	Atrium	
110	–	–	< 1300	I/II	freistehend	
111	–	–	> 1300	I/II	freistehend	

Baugrundstücke für den Geschoßwohnungsbau

lfd. Nr.	Front m	Tiefe m	Größe m²	Art der baul. Nutzung	Geschoßz.	Bauweise	GFZ	Bautiefe m
21	10	30	300	M	III		geschlossen	1,2	12
22	10	30	300	G	III		geschlossen	1,5	12
23	10	30	300	M	IV		geschlossen	1,7	13
24	10	30	300	G	IV		geschlossen	2,0	13
25	10	30	300	G	IV a D	geschlossen	2,4	13
26	10	30	300	G	V a D	geschlossen	2,8	13
27	10	30	300	M	III a D	geschlossen	1,5	12

Hinweis: = Etwaige Altlasten i. S. von § 9 (5) Nr. 3 BauGB sind in den Richtwerten nicht berücksichtigt.

GFZ = Verhältnis der bebauten Geschoßfläche: Grundstücksfläche; in der GFZ sind auch die wertrelevanten Geschoßflächen, die im Bauordnungsrecht außer Ansatz bleiben, berücksichtigt.

M = Mietwohnhäuser
G = gemischt genutzte Bauten
120 = Wertangabe erschließungsbeitragsfrei
(90) = Wertangabe erschließungsbeitragspflichtig

Risikobewußtsein, durch Ausbildung, Erfahrung im Umgang mit Kunden und Umsetzung von Kreditwünschen innerhalb eines Finanzierungsinstituts entstandene Bereitschaft, einerseits Kredite aktiv zu verkaufen, andererseits aber feste Grundregeln zu beachten und mit wachem Auge mögliche Risiken einzuschätzen und auch die Nutzanwendung aus der Analyse von Insolvenzprotokollen zu ziehen.

Risikofrüherkennung. Der R. kommt im Baufinanzierungsbereich eine gewichtige Rolle zu. Wegen der relativen Höhe der Verschuldung können schon kurzzeitige Störungen Rückstände verursachen, die später nur schwer aufzuholen sind. Die Banken sind gefordert, frühzeitig Probleme zu erkennen und Hilfestellung zu bieten.

Risikolebensversicherung, reine Todesfallrisikoversicherung, die oftmals als Zusatzsicherheit, besonders für den → Personalkreditteil von Baufinanzierungen, dient. Mit der Bereitstellung eines Bauspardarlehens ist der Abschluß einer R. verbunden. Eine Befreiung ist nur dann möglich, wenn zum Zeitpunkt der Darlehensgewährung eine ausreichende Lebensversicherung in Höhe des Bauspardarlehens besteht. Versichert ist jeweils nur der Darlehensrestbetrag, also sind die Versicherungsleistung und auch der Beitrag fallend. Durch Gruppenversicherung sind die Verträge sehr günstig.

Risikopolster. Die ‚klassische' Baufinanzierung ging von 2/3 Fremdkapital und 1/3 Eigenkapital aus. Diese hohe Eigenbeteiligung stellte sowohl für den

Risikopotential

Bauherren/Hauskäufer als auch das Finanzierungsinstitut ein gutes R. dar. Nach und nach hat die (positive) Immobilienpreisentwicklung und die (inflationäre) Steigerung der Einkommen die R.-Funktion übernommen. Der Anteil des Fremdkapitals ist immer höher geworden. Ein R. ist kaum noch vorhanden, bei niedrigen Tilgungsbeträgen wächst zudem nur sehr langsam ein R. an.

Risikopotential. Aufgrund vieler Erfahrungswerte enthalten diverse Immobilienanlagen ein erhöhtes R. Dies sollten der Investor und der Finanzierer kritisch prüfen. Hierzu zählen: Bauherren- und Erwerbermodelle, Hotelappartements, Studentenappartements, Time-sharing-Objekte, Ferienwohnungen, Seniorenwohnheime, Alten- und Pflegeheime.

Risikoraster, von Kreditinstituten zur vereinfachten Kreditbearbeitung entwickelter Fragebogen zur Bewertung des Risikos. Meist aufgeteilt für Firmenkundenkredite und wirtschaftlich selbständige Privatpersonen/Mittelstand.

Risikostreuung, → Fristenkombination, wird in der Baufinanzierung angewendet, um die nicht vorhersehbare Zinsentwicklung zu überbrücken und auszugleichen. Bei einer → Zinsanpassung wird nur ein Teilbetrag fällig. Damit wird die Wahrscheinlichkeit, daß eine Konditionsanpassung für die Gesamtfinanzierung in eine Hochzinsphase fällt, wesentlich geringer.

Risikoüberschuß. Prämienzahlungen bei Lebensversicherungen werden auch durch die rechnerischen Todesfälle nach der amtlichen Sterbetafel bestimmt. Bedingt durch eine real deutlich niedrigere Sterblichkeit gegenüber dieser Grundlage fällt bei fast allen Gesellschaften ein R. an, der die Gesamtversicherungsleistung erhöht.

Rohbau, der aus Mauerwerk, Decken und Dach bestehende konstruktive Teil des Hauses. Die Kosten betragen durchschnittlich ein Drittel der Gesamtkosten und werden vielfach im Verhältnis zu dem Ausbau überschätzt.

Rohbauabnahme. Nach Vollendung der tragenden Teile, der Schornsteine, Brandwände, Treppen und der Dachkonstruktion erfolgt von der Baubehörde auf Antrag des Bauherrn eine Prüfung, ob die ausgeführten Bauarbeiten den genehmigten Plänen, den Bauvorschriften und den Bedingungen des Genehmigungsbescheides entsprechen. Evtl. Auflagen werden gleichfalls überprüft. Die einzelnen Länderbauordnungen sind bei der Abgrenzung der Voraussetzungen für die R. unterschiedlich. Über die Abnahme wird ein Protokoll erstellt, der → Rohbauabnahmeschein.

Rohbauabnahmeschein, amtliches Protokoll über die Prüfung des Rohbaus und bestimmter Anlagen oder Gebäudeteile. In vielen Bundesländern wird mit der → Rohbauabnahme auch die ordnungsgemäße Gebäudeeinmessung bestätigt. Für den Baufinanzierer wichtiges Kontrollinstrument über den Stand des Bauvorhabens und die bautechnisch ordnungsgemäße Durchführung.

Rohbauland, Bauland lt. Bebauungsplan, welches noch nicht erschlossen, aber zur Erschließung vorbereitet ist.

Rohertrag *(§ 10 WertVO, § 17 WertVO 1988),* umfaßt alle nachhaltig erzielbaren Einnahmen aus dem Grundstück unter Beachtung der zulässigen Nutzung sowie der allgemein gültigen Anforderungen an Wohn- und Arbeitsverhältnisse. Dazu gehören insbesondere Mieten, Pachten und sonstige Leistungen der Mieter.

Rückauflassungsvormerkung, → Auflassungsvormerkung. Eine Eintragung der R. kommt oft in Verbindung mit der Bebauung von Grundstücken der Städte und Gemeinden unter bestimmten Voraussetzungen vor, z.B. Erstellung einer Mindestwohnflächenzahl oder Bebauung nur für gewerbliche Nutzung. Wird eine solche Auflage nicht eingehalten, so hat der frühere Eigentümer einen Anspruch auf Rückauflassung. Bei Beleihung muß der Vorrang erreicht werden. Dies ist bei Behörden jedoch nicht immer durchsetzbar. Wird trotzdem finanziert, ist eine strenge Überwachung der Auflagen erforderlich, damit nach der Abnahme eine Löschung der R. sichergestellt ist.

Rückbau. Bei großen Trabantenstädten, den dort teilweise herrschenden Problemen und übergroßen Wohneinheiten

wird anstelle von Abriß oft von R. gesprochen. Nach Ansicht anderer Fachleute befindet sich aber gerade in diesen Großsiedlungen ein derart wichtiger Teil des Mietwohnungsbestandes, daß dieser auch unter sozialpolitischen Gesichtspunkten seine Bedeutung behalten wird.

Rückerstattungsvermerk *(Gesetz Nr. 59 der Rückerstattungsgesetze der Militärregierung),* Rückerstattungen im Zusammenhang mit dem Wiedergutmachungsamt. Der Vermerk wird in Abt. II des Grundbuches eingetragen. Er gleicht einer von Amts wegen eingetragenen Vormerkung. Er sperrt jedoch nicht das Grundbuch. Gutgläubiger Erwerb ist nicht möglich. Während der Dauer des Rückerstattungsverfahrens ist eine Beleihung des Grundstückes nicht möglich.

Rückgewährungsanspruch *(§§ 873, 1168, 1192, 875, 1183, 1992 BGB).* Durch Tilgung der persönlichen Forderung wird ein R. für den Eigentümer begründet. Dieser Anspruch geht nach Wahl der Berechtigten auf Rückübertragung des Rechts, auf Verzicht auf das Recht oder auf Löschung. Der Anspruch ist abtretungsberechtigt und pfändbar. Da das Recht bestimmbar ist, kann es bereits bei der Bestellung der Grundschuld abgetreten werden. Dies ist übliche Praxis der Kreditinstitute.

Rückkaufrecht, → Wiederkaufsrecht.

Rückkaufsverpflichtung, Möglichkeit, den Verkäufer zu verpflichten, die verkaufte Immobilie unter gewissen Voraussetzungen zurückzunehmen. Erfolgt diese Einigung nach Erklärung der → Auflassung, so bedarf dieser Vertrag für die Wirksamkeit der notariellen Beurkundung, da hierdurch die selbständige Erwerbsverpflichtung des Verkäufers entsteht.

Rückkaufswert, bei Beleihung von Lebensversicherungspolicen Obergrenze des Kredits. Der R. entsteht bei → Kapitallebensversicherungen durch rentierliche Ansammlung von Prämien abzüglich Risiko- und Verwaltungskosten. Ist kein aktueller, von der Gesellschaft bestätigter Wert bekannt, dient als Faustregel (wie auch im Bewertungsgesetz): 2/3 der eingezahlten Prämien.

Rücklagen, → Instandhaltungsrücklagen.

Rücklage nach § 6 b EStG. Steuerpflichtige, die Grund und Boden und Gebäude veräußern, können im Wirtschaftsjahr der Veräußerung einen Betrag bis zur vollen Höhe des bei der Veräußerung entstandenen Gewinns abziehen bzw. eine den steuerlichen Gewinn mindernde Rücklage bilden. Gewinn ist der Betrag, um den der Veräußerungsgewinn nach Abzug der Veräußerungskosten den Buchwert übersteigt, mit dem das veräußerte Wirtschaftsgut im Zeitpunkt der Veräußerung anzusetzen wäre. Bis zur Höhe der Rücklage können in den folgenden zwei Wirtschaftsjahren genau bezeichnete (Ersatz-)Wirt-

schaftsgüter angeschafft oder hergestellt und dort der Abzug vorgenommen werden. Die Frist von zwei Jahren verlängert sich bei Gebäuden auf vier Jahre, wenn mit der Herstellung vor Schluß des zweiten, auf die Bildung der Rücklage folgenden Wirtschaftsjahres begonnen worden ist. Wichtige Grundvoraussetzung für die Ausnutzung dieser steuerlichen Gestaltungsmöglichkeit ist die Gewinnermittlung nach § 4 Abs. 1 oder § 5 EStG, außerdem muß der Grund und Boden und das Gebäude mindestens sechs Jahre zum Anlagevermögen einer inländischen Betriebsstätte gehört haben.

Rücktrittsrecht bei unwahrer und zur Irreführung geeigneter Werbung. Nach § 13a UWG kann jeder Anleger z. B. an einem Fonds oder einer Bauherrengemeinschaft innerhalb eines halben Jahres bei für die Anlageentscheidung bedeutsamen Prospektfehlern und/ oder Prospektlücken seine Zeichnung stornieren und sein Geld vollständig zurückfordern. → Prospekthaftung.

Rücktritt vom Darlehens-Kreditvertrag, einseitige Erklärung des Kreditinstitutes zur Aufhebung eines noch nicht ausgezahlten Darlehens-Kreditvertrages. Ein Rücktritt erfolgt, wenn z. B. nachträglich Informationen bekannt werden, die eine Kreditauszahlung nicht mehr rechtfertigen oder wenn abzusehen ist, daß die Auszahlungsvoraussetzungen nicht erfüllt werden können. Der Rücktritt geht einher mit einer Kostenersatzforderung (→ Nichtabnahmeentschädigung).

Rückübertragungsansprüche, stehen dem Grundstückseigentümer für freie Grundschuldteile zu. Aus diesem Grund lassen sich nachrangige Kreditgeber diese R. gegen vorrangige Gläubiger vom Grundstückseigentümer abtreten und zeigen dies auch an. → Rückgewährungsanspruch.

Rückvergütung (Lebensversicherung). Bei Kündigung eines Versicherungsvertrages erhält der Versicherungsnehmer nur die R. erstattet. Darin eingeschlossen sind die bis dahin angefallenen Überschußbeteiligungen. Die R. ist keineswegs identisch mit den eingezahlten Beträgen, denn die bei Vertragsabschluß anfallenden Kosten (Provisionen des Außendienstes, Einrichtung des Vertrages) beanspruchen einen erheblichen Teil des Beitrages. Zudem ist noch ein bestimmter Teil für den Risikoschutz benötigt worden. Vorteilhaft sind bei vorzeitiger Kündigung Vertragsformen, die eine niedrigere Abschlußprovision bei Versicherungsbeginn in Rechnung stellen.

Rückzahlung. Die R. von Wohnbaudarlehen durch normale Tilgung erfolgt über einen relativ langen Zeitraum. Wesentlich häufiger sind vorzeitige Ablösungen aus Tilgungsersatzmitteln, wie fälligen Lebensversicherungen, Bausparverträgen etc. → Vorfälligkeitsentschädigung.

Ruhezeiten *(§ 242 BGB).* Mit Lärm verbundene Bauarbeiten dürfen weder sonn- und feiertags noch werktags zwischen 20 Uhr und 7 Uhr sowie zwischen 13 Uhr und 15 Uhr ausgeführt werden. AG Hamburg, Urteil vom 6. 1. 1986 45 C 819/85.

Rundlaufverfahren *(§ 23 Abs. 3 WEG),* → Eigentümerbeschlüsse.

S

Sachverständigengutachten. Bei größeren Beleihungen, insbesondere aber Beleihungen von gewerblichen Objekten und Altbauten, empfiehlt sich ein S. Auch im Bereich der Zwangsversteigerungen werden fast ausschließlich Bewertungen von vereidigten Sachverständigen akzeptiert. Dennoch ist auch hierbei eine abschließende Überprüfung durch die kreditgebende Stelle ratsam, mit dem Ziel, den → Beleihungswert festzulegen.

Sachwert, Summe aus → Bodenwert und → Bauwert. Bei selbstgenutzten Immobilien unter Würdigung der Gesamtsituation üblicher Anhaltswert zur Beleihungswertfestsetzung. → Sachwertverfahren.

Sachwertanlagen, Aktien, Immobilienzertifikate, Edelmetalle, Grundstücke und Gebäude. Im Vordergrund der Entscheidung für S. stehen weniger sofortige Renditeüberlegungen als mögliche Wachstumschancen (Aktien) und der Werterhalt (Immobilien). Die Rendite steht im allgemeinen nicht einmal fest. Der Wert unterliegt Schwankungen und wird bestimmt von Angebot und Nachfrage.

Sachwertverfahren *(§ 15 WertVO, §§ 83–90 BewG, §§ 21–25 WertVO 1988),* üblicherweise nur auf den Gebäudeteil angewendet. Dabei sind die Herstellungskosten des Gebäudes sowie die Außenanlagen und die Nebenkosten unter Berücksichtigung der technischen und wirtschaftlichen Wertminderung zu würdigen.

Salzabbaugerechtigkeit, Grunddienstbarkeit in Abt. II des Grundbuches. Ist noch in Gegenden zu finden, in denen Salzbergwerke betrieben wurden oder noch werden.

Sanierung *(§§ 3ff. StBauFG, jetzt BauGB).* Eine Vielzahl von Vorschriften regelt die S. der Städte mit diversen Förderungsmaßnahmen. S. bedeutet aber auch Eingriff in die persönlichen Rechte der Grundstückseigentümer. → Sanierungsvermerk.

Sanierungsberater. Viele Kreditinstitute sind mittlerweile dazu übergegangen, ihren Kunden zu helfen, die infolge von unverschuldeten Notlagen Gefahr laufen, ihr Wohneigentum zu verlieren. Der S. unternimmt alle Versuche, die Finanzierung durch mannigfaltige Hilfestellungen sicherzustellen. Die Palette reicht von der Umstellung der Finanzierungslaufzeiten, der Tilgung, der Unterstützung bei der Inanspruchnahme öffentlicher Förderung (Steuerfreibeträge, Wohngeld, Wohnungseigentumssicherungshilfe) bis hin zu Umschuldungen, Zusammenfassung von Krediten und Zugeständnissen bei den Konditionen.

Sanierungsträger *(§ 18 Abs. 10, §§ 33 ff. StBauFG und §§ 157 bis 161 BauGB).* Es kann erforderlich werden, bei einem Sanierungsverfahren Grundstücke anzukaufen oder über Enteignung in den Bestand zu nehmen. Hierfür werden auf regionaler Ebene S. tätig. Das einer Gemeinde zustehende Grunderwerbsrecht kann diese auch zugunsten eines S. ausüben. Die Gemeinde haftet jedoch für die Verpflichtungen aus der Ausübung neben dem S. als Gesamtschuldner. In Nordrhein-Westfalen ist vor allem die Landesentwicklungsgesellschaft (LEG) als S. tätig. Auch andere Bundesländer haben derartige Gesellschaften gegründet.

Sanierungsmaßnahmen, → Sanierungsvermerk.

Sanierungsvermerk *(§ 1 Abs. 2 St.-BauFG, § 143 (4), 151 BauGB).* Im S. sind alle Maßnahmen verzeichnet, durch die ein Gebiet zur Behebung städtebaulicher Mißstände − Neubau, Modernisierung, Umgestaltung − verbessert wird. Die Maßnahmen müssen im öffentlichen Interesse liegen. Die Gemeinde muß das Gebiet durch förmlichen Beschluß festlegen. Es erfolgt

Mitteilung an das Grundbuchamt, welches alle Grundstücke mit dem Vermerk belastet. Der Vermerk wird von Amts wegen eingetragen. Danach bedürfen Verkäufe und Bestellungen von Grundpfandrechten der vorherigen Genehmigung der Gemeinde. Grundstücke sind schon wegen der genannten Verfügungssperre ohne Zustimmung der Gemeinde nicht beleihbar.

Sanierungstreuhänder. Für die Ausführung der Sanierungsarbeiten und/oder deren Überwachung (Treuhandtätigkeit) kann eine Gesellschaft beschäftigt werden. Auch diese Funktion nimmt in Nordrhein-Westfalen oftmals die Landesentwicklungsgesellschaft Nordrhein-Westfalen für Städtebau, Wohnungswesen und Agrarordnung GmbH (LEG) wahr.

Sanitärinstallation, Baugewerk, bestehend aus dem Verlegen, Montieren und Anschließen von Ver- und Entsorgungsleitungen, der dazugehörigen zentralen Einrichtungen, Geräte und Gegenstände.

Sanitärräume, dienen der Körperpflege i. w. S. (Baden, Duschen, Waschen, WC, Aufbewahrung von Wäsche u. a.). Die DIN 18022 gibt die WC-Mindestgröße mit 1,5 m², die Größe für ein Bad ohne WC mit 4,0 m² und für ein Bad mit WC mit 5,0 m² an. Weiterhin fordert sie für Wohnungen, die für mehr als fünf Personen bestimmt sind, die Trennung von Bad und WC und empfiehlt die Vervollständigung durch eine Brausewanne. Für die Nutzung des

Bades zum Wäschewaschen sind Stellflächen und Anschlüsse für eine Waschmaschine vorzusehen.

Satteldach, häufig anzutreffende Dachform mit zwei gegeneinander geneigten Dachflächen, die von den Traufseiten ansteigend in einer bestimmten Dachneigung im First zusammentreffen. Die Dachneigung entscheidet meist darüber, ob das Dachgeschoß ausbaufähig ist.

Schadenersatz. Schadenersatzansprüche werden zwar oft pauschal festgelegt, aber durch die Allgemeinen Geschäftsbedingungen (AGB) wird vielfach versucht, das Schadenersatzrecht einzuschränken, oder die Möglichkeit verbaut, aus diesen Gründen vom Vertrag zurückzutreten.

Schätzkosten, → Taxkosten.

Schätzung, grobe, überschlägige, auf Erfahrung beruhende Festlegung des Wertes einer Sache (z. B. Immobil).

Schalldämmung (Schallschutz). Man unterscheidet zwischen den Maßnahmen zur Luftschalleindämmung, Trittschalleindämmung, Körperschallverhinderung. Die Schallschutzmaßnahmen erfolgen nach gängigen DIN-Vorschriften, die sich den ständig neuen technischen Entwicklungen anpassen. Fehlerhafte S. ist ein später kaum noch zu behebender Baumangel. Bei Veräußerung von Altbauten zur Aufteilung zu beachten. Teilungserklärung wird

versagt, wenn die S. heutigem Standard nicht entspricht.

Schaufelschlagrecht (*§§ 1018 bis 1029 BGB),* normalerweise ohne Bedeutung für Beleihung.

Scheingeschäft (*§ 117 BGB)* Grundstücksgeschäft unter Angabe eines geringeren als des vereinbarten Preises mit der Folge, daß das beurkundete Geschäft als S. nichtig ist. Es ist auch keine Heilung möglich, wenn der Vertrag einer behördlichen Genehmigung bedarf und nur der beurkundete, nicht der verdeckte Vertrag genehmigt ist. → Unterverbriefung.

Schenkung, → Grundstücksübergabe.

Schenkungsteuer. Schenkungen unter Lebenden sind nach § 1 ErbStG steuerpflichtig. Die Steuer wird berechnet nach der Höhe der Bereicherung des Erwerbers. Für den Bereich der Immobilien ist die Bereicherung auf der Grundlage von 140% des maßgebenden Einheitswertes anzusetzen. Möglicherweise vorhandene Belastungen ermäßigen den steuerlichen Wert teilweise so stark, daß sich sogar ein ‚Minusvermögen' ergeben kann. Dies bedeutet eindeutig steuerliche Präferenzen für die Immobilie gegenüber Geldvermögen oder Wertpapierbesitz. Freibeträge sind zu berücksichtigen. → Erbschaftsteuer.

Schlichtungsstellen. Die Führung von Prozessen kostet Geld, Zeit und Nerven, die Gerichte sind überlastet. Daher kommt den Schlichtungsverfahren mit dem Ziel, eine außergerichtliche Streitbeilegung zu erreichen, eine hohe Bedeutung zu. Gerade im Baubereich führen die vielen Verträge, beteiligten Firmen, Handwerker, Mängelrügen etc. zu einer Vielzahl von Streitigkeiten. Als S. sind hier vielfach die Handwerkskammern oder die Architektenkammern tätig. Die Bau-S. sind vom Justizminister in NRW z. B. als Gütestellen im Sinne des § 794 ZPO anerkannt, d. h., aus einem abgeschlossenen Vergleich kann die Zwangsvollstreckung genauso betrieben werden wie aus einem vor Gericht geschlossenen Vergleich.

schlüsselfertiges Bauen, fester Begriff für die komplette Errichtung eines Wohnhauses oder einer Wohnung durch einen Bauträger oder einen Generalübernehmer. Meist werden die einzelnen Gewerke an Subunternehmer weitergegeben. Haftungsansprüche bestehen dann gegen den Bauträger/Generalübernehmer und im Durchgriff ggf. gegen die Subunternehmer. Diese Bauweise wird normalerweise mit einem Festpreis honoriert. Für den Bauherren und die finanzierende Bank stellt sich daher die Frage nach der Bonität der Vertragspartner.

Schlußabnahme. Mit der S. wird geprüft, ob die Gebäude oder Gebäudeteile antragsgemäß fertiggestellt wurden. Hierüber wird als Protokoll der → Schlußabnahmeschein gefertigt.

Schlußabnahmeschein, amtliches Protokoll über die Fertigstellung eines Gebäudes oder Gebäudeteiles. Es wird bestätigt, daß die Gebäude gemäß den genehmigten Bauplänen errichtet und ausgeführt wurden. Dient auch dem Finanzierer als Nachweis und bewirkt normalerweise die Restauszahlung der Darlehen.

Schlußabrechnung. Zweckmäßigerweise sollte zu jedem errichteten Objekt eine S. (als Nachkalkulation) erfolgen. Üblich ist dies bei Objekten, die im Steuermodell errichtet wurden durch den Baubetreuer, der die S. gegenüber dem Treuhänder durchführt.

Schlußbesichtigung, nach Fertigstellung eines Gebäudes übliche Inaugenscheinnahme, die in einem Protokoll festgehalten werden sollte. Zu achten ist auf die volle Funktionsfähigkeit vor allem der technischen Anlagen.

Schnellsparer. Ein Bausparer, der möglichst frühzeitig das Bauspardarlehen in Anspruch nehmen möchte, wird entweder weit über dem Regelsparbeitrag liegende Leistungen erbringen oder sogar eine weitgehende Sofortbesparung vornehmen müssen.

Schnellspartarif, Tarifvariante, die bei Soforteinzahlung des Mindestspartguthabens die dann optimalen Zuteilungsvoraussetzungen nutzt. Allerdings sind hiermit höhere Tilgungsraten und damit kürzere Kreditlaufzeiten verbunden.

Schönheitsreparatur, Teil der Instandhaltungsarbeiten bei Wohnungen. Sie umfassen nur das Tapezieren, Anstreichen oder Kalken von Wänden und Decken, das Streichen der Fußböden, Heizkörper und Innentüren sowie der Fenster und Außentüren. Diese Arbeiten werden zur Kosteneinsparung häufig auch von Mietern ausgeführt.

Schürfrecht *(§§ 1018 bis 1029 BGB)*, Grunddienstbarkeit, die eine Grundstücksnutzung bedeuten kann und daher vor Beleihung auf den Umfang und die Auswirkungen zu überprüfen ist.

Schufa-Auskünfte. Nur die Vertragspartner der → Schufa-Organisation haben die Möglichkeit, S.-A einzuholen. Nur Unternehmen, die ein Kreditrisiko tragen, haben ein Recht auf Auskunft, nicht jedoch solche, die lediglich ein sonstiges wirtschaftliches Risiko eingehen. Nicht dazu gehören Wohnungsunternehmen, Makler, Bauträger etc.

Schufa-Klausel. Jeder Kontoeröffnungsantrag enthält normalerweise den Passus, daß das Kreditinstitut berechtigt ist, Daten an die zuständige (wohnortbezogene) Schufa-Filiale weiterzugeben. Der Kontoinhaber muß dies mit seiner Unterschrift anerkennen und damit ausdrücklich genehmigen. Er kann allerdings diese S.-K. streichen. Dies führt dazu, daß damit eine negative Grundeinstellung zum Kontoinhaber vorprogrammiert ist und i. d. R. alle Dienstleistungen eines Kontos (Überziehungskredit, eurocheque, Eurocard, Kundenkarte) ausgeschlossen werden.

Schufa-Organisation. Die Schutzgemeinschaft für Allgemeine Kreditsicherung ist eine Gemeinschaftseinrichtung der kreditgebenden Wirtschaft. 13 regionale, rechtlich und wirtschaftlich selbständige Schufa-Gesellschaften sind im Bundesgebiet tätig. Die Schufa hat rd. 20 000 Vertragspartner.

Schufa-Selbstauskunft. Nach § 34 Absatz 2 des Bundesdatenschutzgesetzes kann jeder Bundesbürger gegen Vorlage seines Personalausweises bei der für ihn zuständigen Schufa-Filiale eine Selbstauskunft verlangen. Diese Auskunft ist gebührenpflichtig.

Schuldanerkenntnis *(§ 781 BGB)*. Zur Gültigkeit eines Vertrages, durch den das Bestehen eines Schuldverhältnisses anerkannt wird, ist schriftliche Erteilung der Anerkenntniserklärung erforderlich. Das S. ist ein Vertrag, durch den das Bestehen eines Schuldverhältnisses anerkannt wird. Der Sinn eines S. liegt oftmals nur in der Beweiserleichterung für den Gläubiger. Es wird ggf. auch beabsichtigt, durch einen derartigen Vertrag ein neues abstraktes Schuldverhältnis zu schaffen.

Schuldmassenfeststellung *(§§ 109 Abs. 2, 110 bis 112, 114 ZVG)*, Zusammenfassung aller Empfangsberechtigten nach Rangordnung, die aus dem Versteigerungserlös zu befriedigen sind.

Schuldnachlaß *(§ 69 Abs. 3 II. WoBauG)*. Es besteht die Möglichkeit, Darlehen, die zur Finanzierung eines

Eigenheimes oder einer eigengenutzten Eigentumswohnung aus öffentlichen Mitteln bewilligt wurden, vorzeitig abzulösen. In diesem Fall wird ein (niedrigerer) Ablösebetrag je DM 100,– Restschuld festgesetzt und daraus der Ablösungsbetrag ermittelt. Die gesetzliche Bindung dauert dabei ggf. fort. → Nachwirkungsfrist.

Schuldnerberatungsstellen. In vielen größeren Städten, aber auch schon in vielen Landkreisen sind durch die Kommunen S. eingerichtet worden. Diese sollen in Not geratenen, überschuldeten Mitbürgern helfen, ihre finanziellen Verhältnisse wieder zu ordnen. Die Sozialarbeiter sind aufgrund ihrer neutralen Position eher dazu in der Lage als einzelne Gläubiger, die ihre eigenen Interessen zuerst schützen werden. Von den Kommunen wird diese Dienstleistung auch als Vorstufe zur Verhinderung/Einschränkung von Sozialhilfen angesehen.

Schuldnertausch. Es ist durchaus üblich, daß beim Verkauf eines Immobils die bisherige Finanzierung mitverkauft wird. Es kommt dann zu einem durch den oder die Gläubiger zu genehmigenden S. Dieser wird nach Bonitätsprüfung meist gegen eine einmalige Vergütung (zwischen 1 und 2% der Restschuldsumme) bewilligt. Der neue Schuldner übernimmt dann alle bestehenden Rechte und Pflichten.

Schuldnertypen. Notleidende und leistungsgestörte Kredite kann man nach S. einordnen. Dies bestimmt letztlich auch die zu treffenden Maßnahmen: zahlungsfähig und zahlungswillig, zahlungsfähig und zahlungsunwillig, vorübergehend zahlungsunfähig, auf Dauer zahlungsunfähig.

Schuldnerverzeichnis. Die Amtsgerichte führen ein Verzeichnis über die Personen, die die → eidesstattliche Versicherung abgegeben haben oder gegen die Haftanordnung zur Abgabe der eidesstattlichen Versicherung erfolgt ist.

schuldrechtliches Vorkaufsrecht *(§§ 504 ff. BGB).* Das s. V. kann durch Eintragung einer Vormerkung grundbuchlich gesichert werden. Durch eine solche Vormerkung wird nicht in jeder Hinsicht die gleiche Wirkung erzielt wie durch die Eintragung eines dinglichen → Vorkaufsrechts, da das schuldrechtliche und das dingliche Vorkaufsrecht in einigen Beziehungen voneinander abweichen: beim s. V. wird die Vereinbarung eines festen Vorkaufspreises für zulässig gehalten. Bei einer Beleihung ist der Vorrang oder die Zustimmung der Vormerkungsberechtigten in öffentlich beglaubigter Form zwingend erforderlich.

Schuldübernahme *(§§ 414 bis 419 BGB),* nur durch notariellen Vertrag oder durch notarielle Beglaubigung eines Vertrages möglich. Es ist denkbar, daß bei Immobilienverkäufen auch Darlehen mit übernommen werden. Ratsam ist allerdings, daß die Käufer dabei keine S. vornehmen, sondern lediglich die bestehenden Grundpfandrechte aus Kostengründen nutzen, aber völlig neue Darlehensverträge mit den bisherigen Gläubigern abschließen. Neben der vertraglichen Übernahme der Schuld bedarf dies auch noch der Mitwirkung der finanzierenden Bank. Hat der Veräußerer die Bank nach Eigentumsumschreibung von der S. unterrichtet und lehnt die Bank nicht innerhalb von sechs Monaten die S. ab, so gilt die Genehmigung als erteilt. Soll eine Genehmigung nicht erfolgen, so ist unverzüglich Widerspruch einzulegen. In jüngster Zeit ist mehrfach versucht worden, sich auf diese Weise von unlukrativen Steuermodellen und vor allem den dazugehörenden Krediten zu trennen. → Vermögensübernahme.

Schuldurkunden. Zur Erlangung eines Kredites werden Verträge geschlossen. → Darlehensvertrag, → Grundschuldbestellungsurkunde.

Schuldverschreibung auf den Inhaber
(§ 795 BGB). Im Inland ausgestellte S. a. d. I., in denen die Zahlung einer bestimmten Geldsumme versprochen wird, dürfen nur mit staatlicher Genehmigung in den Verkehr gebracht werden, soweit nicht Ausnahmen zugelassen sind. Alles weitere regelt ein Bundesgesetz.

Schuldzinsen, ggf. → Werbungskosten im Bereich der Einnahmen aus Vermietung und Verpachtung. Bei eigengenutzten Objekten erfolgt eine Aufteilung der S. in die Zeiträume vor und nach Bezug des Objektes. Abzugsfähig sind hier nur die Zinsaufwendungen vor Bezug. Zu den S. gehört auch ein Darlehensabgeld (Damnum, Disagio).

Schuldzinsenabzug. Schuldzinsen sind als Werbungskosten abzugsfähig, wenn eine Nutzungswertbesteuerung vorliegt. Im Zusammenhang mit der Abschreibung nach § 7 b EStG ist noch auf den → erweiterten Schuldzinsenabzug hinzuweisen.

Betriebsausgaben: Schuldzinsen sind absetzbar, wenn sie als Folge wirtschaftlichen Handelns betriebsbedingt und notwendig entstanden sind. Auch im Baufinanzierungsgeschäft sind mittlerweile viele Ansatzpunkte für die → Zweikontentheorie gegeben.

Schutzraumbau. Nach § 7 des Schutzbaugesetzes können Schutzbaukosten im Rahmen bestimmter Höchstbeträge ohne Nachweis der tatsächlich entstandenen Kosten mit 10 v. H. jährlich abgeschrieben werden.

Schwarzarbeit. Durch S., die besonders im Baubereich sehr verbreitet ist, entsteht der Volkswirtschaft Schaden. Der Schwarzarbeiter hat wirtschaftliche Vorteile ausschließlich daraus, daß er seine Leistungen nicht der Steuer und den sonstigen Sozialabgaben unterwirft. Sowohl derjenige, der S. leistet, als derjenige, der den Schwarzarbeiter beauftragt und daraus gleichfalls Vorteile erhält, handelt ordnungswidrig und kann mit Geldbußen bestraft werden. Bauherren sollten bedenken, daß bei dem langlebigen Wirtschaftsgut ‚Haus' die Gewährleistung von besonderer Bedeutung ist. Allein aus diesen

Gründen empfiehlt es sich nicht, Schwarzarbeiter zu beschäftigen.

Schwarzgeldzahlung, Bezahlung von Rechnungen oder Kaufpreisteilen aus unversteuerten Einkommensteilen. S. erfolgen oft in der Absicht, Grunderwerbsteuer beim Immobilienkauf zu sparen. Wird bei der Beurkundung ein falscher (niedrigerer) Wert angegeben, ist der Kauf als → Scheingeschäft u. U. nichtig. Zu bedenken ist auch, daß Rechnungen aus Bautätigkeit oftmals als Grundlage der Ermittlung von AfA-Bemessungsgrundlagen dienen. Damit ist auch in diesen Fällen die Prüfung beider Seiten durch Kontrollmitteilungen möglich. → Unterverbriefung.

Schwimmbad/Sauna. Als Sonderausstattung oftmals mit großem Aufwand errichtet, stellen heute besonders Schwimmbäder beim Wiederverkauf wegen der hohen Betriebskosten und der evtl. Belästigungen eine Belastung dar und führen teilweise sogar eher zu Marktpreisabschlägen. Eine Sauna ist inzwischen vielfach als werterhöhend oder zumindest wertneutral akzeptiert. In Wohneigentumsanlagen sind derartige Einrichtungen überwiegend gemeinschaftliches Eigentum. Die Betriebskosten belasten hier ggf. die Umlagen und führen bei Beleihungen damit oftmals zu Problemen im Verwertungsfall.

schwimmender Estrich. Zur Verminderung der Übertragung von Luft- und Trittschall wird heute der Estrich auf weichen Dämmplatten verlegt, die durch Dämmstreifen von den Wänden getrennt werden.

Seilbahnrecht *(§§ 1018 bis 1029 BGB),* Recht zur Führung einer Drahtseilbahn. Dieses Recht beeinflußt sicherlich den Wert eines Grundstücks. Es ist daher bei der Bewertung und der Beleihung des Grundstücks entsprechend zu beachten.

Selbstauskunft (vertrauliche Selbstauskunft), meist vorgefertigtes Formular zur Selbstbefragung eines Kreditantragstellers über seine Einkommens- und Vermögenssituation. Trotz der teilweise recht weitgehenden Fragen wird eine S. mit angemessener Skepsis zu betrachten sein. Teilweise ist auch üblich, die darin enthaltenen Angaben durch den Steuerberater bestätigen zu lassen. Die S. ersetzt nicht die Notwendigkeit, nach § 18 KWG die Einkommenssituation eines Kreditkunden genauestens zu überprüfen.

Selbstbauhaus, → Ausbauhaus.

selbstgenutztes Wohneigentum. Mit dem Inkrafttreten des neuen Wohneigentumsförderungsgesetzes (gültig ab 1. 1. 1987) wird das s. W. stärker als bislang gefördert (§ 10e EStG) und durch die → Kinderkomponente mit zusätzlichen Anreizen versehen.

Selbsthilfe, → Eigenleistung.

Selbsthilferecht *(§ 561 BGB).* Der Vermieter darf die Entfernung der seinem Pfandrecht unterliegenden Sachen, soweit er ihr zu widersprechen berechtigt ist, auch ohne Anrufen des Gerichtes verhindern und, wenn der Mieter auszieht, die Sachen in seinen Besitz nehmen. → Vermieterpfandrecht.

Selbstkontrahierung *(§ 181 BGB)*. Baufinanzierungsbereich: Treuhandvollmacht bei Steuermodellen. Ein Vertreter kann, soweit nicht ein anderes ihm gestattet ist, im Namen des Vertretenen mit sich im eigenen Namen oder als Vertreter eines Dritten ein Rechtsgeschäft nicht vornehmen, es sei denn, daß das Rechtsgeschäft ausschließlich in der Erfüllung einer Verbindlichkeit besteht.

Sequester *(§§ 848, 855, 938 ZPO, § 58 BRAGO)*, vom Amtsgericht eingesetzte Person, die vor Konkurseröffnung überprüft und feststellt, ob für ein künftiges Konkursverfahren ausreichend Masse vorhanden ist. S. kann aber auch ein ausführendes und bestimmendes Organ der → Sequestration, z. B. im Immobilienbereich, sein.

Sequestration *(§§ 848, 855, 938 ZPO, § 25 ZVG)*. Bei der S. wird die Masse gegen schädigende Verfügungen des Schuldners vom → Sequester geschützt. Eine S. kann auch darin bestehen, den Betrieb des Schuldners fortzuführen. Im Immobilienbereich kommt die S. in Frage, um z. B. ‚steckengebliebene‘, nicht fertiggestellte Objekte abschließend fertigzustellen. S. also vorwiegend für Objekte, die mangels Ertrag nicht zwangsverwaltet werden, andererseits aber gesichert oder verbessert werden sollen.

Sheddach, im Industriebau verwendeter Dachtyp. Im Querschnitt sind die Bauteile sägezahnförmig (Sheds) zu erkennen. Zur Belüftung und zur Belichtung der Räume wird meist der gerade Dachteil in Glas oder ähnlichem, durchsichtigem Material ausgebildet.

Sicherheitenwert. Kreditinstitute müssen ihre Kreditsicherheiten nicht nach dem Nominalwert, sondern dem tatsächlich erzielbaren Wert bewerten. Dies trifft auch auf die Grundpfandrechte zu. Der S. einer Grundschuld/ Hypothek errechnet sich in der Praxis aus einem Prozentanteil des Beleihungswertes unter Berücksichtigung evtl. Vorlasten. Diese institutsinterne Bewertung ist den Kunden meist nicht bekannt. Allerdings gehen Kreditinstitute heute dazu über, die Konditionen entsprechend der Sicherheitenposition aufzusplitten. → Realkredit, → Personalkredit.

Sicherheitenzuordnung. Ein Grundpfandrecht kann nach der Sicherungszweckerklärung als Sicherheit für mehrere Kredite dienen. Eine bankinterne Zuordnung empfiehlt sich, insbesondere, wenn ein Kreditteil als Realkredit geführt werden soll. Dies kann durch eine Aktennotiz erfolgen, in der genau definiert wird, welcher Teil der Grundschuld primär für den Realkredit haftet.

Sicherheitsabschläge. Von vielen Gutachtern wird durch S. ein zuvor oft großzügiger Wertansatz korrigiert. Besser wäre die häufigere Anpassung der Preise für den m³-umbauten Raum an die tatsächlichen Gegebenheiten. S. werden auch angesetzt, wenn die verwendeten → Raummeterpreise keine generelle Korrektur enthalten. → Abschlagsverfahren.

Sicherheitseinbehalt, vielfach im Bauvertrag vereinbarter Einbehalt – i. d. R. 5% – auf Abschlagszahlungen. Im Vertrag sollte eine klare Regelung getroffen werden, ob die Auszahlung mit Legung der Schlußrechnung erfolgt oder eine Sicherheitsleistung bis zum Ende der Gewährleistungsfrist bedeutet.

Sicherheitsleistung *(§§ 67 bis 70 ZVG).* Wird von einem Bieter in einem Zwangsversteigerungsverfahren durch einen Berechtigten (nicht von Amts wegen) S. verlangt, so sind üblicherweise 10% des Gebotes als Sicherheit sofort zu leisten. Als Zahlungsmittel zählen nur Bargeld, Hinterlegung von inländischen Wertpapieren, bestätigte LZB-Schecks (mit gültiger Einlösungsfrist) sowie Bürgschaften landesrechtlich zugelassener Bürgen. → Bürgschaft als Mittel zur Sicherheitsleistung.

Sicherung der ordnungsgemäßen Bewirtschaftung *(§ 25 ZVG).* Wird durch das Verhalten des Schuldners die ordnungsgemäße Bewirtschaftung eines Objektes gefährdet, so hat das Vollstreckungsgericht auf Antrag des Gläubigers die zur Abwendung der Gefährdung erforderlichen Maßnahmen anzuordnen.

Sicherungsabtretung, → Blankoabtretung.

Sicherungsgrundschuld, → Grundschuld.

Sicherungshypothek *(§§ 1184 BGB, §§ 128, 129 ZVG).* Dieses Recht des Gläubigers bestimmt sich nur nach der Forderung. Die Geltendmachung ist daher an den Nachweis der Forderung gebunden. Im Baugewerbe häufig angewendete ‚Notsicherungsform', → Handwerkersicherungshypothek. Bei mehrfachem Grundbesitz und Problemen mit einem Objekt versuchen mittlerweile viele Gläubiger, durch Eintragung von S. ein stärkeres Druckmittel zu bekommen. → Lästigkeitswert. Die Eintragung erfolgt als Buchrecht.

Sicherungsleistung bei Bauvorhaben *(§§ 232 bis 240 BGB).* Wünscht der Auftraggeber – ggf. auch die finanzierende Bank – eine Sicherheitsleistung, so muß dies bei Vertragsabschluß vereinbart werden. Sie kann erfolgen durch a) Einbehalt, b) Hinterlegung von Geld, c) Bürgschaft. Bei der Hinterlegung stehen die Zinsen dem Auftragnehmer zu.

Sicherungsmaßnahmen. Wenn Beleihungsobjekte vom Eigentümer aufgegeben werden, sind die Gläubigerinstitute oftmals gezwungen, das Objekt zu sichern, z. B. vor Wasser- und Frostschäden, um den Verfall des Objektes und damit der Kreditsicherheit zu verhindern. Vorstufe zur → Zwangsverwaltung. S. werden insbesondere dann ergriffen, wenn eine Zwangsverwaltung unrentabel ist, da keine Einkünfte vorhanden sind.

Sicherungsschein. Bei der Objektbeleihung wird auch der Versicherungsschutz des Objektes überprüft. Dem Versicherer wird zudem die Grundstücksbelastung angezeigt. Mittels des S. bestätigt der Versicherer die Ordnungsmäßigkeit des Versicherungsvertrages und wird im Schadensfall nur mit Zustimmung des Gläubigers Entschädigungen leisten. Bei Prämienrückständen erfolgt gleichfalls eine Information. Die Grundpfandrechtgläubiger sind berechtigt, Prämien vorzuleisten, um den Versicherungsschutz zu erhalten.

Sicherungsübereignung. Zur Sicherung einer Forderung kann vorübergehend die Übertragung des Eigentums an Sachen jeder Art erfolgen. Rechtliche Voraussetzung der Übereignung an beweglichen Sachen sind Einigung und Übergabe (§ 929 BGB). Üblich ist, daß die Übergabe durch Vereinbarung eines Übergabeersatzes (z. B. Abtretung eines Herausgabeanspruchs) getroffen wird. Möglich ist auch die → Übereignung von Grundstücken.

Sicherungsvollstreckung *(§ 720 a ZPO).* Aus einem nur gegen Sicherheit vorläufig vollstreckbaren Urteil, durch das ein Schuldner zur Leistung von Geld verurteilt worden ist, darf der Gläubiger ohne Sicherheitsleistung die Zwangsvollstreckung insoweit betreiben, als
– bewegliches Vermögen gepfändet wird,

– im Wege der Zwangsvollstreckung in das unbewegliche Vermögen eine Sicherungshypothek oder Schiffshypothek eingetragen wird.
Der Gläubiger kann sich aus dem belasteten Gegenstand nur nach Leistung der Sicherheit befriedigen.

Sicherungszweckerklärung, Zusatzvereinbarung zur Grundschuld, die u. a. folgende Regelungen beinhaltet:
– Bestimmung der Kredite, die besichert werden sollen,
– Unterhaltung, Versicherungs- und Besichtigungsrecht des Grundstücks.
Im Kreditgeschäft unverzichtbar. Es ist darauf zu achten, daß die S. vor erster Valutierung des Kredites vorliegt.

Siebenerzeichen. Ein bei der → Abmarkung früher verwendetes Zeichen aus Ton, Glas, Porzellan oder Metall. Dient als Indiz für die unversehrte Lage des Grenzsteines. Wird heute durch Maßzahlen und Koordinaten sichergestellt.

Siebenjahresfrist. Bei Beleihung von Grundstücken innerhalb eines rechtsverbindlichen Bebauungsplanes ist u. a. die S. zu beachten. Nach dieser Zeit ist eine Herabstufung der Ausnutzbarkeit ohne Entschädigung möglich.

Sieben-Zehntel-Grenze, 7/10 *(§ 74 a ZVG).* Werden in einem Zwangsversteigerungstermin nicht mindestens 7/10 des vom Gericht ermittelten → Verkehrswertes erreicht, kann von einem Berechtigten die Versagung des Zuschlages beantragt werden. Diese Bestimmung dient dem Schutz der berechtigten Gläubiger und kann innerhalb eines laufenden Verfahrens nur einmal angewendet werden. Der Antrag ist unmittelbar im Verfahren zu stellen, wenn über den Zuschlag verhandelt wird.

Siedlungsbehörde, Ansprechpartner bei → Vorkaufsrechten nach dem Landbeschaffungsgesetz.

Siedlungsgebiete *(§ 2 BauNVO),* in der Bauplanung angewendete Bezeichnung für Kleinsiedlungen und landwirtschaftliche Nebenerwerbsstellen.

Siedlungsunternehmen. Die von den zuständigen Landesbehörden begründeten oder anerkannten gemeinnützigen S. sind von der Körperschaftsteuer befreit, soweit sie sich ausschließlich ihren gestellten Aufgaben widmen.

Sittenwidrigkeit. Nach ZPO § 765 a Abs. 1 kann das Vollstreckungsgericht auf Antrag eines Schuldners eine Vollstreckungsmaßnahme ganz oder zum Teil aufheben, untersagen oder einstweilen einstellen, wenn die Maßnahme unter Würdigung des Schutzbedürfnisses des Gläubigers wegen ganz besonderer Umstände eine Härte bedeutet, die mit den guten Sitten nicht vereinbar ist.

Skonto, Abzug von einem Rechnungsbetrag, wenn sofort oder innerhalb eines kurzen Zeitraumes gezahlt wird. Das Abzugsrecht muß ausdrücklich vereinbart sein, z. B. durch Eindruck auf dem Rechnungsformular.

Skontotabelle:

Skonto-abzug in	Zahlungszeitraum ohne Skontoabzug (Zahlungsziel . /. Skontofrist in Tagen)							
	10	20	30	40	50	60	70	80
	Kosten des Lieferantenkredites in % pro Jahr %							
1,0	36,0	18,0	12,0	9,0	7,2	6,0	5,1	4,5
1,5	54,0	27,0	18,0	13,5	10,8	9,0	7,7	6,8
2,0	72,0	36,0	24,0	18,0	14,4	12,0	10,3	9,0
2,5	90,0	45,0	30,0	22,5	18,0	15,0	12,9	11,3
3,0	109,0	54,0	36,0	27,0	21,6	18,0	15,4	13,5
3,5	126,0	63,0	42,0	31,5	25,2	21,0	18,0	15,8
4,0	144,0	72,0	48,0	36,0	28,8	24,0	20,6	18,0
4,5	162,0	81,0	54,0	40,5	32,4	27,0	23,1	20,3
5,0	180,0	90,0	60,0	45,0	36,0	30,0	25,7	22,5

Beispiel
Zahlungsbedingungen: Innerhalb von 10 Tagen abzüglich 2% Skonto oder innerhalb von 30 Tagen netto.

Rechengang:	30 Tage
→ Zahlungsziel	
. /. Skontofrist	10 Tage
= Zahlungszeitraum ohne Skontoabzug	20 Tage

Suchen Sie in der Tabelle die Spalte mit diesem Wert (20). Im Schnittpunkt mit der Zeile des Skontoabzugs (2%) können Sie jetzt ablesen, daß Sie der Lieferantenkredit in diesem Fall 36% pro Jahr kosten würde. Immer wenn der Zinssatz Ihres Bankkredits niedriger ist, lohnt es sich für Sie, ihn in Anspruch zu nehmen und unter Skontoabzug zu zahlen.

SO. In der Planzeichenverordnung und dem BauGB werden Sondergebiete mit dem Kürzel SO bezeichnet. Dieses Kürzel findet sich in Flächennutzungs- und Bebauungsplänen wieder. Die genaue Eingruppierung ist in § 10 BauNVO beschrieben.

Soforteinzahler, Bausparer, der unmittelbar nach Vertragsabschluß das Mindestsparguthaben sofort einzahlt und dann auf die Zuteilung wartet. Wegen des damit gegen die Grundidee laufenden Sparverhaltens sind die Bauspar-

kassen gehalten, diese Sparform re-
striktiv zu halten und nur in einer bestimmten Größenordnung (ausgerichtet am Gesamtbestand) zuzulassen.

Solaranlage, steuerlich begünstigte, al-
ternative Heizungsanlage für ein Gebäude. Damit wird konventionelle
Energie eingespart. Zeitweise gefördert
mit Sonderprogrammen. Z. Zt. AfA
nach § 82a EStDV.

Sonderabschreibung für Baudenkmäler
(§§ 82 i, k EStDV). Bei Baudenkmälern
kann der Steuerpflichtige nach § 82i
EStDV von den Herstellungskosten für
Baumaßnahmen, die zur Erhaltung des
Gebäudes dienen, 10% p. a. zehn Jahre
lang abschreiben. Die entsprechenden
Maßnahmen werden üblicherweise von
der zuständigen Denkmalschutzbehörde im voraus genehmigt und später
auch bestätigt.
Nach § 82k EStDV können größere Erhaltungsaufwendungen bei Baudenkmälern auf zwei bis fünf Jahre gleichmäßig verteilt werden; auch hier ist die
frühzeitige Abstimmung mit den Behörden zwingend notwendig. Ein Finanzierungsinstitut sollte derartige Bescheinigungen zu den Akten nehmen
und darauf achten, daß die in den Ver-
kaufsunterlagen genannten Steuervorteile sich genau aus der Einhaltung der
Auflagen ergeben. Ab 1. 1. 1990 Afa
nach § 7i EStG.

Sonderabschreibung mit Sozialbindung.
Alternativ zur → Direktförderung im
sozialen Wohnungsbau können Steuerpflichtige für den Bau von preis- und
belegungsgebundenen Wohnungen eine Sonderabschreibungsregelung in
Anspruch nehmen. Die Regelung gilt
für alle Vorhaben, für die nach dem 28.
2. 1989 der Bauantrag eingereicht wird
und die bis zum 31. 12. 1992 fertiggestellt werden.
Abschreibungssätze:
1.– 5. Jahr: 10%,
6.–10. Jahr: 7%,
11.–40. Jahr: 0,5%.

Belegungsbindung:
10 Jahre (§ 25 II. WoBauG, Einkommensgrenze des 1. Förderungsweges).

Mietpreisbindung:
Einhaltung der Höchstmieten, die von
der jeweiligen Landesregierung in Anlehnung an die jeweilig üblichen Bewil-
ligungsmieten im sozialen Wohnungsbau durch Rechtsverordnung festgelegt
werden (bei Direktförderung ist ein Ku-
mulationsverbot zu beachten).

Sonderabschreibung nach § 82a EStDV,
erhöhte Absetzungen von Herstellungskosten und Sonderbehandlung
von Erhaltungsaufwand für bestimmte
Anlagen und Einrichtungen bei Gebäuden. Aktuell sind z. Zt. der Hei-
zungsein- und Umbau und die Erneuerung von Heizsystemen in Objekten,
die älter als zehn Jahre sind. AfA dann
10% der Kosten (max. DM 50000,– je
Wohnung) über zehn Jahre. Voraussetzung ist, daß die Maßnahme bis zum
31. 12. 1991 fertiggestellt worden ist.

Sonderabschreibung wegen Umwelt-schutzmaßnahmen.
In § 7d EStG sind
Abschreibungsmöglichkeiten für Wirt-

schaftsgüter geregelt, die dem Umweltschutz dienen. Die S. w. U. ist befristet für Investitionen, die vor dem 1. 1. 1991 erfolgt sind.

Sonderausgaben *(§ 10 EStG),* Lebenshaltungskosten, die aus wirtschaftlichen und sozialen Gründen steuerlich abgesetzt werden können. Aufgeteilt werden sie in unbeschränkt abzugsfähige S. und beschränkt abzugsfähige S. (Vorsorgeaufwendungen). *Unbeschränkt abzugsfähige S.* Hierzu zählen Rentenzahlungen, dauernde Lasten, Unterhaltsleistungen an den geschiedenen/dauernd getrennt lebenden Ehegatten, Kirchensteuer, Steuerberatungskosten, Aufwendungen für die eigene Berufsausbildung oder die Weiterbildung in einem nicht ausgeübten Beruf, Spenden und Beiträge für wissenschaftliche und kulturelle, mildtätige, kirchliche, religiöse und gemeinnützige Zwecke, Mitgliedsbeiträge und Spenden an politische Parteien. Werden keine höheren Aufwendungen nachgewiesen, so wird ein Pauschalbetrag von DM 108,– (Ledige) bzw. DM 216,– (Verheiratete) gewährt.
Beschränkt abzugsfähige S. (Vorsorgeaufwendungen). Abzugsfähig sind Vorsorgeaufwendungen in drei Stufen:

a) Vorwegabzug: DM 4000,– für Ledige, DM 8000,– für Verheiratete. Dieser Vorwegabzug ist zu kürzen um pauschal 12% der Bezüge bzw. der Einkünfte.

b) Höchstbetragsabzug: DM 2340,– für Ledige, DM 4680,– für Verheiratete.

c) 2. Höchstbetragsabzug: DM 2340,– für Ledige, DM 4680,– für Verheiratete, ansetzbar nur noch mit 50% der Aufwendungen.

Zu diesen Vorsorgeaufwendungen zählen: Arbeitnehmeranteil zur gesetzlichen Sozialversicherung, freiwillige Aufwendungen zur Altersvorsorge, Krankenversicherungen, Unfallversicherungen, Lebensversicherungen, Haftpflichtversicherungen, Beiträge an Bausparkassen (falls keine Bausparprämie in Anspruch genommen wird) mit 50% der Gesamtaufwendungen. Die Abzugsfähigkeit als S. ist Verkaufsargument für Versicherungs- und Bausparleistungen. Daher ist vor Abschluß stets zu klären, ob entsprechende finanzielle Freiräume noch vorhanden sind.
S. nach § 10e EStG. Die Grundförderung für selbstgenutzten Wohnraum ist für nach dem 1. 1. 1987 fertiggestellte Objekte unter den S. angesiedelt. Dies bedeutet die Komsumgutlösung, bislang fand eine Nutzungswertbesteuerung statt. Überwiegend sind die Bestimmungen des § 7b EStG übernommen worden, allerdings sind einige Ergänzungen/Verbesserungen erfolgt:

– Höchstbetrag jetzt DM 300 000,–
– Anrechnung der Grundstückskosten zu 50%
– Nachholung nachträglicher Herstellungskosten bis zum Ende des Begünstigungszeitraumes (achtes Jahr)
– Kinderkomponente ab dem 1. Kind.
Ermittlung der S. s. S. 378.

Sonderausstattung. Häuser nach Maß, also Reihenhäuser und Fertighäuser

Sonderausgabenermittlung

z. B., werden oftmals nur mit einer Standardausstattung angeboten. S. führt meist zu einer unter Umständen starken Preiserhöhung, wirkt sich jedoch nur sehr beschränkt auf den Verkehrswert aus.

Sonderausgabenermittlung

Berechnung der Sonderausgaben (ab 1990)

	Vorwegabzug	Gesamtaufwendungen	steuerlich wirksam
1. Versicherungsbeiträge (Zeilen 63, 64 und 67–71 der ESt-Erklärung		☐	
2. Vorwegabzug Alleinstehende 4 000,– Verheiratete 8 000,–	☐		
3. Kürzung um 12% des Arbeitlohnes max. jedoch der Beitragsbemessungsgrenze	–		
4. nur positives Ergebnis übertragen	☐ →	– →	☐
	Rest	☐	
5. Bausparbeiträge (Zeilen 72 und 73 der ESt-Erklärung, Vorsicht: nur wenn keine WoP beantragt wird, als Sonderausgaben deklarieren).	☐ mit 50%	+	
6. Höchstbetragsabzug	Summe	☐	
2 340,– Alleinstehende		–	+
4 680,– Verheiratete	Rest	☐	
7. Hälftiger Höchstbetragsabzug, Beträge wie 6. wirksam mit 50%		– mit 50%	+
8. ein positiver Restwert erbringt keine Steuervorteile mehr		☐	
9. abziehbare Sonderausgaben			☐

Berechnung von freien Sonderausgaben

	zusätzliche Aufwendungen		führen zu folgenden, steuerlich wirksamen Sonderausgaben
10. Falls in den Positionen 6 und/oder 7 die Beträge nicht vollausgeschöpft sind			
Aus Position 6 Rest	☐	voller Ansatz ▶	☐
Aus Position 7 Rest	+	Ansatz 50% ▶	+
11. Zusätzliche Aufwendungen von	☐	würden zu Sonderausgaben von	führen

378

Sonderbauflächen sind im § 1 der BauNVO, die dem BauGB angegliedert ist, definiert. In Flächennutzungs- und Bebauungsplänen sind derartige Gebiete mit dem Kürzel (S) gekennzeichnet.

Sonderbehandlung von Erhaltungsaufwand bei Baudenkmälern *(§ 82 k EStDV).*

Größere Aufwendungen zur Erhaltung eines denkmalgeschützten Gebäudes kann ein Steuerpflichtiger auf zwei bis fünf Jahre gleichmäßig verteilen, soweit die Aufwendungen nach Art und Umfang zur Erhaltung des Gebäudes als Baudenkmal erforderlich sind. Künftig Geltendmachung nach § 7i EStG.

Sondereigentum *(§ 3 Abs. 1 WEG),*

dem Volleigentum weitgehend gleichgestelltes Recht an einer Wohnung gemäß Gesetz über das Wohnungseigentum und das Dauerwohnrecht (WEG). Der Sondereigentümer kann über sein Eigentum grundsätzlich frei verfügen und es insbesondere auch belasten. Nach dem WEG wird das S. an nicht zu Wohnzwecken dienenden Räumen als Teileigentum bezeichnet. Das S. ist praktisch auf die Teile beschränkt, die theoretisch entfernt werden könnten, ohne die Gebäudenutzung im übrigen zu beeinträchtigen (z. B. nichttragende Wände und Gebäudeteile etc.). → Teileigentum. Das S. kann ohne den Miteigentumsanteil, zu dem es gehört, nicht veräußert oder belastet werden.

Sondergebiete *(§§ 10 und 11 BauNVO).*

Hierunter fallen Wochenendgebiete, Ferienhausgelände, Campingplätze usw. Eingestuft sind dort inzwischen auch Einkaufszentren und großflächige Einzelhandelsbetriebe.

Sonderkündigungsrecht *(§ 57a ZVG),*

Recht zur Kündigung eines Wohnungsmietvertrages durch den Erwerber in einem Zwangsversteigerungsverfahren. Dabei ist die vorgesehene Eigennutzung ein akzeptabler Grund. Problematischer wird es, wenn der Erwerber ein Kreditinstitut oder sonstiger Gläubiger ist und die Ersteigerung nur erfolgte, um eine Forderung zu retten, also die Absicht besteht, eine sofortige Weiterveräußerung außerhalb eines (mit Negativimage versehenen) Zwangsversteigerungsverfahrens durchzuführen. Um dieses S. zu unterlaufen, werden in Zwangsversteigerungsverfahren vielfach Mietvorauszahlungen oder abwohnbare Baukostenzuschüsse angemeldet.

Sondernutzungsrecht. Durch Vereinbarung regeln die Wohnungseigentümer den Gebrauch des gemeinschaftlichen Eigentums derart, daß die ausschließliche Nutzung bezüglich eines bestimmten Teils des gemeinschaftlichen Eigentums einem bestimmten Sondereigentümer zugewiesen wird. Durch Eintragung in das Grundbuch wird dies zum Inhalt des Sondereigentums. Der Berechtigte hat damit ein nicht entziehbares dingliches Recht erworben. Typisch sind S. an KFZ-Stellplätzen, Gartenflächen, die z. B. an die Parterrewohnung anschließen, Kellerräumen etc.

Sondertilgung. Grundsätzlich ist bei Baukrediten nur die vereinbarte Leistung (Tilgungsraten) möglich, es sei denn, S. werden ausdrücklich vereinbart. Erklärt sich der Kreditgeber bereit, eine S. anzunehmen, ist meist eine Vorfälligkeitsentschädigung zu zahlen, die in vielen Fällen eine S. unrentabel macht. Die Kreditgeber sind gut beraten, die eingehenden Zahlungsbeträge zu prüfen, damit nicht unangekündigte und ggf. unbemerkte Teiltilgungen dazu führen, daß anschließende Zahlungseinstellung für einen längeren Zeitraum unbemerkt bleibt.

Bei S. wird ein evtl. bezahltes Disagio weder verrechnet noch auf die Vorfälligkeitsentschädigung angerechnet. Auch sind seinerzeit einkalkulierte Effektivzinsen überholt. Zweckmäßiger dürfte daher meist sein, das Ende der Zinsbindung abzuwarten.

Sorgfaltspflicht. Jedem Kreditinstitut obliegt bei der Baufinanzierungsberatung die S. Für die meisten Kunden stellt diese Investition die einschneidendste finanzielle Maßnahme im Leben dar. Der Berater sollte Kunden von einem Objekt abraten, welches für diese nicht finanzierbar ist.

Sozialbindung. Nach § 7 k EStG können Mietwohnungen unter bestimmten Bedingungen verbessert abgeschrieben werden. Dabei ist die Vermietung zu sozialverträglichen Mieten vorgeschrieben. Die S. umfaßt zum einen eine → Belegungsbindung und die → Mietbindung. → Wohnungsberechtigungsschein.

sozialer Wohnungsbau *(§ 1 II. WoBauG).* Nach dem Gesetz sollen solche Wohnungen gefördert werden, die nach Größe, Ausstattung und Miete oder Belastung für die breiten Schichten der Bevölkerung geeignet und bestimmt sind. Hierunter fallen somit die öffentlich geförderten, die steuerbegünstigten und auch die frei finanzierten Wohnungen. Im s. W. sind sowohl → Einkommensgrenzen als auch → Wohnflächenhöchstgrenzen zu beachten.

Sozialklausel *(§ 556 a BGB).* Ein Mieter kann der Kündigung eines Mietverhältnisses widersprechen und dessen Fortsetzung verlangen, wenn die vertragsgemäße Beendigung des Mietverhältnisses für den Mieter oder seine Familie eine nicht vertretbare Härte bedeuten würde.

Sozialplan und Härteausgleich *(§ 180 BauGB).* Wirken sich Bebauungspläne oder städtebauliche Sanierungsmaßnahmen voraussichtlich nachteilig auf die persönlichen Lebensumstände der in dem Gebiet wohnenden oder arbeitenden Menschen aus, soll die Gemeinde Vorschläge entwickeln und mit den Betroffenen erörtern, wie nachteilige Auswirkungen möglichst vermieden oder gemildert werden können.

Sozialversicherungsträger. Die Träger der Sozialversicherung beteiligen sich direkt oder indirekt an der Wohnungsbaufinanzierung. Sie unterstützen einerseits durch den Kauf von Pfandbriefen und Kommunalobligationen die Mittelbeschaffung der unmittelbar am

Markt tätigen Institute, andererseits wird auch das Kreditgeschäft teilweise gepflegt.

Sozialwohnung, eine mit öffentlichen Mitteln geförderte Wohnung für die dauerhafte Unterbringung von Personen mit besonderem Wohnungsbedarf. → Wohnberechtigungsschein.

Spannungsklausel, Gestaltungsmöglichkeit in Mietverträgen. Die Miete wird in Verbindung gesetzt zu einem Preis oder Wert von Gütern oder Leistungen, die gleichartig sind zu den Leistungen des Vermieters.

Sparerfreibetrag. Bei Einkünften aus Kapitalvermögen (§ 20 Abs. 4 EStG) ist ab 1. 1. 1989 ein Sparerfreibetrag von DM 600,– (Ehegatten 1200,–) zu berücksichtigen. Er wird bei der Ermittlung der Kapitaleinkünfte zusammen mit den Werbungskosten bzw. dem Werbungspauschbetrag von 100,–/ 200,– in Abzug gebracht. Somit bleiben Kapitaleinkünfte bis DM 700,–/ 1400,– steuerfrei.

Sparförderung. Mit Prämien, Sparzulagen etc. unterstützt der Staat die Bildung von Rücklagen. Die einzelnen Förderungsmaßnahmen haben im Laufe der Zeit mehrfach gewechselt. Dabei erstrecken sich die Möglichkeiten auf den Bereich des Bausparens, des Geldsparens (bei Kreditinstituten) und des Versicherungssparens (bei Lebensversicherungsgesellschaften). → Sparprämien, → Wohnungsbauprämien, → Sparzulagen.

Sparkassen, auf dem Gebiet der Baufinanzierung, insbesondere im regionalen Bereich, von besonderer Bedeutung. Ihre Hypotheken refinanzieren sie aus Spareinlagen. Nach der Mustersatzung dürfen ihre Darlehen gegen Hypotheken-, Grund- oder Rentenschulden nicht mehr als 50% der Spareinlagen ausmachen. Dabei wird davon ausgegangen, daß die Hälfte der Spareinlagen unbedenklich in langfristige Darlehen angelegt werden kann, da ein Teil der Spareinlagen als Bodensatz weniger mobil ist, d. h. nicht jederzeit abgerufen wird. Grundlage der Betätigung auf dem Gebiet des Realkredites sind die Beleihungsgrundsätze. Diese werden von der obersten Aufsichtsbehörde erlassen und enthalten eine Regelung zur Ermittlung des Beleihungswertes. Die Beleihungen der S. werden (Ausnahmefälle) auf 3/5 des festgelegten Beleihungswertes begrenzt. Damit überschreiten Sparkassenhypotheken i. d. R. nicht 60% des Beleihungswertes. Die Beleihungsgrenze darf überschritten werden, wenn für den übersteigenden Betrag des Darlehens eine öffentliche Bürgschaft übernommen wird. Beleihen die Institute ohne öffentliche Bürgschaft im nachrangigen Bereich, so handelt es sich um echte → Personalkredite. Üblich ist die Kreditvergabe zu variablen Konditionen, jedoch sind auch (in bestimmtem Umfang) Festdarlehen möglich. Zu den Grundsätzen des Sparkassenwesens zählt das → Regionalprinzip.

Sparplan, vertragliche Vereinbarung über die regelmäßige Ansammlung von

Geldbeträgen. Vereinbart werden meist eine bestimmte Vertragslaufzeit und ein Sparziel. Dies enthält dann meist nur die von den Sparern aufzubringenden Leistungen. Hinzuzurechnen sind dann die laufenden Zinsen und Zinseszinsen. Üblich bei diesen Sparformen ist es, am Vertragsende einen Zinsbonus zu zahlen, der sich in der Höhe nach der Vertragslaufzeit richtet. Derartige Sparpläne können auch als Tilgungsersatzleistungen bei Baufinanzierungskrediten dienen (analog den Bausparverträgen). Sparpläne sind auch zu koppeln mit Risikolebensversicherungen, damit wird das Sparziel abgesichert. Bei Einsatz als Tilgungsersatz ist dies vielfach Grundvoraussetzung.

Sparprämien. Nur für Vertragsabschlüsse bis zum 13. 1. 1980 wurden Prämien für Sparleistungen vom Finanzamt gewährt. Diese Förderung ist mittlerweile ausgelaufen.

Sparzulagen. Falls bestimmte Beträge (max. DM 936,– je Arbeitnehmer) nach dem → Vermögensbildungsgesetz angelegt werden, so kann der Arbeitnehmer über das zuständige Finanzamt im Zusammenhang mit seiner Einkommensteuererklärung oder seinem Lohnsteuerjahresausgleich eine Arbeitnehmersparzulage von 10% des begünstigten Betrages beantragen.

Spekulationsfrist *(§ 23 EStG),* bei Grundstücken und grundstücksgleichen Rechten zwei Jahre. Berechnet werden die Zeitpunkte der notariellen Verträge (nicht der wirtschaftliche

Übergang). Auch privatschriftliche Erklärungen sind ggf. wirksam.

Spekulationsgeschäfte. Verluste aus S. dürfen nur bis zur Höhe von Gewinnen aus anderen S., die im gleichen Kalenderjahr erzielt worden sind, ausgeglichen werden. Hierauf ist insbesondere auch bei Immobilienverkäufen zu achten. Ein Verlustabzug, also die Möglichkeit des Verlustrücktrages oder des Verlustvortrages, ist nicht realisierbar.

Spekulationsgewinn *(§ 23 Abs. 4 EStG).* Auch für die Veräußerung von Grundbesitz gilt die Freigrenze von DM 999,99. Darüber ist der innerhalb der → Spekulationsfrist entstandene Gewinn in der jeweilig zutreffenden Einkommensart steuerpflichtig.

Sperrfrist. Leistungen auf Bausparverträge werden in unterschiedlicher Form gefördert. Je nach Art der Förderung bestehen zeitlich andere S. Diese S. sind allerdings nur zu beachten, wenn die Guthaben nicht bauwirtschaftlich (nach der Zuteilung) verwendet werden. Sie betragen: zehn Jahre, wenn die geleisteten Beträge als Sonderausgaben berücksichtigt wurden, sieben Jahre bei Inanspruchnahme von Wohnungsbauprämien. Ausnahmen sind möglich bei Verfügungen infolge Tod des Bausparers, Erwerbsunfähigkeit oder länger andauernder Arbeitslosigkeit.

Sperrvermerk, seltenes Recht in Abt. II des Grundbuches, das wegen der Zugehörigkeit des Grundstücks zu einer Bahneinheit oder zu einem Rentengut eingetragen wird. Grundstücke mit solchen Vermerken unterliegen gewissen Verfügungsbeschränkungen.

Spezial-Baufinanzierung, Oberbegriff in der Baufinanzierung. Hierunter ist jegliche Finanzierung einzugliedern, die neben den Grundsätzen des klassischen Kreditgeschäftes auch Spezialkenntnisse im Baurecht und im Steuerrecht erforderlich macht. Hierzu zählen Finanzierungen von Fonds, gewerblichen Objekten (z. B. Supermärkte), Bauherren- und Erwerbermodellen. → Standard-Baufinanzierung.

Spitzensteuersatz, höchster Steuersatz in der Progressionszone sowie konstanter Satz in der oberen Proportionalzone. Er beträgt z. Zt. 53%. → Steuerersparnis.

Splittingtabelle, maßgeblich für die Besteuerung von gemeinschaftlich veranlagten Ehegatten. Aus der S. ergibt sich die tarifliche Einkommensteuer.

staatliche Bausparförderung. Innerhalb der staatlichen Förderung besteht Wahlrecht zwischen Wohnungsbauprämien und Steuervergünstigung. *Wohnungsbauprämie:* 10% der begünstigten Sparbeiträge (DM 800,– bei Alleinstehenden, DM 1600,– bei Verheirateten). Voraussetzung: zu versteuerndes Einkommen des Bausparers im Jahr der Sparleistung nicht höher als DM 27 000,– (Alleinstehende) und DM 54 000,– (Verheiratete). *Vermögenswirksame Leistungen (vL)/ Sparzulage:* zulagebegünstigt bis DM

936,–, Sparzulage 10% (zu versteuerndes Einkommen im Jahr der Sparleistungen nicht höher als DM 27 000,–/54 000,–). Für zulagebegünstigte v. L. kann keine Wohnungsbauprämie zusätzlich beantragt werden. Beantragung der Arbeitnehmersparzulage über das Finanzamt.
Steuervergünstigung: Bausparbeiträge können als beschränkt abzugsfähige Sonderausgaben geltend gemacht werden, allerdings nur noch mit 50% der Gesamtaufwendungen. Dies ist insbesondere für diejenigen interessant, die wegen Überschreitens der Einkommensgrenzen keine Wohnungsbauprämien mehr erhalten, andererseits aber die Sonderausgaben nicht voll ausgeschöpft haben. Wird die Steuervergünstigung genutzt, entfällt grundsätzlich der Anspruch auf Wohnungsbauprämie (→ Kumulierungsverbot). Die Beanspruchung der Steuervergünstigung verlängert gegebenenfalls die Bindungsfrist für den Vertrag auf 10 Jahre. Tabelle s. S. 384.

Stadtentwicklungsplanung, Summe aller Überlegungen, wie sich eine Stadt oder ein Stadtteil sinnvoll entwickeln sollte. Dies schließt die Sozial- und Wirtschaftsstruktur, die kulturellen und Verkehreinrichtungen mit ein. Geregelt im BauBG.

Stadthäuser, oft verwendeter Begriff für einen bestimmten Haustyp. Ein- bis Dreifamilienhäuser mit besonders guter Grundstücksausnutzung (= hoher → GFZ), überwiegend mit Spitzdach.

Bauspargewinn bei optimaler Ausnutzung der Bausparförderung			
Personenkreis	Sparhöchstbetrag und vermögenswirksame Leistungen pro Jahr in DM	Prämie pro Jahr 10%*) Sparzulage 10%**) pro Jahr in DM	Sparleistungen plus Spargewinn nach 7 Jahren***) in DM
Alleinstehende	800 936**)	80,– 93,60	7059 8259
	1736	173,60	15318
Verheiratet (1 Arbeitnehmer)	1600 936	160,– 93,60	14118 8259
	2536	253,60	22377
Verheiratet (2 Arbeitnehmer)	1600 1872	160,– 187,20	14118 16518
	3472	347,20	30636

*) ab 1989   **) ab 1990   ***) 4% Guthabenzins unterstellt

Stadtplanung. In die S. fließen alle baulichen und planerischen Maßnahmen einer Stadt ein, u. a.: Verkehrsplanung, Grünflächenplanung, Versorgungseinrichtungen, Gewerbeansiedlung, Wohnungsbauplanung, Denkmalschutz, Sanierung. Grundlage sind i. d. R. → Bauleitpläne.

Städtebauförderung *(§ 136 BauGB).* Bund und Länder beteiligen sich nach dem StBauFG an den Städtebauförderungsprogrammen. Dieser Programmkatalog umfaßt sowohl die Planung und die Stadtentwicklung als auch Ersatzwohnungsbau in Stadterneuerungsgebieten.

Städtebauförderungsgesetz (StBauFG), ab 1. 7. 1987 in das BauGB integriert. → Entwicklungsvermerk nach dem StBauFG.

Staffelmiete. Für bestimmte Zeiträume kann der Mietzins in unterschiedlicher Höhe schriftlich vereinbart werden. Die Vereinbarung eines gestaffelten Mietzinses darf nur einen Zeitraum von bis zu jeweils zehn Jahren umfassen. Während dieser Zeit ist eine Erhöhung des Mietzinses ausgeschlossen. Der Mietzins muß mindestens ein Jahr unverändert bleiben und in der Höhe ausgewiesen sein. Eine Beschränkung des Mieterkündigungsrechtes ist unwirksam, soweit sie sich auf einen Zeitraum von mehr als vier Jahren seit Abschluß der Vereinbarung erstreckt.

Standard-Baufinanzierung. Baufinanzierungen im Eigenheimbereich sind bei den meisten Instituten mittlerweile durch viele Kreditprogramme (Bausteine) abgedeckt. Dennoch sind Baukredite individuelle Darlehen, bei denen die Beratung und Beurteilung nach den Grundsätzen des Kreditgeschäftes, die Bearbeitung aber soweit als möglich standardisiert erfolgt. → Spezial-Baufinanzierung.

Standort (Lage). Da jedes Immobil zunächst einmal ein völlig individuelles, also auf die Bedürfnisse des Bauherren zugeschnittenes Objekt ist, kommt dem S. bzw. der Lage eine ganz besondere Bedeutung zu. Dies vor allem für den Finanzierer unter dem Gesichtspunkt der Verkäuflichkeit, also der Drittverwendung. Kriterien für die Standortwahl/Bestimmung der Lage sind: Verkehrsanbindung, Infrastruktur, Freizeit-/Schulmöglichkeiten, Gesamtbild der Wohnanlage, Beeinträchtigung durch Gewerbe-/Verkehrseinrichtungen, Immissions-/Lärmbelästigung etc.

Statik, wichtiger Bestandteil der Bauplanung, der Baugenehmigung (durch entsprechende Normen) und anschließend der Bauausführung. Im Baugenehmigungsverfahren wird die S. geprüft und mit Rohbauabnahme bestätigt.

Statiker (Tragwerker), arbeitet Hand in Hand mit dem Architekten und setzt dessen planerische Überlegungen um: Er bestimmt genau die Belastung und die Belastbarkeit der einzelnen Bauteile.

Stauanlagenrecht *(§§ 1018 bis 1029 BGB),* Recht zur Haltung einer Stauanlage in einem Fluß oder Wasserlauf.

StBauFG, → Städtebauförderungsgesetz. Das StBauFG ist ab 1. 7. 1987 in das BauGB integriert. → Entwicklungsvermerk nach dem StBauFG.

steigender Tilgungssatz. Vielfach wird bei Darlehensformen, die zunächst für einige Jahre eine → Tilgungsaussetzung vorsehen, für die späteren Jahre eine Tilgung mit s. T. vorgeschrieben, um die Gesamtlaufzeit (von z. B. rd. 25 bis 30 Jahre) nicht zu überschreiten. Bei Vereinbarung dieser Tilgungsform ist vom Kreditgeber sicherzustellen, daß auch die spätere Belastung tragbar ist und die Finanzierung nicht auf die Anfangsbelastung abgestellt wird.

Stellplätze *(§§ 12, 21a BauNVO),* Flächen im Freien zum Abstellen von Kraftfahrzeugen außerhalb von Verkehrsflächen. Die Verpflichtung über die Stückzahl der zu errichtenden S. ist i. d. R. Auflage der Baugenehmigung. Nicht immer kann diese Pflicht durch Zahlung abgelöst werden. Die Regelung ist in den einzelnen Bundesländern unterschiedlich. → Garagen und Stellplätze. Die spätere Errichtung von S. anstelle der bisherigen zur Wohnanlage gehörenden Grünfläche ist eine bauliche Veränderung, die grundsätzlich eines einstimmigen Beschlusses der Eigentümer bedarf. LG Siegen Beschluß v. 16. 3. 1988 – 4T 307/87.

Sterbetafel. Vom Statistischen Bundesamt ist eine allgemeine S. für die Bundesrepublik Deutschland herausgegeben worden. Daraus ist abzulesen, wie auf der Basis des erreichten Lebensalters die mittlere Lebenserwartung für Männer und Frauen ist (vgl. S. 259). Diese Werte werden z. b. benötigt, um Renten kapitalisieren zu können, auch, um den Wert von Vorlasten annähernd zu ermitteln.

steuerbegünstigter Wohnungsbau. Wohnungen, die ohne öffentliche Mittel errichtet werden, aber Steuer- und Gebührenvergünstigungen grundsätzlich in Anspruch nehmen können und die ggf. zusätzlich mit Mitteln nach § 6 Abs. 2 und 3 des II. WoBauG gefördert werden können, gelten unter bestimmten weiteren Voraussetzungen als steuerbegünstigt:

– keine Überschreitung von Wohnflächengrenzen (nach § 82 Nr. 1 des II. WoBauG): Familienheim mit 1 Wohnung 156 m² Wohnfläche, Familienheim mit 2 Wohnungen 240 m² Wohnfläche, eigengenutzte Eigentumswohnungen 144 m² Wohnfläche, andere Wohnungen 108 m² Wohnfläche;

– keine Förderung nach § 6 Abs. 1 II. WoBauG;

– keine Überschreitung der vorgegebenen gewerblichen Nutzung (max. 50%).

Diese Steuerbegünstigung ist nur noch maßgebend für Objekte, die bis zum 31. 12. 1989 fertiggestellt worden sind. Diese Übergangslösung gilt für insgesamt zehn Jahre. → Vergünstigungen im steuerbegünstigten Wohnungsbau.

Steuerbemessungsgrundlage, Basiswert zur Ermittlung einer Steuerschuld (z. B. der → Einheitsbescheid).

Steuerbescheid, Verwaltungsakt des Finanzamtes, durch den über die Festsetzung einer bestimmten Steuer entschieden wird. Dieser Verwaltungsakt ist nicht formgebunden, also sowohl schriftlich als auch mündlich möglich, er muß nur inhaltlich hinreichend bestimmt sein.

Steuerermäßigung, → Lohnsteuerermäßigungsverfahren. *S. für Kinder:* Wenn die Grundförderung nach § 10e EStG in Anspruch genommen werden kann, so können nach § 34f. EStG auch Anträge auf S. für die zum Haushalt gehörenden Kinder gestellt werden. Die S. beträgt DM 750,– je Kind, wenn das Objekt nach dem 1. 1. 1990 fertiggestellt oder angeschafft wird. Für Objekte, die nach dem 1. 1. 1987 bis einschließlich 31. 12. 1989 gekauft oder fertiggestellt wurden, liegt die S. bei DM 600,– je Kind. Treffen noch die Voraussetzungen nach § 7b EStG zu und liegt eine Eigennutzung vor, so beträgt die S. DM 600,– ab dem 2. Kind.

Steuerersparnis. Die S. aus einer Anlage (z. B. Grundbesitz) bestimmt sich nach den individuellen und sich auch häufig ändernden Verhältnissen. Da alle Anbieter von steuersparenden Anlagen für sich den höchstmöglichen Vorteil herausstellen wollen, besteht die Gefahr, daß die errechneten Steuervorteile sich nicht einstellen. Dies geschieht vor allem deshalb, weil stets Einzelbetrachtungen erfolgen, die Gesamtsituation steuerlich jedoch ganz anders sein kann. Bedenklich ist auch die Anwendung des → Spitzensteuersatzes. Besser und sicherer wäre die Kalkulation auf Basis des Durchschnittssteuersatzes.

Steuerfalle. Steuerliche Gestaltungen, die in der ursprünglichen Auslegung der üblichen, steuerlich voll anerkannten Handhabung entsprechen, können durch nachträgliche Änderungen einen Umkehreffekt erfahren und dadurch zur S. werden. Beispiel: In einer mehr als zwölf Jahre laufenden Lebensversicherung erfolgen Vertragsänderungen innerhalb der Laufzeit. Dadurch ggf. Wegfall der Steuerprivilegien.

Steuerfestsetzung unter dem Vorbehalt der Nachprüfung. Finanzamt und Steuerpflichtiger sind normalerweise an einer raschen Steuerfestsetzung interessiert. Eine S. u. d. V. d. N. (§ 164 AO) ermöglicht dies, ohne daß die zugrunde liegenden Erklärungen umfassend geprüft werden müssen. In der Kreditbearbeitungspraxis ist es empfehlenswert, Bescheide mit einem Vorbehalt nach § 164 AO stets nachzuprüfen und ggf. den endgültigen Bescheid nachzuverlangen.

steuerfreie Entnahme von Grund und Boden. Land- und Forstwirte, Gewerbetreibende und selbständig Tätige konnten bis zum 31. 12. 1988 für die privatgenutzte Wohnung weiterhin den Nutzungswert versteuern, wenn dies auch im Jahre 1986 steuerlich vollzogen wurde. Zum Ende des Veranlagungszeitraumes, zu dem letztmalig der Nutzungswert durch den Steuerzahler erfaßt wird, gelten die selbstgenutzte Wohnung, die Altenteilerwohnung sowie die unentgeltlich ohne gesicherte Rechtsposition einem Dritten überlassene Wohnung als entnommen. Der Entnahmegewinn bleibt nach § 52 Abs. 15 S. 7 EStG unversteuert, wenn er im Zusammenhang mit der Entnahme einer Wohnung steht, für die die Versteuerung des Nutzungswertes entfällt.

steuerliche Behandlung von Veräußerungsgewinnen.
1. Wirtschaftsgüter dienten der Erzielung von Gewinneinkunftsarten (= Betriebsvermögen). Der Veräußerungsgewinn ist in der Regel bei Entstehung steuerpflichtig. Ausnahme: Rücklagenbildung nach § 6b, Rücklage für Ersatzbeschaffung.
2. Wirtschaftsgüter dienten der Erzielung von Überschußeinkunftsarten (= Privatvermögen). Der Veräußerungsgewinn ist in der Regel steuerneutral. Ausnahme: a) Spekulationsgeschäft (§ 23 EStG) bei Immobilien, Frist zwei Jahre, bei anderen Wirtschaftsgütern sechs Monate. b) Anteile an Kapitalgesellschaften, an denen eine wesentliche Beteiligung besteht § 17 EStG.

steuerliche Förderung von Wohneigentum. Unterschieden wird ab 1. 1. 1987 die Grundförderung für das selbstgenutzte Wohneigentum und die steuerlichen Abschreibungsmöglichkeiten für fremdvermietete Immobilien. → Grundförderung § 10e EStG, → degressive AfA, → lineare AfA, → Sonderabschreibung nach § 82 EstDV.

Steuermeßbescheid, Festsetzung des → Steuermeßbetrages bei den Realsteuern durch das Finanzamt mit Feststellung der sachlichen und persönlichen Steuerpflicht nach § 184 AO. Es gelten die Vorschriften für → Steuerbescheide.

Steuermeßbetrag, Grundbetrag zur Errechnung von Realsteuern (z. B. Grundsteuer, Gewerbesteuer), der vom Finanzamt festgelegt wird. Der Meßbetrag wird mit dem von den Gemeinden festgelegten Hebesatz multipliziert und ergibt den zu zahlenden Steuerbetrag.

Steuermodelle, Immobilienanlagen, bei denen die konsequente Ausnutzung der vorhandenen steuerlichen Förderung von Immobilien im Vordergrund steht. Durch ein zusätzliches Paket von Werbungskosten werden die steuerlichen Möglichkeiten entsprechend erweitert. Hier sind zu nennen: → Bauherrenmodell, → Ersterwerbermodell, → Mietkauf, → Bauträgermodell, → Kölner Modell, → Hamburger Modell.

Steuerpflicht *(§ 1 EStG).* Steuerpflichtig sind: natürliche Personen mit Wohnsitz in der Bundesrepublik Deutschland, deutsche Staatsangehörige mit Wohnsitz im Ausland, ausländische Gastarbeiter.

steuerpflichtige Einnahmen bei Grundbesitz, in erster Linie die gesamten Mieteinnahmen inkl. der Einnahmen aus Umlagen. Selbstverständlich werden Einnahmen aus der Vermietung von Garagen, Werbeflächen, Grund und Boden, für Kioske und Verkaufsstände erfaßt. Eigengenutzte Wohnungen (nach der Übergangsregelung) werden mit dem Mietwert berücksichtigt. Hinzuzurechnen sind auch öffentliche Zuschüsse zu Erhaltungs-/Herstellungskosten, soweit sie nicht schon von diesen abgesetzt sind, Aufwendungszuschüsse, Guthabenzinsen auf zwischenfinanzierte Bausparverträge und sonstige Einnahmen.

Steuertabelle, → Einkommensteuertarif.

Steuervergünstigung für vermögenswirksame Leistungen *(§ 15 Abs. 1 5. VermBG).* Arbeitgeber können ihren Arbeitnehmern vermögenswirksame Leistungen freiwillig oder aufgrund von tariflichen Vereinbarungen zufließen lassen. Derartige Aufwendungen sind bis zu 15% der vermögenswirksamen Leistungen, max. jedoch bis DM 3000,– jährlich von der Einkommensteuer abzusetzen. Voraussetzung ist, daß zu einem bestimmten Stichtag nicht mehr als 60 Arbeitnehmer beschäftigt sind. Diese Subvention ist nur möglich für Veranlagungen bis einschließlich Veranlagungszeitraum 1989.

Steuervorteile bei Immobilien

A. Eigengenutzte Objekte (Aktuelles Recht)
- Einfamilienhäuser
- Eigentumswohnungen
- Eigengenutzte Wohnungen im Mehrfamilienhaus

	Art der Förderung
Kauf/Fertigst. nach dem 1. 1. 87	Grundförderung nach § 10 e EStG
Bemessungsgrundlage	Anschaffungs/Herstellungskosten + 50% der Grundstückskosten max. DM 300 000,–
Förderungsumfang	8 Jahre 5% wie Sonderausgaben
Baukindergeld	DM 750,– von der Steuerschuld je Kind für die Dauer der Grundförderung nach § 34 f (bis 31. 12. 89 DM 600 je Kind)
Werbungskosten vor Bezug	volle Abzugsmöglichkeit
nach Bezug	nicht abzugsfähig
Freibetrag	Eintragung eines Freibetrages auf der Lohnsteuerkarte mittels LSt 1 und LSt 3 D für Grundförderung und das Baukindergeld (DM 3000,– je Kind) möglich
zusätzliche Möglichkeiten	– Verteilung der AfA innerhalb der ersten 4 Jahre – nachträgliche Anschaffungs/Herstellungskosten sind voll im Nachhinein absetzbar, wenn Höchstbetrag nicht ausgenutzt wurde – Sonderafa nach § 82 a für bestimmte Aufwendungen möglich – Objektbeschränkung, aber Übertragung auf Folgeobjekt möglich
Objektbeschränkung	– Grundförderung ist

beschränkt auf 1 Objekt je Steuerpflichtigen,
- Eheleute können folglich 2 Objekte nutzen (nicht gleichzeitig!)
- § 7 b AfA wird angerechnet (Stichtag 1. 1. 1965).

B. Eigengenutzte Objekte (altes Recht)
- Einfamilienhäuser
- Eigentumswohnungen
- Einfamilienhäuser mit Einliegerwohnung

	Art der Förderung
Kauf/Fertigstellung vor dem 1. 1. 1987	Nutzungswertbesteuerung nach § 21 a EStG mit 1,4% des Einheitswertes
Bemessungsgrundlage	Anschaffungs/Herstellungskosten des Gebäudes max. DM 200 000,– für EFH/ETW max. DM 250 000,– für 2 FH
Förderungsumfang	8 Jahre 5% nach § 7 b EStG
Übergangsregelung	jetzt unverändert, nur als Sonderausgabe nach § 10 e EStG
Sonderregelung 2 FH	– die DM 250 000,– übersteigenden Gebäudekosten können linear nach § 7.4 EStG mit 2% abgeschrieben werden. – Restwertafa ist nach 8 Jahren bei Teilvermietung möglich: 40 Jahre 2,5% des Restwert – oder alternativ alle Baukosten können degressiv nach § 7.5 EStG wie folgt abgeschrieben werden: 8 Jahre 5% 6 Jahre 2,5% 30 Jahre 1,25%

389

Steuervorteile bei Immobilien

Baukindergeld	– DM 600,– von der Steuerschuld ab 2. Kind nur in Verbindung mit § 7 b AfA
Werbungskosten vor Bezug nach Bezug	volle Abzugsmöglichkeit bei selbstgenutztem EFH/ETW nur bis zu 1,4% des Einheitswertes bei 2 FH voll abzugsfähig
Miete	– fiktiver Mietwert bei Eigenutzung mit 1,4% des Einheitswertes – bei Teilvermietung Einkünfte aus V + V, für eigengenutzte Wohnung wird entsprechender Mietwert versteuert
Freibetrag	– Eintragung Freibetrag nur in Verbindung mit § 7 b möglich
Sonderafa	nach § 82 a EStDV für bestimmte Aufwendungen (Heizung) 10 Jahre 10%
Übergangsregelung	– Die Nutzungswertbesteuerug ist gültig bis 31. 12. 98. Wechselmöglichkeit jederzeit, aber dann unwiderruflich.

C. Vermietete Objekte
– zum Zeitpunkt der Anschaffung bereits älter als 1 Jahr

	Art der Förderung
Fertigstellung	lineare AfA nach § 7.4 EStG
vor dem 1. 1. 25	40 Jahre 2,5%
nach dem 31. 12. 24	lineare AfA nach § 7.4. EStG 50 Jahre 2%
Bemessungsgrundlage	Gebäudekosten
Begünstigter	Erwerber
Nutzung der AfA	zeitanteilig (volle Monate)
Förderungsumfang	keine Objektbeschränkung

Werbungskosten Mieten	voll abzugsfähig sind als Einnahmen zu versteuern
Sonderregelung	vermietete EFH/ETW und EFH mit Einliegerwohnung (s. a. Eigengen. Objekte altes Rech)
Sonderafa	§ 82 a EStDV wegen bestimmter Anlagen und Einrichtungen möglich

– als Bauherr oder Erwerber im Jahr der Fertigstellung, wobei der Vorbesitzer nicht abgeschieben haben darf

	Art der Förderung
vor dem 30. 7. 81	degr. AfA nach § 7.5 EStG 12 Jahre 3,5% 20 Jahre 2 % 18 Jahre 1%
nach dem 29. 7. 81	8 Jahre 5% 6 Jahre 2,5% 36 Jahre 1,25%
nach dem 28. 2. 89	4 Jahre 7% 6 Jahre 5% 6 Jahre 2% 24 Jahre 1,25%
Bemessungsgrundlage	Gebäudeherstellungskosten
Begünstigter	Bauherr/Erwerber i. J. d. F.
Förderungsumfang	keine Objektbeschränkung
Nutzung der AfA Werbungskosten Mieten	voll (nicht zeitanteilig) voll abzugsfähig als Einnahmen zu versteuern
Sonderregelungen Bauantrag nach 2. 10. 89	Erhöhte AfA nach § 7 c EStG 5 Jahre lang 20%
Bemessungsgrundlage	Herstellungskosten max. 60 000,– je Wohnung, darüber hinaus lineare AfA von 2%
Begünstigte Objekte	neugeschaffene Mietwohnungen in bestehenden Gebäuden

Voraussetzung	Fremdvermietung innerhalb des 5-jährigen Begünstigungszeitraumes Vermietung an nahe Angehörige möglich
Förderungsziel	Dachgeschoßausbauten, Anbauten und Umbauten von bislang gewerbl. oder landwirtschaftlich genutzen Räumlichkeiten zu Wohnzwecken
Bauantrag nach dem 1. 3. 89 oder Erwerb i. J. d. F.	Absetzung für Wohnungen mit Sozialbindung § 7 k EStG 5 Jahre 10% 5 Jahre 5% 30 Jahre 0,5%
Bemessungsgrundlage Fertigstellung Sozialbindung	Herstellungskosten bis 1. 1. 1993 Vermietung nur gegen Wohnberechtigungsschein und zu vorgeschriebenen Höchstmieten für mind. 10 Jahre

Voraussetzung	Der Vorbesitzer darf keine AfA in Anspruch genommen haben
Bauantrag nach 28. 2. 89 nur wenn Bauteile zu Wohnzwecken dienen	4 Jahre 7% 6 Jahre 5% 6 Jahre 2% 24 Jahre 1,25%
steuerfreie Entnahme aus dem Betriebsvermögen	§ 6 Abs. 1 Nr. 4 Satz 4 EStG Gebäude, die zu einem BV gehören, können einschl. dazugehörigem Grund- oder Boden mit dem Buchwert steuerneutral in Privatvermögen übernommen werden
Voraussetzung	Umgestaltung zu Wohnzwecken im Anschluß an Entnahme, die Räumlichkeiten dienten nicht Wohnzwecken, Sozialbindung § 7 k EStG
Zeitpunkt	Entnahme ab Wirtschaftsjahr 1989

D. Gewerbeimmobilien
- Voraussetzung: Zugehörigkeit zu einem Betriebsvermögen

	Art der Förderung
Baugenehmigung vor dem 1. 1. 25	Lineare AfA § 7.4 Nr. 2 b EStG 40 Jahre 2,5%
nach dem 31. 12. 24	Lineare AfA § 7.4 Nr. 2 a EStG 50 Jahre 2%
nach dem 31. 3. 85	Lineare AfA § 7.4 Nr. 1 EStG 25 Jahre 4%
Voraussetzung	nicht Wohnzwecken dienend
Bemessungsgrundlage oder alternativ bei Neubau/Erwerb im Jahr der Fertigstellung	keine Objektbeschränkung degr. AfA nach § 7.5 EStG 8 Jahre 5%
Baugenehmigung vor dem 31. 3. 85 nach dem 31. 3. 85	6 Jahre 2,5% 36 Jahre 1,25% 4 Jahre 10% 3 Jahre 5% 18 Jahre 2,5%

E. Sonderabschreibungen
- Sanierungsgebiete
- Denkmale

	Art der Förderung
Begünstigte Maßnahme	Wiederherstellung von Gebäuden in Sanierungs- und städtebaulichen Entwicklungsgebieten erhöhte AfA nach § 7 h EStG 10 Jahre 10%
Umfang Bemessungsgrundlage	Herstellungskosten, die nicht durch Zuschüsse gedeckt sind
begünstigte Maßnahme	Erhaltungsaufwand bei derartigen Objekten Sonderbehandlung von Erhaltungsaufwand nach § 11 a EStG
Umfang	Verteilungsmöglichkeiten als Werbungskosten auf 2–5 Jahre
Anwendung	Erhaltungsaufwand nach dem 31. 12. 89

Steuervorteile bei Immobilien

Begünstigte Maßnahme	Wiederherstellung von Baudenkmalen erhöhte AfA nach § 7 i EStG 10 Jahre 10%
Bemessungsgrundlage	nur die Herstellungskosten für Gebäude und Gebäudeteile, die den öffentlich rechtlichen Bindungen des Denkmalschutzes der Länder unterliegen
Begünstigte Maßnahme	Erhaltungsaufwand bei Baudenkmalen Sonderbehandlung von Erhaltungsaufwand nach § 11 b EStG Verteilung auf 2−5 Jahre als Werbungskosten
Anwendung	Erhaltungsaufwand nach dem 31. 12. 89
Bemessungsgrundlage	Der nicht durch Zuschüsse gedeckte Teil der Erhaltungsaufwendungen
Begünstige Maßnahmen	Aufwendungen an eigengenutzten Objekten in Sanierungs- und städtebaulichen Entwicklungsgebieten Steuerbegünstigung nach § 10 f EStG 10 Jahre 10% wie Sonderausgaben
Bemessungsgrundlage	Erhaltungsaufwand
Objektbeschränkung	1 Objekt je Steuerpflichtigen, Eheleute 2 Objekte (Objektverbrauch § 7 b oder 10 e wird nicht angerechnet)
Anwendung	Fertigstellung der Maßnahmen nach dem 31. 12. 89

F. Sonderregelung für Berlin
− Grundlage sind die Bestimmungen des EStG und des Berlinförderungsgesetzes

	Art der Förderung
EFH/ETW	nach § 15 BerlinFG (analog § 7 b EStG)
2 FH	2 Jahre 10%
Altregelung	10 Jahre 3%
Neuregelung	§ 15 b BerlinFG (analog § 10 e EStG)
ab 1. 1. 87	2 Jahre 10% 10 Jahre 3% wie Sonderausgaben
Alternativregelung Voraussetzung	steuerbeg. oder frei finanzierter Wohnungsbau, mind. 3 Jahre eig. Wohnzwecken dienend AfA innerhalb der ersten 3 Jahre bis zu 50% max. von DM 300000,–
Mahrfamilienhäuser Grundlage	mehr als 2 Wohnungen § 14 a Berlin FG mind. zu 66 2/3 Wohnzwecken dienend
Begünstigte	Bauherr/Erwerber i. J. d. F. 2 Jahre 14% 10 Jahre 4% danach 3,5 AfA vom Restwert
weitere Förderungsmaßnahmen	Ausbauten und Erweiterungen in Mehrfamilienhäusern, wenn die ausgebauten oder neu hergestellten Gebäude zu mehr als 80% Wohnzwecken dienen § 14 a Berlin FG
Förderung Alternativ dazu	AfA innerhalb der ersten 3 Jahre bis zu 50%, dann Restwertafa
Voraussetzung	keine öffentliche Förderung innerhalb von 5 Jahren, 80% Wohnzwecke
Förderungsmaßnahme	Erhöhte AfA für Modernisierung § 14 b Berlin FG 50% in den ersten 3 Jahren dann Restwert in 5 gleichen Jahresraten

Voraussetzung	abzusetzen Fertigstellung Gebäude vor 1. 1. 61
	66 2/3 Wohnzwecken dienend Bescheinigung des zuständigen Senators für Bau- u. Wohnungswesen
Bauantrag nach dem 2. 10. 89	§ 14 c Berlin FG
	3 Jahre 33 1/3% oder alternativ 100% im Jahre der Fertigstellung
Bemessungsgrundlage	75 000,– je Wohnung
Begünstigte Objekte	Neugeschaffene Mietwohnungen in bestehenden Gebäuden
Voraussetzng	Fremdvermietung für mind. 4 Jahre

Stillhalteerklärung. Die Erbbaurechtsausgeber sind i. d. R. nicht bereit, mit dem Erbbauzins hinter die Grundpfandrechte aller Gläubiger zurückzutreten. Ohne eine S., die eine öffentlich beglaubigte Erklärung des Grundstückseigentümers sein sollte, ist eine Finanzierung kaum möglich. Ansonsten hat dies Auswirkungen auf die Bewertung. Beleihung von → Erbbaurechten.

Stimmrecht (Eigentümerversammlung) *(§ 25 Abs. 2 WEG)*. Das S. steht ausschließlich dem Eigentümer zu, als demjenigen, der im Grundbuch eingetragen ist. Der Auflassungsberechtigte hat lt. Grundsatzentscheidung des BGH vom 1. 12. 1988 NJW 1989, 1087 ff. kein Stimmrecht. Das Stimmrecht kann grundsätzlich mittels einer Stimmrechtsvollmacht auf einen Dritten übertragen werden. Die Beschlußfähigkeit einer Eigentümerversammlung errechnet sich nach den Miteigentumsanteilen lt. Grundbuch-Teilungs-

erklärung. Die Beschlußmehrheit innerhalb einer Versammlung errechnet sich nach den stimmberechtigten anwesenden Personen, soweit die Gemeinschaftsordnung nichts Gegenteiliges vorsieht. Bei Mehrheitsentscheidungen ist darauf zu achten, daß nach letzter Rechtsprechung von 1989 Stimmenthaltungen nicht als Nein-Stimmen, sondern gar nicht zählen. Es sollte daher grundsätzlich bei der Stimmenauswertung die Ja-Stimmenzahl positiv ausgewertet werden. § 25 Abs. 5 WEG regelt die Stimmrechtsausschlüsse (gesetzliches Verbot wegen Interessenkollision).

Stockwerkseigentum, veraltete Eigentumsform, deren heutige Bedeutung nur noch gering ist. Da die klaren Vereinbarungen und gesetzlichen Grundlagen des WEG fehlten, waren Streitigkeiten an der Tagesordnung. Der wesentliche Unterschied ist, daß S. nicht auf in sich abgeschlossene Hausteile beschränkt war, sondern auch auf einzelne Räume begründet werden konnte. S. ist daher nicht beleihbar. Beachte ggf.: Landesrecht Bad.-Württ. BGB Ausführung Art. 226 und 227.

Strafregister. Alle strafgerichtlichen Verurteilungen mit ihren Nebenfolgen werden in das in Berlin geführte Bundeszentralregister eingetragen. Das Register enthält strafgerichtliche Verurteilungen, Entmündigungen, Entscheidungen von Verwaltungsbehörden und Gerichten, Vermerke über Schuldunfähigkeit. Im Bundeszentralregistergesetz ist bestimmt, nach Ablauf welcher

Fristen die eingetragenen Verurteilungen getilgt werden. Bestimmte Eintragungen sind hiervon ausgenommen.

Straßennamen. Sowohl S. als auch Flurbezeichnungen sollten bei Beleihungen evtl. mit beachtet werden, sind doch darüber oftmals Hinweise darauf zu erhalten, wie der Baugrund beschaffen ist oder war (Wasser, Moor etc.). Im Bereich möglicher Altlasten ergeben sich auch Hinweise auf frühere Nutzungen (Kokereien, Gaswerke, Bergwerke etc.).

Streu- und Reinigungspflicht des Haus- und Grundbesitzers. Der Haus- und Grundbesitzer hat während des ganzen Jahres für die Verkehrssicherheit der in seiner Obhut stehenden Verkehrsflächen Sorge zu tragen. Diese Verkehrssicherungspflicht beinhaltet die Verpflichtung, für eine gefahrlose Benutzung der Wege, Plätze und Einfahrten zu sorgen. Die vorsätzliche oder fahrlässige Verletzung der Pflicht führt zu einer Haftung nach § 823 BGB. Haftende sind Eigentümer oder Anlieger. Die Auslegung „Anlieger" ist in den einzelnen Bundesländern unterschiedlich wie auch der Haftungsumfang. Allgemeine Räum- und Streupflichten beginnen am Morgen mit dem Einsatz des Verkehrs um 7 Uhr und enden am Abend um 20 Uhr. An Sonn- und Feiertagen beginnt die morgendliche Frist später. In den einzelnen Bundesländern gibt es Sonderregelungen.

Strohmann/Scheingeschäft *(§ 117 BGB).* Wird eine Willenserklärung, die einem anderen gegenüber abzugeben ist, mit dessen Einverständnis nur zum Schein abgegeben, so ist sie nichtig. Wird jedoch durch ein Scheingeschäft ein anderes Rechtsgeschäft verdeckt, so finden die für das verdeckte Rechtsgeschäft geltenden Vorschriften Anwendung.

Strukturhilfegesetz, dient der Förderung des Städtebaus. Im Zusammenhang mit den notwendigen Maßnahmen in den Städten und Gemeinden der DDR werden die Mittel in diesem Bereich wesentlich verstärkt werden. Weitere Förderungsmaßnahmen werden durch Bundesfinanzhilfen für die Stadtsanierung zur Verfügung gestellt. Die Privatinitiative wird gefördert durch Sonderabschreibungsmöglichkeiten.

Studentenwohnungsbau, am 3. 10. 1989 wirksam gewordenes Förderungsprogramm des Bundes für das Jahr 1990. Zur Förderung von etwa 20 000 Wohnheimplätzen werden Zuschüsse von 300 Mio. DM zur Verfügung gestellt. Die Bundesländer haben eine Mitwirkungspflicht in gleicher Höhe (15 000,– DM je Wohnung).

Stützrecht *(§§ 1018 bis 1029 BGB),* Recht zum Stützen eines Bauwerkes oder eines Teiles (Balken, Mauern) auf einem anderen (dienenden) Grundstück. Kann bei einer Beleihung unberücksichtigt bleiben, falls es das dienende Grundstück in der Nutzung nicht stark einschränkt.

Stufentilgung. Bei der S. sind konstante Tilgungen nicht vorgesehen, sondern die Rückführung des Kredites oder Kreditteiles erfolgt in festen, vorher zeitlich festgelegten Stufen, z. B. beim Bankvorausdarlehen im → Tandem-/ Tridemverfahren.

Stundung. Stundungsersuchen kommen in der Praxis häufig vor. In der Wohnungsbaufinanzierung besteht allerdings die Gefahr, daß die Nachholung gestundeter Raten die ohnehin hohen Monatsbelastungen noch weiter erhöht. Eine S. ist am wirkungsvollsten, wenn die Raten an das Ende der Gesamtzahlungen angehängt werden können. Wegen der langen Darlehenslaufzeit ist dies aus Kostengründen im Wohnungsbaufinanzierungsbereich nicht möglich. Eine S. erhöht die Zinsbelastung beträchtlich. Da der Tilgungsanteil der ersten Jahre in der Monatsrate relativ gering ist, dürfte die Inanspruchnahme von Überziehungskrediten billiger sein als eine S.

Substanzausschüttungen, Zahlungen aus diversen Geldanlageformen, die zu Lasten der Substanz gehen und nicht aus der Anlage verdient werden. Ausschüttungen dieser Art sind irreführend bei der Renditeermittlung. Zu den S. sind auch Mietzahlungen aufgrund von Mietgarantien zu rechnen, wenn der Endmieter letztlich eine nicht kostendeckende Miete zahlt. Hierdurch kann es dann zu einer nachträglichen → Vorsteuerkorrektur kommen.

Subunternehmer, Zulieferer und Unternehmer für Teilbereiche für den Bauunternehmer. Beispiele: Rohbauer, Dachdecker, Sanitär-, Heizungsbauer usw.

Surrogationsanspruch *(§ 92 ZVG),* Wertansatz für erlöschende Rechte. Erlischt ein nicht auf eine Zahlung ausgerichtetes Recht durch einen Zuschlag, so tritt an die Stelle des Rechts der Anspruch auf Wertersatz aus dem Erlös.

T

Tagwerk, ältere Bezeichnung für die (mögliche) Tagesarbeitsleistung eines Facharbeiters.

Tandem-/Tridemverfahren. Bankvorausdarlehen werden getilgt durch einen oder mehrere Bausparverträge oder Lebensversicherungen. Werden zwei Verträge nacheinander verwendet, spricht man vom Tandemverfahren. Hier sind meist jeweils 50% der ursprünglichen Kreditsumme über Bausparvertrag oder Lebensversicherung zu besparen. Ist der 1. Vertrag bespart, erfolgt daraus eine Teilablösung (Stufentilgung), danach wird der 2. Vertrag bespart. Das gleiche Konzept kann auch in drei Stufen realisiert werden. Dies wird dann als Tridemverfahren bezeichnet. Hier können drei praktisch gleich hohe Bausparverträge nacheinander bespart werden. Es besteht auch die Möglichkeit, die Stufen völlig individuell (z. B. 20%, 30% und 50% Bausparsumme) zu wählen. Lediglich eine Mindestbesparung (= Mindesttilgung) von 1% der Darlehenssumme sollte nicht unterschritten werden.

Tankstellenrecht *(§§ 1090 bis 1093 BGB).* In den letzten Jahren sind häufig Tankstellendienstbarkeiten als beschränkt persönliche Dienstbarkeiten in die Grundbücher eingetragen worden. Den Mineralölkonzernen als Berechtigten der Dienstbarkeit steht danach meist das ausschließliche Recht zu, auf dem Grundstück Motoren-, Treib- und Schmierstoffe jeder Art zu lagern und zu vertreiben sowie eine Tankanlage nebst Baulichkeiten und unterirdischen Tanks zu errichten, zu unterhalten und zu betreiben und die Ausübung dieser Dienstbarkeit einem Dritten zu überlassen. Meist wird das T. für einen längeren Zeitraum (üblich 25 bis 30 Jahre) bestellt.

Tarifreform, Neugestaltung der Einkommensteuertarife im Rahmen der Steuerreform. Dabei sind alle vier Tarifzonen mit einbezogen worden:

		Ledige	Verheiratete
1. Grundfreibetrag (völlig steuerfrei)	bis	5 616,–	11 232,–
2. untere Progressionszone (Steuersatz gleichbleibend 19%)	bis	8 154,–	16 308,–
3. Progressionszone (Steuerbelastung von 19% bis 53%)	bis	120 041,–	240 083,–
4. obere Proportionalzone (mit Spitzensteuersatz von 53% belastet).	ab	120 042,–	240 084,–

Taxkosten. Wertgutachten von Immobilien werden mit sehr unterschiedlichem Aufwand erstellt. Diese Kosten werden entweder auf Promillebasis vom ermittelten Wert oder mit Pauschalpreisen (z. B. bezogen auf den Kreditbetrag) abgegolten. Üblich ist auch, diese Kosten an die Kreditnehmer weiterzugeben. Die (unterschiedlichen) T. sind von der PangV nicht erfaßt.

technische Lebensdauer von baulichen Anlagen und Bauteilen. Zur Bewertung sind Hilfestellungen notwendig. Anhaltspunkte ergeben sich aus der Anlage 5 der WertR, zu beachten besonders bei Heizungsanlagen und Aufzügen.

technische Wertminderung *(§ 17 Wert-VO),* Minderung des Herstellungswertes wegen Alters, Baumängeln oder Bauschäden. Ist dies z. B. auf unterlassene Instandhaltung zurückzuführen, sollten die Kreditgeber sorgfältig die Ursachen und die Einstellung des Eigentümers zu seinem Besitz prüfen.

Teilabtretung einer Hypothek *(§ 1152 BGB).* Eine Hypothek kann nicht ohne Forderung und eine Forderung nicht ohne Hypothek übertragen werden. Die Abtretung ist nur bei Briefhypotheken möglich. Bei Buchhypotheken müßte daher ggf. zuerst ein Brief gebildet werden.

Teilauszahlungen. Bei der Finanzierung von Neubauten ist zumeist eine Zwischenfinanzierung der Endfinanzierungsmittel erforderlich, um die Baufertigstellung zu ermöglichen. Der Endfinanzierer nennt in der Darlehenszusage oder in den Darlehensbedingungen die Auszahlungsvoraussetzungen und legt dabei auch die Quoten möglicher T. fest. Teilauszahlungsbeträge werden vielfach mit einem um bis zu 1% erhöhten Satz verzinst, da mit T. zusätzliche Verwaltungskosten einhergehen. → Auszahlungsraten.

Teilbaugenehmigung, Baugenehmigung für bestimmte einzelne Bauabschnitte, ohne daß damit die Baugenehmigung für das gesamte Bauvorhaben sichergestellt ist. Vorsicht bei Gesamtfinanzierung.

Teilbausparsumme, neue Tarif-Variante einiger Bausparkassen. Die bisherige normale Teilung eines Bausparvertrages sah auch die anteilige Teilung des Guthabens vor. Die neue Form ermöglicht, das Guthaben nach Belieben des Kunden auf die neugebildeten Verträge zu verteilen. Die für Zuteilung erforderliche → Bewertungszahl wird für jeden geteilten Vertrag neu berechnet, und zwar so, als ob jeder Vertrag vom ursprünglichen Vertragsbeginn an in der jetzt neu gebildeten Form bestanden hätte. Hierdurch kann eine schnellere Zuteilung für einen Teilvertrag erreicht werden. Gleichzeitig ist der Bausparer von Vertragsbeginn an flexibler, da er unabhängig von späteren Erfordernissen eine relativ hohe Vertragssumme abschließen kann, die während der Laufzeit je nach Bedarf in Anspruch genommen werden kann.

Teileigentum *(§ 1 WEG),* → Sondereigentum an nicht zu Wohnzwecken dienenden Räumen eines Gebäudes in Verbindung mit dem Mieteigentumsanteil an dem gemeinschaftlichen Eigentum, zu dem es gehört. Es unterscheidet sich vom Wohnungseigentum nur durch seine Zweckbestimmung. Nicht zu Wohnzwecken bestimmt sind z. B. Ladengeschäfte, Praxisräume, Lagerräume, Büroräume. Für das T. gelten die Vorschriften über das Wohnungseigentum entsprechend.

Teileigentumsgrundbuch. Wird von einem Eigentümer ein Hausgrundstück in Wohnungseigentum aufgeteilt, so wird von Amts wegen für jedes Wohnungs- und Teileigentum ein eigenes Grundbuchblatt angelegt. Das Teileigentumsgrundbuchblatt wird angelegt für Miteigentumsanteile, die mit dem Sondereigentum an nicht Wohnzwecken dienenden Räumen verbunden werden. Bei Beleihungen sollte daher hier geprüft werden, inwieweit die beabsichtigte Nutzung durch die Rechtslage gesichert ist.

Teil eines Grundstücks. Ein T. e. G. kann erst nach Abschreibung von dem ursprünglichen Grundstück belastet werden, der Anteil (Bruchteil) eines Miteigentums ohne weiteres. Die Belastung von ideellen Anteilen an einem Grundstück ist wegen der im Ernstfall zu erwartenden Auseinandersetzungsschwierigkeiten mit besonderer Vorsicht vorzunehmen (→ Zwangsversteigerung zur Aufhebung der Bruchteilgemeinschaft). Auch bei der Belastung realer Teile ist Vorsicht geboten, da auch diese i. d. R. schwer zu verwerten

sind. Gehört ein Grundstück mehreren Personen zur gesamten Hand, z. B. Eheleuten, so kann es nur als ganzes belastet werden. Mehrere Grundstücke können jedoch gemeinsam belastet werden.

teilentgeltlicher Erwerb. Wird ein Grundstück teilentgeltlich erworben (z. B. durch eine gemischte Schenkung), so ist der Erwerb nur insoweit nach § 10e EStG begünstigt, als er entgeltlich erfolgt. Die Bemessungsgrundlage für den Sonderausgabenabzug sind die Teilanschaffungskosten. Diese Handhabung wurde von den Finanzgerichten schon beim alten § 7b angewendet und ist jetzt auch für den § 10e verfügt worden. Die Kürzung der Bemessungsgrundlage erfolgt also im Verhältnis entgeltlicher/unentgeltlicher Erwerb. In der Praxis sind derartige Überprüfungen von Kaufpreisen nur schwer möglich, bei Verträgen unter Verwandten empfiehlt sich dies trotzdem.

Teilerbbaurecht *(§ 30 WEG).* Wenn sich die Einräumung des Sondereigentums an einem Erbbaurecht auf nicht zu Wohnzwecken dienende Räume bezieht, so handelt es sich um ein T., für das die Vorschriften des Wohnungserbbaurechtes gelten.

Teilrückzahlungen. Nicht bei allen Darlehensformen sind T. möglich. Während z. B. das Bankvorausdarlehen genau darauf angelegt ist, mit größeren T. (bei Zuteilung der Bausparverträge) getilgt zu werden, führen z. B. bei Festzinsdarlehen nicht vereinbarte T. zur Fälligkeit von Entschädigungsforderungen.

Teiltilgungsmodell, Begriff im Zusammenhang mit → Immobilienleasing. Aus den Zahlungen des Leasingnehmers wird für das Fremdkapital zur Finanzierung des Objektes während der Grundmietzeit lediglich in Höhe der linearen AfA getilgt. Hierdurch verbleibt am Ende der Mietzeit eine Restverbindlichkeit. Diese Restverbindlichkeit kann aus dem Verkaufserlös bei Ausübung der Kaufoption durch den Mieter getilgt werden. → Volltilgungsmodell.

Teilungserklärung *(§ 8 WEG),* Erklärung eines Grundstückseigentümers gegenüber dem Grundbuchamt gemäß § 8 WEG, daß das Eigentum an dem Grundstück in Miteigentumsanteile aufgeteilt und mit jedem Miteigentumsanteil das Sondereigentum an bestimmten Räumlichkeiten des vorhandenen Gebäudes oder von noch zu errichtenden Gebäuden verbunden sein soll. Die Teilung wird wirksam mit der Anlegung von eigenen Wohnungsgrundbüchern. Dadurch ist es möglich, diese Miteigentumsanteile selbständig zu belasten. Inhalt der T. ist u. a.: Bezeichnung der konkreten Gebäudeteile, die Sonder-, Teil- bzw. Gemeinschaftseigentum sind; Bezeichnung besonderer Nutzungsrechte (z. B. Stellplatz) etc.

Teilungsgenehmigung *(§ 19 BauGB, § 20 BauGB-Versagung, § 21 BauGB-Genehmigung).* Die Teilung eines Grundstücks bedarf zu ihrer Wirksamkeit nach § 19 BauGB der Genehmigung durch die zuständige Behörde.

Teilungsmasse *(§§ 107, 114 ZVG),* besteht aus dem → Bargebot und den Bargebotszinsen vom Tage des Zuschlages einschließlich bis zum Tage vor dem Verteilungstermin.

Teilungsmassenfeststellung *(§ 107 ZVG).* In dem Verteilungstermin ist festzustellen, wieviel die zu verteilende Masse beträgt. Zu der Masse gehört auch der Erlös aus denjenigen Gegenständen, welche besonders versteigert oder anderweitig verwertet worden sind.

Teilungsplan *(§ 113 ZVG),* → Verteilung des Versteigerungserlöses.

Teilungsversteigerung *(§§ 180 bis 185 ZVG),* → Zwangsversteigerung zur Aufhebung einer Gemeinschaft.

Teilvalutierungszuschlag. Ein T. wird entweder als einmalige Gebühr oder in Form eines zunächst erhöhten Zinssatzes (geregelt in den Darlehensbedingungen) erhoben. Er stellt einen Ausgleich dar für den zusätzlichen Aufwand, der mit einer Auszahlung eines Kredites in diversen Teilbeträgen verbunden ist. Mit diesem T. ist vielfach auch die vorab erforderliche Bautenstandskontrolle abgegolten.

teilweise Nutzung einer Wohnung zur Einkunftserzielung. Werden Teile der Wohnung für freiberufliche, gewerbliche oder berufliche Zwecke genutzt (→ Arbeitszimmer), so liegt keine Nutzung zu eigenen Wohnzwecken vor. Die Bemessungsgrundlage für die Grundförderung nach § 10e EStG ist daher anteilig zu kürzen.

Tenant improvement (Nachvermietungsinvestition). Eine Nachvermietung macht i. d. R. eine neue Investition erforderlich: Modernisierung, Renovierung usw. Kosten ca.100 − 200 DM/m².

Terminbestimmung *(§§ 37ff. ZVG).* Der Zwangsversteigerungstermin wird vom Amtsgericht unter Wahrung der gesetzlichen Bestimmungen festgelegt und veröffentlicht.

Testament, letztwillige Verfügung eines Erblassers. Auch durch ein T. können Grundstücke vererbt werden. Die meist unentgeltliche Übernahme von Grundbesitz bedeutet, daß oftmals keine Abschreibungen mehr vorgenommen werden können. Allerdings ist die Fortführung von Abschreibungen (wie bislang vom Erblasser praktiziert) möglich. Grundbesitz wird mit 140% des Einheitswertes vererbt, Belastungen werden in voller Höhe gegengerechnet.

Testamentsvollstrecker *(§§ 2197 bis 2228 BGB).* Der Erblasser kann durch → Testament einen oder mehrere T. ernennen. Damit hat der T. die letztwilligen Verfügungen des Erblassers auszuführen und die Auseinandersetzung unter den Erben zu bewirken. Er hat den Nachlaß zu verwalten und kann über die Nachlaßgegenstände verfügen, so-

mit auch Grundstücke belasten. Er muß sich bei seiner Tätigkeit von den Grundsätzen einer ordnungsgemäßen Verwaltung leiten lassen. Um die Befugnisse des T. prüfen zu können, sollte man sich das Testamentsvollstreckungszeugnis vorlegen lassen. Die Erben können nicht verfügen und auch den T. nicht entlassen.

Testamentsvollstreckungsvermerk. Der T. ist gleichzeitig mit der Eintragung der Erben im Grundbuch einzutragen. Durch diese Verfügungssperre wird das Grundbuch blockiert.

Tierhaltungsverbot *(§§ 1018 bis 1029 BGB),* Verbot zur Haltung von Tieren. Kann bei der Beleihung und Bewertung außer Ansatz bleiben.

Tilgung, regelmäßige Leistung des Darlehensnehmers zur Rückzahlung seines Darlehens. Die T. erfolgt meist in zeitlich festgesetzten (monatlich, vierteljährlich, halbjährlich, jährlich), gleichbleibenden Raten. Die Höhe der T. entscheidet über die Gesamtlaufzeit des Darlehens. Der zusätzliche Tilgungseffekt aus dem Annuitätenprinzip führt mit der Normaltilgung zur Laufzeitverkürzung. Die Verrechnung der Tilgungsleistungen ist unterschiedlich. Durch das BGH-Urteil sind alle Marktteilnehmer sensibilisiert. Der Finanzierungskunde ist gut beraten, sich diesen Teil der Darlehensbedingungen genau erklären zu lassen.

Tilgungsaussetzung. Eine T. wird normalerweise vereinbart, wenn ein Tilgungsersatz vorgesehen ist. Dies kann z. B. eine Lebensversicherung oder ein Bausparvertrag sein. Eine T. ist vor allem für Finanzierungen von vermieteten Objekten empfehlenswert, da Tilgungen zur Verringerung der Zinsbelastungen und damit zu einer Verschlechterung der steuerlichen Absetzungsmöglichkeiten führen. Nicht sinnvoll ist es, bei eigengenutzten Objekten eine längere T. zu vereinbaren, um z. B. damit erst eine Finanzierung tragbar zu machen. Die T. ist natürlich auch eine mögliche Hilfeleistung bei problematischen/gefährdeten Darlehen.

Tilgungsbeitrag, von den Bausparkassen verwendeter Begriff für den insgesamt zu zahlenden Beitrag. Enthält somit Zins- und Tilgungsanteil sowie teilweise auch die Prämie für die Risiko-Lebensversicherung.

Tilgungsdauer. Die Tilgung und damit die Laufzeit eines Darlehens hängen von der Höhe der Tilgungsleistung, der Tilgungsverrechnung und dem sich aus der Nominalzinshöhe zusätzlich ergebenden Tilgungsanteil der ersparten Zinsen (bei Annuitätendarlehen) ab. Üblich sind bei Wohnungsbaudarlehen Laufzeiten zwischen zehn (Bauspardarlehen) und etwa 30 Jahren (Hypothekendarlehen).

Tilgungsersatz, bei Baudarlehen: Kapitallebensversicherungen, Bausparverträge oder Kontensparverträge. Die Tilgung kann bei Fälligkeit in einem Betrag oder auch in mehreren Tilgungsstufen erfolgen. T. sollte vorwiegend

dann eingesetzt werden, wenn entweder die Verträge schon längere Zeit bestehen und als Belastung weiter bestehen würden, oder wenn steuerliche Gründe dies als sinnvoll erscheinen lassen.

tilgungsfreie Jahre. Im Gegensatz zur → Tilgungsaussetzung kann die Vereinbarung von t. J. dann sinnvoll sein, wenn z. B. die volle Tilgungsleistung zunächst auf einen Finanzierungsbaustein konzentriert werden soll. Möglich ist auch, nach t. J. anschließend steigende Tilgungssätze zu vereinbaren. Vorsicht: Es darf nicht nur auf die Anfangsbelastung geschaut werden.

Tilgungshypothek *(§§ 1113 bis 1190 BGB; § 10 (8.7) ZVG)*, langfristiges Darlehen, welches vom Schuldner in gleichmäßigen Raten (monatlich oder vierteljährlich) getilgt wird. Durch den sich verringernden Zinsanteil erhöht sich automatisch der Tilgungsanteil. Der Ablauf wird ggf. in einem → Tilgungsplan festgelegt. Die jeweils getilgten Anteile werden dann zur Eigentümergrundschuld. Gegensatz ist die → Festhypothek, die in einer Summe zurückzuführen ist. Werden nachrangige Eintragungen hinter einer getilgten Hypothek erforderlich, sollte auf Löschung hingewirkt werden, um Unwägbarkeiten oder unliebsame Überraschungen zu vermeiden.

Tilgungsplan. Einige Kreditinstitute übersenden ihren Darlehensnehmern zusammen mit der Abrechnung über die Schlußauszahlungen einen T. Daraus ist (zumindest für den Zeitraum der laufenden Zinsfestschreibung) der Stand des Darlehens zu jedem Quartalsende/Jahresende zu ersehen.

Tilgungsrate, gesamte Belastungsrate, d. h. Zins und Tilgung. War es lange Zeit üblich, aus Kostengründen vierteljährliche T. zu vereinbaren, so sind mittlerweile viele Institute dazu übergegangen, Monatsraten zu vereinbaren.

Tilgungsstreckung. Bei der T. wird ein zusätzliches Darlehen für den Disagioteil gegeben. Zunächst erfolgt die Tilgung des → Tilgungsstreckungsdarlehens.

Tilgungsstreckungsdarlehen. Das T. wird zusammen mit einem Hypothekendarlehen in Höhe des → Disagios gewährt. Zunächst werden die Tilgungsbeträge des Gesamtdarlehens auf die Tilgung des T. verwendet. Dadurch i. d. R. Laufzeitverlängerung. Das T. ist nicht mehr häufig anzutreffen, seine Bedeutung ergibt sich nur in Hochzinsphasen.

Tilgungsverrechnung. Im Baufinanzierungsbereich sind zwei Methoden der T. üblich. Man unterscheidet zwischen der taggenauen Verrechnung (auch Kontokorrentmethode) und der Verrechnung zu bestimmten Zeiten (Quartals-, Halbjahres-, Jahresende). Hypothekendarlehen sind bislang grundsätzlich nicht taggenau verrechnet worden. Die Einführung der PangV in diesem Bereich im Jahre 1986 und das sog. ‚Stuttgarter Urteil' haben die Tilgungsverrechnungspraxis wesentlich beein-

flußt. Mittlerweile werden fast alle Darlehen mit taggenauer T. abgerechnet oder beide Möglichkeiten mit unterschiedlichen Konditionen angeboten.

Tilgungswahlrecht. Bei einem Bausparvertrag mit → Optionstarif kann die Zuteilung des Vertrages und damit später die Höhe der Tilgungsrate während des Vertragsverlaufs beeinflußt werden. Soll die Bausparsumme schnell zur Verfügung stehen, sind z. B. eine hohe Tilgungsrate und ein Darlehen mit kurzer Laufzeit in Kauf zu nehmen.

time-sharing, Kauf von Ferienwohnungen in der Form, daß der Besitz sich nur auf eine zeitanteilige Nutzung bezieht. Somit wird jede Einheit viele Einzeleigentümer haben. Die steuerliche Handhabung ist unklar, auch finanzierungstechnisch kann der Kauf ggf. nur als Personalkredit dargestellt werden.

Titelbeschaffung. Will ein Gläubiger die Zwangsvollstreckung betreiben, so muß er zunächst über einen Titel verfügen. Die Beschaffung von Titeln erfolgt je nach Usance des Instituts unterschiedlich. Ein Großteil der Institute läßt das Grundpfandrecht sofort vollstreckbar bestellen.

Trägerkleinsiedlung, Kleinsiedlung, die von einem Bauherrn mit der Bestimmung geschaffen worden ist, sie einem Bewerber zum Eigentum zu übertragen (§ 10 Abs. 3 Satz 1 des II. WoBauG). Der Bauherr von T. kann für die von ihm vor dem 1. 1. 1987 erstellten T. im

Jahr der Fertigstellung und im folgenden Jahr erhöhte Absetzungen bis zu jeweils 5% vornehmen (§ 7 b Nr. 7 EStG).

Tragwerker, → Statiker.

Traufrecht *(§§ 1018 bis 1029 BGB),* Recht zur Ableitung des Tropfenfalls aus einer Dachtraufe auf das dienende Grundstück. Kann bei der Beleihung und Bewertung unberücksichtigt bleiben.

Trennwand, Innenwand mit raumtrennender Funktion. Als Leicht-Trennwand in den verschiedensten Ausführungen angeboten. Dabei sollte der Bauherr von vorneherein überlegen, ob er eine feste Trennung beabsichtigt oder an einer später zu verändernden Lösung interessiert ist. Wird dies bei der Ausführung bereits bedacht, also das Objekt multifunktional ausgestattet, so erspart dies Kosten und Aufwand.

Treuhänder. Im Baufinanzierungsbereich ist der T. zentrale Figur der Bauherren- und Erwerbermodelle. Als T. fungieren Notare, Steuerberater, Wirtschaftsprüfer etc. Der T. wird durch den Bauherren/Erwerber durch Notarvertrag bevollmächtigt, für seinen Mandanten umfassend tätig zu werden. → Bauherrenmodell, → Erwerbermodell. Drei Formen kommen überwiegend bei Immobilienanlagen vor: a) Gesellschaftstreuhänder. Tätigkeit im eigenen Namen, aber auf fremde Rechnung mit gesellschaftsrechtlicher Funktion. b) Zahlungstreuhänder. Tä-

tigkeit in eigenem Namen und auf fremde Rechnung. Kontrolle bei der Abwicklung des Zahlungsverkehrs. c) Vertragstreuhänder. Tätigkeit in fremdem Namen und auf fremde Rechnung. Abschluß von notwendigen Verträgen im Zusammenhang mit der Durchführung von Bauherren- und Erwerbermodellen. Pflichten ergeben sich aus §§ 675, 664 – 667 BGB.

treuhänderische Verwahrung von Sicherheiten. Üblich ist, daß bei Gesamtrechten oftmals ein Institut für mehrere andere Gläubiger die Sicherheit treuhänderisch verwahrt. Häufig kommt dies bei Grundschuldteilbeträgen vor. Wird ein derartig besichertes Darlehen allerdings notleidend, so ist eine nachträgliche Umschreibung auf den Gläubiger unabdingbar.

Treuhandauflagen. Mit einem Treuhandauftrag sind meist Auflagen verbunden. Der Geldempfänger muß daher sofort nach Geldeingang prüfen, ob und in welchem Zeitraum voraussichtlich die Auflagen erfüllbar sind. Stellt sich heraus, daß Auflagen gemacht wurden, die nur schwer oder in einem vertretbaren Zeitraum nicht zu erfüllen sind, ist entweder das eingegangene Geld an den Auftraggeber zurückzugeben, oder dieser Betrag muß kontenmäßig separiert werden. Alle Beteiligten sind über diese Schritte zu informieren. Aus banktechnischer Sicht bedeuten *verbuchte* Treuhandgelder ein ständiges Risiko, da unter Umständen die Gelder bei Nichterfüllung der Auflagen zurückgegeben werden müssen. Somit wären also ggf. Risiken durch nicht frei verfügbare Beträge vorübergehend nicht erkennbar.

Treuhandauftrag. Meist können nicht alle Bedingungen eines Vertrages ohne vorherige Zahlung erfüllt werden. Der Zahlungspflichtige jedoch ist erst bereit zu zahlen, wenn alle Voraussetzungen zu seinen Gunsten erfüllt sind. Für diese Fälle ist der T. gedacht. Danach wird einem Notar oder einem Kreditinstitut Geld zu treuen Händen überwiesen mit der Auflage, hierüber nur unter ganz bestimmten Voraussetzungen zu verfügen. Kreditinstitute sollten daher bei Treuhandüberweisungen prüfen, ob die Auflagen überhaupt erfüllbar sind. → Treuhandauflagen.

Treuhandgebühren. 1.) Entgelt für die Leistungen eines Treuhänders bei einem Steuermodell. Gehören zu den Werbungskosten. Nach dem Bauherrenerlaß sind dafür i. d. R. bis zu 0,5% des Gesamtaufwandes angemessen. Berechnet werden in der Praxis bis 3,5%. 2.) Gebühren für den Notar zur Abwicklung eines Treuhandauftrages. Die Gebühr berechnet sich nach den einzelnen Auszahlungen, die der Notar vornimmt. Ggf. sind hier erhebliche Kosten innerhalb der Finanzierung zu kalkulieren.

Treuhandkommanditisten. Bei geschlossenen → Fonds in Form einer KG oder GmbH & Co. KG. wird vielfach ein T. als Kommanditist eingesetzt. Die Anleger sind dann keine unmittelbaren Kommanditisten der Gesellschaft, sondern der T. hält die Kommanditanteile treuhänderisch im eigenen Namen, aber für Rechnung der Treugeber. Hierdurch kann die umständliche und kostenverursachende Eintragung der Kommanditisten in das Handelsregister gespart werden. Weitere Vorteile liegen in der Verwaltung. Hinzu kommt, daß der Anleger in diesem Fall anonym bleiben kann. Je nach Rechtsstellung wird unterschieden in → Vollmachttreuhand, → Ermächtigungstreuhand und fiduziarische Treuhand.

Treuhandkonten *(§ 23 BNotO),* Fremdgeldkonten, über die Treuhandzahlungen geleistet werden. Über die Konten bzw. das Guthaben kann nur bei Erfüllung genau festgelegter Auflagen verfügt werden. → Notaranderkonto.

Treuhandvertrag, regelt die Rechtsbeziehungen zwischen → Treuhänder und dem einzelnen Bauherren im Rahmen eines → Bauherrenmodells. Der T. enthält somit die Weichenstellung für die gesamte Abwicklung dieses Modells. Der Treuhänder hat die Vorbereitung, Errichtung und Abwicklung des Bauvorhabens zu gewährleisten, somit ist dieser T. auch der Geschäftsbesorgungsvertrag. In der Praxis kommt der Vertrag dergestalt zustande, daß der Bauinteressent die notarielle Beurkundung seines an den Treuhänder gerichteten Angebotes auf Abschluß des T. vornimmt (meist an seinem Wohnsitz) und der Treuhänder dieses Angebot nachträglich annimmt.

Treuhandvollmacht. Wesentlicher Bestandteil des → Treuhandvertrages ist die dem Treuhänder umfassend erteilte T. zur Vertretung des Bauherrn bei der Vorbereitung, Durchführung und Abwicklung des Bauvorhabens. Die Bank muß sich das Original oder eine Ausfertigung vorlegen lassen.

Treuhandzahlung. Die T. führt dazu, daß Darlehen bereits valutiert werden können, bevor alle Auflagen erfüllt sind. Die Weiterleitung der Mittel mit Auflagen sichert zwar den Kreditgeber bei Nichterfüllung der Auflagen ab, gibt aber andererseits die Klärung dieser Fragen an einen Dritten weiter. Der Kreditgeber sollte allerdings prüfen, ob nicht eine Rückforderung der Beträge zu unnötigen Zinsverlusten führen wird. Daher sollten auch T. nur vorgenommen werden, wenn die Auflagen wahrscheinlich in einem angemessenen Zeitraum erfüllt werden können.

Trittschallschutzmaß (TSM). Eine Dämmwirkung wird durch ordnungsgemäß angebrachten schwimmenden Estrich erreicht. Genau zu prüfen sind die Werte des Trittschalls bei Altbauten, da hiervon vielfach Teilungsgenehmigungen abhängig gemacht werden. 1990 soll die Neufassung der noch gültigen DIN 4109 in Kraft treten.

Trümmergrundstück. Vor Beleihung eines T. ist zu klären, ob auch noch Alteintragungen (z. B. ein Wohnrecht) vorhanden sind. Es ist in der Rechtsprechung ungeklärt, inwieweit solche Rechte mit der Zerstörung erlöschen. Vor Beleihung ist daher eine individuelle Überprüfung erforderlich.

Typenhaus. Grundrisse und Hausform sind typisiert, daher ist das T. in der Errichtung meist preiswerter. Fertigteile und Normalmaße werden übernommen. Allerdings ist es üblich, Sonderausstattungen separat anzubieten und auch abzurechnen, hierdurch geht vielfach ein Teil der Ersparnis verloren. In der Finanzierung sollte darauf geachtet werden, daß alle Kosten vorab erfaßt werden. Die Errichtung von T. erfolgt meist in schlüsselfertiger Form, allerdings ist die sog. Vorratsbauweise aufgrund der Marktentwicklung nicht mehr verbreitet.

U

Überbau *(§ 912 BGB)*. Hat der Eigentümer eines Grundstücks bei der Errichtung eines Gebäudes über die Grenze gebaut, ohne daß ihm Vorsatz oder grobe Fahrlässigkeit zur Last fällt, so hat der Nachbar den Ü. zu dulden, es sei denn, daß er vor oder sofort nach der Grenzüberschreitung Widerspruch erhoben hat. Der Nachbar ist durch eine → Überbaurente zu entschädigen.

überbaubare Grundstücksfläche *(§§ 22, 23 BauNVO)*. Durch Festsetzung von Baulinien, Baugrenzen oder Bebauungstiefen können ü. G. bestimmt werden.

Überbaurente *(§§ 912 bis 916 BGB)*, ohne Eintragung im Grundbuch kraft Gesetzes entstehendes Recht auf Rente. Es geht allen anderen dinglichen Rechten des rentenpflichtigen Grundstücks vor, wenn ein Grundstückseigentümer den Überbau seines Nachbarn auf seinem Grundstück dulden muß. Der gesetzgeberische Gedanke dieser Vorschrift ist es, das unwirtschaftliche Abreißen neu gebauter Gebäude bzw. Gebäudeteile zu verhindern. Als Entschädigung für den → Überbau hat der die Grenze überbauende Eigentümer dem Nachbarn, auf dessen Grundstück er gebaut hat, eine Geldrente zu zahlen. Obwohl das Recht auf die Ü. allen (auch den älteren) Rechten an dem belasteten Grundstück vorgeht, erfolgt keine Eintragung in das Grundbuch. Bei Zwangsversteigerungsverfahren Einordnung in das geringste Gebot.

Übereignung von Grundstücken. Üblicherweise werden Grundstücke nur mit Grundpfandrechten belastet. Möglich wäre allerdings auch als selten gebräuchliches Sicherungsinstrument die Übereignung. Gleichfalls besteht die Möglichkeit, Baulichkeiten auf einem Grundstück, die fest mit Grund und Boden verbunden sind, als Sicherheit zu übereignen, wenn die Baulichkeiten z. B. auf fremdem Grund und Boden errichtet werden und lediglich durch einen der Restnutzungsdauer entsprechenden Mietvertrag durch den Mieter zu nutzen sind.

Übergangsheime, Wohnstätten zur vorübergehenden Unterbringung von Übersiedlern, Aussiedlern und Asylanten. Da dies Aufgabe der Kommunen vor Ort ist und ein geringes Angebot bei immer größer werdender Nachfrage vorhanden ist, wurde eine Förderung im Rahmen des KfW-Gemeindeprogrammes entwickelt. Danach erhalten die Gemeinden eine Zinsverbilligung bei der Finanzierung derartiger Projekte von 4% p. a. Die Kompetenz für die Art, den Umfang und die Ausgestaltung von Ü. liegt bei den Kommunen.

Übergangsregelung *(Abschreibung § 7b EStG)*. Die Ü. hat für die vor dem 31. 12. 1986 fertiggestellten oder erworbenen Ein- und Zweifamilienhäuser Gültigkeit. Die bisherigen Regelungen können übernommen werden. Dies führt lediglich dazu, daß diese Aufwendungen künftig wie Sonderausgaben für den restlichen Begünstigungszeitraum abgeschrieben werden können. Auf besonderen Wunsch ist jedoch auch die Inanspruchnahme der Neuregelung möglich. Jedoch ist ein Wechsel nicht mehr rückgängig zu machen. Für Zweifamilienhäuser gilt die Ü. für maximal zwölf Jahre (bis 1998). Eine Ü. gilt auch für die Grundsteuervergünstigung bei Objekten, die vor dem 31. 12. 1989 fertiggestellt wurden.

Übergebot *(§ 72 ZVG)*. Ein Gebot erlischt, wenn ein höheres Gebot vorliegt und dieses Gebot zugelassen wird. Daher muß stets sofort über die Zulassung eines Ü. entschieden werden.

Übernahme von Nutzen und Lasten. Vertraglich sollte stets genau geregelt werden, wann Nutzen und Lasten übergehen, falls dies nicht ohnehin automatisch festgelegt ist.

überrechnungsmäßige Zinsen, → außerrechnungsmäßige Zinsen.

Überschußbeteiligung. Die Versicherungsgesellschaften sind gesetzlich verpflichtet, ihre Beiträge so zu kalkulieren, daß die garantierten Leistungen selbst bei wesentlich ungünstigeren Entwicklungen erbracht werden können. Dadurch entstehen (bei normalem Verlauf) fast zwangsläufig beträchtliche Überschüsse, die zusammen mit der → Ablaufleistung bei Vertragsende ausgezahlt werden. Im Baufinanzierungsbereich wird deshalb häufig bei den als Tilgungsersatz eingesetzten Verträgen von vornherein mit der Ü. gerechnet und die Versicherungssumme entsprechend geringer vereinbart, so daß sich der Gesamtkredit aus der Kombination von Versicherungssumme und Ü. erledigen wird. Hierdurch lassen sich natürlich Einsparungen in den Prämienaufwendungen erreichen.

Überschuß der Betriebseinnahmen über die Betriebsausgaben *(§ 4 (3) EStG)*, Gewinnermittlungsart für selbständig tätige gewerbetreibende Land- und Forstwirte unter folgenden Voraussetzungen:
1) Der Unternehmer darf nicht gesetzlich zur Führung von Büchern verpflichtet sein.
2) Der Unternehmer darf freiwillig keine Bücher führen.
3) Die erforderlichen Aufzeichnungen müssen vorliegen.
4) Land- und Forstwirte müssen einen entsprechenden Antrag stellen.
Unter diesen Voraussetzungen wird also lediglich eine Überschußermittlung durchgeführt.
Überschußeinkunftsarten:

Einkünfte aus nichtselbständiger Arbeit, Einkünfte aus Kapitalvermögen, Einkünfte aus Vermietung und Verpachtung, sonstige Einkünfte. Bei diesen Einkunftsarten werden die Einkünfte als Überschuß der Einnahmen über die → Werbungskosten ermittelt.

Überschußsystem. Für die Verwendung der Überschüsse bei einer Kapitallebensversicherung sind drei Modelle am Markt: *Bonussystem.* Der jährliche Überschuß wird als zusätzliche beitragsfreie Versicherung verwendet. Dadurch erhöht sich jährlich die Versicherungsleistung. Der Bonus trägt außerdem zur Bildung weiterer Überschüsse bei. *Verzinsliche Ansammlung.* Die Überschüsse werden beim Versicherer angesammelt, verzinst und am Ende des Vertrages zusammen mit der vertraglich garantierten Summe gezahlt. *Sofortverrechnung der Überschüsse.* Hier bestehen Möglichkeiten, die Überschüsse zur Beitragsermäßigung zu verwenden, sie bar auszuzahlen oder zur Verkürzung der Vertragslaufzeit zu nutzen.

Übertragung von Hypothek und Forderung *(§ 1153 BGB).* Mit der Übertragung der Forderung geht die Hypothek auf den neuen Gläubiger über. Die Forderung kann nicht ohne Hypothek, die Hypothek nicht ohne Forderung übertragen werden. Ausnahme: Briefhypothek.

Überwachungszeichen-Ü. Dieses Zeichen (im Fertighausbereich) ist eine Kombination zwischen dem von den zuständigen Landesregierungen innerhalb der Bundesrepublik Deutschland geforderten Überwachungszeichen und dem Gütezeichen → RAL RG 422.

Umbau, Modernisierungs- und ggf. Erweiterungsmaßnahmen wie Erneuerung von Bädern, Fenstern, Türen und der Fassade, Erneuerung der Elektroinstallationen, Erneuerung der Sanitärinstallationen, kleinere Grundrißlösungen.

umbauter Raum, Kennzahl für die Größe eines Hauses in m^3 nach DIN 277. Die Berechnung ist festgelegt in Anlage 3 zu § 16 Abs. 1 WertVO. U. R. ist der Raum, der von den Außenmauern und Unterkante Kellersohle umschlossen wird. Bei nicht unterkellerten Häusern wird die Geländeoberkante gerechnet. Bei ausgebautem Dachgeschoß wird der Raum des ausgebauten Dachgeschosses voll, der Raum des nicht ausgebauten Dachgeschosses zu 1/3 berechnet. Im m^3-u. R. sind folgende Teile nicht enthalten: Dachgeschoßerker, Balkone, Terrassen, Außentreppen usw.

Umlage erhöhter Kapitalkosten. Der Vermieter ist nach § 5 MHG berechtigt, Erhöhungen der Kapitalkosten, die infolge von Zinssatzveränderungen fällig werden, durch schriftliche Erklärung anteilig auf den Mieter umzulegen.

umlagefähige Betriebskosten. Betriebskosten sind Aufwendungen, die dem Eigentümer durch das Eigentum am Grundstück oder durch den bestimmungsmäßigen Gebrauch des Gebäudes oder der Wirtschaftseinheit laufend entstehen. Diese können weitgehend auf die Mieter umgelegt werden. Es gehören dazu: Grundsteuer, Kosten der Wasserversorgung, Kosten der Entwässerung, Kosten der zentralen Heizungsanlage, Fernwärme, Warmwasserversorgung, Kosten des Betriebs der maschinellen Personen- oder Lastenaufzüge, Kosten der Straßenreinigung und Müllabfuhr, Hausreinigung, Gartenpflege, Beleuchtung, Schornsteinreinigung, Sach- und Haftpflichtversicherung, Gemeinschaftsantennen, gemeinschaftliche Wasch- und Trockeneinrichtung.

Umlagen. Für die Betriebskosten eines Gebäudes dürfen im Sinne des § 27 der II. Berechnungsverordnung Vorauszahlungen von den Mietern nur in angemessener Höhe vereinbart werden. Darüber ist jährlich Abrechnung zu erteilen. Die erhobenen U. entsprechen also normalerweise den Durchschnittskosten des Vorjahres. Mittlerweile bestimmt die Höhe der U. oftmals die Verkäuflichkeit von Wohnanlagen oder auch Einzelwohnungen. Auch die Finanzierungsinstitute sollten diesen Belastungsfaktor bei der Kreditentscheidung stärker gewichten. Wohnungseigentümergemeinschaften erheben zur Deckung der Kosten U. von den Eigentümern, u. a. für Wasser, Strom, Wärme, Hausmeisterkosten, Versicherungen, Instandhaltungsrücklagen, Müllabfuhr, Kanalgebühren, Straßenreinigung usw.

Umlegung *(§§ 45 ff. BauGB).* Zum Zwecke der Neugestaltung oder Erschließung bestimmter Gebiete kann es erforderlich werden, daß Grundstücke hinsichtlich Lage, Größe und Zuschnitt neu geordnet werden müssen und dadurch neue Grundstücke entstehen. Dies geschieht durch U. Es handelt sich hierbei um einen Grundstückstausch, wobei nach Möglichkeit jeder Eigentümer ein wertgleiches Grundstück wiedererhalten soll. Bis Inkrafttreten des Umlegungsplanes bleibt das Grundstück im Eigentum des ‚Altbesitzers‘. Danach geht das neue Grundstück kraft Gesetz inklusive etwaiger dinglicher Belastungen über.

Umlegungsausschuß, von der Gemeinde als Umlegungsstelle gebildeter Ausschuß mit selbständiger Entscheidungsbefugnis für die Durchführung der Umlegung (§ 46 BauGB).

Umlegungsverfahren, → Umlegung. Das U. ist grunderwerbsteuerfrei im Gegensatz zur → Grenzregelung.

Umlegungsvermerk *(§ 45 BauGB).* Der U. im Grundbuch muß bei einer Beleihung beachtet werden. Im Geltungsbereich eines Bebauungsplanes zur Erschließung und Neugestaltung bestimmter Gebiete können bebaute und unbebaute Grundstücke durch Umlegung in der Weise neu geordnet werden, daß nach Form, Größe und Lage zweckmäßiger gestaltete Grundstücke entstehen. Die Umlegung wird durch einen Beschluß der Umlegungsstelle eingeleitet. Der Umlegungsbeschluß wird öffentlich bekanntgemacht. Beteiligte am Verfahren sind die Eigentümer und natürlich auch die Grundpfandrechtsgläubiger. Vom Zeitpunkt der Veröffentlichung an tritt kraft Gesetzes eine Verfügungs- und Veränderungssperre ein. Im Umlegungsgebiet dürfen dann Verfügungen über ein Grundstück oder über Rechte an einem Grundstück nur noch mit schriftlicher Genehmigung der Umlegungsstelle getroffen werden. Diese Verfügungssperre bewirkt ein Verbot gegenüber dem Grundbuchamt, das ohne Genehmi-

gung keine Rechtsänderung in das Grundbuch eintragen darf. Das Grundbuchamt hat den U. einzutragen. Dieser hat keine Rangstelle und wird in Abt. II des Grundbuchs vermerkt.

Umrechnungskoeffizient *(§ 10 WertV 88)*. Wenn gleichartige Grundstücke mit unterschiedlich zulässiger baulicher Nutzung (Verhältnis der GFZ) zu bewerten sind, so sollten die U. lt. Anlage 23 der WertR zu Hilfe genommen werden.

Umrechnungskoeffizienten (§ 10 WertV 88)   Anlage 23
für das Wertverhältnis von gleichartigen Grundstücken bei unterschiedlicher baulicher Nutzung (GFZ : GFZ)

GFZ	Umrechnungskoeffizient	GFZ	Umrechnungskoeffizient	GFZ	Umrechnungskoeffizient
		1,1	1,05	2,1	1,49
		1,2	1,10	2,2	1,53
		1,3	1,14	2,3	1,57
0,4	0,66	1,4	1,19	2,4	1,61
0,5	0,72	1,5	1,24		
0,6	0,78	1,6	1,28		
0,7	0,84	1,7	1,32		
0,8	0,90	1,8	1,36		
0,9	0,95	1,9	1,41		
1,0	1,00	2,0	1,45		

Zwischenwerte lassen sich durch Interpolieren berechnen.

Ist der Bodenwert eines Grundstücks mit höherer GFZ als 2,4 zu ermitteln, so ist zu beachten, daß der Wert im Verhältnis zur Nutzung i. d. R. wesentlich unter der proportionalen Steigerung liegt.

Aufgrund örtlicher Verhältnisse können generell oder für einzelne Arten der zulässigen baulichen Nutzbarkeit oder für bestimmte Bereiche der Geschoßflächenzahlen abweichende Wertverhältnisse zutreffend sein.

Beispiel:
Vergleichspreis von 200,– DM/m² bei zulässiger Geschoßflächenzahl (GFZ) 0,8 ist vorhanden. Gesucht wird der Wert für ein gleichartiges Grundstück mit zulässiger GFZ 1,2

Umrechnungskoeffizient für GFZ 1,2 = 1,10
Umrechnungskoeffizient für GFZ 0,8 = 0,9

$$200,- \text{ DM/m}^2 \times \frac{1,10}{0,9} = \text{rd. } \underline{244,- \text{ DM/m}^2}$$

Maximum

$$200,- \text{ DM/m}^2 \times \frac{1,2 \text{ (GFZ)}}{0,8 \text{ (GFZ)}} = \underline{300,- \text{ DM/m}^2} \text{ bzw.}$$

Minimum
Maximum der Wertänderung 300,– DM/m^2 – 200,– DM/m^2 = 100,– DM/ m^2, bei 20
v. H = 20,– DM/m^2 als Mindesterhöhung ergeben 200,– DM/m^2 + 20,– DM/m^2 =
$\underline{220,- \text{ DM/m}^2}$

Umsatzmiete. Der Mietzins richtet sich nach dem Umsatz des Mieters. So sind Mietänderungen in beide Richtungen möglich. Vielfach werden allerdings Mindestmieten festgeschrieben, um ggf. einen völligen Mietverfall zu verhindern.

Umsatzsteuererlaß 1983. Im U. 1983 ist die umsatzsteuerrechtliche Behandlung von Zwischenmietverhältnissen bei Bauherrenmodellen und vergleichbaren Modellen geregelt. Hier ist auch eindeutig Stellung dazu genommen, wie etwaige Zahlungen des Eigentümers im Hinblick auf Zwischenmietverhältnisse behandelt werden.

Umsatzsteueroption, → Mehrwertsteueroption.

Umsatzsteuertarif (Mehrwertsteuertarif). Normalsteuersatz: 14%, ermäßigter Steuersatz: 7%. Multiplikatoren zum Herausrechnen der Vorsteuer, also der in einem Gesamtrechnungsbetrag

enthaltenen Umsatzsteuer: bei 14% = 0,1228, bei 7% = 0,0654.

Umschreibung der Vollstreckungsklausel. Die Personen, für und gegen die Zwangsvollstreckung stattfinden soll, müssen in dem Titel namentlich bezeichnet sein (§ 750 ZPO). Die Vollstreckungsklausel kann u. U. für und gegen andere als die in dem Titel bezeichneten Personen erteilt werden. Diese sog. U. d. V. ist insoweit zulässig, als der Schuldtitel nach den Vorschriften des bürgerlichen Rechts oder der ZPO dritten Personen gegenüber wirksam ist.

Umschuldung, im Baufinanzierungsbereich Umwandlung von kurz- und mittelfristigen Krediten in längerfristige Darlehen. In Zeiten von Niedrigzinsphasen ist das Umschuldungsgeschäft zumindest gleichbedeutend mit dem Neugeschäft.

Umwandlung. Im Falle der U. von Miet- in Eigentumswohnungen stellt sich bei dem Verkäufer steuerlich die Frage, wann seine Tätigkeit noch im Rahmen der privaten Vermögensverwaltung ausgeübt wird und wann bereits eine gewerbliche Tätigkeit vorliegt. Dies ist entscheidend dafür, ob Gewerbesteuer entrichtet werden muß. Der Baufinanzierer muß diesem Punkt deshalb besondere Aufmerksamkeit schenken. → Umwidmung.

Umwandlungsfall, Aufkauf von Mehrfamilienhäusern mit der Absicht, daraus Wohneigentum durch Aufteilung zu bilden. In jüngster Zeit sind von den eingeschalteten Stellen (Bauämtern u. a.) strengere Maßstäbe angelegt worden, insbesondere beim Schall- und Wärmeschutz. Vor allem soll der Schutz der bisherigen Mieter im Vordergrund stehen. Der Kündigungsschutz soll von bislang drei Jahre auf sieben Jahre angehoben werden. In Beleihungsfällen ist diesem Punkt besondere Aufmerksamkeit zu schenken, es ist in jedem Einzelfall die Vorlage der Abgeschlossenheitsbescheinigung erforderlich. In Kaufverträgen sollte ggfs. ein Rücktrittsrecht aufgenommen werden, wenn die beabsichtigte Aufteilung nicht zustandekommt.

Umwandlungsschutz *(§ 571 BGB).* Wird das vermietete Objekt nach Überlassung an den Mieter vom Vermieter veräußert, so tritt der Erwerber anstelle des Vermieters in die Rechte und Pflichten des Vertrages ein (Veräußerung bricht nicht Miete). Der Finanzierer muß daher genau prüfen, ob die im Finanzierungsplan angenommene Ertragsrechnung tatsächlich überhaupt durchsetzbar ist.

umweltschonendes Bauen, beinhaltet Luftreinhaltung, Luftreinigung und Wasserreinhaltung. Erreicht wird dies auch durch Begrünung von Fassaden und Dächern, Vermeidung von versiegelten Flächen, Speichern von Regenwasser, biologische Abwasserreinigung.

Umweltschutzaufwendungen, Investitionen, die an Wirtschaftsgütern von inländischen Betrieben getätigt werden und die zu mindestens 70% dem Umweltschutz dienen, können nach § 7d EStG erhöht abgeschrieben werden. Diese Sonder-Afa ist befristet für Aufwendungen, die bis zum 31. 12. 1991 erbracht werden.

Umwidmung (→ Umwandlung), nachträgliche Aufteilung von Mehrfamilienhäuser in Eigentumswohnungen.

Umzugskosten können Werbungskosten sein und damit steuerlich absetzbar, wenn der Umzug bei privaten Arbeitnehmern dienstlich veranlaßt wurde (Förderung der Mobilität von Arbeitnehmern). Dies kann auch der Fall sein, wenn ein Eigenheim erworben oder erbaut wird und sich nach Umzug der Weg zum Arbeitsplatz erheblich verkürzt. Zieht ein ausländischer Staatsbürger in die Bundesrepublik und der Umzug ist dienstlich veranlaßt, so gelten die U. als Werbungskosten. Die Höhe und Art der Kosten sind in der BUKG und AUV geregelt.

Unabdingbarkeit im Kündigungsrecht
(§§ 247, § 609 BGB). Das Kündigungsrecht kann grundsätzlich nicht durch Vertrag ausgeschlossen oder erschwert werden. Bei Darlehen an den Bund, ein Sondervermögen des Bundes, ein Land, eine Gemeinde oder einen Gemeindeverband können abweichende Vereinbarungen getroffen werden.

unbebautes Grundstück *(§ 72 BewG),* Grundstück, auf dem sich keine benutzbaren Gebäude befinden. Die Benutzbarkeit beginnt mit der Bezugsfertigkeit. Hierfür ist nicht der Abnahmeschein der Baubehörde ausschlaggebend, sondern die Nutzung muß für den künftigen Bewohner oder Benutzer zumutbar sein. → bebaute Grundstücke. Auch aus u.G. können ggfs. Einkünfte aus Vermietung und Verpachtung erzielt werden. Diese sind selbstverständlich auch zu versteuern (Lagerplatz, Vermietung als Garten, Erbbaurecht etc.).

Unbedenklichkeitsbescheinigung *(§ 22 GrEStG),* Bescheinigung des zuständigen Finanzamtes, daß für ein bestimmtes Grundstück keine aktuell fälligen steuerlichen Verpflichtungen (z. B. Grunderwerbsteuer, Grundsteuer) bestehen. Die Vorlage der U. ist eine der Grundvoraussetzungen für eine Eintragung des Eigentümerwechsels im Grundbuch. Die U. ist auch wichtig im Zwangsversteigerungsverfahren und sollte daher unbedingt vor dem Verteilungstermin vorliegen.

unentgeltlicher Erwerb. Werden Grundstücke durch Erbschaft oder Schenkung erworben, so liegt normalerweise ein u. E. vor; es sind also keine abschreibungsfähigen Anschaffungs- oder Herstellungskosten vorhanden. Allerdings könnte ggf. eine noch laufende Forderung des Rechtsvorgängers übernommen werden.

unentgeltlich an Dritte überlassene Wohnungen. Steuerlich wird noch unterschieden zwischen unentgeltlich ohne oder mit gesicherter Rechtsposition überlassene Wohnungen. Hier ist entweder nach der bisherigen Nutzungswertbesteuerung ein fiktiver Mietwert (meist nach dem örtlichen Mietspiegel) anzusetzen, oder aber es kann unwiderruflich beantragt werden, den Nutzungswert nicht mehr zu besteuern. Dies ist allerdings nur empfehlenswert, wenn die daraus resultierenden steuerlichen Folgen genau durchdacht sind (z. B. keine Belastung mehr, oder bestehende, geringe Finanzierung ist für die Restlaufzeit festgeschrieben und Einnahmen sind wesentlich höher als Werbungskosten, es besteht keinerlei Renovierungsbedarf).

Unfallrente. U. können unter bestimmten Voraussetzungen kapitalisiert werden und dem Rentenempfänger in Form einer Abfindungssumme zur Verfügung gestellt werden (Vermerk nach § 610 Rentenversicherungsordnung). Die Abfindung wird gewährt zum Erwerb oder zur Stärkung des eigenen Grundbesitzes. Auf Ersuchen des Rententrägers kann dann in Abt. II des

Grundbuches eine Verfügungsbeschränkung eingetragen werden. Dies hat dann die Wirkung eines Veräußerungsverbotes. Belastungen bedürfen der Genehmigung des Rententrägers.

Unfallversicherung (Selbstbauer) *(§ 539 Abs. 1 Nr. 15 RVO)*. Bauherren, welche ihr Familieneigenheim nach Maßstäben des steuerbegünstigten Wohnungsbaues errichten und dabei Selbsthilfe leisten, genießen kostenlosen Versicherungsschutz. Diese Regelung entfällt ab dem 1. 1. 1990. Wer ab diesem Termin den Versicherungsschutz behalten möchte, muß die Versicherung bei der Bau-Berufsgenossenschaft beantragen.

Unland *(§ 45 BewG)*, Betriebsflächen, die auch bei geordneter Wirtschaftsweise keinen Ertrag abwerfen. Hier kann keine Bewertung erfolgen.

Unschädlichkeitszeugnis. Das Eigentum an einem Teil eines Grundstücks (Trennstück) kann frei von Belastungen übertragen werden, wenn durch ein behördliches Zeugnis festgestellt wird, daß die Rechtsänderung für die Berechtigten unschädlich ist. Zuständigkeit: Kreisfreie Städte und Gemeinden als Katasterbehörden. In der Praxis ist dies bei relativ kleinen Straßenflächen üblich.

unsichtbare Grundstücksbelastungen *–Vorbemerk WertV 88 –*. Neben den aus dem Grundbuch ersichtlichen Belastungen und Beschränkungen hat die Kenntnis von sogenannten u. G. we-

sentlichen Einfluß auf die Bewertung und damit auch auf die Werthaltigkeit von Grundbuchsicherheiten. Die bekannteste u. G. ist sicherlich die Baulast, aber wichtig und wertbeeinflussend können auch sein: der Mehrwertausgleich beim Umlegungsverfahren, Mieterdarlehen, Mietvorauszahlungen, Anliegerkosten, öffentliche Grundbesitzabgaben (nicht überall identisch), Wasserrechte, schuldrechtliche Bergschädenverzichte, → Altlasten.

Untererbbaurecht, → Erbbaurecht an einem Erbbaurecht.

unterhaltsberechtigte Kinder. Für u. K. besteht Anspruch auf Kindergeld. Es beträgt für das 1. Kind DM 50,–, für das 2. Kind DM 100,–, für das 3. Kind DM 220,–, für das 4. Kind DM 240,–. Diese Beträge werden aber gemindert, wenn bestimmte Einkommensgrenzen überschritten werden, und zwar auf DM 70,– für das 2. Kind, DM 140,– für jedes weitere Kind. Einkommensgrenze: DM 25 920,– für verheiratete Kindergeldberechtigte, DM 7800,– für jedes Kind, für das dem Berechtigten Kindergeld zusteht. Für je DM 480,–, um die das Jahresnettoeinkommen den Freibetrag übersteigt, wird das gesamte Kindergeld um monatlich DM 20,– gemindert. Es verbleiben jedoch immer die Sockelbeträge.

Unterhaltsrente. Eine private U. liegt vor, wenn zwischen natürlichen Personen eine Rente vereinbart wird, die folgende Möglichkeiten beinhaltet: entweder keinerlei Gegenleistung, oder der Wert der Gegenleistung bei überschlägiger und großzügiger Berechnung beträgt weniger als die Hälfte des Kapitalwertes der Rente. Der Verpflichtete kann den Ertragsanteil nicht absetzen, also braucht auch der Berechtigte nichts zu versteuern. Die Finanzbehörden werden also die U. nachzuweisen versuchen, wenn die Werte nicht sorgsam berechnet sind. Unbedingt den Steuerberater einschalten.

Unterhaltssicherungsgesetz (Bausparen) *(§ 7 Abs. 2 Nr. 7 Unterhaltssicherungsgesetz)*, bis 22. 12. 1981 gültiges Gesetz, welches Bauspareinzahlungen Wehrpflichtiger als Sonderleistungen anerkannte.

Unterhaltungspflicht *(§§ 1018 bis 1029 BGB),* Dienstbarkeit zur Unterhaltung eines Grundstückes oder Gebäudes. Die U. hat kaum Auswirkungen auf Bewertung oder Beleihung.

Untermiete *(§ 549 BGB).* Der Mieter ist ohne Erlaubnis des Vermieters nicht berechtigt, den Gebrauch der gemieteten Sache einem Dritten zu überlassen, insbesondere die Sache weiterzuvermieten. Verweigert der Vermieter die Erlaubnis, so kann der Mieter unter Einhaltung der gesetzlichen Frist kündigen, sofern nicht in der Person des Dritten ein wichtiger Grund vorliegt.

Unterverbriefung, notarielle Vereinbarung eines Grundstücksgeschäftes zu einem niedrigeren Kaufpreis, wobei zusätzliche Zahlungen auf freiwilliger Basis meist vor dem Vertragsabschluß vorgenommen werden. Damit Gefahr eines → Scheingeschäftes. → Schwarzgeldzahlung.

Untervermietung, entgeltliche Überlassung einer Mietsache an einen Dritten. Der Mieter behält seine Rechte und Pflichten gegenüber dem Vermieter. Der Untermieter tritt nicht an die Stelle des Mieters. Die U. bedarf der Zustimmung des Vermieters, dies kann bereits im Mietvertrag geregelt werden.

Unterversicherung. Zu den Beleihungsunterlagen zählt auch der Feuerversicherungsnachweis des Objektes. Anhand der Werttaxe des Gebäudes, die der Finanzierung meist zugrundeliegt, ist dabei zu prüfen, ob ein ausreichender Versicherungsschutz gegeben ist. Andernfalls wird das Kreditinstitut den Kunden auf die U. hinweisen und auf Anpassung des Versicherungsschutzes bestehen.

Unterversicherungsverzicht. Bislang war die Gefahr einer Unterversicherung sowohl für den Kreditnehmer als auch den Kreditgeber stets gegeben. Durch die Neufassung der verbundenen Wohngebäudeversicherung, üblich ab 1989, ist eine wichtige Änderung eingetreten. Danach ermittelt jetzt der Gebäudeversicherer auf seine Verantwortung die Versicherungssumme. Dies erfolgt durch Schätzung des Versicherungssachverständigen und Rückrechnung des Neuwertes auf die Versicherungssumme 1914. Der Kunde wirkt dabei durch Beantwortung von

Fragen nach Größe, Ausbau und Ausstattung mit. Nach Annahme dieser Klausel durch den Versicherer entfällt für den Finanzierer die bislang notwendige Prüfungspflicht.

Unterwerfungsklausel *(§§ 794, 799, 800 ZPO)*. Die Eintragungsbewilligung durch den Schuldner erfolgt bei dem eingeschalteten Notar. Die Eintragungsurkunde enthält üblicherweise eine Zwangsvollstreckungsklausel oder U. Damit unterwirft sich der Schuldner der sofortigen Zwangsvollstreckung in sein gesamtes Vermögen.

unwirksame Gebote *(§ 71 ZVG)* werden im Zwangsversteigerungsverfahren zurückgewiesen. Ist die Wirksamkeit eines Gebotes von der Vertretungsmacht desjenigen, welcher das Gebot für den Bieter abgegeben hat, oder von der Zustimmung eines anderen oder einer Behörde abhängig, so erfolgt die Zurückweisung, sofern nicht die Vertretungsmacht oder die Zustimmung bei dem Gericht offenkundig ist oder durch eine öffentlich beglaubigte Urkunde sofort nachgewiesen wird.

Urkundenprozeß *(§ 592 ZPO)*. Ein Anspruch, welcher die Zahlung einer bestimmten Geldsumme oder die Leistung einer bestimmten Menge anderer vertretbarer Sachen oder Wertpapiere zum Gegenstand hat, kann im U. geltend gemacht werden, wenn sämtliche zur Begründung des Anspruchs erforderlichen Tatsachen durch Urkunden bewiesen werden können. Hierzu zählen insbesondere Hypotheken, Grundschulden und Rentenschulden.

V

Valutabestätigung, verbindliche Erklärung eines (Hypotheken-, Grundschuld- etc.) Gläubigers über die Höhe der noch bestehenden Darlehensschuld zu einem bestimmten Zeitpunkt.

Valutierung, → Auszahlung.

Vandalismusschäden. Es häufen sich die Fälle, wo nach Wohnungseinbrüchen der Schaden aus Vandalismus weit höher als der eigentliche Diebstahlschaden ist. Es empfiehlt sich daher eine Ergänzung der Hausratversicherung. Neue Tarife ab 1984 enthalten diesen Risikoschutz meist schon.

variabler Dauerauftrag, Anweisung eines Kunden an sein Kreditinstitut, zu festliegenden Terminen regelmäßige Zahlungen zu leisten, die allerdings in der Betragshöhe schwankend sind. Daher werden v. D. auch benutzt zur Zahlung von Baufinanzierungskrediten, die mit variablen Konditionen vereinbart sind.

variabler Zins, jederzeit änderbare Verzinsung eines Kredites. Üblich im Kontokorrent, aber auch im Baufinanzierungsbereich. Vor- und Nachteile halten sich wahrscheinlich bei dieser Zins-

methode die Waage. Als Faustregel gilt sicherlich, daß variable Verzinsung eher dann vereinbart wird, wenn die Zinsen sich über dem langjährigen Mittel bewegen. Für die Kreditinstitute besser kalkulierbar, da fristenkongruente Refinanzierung nicht erforderlich ist.

VDM, Verband deutscher Makler, einer der beiden großen Maklerverbände (→ RDM).
Anschriften der Landesverbände:

VDM Landesverband Berlin
1000 Berlin
Berliner Straße 26
Telefon 0 30/4 04 33 44

VDM Landesverband Hamburg
Elbchaussee 176
2000 Hamburg 52
Telefon 0 40/8 81 09 31

VDM Landesverband Bremen/Weser/Ems
Sebaldsbrücker Heerstraße 96
2800 Bremen 44
Telefon 04 21/45 53 54

VDM Landesverband Schleswig-Holstein
An der Kirche 1
2357 Bad Bramstedt
Telefon 0 41 92/45 80

Veränderungsprognose

VDM Landesverband Niedersachsen
Marktstraße 21
3013 Barsinghausen 1
Telefon 051 05/36 34

VDM Landesverband Nordhrein-Westfalen
Kaiser-Wilhelm-Allee 14
5600 Wuppertal 1
Telefon 02 02/74 40 60,
Fax 02 02/74 56 35

VDM Landesverband Hessen
Günthersburgallee 40
6000 Frankfurt 1
Telefon 069/43 93 53

VDM Landesverband Saarland
Provinzialstraße 54
6688 Illingen-Hüttigweiler
Telefon 068 25/20 54

VDM Landesverband Rheinland-Pfalz
Ludwigshafener Straße 125
6708 Neuhofen
Telefon 062 36/51 88 6

VDM Landesverband Baden-Württemberg
Vincentiusstraße 5
7500 Karlsruhe
Telefon 07 21/81 40 10

VDM Landesverband Bayern
Nadistraße 32
8000 München 40
Telefon 089/3 54 21 21, Fax 3 51 92 73

Bundesgeschäftsst. Dr. Helmut Demme
Alte Gasse 4 a
6240 Königstein/Taunus
Telefon 061 74/12 30

Veränderungsprognose. Aufgrund der langen Dauer einer Baufinanzierung und der Immobilieninvestition ist es sinnvoll, eine V. für die kommenden Jahre, bezogen auf die individuelle Situation der Familie, zu erstellen. Diese sollte dann mit den Verträgen abgestimmt werden. Hierbei sind nur zu erwähnen die Zinsfestschreibung, die Tilgungssätze, Tilgungsersatzleistungen, Planung von Abschreibungskriterien etc.

In die V. sind z. B. folgende Ereignisse mit einzubeziehen: weitere Kinder, Wegfall des 2. Einkommens, Schule, Ausbildung, Studium, Wehrdienst der Kinder, Zuschüsse der Eltern zur Belastung, Tod der Eltern, Erbschaft, Beförderungen, Ehepartner werden wieder berufstätig, Vorruhestand und Pensionierung, fällige Lebensversicherungen, fällige Sparverträge, fällige Bausparverträge, veränderte steuerliche Situation (Wegfall § 10 e, Kinderkomponente), Wegfall von Kreditteilen nach Tilgung, Erhöhung von Belastungen bei Tilgungsaussetzung am Beginn, Ablauf von Festschreibungsfristen, Wegfall von Aufwendungszuschüssen.

Veränderungssperre *(§ 14 bis 18 BauGB).* Nachdem ein Beschluß über die Aufstellung eines Bebauungsplanes gefaßt ist, kann die Gemeinde zur Sicherung der Planung für den künftigen Planbereich eine V. beschließen.

Veräußerung nach Beschlagnahme *(§ 26 ZVG).* Ist die Zwangsversteigerung wegen des Anspruchs aus einem eingetragenen Recht angeordnet, so hat eine nach der Beschlagnahme bewirkte Veräußerung des Grundstücks auf den Fortgang des Verfahrens gegen den Schuldner keinen Einfluß.

Veräußerungsbeschränkung *(§ 12 WEG).* Jeder Wohnungseigentümer kann zwar über sein Sondereigentum ganz oder teilweise verfügen, § 12 WEG enthält jedoch eine V. Als Inhalt des Sondereigentums wird üblicherweise vereinbart, daß ein Wohnungseigentümer zur Veräußerung seiner Wohnung der Zustimmung des Verwalters oder der anderen Miteigentümer bedarf. Eine Ablehung ist nur in begründeten Fällen möglich. Dies ist kein Veräußerungsverbot.

Veräußerungsgenehmigung bei Erbbaurecht *(§ 5 Abs. 1 ErbbRVO).* Vertraglich kann in einem Erbbaurechtsvertrag vereinbart werden, daß der Erbbauberechtigte zur Veräußerung des Erbbaurechts die Zustimmung des Grundstückseigentümers benötigt. Hierdurch behält dieser Einfluß auf die Auswahl des neuen Erbbauberechtigten.

Veräußerungsgewinne *(§ 153 BauGB).* Für Gewinne aus Veräußerungen von Objekten in Sanierungsgebieten finden die §§ 6b und c EStG Anwendung. V. werden für Ersatzbeschaffungen verwendet und ggf. geparkt.

Veräußerungsrente. Beim Verkauf eines Mietwohngrundstücks unter Vereinbarung einer Leibrente bildet der Barwert der Rente (= Anschaffungskosten) die Bemessungsgrundlage der AfA. Der →

Ertragsanteil der Rente (§ 22 Nr. 1 Satz 3 EStG) gehört zu den Werbungskosten (§ 9 Abs. 1 Nr. 1 Satz 2 EStG).

Veräußerungsverbot *(§ 23 ZVG),* → Beschlagnahme in der Zwangsversteigerung.

Veranlagungsverfahren. Das V. beginnt mit der Abgabe der Steuererklärung. Es werden die Besteuerungsgrundlagen ermittelt und die Steuern festgesetzt. Das Verfahren endet mit dem Steuerbescheid.

Veranlagungszeitraum, normalerweise das Steuerjahr, also der Zeitraum zwischen dem 1. 1. und dem 31. 12. Allerdings sind diverse Abschreibungen auch möglich, wenn sie nicht im gesamten V. wirksam waren, z. B. die AfA nach § 7b EStG oder jetzt die Sonderausgaben nach § 10e EStG. Diese Regelung ist auch anwendbar auf die → degressive AfA.

verbilligte Arbeitgeberdarlehen. Arbeitgeberdarlehen bis DM 5000,– bleiben steuerlich unberücksichtigt. Bei höheren Darlehen wird aufgrund der → Lohnsteuerrichtlinien 1990 ein geldwerter Vorteil für den Arbeitnehmer unterstellt, wenn der Zinssatz nicht mindestens 5,5% effektiv entspricht. Steuerpflichtig ist allerdings nur der geldwerte Zinsvorteil, d.h. ein Arbeitnehmer sollte dennoch die Möglichkeiten eines v. A. nutzen. Für Arbeitgeberdarlehen, die vor dem 1. 1. 1989 (zu inzwischen verbilligt anzusehenden Konditionen) eingeräumt worden sind, gilt eine 12jährige Übergangsregelung.

verbilligte Überlassung von Wohnraum
(§ 21 Abs. 2 Satz 2 EStG). Wenn die
vereinbarte Miete für die Überlassung
von Wohnraum weniger als 50% der
ortsüblichen Marktmiete beträgt, ist
die Nutzungsüberlassung in einen ent-
geltlichen und einen unentgeltlichen
Teil aufzusplitten. Dies hat auch eine
anteilige Aufteilung der Werbungskosten zur Folge, die nur für den entgeltli-
chen Teil abzugsfähig sind. Diese Neuregelung ist seit dem 1. 1. 1987 in Kraft.
Bei Finanzierung derartiger Objekte ist
die Beratung in diesem Bereich dahingehend gefordert, daß auf die steuerlichen Nachteile einer v. Ü. v. W. unbedingt hingewiesen wird.

Verböserung, nachträgliche Verschlechterung eines bereits ausgesprochenen
oder schriftlich erteilten Bescheides;
auch im Steuerrecht üblich.

Verbraucherdarlehen *(§ 609 BGB),* alle
Kredite an wirtschaftlich unselbständi-
ge und sonstige Privatpersonen, die der
privaten Bedarfsdeckung dienen. V.
dürfen im Gegensatz zu gewerblichen
Darlehen nach § 609 BGB mit einer
Frist von drei Monaten gekündigt werden. Dieses Kündigungsrecht steht
Gläubiger und Schuldner zu.

verbundene Wohngebäudeversicherung,
Komplettversicherung für den Hausbesitzer. Sichert Schäden, die durch Feuer
(auch Blitzschlag und Explosion), Lei-
tungswasser (Frost, Rohrbruch) und
Sturm entstehen. Entschädigt werden
die Kosten für die Wiederherstellung.
Seit Jahresanfang 1989 sind v. W. we-

sentlich im Leistungskatalog verbessert
worden. Mitversichert sind: Hagel-
schäden, Schäden an Zu- und Ablei-
tungsrohren im Freien, Ersatz von
Mietverlusten für ein Jahr, Entschädigung für Mehrkosten durch Preissteige-
rungen und durch behördliche Wieder-
aufbaubeschränkungen, Einschluß
von Überspannungsschäden durch
Blitz.
Diese Leistungen sind allerdings teilweise mit einem Prämienaufschlag verbunden. Wichtig in diesem Zusammenhang ist auch der → Unterversicherungsverzicht.

Verbundkredit, auf die Bedürfnisse eines Kreditnehmers zugeschnittene
Bündelung von Kreditformen einer Ge-
samtorganisation (z. B. Bank, Hypothekenbank, Bausparkasse, Versicherung). ‚Finanzierung aus einer Hand'.

Verbundorganisationen. Marktkenner
schätzen, daß künftig nur noch die Institute bestehen können, die die gesamte Finanzdienstleistungspalette anbieten. In diesem Zusammenhang spricht
man vom Allfinanzangebot. Speziell
die Sparkassenorganisation ist hier
schon sehr weit: Beispiel Landesbausparkassen, Landesbanken, öffentlich-
rechtliche Versicherungen, örtliche
Sparkassen. Auch die Großbanken haben Schritte in diese Richtung getan.
Die Hypothekenbanken gehören fast
ausschließlich schon heute zum Einflußbereich der Großbanken oder sind
fester Konzernbestandteil. Eigene Bausparkassen oder Beteiligungen an Bausparkassen vervollständigen das Ange-

bot, Kooperationen mit Lebensversicherungen bzw. Neugründungen von eigenen Versicherungsgesellschaften stehen bevor. Ausgangspunkt all dieser Anstrengungen ist der Baufinanzierungsmarkt, also der Wunsch, in einem Haus die gesamte Angebotspalette rund um das Haus zu konzentrieren.

Verdingungsordnung für Bauleistungen (VOB), Grundlage des Bauvertragswesens. Dabei ist sie weder ein Gesetz noch eine Rechtsverordnung, aber eine allgemein anerkannte Vertragsgrundlage. Sie wird stets besonders vereinbart. In der Praxis wird ein Vertragsverhältnis zwischen dem Bauherren und den Bauausführenden begründet. Nach der VOB werden die Rechte und Pflichten geregelt. Die VOB besteht aus drei Teilen: *Teil A* beinhaltet u. a. das Verfahren der Vergabe von Bauleistungen, Vertragsbedingungen, Gewährleistung etc. in allgemeiner Form und wird regelmäßig nicht Vertragsinhalt. *Teil B* regelt die allgemeinen Vertragsbedingungen für die Ausführung der Bauleistungen (Art und Umfang, Ausführung, Vergütung, Fristen, Leistungsstörungen, Haftung, Abnahme, Abrechnungsverfahren, künftige Gewährleistung). *Teil C* beinhaltet allgemeine technische Vorschriften für die einzelnen Gewerke mit detaillierten Zusatzangaben über Materialqualitäten, Ausführung und Nebenleistungen.

Verdingungsunterlagen, Zusammenstellung aller Bauunterlagen, insbesondere der vollständigen → Leistungsverzeichnisse. Diese wiederum dienen der Einholung von Ausschreibungsergebnissen.

vereinfachtes Verfahren, Vereinbarung zwischen Bank und Bausparkasse, einen Bausparzwischenkredit aus Bankmitteln zur Verfügung zu stellen. Die Bausparkasse prüft die Bonität des Kreditnehmers, hält die Grundpfandsicherheiten treuhänderisch für die Bank und erteilt eine unwiderrufliche Ablösungszusage und bestimmt über die Auszahlungsmodalitäten. Anschließend haftet die Bausparkasse auch für evtl. Zinsrückstände, falls diese innerhalb von acht Wochen reklamiert werden. Für die Kreditinstitute sichere Kreditvergabe mit allerdings kleiner Marge. Diese Zwischenkreditart hängt in der Laufzeit natürlich von der Zuteilungsdauer ab. → Ablösungszusagen der Bausparkassen.

Verfahrensdauer. Die V. bei Zwangsversteigerungen ist für alle Beteiligten unerträglich lang. Durch diverse zusätzliche Eingriffsmöglichkeiten werden diese ohnehin schon überlangen Zeiten noch weiter ausgedehnt. Deshalb sollte alles vermieden werden, um von seiten des Gläubigers ebenfalls an der Verzögerung mitzuwirken, falls die Versteigerung die einzig sinnvolle Verwertungsform darstellt.

Verfahrenserlaß 1982, regelt das Verfahren zur Geltendmachung von negativen Einkünften aus der Beteiligung an Verlustzuweisungsgesellschaften.

Verfahrenskosten *(§ 109 ZVG).* Aus dem Versteigerungserlös sind die Kosten des Verfahrens vorweg zu entnehmen. Ausnahmen: Anordnung des Verfahrens, Beitritt eines Gläubigers, Zuschlagskosten, nachträgliche Verteilungsverhandlungen.

verfahrensrechtlicher Ablauf der Einheitsbewertung. 1) Hauptfeststellung (letzter Termin 1. 1. 1964). 2) Nachfeststellung, z. B. bei Bebauung eines Grundstücks, Umbauten, Anbauten. Daraus ergeben sich Fortschreibungen: → Artfortschreibung, → Wertfortschreibung, → Zurechnungsfortschreibung.

Verfügungsbeschränkungen *(§§ 135, 136 BGB, §§ 935, 938 ZPO)*, für und gegen Dritte wirkende Beschränkungen in der Verfügungsfreiheit über ein Grundstück. Sie bedürfen zu ihrer Entstehung nicht der Eintragung in das Grundbuch. Die Eintragung dient aber dem Zweck, die zunächst nicht gegen jeden Dritten wirkende V. kundzutun und damit den guten Glauben an ihr Nichtbestehen zu zerstören. Die Möglichkeiten, in Abt. II V. einzutragen, sind eher vielfältig und von unterschiedlicher Bedeutung. Jeder Einzelfall muß daher genau geprüft werden. Folgende V. kommen in Betracht:
- Aufgrund einstweiliger Verfügungen wegen Überbau-Notwegrechte,
- Rechtsanhängigkeit,
- Konkursvermerk,
- Vergleichsverfahren,
- Nacherbenvermerk,
- Zwangsversteigerung,
- Zwangsverwaltung etc.

Die Beleihung eines mit einer der erwähnten V. belasteten Grundstückes ist also vor Löschung oder Vorrangseinräumung der V. nicht möglich.

Vergleich. Außer dem förmlichen → Vergleichsverfahren kommt mittlerweile einem privatrechtlichen V. immer größere Bedeutung zu. Hier wird versucht, mit allen Gläubigern unter Anbietung eines meist von dritter Seite zur Verfügung gestellten Betrages einen V. zu schließen. Die Quoten sind je nach Situation sehr unterschiedlich. Die Aussichten, den V. zustandezubringen, hängen gleichfalls vom jeweiligen Einzelfall ab. Grundvoraussetzung ist hierzu meist auch, daß alle Gläubiger vorab ihre jeweiligen Sicherheiten bereits verwertet haben. → Ratenvergleich.

Vergleichsfaktoren für bebaute Grundstücke *(§ 12 WertV 1988)*, Multiplikatoren, deren Anwendung auf bestimmte wertrelevante Ausgangsdaten des Bewertungsobjektes den Grundstückswert ergeben. Zur Ermittlung von Vergleichsfaktoren sind die Kaufpreise gleichartiger Grundstücke heranzuziehen. Gleichartige sind solche, die insbesondere nach Lage, Art und Maß der baulichen Nutzung sowie Größe und Alter der baulichen Anlagen vergleichbar sind. Die Kaufpreise sind auf den nachhaltig erzielbaren Jahresertrag oder auf eine sonstige geeignete Bezugseinheit, insbesondere auf eine Raum- oder Flächeneinheit der baulichen Anlage, zu beziehen. Diese Methode findet vielfach Anwendung bei dem → Vergleichswertverfahren.

Vergleichsmiete, → Mietanhebung auf die Vergleichsmiete.

Vergleichspreise. Bei der Heranziehung von Preisen für Vergleichsgrundstücke ist von wesentlicher Bedeutung, ob ein unmittelbarer Vergleich entsprechend der Grund- und Bodenbeschreibung möglich ist. Hierbei sind insbesondere die Grundstücksqualität und der Erschließungszustand zu berücksichtigen (→ Richtwerte). Soweit keine örtlichen V. gegeben sind, kann auch auf vergleichbare Grundstücke in Nachbargemeinden zurückgegriffen werden, sofern dies die speziellen örtlichen Verhältnisse und die Marktlage nicht ausschließen.

Vergleichsverfahren. Nur vom Schuldner kann das V. zur Abwendung eines sonst drohenden Konkurses beantragt werden. Vollstreckungsmaßnahmen innerhalb von 30 Tagen von Antragstellung an sind unwirksam, sofern der Vergleich vom Gericht bestätigt wird oder der Anschlußkonkurs eröffnet werden muß. Falls es zu einem Anschlußkonkurs kommt, sind Besicherungsaktivitäten innerhalb der letzten zehn Tage vor dem Vergleichsantrag anfechtbar. Kreditgeber sind daher gut beraten, Sicherheitenbestellungen bei notleidenden Engagements vorher genau zu überdenken.

Vergleichswertverfahren *(§§ 13 u. 14 WertVO 88),* Möglichkeit zur Ermittlung des Verkehrswertes. Dabei werden die Kaufpreise geeigneter Vergleichsobjekte herangezogen. Die Ermittlung von Bodenwerten erfolgt überwiegend nach diesem Verfahren. → Richtwerte, → Vergleichspreise.

Vergünstigungen für Kleinunternehmer *(§ 19 UStG).* →Kleinunternehmer können bei Unterschreitung von Umsatzgrenzen (DM 25000,–) beantragen, keine Umsatzsteuer zahlen zu müssen.

Vergünstigungen im steuerbegünstigten Wohnungsbau.
1. Verringerte Gerichtsgebühren bei Eintragungen im Grundbuch.
2. Ermäßigte Grundsteuer für zehn Jahre. Dabei wird lediglich der frühere Einheitswert des unbebauten Grundstücks als Ausgangsbasis für die Grundsteuerberechnung angenommen (große Ersparnis).

Beleihungsprüfungen und dazugehörende Bewertungsüberlegungen sollten daher die Einhaltung der Wohnflächenhöchstgrenzen einschließen. Die V. i. s. W. gelten nur noch als Übergangsregelung für zehn Jahre, wenn das Objekt bis zum 31. 12. 1989 fertiggestellt worden ist. Daher sind die Aufwendungen für Kosten dieser Art künftig im Kostenplan mit zu berücksichtigen.

Verjährung. Der Verjährungsbegriff ist nicht einheitlich für alle Schuldenarten. Unterschieden wird nach Steuerrecht, Arbeitsrecht, Sozialrecht, Strafrecht, Bürgerlichem Recht. Mit der Entstehung einer Forderung beginnt die unterschiedlich lange Frist. Diese verlängert sich beispielsweise für Darlehensforderungen auf 30 Jahre, falls innerhalb von zwei Jahren diese Forderung tituliert worden ist. Grundbuchamt (§ 17 KostO). Die Ansprüche auf Zahlung von Gebühren und Auslagen verjähren in vier Jahren nach Ablauf des Kalenderjahres, in dem der Anspruch fällig geworden ist.

Verjährungsfristen. V. sind unterschiedlich lang, allerdings gibt es auch Ansprüche, die überhaupt nicht verjähren. Wird die → Verjährung geltend gemacht, so muß man sich auf sie berufen, d. h. es muß die Einrede der Verjährung erhoben werden. Wichtige V.: 2 Jahre für von Handwerkern gelieferte Leistungen sowie Makler-/Provisionsansprüche; 4 Jahre für Rückstände von Miet- und Pachtzinsen sowie Zinsrückstände; 30 Jahre für Darlehensforderungen sowie Schuldanerkenntnisse und Schuldversprechen. Andere Fristen → Gewährleistung.

Verkaufsbeschränkung, → Veräußerungsbeschränkung.

Verkaufspreis. Der V. einer Immobilie kann sicherlich nicht einfach an den vielfach vorliegenden Verkehrswertschätzungen ausgerichtet werden. Vielmehr sind die aktuelle Marktsituation, aber auch der Verkaufszeitraum und die individuellen Verhältnisse des Verkäufers preisbestimmend.

Verkaufsvollmacht, im Baufinanzierungsgeschäft teilweise verwendete Befugnis, ein genau bestimmtes Grundstück im Auftrag des Eigentümers ohne weitere Zustimmung verkaufen zu können. Damit die V. wirkungsvoll eingesetzt werden kann, erfolgt normalerweise eine Bindung an einen bestimmten Mindestpreis, gleichfalls sollte eine zeitliche Befristung aufgenommen werden. Die V. ist für ein Kreditinstitut nicht ohne Risiken, wird doch ggf. von dem Vollmachtgeber damit die Erwartung verbunden, daß mit diesem „Verwertungsauftrag" das gesamte zugrundeliegende Geschäft erledigt wird. Im Interesse einer Rechtssicherheit sollte daher die Formulierung auch diesen Bereich mit einschließen.

Verkaufswert *(§ 12 HypBankG, § 21 ErbbauVO)*, Preis, zu dem sich ein beliehenes Objekt voraussichtlich wieder verkaufen läßt.

Verkaufswertgutachten. Viele Makler bieten V. als Dienstleistung an, wobei man Vergleichswerte hereinholen sollte. Nicht immer ist es sinnvoll, den Makler zu beauftragen, der den höchsten Verkaufswert ermittelt. Vielfach kommt es dann später aufgrund langer erfolgloser Bemühungen dazu, daß überdurchschnittliche Preisnachlässe notwendig sind, die praktisch schon vorher abzusehen waren.

Verkehrsflächen. Die Flächennutzungspläne enthalten u. a. Aussagen über V. Bei Beleihung von Baugrundstücken innerhalb von Gebieten, über die ein Bebauungsplan erstellt wurde, sollte geprüft werden, ob nicht die ins Auge gefaßten Grundstücke gerade als V. eingeplant sind.

Verkehrshypothek *(§§ 1113 bis 1190 BGB)*, normale Form der → Hypothek. Sie ist mit Brief (→ Briefhypothek) oder ohne Brief (→ Buchhypothek) eintragbar.

Verkehrssicherungspflichten. Jeder, der eine Gefahrenquelle schafft, hat die Pflicht, entsprechende Schutzvorkehrungen zu treffen. Daher muß der Hausbesitzer im Winter z. B. den Schnee vor seinem Grundstück beseitigen oder die Wege so herrichten, daß keine Gefährdung mehr gegeben ist.

Verkehrswert *(§ 194 BauGB)*. Der V. wird nach § 194 BauGB durch den Preis bestimmt, der zu dem Zeitpunkt, auf den sich die Ermittlung bezieht, im gewöhnlichen Geschäftsverkehr nach den Eigenschaften, der sonstigen Beschaffenheit und der Lage des Grundstücks ohne Rücksicht auf ungewöhnliche oder persönliche Verhältnisse zu erzielen wäre. → Ertragswertverfahren, → Sachwertverfahren.
V. im Zwangsversteigerungsverfahren (§ 74a ZVG). Das Gericht beauftragt einen Sachverständigen, ein Verkehrswertgutachten zu erstellen. Das Ergebnis wird den Beteiligten mitgeteilt. Diese haben die Möglichkeit, Einsprüche geltend zu machen. Anschließend erfolgt Verkehrswertfestsetzung. Dieser Wert ist dann fester Bestandteil des Zwangsversteigerungsverfahrens.

Verkündungstermin *(§ 87 ZVG)*. Wird in einem Zwangsversteigerungstermin auf Antrag hin nicht sofort über den Zuschlag entschieden, so setzt das Ge-

richt einen gesonderten V. fest. Bis dahin können dann seitens der Betreiber noch Anträge zurückgenommen oder gar das Verfahren wieder eingestellt werden.

verlorene Baukostenzuschüsse, Geld, Sach- und Arbeitsleistungen an den Bauherrn, die von künftigen Mietern erbracht werden, um einen Mietvertrag zu erhalten und/oder Mietminderungen zu erreichen (als Mietvorauszahlung). Derartige Zuwendungen sind als Einnahmen zu deklarieren; hier gilt das Zuflußprinzip, wobei allerdings eine zeitliche Abgrenzung erfolgen kann (Zeile 4 → Anlage V).

Verlustausgleich (Verlustabzug) *(§ 10d EStG)*. Ergeben sich bei einer Einkunftsart Verluste, so können diese mit Einkünften aus anderen Einkunftsarten im gleichen Steuerjahr ausgeglichen werden. Überwiegt der Verlust weiterhin, so ist auch ein → Verlustrücktrag oder anschließend ein → Verlustvortrag möglich.

Verluste bei beschränkter Haftung *(§ 15a EStG)*. Die dem Kommanditisten zugewiesenen Verlustanteile sind Ausdruck seines Anteils an der durch den Gesamtverlust eingetretenen Minderung des Gesellschaftsvermögens. Insofern bedeutet der Verlustanteil für den Kommanditisten trotz des Ausschlusses der persönlichen Haftung nach Einlage der Haftsumme und trotz Beschränkung der Verlusttragungspflicht nach Maßgabe des § 167 III HGB auch bei negativem Kapital eine eigene Vermögensminderung. Nach § 15a EStG besteht die Rechtsfolge darin, daß der Verlustanteil eines Kommanditisten nur insoweit ausgleichs- und abzugsfähig ist, als er nicht zur Entstehung eines negativen Kapitalkontos führt. Die Kommanditistenstellung richtet sich nach den Vorschriften des HGB, Grundlage für die Berechnung des Verlustanteils ist die Steuerbilanz der Gesellschaft. Wichtig ist daher, zwischen dem Verlustanteil des Kommanditisten und seinem Ergebnis aus Sonderbetriebsvermögen zu unterscheiden.

Verlustrücktrag *(§ 10d EStG)*. Verbleiben trotz Verrechnung mit positiven Einkünften Verluste, so sind diese auf den zweiten, dem Veranlagungszeitraum vorangegangenen Veranlagungszeitraum zurückzutragen, also trotz rechtskräftigem Steuerbescheid erfolgt eine nachträgliche Korrektur. Kann hierdurch der Verlust noch nicht vollständig ausgeglichen werden, erfolgt die Verrechnung im ersten, dem Veranlagungszeitraum vorangegangenen Steuerjahr. Erst wenn auch hier keine komplette Verrechnung möglich ist, kann der restliche Verlust (→ Verlustvortrag) vorgetragen werden.

Verlustvortrag *(§ 10d EStG)*. Wenn nach Ausnutzung der Verlustrücktragsmöglichkeiten noch kein Ausgleich erfolgt ist, kann auf den V. zurückgegriffen werden. Es besteht also kein Wahlrecht. Der Verlust ist unbegrenzt vortragbar. Die Inanspruchnahme erfolgt unter den Sonderausgaben, die von dem Gesamtbetrag der Einkünfte abgezogen werden.

Verlustzuweisung. Einzelnen Gesellschaftern werden anteilig zu deren Einlagen Verluste zugerechnet, die mit bestimmten sonstigen Einkünften verrechnet werden können. Dies führt i. d. R. zu Einkommensteuerersparnissen.

Vermächtnisnießbrauch *(§§ 1030 bis 1089 BGB)*, Anordnung des Nießbrauchs durch letztwillige Verfügung des Grundstückseigentümers als Vermächtnis. Aufgrund dessen wird der Nießbrauch durch den Erben einem Dritten eingeräumt.

Vermeidung von Dauerschulden. Dauerschulden werden bei der Ermittlung des Gewerbekapitals dem Einheitswert des Betriebes hinzugerechnet. Daher ist es sinnvoll, Dauerschulden so weit als möglich zu vermeiden. Hier ist nicht nur der Steuerberater, sondern auch der Finanzierungsfachmann gefragt. Möglichkeiten zur V. v. D.: unmittelbaren Zusammenhang zwischen Kredit und Geschäftsvorfall herstellen, vorübergehende Abdeckung einer Kontokorrentschuld für mindestens acht Tage durch Steuerung des Geldflusses (Vorsicht: kein Bank-zu-Bank-Transfer), Vereinbarung von Ratenkrediten, da nicht die gesamte, sondern nur die durchschnittliche Laufzeit maßgebend ist.

Vermessung, in landesrechtlichen Vorschriften geregelt und durch öffentlich bestellte Vermessungs-Ingenieure durchzuführen. Anhand der Vermessungsergebnisse wird auf Antrag des Grundstückseigentümers das Kataster geändert. Ist bei Finanzierungen zu erkennen, daß noch eine V. durchzuführen ist, sollte vorher geprüft werden, ob dies überhaupt in einem angemessenen Zeitraum erfolgen kann oder ob gewichtige Gründe dagegen sprechen, daß z. B. die Grundstücksparzelle vom Zuschnitt her kaum trennbar ist, also hierfür keine behördlichen Genehmigungen erteilt werden können. → Vermessungskosten.

Vermessungskosten. Die Gebühren für eine → Vermessung trägt der Grundstückseigentümer. Faustregel: Gebührensatz von 0,5% bis 2,5% des Grundstückswertes.

Vermessungstermin, geregelt im (landesrechtlichen) Vermessungs- und Katastergesetz. Wenn Grenzen festgestellt, wiederhergestellt und abgemarkt werden, sind die Beteiligten zu laden. Über das Ergebnis des Termins wird ein Protokoll erstellt. Beteiligten, die nicht zugegen waren, sind die Ergebnisse durch eine Benachrichtigung oder durch Offenlegung bekanntzugeben.

Vermessungs- und Katastergesetz *(VermKatG).* Darin sind u. a. geregelt: Betreten von Grundstücken und baulichen Anlagen, Abmarkung von Grundstücksgrenzen, Mitwirkung der Beteiligten.

Vermietbarkeit. Statistisch gesehen ist die Wohnraumversorgung ausreichend.

Neue Wohnungen werden somit in einen weitgehend gesättigten Markt gebracht. Daher sind bei einer Kreditvergabe im Mietwohnungsbau die örtlichen Verhältnisse maßgebend für die Beurteilung der V. Dies wird ebenfalls vom örtlichen Bedarf abhängen. Die Nachfrage hat dabei ständig andere Wohnungsformen und -größen favorisiert. Dennoch hat sich die klassische 3-Zimmer-Wohnung mit etwa 80 m^2 Wohnfläche bislang als die letztlich zweckmäßigste Wohnung erwiesen. Trends, z. B. zu Appartments und Kleinwohnungen, können schnell vorübergehen. Wichtigste Faktoren für die V. sind heute sicherlich die Höhe der Nebenkosten und die zu erwartende Nebenkostenentwicklung.

Vermieterpfandrecht *(§ 559 BGB).* Der Vermieter eines Grundstücks hat für seine Forderungen aus dem Mietverhältnis ein Pfandrecht an den eingebrachten Sachen des Mieters. Das V. ist auch bei der Beleihung zu berücksichtigen.

vermietetes Wohneigentum. Für vermietete Objekte hat sich die steuerliche Förderung ab dem 1. 1. 1987 nur unwesentlich geändert. Lediglich die Möglichkeit, Objekte auch nach § 7 b abzuschreiben, ist entfallen.

Vermietung einer Ferienwohnung. Bei der V. e. F. muß darauf geachtet werden, daß diese Tätigkeit nicht als → Liebhaberei eingestuft wird. Unter diesem Gesichtspunkt können keinerlei Steuervorteile in Anspruch genommen werden. Liebhaberei liegt vor, wenn mit dieser Tätigkeit kein Gewinn angestrebt wird und auch tatsächlich keine positiven Einkünfte erzielt werden. Werden Ferienwohnungen finanziert, ist darauf zu achten, daß steuerliche Überlegungen nicht in die Liquiditätsrechnungen mit einbezogen werden.

Vermietungsgarantie. Vielfach geben Mietgaranten oder andere an Steuermodellen beteiligte Partner eine V. ab. Die genaue Situation ist vor Ort zu klären. Ansonsten besteht für den Investor und den Finanzierer die Gefahr, daß die Anlage falsch eingeschätzt wird und Schaden entsteht, wenn sich die Garantie als hinfällig oder wertlos erweist. Bei der Beleihung/Bewertung sind ortsübliche Mieten anzusetzen.

Vermittler. Das Baufinanzierungsgeschäft zählt zu den beratungsintensivsten Bankdienstleistungen. Auch für den Nachfrager ist die Vielfalt der Angebote derart groß, daß überwiegend Berater hinzugezogen werden. Die V. werden meist tätig aus der Kenntnis der individuellen Verhältnisse und mit der Absicht, neben einer Vermittlungsprovision zusätzliche Dienstleistungen mit zu verkaufen, die für die Finanzierung bzw. das Objekt notwendig sind (Versicherungen, Bausparverträge etc.). Für die Kreditinstitute ist das Vermittlungsgeschäft unverzichtbarer Bestandteil des Geschäftes geworden. Der Pflege eines guten Vermittlungsgeschäftes kommt daher entsprechende Priorität zu. → Reisegewerbe.

Vermittlungsprovision. Für die → Vermittlung von Baufinanzierungskunden werden in der Branche unterschiedlich hohe V. gezahlt. Anzustreben ist, daß die V. nur zu Lasten des Kreditinstitutes geht und nicht die Kondition des Kunden beeinträchtigt. Zu zahlende V. für die Vermittlung von Landesbürgschaften, → Aufwendungsdarlehen, → Aufwendungszuschüsse, → Eigenkapitalvermittlung sind dann als Werbungskosten absetzbar, wenn sie angemessen sind und im wirtschaftlichen Zusammenhang mit der beabsichtigten Einkunftserzielung stehen.

Vermögensabgabe im Rahmen des LAG, persönliche Schuld nach den Bestimmungen des LAG, über deren Höhe das Finanzamt Auskunft gibt. Nicht allein das Grundstück, sondern das gesamte Vermögen des Schuldners haftet. Wenn bei einem Grundstückskauf nichts anderes vereinbart wird, verbleibt die Vermögensabgabe bei dem Eigentümer, der am 21. 6. 1948 Grundeigentümer war.

Vermögensbildungsgesetz (VermBG), auch als 624,– DM/936,– DM Gesetz bezeichnet. Arbeitnehmer können bestimmte Beträge direkt von ihrem Arbeitslohn einbehalten lassen, um damit eine längerfristige Kapitalbildung (Vermögensbildung) zu betreiben. Falls bestimmte Einkommensgrenzen nicht überschritten werden (siehe auch → Sparprämien), werden zusätzlich Arbeitnehmersparzulagen gewährt. Die endgültige Einhaltung dieser Einkommensgrenzen wird durch den Steuerbescheid überprüft. Daher erfolgt die Gewährung der Sparzulage auch direkt durch das Finanzamt im Rahmen der Einkommensteuerveranlagung bzw. des Lohnsteuerjahresausgleichs.

Vermögensermittlung. Die Berechnung eines Vermögens zum Zwecke der Vermögensbesteuerung erfolgt nach einem fest vorgegebenen Schema:
Land- und forstwirtschaftliches Vermögen mit dem Einheitswert
Grundvermögen mit 140% des Einheitswertes
Betriebsvermögen
Sonstiges Vermögen
  Kapitalvermögen
  Zahlungsmittel ./. Freibetrag
  (§ 110 BewG)

Summe
davon steuerfrei (§ 110 BewG)

---

verbleibendes Kapitalvermögen
Ansprüche aus Lebens-, Kapital- und Rentenversicherungs ./.
Freibetrag
(§ 110 BewG)

Rohvermögen
./. Schulden

Gesamtvermögen
Abgerundet nach § 4 Abs. 2 VStG
Freibeträge
  für den Steuerpflichtigen
  für den Ehegatten
  für ... Kinder
  wegen Alters oder Erwerbsunfähigkeit

Steuerpflichtiges Vermögen

Vermögensteuer. Rechtsgrundlagen: Vermögensteuergesetz (VStG), Bewertungsgesetz, Durchführungsverordnung zum Bewertungsgesetz, Vermögensteuer-Richtlinien. Grundvermögen wird mit 140% des → Einheitswertes berücksichtigt. Land- und forstwirtschaftliches Grundvermögen wird mit 100% des Einheitswertes erfaßt. Die V. beträgt nach § 10 VStG jährlich für natürliche Personen 0,5% und für Körperschaften und juristische Personen 0,6% des steuerpflichtigen Gesamtvermögens.

Vermögensteuerbescheid. Da die → Vermögensteuer nur aufgrund einer alle drei Jahre zu ermittelnden Bezugsgröße zu zahlen ist, sollte der V. besonders sorgfältig nachgeprüft werden. Hierzu sind Kenntnisse des Bewertungsgesetzes unabdingbar.

Vermögensübernahme. § 419 BGB sieht bei einer vertraglichen Übernahme des Vermögens eines anderen einen Schuldbeitritt des Übernehmers kraft Gesetz vor, d. h. er hat die Schulden zu übernehmen. Wird häufig bei ‚Notverkäufen' zum Problempunkt. Allein die Erwähnung eines möglichen Problems in dieser Richtung durch den Notar bewirkt in vielen Fällen, daß die Verträge dann nicht zustande kommen. Einschlägige Rechtsprechung der letzten Jahre zeigt, daß der Kreditwirtschaft aus einer Kreditsicherung, insbesondere bei Gewährung von Sanierungskrediten, kaum jemals wirtschaftliche Gefahren erwachsen. Lt. BGH WM 85, 866 ist § 419 BGB nicht dafür da, daß der Pfandgläubiger Gefahr läuft, für die Schulden des Verpfänders eintreten zu müssen, wenn die dingliche Belastung das belastete Recht wirtschaftlich praktisch aushöhlt. Es ist klargestellt, daß § 419 BGB auf die Bestellung von → Grundpfandrechten unanwendbar ist. Soweit es zu einer Benachteiligung anderer Gläubiger kommt, kann nach Ansicht des BGH auf das Anfechtungsgesetz, ggf. auf die Generalklausel des § 838, 826 BGB zurückgegriffen werden.

Vermögensverwaltung. Die Verwaltung eigenen Vermögens ist grundsätzlich keine gewerbliche Tätigkeit. Die V. stellt aber dann eine → gewerbliche Tätigkeit dar, wenn mit Gewinnerzielungsabsicht eine selbständige, nachhaltige und nach außen erkennbare Tätigkeit entfaltet wird. Diese Auslegung gibt ständigen Anlaß zu anhängigen, höchstrichterlichen Verfahren. In der Baufinanzierung sollte stets der Steuerberater hinzugezogen werden, wenn derartige Fragen zur Entscheidung anstehen.

Vermögensverzeichnis, Formblatt, welches bei der Abgabe der eidesstattlichen Versicherung vom Schuldner ausgefüllt oder vom Rechtspfleger aufgrund der Schuldnerangaben erstellt wird. Darin werden alle Vermögensgegenstände, aber auch Forderungen etc. aufgeführt. Angegeben werden muß auch der Arbeitgeber. Dieses V. wird unterschrieben. Falsche Angaben sind strafbar. Gläubiger können sich eine Abschrift dieses V. verschaffen, um

daraus ggf. Zwangsvollstreckungsmaßnahmen abzuleiten.

vermögenswirksame Leistungen, → Vermögensbildungsgesetz, → Sparzulage, → staatliche Bausparförderung.

Verordnung über wohnungswirtschaftliche Berechnungen *(Zweite Berechnungsverordnung – II. BV, Neufassung vom 5. 4. 1984).* Die Verordnung ist anzuwenden, wenn die Wirtschaftlichkeit, die Belastung und die Wohnfläche nach dem II. WoBauG oder dem Wohnungsbindungsgesetz oder dem Wohnungsgemeinnützigkeitsgesetz zu ermitteln und zu überprüfen sind.

Verpachtung, → Pachtverhältnis.

Verpfändung von Ansprüchen auf Eigentumsübertragung. Hat ein Erwerber ein Grundstück, welches z. B. noch als Teilfläche vermessen werden muß, gekauft und besteht ein Auflassungsanspruch, so kann sich der Kreditgeber zur Sicherung seiner Ansprüche die Ansprüche aus der noch einzutragenden Auflassungsvormerkung verpfänden lassen.

Verpflichtungserklärung *(§ 7(3) BSpkG).* Von einer Sicherung durch Grundpfandrechte oder durch Ersatzsicherheiten kann eine Bausparkasse absehen. Der Darlehensnehmer verpflichtet sich der Bausparkasse gegenüber, eine mögliche Sicherung durch Grundpfandrechte an einem beleihbaren Grundstück im Rahmen der zulässigen Grenzen nicht durch eine Verpfändung des als Pfandobjekt in Betracht kommenden Gegenstandes für eine andere Verbindlichkeit oder durch Veräußerung zu verhindern. Höchstbetrag DM 25 000,–.

Versagung des Zuschlags *(§§ 74 a, 85 a u. a. ZVG).* Verschiedene Ausgangssituationen (→ Nichterreichung der 5/10-Grenze, → Nichterreichung der 7/10-Grenze) können zu einer Zuschlagsversagung im Zwangsversteigerungsverfahren führen.

Versicherungen. Im Zusammenhang mit dem Hausbau oder/und dem Hauserwerb sind diverse Versicherungsformen typisch: → Bauherrenhaftpflichtversicherung, → Bauleistungsversicherung, → Feuerversicherung, → Haus- und Grundstückshaftpflichtversicherung, Gewässerhaftpflichtversicherung, Zusatzversicherungen (Glas, bes. Bauteile).

Versicherungsbeiträge, Bestandteil der → Sonderausgaben. Hierzu zählen Aufwendungen zur gesetzlichen Sozialversicherung, freiwillige Angestellten-, Arbeiterrenten-, Höherversicherungen, Krankenversicherungsbeiträge, Unfall- und Lebensversicherungsbeiträge, Haftpflichtversicherungsaufwendungen.

Versicherungssumme, die in der Versicherungspolice genannte, vertraglich vereinbarte und garantierte Summe. Im Versicherungsfall ist der Versicherer nur zur Zahlung der garantierten V. verpflichtet. Üblich ist allerdings eine Beteiligung der Versicherungsnehmer an den Überschüssen. Bei einer Koppelung von Baufinanzierungskrediten mit einer Lebensversicherung wird die V. meist nicht in voller Höhe der Kreditsumme gewählt, da die wahrscheinlichen Überschüsse schon vorab mit einkalkuliert werden. Dadurch ist der Beitrag einer Normaltilgung angenähert.

Versiegelung von Baugrundstücken. Durch Bebauung wird die Oberfläche eines Grundstückes versiegelt. Dafür ist bundesrechtlich eine Obergrenze festgelegt worden. Wo eine verdichtete Bebauung angestrebt wird, muß ein bestimmtes Maß an begrünbarer Fläche erhalten bleiben. → Entsiegelung.

Versorgungsanlage, bauliche Anlage zur Erzeugung und allgemeinen Zuführung von Elektrizität, Wärme, Wasser und Gas sowie zur Abführung, Beseitigung und Verwertung der festen und flüssigen Abfallstoffe.

Versorgungsrente. Wird der Wert einer Rente weniger nach dem Wert des Grundstücks als nach den Lebensbedürfnissen des Rentenberechtigten bemessen, so sind Leistung und Gegenleistung nicht nach wirtschaftlichen Grundsätzen gegeneinander abgewogen worden. Der Zeitwert der Immobilie muß mindestens die Hälfte des Wertes der Rentenverpflichtung betragen. In diesem Fall handelt es sich um eine V., die nicht überwiegend auf gesetzlicher Unterhaltpflicht beruht (§ 10 Abs. 1 Nr. 1a Satz 2 EStG). Der Verpflichtete kann den Ertragsanteil als Sonderausgabe abziehen, der

Berechtigte muß den Ertragsanteil nach § 22 Nr. 1 EStG versteuern. Dennoch ist diese Regelung vor allem dann steuerlich interessant, wenn die Beteiligten stark voneinander abweichende Steuerbelastungsquoten aufweisen.

Versteigerungsbedingungen *(§ 59 ZVG).* Die Vorschriften über das geringste Gebot und die gesetzlichen V. sind in den §§ 44 bis 58 ZVG geregelt. Eine Änderung kann sich in der Verhandlung als zweckmäßig erweisen. Jeder Beteiligte kann eine von den gesetzlichen Bedingungen abweichende Feststellung des geringsten Gebotes und der V. beantragen. Wird durch die Abweichung das Recht eines anderen Beteiligten tangiert, so ist dessen Zustimmung erforderlich. Häufig kommt z. B. der Antrag auf Gesamtausgebot unter Verzicht auf Einzelausgebote vor.

Versteigerungsgericht *(§ 35 ZVG).* Die Zwangsversteigerung wird durch das Vollstreckungsgericht (= V.) ausgeführt.

Versteigerungstermin *(§ 36 ZVG).* Der V. ist erst zu bestimmen, wenn die Beschlagnahme des Grundstücks erfolgt ist und eventuelle Vollstreckungsschutzverfahren rechtskräftig ablehnend beschieden sind. Außerdem muß der Verkehrswert ermittelt und vom Gericht bestätigt sein. Der Termin wird allen Beteiligten nach Festlegung mitgeteilt, außerdem wird er durch Aushang im zuständigen Amtsgericht öffentlich bekanntgemacht.

Versteigerungsvermerk *(§ 19 (2) ZVG).* Der V. hat die Auswirkung einer Beschlagnahme und ist damit eine der häufigsten Verfügungsbeschränkungen. Finanzierungsinstitute sind gut beraten, die Grundbuchblätter bei Neufinanzierungen genau zu prüfen. Auch wenn überwiegend Kopien der Grundbuchauszüge vorliegen, ist feststellbar, ob z. B. bereits früher einmal eine negative, inzwischen gelöschte Eintragung im Grundbuch vorhanden war.

Verteilung des Versteigerungserlöses *(§§ 113 bis 121 ZVG).* Der Verteilungstermin ist nicht öffentlich. I. d. R. wird in dem Termin der schon vorher aufgestellte Teilungsplan endgültig festgelegt und über ihn verhandelt. Vorschriften über die Aufstellung des Teilungsplanes bestehen nicht. Die Verteilung kann auch außergerichtlich − somit auch kostengünstiger − durchgeführt werden. Dies ist in der Praxis dann üblich, wenn nur ein Gläubiger Forderungen angemeldet hat. Dann werden die Gerichtskosten vorab gezahlt. → Verteilungstermin.

Verteilungserklärung. Größere Bauvorhaben, die später in Teileigentum umgewandelt werden, sind für die Aufbaufinanzierung üblicherweise global belastet worden. Nach Fertigstellung des Gebäudes erfolgt die Übergabe der einzelnen Einheiten an die neuen Eigentümer, und gleichzeitig wird individuell das einzelne Wohnungseigentum belastet und die übrigen Rechte entsprechend entlastet. Hierzu verfaßt der

Globalgrundschuldgläubiger entsprechende V.

Verteilungsschlüssel für Umlagen. Alle Wohnungseigentümer sind verpflichtet, die Lasten aus dem gemeinschaftlichen Eigentum auch gemeinschaftlich zu tragen. Als Verteilungsschlüssel für die Kosten ist normalerweise in der Teilungserklärung eine entsprechende Vereinbarung getroffen. Eine Änderung ist möglich, wenn alle Wohnungseigentümer dieser Änderung zustimmen.

Verteilungstermin *(§ 105 ZVG)*. Nach Erteilung des → Zuschlages bestimmt das Gericht einen V. → Verteilung des Versteigerungserlöses.

Vertragsaufhebung. Ist der Käufer oder eine sonstige Eintragung bereits im Grundbuch eingetragen, so bedarf die V. der → notariellen Beurkundung. Ist der Vertrag/die Urkunde noch nicht vollzogen, so genügt i. d. R. eine formlose gemeinschaftliche Aufhebung.

Vertragsermäßigung (Bausparen). Eine Ermäßigung eines Vertrages ist bei allen Bausparkassen jederzeit möglich. Eine Veränderung der → Bewertungsziffer erfolgt erst zum nächsten → Bewertungsstichtag. Gleiches gilt auch für Zusammenlegung, Erhöhung oder Teilung von Verträgen.

Vertrauensschaden *(§ 39 BauGB)*. Wenn Eigentümer oder sonstige Nutzungsberechtigte eines Grundstücks im berechtigten Vertrauen auf den Bestand eines rechtsverbindlichen Bebauungsplanes Vorbereitungen für die Verwirklichung von Nutzungsmöglichkeiten getroffen haben, die sich aus dem Bebauungsplan ergeben, so können sie angemessene Entschädigung in Geld verlangen, soweit die Aufwendungen durch die Änderung, Ergänzung oder Aufhebung des Bebauungsplanes an Wert verlieren.

Vertrauensschutz *(§ 176 AO)*. Bei der Aufhebung oder Änderung eines Steuerbescheides darf nicht zuungunsten des Steuerpflichtigen berücksichtigt werden, daß 1. das Bundesverfassungsgericht die Nichtigkeit eines Gesetzes feststellt, auf der die bisherige Steuerfestsetzung beruht; 2. ein oberster Gerichtshof des Bundes (BFH z. B.) eine Norm, auf der die bisherige Steuerfestsetzung beruht, nicht anwendet, weil er sie für verfassungswidrig hält; 3. sich die Rechtsprechung eines obersten Gerichtshofes des Bundes geändert hat, die bei der bisherigen Steuerfestsetzung von der Finanzbehörde angewandt worden ist. Dieser V. gilt daher auch für den Fall, daß z. B. das Steueramnestiegesetz für verfassungswidrig erklärt würde. Auch halten die Steuerberater den V. bei der korrekten Auslegung der → Zweikontentheorie für anwendbar.

Vertretung (Notarvertrag) *(§ 12 BeurkG)*. Läßt sich ein Beteiligter vertreten, so muß die → Vollmacht grundsätzlich im Original vorliegen. Tritt ein vollmachtsloser Vertreter auf, so ist die Vollmacht nachzureichen. Der Vertrag ist solange schwebend unwirksam, bis der Vertretene die Urkunden genehmigt hat.

Vervielfältiger (Kapitalisierungsfaktor). Der V. wird angewendet zur Berechnung des Gebäudeertragswertes. Der Zinssatz ist nach der Art der baulichen Anlagen und nach der Lage auf dem Grundstücksmarkt zu bestimmen. Sind keine marktorientierten Zinssätze feststellbar, so werden meist pauschal vorgegebene Zinssätze angesetzt. → Vervielfältigertabelle.

Vervielfältigertabelle. Zur Berechnung des Gebäudeertragswertes werden → Vervielfältiger angewendet. Die für die → Ertragswertberechnung anzuwendenden Faktoren sind der WertVO Anlage 1 zu entnehmen. Dabei ist neben dem Zinssatz auch die Restnutzungsdauer berücksichtigt.

Vervielfältigertabelle

Bei einer Rest-nutzungs-dauer von ... Jahren	bei einem Zinssatz in Höhe von								
	3 vH	3 1/2 vH	4 vH	4 1/2 vH	5 vH	5 1/2 vH	6 vH	6 1/2 vH	7 vH
1	0,97	0,97	0,96	0,96	0,95	0,95	0,94	0,94	0,93
2	1,91	1,90	1,89	1,87	1,86	1,85	1,83	1,82	1,81
3	2,83	2,80	2,78	2,75	2,72	2,70	2,67	2,65	2,62
4	3,72	3,67	3,63	3,59	3,55	3,51	3,47	3,43	3,39
5	4,58	4,52	4,45	4,39	4,33	4,27	4,21	4,16	4,10
6	5,42	5,33	5,24	5,16	5,08	5,00	4,92	4,84	4,77
7	6,23	6,11	6,00	5,89	5,79	5,68	5,58	5,48	5,39
8	7,02	6,87	6,73	6,60	6,46	6,33	6,21	6,09	5,97
9	7,79	7,61	7,44	7,27	7,11	6,95	6,80	6,66	6,52
10	8,53	8,32	8,11	7,91	7,72	7,54	7,36	7,19	7,02
11	9,25	9,00	8,76	8,53	8,31	8,09	7,89	7,69	7,50
12	9,95	9,66	9,38	9,12	8,86	8,62	8,38	8,16	7,94
13	10,63	10,30	9,99	9,68	9,39	9,12	8,85	8,60	8,36
14	11,30	10,92	10,56	10,22	9,90	9,59	9,29	9,01	8,75
15	11,94	11,52	11,12	10,74	10,38	10,04	9,71	9,40	9,11
16	12,56	12,09	11,65	11,23	10,84	10,46	10,11	9,77	9,45
17	13,17	12,65	12,17	11,71	11,27	10,86	10,48	10,11	9,76
18	13,75	13,19	12,66	12,16	11,69	11,25	10,83	10,43	10,06
19	14,32	13,71	13,13	12,59	12,09	11,61	11,16	10,73	10,34
20	14,88	14,21	13,59	13,01	12,46	11,95	11,47	11,02	10,59
21	15,42	14,70	14,03	13,40	12,82	12,28	11,76	11,28	10,84
22	15,94	15,17	14,45	13,78	13,16	12,58	12,04	11,54	11,06
23	16,44	15,62	14,86	14,15	13,49	12,88	12,30	11,77	11,27
24	16,93	16,06	15,25	14,50	13,80	13,15	12,55	11,99	11,47
25	17,41	16,48	15,62	14,83	14,09	13,41	12,78	12,20	11,65

Vervielfältigertabelle (Fortsetzung)

Bei einer Rest- nutzungs- dauer von ... Jahren	bei einem Zinssatz in Höhe von							
	3 vH	3 1/2 vH	4 vH	4 1/2 vH	5 vH	5 1/2 vH	6 vH	6 1/2 vH	7 vH
26	17,88	16,89	15,98	15,15	14,38	13,66	13,00	12,39	11,83
27	18,33	17,29	16,33	15,45	14,64	13,80	13,21	12,57	11,99
28	18,76	17,67	16,66	15,74	14,90	14,12	13,41	12,75	12,14
29	19,19	18,04	16,98	16,02	15,14	14,33	13,59	12,91	12,28
30	19,60	18,39	17,29	16,29	15,37	14,53	13,76	13,06	12,41
31	20,00	18,74	17,59	16,54	15,59	14,72	13,93	13,20	12,53
32	20,39	19,07	17,87	16,79	15,80	14,90	14,08	13,33	12,65
33	20,77	19,39	18,15	17,02	16,00	15,08	14,23	13,46	12,75
34	21,13	19,70	18,41	17,25	16,19	15,24	14,37	13,58	12,85
35	21,49	20,00	18,66	17,46	16,37	15,39	14,50	13,69	12,95
36	21,83	20,29	18,91	17,67	16,55	15,54	14,62	13,79	13,04
37	22,17	20,57	19,14	17,86	16,71	15,67	14,74	13,89	13,12
38	22,49	20,84	19,37	18,05	16,87	15,80	14,85	13,98	13,19
39	22,81	21,10	19,58	18,23	17,02	15,93	14,95	14,06	13,26
40	23,11	21,36	19,79	18,40	17,16	16,05	15,05	14,15	13,33
41	23,41	21,60	19,99	18,57	17,29	16,16	15,14	14,22	13,39
42	23,70	21,83	20,19	18,72	17,42	16,26	15,22	14,29	13,45
43	23,98	22,06	20,37	18,87	17,55	16,36	15,31	14,36	13,51
44	24,25	22,28	20,55	19,02	17,66	16,46	15,38	14,42	13,56
45	24,52	22,50	20,72	19,16	17,77	16,55	15,46	14,48	13,61
46	24,78	22,70	20,88	19,29	17,88	16,63	15,52	14,54	13,65
47	25,02	22,90	21,04	19,41	17,98	16,71	15,60	14,59	13,69
48	25,27	23,09	21,20	19,54	18,08	16,79	15,65	14,64	13,73
49	25,50	23,28	21,34	19,65	18,17	16,86	15,71	14,68	13,77
50	25,73	23,46	21,48	19,76	18,26	16,93	15,76	14,72	13,80
51	25,95	23,63	21,62	19,87	18,34	17,00	15,81	14,76	13,83
52	26,17	23,80	21,75	19,97	18,42	17,06	15,86	14,80	13,86
53	26,37	23,96	21,87	20,07	18,49	17,12	15,91	14,84	13,89
54	26,58	24,11	21,99	20,16	18,57	17,17	15,95	14,87	13,92
55	26,77	24,26	22,11	20,25	18,63	17,23	15,99	14,90	13,94
56	26,97	24,41	22,22	20,33	18,70	17,28	16,03	14,93	13,96
57	27,15	24,55	22,33	20,41	18,76	17,32	16,06	14,96	13,98
58	27,33	24,69	22,43	20,49	18,82	17,37	16,10	14,99	14,00
59	27,51	24,82	22,53	20,57	18,88	17,41	16,13	15,01	14,02
60	27,68	24,94	22,62	20,64	18,93	17,45	16,16	15,03	14,04
61	27,84	25,07	22,71	20,71	18,98	17,49	16,19	15,05	14,06
62	28,00	25,19	22,80	20,77	19,03	17,52	16,22	15,07	14,07
63	28,16	25,30	22,89	20,83	19,08	17,56	16,24	15,09	14,08
64	28,31	25,41	22,97	20,89	19,12	17,59	16,27	15,11	14,10
65	28,45	25,52	23,05	20,95	19,16	17,62	16,29	15,13	14,11

Vervielfältigertabelle

Bei einer Rest- nutzungs- dauer von ... Jahren	bei einem Zinssatz in Höhe von								
	3 vH	3 1/2 vH	4 vH	4 1/2 vH	5 vH	5 1/2 vH	6 vH	6 1/2 vH	7 vH
66	28,60	25,62	23,12	21,01	19,20	17,65	16,31	15,14	14,12
67	28,73	25,72	23,19	21,06	19,24	17,68	16,33	15,16	14,13
68	28,87	25,82	23,26	21,11	19,28	17,70	16,35	15,17	14,14
69	29,00	25,91	23,33	21,16	19,31	17,73	16,37	15,19	14,15
70	29,12	26,00	23,39	21,20	19,34	17,75	16,38	15,20	14,16
71	29,25	26,09	23,46	21,25	19,37	17,78	16,40	15,21	14,17
72	29,37	26,17	23,52	21,29	19,40	17,80	16,42	15,22	14,18
73	29,48	26,25	23,57	21,33	19,43	17,82	16,43	15,23	14,18
74	29,59	26,33	23,63	21,37	19,46	17,84	16,44	15,24	14,19
75	29,70	26,41	23,68	21,40	19,48	17,85	16,46	15,25	14,20
76	29,81	26,48	23,73	21,44	19,51	17,87	16,47	15,26	14,20
77	29,91	26,55	23,78	21,47	19,53	17,89	16,48	15,26	14,21
78	30,01	26,62	23,83	21,50	19,56	17,90	16,49	15,27	14,21
79	30,11	26,68	23,87	21,54	19,58	17,92	16,50	15,28	14,22
80	30,20	26,75	23,92	21,57	19,60	17,93	16,51	15,28	14,22
81	30,29	26,81	23,96	21,59	19,62	17,94	16,52	15,29	14,23
82	30,38	26,87	24,00	21,62	19,63	17,96	16,53	15,30	14,23
83	30,47	26,93	24,04	21,65	19,65	17,97	16,53	15,30	14,23
84	30,55	26,98	24,07	21,67	18,67	17,98	16,54	15,31	14,24
85	30,63	27,04	24,11	21,70	19,68	17,99	16,55	15,31	14,24
86	30,71	27,09	24,14	21,72	19,70	18,00	16,56	15,32	14,24
87	30,79	27,14	24,18	21,74	19,71	18,01	16,56	15,32	14,25
88	30,86	27,19	24,21	21,76	19,73	18,02	16,57	15,32	14,25
89	30,93	27,23	24,24	21,78	19,74	18,03	16,57	15,33	14,25
90	31,00	27,28	24,27	21,80	19,75	18,03	16,58	15,33	14,25
91	31,07	27,32	24,30	21,82	19,76	18,04	16,58	15,33	14,26
92	31,14	27,37	24,32	21,83	19,78	18,05	16,59	15,34	14,26
93	31,20	27,41	24,35	21,85	19,79	18,06	16,59	15,34	14,26
94	31,26	27,45	24,37	21,87	19,80	18,06	16,60	15,34	14,26
95	31,32	27,48	24,40	21,88	19,81	18,07	16,60	15,35	14,26
96	31,38	27,52	24,42	21,90	19,82	18,08	16,60	15,35	14,26
97	31,44	27,56	24,44	21,91	19,82	18,08	16,61	15,35	14,27
98	31,49	27,59	24,46	21,92	19,83	18,09	16,61	15,35	14,27
99	31,55	27,62	24,49	21,94	19,84	18,09	16,61	15,35	14,27
100	31,60	27,66	24,50	21,95	19,85	18,10	16,62	15,36	14,27

Vervielfältigung von Bauzeichnungen. Das Recht zur V. v. B. steht ausschließlich dem Architekten zu.

Verwalter *(§ 2c WEG)*. Neben der Wohnungseigentümergemeinschaft (die vielfach kaum funktioniert) ist der V. das wichtigste Organ der Eigentümergemeinschaft. Daher ist die Bestellung eines V. auch unabdingbar. Fachliche und persönliche Qualifikation eines V. bestimmen letztlich das Funktionieren der Wohnungseigentümergemeinschaft. Einen Ausbildungsberuf ‚Wohnungsverwalter' gibt es nicht, die selbständig handelnden Kaufleute bestimmen somit ihre berufliche Qualifikation weitgehend selber. Jede geschäftsfähige natürliche und juristische Person sowie eine OHG oder KG kann als V. bestellt werden. Eine Übertragung durch Rechtsnachfolge auf einen Dritten ist nicht ohne Mitsprache der Wohnungseigentümer möglich. → Verwalterbestellung, → Verwaltervertrag, → Verwaltervollmacht. Der V. wird für höchstens fünf Jahre gewählt, eine wiederholte Bestellung ist möglich.

Verwalterbestellung *(§ 26 WEG)*. Die Bestellung eines Verwalters kann bereits durch den Grundstückseigentümer/Bauträger/Veräußerer in der → Teilungserklärung erfolgen. → Erstverwalter. Für die grundsätzliche Bestellung durch die Eigentümer genügt die einfache Mehrheit (§ 21 Abs. 3 WEG). Die Bestellung beinhaltet grundsätzlich nicht gleichzeitig auch den Abschluß des → Verwaltervertrages. Dies muß separat beschlossen und vom Verwalter angenommen werden. Wird der Verwalter aus wichtigen Gründen abberufen → Notverwalter. → Verwaltervollmacht.

Verwaltervergütung *(§ 10 WEG)*. Für seine Tätigkeiten erhält der Verwalter i. d. R. eine monatliche V. je Wohneinheit, unabhängig von der Größe der Wohnung. Der Betrag liegt i. d. R. zwischen DM 18,– und DM 30,– und wird mit den monatlichen Hauskosten bezahlt. Mit dieser Pauschale sind die meisten Kosten abgegolten. Für Sonderaufgaben können besondere Gebühren vereinbart werden.

Verwaltervertrag *(§§ 675, 611ff. BGB)*. In den §§ 20–28 WEG sind die Aufgaben des Verwalters klar geregelt, und nach Möglichkeit sollte im Vertrag hierauf schriftlich Bezug genommen werden. Insbesondere werden geregelt: Bestellung, Dauer, Kündigung, Aufgaben des Verwalters, Haftung, Vergütung, Vertragsänderungen, § 26 Abs. 1, S. 2 WEG; § 10 Abs. 2 WEG regelt die Laufzeit. Maximale Zulässigkeit fünf Jahre. Hiernach erneute Beschlußfassung, maximal ein Jahr vor Beendigung des Vertrages.

Verwaltervollmacht *(§ 27 Abs. 5 WEG)*, erforderliche Vollmacht für den Verwalter, um nach außen berechtigt zu sein, die Gemeinschaft im Rechts- und Geschäftsverkehr gegenüber Dritten zu vertreten. Eine Untervollmacht für einzelne Rechtsgeschäfte kann erteilt werden. Wird es auch erforderlich, die Gemeinschaft gegenüber dem Grundbuchamt zu vertreten, so ist eine öffentliche Beglaubigungsform erforderlich (§ 26 Abs. 4 + 6 WEG). Dies kann erforderlich werden bei der Zustimmung zu Veräußerungen von Sondereigentum (§ 12 WEG). → Veräußerungsbeschränkung.

Verwaltung *(§ 8; § 21 Abs. 4 WEG).* Aufgabe der V. ist die Werterhaltung und die Verantwortung über den ordnungsgemäßen Betrieb einer Wohnanlage. Hierunter fallen Überwachung und Instandhaltung des Gemeinschaftseigentums, Schadensabwehr, Abwicklung des Zahlungsverkehrs und Abhaltung einer → Eigentümerversammlung. Jeder Eigentümer kann nach § 21 Abs. 4 WEG eine ordnungsgemäße Verwaltung verlangen.

Verwaltungsbeirat. Die Wohnungseigentümer bestellen durch Mehrheitsbeschluß aus ihren Reihen einen V. Dies ist jedoch keine zwingende Vorschrift. Der V. hat folgende Aufgaben: Unterstützung des Verwalters, Prüfung des Wirtschaftsplanes, Prüfung der Rechnungslegung des Verwalters, Prüfung der Instandhaltungsrücklage.

Fehlt ein Verwalter oder weigert er sich, seine Aufgaben auszuführen oder handelt er objektiv pflichtwidrig, eine Versammlung einzuberufen, kann der Vorsitzende oder Stellvertreter des V. nach § 24 Abs. 3 WEG eine → Eigentümerversammlung einberufen, wenn eine Gerichtsentscheidung nicht abgewartet werden kann.

Verwaltungskosten *(§ 26 II. BV, § 18 WertV 88),* Kosten, die mit der Verwaltung des Gebäudes als Wirtschaftseinheit im Zusammenhang stehen. Hierzu zählen die Kosten der für die Verwaltung erforderlichen Arbeitskräfte, der Aufsicht durch den Eigentümer und dessen eigene Verwaltungsarbeit. Für den Bereich des öffentlich geförderten Wohnungsbaues sind Höchstgrenzen vorgesehen, Anbieter frei finanzierter Wohnungen sind nicht gebunden. Als Anhaltspunkt können folgende Sätze dienen: 3% bis 5% des Rohertrages je nach örtlichen Verhältnissen.

Verwaltungskostenbeitrag. Hypothekenbanken erheben einen V., wenn die Darlehenshöhe niedriger als die übliche (durchschnittliche) ist. Der V. beträgt meist 0,5% und wird als Zuschlag zum Nominalzins berechnet. Untergrenze für Darlehen vielfach DM 100 000,–.

Verwaltungszwangsverfahren. Ein V. kann eingeleitet werden:
1. nach der Abgabenordnung: durch die Finanzämter und die Hauptzollämter;
2. nach der Justizbeitreibungsordnung: durch die Gerichtskassen;
3. nach den Verwaltungsvollstreckungsgesetzen: auf Landesebene durch Ersuchen der Deutschen Bundespost, AOK, Stadtkassen etc.

Verwaltung und Benutzung durch den Schuldner *(§ 24 ZVG).* Die Verwaltung und Benutzung des Grundstücks während des laufenden Zwangsversteigerungsverfahrens verbleibt innerhalb einer ordnungsmäßigen Wirtschaft dem Schuldner.

Verwandtendarlehen, Finanzierungsbaustein, der als Eigenkapitalersatz dienen kann. Für den Baufinanzierer sind aber auch hier die Konditionen wichtig, da sonst der Finanzierungsplan ein nicht kalkulierbares Risiko enthält. Auch V. müssen vielfach verzinst und zurückgezahlt werden.

Verwendungszweckkontrolle. Im Baufinanzierungsbereich und besonders bei Neubaufinanzierungen ist die V. (oder Mittelverwendungskontrolle) der Kreditmittel unverzichtbar. → Bautenstandskontrolle.

Verwertung der Sicherheiten *(§ 108 ZVG).* Wird die Sicherheit nicht in bar geleistet, hat das Gericht, wenn Wertpapiere zur Sicherheit für das Gebot des Erstehers hinterlegt sind, die Veräußerung der Papiere nach Maßgabe der Vorschriften über die Zwangsvollstreckung anzuordnen. Der Erlös ist nach Anordnung des Gerichts auszuzahlen oder zu hinterlegen.

Verzugszinsen *(§§ 288 ff., 522, 1146 BGB).* Kommt ein Kreditnehmer seinen Verpflichtungen nicht nach und sind auch die eingeleiteten Mahnungen und Regulierungsbemühungen erfolglos, ist eine Kündigung der Kreditverbindung unvermeidlich. Damit wird die gesamte Kreditsumme zuzüglich aufgelaufener Zinsen und Kosten zur Rückzahlung fällig. Außerdem ist der Kreditgeber berechtigt, ab diesem Zeitpunkt zusätzlich V. in Rechnung zu stellen.

Viehtränkenrecht *(§§ 1018 bis 1029 BGB),* Recht zur Unterhaltung einer Viehtränke auf dem Grundstück. Für Beleihung und Bewertung unbedeutend.

Vielfachschuldner. Kreditinstitute messen normalerweise die Verschuldung eines Kreditnehmers nur an seinen Bankschulden. Viel verbreiteter und ‚gefährlicher' sind jedoch die sonstigen Belastungen der V. Hier sind zu nennen: Mietrückstände; Abzahlungsverpflichtungen bei Kauf- und Versandhäusern; Schulden des täglichen Lebens (Lebensmittelhändler); Kontoüberziehungen; Gehaltsvorschüsse; Rückstände bei Finanzamt, Krankenkasse, Versicherungen, Arbeitsamt, Sozialamt; rückständige Unterhaltsleistungen. Diese Vielzahl von Schulden können eher als eine betragsmäßig höhere Bankschuld den finanziellen Kollaps einleiten.

Vier-Augen-Prinzip, im Finanzierungsbereich angewandtes Kontrollprinzip bei der Genehmigung und Verwaltung von Kreditengagements jeder Art. Bei den Genossenschafts- und Volksbanken ist auch die Geschäftsleitung nach diesem Prinzip begründet.

Villa, in guten Vorstadtlagen errichtete, teils hochherrschaftliche Gebäude, deren individueller Charakter durch parkähnliche Grundstücke geprägt ist. Eine Neubeleihung derartiger Objekte ist recht schwierig, da eine Wertermittlung nicht mit den normalen Maßstäben durchgeführt werden kann. Zudem ist durch die meist großzügigen Grundstücksflächen selbst der Ansatz des Bodenwertes nicht einfach, da hier die Plausibilitätskontrollen (Relation Grundstückswert : Bauwert, Ausnutzung des Grundstücks) nicht greifen. Die Bausubstanz ist meist überdurchschnittlich gut, allerdings fallen wegen der großzügigen Maße (Raumgröße, Deckenhöhe etc.) auch unverhältnismäßig hohe Kosten an. Ein Beleihungswertgutachten sollte daher diese Punkte genau klären und individuell ausweisen.

VOB, → Verdingungsordnung für Bauleistungen.

Vollfinanzierung. Anfang der 80er Jahre, als die Immobilienpreise ständig stiegen, andererseits die Einkommen anwuchsen, wurde die V. propagiert. Man ging dabei davon aus, daß weniger die Bildung von Eigenkapital vorrangig für die sog. Eigenheimreife sei, sondern die Möglichkeit, nachhaltig und sicher die entstehende Belastung zu verkraften. Unterstützt wurde diese Finanzierungsvariante sicherlich durch die tatsächliche Marktentwicklung. Grundsätzlich sind diese Überlegungen auch heute noch aktuell und richtig. Allerdings sollten V. nur auf eigengenutzte Objekte vorgenommen werden, wenn einerseits die Einkommenssituation wirklich überdurchschnittlich ist, aus plausiblen Gründen (noch) kein Eigenkapital gebildet werden konnte und das Objekt kritisch bewertet worden ist. Die Negativbeurteilung der V. resultiert aus den Erfahrungen der Steuermodellfinan-

zierung. Hier war zwar meist das persönliche Einkommen ausreichend, die Objektbewertung wurde jedoch mit Blick auf die Bonität der Kunden vernachlässigt. Außerdem wurden meist auch noch alle zusätzlichen Aufwendungen mitfinanziert, so daß hier Beleihungen von über 100% an der Tagesordnung waren. Die Stagnation der Immobilienpreise und der anschließende Preisrückgang führten schließlich zu einer defensiveren Haltung der Finanzierungsinstitute. Die Neuregelung der Wohneigentumsförderung, die zum 1. 1. 1987 wirksam wurde, hat die V. uninteressanter gemacht, da die Ansparung von Eigenkapital und damit die Rückkehr zu der normalen Finanzierungsquote gefördert wird. Unverändert ist die weitgehende steuerliche Begünstigung von vermieteten Einheiten.

Vollgeschoß *(§ 18 BauNVO),* Geschoß, das vollständig über der festgelegten Geländeoberfläche liegt; mindestens zwei Drittel seiner Grundfläche müssen die für die Aufenthaltsräume notwendige Mindesthöhe (§ 2 Abs. 5 MuBO) haben.

Vollmacht. Normalerweise unterliegt eine V. keiner Form und Beglaubigung. Lediglich im Zusammenhang mit dem Erwerb, der Veräußerung oder der Belastung von Grundstücken ist eine Beglaubigung erforderlich.

vollmachtloser Vertreter, → Vertretung.

Vollmachttreuhand, Treuhandform bei geschlossenen Immobilienfonds. Bei der V. bleibt der Treugeber Vollrechtsinhaber, bevollmächtigt aber den Treuhänder zum Abschluß einzelner im Vertrag aufgeführter Rechtsgeschäfte im Namen des Treugebers, wie z. B. Beschaffung der Fremdmittel, Projektüberwachung, Freigabe der Mittel usw.

vollstreckbare Ausfertigung *(§§ 724, 733, 734, 757 ZPO Übergabe-Titel, § 127 ZVG).* Eine Zwangsvollstreckung wird auf Grund einer mit der → Vollstreckungsklausel versehenen Ausfertigung des Urteils/ der Urkunde durchgeführt. Die Ausfertigung wird von der Geschäftsstelle des Gerichts erteilt. Weitere Ausfertigungen sind erhältlich, werden jedoch als solche gekennzeichnet. Dabei ist festzuhalten, wer eine Ausfertigung erhalten hat. Erfüllt der Schuldner seine Leistung bei Zustellung der v. A., so hat der Gerichtsvollzieher die v. A. nebst einer Quittung auszuliefern. Bei teilweiser Leistung ist diese auf der vollstreckbaren Urkunde zu vermerken und dem Schuldner Quittung zu erteilen.

vollstreckbare Urkunde gegen den jeweiligen Eigentümer. In einer nach § 794 Abs. 1 Nr. 5 ZPO aufgenommenen Urkunde kann sich ein Eigentümer in Ansehung einer Hypothek, Grundschuld oder Rentenschuld der sofortigen Zwangsvollstreckung in der Weise unterwerfen, daß die Zwangsvollstreckung aus der Urkunde gegen den jeweiligen Eigentümer des Grundstücks zulässig sein soll. In diesem Fall bedarf die Unterwerfung der Eintragung in das Grundbuch. Bei der

Zwangsvollstreckung gegen einen späteren Eigentümer, der im Grundbuch eingetragen ist, bedarf es nicht der Zustellung der öffentlichen oder öffentlich beglaubigten Urkunde, die den Erwerb des Eigentums nachweist. Wenn die sofortige Zwangsvollstreckung gegen den jeweiligen Eigentümer zulässig ist, so ist für die in § 797 Abs. 5 ZPO bezeichneten Klagen das Gericht zuständig, in dessen Bezirk das Grundstück belegen ist.

Vollstreckbarkeit der übertragenen Forderung *(§ 132 ZVG).* Nach der Ausführung des Teilungsplanes ist die Forderung gegen den Ersteher und jeden späteren Eigentümer vollstreckbar. Die Zwangsvollstreckung erfolgt auf Grund einer vollstreckbaren Ausfertigung des Beschlusses, durch welchen der Zuschlag erteilt ist.

Vollstreckungshindernisse, Konkurseröffnung oder Einstellung oder Aufhebung der Zwangsvollstreckung.

Vollstreckungsklausel *(§ 725 ZPO).* Am Schluß einer Urkunde wird folgender Text angefügt: ‚Vorstehende Ausfertigung wird dem/der .... zum Zwecke der Zwangsvollstreckung erteilt.‘ Diese V. macht die Urkunde sofort vollstreckbar. → vollstreckbare Ausfertigung, → Grundschuldbestellung, → Umschreibung der Vollstreckungsklausel.

vollstreckungsrechtliche Eintragungsvoraussetzungen. Ein Gläubiger muß gegen den Schuldner (Grundstückseigentümer) einen vollstreckbaren Schuldtitel haben und zwar wegen einer Geldforderung. Ersetzt wird der Titel durch die Eintragungsbewilligung des Grundstückseigentümers. Als Titel kommen in Betracht: 1) vollstreckbare Urkunden, 2) vollstreckbare Endurteile, 3) Kostenfestsetzungsbeschlüsse, 4) Prozeßvergleiche, 5) Vollstreckungsbescheide.

Vollstreckungsschutz *(§ 765 a ZPO).* Auf Antrag des Schuldners kann das Vollstreckungsgericht eine Maßnahme der Zwangsvollstreckung ganz oder teilweise aufheben, untersagen oder einstellen, wenn die Maßnahme unter voller Würdigung des Schutzbedürfnisses des Gläubigers wegen ganz besonderer Umstände eine Härte bedeutet, die mit den guten Sitten nicht vereinbar ist. *V. bei Zwangsversteigerungen (§ 30 ZVG).* Gegen den Willen des Gläubigers ist die vorläufige Verfahrenseinstellung für sechs Monate auf Antrag des Schuldners möglich, wenn Aussichten bestehen, daß dadurch die Versteigerung vermieden wird.

Vollstreckungsverbot *(§ 1197 Abs. 1 BGB).* Ein Eigentümer darf nicht als Gläubiger der → Eigentümergrundschuld die Zwangsvollstreckung zum Zwecke seiner Befriedigung betreiben. Damit wird verhindert, daß der Eigentümer sein Grundstück selbst zur Zwangsversteigerung bringt und u. U. wieder ansteigert, zum Schaden von Nachgläubigern.

Volltilgungsmodell, Begriff im Zusammenhang mit dem → Immobilienlea-

sing. Im Gegensatz zum Teiltilgungsmodell erbringt der Leasingnehmer Leistungen in einer Höhe, die es dem Leasinggeber ermöglichen, das zur Finanzierung des Objektes aufgenommene Darlehen in der Grundmietzeit völlig zu tilgen. Übt der Leasingnehmer seine Kaufoption nach Ablauf des Vertrages aus, wird die Kaufpreisforderung des Leasinggebers in Höhe des Restbuchwertes mit der Forderung des Leasingnehmers verrechnet. Bei Nichtausübung der Option ist das Mieterdarlehen bzw. die Mietvorauszahlung an den Leasingnehmer zurückzuzahlen oder mit Folgezahlungen zu verrechnen.

Vollverzinsung *(§ 233 a AO).* Im Zusammenhang mit der Steuerreform 1990 wurde sowohl für Steuererstattungen als auch Steuernachforderungen eine V. eingeführt. Dies bedeutet, daß Nachzahlungen und Erstattungen bei der Einkommensteuer, der Körperschaftsteuer, der Vermögen-, Umsatz- und Gewerbesteuer nach Ablauf einer Karenzzeit von 15 Monaten seit Entstehung des jeweiligen Anspruchs bis zur Fälligkeit, längstens jedoch für vier Jahre mit 0,5 % für jeden vollen Monat verzinst werden. Im Finanzierungsbereich müssen diese Kosten ggf. mit berücksichtigt werden. Ohnehin soll die V. die Abgabe der Steuererklärungen beschleunigen.

Vorausdarlehen, → Bankvorausdarlehen.

Vorauszahlungsbescheid *(§ 37 Abs. 3 EStG).* Mit dem V. werden die Vorauszahlungsbeträge festgesetzt. Bemessungsgrundlage ist dabei grundsätzlich die Einkommensteuer, die sich bei der letzten Veranlagung ergeben hat. Dabei sind z. B. Sonderausgaben nach § 10 e erst berücksichtigungsfähig, wenn das Objekt fertiggestellt ist. Werden seitens des Finanzierungsinstituts Liquiditätsrechnungen erstellt, so ist zu berücksichtigen, daß ggf. zu erwartende Verluste steuerlich nicht zu direkten Auswirkungen führen. Hier ist eng mit dem Steuerberater zusammenzuarbeiten, um aktuellen Entwicklungen sofort begegnen zu können.

Vorauszahlung von Schuldzinsen. Zinsen sind Entgelt für die Überlassung von Kreditmitteln. Sie sind normalerweise nachträglich zu zahlen. Für eine Zinsvorauszahlung besteht daher kein wirtschaftlicher Grund. Vorausgezahlte Zinsen können daher nur zeitanteilig als Werbungskosten geltend gemacht werden.

Vorbehalt der Nachprüfung. Damit die Veranlagung durch einzelne, zum Zeitpunkt der Einreichung der Steuererklärung nicht zu klärende Fragen nicht unnötig verzögert wird, kann die Finanzbehörde einen Bescheid erteilen, der den V. d. N. enthält. Ein Finanzierer muß sich in diesen Fällen nachweisen lassen, daß die Nachprüfung nicht zu einer größeren Nachversteuerung geführt hat.

Vorbehaltsaufhebung. Ein mit dem Vorbehalt der Nachprüfung nach § 164 AO festgesetzter Steuerbescheid kann jederzeit aufgehoben werden. Die V. steht also einer Steuerfestsetzung ohne Vorbehalt der Nachprüfung gleich. Wird ein Steuerbescheid mit dem Vorbehalt nach § 164 AO als Einkommensnachweis hereingenommen, so ist die V. abzuwarten und zu kontrollieren.

Vorbehaltsfestsetzung *(§ 164 AO).* Steuern werden bei der V. festgesetzt, ohne daß dies einer Begründung bedarf. Die V. bedeutet also eine Steuerfestsetzung unter dem Vorbehalt der Nachprüfung. Solange der Vorbehalt wirksam ist, kann die Steuerfestsetzung aufgehoben oder geändert werden. Im Baufinanzierungsbereich ist die V. häufig anzutreffen bei Kreditnehmern, die an Steuermodellen beteiligt sind, die vom zuständigen Betriebsfinanzamt noch nicht abschließend geprüft sind. Der Bescheid enthält also negative Änderungsrisiken, bietet allerdings ggf. auch Vorteile, wenn sich durch zwischenzeitlich ergebende Grundsatzurteile auch bei anderen Besteuerungen neue Gestaltungsmöglichkeiten ergeben.

Vorbehaltsnießbrauch, liegt vor, wenn bei der Übertragung eines Grundstücks gleichzeitig ein Nießbrauchsrecht für den bisherigen Grundstückseigentümer bestellt wird. Dabei ist unerheblich, ob die Übertragung entgeltlich oder unentgeltlich erfolgt ist.

Vorbehaltsrecht, → Rangvorbehalt.

Vorbehaltswohnrecht, Möglichkeit zur Übertragung von Grundbesitz an einen Dritten unter Vorbehalt der ganzen oder teilweisen eigenen Nutzung. Trotz eigener Nutzung ist der Übergang steuerpflichtig. Bis Ende 1986 wurde der Nießbraucher steuerlich wie ein Eigentümer behandelt. Mit Einführung der → Grundförderung nach § 10e EStG hat sich dies geändert. Hier ist Voraussetzung, daß der Vorbehaltsnießbraucher weiterhin wirtschaftlicher Eigentümer ist. Dies ist jedoch nur möglich bei Nachweis der tatsächlichen Herrschaft über das Grundstück. Hier wird vorab um Abstimmung mit dem Finanzamt geraten. Die Abzugsfähigkeit von Werbungskosten ist nur bei Zurechnung des Nutzungswertes möglich. Die Absetzbarkeit von Kosten nach § 10 Abs. 1 Nr. 1a EStG als Sonderausgaben (dauernde Lasten) für den Eigentümer können nicht herangezogen werden, da der Berechtigte gemäß §§ 1093, 1047 BGB Anspruch darauf hat, von allen öffentlichen und privaten Lasten befreit zu werden. Die Sicherung des Rechtes erfolgt in → Abt. II des Grundbuches. Bei der Beleihung ist der Vorrang erforderlich.

vorbereitende Anmeldungen *(§ 106 ZVG).* Das Gericht kann die Beteiligten auffordern, binnen zwei Wochen eine Berechnung ihrer Ansprüche einzureichen, um das Verteilungsverfahren vorzubereiten.

Vorbereitung auf den Eigentumserwerb. Viele Haus- und Wohnungsinteressenten treffen relativ spontan den Entschluß zum Kauf. Hierin liegen später dann auch vielfach die Ursachen für Leistungsstörungen von Baukrediten.

Einhergegangen ist dies oft mit einer hohen, bis zu 100%igen Finanzierung. Bei Käuferschichten, die die Entscheidung über den Erwerb oder den Bau reiflich überdenken, ist die Sparquote und damit die Eigenkapitalausstattung weit größer.

Vorderland, Grundstücksteil, welcher im Rahmen der Bauplanung voll genutzt werden kann und der an die öffentliche Straße angrenzt. Bei besonders großen und ungünstig geschnittenen Grundstücken ist bei der Bewertung eine Aufteilung erforderlich. Dabei wird dann nur das V. mit dem → Richtwert bewertet, während das hintere Gelände (Gartenland) nur mit einem Bruchteilswert gewichtet wird.

Vorerben *(§ 2105 BGB).* Hat der Erblasser angeordnet, daß der eingesetzte Erbe die Erbschaft erst mit dem Eintritt eines bestimmten Zeitpunktes oder Ereignisses erhalten soll, ohne zu bestimmen, wer bis dahin Erbe werden soll, so sind die gesetzlichen Erben des Erblassers die V.

Vorfälligkeitsentschädigung. Wohnungsbaudarlehen werden von den Kreditinstituten fristenkongruent refinanziert. Bei einer vorzeitigen Rückzahlung eines festkonditionierten Darlehens entstehen daher häufig Verluste. Diese bewirken die Forderung nach einer V., die je nach Festschreibung und Restlaufzeit sehr hoch ausfallen kann. Das Finanzgericht Nürnberg hat entschieden (AZ: III G 9/88 v. 14. 12. 1988), daß V. für eine Kreditablösung als Werbungskosten bei den Einkünften aus Vermietung und Verpachtung berücksichtigt werden können.

Vorfinanzierung, Bereitstellung kurz- oder mittelfristiger Baukredite, deren Ablösung durch Mittel aus der Dauer- oder Endfinanzierung vorgesehen, aber noch nicht sichergestellt ist. Eine andere Form stellt die → Zwischenfinanzierung dar.

Vorkaufsfall *(§§ 1097, 1098 Abs. 1 BGB).* Der Vorkaufsberechtigte darf sein Recht nur ausüben, wenn das belastete Grundstück an einen Dritten verkauft wird. Hierzu zählen nicht Schenkung, Auseinandersetzung, Tausch oder Erbfolge.

Vorkaufsrecht. Derjenige, zu dessen Gunsten das V. im Grundbuch eingetragen ist, kann beanspruchen, daß ihm das Grundstück im Verkaufsfall an einen Dritten zu gleichen Bedingungen übertragen wird. Bei Beleihungen ist stets der Vorrang anzustreben.
1. Gesetzliches V. (§§ 24 ff. BauGB)
Der Gemeinde steht ein V. zu beim Kauf von Grundstücken im Geltungsbereich eines Bebauungsplanes, soweit es sich um Flächen handelt, die für eine Nutzung zu öffentlichen Zwecken vorgesehen sind; in einem Umlegungsgebiet; in einem förmlich festgelegten Sanierungsgebiet und städtebaulichen Entwicklungsbereich; im Geltungsbereich einer Erhaltungssatzung. Ein V. steht der Gemeinde nicht zu bei dem Verkauf von Rechten nach dem Wohnungseigentumsgesetz und von

Erbbaurechten. Bei Ausübung des V. muß die Gemeinde den Verwendungszweck des Grundstücks angeben.
2. Öffentliches V. (§ 1094 Abs. 1 BGB)
a) subjektiv persönliches Recht. Ein Grundstück kann in der Weise belastet werden, daß derjenige, zu dessen Gunsten die Belastung erfolgt, dem Eigentümer gegenüber zum Vorkauf berechtigt ist. Die Eintragung im Grundbuch ist gegenüber jedermann wirksam. b) subjektives dingliches Recht (§ 1094 Abs. 2 BGB). Ein Grundstück kann in der Weise belastet werden, daß das V. dem jeweiligen Eigentümer eines anderen Grundstücks zusteht.
3. V. beim Erbbaurecht
Im Erbbaurechtsvertrag räumt der Erbbauberechtigte dem Eigentümer des Erbbaugrundstücks und seinen Rechtsnachfolgern das dingliche V. für alle Verkaufsfälle an dem Erbbaurecht nach Maßgabe der gesetzlichen Bestimmungen ein.
4. V. nach dem Landbeschaffungsgesetz (§ 69 v. 23. 2. 1957 mit diversen Änderungen)
Danach kann das V. auch zum Zwecke des Erwerbs von Grundstücken zur Entschädigung in Land ausgeübt werden. Die Siedlungsverbände können verpflichtet werden, solche V. auszuüben.
5. V. nach dem Reichssiedlungsgesetz (§§ 4 ff. RSG)
Das Gesetz begründet V. zugunsten der gemeinnützigen Siedlungsunternehmen. Das V. gilt für landwirtschaftliche Grundstücke ab einer Größe von zwei ha aufwärts, wenn die Veräußerung einer Genehmigung nach dem Grund-

stücksVG bedarf. Das V. kann nur ausgeübt werden, wenn mit Kaufvertrag über das Grundstück verfügt wird.

6. V. nach dem schleswig-holsteinischen Landschaftspflegegesetz (§ 46) Nicht eintragungsbedürftiges V. des Landes, Kreises oder der Gemeinde bzw. des Landschaftsverbandes beim Verkauf von Grundstücken, die in Naturschutzgebieten liegen. Das V. darf nur ausgeübt werden, wenn es die Belange des Naturschutzes und der Landschaftspflege oder das Erholungsbedürfnis rechtfertigt. Weitere, nur auf Länderebene bezogene V. gibt es nicht.

7. V. bei der Zwangsversteigerung Das vertragliche oder dingliche V. ist bei der Vollstreckungsversteigerung ausgeschlossen (§§ 1098, 512 BGB). Dies gilt jedoch nicht bei der Teilungsversteigerung, die ja keine Vollstreckung darstellt. In diesen Fällen wird meist vorab vom zuständigen Amtsgericht eine Erklärung eingeholt, ob der jeweils Berechtigte von diesem Recht Gebrauch machen will. Evtl. ist dies vor Zuschlagserteilung nachzuholen. Auch bei Tilgungsversteigerung besteht kein V., wenn der Zuschlag einem bisherigen Miteigentümer erteilt wird.

vorläufige Eigentümergrundschuld *(§ 1063 BGB).* Solange eine eingetragene Hypothek noch nicht valutiert, steht dem Grundstückseigentümer diese als vorläufige Grundschuld zu. Durch Auszahlung durch die Hypothekenbank ist diese auflösend bedingt und wird nach Vollauszahlung zur Hypo-

thek. Die bis zur Vollauszahlung kraft Gesetz bestehende Eigentümergrundschuld kann für eine Zwischenfinanzierung an eine Bank abgetreten werden. Eine Eintragungsmöglichkeit ins Grundbuch besteht allerdings nicht, da vorläufige Rechte nicht eintragbar sind.

vorläufiger Steuerbescheid *(§ 165 AO).* Ähnlich dem Verfahren beim → Vorbehalt der Nachprüfung wird durch diesen Bescheid zwar ein Ergebnis ausgewiesen, die Angelegenheit jedoch für das Finanzamt und den Steuerzahler in der Schwebe gehalten. Es besteht auch die Möglichkeit, daß nur Teile des Bescheides vorläufig sind. Enthält der einer Finanzierung zugrunde liegende Steuerbescheid einen Hinweis darauf, daß der Bescheid ganz oder in Teilen vorläufig ist, so muß darauf geachtet werden, daß der endgültige Bescheid unbedingt nachgereicht wird.

vorläufige Steuerfestsetzung *(§ 165 AO).* Soweit ungewiß ist, ob die Voraussetzungen für die Entstehung einer Steuer eingetreten sind, kann sie vorläufig festgesetzt werden. Der Umfang und der Grund der Vorläufigkeit ist anzugeben. Darauf sollte der Kreditsachbearbeiter achten. Eine Änderung oder Aufhebung der Festsetzung ist jederzeit möglich. Die v. S. kann mit einer Steuerfestsetzung unter dem → Vorbehalt der Nachprüfung verbunden werden.

Vorlasten. Bei der Bewertung eines nachrangigen Grundpfandrechtes kommt der richtigen Beurteilung und

Einschätzung der V. große Bedeutung zu. Hierbei sind nicht nur die Nominalbeträge, sondern auch die eingetragenen Bedingungen wichtig. Da mittlerweile die Grundschuld zum überwiegenden Sicherungsinstrument geworden ist, kann besonders in Zwangsversteigerungsfällen immer damit gerechnet werden, daß die Anmeldung aus den vorrangigen Rechten weit höher erfolgen wird, als dies bei der Sicherheitenbewertung bei Krediteinräumung eingeschätzt wurde.

Vormerkung *(§ 883 BGB).* Im Grundbuch können V. zur Sicherung bestimmter Ansprüche eingetragen werden. Durch die Eintragung einer V. wird der schuldrechtliche Anspruch dinglich (also mit Wirkung gegen Dritte) gesichert. Eingetragen werden können nur solche Ansprüche, die auch durch Eintragung im Grundbuch erfüllt werden können. → Auflassungsvormerkung, → Löschungsvormerkung. Die V. ist zwar kein dingliches Recht, aber ein dingliches Sicherungsmittel eigener Art. Sie ist keine Verfügungsbeschränkung und sperrt das Grundbuch nicht.

Vormerkung zur Neufestsetzung des Erbbauzinses *(§ 883 BGB).* Bei entsprechender vertraglicher Gestaltung ist eine Änderung des Erbbauzinses möglich. Die Sicherstellung kann durch Eintragung einer Vormerkung erfolgen. Dies hat zur Folge, daß eine entsprechende Änderung dann den Rang der Vormerkung erhält. Für den Gläubiger bedeutet dies (bei nachrangiger Eintragung), daß ihm praktisch ein variabler Erbbauzins vorgeht. In einer Bewertung läßt sich dies nur schwer würdigen.

Vormietrecht. Dem Mieter eines Geschäftsraumes wird häufig ein V. anstelle eines Optionsrechtes eingeräumt, wenn sich der Vermieter nicht über die zunächst vereinbarte Mietzeit hinaus binden will. Nach Ablauf der Mietzeit könnte dann zu günstigeren Bedingungen an einen Nachmieter vermietet werden, der Erstmieter hätte dann in Ausübung seines V. die Möglichkeit, das Mietverhältnis zu den mit dem Nachmieter ausgehandelten Konditionen an dessen Stelle fortzusetzen.

Vorpfändung. Bis zum Erlaß eines gerichtlichen Pfändungsbeschlusses, bis zur Zustellung dieses Beschlusses und bis zum Erwerb des Pfandrechts vergeht regelmäßig sehr viel Zeit. Die V. soll verhindern, daß dem Gläubiger aus dieser Verzögerung Schaden entsteht.

Vorrang. Mit Zustimmung vorhergehender Gläubiger kann einem nachstehenden Grundpfandrecht der V. vor einem anderen Recht eingeräumt werden.

Vorratsbau, früher übliche Form der Errichtung von Eigenheimen oder Eigentumswohnungen durch Bauträger zum Zwecke des Weiterverkaufes nach Fertigstellung. Dabei war das gesamte Risiko (Kosten, Vertrieb) auf seiten des Bauträgers. Die Objekte wurden meist an Eigennutzer (sog. Ersterwerber) weiterverkauft. Aufgrund der Marktsituation ist das wirtschaftliche Risiko für V. heute kaum tragbar. Daher sind auch die Finanzierungsinstitute kaum noch bereit, derartige Objekte mitzutragen. Erst wenn sich das Vermarktungsrisiko wieder verringern sollte, könnte diese Art der Errichtung von Immobilien wieder an Bedeutung gewinnen.

Vorratsverträge (Bausparen). V. werden von Banken bei Bausparkassen abgeschlossen und mit Bankmitteln in voller Höhe (i. d. R. 50%) bespart. Diese Verträge werden dann nach Zuteilung an die Kunden der Bank verkauft. Hierbei handelt es sich meist um Großverträge, die bei späterem Verkauf auch aufgeteilt werden können. Der Kunde hat unmittelbar Anspruch auf ein zinsgünstiges Bauspardarlehen. Mit dem Kauf zahlt er die aufgelaufenen Zinsen aus der (bankinternen) Ansparphase in einem Betrag.

Vorrecht des Erbbauberechtigten. Der Erbbaurechtsausgeber räumt dem Erbbauberechtigten im Vertrag ein Vorrecht auf Erneuerung des Erbbaurechts nach dessen Ablauf ein.

Vorschaltfinanzierung, während der Hochzinsphase gebräuchlicher Baufinanzierungskredit, der überwiegend im Kontokorrentbereich angesiedelt ist. Die V. erfolgt mit dem Ziel, in längerfristige Darlehensformen umzusteigen, sobald das Zinsniveau entsprechend niedrig ist.

Vorschalthypothek, Darlehensform im mittelfristigen Bereich. Dabei werden Baufinanzierungsmittel zur Verfügung gestellt, die nach Ablauf von meist drei Jahren durch eine Endfinanzierung und damit ein anderes Kreditprogramm abgelöst werden.

Vorsorgeaufwendungen. Zu den V. gehören bestimmte → Versicherungsbeiträge und Bausparbeiträge. Alle V. können nen – mit bestimmten Höchstbeträgen – als → Sonderausgaben geltend gemacht werden.

Vorsteuer, in einer Rechnung enthaltene Umsatzsteuer (Mehrwertsteuer), die von dem Rechnungsempfänger ggf. als V. angerechnet werden kann, wenn seine Gesamtumsätze der Umsatzsteuer unterworfen sind. → Mehrwertsteueroption, → Umsatzsteuertarif.

Vorsteuerabzug *(§ 15 Umsatzsteuergesetz),* → Mehrwertsteueroption.

Vorsteuerkorrektur *(§ 15a UStG)* (Berichtigung des Vorsteuerabzuges). Ändern sich bei einem Wirtschaftsgut die Verhältnisse, die im Kalenderjahr der erstmaligen Verwendung für den Vorsteuerabzug maßgebend waren, innerhalb von zehn Jahren (Gebäude und Grundstücke) seit dem Beginn der Verwendung, so ist für jedes Kalenderjahr der Änderung ein Ausgleich durch eine Berichtigung des Abzugs der auf die Anschaffungs- oder Herstellungskosten entfallenden Vorsteuerbeträge vorzunehmen.
Im Baufinanzierungsbereich gefürch-

tete Konsequenz bei Bauherrenmodellen, wenn z. B. die Voraussetzungen des Zwischenmietverhältnisses (nachträglich) in Frage gestellt werden. Hier sind dann ggf. zeitanteilig Rückzahlungen der erhaltenen Vorsteuern erforderlich. Probleme können auch entstehen bei zwischenzeitlichen Verkäufen oder Versteigerungen.

Vorverträge (Reservierungsverträge). V. zwischen Kaufanwärter und Bauträgergesellschaft sind nichtig, wenn sie nur formlos abgeschlossen sind. Im privaten Grundstücksverkehr gelten jedoch V. schon für die Laufzeit der → Spekulationsfrist.

Vorwegabzug. Der V. soll die Alterssicherung unterstützen. Da die Beiträge des Arbeitgebers zur gesetzlichen Rentenversicherung bzw. gleichgestellte Aufwendungen hierauf angerechnet werden, ist der V. vorwiegend interessant für Selbständige, Freiberufler etc. Der V. beträgt für Alleinstehende DM 4000,–, für Verheiratete DM 8000,–. Die Geltendmachung erfolgt unter den → Sonderausgaben. Beamte oder Arbeitnehmer mit beamtenähnlichen Altersversorgungsansprüchen haben nur einen eingeschränkten V. Bei ihnen erfolgt die Kürzung um etwa den Betrag, der normalerweise zur gesetzlichen Rentenversicherung zu zahlen wäre.

vorweggenommene Erbfolgeregelung. Bei einer v. E. im Zusammenhang mit einem zum Privatvermögen gehörenden Wohngrundstück geht der BFH davon aus, daß dies einer Schenkung unter Auflagen gleichzusetzen ist, wenn z. B. zusätzliche Ausgleichszahlungen durch den Unternehmer erfolgen. Mithin liegt ein unentgeltlicher Erwerb vor, der keine steuerlichen Anschaffungskosten zur Folge hat. Diese Rechtsansicht wird von Finanzgerichten nicht immer geteilt.

vorzeitige Rückzahlung von öffentlichen Mitteln. In § 69 des II. WoBauG ist geregelt, wie die vorzeitige Ablösung von öffentlichen Mitteln erfolgen kann. Bisweilen sind auch separate Aktionen auf dieser Rechtsgrundlage gestartet worden, wobei dann bestimmte Beträge als Schulden erlassen wurden, wenn der Restbetrag vorzeitig getilgt wurde.

W

WA. In der Planzeichenverordnung und dem BauGB werden allgemeine Wohngebiete mit dem Kürzel *WA* bezeichnet. Dieses Kürzel findet sich auch in Flächennutzungsplänen und Bebauungsplänen wieder. Die genaue Eingruppierung ist in § 4 BauNVO beschrieben.

Wärmedämmung. Die W. beginnt mit der Lage, Ausrichtung und Gestaltung eines Gebäudes und setzt sich fort mit der Wahl der Baustoffe (→ K-Wert). Dabei kommt den Umfassungsbauteilen (Fußboden, Wänden, Fenstern, Dach) größte Bedeutung zu.

Wärmepumpe, kann zur Energiekosteneinsparung führen, da natürliche Energiequellen genutzt werden. Der Einbau von W. wird mit Sonderabschreibungsmöglichkeiten steuerlich gefördert.

Wärmeschutzverordnung, am 1. 11. 1977 in Kraft getreten, 1984 geändert. Zwingend vorgeschrieben für jeden Bauherrn werden erhöhte Aufwendungen für den baulichen Wärmeschutz. Der Nachweis ist bereits mit dem Antrag auf → Baugenehmigung zu erbringen.

Wahlrecht, Möglichkeit, diverse steuerliche Förderungswege alternativ zu nutzen. Die Kenntnis von W. bedeutet für den Berater eine notwendige Verkaufsunterstützung. Beispiel: Wahl der Abschreibungsform bei Immobilien oder Sonderausgabenabzug oder Wohnungsbauprämie. Nicht zu verwechseln mit steuerlichen Gestaltungsmöglichkeiten.

Walmdach, Dachform, bei der die Giebelseiten als Dachfläche ausgebildet sind und die Seitenteile ähnlich dem Satteldach ansteigen.

Wasserbehörde, Genehmigungsstelle für die Befugnis, Abwässer in das Grundwasser oder in ein oberirdisches Gewässer zu leiten. Dies sind: Berlin: Senator für Stadtentwicklung und Umweltschutz; Bremen: Wasserwirtschaftsamt; Hamburg: Baubehörde-Wasserwirtschaft; Saarland: Minister für Umwelt, Raumordnung und Bauwesen und in den sonstigen Bundesländern die Landratsämter, Landräte und Oberbürgermeister.

Wasserbuch, amtliches Verzeichnis über verschiedene Wasserrechte, geführt bei den zuständigen Wasserwirtschaftsämtern. Sind deren Rechte tangiert, reagiert die Behörde direkt, wie auch bei Zwangsversteigerungsverfahren. Bei der Bewertung von Objekten, bei denen Wasserrechte eine Rolle spielen könnten (Mühlen, Wasserburgen, aber auch Brauereien, Industriebetriebe), sollte der Gutachter das W. einsehen und im Gutachten ggf. auch auf bedeutsame Punkte daraus hinweisen.

Wasserhaushaltsgesetz. In der Grundsatzvorschrift des § 1a Abs. 3 wird klargestellt, daß das W. die Gewässer einer vom Grundeigentum losgelösten öffentlich-rechtlichen Benutzungsordnung unterstellt. Das W. dient u. a. zur Verhinderung der Gewässerverunreinigung, regelt die Einleitung der Abwässer und der Gewässerbenutzung. In § 2 u. 23 ist die private Versorgung mit Wasser und in § 33 die Grundwasserentnahme geregelt. → Wasserbehörde, → Hauskläranlage, → Abwasserbeseitigung.

Wasserschöpfungsrecht (Wassernutzungsrecht) *(§§ 1018 bis 1029 BGB),* Grunddienstbarkeit, die bei der Beleihung und Bewertung unberücksichtigt bleiben kann. Voraussetzung ist jedoch, daß dabei keine Beeinträchtigung des Grundstücks gegeben ist.

Wasserwirtschaftsamt. Das W. wird in das Baugenehmigungsverfahren eingeschaltet. Wenn die äußeren Voraussetzungen (Bauen in Außenbezirken ohne Kanalisation, Nähe zu Wasserwerken, Lage an Flüssen und Seen) schon erkennen lassen, daß das W. Einfluß auf die Baugenehmigung nehmen kann, sollten die Möglichkeiten und Auflagen frühzeitig erkundet werden.

WB. In der Planzeichenverordnung und dem BauGB werden besondere Wohngebiete mit dem Kürzel *WB* bezeichnet. Dieses Kürzel findet sich in Flächennutzungs- und Bebauungsplänen wieder. Die genaue Eingruppierung ist in § 4a BauNVO beschrieben.

Wechsel der Abschreibungsmethode. Grundsätzlich ist der W. d. A. nicht möglich, ein ausgeübtes Wahlrecht kann nur bis zur Rechtskraft der ersten Einkommensteuerveranlagung rückgängig gemacht werden. So wäre es beispielsweise denkbar, in der Beantragung eines Freibetrages noch eine andere Abschreibungsform zu wählen als letztlich in der nachfolgenden Einkommensteuererklärung. Zulässig ist allerdings der Wechsel von der degressiven AfA nach § 7 Abs. 5 EStG oder der linearen AfA nach § 7 Abs. 4 EStG zur AfA nach § 7b, wenn auch die Voraussetzungen für diese Sonderabschreibungen vorliegen.

Wegerecht *(§§ 1018 bis 1029 BGB),* Recht zum Gehen, Fahren, Reiten und Viehtreiben. Bei einer Beleihung oder Bewertung sind die Auswirkungen des Rechts zu prüfen.

Weidedienstbarkeit (Weiderecht) *(§§ 1018 bis 1029 BGB),* Grunddienstbarkeit zur Sicherung einer Grundstücksnutzung. Für Beleihung und Bewertung ohne Bedeutung.

Werbungskosten *(§ 7–9 EStG),* Aufwendungen, die zur Erwerbung, Sicherung und Erhaltung von Einnahmen dienen. Sie sind bei der Einkunftsart abzuziehen, bei der sie erwachsen sind. Im Baufinanzierungsbereich sind vor allem die W. von Bedeutung, die bei den Einkünften aus Vermietung und Verpachtung abgesetzt werden können. Hierbei kann es sich handeln um: Schuldzinsen, Geldbeschaffungskosten, Renten, dauernde Lasten, Erhaltungsaufwendungen, Grundsteuer, Straßenreinigung, Müllabfuhr, Wasserversorgung, Entwässerung, Hausbeleuchtung, Heizung, Warmwasser, Schornsteinreinigung, Hausversicherungen, Hauswart, Treppenreinigung, Fahrstuhl, Abschlußgebühren von Bausparverträgen, Maklerprovisionen, Mietprozeßkosten, Fachliteratur, Beiträge an Hausbesitzervereine. Hinzu kommen die Absetzungen für Abnutzung (AfA): → degressive AfA, → lineare AfA, → erhöhte AfA nach § 7b EStG, → Sonderabschreibungen nach § 82a bis k EStDV. → Zinsen als Werbungskosten.

Werbungskostenpauschbetrag. Ab dem Veranlagungszeitraum 1990 werden die Werbungskosten anders ermittelt. Zunächst gilt für alle Arbeitnehmer ein einheitlicher W. von DM 2000,– p.a. Dieser löst die bisherige Pauschalierung in Höhe von DM 564,– ab, gleichzeitig ist jedoch die Arbeitnehmerpauschale von DM 480,– und der Weihnachtsfreibetrag von DM 600,– entfallen. Dadurch ergeben sich Vorteile nur für denjenigen, der bislang unter Berücksichtigung der beiden weggefallenen Komponenten nur sehr geringe Werbungskosten nachweisen konnte. Durch die Pauschalierung erübrigt sich für viele Steuerzahler der Einzelnachweis.

Werkleistung, Ausführung eines Baugewerkes durch einen Bauhandwerker aufgrund des → Werkvertrages.

Werkvertrag. Rechtsgrundlage: §§ 631 ff. BGB. Zu den W. zählt auch der Architektenvertrag. → Bauvertrag.

Wertaufteilung. Durch die neue Grundförderung werden auch die Grundstückskosten mit 50% in den Abschreibungshöchstbetrag mit einbezogen. Daher empfiehlt es sich beim Kauf eines bebauten Grundstücks, bereits im Kaufvertrag eine angemessene Wertaufteilung (Grund/Boden : Gebäude) vorzunehmen.

wertbeeinflussende Faktoren. *1. Rechte und Belastungen,* öffentlich-rechtliche oder privatrechtliche Belastungen, die den Wert eines Grundstücks positiv oder negativ beeinflussen können wie z.B.: Dienstbarkeiten, Nutzungsrechte, Baulasten und sonstige dingliche Rechte und Lasten.
2. Sonstige beeinflussende Umstände. Alle den Wert eines Grundstücks beeinflussende Umstände, insbesondere eine wirtschaftliche Überalterung, ein überdurchschnittlicher Erhaltungszustand und ein erhebliches Abweichen der tatsächlichen von der maßgeblichen Nutzung sind durch Zu- oder Abschläge

oder in anderer geeigneter Form bei einer Wertermittlung zu berücksichtigen.

Wertberichtigungen. Die Lage auf dem Immobilienmarkt und individuelle Faktoren (Arbeitslosigkeit, Tod, Trennung, Scheidung etc.) haben dazu geführt, daß auch im Baufinanzierungsbereich eine weitgehende Risikovorsorge erforderlich wurde. Inzwischen ist die erste große Versteigerungswelle abgeebbt, jetzt stellen die aus dem Bereich der Steuermodelle notleidend gewordenen Kredite und Objekte das größte Problem dar. Die Wertberichtigungspraxis der einzelnen Institute ist sicherlich unterschiedlich und hängt auch von den sonstigen Geschäftsergebnissen ab. Alle Banken und Sparkassen sind allerdings gut beraten, bei der Erkennung von Schieflagen frühzeitig W. zu bilden, deuten doch die Ergebnisse der Zwangsversteigerungsverfahren darauf hin, daß meist nur 60 bis 80% der Verkehrswerte (1980 bis 1989) erzielt werden können.

Wertbeschränkungserklärung, → Bewertungserklärung.

Wertentwicklung. Die W. wird im Eigenheimbereich unberücksichtigt gelassen, wenn die Kredite ohne Störungen ablaufen. Bei der Beleihung gemischt genutzter oder fremdvermieteter Objekte sollte die W. durch Überprüfung der Taxen in einem dreijährigen Turnus berücksichtigt werden; bei gewerblichen Objekten zwingend erforderlich.

Wertermittlungsbogen. Von vielen Kreditinstituten sind Vordrucke entwickelt worden, die eine standardisierte Anfertigung von Wertgutachten für Beleihungszwecke ermöglichen. Diese werden meist durch individuelle Zusatzangaben ergänzt.

Wertermittlungsstichtag. Zur Ermittlung des Verkehrswertes eines Grundstücks sind die allgemeinen Wertverhältnisse auf dem Grundstücksmarkt zu dem Zeitpunkt zugrunde zu legen, auf den sich die Wertermittlung bezieht. Dies gilt auch für den Zustand des Grundstücks, es sei denn, daß aus rechtlichen oder sonstigen Gründen ein anderer Zustand des Grundstücks maßgebend ist.

Wertermittlungsüberprüfung. Üblich ist, daß im Wohnungsbereich die Wertermittlungen nicht ständig überprüft werden. Sinnvoll wäre allerdings, bei Speicherung der Taxen über EDV mit jährlich neu festzusetzenden Richtzahlen (analog der Handhabung bei der gleitenden Neuwertversicherung) zu arbeiten. Selbstverständlich ist ein Wertansatz zu bedenken, wenn gravierende Veränderungen (Verschlechterungen) eintreten.

Bei gewerblichen Beleihungen ergibt sich eine völlig andere Grundsituation. Allein schon durch den fortschreitenden Wandel wirtschaftlicher Faktoren sind hier derartig vielfältige Änderungen möglich, daß eine permanente W. notwendig ist. Hier ist ein Zeitraum von etwa drei Jahren als Gültigkeitsdauer einer Wertschätzung gegeben.

Wertermittlungsverfahren *(§ 3 WertVO, § 243 BauGB – Überleitungsvorschr.)*, dient der Ermittlung des → Verkehrswertes und für die Beleihungsinstitute zur Festlegung des Beleihungswertes, der nicht unbedingt mit dem Verkehrswert identisch sein muß. Ob dabei das Vergleichswert-, Ertragswert- oder das Sachwertverfahren anzuwenden ist, hängt vom jeweiligen Einzelfall ab.

Wertermittlungsverordnung (WertVO oder WertV), amtliche Verordnung über die Bewertung von Immobilien. Das BBauG von 1960 enthielt die Ermächtigung, über Modalitäten der Wertermittlung eine Verordnung zu erlassen. Die erste Verordnung ist vom 7. 8. 1961. Novelliert wurde sie im Januar 1972. Die derzeitig noch gültige Fassung ist vom 15. 8. 1972. (BGBl S. 1409 ff.) Mit dem 1. 7. 1987 ist das neue BauGB in Kraft getreten. Die Wertermittlung ist im ersten Teil des dritten Kapitels unter §§ 192, 199 zusammengefaßt. Nach den Übergangsrechten des § 243 BauGB sind die bisherigen Vorschriften BBauG §§ 136 bis 144 noch bis zum Inkrafttreten der in § 199 BauGB vorgesehenen Verordnungen weiter anzuwenden. Mit der WertVO 1988 (in Kraft seit 1. 1. 1989) stellt der Gesetzgeber die Ermittlung von Verkehrswerten von Grundstücken und Rechten an Grundstücken auf neue Rechtsgrundlagen. Die alte WertV 1972 wurde damit abgelöst, die über 16 Jahre die Wertermittlungspraxis geprägt hatte. Die neue WertVO betrifft Sachverständige in den Behörden wie auch freischaffende Architekten, Makler, Ingenieure, die Banken und Sparkassen. Auch Wirtschaftsprüfer und Steuerberater müssen sich hiernach richten.

Wertermittlung wegen Baumängel und Bauschäden. Die Ermittlung ist nach Erfahrungssätzen oder auf der Grundlage der für ihre Beseitigung am Wertermittlungsstichtag erforderlichen Kosten zu bestimmen (§ 24 WertV).

Wertersatz für erlöschende Rechte *(§ 92 ZVG)*. Erlischt durch den Zuschlag ein Recht, das nicht auf Zahlung eines Kapitals gerichtet ist, so tritt an die Stelle des Rechtes der Anspruch auf Ersatz des Wertes aus dem Versteigerungserlös.

Wertfestsetzung *(§ 74a ZVG),* → Nichterreichen der 7/10-Grenze. Der Grundstückswert wird vom Vollstreckungsgericht unter Anhörung von Sachverständigen festgesetzt. Der Beschluß über die W. ist anfechtbar, eine weitere Beschwerde findet nicht statt.

Wertfortschreibung *(§ 22 BewG).* Die Überprüfung eines → Einheitswertes aufgrund von Ausbauten, Umbauten, Erweiterungen führt zu einer W. Dies läßt bei Einsichtnahme in den Einheitswertbescheid für den Baufinanzierer Schlüsse zu, ob Baumaßnahmen überhaupt mit der notwendigen Baugenehmigung durchgeführt wurden. Eine Veränderung des Einheitswertes erfolgt nur dann, wenn mehr als 10% Wertänderung eingetreten sind.

Werthaltigkeit eines Grundpfandrechtes.
Der Kreditgeber muß bei der Beurteilung eines Engagements auch die Werthaltigkeit der Sicherheiten (hier der Grundpfandrechte) entsprechend prüfen. Daher wird in den Kreditprotokollen der Banken das Grundpfandrecht sowohl mit dem Nominalwert als auch dem Sicherungswert angeführt. Vorlasten werden entsprechend ihrer Konditionen berücksichtigt, ggf. werden noch Sicherheitsbeträge beachtet. In der Praxis ist es oft schwierig, dem Kunden klarzumachen, wie die Bank ein Grundpfandrecht bewerten kann. Streitfrage ist ohnehin, ob der Kunde wissen sollte, wie sich die Relation zwischen → Realkredit und → Personalkredit stellt.

Wertminderung von Wohnhäusern. Ein konventionell errichtetes Wohnhaus hat eine angenommene Lebensdauer von 100 Jahren. Je nach Unterhaltungszustand müssen daher bei der Bewertung von älteren Objekten (ab zehn Jahre) dem Alter entsprechende Abschläge gemacht werden. Tabellen sind in der WertVO enthalten.

Wertsicherungsklausel *(§ 3 Währungsgesetz).* W. werden u. a. vereinbart für den Erbbauzins. Es kommen sowohl automatische als auch vertragliche Klauseln in Betracht. Die automatisch wirkenden W. bedürfen der Genehmigung durch die LZB. Auch bei Leibrenten oder Verkäufen auf Rentenbasis findet dieses Instrument Anwendung. → Geldwertsicherung in Verträgen.

Wertstellung, Tag, an dem über eingehendes Geld verfügt werden kann oder eine Belastungsbuchung erfolgt. Ab Wertstellungstag beginnt die Verzinsung. Die W. wird von den Kreditinstituten unterschiedlich gehandhabt.

Wert wiederkehrender Naturalleistungen *(§ 46 ZVG).* Für wiederkehrende Leistungen, die nicht in Geld bestehen, hat das Gericht einen Geldbetrag festzusetzen, auch wenn ein solcher nicht angemeldet ist.

Wettbewerbsgebiete für die Feuerversicherung. In diesen Gebieten besteht freie Wahl des Versicherungsgebers und der Versicherungsform. Hier muß also auch der Grundpfandrechtsgläubiger prüfen, ob ausreichender Versicherungsschutz vorhanden ist. Gleichfalls wird jede Belastung angezeigt. W. f. d. F. sind vor allem Nordrhein-Westfalen, Rheinland-Pfalz, Schleswig-Holstein, Saarland u. a. Dem Finanzierer vor Ort ist dies bekannt, für die Sicherheitenbearbeitung ist die Überwachung des Versicherungsschutzes recht aufwendig.

Wettbewerbsverbot, → Konkurrenzverbot.

Widerrufsbelehrung, → Reisegewerbe.

Widerspruch *(§ 899 BGB).* Ist das Grundbuch einmal unrichtig, so nimmt die Berichtigung meist geraume Zeit in Anspruch. In einem solchen Fall kann ein W. gegen die Richtigkeit des Grundbuchs eingetragen werden. Der

W. regelt eine Begünstigung desjenigen, der einen Anspruch auf Berichtigung des Grundbuchs auf Grund eines bereits bestehenden dinglichen Rechts hat. Es ist eine Schutzeintragung für ein dingliches Recht. Der W. ist auch keine Verfügungsbeschränkung. Beim W. tritt keine Sperre des Grundbuchs ein. Der W. wird auf Grund einer einstweiligen Verfügung oder auf Grund einer Bewilligung desjenigen, dessen Recht durch die Berichtigung des Grundbuchs betroffen wird, eingetragen. Bei der Frage, ob und wie ein eingetragener W. die Beleihung eines Grundstücks beeinflußt, kommt es allein auf den Inhalt des W. an.

Wiedereingliederungshilfe. Mit der W. sollen türkische Gastarbeiter, die Bausparverträge in der Bundesrepublik angespart haben, diese für Vorhaben in ihrem Heimatland nach ihrer Rückkehr einsetzen können. Als Sicherheit für das Darlehen dient eine Bürgschaft der Deutschen Ausgleichsbank in Bonn-Bad Godesberg. Diese wiederum erhält hierfür eine Rückbürgschaft aus dem Fonds des Europarates. Auf andere Gastarbeiterländer ist dieses Programm noch nicht angewendet worden.

Wiedereinsetzung *(§ 210 BauGB).* Wenn ein Beteiligter ohne Verschulden verhindert war, eine gesetzliche oder aufgrund des BauGB bestimmte Frist für eine Verfahrenshandlung einzuhalten, so ist ihm auf Antrag W. in den vorherigen Stand zu gewähren.

Wiederherstellungsklausel *(Feuerversicherung, Gebäudeversicherung:*

§ 1128 BGB). Ist bei diesen Versicherungsarten eine W. vereinbart, so kann der Grundpfandrechtsgläubiger nicht die Zahlung, sondern nur die Zahlung zur erneuten Herstellung an den Versicherten verlangen. In der Praxis würde die Versicherung den Entschädigungsbetrag an den Grundpfandgläubiger auszahlen mit der Auflage, dieses Geld nur zur Wiederherstellung des Gebäudes zu verwenden. Es entstünde somit eine Pflicht zur Bautenstandsüberwachung und Geldverwendungskontrolle. Dies führt in der Finanzierungspraxis dann zu Schwierigkeiten, wenn zum Zeitpunkt des Eintritts des Versicherungsfalls der Kredit leistungsgestört war.

Wiederholungsversammlung *(§ 25 Abs. 4 WEG),* → Eigentümerversammlung. Ist die Mehrheit nach Miteigentumsanteilen in der Versammlung nicht anwesend und fehlen wirksame Vollmachten, hat der Verwalter die Möglichkeit, sofort eine neue Versammlung mit der gleichen Tagesordnung einzuberufen. Diese ist dann in jedem Fall beschlußfähig. → Eventualeinberufung.

Wiederkaufsrecht. Ein schuldrechtliches W. (Rückkaufsrecht) ist in den §§ 497 ff. BGB geregelt. Beim W. sind nur der Käufer und der Wiederkäufer (Verkäufer) beteiligt. Die Ausübung des Rechts setzt keinen Verkauf voraus. Bereits bei Einräumung des Rechts wird ein Wiederkaufpreis festgesetzt. Zweck der Vereinbarung eines W. über ein Grundstück ist es, dem Käufer bei der Verwendung des Grundstücks gewisse Bindungen aufzuerlegen. Daher wird dieses Recht von der öffentlichen Hand vielfach zur Umsetzung der erstrebten wirtschafts- oder sozialpolitischen Ziele eingesetzt. Durch Eintragung einer Vormerkung kann das Recht im Grundbuch dinglich gesichert werden. Damit ist das Grundbuch nicht gesperrt, Belastungen sind also möglich, in der Praxis aber muß der Vorrang erwirkt werden, ansonsten sind Beleihungen nicht möglich.

wiederkehrende Bezüge, in Geld oder geldwerten Vorteilen empfangene Leistungen die jemand auf längere Zeit (mindestens 10 Jahre) aus besonderem Verpflichtungsgrund (Vertrag, Gesetz, Testament) erhält. Beispiel: Verkauf eines Immobils gegen Leibrente. Für die Berechnung w. B., die einer Person auf Lebenszeit zustehen, ist die → Lebenserwartung nach der jeweils aktuellen Tabelle als Grundlage zu nehmen. → Veräußerungsrente, → Versorgungsrente,→ Unterhaltsrente.

Wiedervollstreckung *(§ 133 ZVG).* Die Zwangsvollstreckung in das Grundstück ist gegen den Ersteher ohne Zustellung des vollstreckbaren Titels zulässig. Sie kann erfolgen, auch wenn der Ersteher noch nicht als Eigentümer eingetragen ist.

Windhundverfahren, Auswahlkriterium bei Sonderkreditprogrammen, öffentlicher Förderung o. ä., bei dem einzig der Zeitpunkt des Eingangs der Anträge über die Bewilligungsreihenfolge maßgebend ist. Zuletzt angewendet bei den Zuschüssen für energiesparende Maßnahmen und dem Bausparzwischenfinanzierungsprogramm.

Wintergarten, baugenehmigungspflichtiger Anbau an Wohnhäusern, der meist aus Glas, Holz und/oder Aluminium besteht. Durch veränderte Ausnutzung der → GFZ ist oftmals sogar ein zusätzlicher Bebauungsplan für derartige Anbauten aufgestellt worden. W. erfreuen sich wachsender Beliebtheit. Die Finanzierung von W. kann auch durch Bausparverträge erfolgen. Bei selbstgenutzten Objekten bleibt nur die Möglichkeit, für die Baukosten evtl. die Steuervergünstigung nach § 10e EStG, die auch für Aus- und Erweiterungsbauten gilt, in Anspruch zu nehmen. Hierdurch entsteht jedoch Objektverbrauch. Bei vermieteten Objekten handelt es sich um nachträgliche Herstellungskosten, die zusammen mit den ursprünglichen Herstellungskosten und dem dafür geltenden AfA-Satz abzuschreiben sind. Als nach § 82a EStG begünstigte Maßnahme wurde der W. bisher abgelehnt.

Wirksamkeitsvermerk *(§ 879 BGB).* Ist im Grundbuch z. B. ein Nacherbenvermerk eingetragen, so verlangt die Bank für ihre Eintragung i. d. R. den Vorrang. Dies stößt bei den Grundbuchämtern oft auf Schwierigkeiten, da es strittig ist, ob zwischen Nacherbenvermerk und sonstigen Rechten in Abt. II und III ein Rangverhältnis besteht. Eine Klarstellung kann mittels eines sog.

W. erreicht werden. Bei der Hypothek wird unter ‚Veränderungen‘ eingetragen: ‚Diese Hypothek ist auch den Nacherben gegenüber wirksam.‘ Das gleiche Ergebnis kann jedoch auch durch Zustimmung des Nacherben zur Belastung des Grundstücks mit Grundpfandrechten erreicht werden.

wirtschaftliche Einheit. Bei einer Beleihung ist zu prüfen, ob eventuell mehrere Parzellen oder Grundstücksteile eine w. E. bilden, die ggf. in verschiedenen Grundbuchblättern verzeichnet sind. Dann ist darauf zu achten, daß alle Parzellen mit belastet sind. Es hat sich als positiv erwiesen, hier auch Nachkontrollen durchzuführen. Vielfach entstehen Fehler dadurch, daß sich die Institute aufeinander verlassen, also keine eigenständige Überprüfung durchführen.

wirtschaftlicher Eigentümer. Der w. E. eines Grundstücks ist derjenige, der die tatsächliche Herrschaft über das Grundstück und die aufstehenden Gebäude ausübt. Damit kann der w. E. auch die steuerlichen Vorteile eines Immobils nutzen, sobald der wirtschaftliche Übergang erfolgt ist.

wirtschaftliche Wertminderung *(§ 18 WertVO),* ergibt sich aus sich ändernden Wohnbedürfnissen, die sich in veränderten Geschoßhöhen, Raumhöhen, Konstruktionen, erhöhten Anforderungen an die Haustechnik niederschlagen. Auch veränderte Wohnverhältnisse (Umwelteinflüsse, ökologische, biologische Baustoffe etc.) sind zu berücksichtigen.

Wirtschaftlichkeitsberechnung. 1. Vor Durchführung eines Bauvorhabens ist eine W. notwendig, um einen Überblick zu erhalten, ob die Gesamtkosten mit eigenen und/oder fremden Finanzierungsmitteln gedeckt werden können und ob die vorgesehene Investition überhaupt sinnvoll ist, d. h. die realistisch erzielbaren Erträge ausreichen, unter Berücksichtigung echter Bewirtschaftungskosten die Fremdmittel zu bedienen und/oder eine Eigenkapitalverzinsung zu gewährleisten. 2. (Kostenmiete). Zur Ermittlung der Kostenmiete ist der Eigentümer verpflichtet, eine W. nach den Vorschriften des WoBindG zu erstellen. Daraus ergibt sich eine Durchschnittsmiete, die unter Berücksichtigung der besonderen Eigenschaften einer jeden Wohnung in angemessener Form weiterzugeben ist. Der Gesamtbetrag der Erträge darf den Gesamtbetrag der laufenden Aufwendungen nicht übersteigen. Die laufenden Aufwendungen setzen sich zusammen aus den Kapital- und den Bewirtschaftungskosten.

Wirtschaftsart. Aus den Veröffentlichungen des Katasteramtes im Liegenschaftsbuch ist auch die W. des Grundstücks ersichtlich: Hof- und Gebäudefläche, Ackerland, Wiese.

Wirtschaftsbau, gesamte Bautätigkeit im gewerblichen und industriellen Bereich. Die lokal geförderte Ansiedlung von Industrien, Gewerbe, aber auch die Initiativen der Unternehmer und die öffentliche Hand haben diesen wichtigen Geschäftszweig der Bauindustrie zu neuer Blüte gebracht. Mit verbesserten Abschreibungsbedingungen wird dieser Bereich seit 1985 besonders gefördert. Voraussetzung: Die Baugenehmigung muß nach dem 31. 3. 1985 erteilt sein und die Gebäude müssen zu einem Betriebsvermögen gehören und dürfen nicht Wohnzwecken dienen. AfA entweder linear 4% oder degressiv vier Jahre lang 10%, drei Jahre lang 6%, 18 Jahre lang 2,5%.

Wirtschaftsplan *(§ 28 WEG),* jährlich vom Verwalter aufzustellender Plan für die Bewirtschaftung einer Eigentumsanlage. Inhalt: Voraussichtliche Einnahmen und Ausgaben, anteilige Verpflichtung der einzelnen Eigentümer, Berechnung und eventuell Verwendung der → Instandhaltungsrücklage.

Wirtschaftswert *(§ 46 BewG),* Wert von Grundstücken bei landwirtschaftlicher, gärtnerischer oder weinbaulicher Nutzung. Bei der Wertermittlung wird der Ertragswert aus genutzten Flächen und unter Berücksichtigung von Abschlägen und Zuschlägen und → Geringstland ermittelt.

Wochenend- und Ferienhäuser. Bislang wurden auch W.- u. F. unter bestimmten Bedingungen steuerlich gefördert. Da für den § 7b eine Eigennutzung nicht vorgeschrieben war, konnten derartige Objekte nach dieser Förderungsart abgeschrieben werden. Mit Wirkung der neuen Grundförderung nach § 10e EStG sind diese Objekte künftig von der steuerlichen Förderung weitgehend ausgeschlossen, da der Gesetzgeber davon ausgeht, daß bei diesen Wohnungen die Befriedigung des allgemeinen Wohnbedürfnisses nicht im Vordergrund steht. Finanzierungstechnisch sind an diese Objekte die gleichen Anforderungen zu stellen, wie sie auch für ständig genutzte Objekte gelten. Die Beleihungshöhe wird sich dabei an der Kapitaldienstfähigkeit des Objektes orientieren. Üblich sind hier Beleihungen bis maximal zur Realkreditgrenze (60%). Die oft zusätzlich geforderten Drittsicherheiten sind für den Eigentümer/Erwerber ein Indiz für die bankenseitige (vorsichtige) Bewertung der Immobilie. Der Vorsteuerabzug ist nur unter bestimmten Voraussetzungen möglich. Bei einem Zusammenschluß mehrerer Eigentümer zu einer Gesellschaft bürgerlichen Rechts mit dem Zweck der Vermietung in eigenem Namen ist der Abzug nicht möglich.

Wohnberatung. Die Verbraucherzentralen in den verschiedenen Bundesländern führen eine W. durch. Jeder Interessent kann die dort gesammelten praktischen Erfahrungen über Planung und Durchführung von Bauvorhaben und Renovierungen/Modernisierungen abrufen. Kontaktadresse: Arbeitsgemeinschaft Wohnberatung, 5300 Bonn 1.

Wohnberechtigungsschein. Sozialwohnungen sind einem Mieter mit einem von der Gemeinde ausgestellten W. vorbehalten. Diese Wohnungen sind an die Kostenmiete gebunden. Macht jemand eine Sozialwohnung frei, so hat er besondere Vergünstigungen bei der Beantragung von öffentlichen oder nichtöffentlichen Wohnungsbaumitteln.

Wohneigentumsquote. Rund 2/5 aller Haushalte im Bundesdurchschnitt besitzen Wohnungseigentum. Damit stellt die Immobilie den größten Anteil am Vermögen der privaten Haushalte dar. Nach Umfrageergebnissen streben 3/4 der Bevölkerung Wohneigentum an. Die W. ist in den einzelnen Bundesländern sehr unterschiedlich. Sie reicht von 28% in den Stadtstaaten bis über 60% im Saarland und in Rheinland-Pfalz. → Wohneigentumsstruktur.

Wohneigentumsförderungsgesetz (WohneigFG), enthält die Neuregelung der steuerrechtlichen Förderung des selbstgenutzten Wohneigentums (gültig ab 15. 10. 1986), in Kraft getreten ab 1. 1. 1987.

Wohneigentumsstruktur. Wegen der sehr unterschiedlichen Ausprägung der Wohneigentumsquote ist eine öffentliche Förderung nur regional sinnvoll. Die Kreditinstitute sind gut beraten, wenn sie regionale Unterschiede bei der Geschäftssteuerung berücksichtigen. Von 100 Haushalten haben schätzungsweise Wohneigentum in Berlin 16, Hamburg 14, NRW 37, Bayern 53, Baden-Württemberg 54, Rheinland-Pfalz 60, Saarland 62.

Wohnen, gehört zu den Grundbedürfnissen des Menschen. So ist es selbstverständlich, daß die Wohnung im eigenen Haus zu den bevorzugten Wünschen zählt. Infolge der Kriegsauswir-

kungen ist die Wohneigentumsquote in der Bundesrepublik mit 40% aller Haushalte noch relativ niedrig. Die Werbung der Kreditinstitute, Versicherungen und Bausparkassen zielt auf diesen Kundenwunsch.

Wohnfläche. Die Grundfläche von Wohnräumen ist nach DIN 283 aus den Fertigmaßen zu ermitteln, und zwar i. d. R. für jeden Raum einzeln. Wenn dies aus der Bauzeichnung errechnet wird, sind 3% aus den Rohbaumaßen abzuziehen. → Wohnflächenberechnung.

Wohnflächenberechnung. *a) § 42 II. BV,* gültig für steuerbegünstigten oder öffentlich geförderten Wohnungsbau: Zum Wohnbereich zählende Balkone, Loggien, Terrassen, Dachterrassen, Schwimmbäder und sonstige, nach allen Seiten geschlossenen Räume werden mit 50% der Wohnfläche zugerechnet. *b) nach DIN 283,* gültig bei Bauanträgen und der Baugenehmigung. Unterschied zur Berechnung nach a): Die dort aufgeführten Flächen werden nur mit 25% ihrer Fläche als Wohnfläche angerechnet.
Bei Wertgutachten ist zu prüfen, welche Berechnung zugrunde gelegt wurde. Dies gilt speziell beim Ansatz von m^2-Wohnflächen bei ETW.

Wohnflächenhöchstgrenzen. Die W. sind im II. WoBauG geregelt (→ steuerbegünstigter Wohnungsbau), für den sozialen Wohnungsbau gilt: Familienheim mit einer Wohnung 130 m^2 Wohnfläche, Familienheim mit zwei

Wohnungen 200 m² Wohnfläche, eigengenutzte Eigentumswohnung 120 m² Wohnfläche, Mietwohnung 90 m² Wohnfläche. Eine Finanzierung derartiger Objekte sollte daher auch eine Prüfung der Einhaltung der vorgenannten Wohnflächen beinhalten.

Wohnformen. W. sind das freistehende Haus, das Reihenhaus, die Doppelhaushälfte, die eigengenutzte Wohnung im Mehrfamilienhaus, die Eigentumswohnung, die Mietwohnung.

Wohngebäude, Gebäude, das nicht zu einem Betriebsvermögen gehört und überwiegend Wohnzwecken dient, d. h. wenn die Grundfläche der zu Wohnzwecken dienenden Räume mehr als die Hälfte der gesamten Nutzfläche beträgt.

Wohngebäudeversicherung, → Feuerversicherung, → verbundene Wohngebäudeversicherung.

Wohngebiete
a) reine W. (§ 3 BauNVO), Wohngebiete mit Läden und nicht störenden Handwerksbetrieben und Beherbergungsbetrieben.
b) allgemeine W. (§ 4 BauNVO): Zusätzlich zu a) auch nicht störende Gewerbebetriebe.
c) besondere W. (§ 4a BauNVO): Findet Anwendung bei bereits bebauten Gebieten. Anwendungsbereich vielfach in Stadtvierteln.

Wohngeld. Die Bereitstellung von W. soll die Wohnkostenbelastung der förderungsberechtigten Haushalte auf ein tragbares Maß senken. Geregelt ist das W. im jeweils aktuellen Wohngeldgesetz. Anspruch auf W. haben Berechtigte ohne Unterscheidung hinsichtlich der Wohnungsmarktbereiche, d. h. es kann auch W. bezogen werden, wenn Wohneigentum vorhanden ist. Im Wohngeldgesetz sind Tabellen zur Berechnung der Ansprüche und zur Ermittlung der Einkommensgrenzen enthalten. Auch eine Mieterhöhung kann zu einem Wohngeldanspruch führen.

Wohngeldanspruch. Jeder Berechtigte hat einen Rechtsanspruch auf die Zahlung von → Wohngeld. Antragsberechtigt sind nicht nur Mieter von Wohnungen, sondern auch Bewohner im eigenen Haus, einer Eigentumswohnung oder Inhaber eigentumsähnlicher Dauerwohnrechte.

Wohngeldfibel. Einen aktuellen Überblick über das Wohngeldrecht gibt die vom Bundesminister für Raumordnung, Bauwesen und Städtebau herausgegebene W. Die Broschüre gehört zum Handwerkszeug eines Baufinanzierers. Auch bei leistungsgestörten Krediten sollte geklärt werden, ob nicht aufgrund veränderter Einkommensverhältnisse Anspruch auf Wohngeld entstanden ist, das dann evtl. zur Lösung der Schwierigkeiten beitragen könnte.

Wohngeldrückstand (ETW).
1. Bei Kaufverträgen
Der Käufer einer Eigentumswohnung sollte die Unterlagen des Verwalters einsehen, da in den meisten Teilungser-

klärungen vereinbart ist, daß er ggf. für Rückstände mithaftet bzw. sie voll übernehmen muß. Außerdem hilft diese Überprüfung, den Zustand der Wohnungseigentümergemeinschaft insgesamt zu überprüfen. Der Finanzierer sollte seinen Kunden hierauf hinweisen.
2. Bei Konkurs eines Wohnungseigentümers
Die Wohnungseigentümergemeinschaft ist in einem derartigen Fall Massegläubigerin. Als solche kann sie Vorwegbefriedigung verlangen. Beim Verkauf der Wohnung durch den Konkursverwalter steht der Gemeinschaft das Recht auf abgesonderte Befriedigung aus dem erzielten Verkaufserlös zu.
3. Bei Zwangsversteigerungen
Nach einer Entscheidung des BGH haftet jemand, der z. B. durch Zuschlag in einem Zwangsversteigerungsverfahren neuer Eigentümer einer Wohneinheit geworden ist, nicht für bestehende W. (AZ: VZB 3/86 v. 22. 1. 1987). Dies gilt insbesondere auch, wenn anderslautende Vereinbarungen in der Teilungserklärung getroffen sind.

Wohngeldtabellen. Nach der besonderen Ermittlung der Familieneinkommen (§§ 9 bis 17 Wohngeldgesetz) können die Wohngeldbeträge aus W. ersehen werden, die Bestandteil des Gesetzes sind.

Wohnlasten (Hausgeld). Zusätzliche Zahlungen zu den Nettomieten bezeichnet man als W. Normalerweise sind dies → Nebenkosten, die in Form von Vorauszahlungen erhoben werden.

Wohnraumkündigungsschutzgesetz (2. WKSchG), enthält u. a. das Gesetz zur Regelung der Miethöhe.

Wohnsitzfinanzamt, zuständiges Finanzamt des Einkommensteuerpflichtigen. Ggf. muß zusätzlich ein → Betriebsfinanzamt bei der Ermittlung der Einkommensteuer und/oder Einkommensteuervorauszahlungsfestsetzung mitwirken.

Wohnsparen, Sparform, bei der die Immobilie die Rolle des Sparbuchs übernimmt. Gleichzeitig können hierbei (frühzeitig) alle steuerlichen Förderungen in Anspruch genommen werden. Der Immobilienerwerb wird nicht durch eine längere Ansparzeit vorbereitet, sondern durch „Absparen" finanziert. Damit gilt diese Anlageform als krisen- und inflationssicher, wenn die überall wichtigen Anlagekriterien beachtet werden: kostengünstig, gut gelegen, gut vermietbar, normale Grundrißlösung, zeitgemäße Bauqualität.

Wohnumfeld. Zum W. gehören sowohl die wichtigsten Versorgungs- und Infrastruktureinrichtungen als auch die möglichen Störfaktoren sowie die Verkehrsanbindung. Wird ein Wohnstandort bewertet, so sollten alle diese Punkte gewichtet und in einem Katalog aufgelistet werden. In eine Wertermittlung gehört auch eine Aussage zum W., diese ist vielfach bedeutsamer als die Berechnung der Bauzahlen.

Wohnung, Zusammenfassung von Räumen, die es dem Inhaber ermöglichen, hierin einen eigenen Hausstand zu führen. Dies setzt eine Wohnfläche von mindestens 25 m ^{2} sowie eine eingerichtete Küche, WC und mindestens einen Wohnraum voraus. Ab dem 31. 12. 1985 müssen bei EFH und ZFH die Räume eine abgeschlossene Einheit bilden und über einen eigenen Zugang verfügen.

Wohnungsanwärter. Wer eine Eigentumswohnung gekauft hat, aber noch nicht als Eigentümer eingetragen ist, gilt als W. In einer BGH-Entscheidung (V ZB 6/88 v. 1. 12. 1988) wurde klargestellt, daß der Erwerber einer ETW vor der Umschreibung im Wohnungsgrundbuch in der Eigentümerversammlung noch kein eigenes Stimmrecht hat. Der W. kann dies noch nicht einmal erwerben, wenn er seinen Übereignungsanspruch bereits durch eine Auflassung gesichert hat. In der Praxis kann dieses Problem durch eine Bevollmächtigung seitens des Verkäufers gelöst werden.

Wohnungsbauförderung, Bündel von staatlichen Maßnahmen zur Förderung des Wohnungsbaus, z. B. Sonderabschreibungen, Steuerfreiheit von Veräußerungsgewinnen, sozialer Wohnungsbau, Wohnungsgemeinnützigkeit.

Wohnungsbauförderungsanstalt, WFA, Düsseldorf. In Nordrhein-Westfalen zuständige Landesbehörde für die Genehmigung, Auszahlung und Verwaltung von öffentlichen und nichtöffentlichen Mitteln. In anderen Bundesländern werden diese Aufgaben von Wohnungsbaukreditanstalten oder Landeskreditbanken wahrgenommen.

Wohnungsbaugenehmigungen davon Mietwohnungen:

1982	300 000	74 300	(= 24,76%)
1983	384 769	92 793	(= 24,12%)
1984	307 036	67 616	(= 22,02%)
1985	225 667	44 759	(= 19,83%)
1986	195 700	31 439	(= 16,06%)
1987	184 906	22 179	(= 11,99%)
1988	207 707	27 171	(= 13,08%)
Jan.–April			
1989	69 307	13 124	(= 18,91%)

Wohnungsbaukontingent. Die Hypothekenbanken können lt. HypBankG Darlehen nur im Realkreditbereich ausleihen, es sei denn, der darüber hinausgehende Teil ist durch eine Bürgschaft einer öffentlich-rechtlichen Stelle besichert. Die Großbanken haben zur Ausweitung des Geschäftes ihrer Hypothekenbank-Töchter Bürgschaftskontingente über öffentlich-rechtliche Kreditinstitute (LAG, KfW u. a.) zur Verfügung gestellt. In diesem Rahmen waren die einzelnen Geschäftsstellen dann in der Lage, für Einzelkredite sog. W. zu übernehmen. Dabei lag die Objektprüfung auf seiten der Hypothekenbank, während die Bank die persönliche Bonität zu prüfen hatte.

Wohnungsbaupolitik. Nachdem die Grundversorgung der Bevölkerung mit Wohnraum abgeschlossen ist, kann erwartet werden, daß sich die W. von der Bau- zur Bestandspflege- bzw. Bestandsverbesserungspolitik wandelt.

Wohnungsbauprämie

Auch die staatliche Förderung wird sich dorthin verlagern müssen.

Wohnungsbauprämie. Für die W. gilt noch immer die Tabelle der → Sparprämien. Die dort genannten Höchstbeträge für Sparleistungen sind auch für Zahlungen auf Bausparverträge anzuwenden. Leistungen nach dem Vermögensbildungsgesetz sind nur prämienberechtigt, wenn hierfür keine Arbeitnehmersparzulage gewährt wurde (Kumulierungsverbot). → Staatliche Bausparförderung.

Wohnungsbauprämienantrag, bis zum 30. 9. beim Finanzamt zu stellender Antrag zur Erlangung der → Wohnungsbauprämie. Formular wird von der Bausparkasse gestellt. Ab 1990 Frist zur Einreichung zwei Jahre, beginnend für das Sparjahr 1990.

Wohnungsbauprogramm → KfW-Wohnungsbauprogramm.

Wohnungsbelegungsrecht (Wohnungsbesetzungsrecht). Darlehensgeber (insbesondere die öffentliche Hand) verpflichten vielfach die Grundstückseigentümer, denen sie Darlehen gewähren, bestimmte Wohnungen nur an Personen zu vermieten, die die Darlehensgeber ihnen benennen. Gewöhnlich ist diese Verpflichtung auf die Laufzeit des Darlehens beschränkt. Zur Sicherung dieser Verpflichtung läßt der Grundstückseigentümer häufig zugunsten des Darlehensgebers eine beschränkt persönliche Dienstbarkeit des Inhalts im Grundbuch eintragen, daß bestimmte

Wohnungen nur an Personen vermietet werden dürfen, die der Darlehensgeber benannt hat.

Wohnungsbesetzungsrecht, → Wohnungsbelegungsrecht.

Wohnungsbestand. Durch die Volkszählung 1987 liegen erstmals verläßliche Daten über den W. vor. Danach leben in jeder Wohnung statistisch nur noch 2,3 Personen. Im Durchschnitt verfügt jeder Einwohner über eine Wohnfläche von 35 m^2. → Wohnungswesen 2.

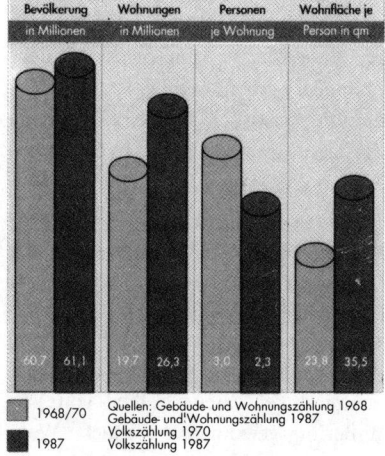

Eckdaten nach der Volkszählung

Bevölkerung in Millionen	Wohnungen in Millionen	Personen je Wohnung	Wohnfläche je Person in qm
60,7 / 61,1	19,7 / 26,3	3,0 / 2,3	23,8 / 35,5

■ 1968/70
■ 1987

Quellen: Gebäude- und Wohnungszählung 1968
Gebäude- und Wohnungszählung 1987
Volkszählung 1970
Volkszählung 1987

Quelle: Bauministerium

Wohnungsbindung. Bei Ablösung von öffentlichen Mitteln, auch z. B. nach einem Erwerb im Zwangsversteigerungsverfahren, gelten weiterhin die Vorschriften des Wohnungsbindungsgesetzes. Geschützt sind nicht vom Schuldner selbst bewohnte Ein- und Zweifamilienhäuser, sondern vor allem Mietobjekte.

Wohnungsbindungsgesetz *(WoBindG)*.

Bei Wohnungen, die mit Darlehen aus öffentlichen Mitteln gefördert wurden, regelt das W. in der Fassung vom 22. 7. 1982 die Rechtsfragen der Rückzahlung dieser Darlehen. Grundsätzlich bestehen die für Sozialwohnungen geltenden Belegungs- und Mietpreisbindungen noch während einer → Nachwirkungsfrist von acht Jahren fort, gerechnet vom Ende des Rückzahlungsjahres an. → Endtermin der Eigenschaft „öffentlich gefördert".

Wohnungseigentümer/Quellensteuer.

Die Wohnungseigentümergemeinschaften unterhalten gemeinsam die Instandhaltungsrücklage. Diese wird überwiegend verzinslich angelegt. Auch diese Zinserträge sind Einkünfte, die quotal den Eigentümern zuzuordnen sind. In diesem Zusammenhang waren auch derartige Erträge quellensteuerpflichtig.

Wohnungseigentum,

Sondereigentum an einer Wohnung in Verbindung mit dem Miteigentumsanteil an dem gemeinschaftlichen Eigentum, zu dem es gehört (§ 1 WEG). Im Sinne des § 903 BGB ist W. echtes Eigentum, allerdings unterliegt es mit Rücksicht auf die anderen Wohnungseigentümer des gleichen Hauses einigen Beschränkungen. Die Begründung von W. ist auf zwei Arten möglich: Durch vertragliche Einräumung von Sondereigentum an einem bereits in Miteigentum stehenden Grundstück oder durch Teilung eines Grundstücks in mehrere Miteigentumsanteile durch den Grundstückseigentümer. → Dauerwohnrecht.

Wohnungseigentumsordnung *(§§ 10 bis 29 WEG).*

In der Teilungserklärung kann der Grundstückseigentümer Bestimmungen über das Verhältnis der künftigen Wohnungseigentümer untereinander verbindlich festlegen. Diese Abreden können aber auch die Wohnungseigentümer selbst treffen.

Wohnungseigentumssicherungshilfe

(Runderlaß des Ministers für Landes- und Stadtentwicklung NRW v. 17. 4. 1984). Zur Sicherung und Erhaltung von öffentlich geförderten Familienheimen kann in besonderen Notlagen eine W. gewährt werden, um drohende Zwangsversteigerungen zu verhindern oder diesen vorzubeugen. Die Kreditinstitute sind aufgefordert, hier tatkräftig mitzuhelfen. In der Praxis erwartet die Behörde Zugeständnisse aller Gläubiger. Diese können bestehen in Verzicht auf Vorfälligkeit, in Zinsrückständen, Zinszuschlägen etc., aber auch wesentlich weitgehender in Teilverzichten, Zinsreduzierungen, Kreditzusammenfassungen, Tilgungsaussetzungen. Erst wenn alle Beteiligten mitgewirkt haben, erfolgt ein Bescheid, der die anschließende Hilfestellung auslöst. Diese kann bestehen in einer Erhöhung der öffentlichen Förderung, Kontrolle der künftigen Zahlungsweise bis hin zur kompletten Kreditzusammenfassung.

Wohnungserbbaurecht *(WEG 30)*. Die Begründung von Wohnungseigentum ist auch dann möglich, wenn ein Gebäude nicht auf der Grundlage des Eigentums an einem Grundstück, sondern auf der Basis eines Erbbaurechts errichtet ist. Für jedes W. wird von Amts wegen ein besonderes Wohnungserbbaugrundbuch angelegt. Es gelten die Vorschriften über Wohnungseigentum und Teileigentum.

Wohnungserwerb durch bisherige(n) Mieter. Ein Mieter, der die bislang angemietete Wohnung kauft, kann Werbungskosten ‚vor Bezug' geltend machen. Maßgebend ist nicht der Einzugstermin, sondern lediglich der vertraglich vereinbarte Zeitpunkt des Übergangs von Nutzung und Lasten, mit dem der bisherige Mieter also wirtschaftlicher Eigentümer der Wohnung wird. Häufige Frage bei Umwandlung von Werkswohnungen, wichtig auch für die Finanzierung und die Zahlung des Disagios.

Wohnungsfürsorge, Spezialbegriff für die Maßnahmen, die der Arbeitgeber oder Dienstherr, namentlich eine Körperschaft des öffentlichen Rechts, zur Wohnungsversorgung der Arbeitnehmer und Beamten trifft. In Form von Verwaltungserlassen existieren Wohnungsfürsorgebestimmungen des Bundes, der Bundesbahn, der Bundespost, der Länder, der Gemeinden usw. → Wohnungsfürsorgedarlehen.

Wohnungsfürsorgedarlehen, Baudarlehen der öffentlichen Hände an eigene Arbeitnehmer und Beamte.

Wohnungsgrößen im öffentlich geförderten Wohnungsbau. 1) Familienheim mit einer Wohnung 130 m^2, 2) Familienheim mit zwei Wohnungen 200 m^2, 3) eigengenutzte Eigentumswohnung 120 m^2, 4) sonstige Wohnungen 90 m^2. Überschreitungen sind je nach Haushaltsgröße möglich. Die genannten Größen beziehen sich auf einen Vier-Personen-Haushalt. Für jede weitere Person können 10 m^2 zugerechnet werden.

Wohnungsgrundbuch besonderes Grundbuchblatt, welches jedes Wohnungseigentum erhält *(§ 7 Abs. 1 WEG)*. Dadurch wird das Wohnungseigentum grundbuchmäßig wie ein selbständiges Grundstück behandelt. Das Grundbuchblatt des Grundstücks, auf dem die Wohnungseigentumsrechte begründet wurden, wird anschließend von Amts wegen geschlossen.

Wohnungsgrundriß. Der Grundriß einer ETW/eines Wohnhauses gehört bei fast allen Kreditinstituten zu den Beleihungsunterlagen. Die individuelle Grundrißlösung gibt Aufschluß über die Verwertbarkeit einer Wohnung. Ungewöhnliche, meist unpraktische Grundrißlösungen sollten bei der Bewertung mit Abschlägen versehen werden. Auch ist auf eine vernünftige Zahl der zu nutzenden Räume in Relation zur Gesamtwohnfläche zu achten.

Wohnungsmakler, → Makler.

Wohnungsmaklervertrag *(§ 652ff. BGB)*, Vertrag eigener Art. Die Besonderheit liegt darin, daß der Makler durch den ihm erteilten Auftrag zwar zu einer Leistung berechtigt, aber nicht verpflichtet wird. Nach dem Gesetz bedarf der Maklervertrag keiner bestimmten Form. Hierin liegen allerdings die vielfältigen Streitfälle begründet.

Wohnungsmodernisierung durch den Mieter *(§§ 535, 547a BGB).* Nach dem 2. Haushaltsstrukturgesetz von 1981 können auch Mieter ohne steuerliche Nachteile und ohne Verlust von Wohnungsbauprämien über Bausparverträge vorzeitig verfügen, wenn die Mittel für bauliche Maßnahmen an der angemieteten Wohnung verwendet werden. Die Finanzierung über Bauspardarlehen ist allerdings wegen der vorgeschriebenen Besicherungsform, die nur selten möglich ist, schwer zu erreichen. Mieter und Wohnungseigentümer sollten daher vor der Modernisierung eine schriftliche Vertragsvereinbarung treffen, die auch die Besicherung enthalten könnte.

Wohnungsrecht *(§ 1093 BGB).* Ein Berechtigter darf unter Ausschluß des Eigentümers eine ETW oder ein EFH nutzen. Kosten wie Steuern, öffentliche Lasten, Reparaturen usw. trägt der Eigentümer. Bis 1983 waren die Kosten steuerlich absetzbar. Ab 1984 ist eine Absetzbarkeit nicht mehr möglich.

Wohnungsversorgung. Ausreichende W. war früher wichtiges Argument aller politischen Gruppierungen. Durch die umfangreichen staatlichen Förde-rungsprogramme seit Kriegsende ist heute statistisch gesehen eine Vollversorgung mit Wohnraum erreicht. Den etwa 27 Mio. Haushalten stehen etwa gleichviel Wohnungen gegenüber, s. Tabelle S. 468 ff. Die 1987 durchgeführte Wohnstättenzählung (im Rahmen der Volkszählung) wird verläßliche Daten über diesen Bereich liefern.

Wohnwerterhöhung. Der Wohnwert wird i.d.R. nur dann spürbar erhöht, wenn mehrere Ausstattungsmerkmale einer Wohnung in verschiedenen Räumen gleichzeitig verbessert werden, also z.B. Bad, WC, Küche, Heizung, Schall- und Wärmeschutz, elektrische und sanitäre Leitungssysteme, Anschluß an Fernwärme, Kabelanschluß etc.

Wohnwertkategorie. Im Bundesgebiet werden vielfach Preisvergleiche von Wohnraum und Wohnimmobilien vorgenommen, wobei insbesondere häufig auch auf das sogenannte Nord-Süd-Gefälle hingewiesen wird. Vergleichbar sind allerdings nur Objekte, die in weitgehend übereinstimmende W. eingeteilt worden sind. Innerhalb der einzelnen W. gibt es also durchaus aussagefähige Preisvergleiche. Hier zeigen sich dann auch regionalbedingte Unterschiede. Die Maklerverbände unterteilen in einfachen, mittleren und guten Wohnwert.

wohnwirtschaftliche Maßnahmen. Bausparmittel können ohne Prämienverlust und ohne steuerliche Nachteile für alle w.M. verwendet werden. Hierzu

Wohnungswesen

zählen: Hausbau, Hauskauf, Auszahlung von Miterben, Grundstückskauf, Umbau/Anbau, Renovierung, Ablösung von Belastungen, die auf einem Wohnobjekt lasten, Rückzahlung von Arbeitgeberdarlehen, Rückzahlung von Verwandtendarlehen, Modernisierung von Mietwohnungen.

wohnwirtschaftliche Verwendung. Bausparmittel dürfen vor Ablauf der Bindungsfristen nur zu wohnwirtschaftlichen Zwecken eingesetzt werden, und zwar zum Kauf und Bau von Häusern und Wohnungen, zum Ausbau, Anbau, Umbau, zur Renovierung, zur Modernisierung, zur Entschuldung von

Einheit	1960	1970	1980	1985	1986	1987
Mill.	19,5	22,0	24,8	26,4	26,7	26,9
Mill.	16,1	20,8	25,4	27,1	27,3	27,5
Tsd.	574,4	478,1	388,9	312,1	251,9	217,3
Tsd.	521,1	444,9	363,1	284,4	227,7	196,1
Tsd.	234,4	196,1	249,1	151,7	141,4	125,1
Tsd.	286,7	248,8	114,0	132,7	86,3	71,0
Mrd. DM	21,6	45,4	100,6	102,6	102,9	104,1
Mrd. DM	75,6	95,9	117,2	98,3	96,2	94,7
Mrd. DM	–	70,8	79,6	56,1	49,8	44,8
Mrd. DM	–	25,1	37,6	42,3	46,4	49,9
Tsd.	635,8	609,4	380,6	252,2	219,2	190,8
Tsd.	326,7	165,1	97,2	69,0	52,1	40,3
Tsd.	326,7	129,1	46,3	37,9	29,8	22,2
Tsd.	–	36,0	50,9	31,1	22,3	18,1
DM/m²	1,57	3,11	5,39	5,84	5,62	●
Tsd.	–	908	1 486	1 512	1 877	1 907
Mill. DM	–	599	1 835	2 469	3 379	3 714
DM	–	48	85	119	144	145
1980 = 100	–	62,4	100,0	123,9	126,4	128,7
DM	64,–	168,–	401,–	563,–	575,–	605,–
1980 = 100	30,0	52,0	100,0	114,5	116,2	118,6
DM/m²	–	25,29	62,43	78,69	84,00	84,69
DM/m²	–	30,74	82,01	116,09	121,07	127,19

Quelle: Gesamtverband gemeinnütziger Wohnungsunternehmen

Grundbesitz, zur Auszahlung von Geschwistern etc.

Wohnzimmer. Die Funktionen eines W. sind auf den Kommunikationsbereich eines Haushalts ausgelegt. Dabei kön-nen die Funktionen Essen und Arbeiten teilweise ausgelagert sein. Als Größennorm gibt die DIN 18011 18 bis 20 m² als Mindestgröße an. Mittlerweile werden wesentlich höhere Anforderungen an diesen Wohnbereich ge-

469

stellt. Eine Vergrößerung der Wohn-
zimmerabmessungen erscheint jedoch
dann nicht notwendig, wenn zusätzliche Wohnräume zum Standard erhoben werden. Dies wäre auch im Hinblick auf die vielseitigere Nutzung vor-
zuziehen.

WR. In der Planzeichenverordnung und
dem BauGB werden reine Wohngebiete
mit dem Kürzel *WR* bezeichnet. Dieses
Kürzel findet sich in Flächennutzungs-
und Bebauungsplänen. Die genaue
Eingruppierung ist in § 3 BauNVO beschrieben.

WS. In der Planzeichenverordnung und
dem BauGB werden Kleinsiedlungsgebiete mit dem Kürzel *WS* bezeichnet.
Dieses Kürzel findet sich in Flächen-
nutzungs- und Bebauungsplänen. Die
genaue Eingruppierung ist in § 2
BauNVO beschrieben.

Wucherparagraph *(§ 247 BGB)*, um-
gangssprachliche Bezeichnung für den
§ 247 BGB; zum 1. 1. 1987 neu geregelt. An Stelle des bisherigen Kündi-
gungsrechtes ist jetzt der § 609 a BGB
getreten.

Z

Zahlungsaufschub. Einen Z. in der strengen Form des Moratoriums, also einer gesetzlich erzwungenen Hinausschiebung fälliger Zahlungen, gibt es heute nicht mehr. Allerdings wird der Begriff auch verwendet, wenn für an sich fällige Zahlungen eine über die normale Stundung hinausgehende Vereinbarung getroffen wird. Vielfach hilft der Z., einen vorübergehenden Liquiditätsengpaß zu beheben.

Zahlungsauftrag, Auftrag des Kunden an sein Kreditinstitut, eine Zahlung in einer bestimmten Größenordnung für einen bestimmten Zweck zu leisten. Hierfür ist normalerweise die Schriftform erforderlich, mündliche Aufträge müssen schriftlich bestätigt werden. Im Baufinanzierungsgeschäft sollte aus dem Auftrag die vereinbarungsgemäße Verwendung erkennbar sein.

Zahlungsbefehl, nicht mehr übliche Form der Beitreibung einer Forderung, man spricht heute vom → Mahnbescheid.

Zahlungsfähigkeit, Fähigkeit des Schuldners, aus seinem Einkommen und/oder seinem Vermögen seinen Zahlungsverpflichtungen vereinbarungsgemäß nachzukommen.

Zahlungsmodus. Die Finanzierungsinstitute haben oftmals einen unterschiedlichen Z. Der Kunde sollte daher bei Beantragung von Baufinanzierungskrediten auch diesen wichtigen Punkt klären, da hierdurch ggf. noch Zwischenfinanzierungsbedarf entstehen kann. Empfehlenswert ist, den Z. in der Zusage festzulegen. Bei Neubauten werden Auszahlungen gemäß Baufortschritt vorgenommen. Auch Anlehnung an die Makler- und Bauträgerverordnung ist in der Praxis verbreitet. → Auszahlungsraten.

Zahlungsunfähigkeit, dauerhaftes Unvermögen eines Schuldners, seinen finanziellen Verpflichtungen nachzukommen. Die Z. führt bei einem Unternehmen regelmäßig zum Konkurs, bei Privatpersonen fast zwangsläufig zur Abgabe der → eidesstattlichen Versicherung. Im Baufinanzierungsbereich ist es in diesen Fällen wichtig, daß wenigstens die Erträge aus den finanzierten Immobilien durch Zwangsverwaltung sichergestellt werden.

Zahlungsunwilligkeit. Merkmale der Z. sind: häufiger Arbeitsplatzwechsel, um sich Pfändungen zu entziehen; Schwarzarbeit anstelle eines festen Beschäftigungsverhältnisses; Verlagerung von Vermögensteilen auf nichtverpflichtete Ehegatten oder Dritte; Übertragung von Firmen auf Familienangehörige; Lohnsteuerpauschalierung; Mitarbeit im Betrieb von Familienangehörigen zu einem pfändungsfreien Lohn; ständiger Wohnortwechsel; Nichtanmeldung. Dieses Schuldnerverhalten ist am häufigsten bei Alleinstehenden anzutreffen.

Gründe liegen vielfach auch darin, daß dem Kreditinstitut eine Mitschuld an der der Kreditaufnahme zugrundeliegenden Investitionsentscheidung angelastet wird. Ziel ist dabei, die gesamte Kreditverpflichtung im nachhinein sittenwidrig erscheinen zu lassen. Alle Maßnahmen zur Erreichung eines veränderten Verhaltens müssen auch unter Kostengesichtspunkten der Verhältnismäßigkeit entsprechen.

Zahlungswilligkeit. Bei der Beurteilung von Schuldnertypen trifft man auf Schuldner, die zwar zahlungswillig, aber vorübergehend zahlungsunfähig sind. Hier sind meist Ansatzpunkte gegeben, dieses Engagement zu retten. Oft ist es hier notwendig, eventuelle Vorpfändungen abzuwarten, Zahlungsvereinbarungen zu ändern, Raten auf eine vertretbare Höhe zurückzuführen. Speziell sollten bei diesen Schuldnern neue Arbeitsstellen nicht durch Pfändungsmaßnahmen sofort wieder gefährdet werden. Wichtig ist allerdings, die Z. auch durch vertretbare Zahlungen bestätigt zu bekommen. So sollten Stundungen z. B. nur in dem Umfang gewährt werden, die dem Ausfall von Einkünften prozentual entsprechen. Auch sollten zeitlich fällige Sonderzahlungen hier Berücksichtigung finden.

Zahlungsziel, Vereinbarung mit der Absicht, eine Zahlung erst zu einem späteren Zeitpunkt zu leisten. Die Einräumung eines Z. bedeutet praktisch eine Kreditierung durch den Lieferanten. Im Baufinanzierungsgeschäft können vereinbarte Z. dazu führen, daß zwar Bautenstände den Darlehensinanspruchnahmen entsprechen, jedoch Kostenüberschreitungen nicht sofort erkennbar sind. Damit Z. nicht überbeansprucht werden, wird vielfach bei sofortiger Zahlung der Skontoabzug angeboten. → Skontotabelle.

Zahlungszusagen (→ Finanzierungsbestätigung), Bestätigung eines Kreditinstituts an ein anderes Institut oder einen Fertighaushersteller, daß die Gesamtfinanzierung der Baumaßnahme sichergestellt ist. Gleichzeitig enthält die Z. die meist unwiderrufliche Bestätigung, daß die Zahlungsraten aufgrund des vereinbarten Zahlungsmodus geleistet werden. Allerdings haben die Kunden ein begründetes Widerspruchsrecht, falls die Fertighausfirma nicht oder mangelhaft geliefert oder gearbeitet hat.

Zaunrecht *(§§ 1018 bis 1029 BGB),* Recht zur Unterhaltung und Erstellung von Grenzzäunen. Ohne Bedeutung für Beleihung und Bewertung.

Zeitmietvertrag *(§ 564c BGB).* Seit dem 1. 1. 1983 ist der Kündigungsschutz der

Mieter gelockert worden. Es können nunmehr auch Z. abgeschlossen werden, bei denen das Mietverhältnis auch dann endet, wenn der Mieter es fortsetzen möchte.

Zeitreihenvergleich, Vergleich mehrerer, nacheinander folgender Steuerbilanzen, betriebswirtschaftlicher Auswertungen, Bilanzen o. ä., um Entwicklungen zu verfolgen und für die Kreditbeurteilung aussagefähige Einkommens- und Kostenangaben zu ermitteln und Wertansätze zu bestimmen.

Zeltdach, Dachkonstruktion, die einem Zelt nachempfunden ist. Dabei sind alle vier Dachseitenteile gleich groß. Das Dach läuft spitz zusammen.

Zentrenfunktion. Städte ab einer gewissen Größe haben im Rahmen der Landesplanung eine Z. Ihnen fällt die Aufgabe zu, in bestimmtem Umfang einen größeren Bezirk zu versorgen. Dies hat Auswirkungen auf die Verkehrsführung, die Industrie- und Gewerbeansiedlung und bringt ein starkes Mitspracherecht.

Zersiedelung. Bei der Beleihung von Grundstücken im Außenbereich ist zu berücksichtigen, daß Baugenehmigungen nur in Ausnahmefällen zu erwarten sind. Zunächst muß hier nachgewiesen werden, daß die Erschließung gesichert ist. Hierzu sind auch Auflagen im BauGB enthalten.

Zession (Sicherungsabtretung) *(§§ 398 ff. BGB),* vorübergehende Übertragung von Forderungen des bisherigen Gläubigers gegen seine Schuldner auf eine Bank oder eine andere Person. Damit tritt der Abtretungsempfänger an die Stelle des bisherigen Gläubigers. Eine derartige Abtretung ist nur möglich, wenn die Forderung überhaupt abtretbar und bestimmbar ist.

Zins *(§§ 608 und 609 BGB),* Preis für leihweise Überlassung von Geld. Je größer die Nachfrage, desto höher der Z. Auch das jeweilige Einzelrisiko drückt sich sicherlich im Z. aus. Der Z. ist normalerweise nur den Marktkräften unterworfen, jedoch hat die Bundesbank durch die diversen Eingriffsmöglichkeiten einen regulierenden Einfluß.

Zinsänderungsrisiko. In einer Niedrigzinsphase bevorzugen Anlagesuchende eine variable, flexible Anlage, um bei Anstieg des Zinsniveaus in eine höherverzinsliche Anlage mit möglichst langer Zinsfestschreibung umzusteigen. Die Kreditsuchenden verhalten sich genau umgekehrt. In dieser Phase bestehen sie auf einer Bindung der Konditionen über einen längeren Zeitraum, während sie in Hochzinsphasen die variable Zinsvereinbarung bevorzugen. Probleme für die Finanzierungsinstitute daraus: Eine fristenkongruente Refinanzierung ist nur schwer möglich. Das Z. kann nicht entsprechend abgewälzt werden.

Zinsamnestie, → Amnestiegesetz.

Zinsanpassung. Wohnungsbaufinanzierungen werden oftmals für einen bestimmten Zeitraum in den Konditionen festgeschrieben. Deren Ablauf und die bevorstehenden Verhandlungen über die Prolongation bezeichnet man auch als Z. Verhandelt wird allerdings über die gesamte Kondition. Einige Hypothekenbanken unterbreiten sofort ein neues Angebot, welches als vereinbart gilt, wenn der Kunde nicht reagiert.

Zinsausgleich, → Bereitstellungszins, Bereitstellungsprovision.

Zinsbegrenzungsprämie, bei neuen Baufinanzierungskrediten übliche Provision für die Bereitschaft des Kreditgebers, den Zinssatz nach oben (und nach unten), zu begrenzen. → Langfristzins.

Zinsbescheinigung, Nachweis über gezahlte Zinsen/einbehaltenes Disagio und sonstige Finanzierungskosten, meist zur Vorlage beim Finanzamt oder bei Rechtsstreitigkeiten.

Zinsbindungsfrist, Zeitraum, für den eine Gesamtkondition festgeschrieben ist. Je nach Institutsgruppe und Refinanzierungsmöglichkeit sind die Z. sehr unterschiedlich. Sie reichen von einem Jahr bis zur kompletten Festschreibung über die gesamte Kreditlaufzeit (30 Jahre).

Zinsdivisoren. Ermittlung der Zinsen für das Jahr von 360 Tagen:

Formel:

$$Z = \frac{K \cdot T}{D}$$

Z = Zinsbetrag
K = Kapitalwert
T = Zeit in Tagen

$$D = \frac{360 \cdot 100}{p} = \text{Divisor}$$

p = Jahreszinssatz

p in %	Divisor	p in %	Divisor	p in %	Divisor
1/12	432 000	5	7200	11	3273
1/4	144 000	5 1/2	6545	11 1/2	3130
1/2	72 000	6	6000	12	3000
3/4	48 000	6 1/2	5538	12 1/2	2880
1	36 000	7	5143	13	2769
1 1/2	24 000	7 1/2	4800	13 1/2	2667
2	18 000	8	4500	14	2571
2 1/2	14 400	8 1/2	4235	14 1/2	2483
3	12 000	9	4000	15	2400
3 1/2	10 286	9 1/2	3789	15 1/2	2323
4	9 000	10	3600	16	2250
4 1/2	8 000	10 1/2	3429	16 1/2	2182

Zinsen als Werbungskosten. Zinsen können nur bei dem Immobilienobjekt als Werbungskosten abgezogen werden, für das die Kredite verwendet werden. Es ist also in der Finanzierungsberatung darauf hinzuweisen, daß ein wirtschaftlicher Zusammenhang zwischen Kreditverwendung und Beleihungsobjekt bestehen muß, falls Werbungskosten berücksichtigt werden sollen.

Zinsersparnis bei Arbeitgeberdarlehen. Steuerfrei sind Zinsersparnisse bei einem unverzinslichen oder zinsverbilligten Arbeitgeberdarlehen sowie Zinszuschüsse des Arbeitgebers, wenn die Darlehen mit der Errichtung oder dem Erwerb einer eigengenutzten Wohnung in einem im Inland belegenen Gebäude zusammenhängen, soweit die Zinsersparnisse und Zinszuschüsse insgesamt DM 2000,– im Kalenderjahr nicht übersteigen. Zinsersparnisse sind anzunehmen, soweit der Zinssatz für das Darlehen 4% unterschreitet. Den Zinszuschüssen stehen die aus einer öffentlichen Kasse gezahlten Aufwendungszuschüsse gleich (§ 3 Nr. 68 EStG). Diese Regelung für Zinszuschüsse ist zum 1. 1. 1989 weggefallen, gilt jedoch für Verträge, die bereits im Jahre 1988 Bestand hatten, für eine Übergangszeit von zwölf Jahren weiter. → verbilligte Arbeitgeberdarlehen.

Zinsfalle, Situation, die nicht durch eine feste oder variable Konditionengestaltung ausgelöst wird, sondern eher durch eine falsche Kalkulation bei der Kreditaufnahme. Daher sollte eine Annuität von rund 9 bis 10%, unabhängig von der ersten Vereinbarung und der aktuellen Marktsituation, verkraftbar sein.

Zinsfestschreibung, → Zinsbindungsfrist.

Zinsgewinne aus Arbeitgeberdarlehen, → Zinsersparnis bei Arbeitgeberdarlehen.

Zinsgleitklausel, Vereinbarung eines änderbaren Zinssatzes, wobei die Änderung an eine bestimmte Sache oder einen bestimmten Wert gekoppelt wird. Üblich ist z. B. die Anlehnung an den Diskontsatz.

Zinskorridor. Bei einigen Baufinanzierungsarten besteht die Möglichkeit, den Zinsspielraum durch einen Z. festzulegen. Im Gegensatz zur Festzinshypothek wird hier eine Zinsuntergrenze und eine Zinshöchstgrenze festgelegt. Diese Spannbreite bezeichnet man als Z.

Zinsmarge, Spanne zwischen den Geldeinstandskosten und dem Gesamtzins, der mit den Kreditkunden vereinbart wird.

Zinsniveau. Früher war das Z. eine eindeutige Dominante für die Eigenheimnachfrage. Mittlerweile ist sie kein marktbestimmender Faktor mehr. Dies hat sich vor allem in der Niedrigzinsphase gezeigt.

Zinsrückstand. Die Hypothekenbanken sind gesetzlich verpflichtet, Zinsrückstände in ihrer Bilanz kenntlich zu machen. Dadurch ist der Z. Indiz für die Qualität des Kreditportefeuilles einer Hypothekenbank, zugleich aber auch Ausdruck für die derzeitige Wirtschaftssituation. Andere Kreditinstitute werden auf Z. ggf. dadurch reagieren müssen, daß die Zinsberechnung (vorübergehend und ohne rechtliche Außenwirkung) eingestellt wird.

Zinsspanne, Differenz zwischen Einstandssatz des Kreditinstituts und der Kundenkondition im Kreditgeschäft. Der Einstandssatz hängt von der Struktur der Einlagen ab. Er ist letztlich gebildet aus einer Mischkalkulation. Dieser Einstandssatz wird heute vielfach als Grundlage für die Konditionsermittlung herangezogen, wobei dem Kreditsachbearbeiter nur Basiswerte (für verschiedene Festschreibungsfristen oder für variable Vereinbarungen) und die Z. vorgegeben werden. Daraus bildet er dann die Kreditkondition.

Zinsüberschuß. Bei einer Kapitallebensversicherung wird von einem rechnerischen Zins von 3,5% ausgegangen. Darauf sind auch die Prämienzahlungen ausgerichtet. Tatsächlich wird jedoch regelmäßig ein Z. erzielt, der meist zu einem verdoppelten Endergebnis führt. Dieser Z. wird durch die überrechnungsmäßigen (auch als außerrechnungsmäßige Zinsen bekannt) Zinsen erzielt.

Zinsverbilligung. Im Bereich der öffentlichen Förderung des Wohnungsbaus gilt die Z. als sog. Anreizförderung. Mit dieser Maßnahme ist eine verhältnismäßig große Zahl von Einheiten zu fördern, ohne daß sofort größere Mittel gebunden werden. Außerdem wird dabei die Privatinitiative nicht unterdrückt, sondern eher noch herausgefordert. Der Satz für Z. liegt zwischen 1% und 4% und wird meist gestaffelt in Abhängigkeit von der Darlehenssumme. → verbilligte Arbeitgeberdarlehen.

Zinsverjährung *(§ 197 und 224 BGB).* Zinsen verjähren in vier Jahren. Dies gilt auch für Verzugszinsen. Von diesem Verjährungsanspruch wurden daher auch die aus dem „BGH-Urteil Tilgungsverrechnung" zu erwartenden Zinsrückerstattungen aufgrund fällig werdender Neuberechnungen berührt. Die meisten Institute haben daher hier unbürokratisch eine Neuberechnung und Erstattung zugesagt, um erneuten

Rechtsstreitigkeiten und Rechtsunsicherheiten aus dem Wege zu gehen.

Zinswahlrecht. Der Bausparer hat bei den → Optionstarifen die Wahl zwischen niedriger oder hoher Verzinsung (mit diversen Abstufungen) für sein Bausparguthaben. Die Höhe des Guthabenzinses bestimmt dann die spätere Höhe des Darlehenszinses. Je nach Interessenlage werden also z. B. hohe Guthabenverzinsungen gewählt, wenn keine konkreten Finanzierungswünsche vorhanden sind, aber stattdessen Wert auf eine hohe Rendite gelegt wird.

Zinswechsel. Bei Optionstarifen lassen viele Bausparkassen während der Vertragslaufzeit den Wechsel der Zinsvariante zu (dies ist sehr unterschiedlich bei den einzelnen Instituten geregelt). Sinnvoll ist dieser Z. allerdings nur, wenn der neugewählte Guthabenzins nach einem Wechsel rückwirkend ab Vertragsbeginn gilt. Dafür trennen einige Institute den Zins in einen Basiszins und einen Zinszuschlag auf, um jederzeit Änderungen vornehmen zu können. Außerdem kann der Bausparer die Unterschiede in seinem Jahresauszug mitverfolgen.

Zinszuschlag, → Verwaltungskostenbeitrag.

Zinszuschuß, Zuschuß zur Deckung der für die Finanzierungsmittel zu entrichtenden Zinsen über einen festgelegten Zeitraum. Werden Z. seitens eines Bauträgers angeboten, handelt es sich um unechte Belastungshilfen, da auf diese

Weise die tatsächliche monatliche Belastung zunächst niedriger erscheint, bei Wegfall des Z. dann kaum noch tragbar ist. Man spricht hier auch von Verkaufsförderungsmaßnahmen. Zu prüfen ist auch, ob der kapitalisierte Gesamtzuschuß nicht den Gesamtkosten zugerechnet wurde. Z. sind auch ein Hilfsmittel, um leistungsgestörte Darlehen wieder zu ordnen.

Z. der öffentlichen Hand. Z. vermindern zunächst die für Fremdmittel zu entrichtenden Zinsbelastungen. Voraussetzung für ihre Anwendung ist ein funktionsfähiger Kapitalmarkt. Bedeutung hat diese Subventionsform in Zeiten von hohen Kapitalmarktzinsen, wenn über die Senkung der Zinsen für Fremdmittel die Voraussetzungen für Wohnungsbauinvestitionen erst geschaffen oder gestärkt werden müssen (§ 42 Abs. 6 Satz 1 des II. WoBauG).

Zivilmakler. Als Z. gilt jeder, der entgeltlich die Gelegenheit zum Abschluß eines Vertrages nachweist oder einen Vertrag vermittelt (§ 562 Abs. 1 Satz 1 BGB).

Zubehör *(§§ 97, 98 BGB, § 55 ZVG).* Zum Z. eines Immobils gehören insbesondere bewegliche Sachen, die, ohne Bestandteile der Hauptsache zu sein, dem wirtschaftlichen Zweck der Hauptsache zu dienen bestimmt sind und zu ihr in einem dieser Bestimmung entsprechenden räumlichen Verhältnis stehen. Beispiele: Maschinen auf Gewerbeimmobil, Fuhrpark der Firma, Büroeinrichtung, Ladeneinrichtung, Vorräte, Baumaterial.

Zubehöreigenschaft *(§§ 1120 bis 1122 BGB, §§ 864ff. ZPO, § 55 ZVG).* Außer dem Grundstück als solchem haften dem Grundpfandrechtgläubiger die Bestandteile des Grundstücks, Erzeugnisse und Zubehörstücke. Das Mieterpfandrecht geht der Haftung allerdings vor, wenn die Sachen vor Eintragung der Hypothek oder einer Vormerkung eingebracht sind. Auch fremdes Zubehör, das sich im Zeitpunkt des Zuschlages auf dem Grundstück befindet, wird erworben, sofern nicht Aufhebung oder Einstellung in Frage kommen. → Grundpfandrechthaftung.

Zubehörhaftung, → Zubehöreigenschaft.

Zubehör-Hypothekensicherungsschein. Auf Antrag des Schuldners an seine Versicherung stellt diese dem Gläubiger den Z.-H. aus. Damit wird der Gläubiger im Schadensfall in die Lage versetzt, Leistungen zu erhalten. Er wird von der Versicherung davon unterrichtet, ob die Prämien für diese Sachen ordnungsgemäß bezahlt werden. Allen Beteiligten ist damit die → Zubehöreigenschaft klargemacht.

Zuflußprinzip, steuerliche Wirksamkeit, → Abflußprinzip.

Zugang. Jeder Erwerber eines Grundstücks oder auch Finanzierer sollte darauf achten, daß das Grundstück einen unmittelbaren Z. von öffentlichen Wegen hat, andernfalls müßten Wegerechte bestehen. Ansonsten ist eine Verwer-

Zugewinn

tung oder ein Weiterverkauf kaum möglich.

Zugewinn. Bei der Ermittlung des Z. (also dem Ergebnis eines gesetzlichen Güterstandes) wird bei Immobilien vom Verkehrswert bei Eintritt und Beendigung der Gütergemeinschaft ausgegangen. In der Praxis dürfte es oftmals nicht einfach sein, derartige Werte nachträglich festzustellen. Hier müßten z. B. vereidigte Sachverständige und/oder amtliche Richtwerte beigezogen werden. Aus dem Ergebnis erfolgt der Zugewinnausgleich bei Beendigung der Gütergemeinschaft durch Tod oder Scheidung. Der Ausgleichsanspruch kann nur auf Zahlung, nicht auf Übertragung von Immobilien gerichtet werden.

Zulässiges Maß der baulichen Nutzung *(§ 17 BauNVO).*

Baugebiet		Zahl der Vollgeschosse (Z)	Grundflächenzahl (GRZ)	Geschoßflächenzahl (GFZ)	Baumassenzahl (BMZ)
in Kleinsiedlungsgebieten (WS)	bei:	1	0,2	0,3	–
		2	0,2	0,4	–
in reinen Wohngebieten (WR) allgem. Wohngebieten (WA) Mischgebieten (M) Ferienhausgebieten	bei:	1	0,4	0,5	–
		2	0,4	0,8	–
		3	0,4	1,0	–
		4 und 5	0,4	1,1	–
		6 und mehr	0,4	1,2	–
in Dorfgebieten (MD)	bei:	1	0,4	0,5	–
		2 und mehr	0,4	0,8	–
in Kerngebieten (MK)	bei:	1	1,0	1,0	–
		2	1,0	1,6	–
		3	1,0	2,0	–
		4 und 5	1,0	2,2	–
		5 und mehr	1,0	2,4	–
im Gewerbegebieten (GE)	bei:	1	0,8	1,0	–
		2	0,8	1,6	–
		3	0,8	2,0	–
		4 und 5	0,8	2,2	–
		6 und mehr	0,8	2.4	–
in Industriegebieten (GI)		–	0,8	–	9,0
in Wochenendgebieten	bei:	1 und 2	0,2	0,2	–

Zurechnungsfortschreibung *(§ 22 BewG).* Eine Z. erfolgt automatisch durch das zuständige (Objekt-)Finanzamt bei einem Eigentumswechsel. Sie ist von den Wertfortschreibungsgrenzen (→ Wertfortschreibung) unabhängig.

Zurückbehaltungsrecht *(§ 552a BGB).* Der Mieter von Wohnraum kann bei Mängeln (§ 538 BGB) die Miete ganz oder teilweise zurückbehalten, muß dies jedoch dem Vermieter gegenüber schriftlich ankündigen.

Zugewinngemeinschaft *(§§ 1363 bis 1390 BGB).* Der Güterstand der Z. wird als gesetzlicher Güterstand bezeichnet. Jeder Ehegatte behält seinen Grundbesitz, den er in die Ehe eingebracht hat. Bei Beendigung der Ehe ist der Zugewinn auszugleichen. Während der Ehe sind lediglich Verfügungsbeschränkungen zu beachten. Banken wünschen grundsätzlich beide Unterschriften auf Darlehensverträgen.

Zusage. Ein Darlehen gilt heute üblicherweise erst als bestätigt, wenn ein schriftliches Zusageschreiben zugestellt wurde. Die Z. sollte klare Aussagen zur Besicherung enthalten, die Auszahlungsvoraussetzungen nochmals aufführen und ggf. noch beizubringende Unterlagen erwähnen. Wichtig erscheint, daß keine Z. unter Auflagen getroffen werden, die darauf hindeuten, daß überhaupt noch keine Kreditprüfung stattgefunden haben kann.

Zusatzförderung, verbesserte steuerliche Grundbedingungen für Familien mit Kindern, → Kinderkomponente.

Zusatzsicherheiten. Neben dem Realkreditteil (Objektkredit) kommt der Berücksichtigung des → Personalkreditanteils größere Bedeutung zu. Oftmals werden für den letzteren Teil Z. verlangt, zumindest aber Risikolebensversicherungen obligatorisch zur Auflage gemacht. Weitere Z.: Sparguthaben, Depots, Lebensversicherungen mit Rückkaufswert, Grundschulden auf anderen Objekten usw.

Zuschlag *(§§ 74, 79, 80, 89, 93 ZVG, § 29 GKG).* Der Z. wird durch Verkündung wirksam. Mit dem Z. treten folgende Wirkungen in Kraft: Eigentumserwerb § 90, Erlöschen von Rechten des Vorbesitzers § 91, Surrogationsanspruch § 92, Vollstreckbarkeit § 93, Verpflichtung zur Verzinsung des Bargebotes § 49, Schuldübernahme § 53, Übergang von Nutzen, Lasten, Gefahren § 56, Beendigung einer evtl. gleichzeitig laufenden Zwangsverwaltung gemäß noch zu erlassendem besonderen Aufhebungsbeschluß. Die Gebühren für den Z. richten sich nach dem Gebot ohne Zinsen, für das der Z. erteilt worden ist, einschließlich des Wertes der nach den Versteigerungsbedingungen bestehenbleibenden Rechte. Gleichzeitig werden die sonst notwendigen Notarkosten eingespart. Die Zuschlagskosten liegen bei ca. 0,6% des genannten Betrages (§ 58 ZVG).

Zuschlagsberechtigte *(§ 81 ZVG).* Z. können sein: der Meistbietende, ein Zessionar, ein Vollmachtgeber.

Zuschlagsbeschluß *(§ 82 ZVG).* In dem Beschluß, durch welchen der Zuschlag erteilt wird, sind das Grundstück, der Ersteher, das Gebot und die Versteigerungsbedingungen zu bezeichnen.

Zuschlagsbeschwerde *(§§ 95, 96 bis 104 ZVG)*. Die Beschwerde steht im Falle der Zuschlagserteilung jedem Beteiligten sowie dem Ersteher, im Falle der Zuschlagsversagung dem Gläubiger zu. In beiden Fällen natürlich auch dem Bieter, dessen Gebot nicht erloschen ist, sowie demjenigen, welcher an die Stelle des Bieters treten soll (Abtretung des Meistgebotes). Die Frist für die Beschwerde gegen einen Beschluß des Vollstreckungsgerichtes, durch welchen der Zuschlag versagt wird, beginnt mit der Verkündung des Beschlusses.

Zuschlagsverkündung *(§ 87 ZVG)*. Der Beschluß, durch welchen der Zuschlag erteilt oder versagt wird, ist in dem Versteigerungstermin oder in einem sofort zu bestimmenden Termin zu verkünden.

Zuschlagsversagungsgründe *(§§ 83, 84, 85, 85a, 86 ZVG)*. Der Zuschlag muß versagt werden, wenn Schutzvorschriften der Beteiligten verletzt worden sind. → Nichterreichung der 5/10-Grenze.

zuständiges Amtsgericht *(§ 1 ZVG)*. Sowohl für die Zwangsversteigerung als auch für die Zwangsverwaltung eines Grundstücks ist als Vollstreckungsgericht das Amtsgericht zuständig, in dessen Bezirk das Grundstück belegen ist. Nicht alle Amtsgerichte führen die Zwangsversteigerungen selbst durch,

aus Rationalisierungsgründen werden diese Aufgaben dann durch benachbarte Gerichte wahrgenommen.

Zustellung. Es ist möglich, Z. wie folgt zu veranlassen: 1) von Amts wegen (§ 3 ZVG), 2) durch Aufgabe zur Post (§ 4 ZVG), 3) durch Zustellungsbevollmächtigten beim Grundbuchamt (§ 5 ZVG), 4) durch Bestellung eines Zustellungsvertreters (§ 6 ZVG).

Zustellung des Zuschlagsbeschlusses *(§ 88 ZVG)*. Der Beschluß, durch den der Zuschlag erteilt wird, ist den Beteiligten, soweit sie weder im Versteigerungstermin noch im Verkündigungstermin erschienen sind, und dem Ersteher zuzustellen.

Zustellung einer Grundschuldurkunde *(§ 798 ZPO, § 166 ZPO)*. Die Zwangsvollstreckung kann nur beginnen, wenn der Titel mindestens eine Woche vorher zugestellt worden ist. Die Fristenrechnung, d. h. der Anordnungsbeschluß, darf erst am achten Tag nach der Zustellung ergehen. Die Zustellung erfolgt durch den zuständigen Gerichtsvollzieher. Sie besteht darin, daß eine Ausfertigung oder eine beglaubigte Kopie übergeben wird. Die Zustellung kann an jedem Ort erfolgen, wo die Person, der zugestellt werden soll, angetroffen wird. Ist eine ordnungsgemäße Zustellung nicht möglich, falls sich der Schuldner z. B. ins Ausland abgesetzt hat, so kann sie durch Niederlegung beim Amtsgericht, der Post, dem Gemeindevorsteher oder der Polizei erfolgen. Eine Mitteilung als gewöhnlicher

Brief erfolgt an die letzte bekannte Anschrift. Wird die Annahme der Zustellung verweigert, so ist das zu überge-
bende Schriftstück am Ort der Zustellung zurückzulassen. Über die Zustellung selbst fertigt der Gerichtsvollzieher eine Urkunde an.

Zustellungsvollmacht. Ein Wohnungsverwalter ist berechtigt, im Namen aller
Wohnungseigentümer und mit Wirkung für und gegen sie Zustellungen
entgegenzunehmen. Hierzu gehören
auch Mahnungen, Kündigungen etc.
Bei ausländischen Kreditnehmern, die
Grundbesitz in der Bundesrepublik beleihen, wird vielfach eine Z. für einen
inländischen Zustellungsbevollmächtigten bei Kredithergabe vereinbart.
Damit kann eine Zwangsvollstreckung
zügig vorangetrieben werden.

Zustimmung, a) beim Verkauf von Eigentumswohnungen durch die übrigen
Wohnungseigentümer   erforderlich
(§ 12 WEG): Versagungsgründe sind in
der Gemeinschaftsordnung geregelt; b)
Beim Verkauf von Erbbaugrund-
stücken: Der Erbbaurechtsausgeber
hat evtl. eigene weitergehende Interessen, die über die Leistungsfähigkeit des
neuen Erwerbers hinausgehen. Dies ist
im Beleihungsfall eingehend zu prüfen.

Zustimmungserklärung. Bei der Beleihung von Erbbaurechten sind vielfach
Z. des Erbbaurechtsausgebers zu einer
Belastung des Grundstücks erforderlich. In der Z. werden Regelungen für
den Veräußerungs-, Konkurs- und
Zwangsversteigerungsfall   getroffen.

Ohne diese Erklärung ist eine Beleihung nicht durchführbar.

Zuteilung, → Zuteilungsbescheid, → Zuteilungsmasse → Zuteilungsperiode, →
Zuteilungsverfahren.

Zuteilungsbescheid, schriftliche Mitteilung einer Bausparkasse über die Zuteilung des Bausparvertrages. Es handelt
sich um keine Willenserklärung der
Bausparkasse, sondern nur um eine
Mitteilung über den Eintritt der Zuteilung. → Zuteilungsverfahren.

Zuteilungsmasse *(§ 10 MB für Buspa-
ren).* Zur Z. werden die jeweils für die
Zuteilung verfügbaren Mittel einer
Bausparkasse gerechnet. Diese setzen
sich zusammen aus: Sparbeiträgen,
Guthabenzinsen, Tilgungsleistungen,
Wohnungsbauprämien, aufgenomme-
nen Fremdmitteln. Die Bewegung der
Z. ist jeweils in den Geschäftsbericht
der Bausparkasse aufzunehmen.

Zuteilungsnachricht, → Zuteilungsbescheid.

Zuteilungsperiode *(§ 11 MB Buspa-
ren),* Zeitabschnitt eines Jahres, innerhalb dessen für die Aufstellung der Zuteilungsreihenfolge der gleiche Bewertungsstichtag maßgebend ist. Vielfach
1. 4. bis 30. 9. und 1. 10. bis 31. 3.

Zuteilungsreihenfolge. Das Bausparkol-
lektiv soll möglichst gerecht mit der Zuteilung bedient werden. Daher wird die
Z. weitgehend vorab festlegt. Diese
richtet sich nach der → Bewertungszahl,

die ein Bausparvertrag zu einem bestimmten Bewertungsstichtag erreicht hat.

Zuteilungsschätzung. Da die Bausparkassen nicht verbindlich die von diversen Bedingungen abhängige Zuteilung vorher festlegen können, sind Schätzungen üblich, die den voraussichtlichen Zuteilungszeitpunkt unter bestimmten Grundbedingungen benennen.

Zuteilungstermine, Tage, an denen die Zuteilungen vorgenommen werden. Dies ist von Bausparkasse zu Bausparkasse verschieden. Häufig anzutreffen ist die mindestens einmal monatliche Zuteilung. Wichtig für einen Bausparer und auch einen Zwischenfinanzierer ist, daß Zuteilung nicht unmittelbare Bereitstellung der Mittel bedeutet. Üblich sind hier Fristen von bis zu sechs Monaten.

Zuteilungsverfahren *(§ 5 Abs. 2 Nr. 2 BSpkG).* Die Bausparkassen unterscheiden drei Z.: 1) automatische Zuteilung, 2) Antragsverfahren, 3) Befragungsverfahren. → Zuteilungsbescheid.

Zuteilungsvoraussetzungen. Die Zuteilung kann nur erfolgen, wenn bestimmte Grundvoraussetzungen erfüllt sind: Mindestsparzeit (18 Monate), Mindestsparguthaben (meist 40 bis 50% der Vertragssumme), ausreichende Bewertungszahl am Bewertungsstichtag, ausreichende Zuteilungsmasse.

Zuwendungsnießbrauch, Vereinbarung, bei der der Eigentümer einer Sache oder der Inhaber eines Rechts zugunsten eines anderen den Nießbrauch bestellt, ohne daß gleichzeitig das Grundstück übertragen wird.

Zuzahlung auf Meistgebot. Verhandlungsziel bei der → Aussetzung des Zuschlages ist meist das Bemühen, eine Z. a. M. zu vereinbaren. Eine derartige Zahlung unterliegt der Grunderwerbsteuer.

Zwangshypothek *(§§ 866 bis 870 ZPO, § 1 (77 bis 88) ZVG).* Die Z. dient nicht der Befriedigung des Gläubigers, sondern nur der Sicherung seiner Forderung. Sie sichert daher ggf. dem Gläubiger für den Fall der Zwangsversteigerung oder Zwangsverwaltung des Grundstücks den Anspruch auf Befriedigung aus dem Grundstück nach dem Rang seiner Z. In der Praxis daher eher → Lästigkeitswert. Der Gläubiger kann auch selbst Zwangsversteigerungs- und Zwangsverwaltungsanträge stellen.

Zwangssicherungshypothek *(§§ 867 ff. ZPO und § 932 ZPO).* Die Sicherungshypothek wird auf Antrag des Gläubigers in das Grundbuch eingetragen; die Eintragung ist auf dem vollstreckbaren Titel zu vermerken. Mit der Eintragung entsteht die Hypothek. Das Grundstück haftet auch für die dem Schuldner zur Last fallenden Kosten der Eintragung. Sollen mehrere Grundstücke des Schuldners mit der Hypothek belastet werden, so ist der Betrag der Forderung auf die einzelnen Grundstücke zu verteilen, die Größe der Teile bestimmt der Gläubiger. Erreicht wird auf diese Weise die Vollstreckung in unbewegliches Vermögen. Die Eintragung erfolgt an *rangbereitester* Stelle im Grundbuch. Der Titel muß eine Mindestgröße von DM 500,– haben. Wichtig ist dabei, daß damit ein Mitspracherecht bei Verkäufen entsteht. → Lästigkeitswert.

Zwangsversteigerung *(Abschnitt I ZVG – Allgemeine Vorschriften).* Ein Immobil kann nach den Regeln der → Zwangsvollstreckung in das unbewegliche Vermögen versteigert werden (§§ 864 ff. ZPO). Der Verfahrensablauf ist in einem eigenen Gesetz geregelt.
1. Zwangsversteigerungsantrag (§ 16 ZVG). Der Antrag ist an das zuständige Amtsgericht zu richten. Er soll das Grundstück, den Eigentümer, den Anspruch und den vollstreckbaren Titel bezeichnen. Alle für den Beginn der Zwangsvollstreckung erforderlichen Urkunden sind dem Antrag beizufügen.
2. Zwangsversteigerungskosten (§ 1 (29 bis 54) ZVG). Für die Entscheidung des Gerichts über einen Antrag auf Anordnung der Z. wird eine Gerichtsgebühr erhoben. Weitere Kosten entstehen dann durch das Tätigwerden des Gerichtes. Hierauf sind auf Aufforderung Vorauszahlungen zu leisten. Der größte Kostenfaktor ist zunächst das Sachverständigengutachten. Der Gläubiger hat allerdings die Möglichkeit, ihm vorliegende Gutachten zu präsentieren. Falls dieses Gutachten vom Gericht und den

Beteiligten akzeptiert wird, können Kosten eingespart werden.
3. Zwangsversteigerungsvermerk (§ 19 Abs. 1 ZVG, § 146 ZVG). Wird die Z. vom Gericht angeordnet, so hat es zugleich das Grundbuchamt um Eintragung dieser Anordnung in das Grundbuch zu ersuchen. Dieses Vermerk soll verhindern, daß der Schuldner nach Anordnung der Z. noch Verfügungen über das Grundstück trifft, die die Versteigerungsinteressen oder den Erwerber benachteiligen könnten. Durch den Vermerk tritt keine Grundbuchsperre ein, Belastungen sind also weiterhin möglich. Dennoch dürften Beleihungen in diesem Stadium kaum denkbar sein. Dies gilt analog auch für Grundstücke mit Zwangsverwaltungsvermerk. Bei Finanzierungsanträgen ist durch Einsichtnahme in Grundbuchblattkopien zu prüfen, ob eventuell früher entsprechende Vermerke, die wieder gelöscht sein können, eingetragen waren. Dies läßt ggf. Rückschlüsse auf den Kreditnehmer zu (wenn sich die Eigentumsverhältnisse nicht geändert haben). → Anordnungsbeschluß.
4. Zwangsversteigerungsverfahren. Die Z. wird auf Antrag eines Berechtigten eingeleitet. Danach erfolgt die Anordnung der Z. Damit verbunden ist die Anweisung an das Grundbuchamt, den Zwangsversteigerungsvermerk einzutragen. Alle Gläubiger und Verfahrensbeteiligten werden hiervon unterrichtet. Nach Ablauf diverser verfahrenstechnischer Arbeiten wird dann die Festsetzung des Grundstückswertes (nach § 74 a ZVG) betrieben. Über das Ergebnis werden die Beteiligten gehört, es be-

steht eine Einspruchsmöglichkeit. Beendet wird dies durch die Verkehrswertfestsetzung durch das Gericht. Erst jetzt erfolgt die Terminbestimmung durch das Vollstreckungsgericht. Der Termin wird veröffentlicht. Zwischen Anberaumung des Termins und dem Termin sollten nicht mehr als sechs Monate liegen. Der Termin wird im Amtsgericht abgehalten. Den Gläubigern wird die Terminbestimmung zugestellt, wobei dies mindestens vier Wochen vor dem Termin erfolgt. Diese Terminladung (§§ 41 I, 43 II ZVG) ist zwingend vorgeschrieben. Aus dieser Mitteilung ist ersichtlich, aus welchen Ansprüchen die Z. betrieben wird, wer die Gläubiger sind und wie ihre Grundbuchrangfolge ist. Hierauf wird der Gläubiger auch seine Taktik in dem anstehenden Termin abstellen. Gleichzeitig wird er jetzt seine Forderung anmelden (§§ 9, 10, 37 u. a. ZVG). Die → Forderungsanmeldung erfolgt meist schriftlich und enthält Hauptforderung zuzüglich aller Zinsen, Nebenleistungen, Kostenvorschüsse und Terminwahrnehmungskosten. Eine nachträgliche Anmeldung innerhalb des Termins ist ebenfalls noch möglich. Verspätete oder unterlassene Forderungsanmeldungen erleiden einen Rangverlust. Der Gläubiger wird auch festlegen, wer den Termin wahrnimmt und Vertretungsvollmacht und/ oder Bietungsvollmacht vorbereiten. Unabhängig davon wird der Gläubiger bemüht sein, Bietinteressenten zu gewinnen. Hier werden ggf. Absprachen getroffen, → Ausbietungsvereinbarungen beurkundet, → Liegenbelassung von Grundschulden angeboten etc.

5. Zwangsversteigerungstermin (§ 66 ZVG, Terminbestimmung: §§ 37 bis 41 ZVG). Die Verhandlung über die Z. eines Grundstücks ist öffentlich. Der Termin besteht aus drei Teilen:
a) Bekanntmachungsteil: Information über anwesende Beteiligte, Grundbuchinhalt, Grundstücksnachweisungen, Tag der 1. Beschlagnahme, Besonderheiten, Anmeldungen, Feststellung des → geringsten Gebots, Feststellung der → Versteigerungsbedingungen, Hinweis auf den bevorstehenden Ausschluß weiterer Anmeldungen.
b) Bietungsstunde: Mindestdauer von einer Stunde ist unbedingt einzuhalten; geboten wird, indem der Bietinteressent oder die Bietinteressenten unter Vorlage ihrer/s Ausweis(e) ihr Gebot mündlich bekanntgeben, der Rechtspfleger gibt das Gebot bekannt, berechtigte Gläubiger können jetzt → Sicherheitsleistung verlangen, die dann sofort erbracht werden muß, der Rechtspfleger bestätigt das Gebot, unwirksame Gebote hat er sofort zurückzuweisen, der Bieter ist an sein Gebot gebunden und kann es nicht mehr zurücknehmen, weitere Interessenten können jederzeit das Gebot überbieten (→ Übergebot) durch Abgabe eines eigenen Gebotes. Der Verfahrensablauf ist gleich, anschließend können erhöhende Gebote meist durch Zuruf erfolgen, nach Ende der Bietungsstunde wird das → Meistgebot durch dreimaligen Aufruf verkündet. Erst wenn kein Interessent mehr weiterbietet und der Rechtspfleger darauf hingewiesen hat, daß er auch noch weiterhin Gebote annehmen kann, wird die Bietungsstunde

abgeschlossen. Wenn niemand mehr ein Gebot abgibt oder ankündigt, stellt der Rechtspfleger dann das Meistgebot und den Meistbietenden fest.

Sowohl für Bietinteressenten als auch für die Bankenvertreter ist es gut, die Gewohnheiten der Verfahrensführung des Rechtspflegers zu kennen, da ggf. hier Nachteile entstehen können, wenn ein immer gleichartiger Verfahrensablauf in der Bietstunde unterstellt wird.

c) Verhandlung über den → Zuschlag: Nach Schluß der Bietstunde und Feststellung des Meistbietenden sind die anwesenden Beteiligten über den Zuschlag zu hören. Es erfolgen dann entweder sofortige Zuschlagsentscheidung, Zuschlagsversagung wegen → Nichterreichung der 5/10-Grenze, Zuschlagsversagung wegen → Nichterreichung der 7/10-Grenze, Nichterteilung des Zuschlags, Bestimmung eines separaten → Verkündungstermins über den Zuschlag. Dieser separate Verkündungstermin wird mittlerweile häufig beansprucht, um den Institutsvertretern Gelegenheit zur Abstimmung des Zwangsversteigerungsergebnisses zu geben und eventuell Verhandlungsmöglichkeiten mit dem Meistbietenden nochmals zu nutzen.

6. *Abschluß der Z.* Nach Zuschlag bestimmt der Rechtspfleger einen Verteilungstermin. Die Gläubiger melden dann für diesen Termin ihre Forderungen an, das Gericht verteilt den Erlös und veranlaßt Löschung aller früheren Eintragungen im Grundbuch. Der Meistbietende ist als Eigentümer zu diesem Zeitpunkt bereits im Grundbuch eingetragen.

Z. auf Antrag des Erben *(§§ 175 bis 179 ZVG).* Hat ein Nachlaßgläubiger für seine Forderung ein Recht auf Befriedigung aus einem zum Nachlaß gehörenden Grundstück, so kann der Erbe nach der Annahme der Erbschaft die Z. des Grundstücks beantragen.

Z. auf Antrag des Konkursverwalters *(§§ 172–174 ZVG).* Wird die Z. oder die Zwangsverwaltung von dem Konkursverwalter beantragt, so finden die Vorschriften der normalen Z. bzw. des Zwangsverwaltungsverfahrens entsprechende Anwendung.

Z. im Rang der Zwangshypothek *(§ 1 (77) ZVG).* Neben dem Zahlungstitel ist bei einer Z. aus einer Zwangshypothek ein dinglicher Vollstreckungstitel vonnöten. Dieser Titel muß auf Duldung der Zwangsvollstreckung in das Grundstück gelten.

Z. von Eigentumsanteilen. Die Z. von ETW unterliegt keinen besonderen Verfahrensbestimmungen. Der Verfahrensablauf ist völlig identisch mit dem Normalverfahren. Lediglich sind üblicherweise die Verwalter als Verfahrensbeteiligte eingeschaltet. Diese Z. stellen mittlerweile den Hauptteil der laufenden Verfahren. → Wohngeldrückstand.

Z. zur Aufhebung der Gemeinschaft *(§§ 180 bis 184 ZVG).* Diese Versteigerungsform wird auch als Teilungsversteigerung bezeichnet. Ein vollstreckbarer Titel ist für diese Z. nicht erforderlich. Die Z. darf nur angeordnet werden, wenn der Antragsteller als Eigentümer im Grundbuch eingetragen oder Erbe eines eingetragenen Eigentümers ist, oder wenn er das

Recht des Eigentümers oder des Erben auf Aufhebung der Gemeinschaft ausübt. Ein Vormund kann dieses Verfahren nur mit Zustimmung des Vormundschaftsgerichtes betreiben. Verfahrenstechnisch bestehen kaum Unterschiede zum normalen Zwangsversteigerungsverfahren. Die Finanzierung derartiger Grundstückserwerbe, auch für Bruchteilseigentümer, ist recht schwierig und nur von Spezialisten durchführbar. Dies insbesondere, da ggf. Probleme in der Besicherung und der Mittelbeschaffung auftreten können. Schließlich sind im → Verteilungstermin Zahlungen fällig, ohne daß der Eigenanteil entsprechend abgezogen werden kann. Eine Teilungsversteigerung verlagert ggf. die Streitigkeiten nur von einer Immobilie hin zu der bei Gericht hinterlegten Bargeldsumme.

Zwangsversteigerungsstatistik. In den Jahren seit 1984 sind die Zwangsversteigerungszahlen kräftig angestiegen. 1986 und 1987 wurden annähernd 50000 Fälle registriert, wobei auch hier ein Nord-Südgefälle festzustellen ist. Nach einer Studie des Wohnungsbauministeriums entfallen davon nur noch etwa 20% auf eigengenutztes Wohneigentum. Ab 1988 hat sich eine leichte Trendwende ergeben. 1989 wurden etwa 30000 Termine vorgemerkt. Die Zahl der Beantragungen geht zurück, die Versteigerungen selbst kommen zum Abschluß, es werden wieder akzeptable Ergebnisse erzielt.

Zwangsverwalter *(§§ 146 bis 161 ZVG).* Der Z. wird vom Vollstreckungsgericht bestellt. Er hat die Aufgabe, das Grundstück in seinem wirtschaftlichen Bestand zu erhalten und ordnungsgemäß zu nutzen. Der bei der Verwaltung verbleibende Überschuß wird bei Beitritt aller Gläubiger dem Rangverhältnis nach verteilt. Hierüber wird ein Teilungsplan erstellt, der den Beteiligten offensteht. Nachrangige Gläubiger sind daher selten bereit, einen Z. einzusetzen. In der Bankpraxis hat sich aber gezeigt, daß dieses Sicherungsinstrument viel zu selten und oft zu spät eingesetzt wird. Der Z. kann oft wertvolle Mithilfe bei der Verwertung des Objektes zu einem einigermaßen angemessenen Preis leisten. Ist das Grundstück vor der Beschlagnahme einem Mieter oder Pächter überlassen, gilt das Miet-/Pachtverhältnis auch gegenüber dem Z.

Zwangsverwaltung *(§§ 146 bis 161 ZVG).* Seitens des Amtsgerichts wird auf Antrag hin das Zwangsverwaltungsverfahren eingeleitet und der → Zwangsverwaltungsvermerk im Grundbuch eingetragen. Gleichzeitig wird vom Gericht der → Zwangsverwalter bestimmt. Dieser wird mit festen Gebühren honoriert und muß versuchen, das Grundstück zu erhalten und wirtschaftlich zu nutzen. Zur Bestreitung seiner Kosten wird er vom betreibenden Gläubiger → Zwangsverwaltungsvorschüsse abfordern, um seinen Aufgaben ordnungsgemäß nachkommen zu können. Über seine Tätigkeit muß er Buch führen. Die Einnahmen-/Überschußrechnung wird als Teilungsplan über das Amtsgericht geprüft, und die überschießenden Beträge werden an die Gläubiger nach ihrem Rang entrichtet.

Zwangsverwaltungsvermerk *(§ 19 Abs. 1 ZVG; § 146 ZVG),* → Zwangsversteigerungsvermerk. Bei einer Beleihung zu beachten.

Zwangsverwaltungsvorschüsse *(§ 10 (3) ZVG).* Vorschüsse werden beansprucht, wenn Arbeiten erforderlich sind, um z. B. eine Vermietung überhaupt zu ermöglichen (Reparaturen etc.). Gleichzeitig sind eventuell öffentliche Lasten nachzuentrichten. Auch kommt es vor, daß zur Sicherstellung eines Objektes Arbeiten durchzuführen sind (Wintersicherung, Heizungserneuerung, Wasserschäden). Aber auch Aufwendungen zur Verbesserung der Objekte (damit später bei einer Versteigerung ein höherer Erlös erzielt werden kann) sind denkbar. In der Vergangenheit waren die mit einer Verwaltung verbundenen Kosten oftmals Grund dafür, die Zwangsverwaltung nur sehr zögerlich zu betreiben oder beim Anfall von (un-vermeidlichen Kosten) direkt wieder zu beenden. Diese Handhabung ist aber längst nicht mehr zeitgemäß. Verantwortungsbewußte Institute nutzen dieses Instrument in angemessener Weise.

Zwangsvollstreckung.
1. Z. gegen Privatpersonen (§ 794 Abs. 5 ZPO, § 788 ZPO – Kosten, § 866 ZPO, § 791 ZPO im Ausland). Wenn alle sonstigen Rettungsversuche fehlgeschlagen sind und/oder die Schuldner nicht kooperativ sind, bleibt meist nur der Weg von Zwangsmaßnah-

men (→ Vollstreckungsschutz). Für die Z. ist ein vollstreckbarer Titel erforderlich. Zu den vollstreckbaren Titeln zählen vor allem die → vollstreckbaren Urkunden. Die Z. aus der persönlichen Forderung erfaßt das gesamte Vermögen des/der Schuldner. Bei der Z. aus dem dinglichen Titel wird nur das Grundstück erfaßt. Die Kosten aller Zwangsvollstreckungsmaßnahmen trägt der Schuldner.
2. Z. gegen eine BGB-Gesellschaft (§ 736 ZPO). Zur Z. in das Gesellschaftsvermögen einer nach § 705 BGB eingegangenen Gesellschaft ist ein gegen alle Gesellschafter ergangenes Urteil erforderlich.
3. Z. gegen ein Grundstück (§ 1147 BGB). Die Zwangsvollstreckungsmöglichkeiten gegen ein Grundstück sind aufgrund der vorliegenden Titel im Rahmen der → Zwangsverwaltung und/oder der → Zwangsversteigerung gegeben. Außerdem sollte stets die Eintragung von Sicherungshypotheken (Zwangshypotheken) mit in die Überlegungen einbezogen werden.

Zwangsvollstreckungsabwendung durch Sicherheitsleistung *(§ 172 ZPO).* Würde die Vollstreckung dem Schuldner einen nicht zu ersetzenden Nachteil bringen, so hat ihm das Gericht auf Antrag zu gestatten, die Vollstreckung durch Sicherheitsleistung an den Gläubiger abzuwenden. Ist der Schuldner dazu nicht in der Lage, so ist das Urteil als für vorläufig nicht vollstreckbar zu erklären. Dem Antrag ist nicht zu entsprechen, wenn ein überwiegendes Interesse des Gläubigers entgegensteht.

Zweckbindung der Bausparmittel, → wohnwirtschaftliche Verwendung.

Zweckentfremdung von Wohnraum. In dem Gesetz zur Verbesserung des Mietrechts und zur Begrenzung des Mietanstiegs ist auch ein Verbot zur Z. v. W. enthalten. Jede Umwidmung kann daher ggf. genehmigungspflichtig sein.

Zweckentfremdung von Wohnraum durch Abbruch. Ein Wohngebäude kann nur mit einer Abbruchgenehmigung abgebrochen werden. An deren Erteilung wird vielfach die Bedingung geknüpft, daß neuer Wohnraum (keine Luxuswohnungen) zu schaffen ist (Runderlaß des Ministeriums für Stadtentwicklung, Wohnen und Verkehr v. 30. 7. 1981 – IV. C 4-6.03-755/81). Vorab ist dafür meist eine Bankbürgschaft zu stellen.

Zweifamilienhaus. Das Z. oder auch das Einfamilienhaus mit Einliegerwohnung bildete bis zum 31. 12. 1986 die sinnvollste Immobilienanlage, da einerseits die Vorteile der Eigenheimförderung genutzt und andererseits Vergünstigungen für vermietete Objekte wahlweise beansprucht werden konnten. Für Objekte, die vor dem 31. 12. 1986 fertiggestellt worden sind, verändern sich die Vorteile zunächst nicht. Im Rahmen der → Übergangsregelung bleiben die Vergünstigungen bis einschließlich 1998 unverändert. Das ab 1. 1. 1987 errichtete Z. wird steuerlich künftig geteilt in die eigengenutzte Wohnung, auf die die Möglichkeiten des § 10e EStG anzuwenden sind, und

in eine vermietete Wohnung, die wie bislang entweder linear oder degressiv abzuschreiben ist. Die Werbungskosten können dann nur noch für den vermieteten Anteil prozentual geltend gemacht werden.

Zweikonten-Theorie. Zinsen sind als Betriebsausgaben abzugsfähig, wenn sie zur Bestreitung von betrieblichen Aufwendungen und Investitionen anfallen. Dabei ist nach der bisherigen Rechtsprechung und Verwaltungspraxis unerheblich, ob der Betrieb über ein aktives Betriebsvermögen bzw. über stille Reserven verfügt oder ob er überschuldet bzw. vermögenslos ist. Auf eine Kurzformel gebracht heißt dies also: Geld entnehmen, damit Privatschulden bezahlen oder Privatinvestitionen finanzieren und gleichzeitig Betriebsschulden machen.

Dies erfolgt durch eine klare kontenmäßige Trennung der geschilderten Transaktionen. Die sogenannte Z.-T. ist durch diverse Erlasse bestätigt. Wichtig für den Bankkunden ist, daß auch bei der Bank die klare Trennung zwischen Privatbereich und Betriebsbereich vorgenommen wird, also keinerlei Kompensationen erfolgen oder Sicherheitenpositionen nicht übergreifend gebildet werden.

Zweites Wohnungsbaugesetz. Das Z. W. (II. WoBauG) i. d. F. vom 11. 7. 1985 enthält Regelungen für den preisgebundenen Wohnraum.

Zweitwohnung, Wohnung, die nicht zum persönlichen Lebensbedarf genutzt wird und nicht als reine Kapitalanlage dient. Eine häufige Weitervermietung an Dritte führt daher zu einer Einstufung als Ferienwohnung. → Zweitwohnungssteuer.

Zweitwohnungssteuer, örtliche Aufwandsteuer gem. Art. 105 Abs. 2a GG. In vielen Fremdenverkehrsgemeinden werden aufgrund des Kommunalabgabegesetzes auswärtige Zweitwohnungseigentümer zur Zahlung von Z. herangezogen. Dies ist begründet darin, daß Zweitwohnungen zu einer Mehrbelastung der Gemeinde führen, da kein Ausgleich über die Schlüsselzuweisung und den Einkommensanteil erfolgt. Die Z. fällt auch bei einer teilweisen Nutzung durch den Eigentümer an.

Zwischenfinanzierung, Bereitstellung kurz- und mittelfristiger Bargelder, deren Ablösung durch Mittel der Endfinanzierung sichergestellt ist. Schwierigster Finanzierungsbaustein, da normalerweise mit großem Risiko belastet. Der Zwischenfinanzierer muß genauestens die Gesamtfinanzierung prüfen, eventuelle Auflagen berücksichtigen und schon während der Bauzeit versuchen, eventuelle Baukostenerhöhungen aufzufangen. Eine Z. erfordert die Bearbeitung durch einen erfahrenen Fachmann.

Zwischenkredite, → Zwischenfinanzierung.

Zwischenmieter, Unternehmer, der von einem Eigentümer ein Mietobjekt anmietet, um diesen von der Vermietung zu entlasten und dieses zu einem höheren Mietpreis weiterzuvermieten. Dieses Zwischenmietverhältnis wird steuerlich einer genauen Prüfung unterworfen und bildet damit eine der stärksten Bewährungsproben für das ‚Steuermodell'. Nach gängiger Praxis werden die Zwischenmietverhältnisse anerkannt, wenn der Z. das wirtschaftliche Risiko der Weitervermietung und des Mietausfallrisikos voll trägt und eine tatsächliche Gewinnerzielungsabsicht festgestellt werden kann. Dabei wird unterstellt, daß die Differenz zwischen Anmietung und Weitervermietung bei mindestens 10% liegt. → Mietgarant, → Gestaltungsmißbrauch.

Zwischenrecht *(§ 881 Abs. 4 BGB in der Zwangsversteigerung).* Ist im Grundbuch ein Rangvorbehalt eingetragen und werden weitere Rechte bestellt ohne Ausnutzung des Vorbehaltes, so handelt es sich um Z. Praktische Auswirkungen zeigen sich erst bei Zwangsversteigerungen.

Zwischenverfügung *(§ 18 GBO).* Ist ein eingehender Eintragungsantrag mit kleinen und schnell behebbaren Mängeln behaftet, so kann der Rechtspfleger eine Z. erlassen. In diesem Falle wird eine angemessene Frist für die Behebung gesetzt, der Rang durch die Z. wird schon gewahrt.